刑事诉讼证据规则编注

条文·适用·案例

刘静坤　赵春雨　主编

法律出版社
LAW PRESS·CHINA
北京

图书在版编目（CIP）数据

刑事诉讼证据规则编注：条文·适用·案例／刘静坤，赵春雨主编. -- 北京：法律出版社，2023
ISBN 978-7-5197-8508-6

Ⅰ．①刑… Ⅱ．①刘… ②赵… Ⅲ．①刑事诉讼－证据－规则－研究－中国 Ⅳ．①D925.213.4

中国国家版本馆 CIP 数据核字（2023）第 212798 号

刑事诉讼证据规则编注
——条文·适用·案例
XINGSHI SUSONG ZHENGJU GUIZE BIANZHU
—TIAOWEN·SHIYONG·ANLI

刘静坤
赵春雨　主编

责任编辑　陈昱希
装帧设计　汪奇峰　臧晓飞

出版发行　法律出版社	开本　A5
编辑统筹　法规出版分社	印张　20　　字数　553 千
责任校对　王晓萍	版本　2023 年 12 月第 1 版
责任印制　耿润瑜	印次　2023 年 12 月第 1 次印刷
经　　销　新华书店	印刷　北京中科印刷有限公司

地址：北京市丰台区莲花池西里 7 号（100073）
网址：www.lawpress.com.cn　　　　　　销售电话：010-83938349
投稿邮箱：info@lawpress.com.cn　　　　客服电话：010-83938350
举报盗版邮箱：jbwq@lawpress.com.cn　　咨询电话：010-63939796
版权所有·侵权必究

书号：ISBN 978-7-5197-8508-6　　　　　定价：88.00 元
凡购买本社图书，如有印装错误，我社负责退换。电话：010-83938349

主编简介

刘静坤

中国政法大学教授，曾任最高人民法院法官，挂职云南省公安厅厅长助理。参与推进以审判为中心的诉讼制度改革、严格实行非法证据排除规则改革、量刑规范化改革等中央司法改革项目。出版《刑事程序的权利逻辑》《证据审查规则与分析方法》《公正何以难行》《刑事诉讼法注释书》《证据原理》《犯罪心理学》《犯罪重建》《司法错误论》《The Exclusionary Rule of Illegal Evidence In China》等著作、译著十余部，在《法学研究》《中外法学》《政法论坛》《人民日报》《光明日报》《法治日报》等发表文章百余篇。

赵春雨

北京市盈科律师事务所高级合伙人，刑事法律事务部（二部）主任，盈科全国刑事法律专业委员会主任。兼任中国刑事诉讼法学研究会理事，中国廉政法制研究会理事，北京市犯罪法学研究会常务理事；中华全国律师协会刑事专业委员会委员，北京市律师协会刑法专业委员会副主任，北京市朝阳区律师协会刑事业务研究会主任；受聘为北京大学、中国人民大学、中国政法大学等高校法律硕士实务导师；主编《"盈"的秘密——有效辩护的47个制胜思维》《"盈"的秘密2——有效辩护的53个证据突破》等系列作品。

编者简介

朱曙光

北京市盈科律师事务所高级合伙人,刑事法律事务部(二部)副主任,具有多年海关缉私局工作经历。参编《涉税走私犯罪侦查工作指引》《涉税走私犯罪典型案例分析》《跨境电子商务监管和走私风险防范研究》等书籍。

吕荣武

北京市盈科律师事务所高级合伙人,刑事法律事务部(二部)副主任,公益委员会副主任,兼任北京市律师协会刑事实务研究会委员,北京企业法律风险防控研究会理事。专注于刑事辩护、刑事控告和刑民交叉法律事务处理。

田　宇

北京市盈科律师事务所律师,刑事法律事务部(二部)副主任,院校委员会副主任,兼任北京市朝阳区律师协会公益与社会责任工作委员会委员,北京企业法律风险防控研究会理事。专注于刑事辩护、刑事控告和刑民交叉法律事务处理。

李亚普

北京市盈科律师事务所律师,刑事法律事务部(二部)副主任,具有多年基层法院工作经历。兼任北京市律师协会刑民交叉委员会委员,《法制晚报》特邀客座专家。专注于刑事辩护、刑事控告和刑民交叉法律事务处理。

编者简介

于靖民

北京市盈科（海淀区）律师事务所律师，党支部书记，刑事法律事务部主任，具有多年中级人民法院工作经历。兼任北京市犯罪法学研究会理事、北京企业法律风险防控研究会理事，曾在《刑法论丛》《中国司法》《当代法学》《人民日报》等刊物公开发表多篇学术论文。

张云泉

北京市盈科（海淀区）律师事务所律师，党支部副书记，商事争议解决与刑事辩护法律业务部主任，具有多年检察、纪检工作经历。曾参与公安部《国际禁毒立法》课题研究，在《法律适用》《中国司法鉴定》《证据学论坛》《公安学论丛》等刊物公开发表多篇学术论文。

田 帅

北京盈科（海口）律师事务所律师，专注于刑事辩护业务，所办理的张某职务侵占判决宣告无罪案、吴某买卖国家机关证件检察院撤回起诉案入选"中律评"杯2020、2021年度"十大有效辩护案例"，某跨国电信诈骗案入选最高人民检察院指导性案例。

序言

诉讼的生命在于证据

坚持证据裁判，恪守证据规则，是现代刑事诉讼的基本原则，也是刑事法治的根本标尺。如果说脱离事实讨论法律是司法的痼疾，那么，脱离证据认定事实就是这一司法痼疾的病灶。如同法律规则的核心价值在于确立社会生活的准则，证据规则的核心在于确定取证和证明的指引。只有立足证据规则开展取证和证明活动，事实认定才能有章可循，司法公正才能落到实处。

本书作为证据规则的专门工具书，旨在对现行刑事证据规则进行系统梳理，从不同维度和视角向读者展现证据收集、审查、分析与运用的法律规范和实践要点。研究和运用本书相关内容，有助于侦查机关从源头上规范取证工作，防范非法证据等证据风险；有助于检察机关全面审查在案证据，审慎作出是否起诉的决定；有助于辩护律师发现证据漏洞，通过证据之辩实现有效辩护；有助于审判机关综合研判全案证据，准确查明事实和定罪量刑；有助于法科研习人员牢固树立证据思维，为从事法律研究和司法实务奠定基础。

一、宏观与微观：从证据原则到证据规则的层层递进

法律原则代表着立法的价值取向，对法律制度的塑造和发展具有深远影响。本书作为一部以实践为导向的书籍，并未对相关证据原则进行专章阐释，而是将这些原则融入证据规则的解读之中。原则与规

则并非总是一一对应关系。一项原则可以反映在不同规则之中，一条规则也可以蕴涵不同原则。

本书整体架构体现了从宏观到微观的内在逻辑，即以刑事诉讼法的原则性规定为引领，整合侦查机关、检察机关与审判机关出台的解释性文件，从而全面、系统地展现证据规则的全貌。读者在阅读具体的证据规定时，可以秉承"从原则到规则，从规则到原则"的辩证思维。例如，本书前三部分按照诉讼程序排列，每个程序都包含了不同的证据原则与规则，有助于通过对证据原则的把握，更好地理解相关规则的内涵。

二、体系与要素：从诉讼流程到关键环节的全面分析

从比较法看，我国的证据制度具有自身独特的内在逻辑。在刑事诉讼法的基本规定基础上，我国形成了一套体系化的证据制度。证据规则与诉讼制度始终存在紧密的嵌套关联。鉴于此，对于证据规则的理解与运用，需要结合刑事诉讼的基本安排。

本书第一至三部分按照刑事诉讼流程对证据规则进行整序，分成取证、举证、质证、认证等相对独立的阶段，并在各个阶段区分不同主体、不同证据类型等因素进行细化分析。在此基础上，第四至六部分按照证据排除规则、证据认证规则、证明责任与证明标准的顺序，介绍了证据审查和运用的核心内容。这一基本结构表明，证据规则既与诉讼制度存在耦合关联，也具有自身的独立价值。

三、理论与实践：从证据规范到案例指引的多维透视

对证据规则的理解与运用，离不开相应的理论储备，更不能脱离司法实践。关于证据原理的把握，既要熟知相关证据规范的要旨，也要了解司法证明的规律。本书在每一规范条文之后，设置了立法

释义、重点解读等板块，帮助读者理解条文背后的理念及其旨在解决的问题。

除了对证据规范的解读外，本书在相应条文后设置了案例与要旨板块，结合具体案例精准解读条文的适用要点。立足指导案例、公报案例和典型案例，读者可以进行证据专题的类案检索。实践表明，只有充分整合证据原理、证据规范、典型案例，才能实质性地提高证据运用效能。

四、普遍与特殊：从一般规则到特殊规则的体系发展

每类证据都有独特的证明价值，也有自身特殊的证明风险。与之类似地，每类案件都有独特的证据体系，需要立足类案特点进行取证和证明。在具体个案中，既会遇到普遍性的证据问题，也会遇到独特性的证据难点。立足以审判为中心的刑事诉讼制度改革，以既有证据规范为基础的类案证据指引，是对传统证据规则的体系化拓展，具有广阔的发展空间。

针对类案证明的特殊要求，本书第七部分设置了常见犯罪的证据指引，包含了食品药品环境犯罪、金融犯罪、黑恶势力犯罪、信息网络犯罪、毒品犯罪、醉酒驾驶机动车犯罪、涉未成年人犯罪等类型。随着司法专业化逐步推进，可以预见，更多常见犯罪的证据指引将会陆续出台，为司法实践提供更加具体、明确的参考。

法律工具书的编写没有通例。与其他法律部门相比，证据法具有自身独特的属性和规律。编写一本逻辑顺畅、体系完备、务实管用的证据指引书，显然并非易事。总体上看，统筹宏观与微观、体系与要素、理论与实践、普遍与特殊，既是本书的主要特色，也是证据思维的内在要求。

本书由刘静坤和赵春雨确定框架并统稿审定。各位编者既有理论素养、实践经验，也有专业志趣、敬业精神。在此表示感谢！因水平有限，如有不当之处，还请读者批评指正。

　　本书的立项和顺利出版，得益于法律出版社李群分社长和陈昱希编辑的大力支持！在此表示感谢！

目 录

第一部分 证据收集规则

专题一 刑事取证的基本原则 …………………………………… 003
  1　全面、客观取证原则 …………………………………… 003
  2　合法取证原则 …………………………………………… 006

专题二 讯问犯罪嫌疑人的规则 ………………………………… 009
  3　传唤犯罪嫌疑人的程序 ………………………………… 009
  4　传唤、拘传的持续时间限制 …………………………… 012
  5　讯问犯罪嫌疑人的人数 ………………………………… 013
  6　讯问犯罪嫌疑人的场所 ………………………………… 015
  7　讯问犯罪嫌疑人应个别进行 …………………………… 018
  8　侦查人员讯问前的程序告知 …………………………… 018
  9　侦查人员讯问的方式 …………………………………… 020
  10　讯问聋、哑、不通晓当地语言文字及未成年犯罪嫌疑人的程序 …………………………………………………… 022
  11　讯问笔录应由犯罪嫌疑人核对确认 ………………… 024
  12　犯罪嫌疑人自行书写供述 …………………………… 026
  13　对讯问过程的录音录像 ……………………………… 028

专题三 询问证人、被害人的规则 ……………………………… 033
  14　询问证人的程序 ……………………………………… 033

		15	询问证人的法律责任告知程序 ·············	038
		16	证人作证的义务及法律后果 ·················	039
		17	询问笔录的制作要求 ······························	040
		18	询问被害人的程序 ··································	041
专题四	**勘验、检查的规则** ···			043
		19	勘验、检查的主体和对象 ······················	043
		20	现场保护和通知义务 ······························	047
		21	勘验、检查的程序规范 ··························	049
		22	尸体解剖程序 ···	052
		23	人身检查程序 ···	056
		24	勘验、检查笔录的制作要求 ···················	059
		25	复验、复查程序 ·····································	062
专题五	**搜查的规则** ···			063
		26	搜查的范围 ··	063
		27	搜查的主体 ··	065
		28	持证搜查及例外情形 ······························	067
		29	搜查的见证人制度 ·································	070
		30	搜查笔录的制作要求 ······························	071
		31	公民提交证据义务与强制搜查 ···············	072
专题六	**查封、扣押、冻结的规则** ···			074
		32	查封、扣押的对象及保管要求 ···············	074
		33	查封、扣押的程序 ·································	086
		34	解除查封、扣押、冻结 ··························	102
		35	扣押邮件、电报的程序 ··························	105
		36	电子数据的扣押、封存、冻结 ···············	107
		37	有组织犯罪案件涉案财物处理 ···············	111
		38	经济犯罪案件涉案财物处理 ···················	119

专题七　鉴定的规则 … 124
39　鉴定的对象和主体 … 124
40　鉴定的程序和法律责任 … 130
41　鉴定意见的告知及异议处理 … 133
42　精神病鉴定期间的扣除 … 138
43　关于鉴定意见的专门性规定 … 140

专题八　辨认的规则 … 148
44　辨认的要求 … 148

专题九　侦查、调查实验的规则 … 151
45　侦查、调查实验的规则 … 151

专题十　技术侦查、调查的规则 … 154
46　技术侦查、调查措施的适用范围 … 154
47　技术侦查措施的适用规范 … 158
48　技术侦查措施的实施规范 … 162
49　秘密侦查的适用程序 … 164
50　技术侦查证据的使用规范 … 167

专题十一　域外证据的取证规则 … 170
51　域外证据的取证规则 … 170

专题十二　律师收集证据规则 … 177
52　辩护人的申请调取证据权 … 177
53　辩护律师的调查取证权 … 179

第二部分　证据审查规则

专题一　侦查终结阶段的证据审查规则 … 185
1　侦查机关对证据收集合法性的审查 … 185
2　重大案件侦查终结前的讯问合法性核查 … 186
3　人民检察院对证据合法性的调查核实 … 188

专题二	审查逮捕（审查起诉）阶段的证据审查规则 ·················· 189
	4　审查逮捕（审查起诉）阶段核实证据 ·················· 189
	5　审查逮捕（审查起诉）阶段排除非法证据 ·················· 193
专题三	审查起诉阶段的证据审查规则 ·················· 200
	6　人民检察院讯问犯罪嫌疑人的程序 ·················· 200
	7　人民检察院审查讯问犯罪嫌疑人的录音、录像 ·················· 203
	8　人民检察院询问诉讼参与人的程序 ·················· 207
	9　人民检察院补充鉴定的程序 ·················· 209
	10　人民检察院复验、复查的程序 ·················· 212
	11　人民检察院对证据存在疑问的审查 ·················· 213
专题四	审判阶段的证据审查规则 ·················· 214
	12　物证、书证的审查 ·················· 214
	13　证人证言、被害人陈述的审查 ·················· 217
	14　被告人供述和辩解的审查 ·················· 221
	15　鉴定意见的审查 ·················· 225
	16　勘验、检查笔录的审查 ·················· 228
	17　辨认笔录的审查 ·················· 230
	18　侦查实验笔录的审查 ·················· 230
	19　视听资料的审查 ·················· 231
	20　技术调查、侦查证据的审查 ·················· 232
	21　专门报告的审查 ·················· 233
	22　行政执法证据的审查 ·················· 235
	23　域外证据的审查 ·················· 239

第三部分　庭审举证、质证规则

专题一	庭前会议的证据争议处理规则 ·················· 243
	1　了解证据情况 ·················· 243

2	因证据问题召开庭前会议	246
3	控辩双方申请调取新证据	248
4	确定庭审调查事项	249
5	公诉人对证据收集合法性加以说明	250
6	撤回排除非法证据申请	252
7	检察院撤回证据	253
8	检察院补充材料或撤回起诉	254
9	庭前会议报告	255

专题二 庭审调查的举证、质证规则 256

10	庭审质证规则	256
11	庭审质证内容	259
12	庭审质证方式	261
13	庭审质证的例外情形	268
14	启动非法证据调查	269
15	法庭对证据收集合法性进行调查	272
16	检察机关对证据收集合法性进行说明	275
17	法庭对非法证据的处理	282
18	控辩双方有权提请证人、鉴定人等人员出庭、出示证据	286
19	法庭对控辩双方申请的处理	289
20	人民法院依职权通知证人、鉴定人等人员出庭	290
21	证人应当出庭的情形及例外	291
22	强制证人出庭作证	294
23	出庭作证证人证言的证明效力	296
24	证人拒绝作证的法律后果	297
25	法庭对出庭证人、鉴定人等人员身份的核实	300
26	对出庭证人、鉴定人等人员的发问顺序	300
27	对出庭证人、被告人、鉴定人等人员的发问规则	303

	28	法庭对发问不当的处理	305
	29	证人、鉴定人等人员不得旁听审理	306
	30	鉴定人应当出庭的情形及拒不出庭的后果	307
	31	控辩双方对无异议的证据的举证规则	311
	32	对物证、文书的审查辨认、宣读（最佳证据规则）	312
	33	法庭对有疑问证据进行调查核实	314
	34	申请新证人、新物证、重新鉴定或勘验	318
	35	检察机关在审判期间补充侦查	320
	36	法庭向检察机关调取证据	322
	37	法庭建议检察机关补充侦查	323
	38	对采用技术侦查、调查措施收集的证据的审查原则	325
	39	同案或关联案件被告人到庭对质	328
	40	对量刑证据的调查	328
	41	审理未成年人案件的特殊规定	334
专题三		认罪认罚案件的举证、质证规则	335
	42	认罪认罚自愿性、合法性审查	335
	43	法庭调查围绕与量刑有关的证据进行	340
	44	证据开示制度	341
	45	发现非法取证行为的处理	341
专题四		二审、再审案件举证、质证规则	342
	46	二审案件举证、质证规则	342
	47	再审案件举证、质证规则	352

第四部分　证据排除规则

专题一		非法证据排除规则	357
	1	排除非法证据的一般规定	357
	2	非法收集的犯罪嫌疑人、被告人供述的排除规则	360

		3 重复性供述的排除规则与例外 ……………………………… 365
		4 证人证言、被害人陈述的排除规则 …………………………… 368
		5 物证、书证的排除规则 ……………………………………… 369
专题二	**关联性规则**	…………………………………………………… 372
		6 关联性的一般要求 …………………………………………… 372
		7 欠缺关联性排除规则 ………………………………………… 375
专题三	**瑕疵证据排除规则**	……………………………………………… 379
		8 物证、书证存在瑕疵的处理 ………………………………… 379
		9 证人证言、被害人陈述存在瑕疵的处理 ……………………… 381
		10 犯罪嫌疑人、被告人的供述与辩解存在瑕疵的处理 ………… 382
		11 勘验、检查、辨认、侦查实验等笔录存在瑕疵的处理 ……… 383
		12 鉴定意见存在瑕疵的处理 …………………………………… 384
		13 视听资料、电子数据存在瑕疵的处理 ……………………… 389
专题四	**有限的传闻证据规则**	…………………………………………… 391
		14 证人、鉴定人出庭作证的规则 ……………………………… 391
专题五	**意见证据规则**	…………………………………………………… 395
		15 意见证据规则 ………………………………………………… 395
专题六	**失真证据排除规则**	……………………………………………… 396
		16 物证、书证失真排除规则 …………………………………… 396
		17 证人证言、被害人陈述失真排除规则 ……………………… 397
		18 犯罪嫌疑人、被告人的供述与辩解失真排除规则 …………… 398
		19 勘验、检查、辨认、侦查实验等笔录失真排除规则 ………… 399
		20 视听资料、电子数据失真排除规则 ………………………… 401
		21 境外证据失真排除规则 ……………………………………… 403
专题七	**传来证据规则**	…………………………………………………… 404
		22 最佳证据规则 ………………………………………………… 404

第五部分　证据认证规则

专题一　证据认证规则 ··· 409
  1　未经质证不得认证 ·· 409
  2　对证据真实性、证明力的审查要求 ······················ 416

专题二　证据印证规则 ··· 421
  3　证人翻证印证规则 ·· 421
  4　被告人翻供印证规则 ····································· 424

专题三　补强证据规则 ··· 429
  5　对生理上、精神上有缺陷的被害人、证人和被告人所作的
     陈述、证言和供述的补强 ······························ 429
  6　对与被告人有密切关系或利害冲突的证人的证言的补强 ····· 431

第六部分　证明责任和证明标准

专题一　证明责任规则 ··· 437
  1　公诉案件的证明责任 ····································· 437
  2　审判监督案件的证明责任 ································ 442
  3　自诉案件的证明责任 ····································· 449
  4　附带民事诉讼案件的证明责任 ··························· 453
  5　量刑事实的证明责任 ····································· 456
  6　非法证据申请方的初步举证责任 ························ 458
  7　证据合法性的证明责任 ·································· 463
  8　证明责任倒置规则 ·· 468

专题二　刑事证明标准 ··· 469
  9　认定被告人有罪和处以刑罚的证明标准 ················ 469
  10　公安机关侦查终结案件的证明标准 ···················· 471
  11　检察机关侦查终结、提起公诉的证明标准 ············ 473

	12	检察机关审查逮捕的证据标准 …………………………………	474
	13	人民法院一审案件的证明标准 …………………………………	476
	14	人民法院二审案件的证明标准 …………………………………	478
	15	适用速裁程序案件的证明标准 …………………………………	478
	16	被告人缺席审判案件的证明标准 ………………………………	479
	17	认罪认罚案件的证明标准 ………………………………………	480
	18	死刑案件的证明标准 …………………………………………	485

专题三 孤证不能定案规则 ………………………………………… 487

    19 只有犯罪嫌疑人或被告人供述，不得认定有罪 ………… 487

    20 隐蔽性证据的先供后证规则 ………………………………… 489

专题四 间接证据定案规则 ………………………………………… 490

    21 运用间接证据定案的条件 …………………………………… 490

专题五 疑罪从无规则 ……………………………………………… 493

    22 排除非法证据后证据不足的，不得移送审查起诉 ……… 493

    23 证据不足，不符合起诉条件的，应当作出不起诉的决定 …… 493

    24 因证据不足撤回起诉 ………………………………………… 495

    25 证据不足，不能认定被告人有罪的，应当作出证据不足、指控的犯罪不能成立的无罪判决 ……………………………… 496

    26 证明被告人相应法定责任年龄证据不足的，应当作出有利于被告人的认定 ……………………………………………… 500

第七部分 常见犯罪的证据指引

专题一 食品药品环境犯罪 ………………………………………… 503

    1 行政监管部门收集证据的效力 ……………………………… 503

    2 对有关明知等主观故意事项的认定规则 ………………… 505

    3 有关专门性问题的认定途径 ………………………………… 508

    4 涉案物品的检验、鉴定和认定程序 ……………………… 514

	5 专业问题的双向咨询和技术支持机制 …………………… 521
	6 对环保执法、技术人员出庭的要求 …………………… 522
专题二	**金融犯罪** …………………………………………………… 523
	7 证券监管机构随案移送证据的效力 …………………… 523
	8 涉众型金融犯罪取证规则 ……………………………… 523
	9 证据交换共享机制 ……………………………………… 524
	10 检察机关办理涉互联网金融犯罪案件的证据收集、审查 与运用 ………………………………………………… 525
	11 非法集资刑事案件中主观故意的认定 ……………… 526
	12 有关案件犯罪金额的认定 …………………………… 528
	13 信用卡犯罪中"催收"的证明要求 ………………… 529
专题三	**黑恶势力犯罪** ……………………………………………… 530
	14 黑社会性质组织犯罪案件的证据要求 ……………… 530
	15 黑社会性质组织犯罪案件的法庭举证、质证要求 … 532
	16 网络涉众型黑恶案件的证据认证原则 ……………… 532
	17 黑恶势力犯罪案件中的证人保护措施 ……………… 533
专题四	**信息网络犯罪** ……………………………………………… 538
	18 信息网络犯罪案件调查核实过程中收集材料的证据效力 … 538
	19 向网络服务提供者调取电子数据的规则 …………… 539
	20 异地询(讯)问规则 ………………………………… 540
	21 异地调查取证规则 …………………………………… 540
	22 采取技术侦查措施收集材料的特殊使用规则 ……… 542
	23 境外证据的收集和使用规则 ………………………… 543
	24 涉及海量证据材料的信息网络犯罪取证和认证规则 … 547
	25 检察机关庭审举证方式 ……………………………… 549
	26 关于明知要素的认定 ………………………………… 550
	27 网络犯罪案件的账户资金推定规则 ………………… 557

专题五	**毒品犯罪** …………………………………………………… 559
28	毒品犯罪案件中主观明知的认定 …………………………… 559
29	毒品提取、检验等程序 ……………………………………… 564
30	特殊毒品犯罪案件被告人供述的认定 ……………………… 572
31	缴获毒品的管理 ……………………………………………… 573
32	毒品犯罪案件公诉证据标准 ………………………………… 577
33	部分地区公安司法机关毒品犯罪案件证据收集及审查指引 …… 585
专题六	**醉酒驾驶机动车犯罪** …………………………………… 608
34	醉驾案件证据收集要求 ……………………………………… 608
35	认定醉酒的依据 ……………………………………………… 611
专题七	**涉未成年人犯罪** ………………………………………… 615
36	法定代理人、合适成年人到场及相关证据补正、排除规则 …… 615
37	对未成年人年龄证据的审查与认定 ………………………… 619
38	涉未成年人犯罪的取证和审查判断要求 …………………… 620

第一部分 证据收集规则

专题一　刑事取证的基本原则

1　全面、客观取证原则

1.1　法条规定与立法释义

▶《刑事诉讼法》①（中华人民共和国主席令第 10 号，2018 年 10 月 26 日）

第五十二条　审判人员、检察人员、侦查人员必须依照法定程序，<u>收集能够证实犯罪嫌疑人、被告人有罪或者无罪、犯罪情节轻重的各种证据。</u>……必须保证一切与案件有关或者了解案情的公民，有客观地充分提供证据的条件，除特殊情况外，可以吸收他们协助调查。

▶《监察法》（中华人民共和国主席令第 3 号，2018 年 3 月 20 日）

第四十条第一款　监察机关对职务违法和职务犯罪案件，应当进行调查，收集被调查人有无违法犯罪以及情节轻重的证据，查明违法犯罪事实，形成相互印证、完整稳定的证据链。

【立法释义】②

本条规定了办案机关全面、客观取证的原则。具体要求如下：

第一，要收集能证实犯罪嫌疑人、被告人有罪或者无罪、犯罪情节轻重的各种证据。收集证据必须客观、全面，不能只收集一方面的证据。侦查机关、人民检察院要避免有罪推定和确证偏见，从准确重建案件事实、防止冤假错案角度全面收集证据，不能单纯着眼于追诉犯罪。在发现、获取证据过程中，不能选择性地收集、移送证据，应当客观全面地收集与案件事实有关的各种证据，避免忽视和遗漏关键证据。

第二，要保证一切与案件有关或者了解案件情况的人，有客观、充分地提供证据的条件。这一要求主要包括以下方面：一是保护证人及其近亲属的安

---

① 为方便阅读，本书中法律法规名称均使用简称。
② 参见王爱立主编：《中华人民共和国刑事诉讼法释义》，法律出版社 2018 年版，第 110-112 页。

全，消除证人的恐惧心理，避免可能受到的威胁、损害，让证人积极提供证据。二是告知证人如实作证义务和作伪证的法律责任，促使证人客观陈述案件事实。三是规范取证程序。在询问过程中，应当严格执行分别询问原则和法定询问程序，避免证人受到诱导、误导，提供片面证词。

第三，除特殊情况外，可以吸收与案件有关或者了解案情的公民协助调查，依靠群众发现线索、抓捕犯罪嫌疑人、收集犯罪证据。对于吸收公民协助抓捕犯罪嫌疑人的情形，应当注意进行安全提示，避免面临人身危险。对于吸收公民寻找犯罪证据的情形，应当提示发现犯罪证据后的现场保护措施，避免污染或者破坏证据。"特殊情况"，主要是指与案件有关或者了解案情的人参与调查可能会透露案情，帮助未归案的犯罪嫌疑人逃匿，或者造成串供以及毁灭、隐匿证据等后果。另外，对涉及国家秘密等案件，应当注意严格执行保密要求。

1.2 司法解释与重点解读

▶《人民检察院刑事诉讼规则》（高检发释字〔2019〕4号，2019年12月30日）

第六十一条第三款　人民检察院提起公诉，应当秉持客观公正立场，对被告人有罪、罪重、罪轻的证据都应当向人民法院提出。

▶《最高人民法院关于适用〈中华人民共和国刑事诉讼法〉的解释》（法释〔2021〕1号，2021年1月26日）

第七十三条　对提起公诉的案件，人民法院应当审查证明被告人有罪、无罪、罪重、罪轻的证据材料是否全部随案移送；未随案移送的，应当通知人民检察院在指定时间内移送。人民检察院未移送的，人民法院应当根据在案证据对案件事实作出认定。

【重点解读】[①]

全案移送证据材料有利于全面查明案件事实，是刑事诉讼的基本规则。从近些年纠正的冤错案件来看，一些案件就是因为没有全案移送证据材料，影响了最终裁判。例如，安徽"于英生案"，侦查机关没有随案移送现场发现的第

---

① 参见李少平主编：《最高人民法院关于适用〈中华人民共和国刑事诉讼法〉的解释理解与适用》，人民法院出版社2021年版，第196-197页。

三人的血指纹。后经继续侦查，发现该第三人的血指纹即为真凶的血指纹。基于此，应当要求移送全案证据材料。从司法实践来看，个别案件存在未随案移送甚至经人民法院调取仍未提供相关证据材料导致案件存疑的情况。为将相关法律规定落到实处，切实保障被告人的合法权益，有必要专门规定。需要注意的是，本条专门规定"人民检察院未移送的，人民法院应当根据在案证据对案件事实作出认定"，旨在明确人民检察院经调取未移送证据材料的处理规则。这意味着缺乏证据材料导致有关事实存疑的，应当依法作出有利于被告人的认定。例如，在辩方举证证明被告人未满18周岁的情况下，由于人民检察院拒绝移送相关证据导致年龄存疑的，应当作有利于被告人的认定，即认定其不满18周岁。

1.3 规范性文件与重点解读

▶《公安机关办理刑事案件程序规定》（公安部令第159号，2020年7月20日）

第六十条 公安机关必须依照法定程序，收集、调取能够证实犯罪嫌疑人有罪或者无罪、犯罪情节轻重的各种证据。必须保证一切与案件有关或者了解案情的公民，有客观地充分地提供证据的条件，除特殊情况外，可以吸收他们协助调查。

第一百九十一条 公安机关对已经立案的刑事案件，应当及时进行侦查，全面、客观地收集、调取犯罪嫌疑人有罪或者无罪、罪轻或者罪重的证据材料。

【重点解读】[①]

公安机关收集证据，应当严格依照本条规定的原则进行，并注意以下四点：一是要主动、及时地收集、调取证据，特别是注意及时勘查现场，防止时过境迁，证据灭失。对现场遗留的与犯罪有关的具备同一认定检验鉴定条件的血迹、精斑、毛发、指纹等生物物证、痕迹、物品，应当通过DNA鉴定、指纹鉴定等科学鉴定方式与犯罪嫌疑人的相应生物检材、生物特征、物品等作同一认定。二是要充分运用现代科技手段和先进的设备、仪器收集证据。对与查

---

① 参见孙茂利主编：《公安机关办理刑事案件程序规定释义与实务指南》，中国人民公安大学出版社2020年版，第146-149页。

明案情有关，需要鉴定的物品、文件、电子数据、痕迹、人身、尸体等，应当及时进行科学鉴定，并将鉴定意见附卷。涉及命案的，应当通过被害人近亲属辨认、DNA 鉴定、指纹鉴定等方式确定被害人身份。三是要做好证据保全和固定工作。对证据的原物、原件要妥善保管，不得损毁、丢失或者擅自处理，防止证据毁损。四是对收集、调取到的证据，要认真进行审查、判断。

▶《公安部关于公安机关办理醉酒驾驶机动车犯罪案件的指导意见》（公交管〔2011〕190 号，2011 年 9 月 19 日）

9. 全面客观收集证据。对已经立案的醉酒驾驶机动车案件，应当全面、客观地收集、调取犯罪证据材料，并严格审查、核实。要及时检查、核实车辆和人员基本情况及机动车驾驶人违法犯罪信息，详细记录现场查获醉酒驾驶机动车的过程、人员车辆基本特征以及现场采取呼气酒精测试、实施强制措施、提取血样、口头传唤、固定证据等情况。讯问犯罪嫌疑人时，应当对犯罪嫌疑人是否有罪以及情节轻重等情况作重点讯问，并听取无罪辩解。要及时收集能够证明犯罪嫌疑人是否醉酒驾驶机动车的证人证言、视听资料等其他证据材料。

▶《监察法实施条例》（国家监察委员会公告第 1 号，2021 年 9 月 20 日）

第六十条第一款 监察机关认定案件事实应当以证据为根据，全面、客观地收集、固定被调查人有无违法犯罪以及情节轻重的各种证据，形成相互印证、完整稳定的证据链。

2 合法取证原则

2.1 法条规定与立法释义

▶《刑事诉讼法》（中华人民共和国主席令第 10 号，2018 年 10 月 26 日）

第五十二条 ……严禁刑讯逼供和以威胁、引诱、欺骗以及其他非法方法收集证据，不得强迫任何人证实自己有罪……

【立法释义】[①]

本条规定了合法取证原则。2012 年《刑事诉讼法》修改增加了"不得强

---

① 参见王爱立主编：《中华人民共和国刑事诉讼法释义》，法律出版社 2018 年版，第 110-112 页。

迫任何人证实自己有罪"的规定。具体要求如下：

第一，必须依照法定程序收集证据。法定的取证程序，是确保证据合法性的基础，也是非法证据排除规则的依据。对于违反法定程序取得的有关证据将被否定证据资格。

第二，严禁刑讯逼供和以威胁、引诱、欺骗以及其他非法方法收集证据。现有的非法证据排除规则，将刑讯逼供和威胁等方法取得的证据纳入非法证据的范围。对于通过引诱、欺骗方法收集的言词证据，可能影响司法公正，影响事实认定的真实性的，应当依法予以排除。讯问犯罪嫌疑人，对其宣讲刑事政策，宣传法律关于如实供述自己罪行可以从轻处罚的规定，通过思想工作让犯罪嫌疑人交代罪行，争取从宽处理，不属于强迫犯罪嫌疑人证实自己有罪。

第三，不得强迫任何人证实自己有罪。这一要求确立了不得强迫自证其罪的基本原则。这项原则包含了犯罪嫌疑人、被告人不被强迫自证其罪的权利，也是认罪认罚从宽制度的原则基础。

▶《监察法》（中华人民共和国主席令第 3 号，2018 年 3 月 20 日）

第四十条 监察机关对职务违法和职务犯罪案件，应当进行调查，收集被调查人有无违法犯罪以及情节轻重的证据，查明违法犯罪事实，形成相互印证、完整稳定的证据链。

严禁以威胁、引诱、欺骗及其他非法方式收集证据，严禁侮辱、打骂、虐待、体罚或者变相体罚被调查人和涉案人员。

2.2 司法解释

▶《人民检察院刑事诉讼规则》（高检发释字〔2019〕4 号，2019 年 12 月 30 日）

第六十六条 对采用刑讯逼供等非法方法收集的犯罪嫌疑人供述和采用暴力、威胁等非法方法收集的证人证言、被害人陈述，应当依法排除，不得作为移送审查逮捕、批准或者决定逮捕、移送起诉以及提起公诉的依据。

第六十七条 对采用下列方法收集的犯罪嫌疑人供述，应当予以排除：

（一）采用殴打、违法使用戒具等暴力方法或者变相肉刑的恶劣手段，使犯罪嫌疑人遭受难以忍受的痛苦而违背意愿作出的供述；

（二）采用以暴力或者严重损害本人及其近亲属合法权益等进行威胁的方

法，使犯罪嫌疑人遭受难以忍受的痛苦而违背意愿作出的供述；

（三）采用非法拘禁等非法限制人身自由的方法收集的供述。

第六十八条　对采用刑讯逼供方法使犯罪嫌疑人作出供述，之后犯罪嫌疑人受该刑讯逼供行为影响而作出的与该供述相同的重复性供述，应当一并排除，但下列情形除外：

（一）侦查期间，根据控告、举报或者自己发现等，公安机关确认或者不能排除以非法方法收集证据而更换侦查人员，其他侦查人员再次讯问时告知诉讼权利和认罪认罚的法律规定，犯罪嫌疑人自愿供述的；

（二）审查逮捕、审查起诉期间，检察人员讯问时告知诉讼权利和认罪认罚的法律规定，犯罪嫌疑人自愿供述的。

第六十九条　采用暴力、威胁以及非法限制人身自由等非法方法收集的证人证言、被害人陈述，应当予以排除。

▶《最高人民法院关于适用〈中华人民共和国刑事诉讼法〉的解释》（法释〔2021〕1号，2021年1月26日）

第七十四条　依法应当对讯问过程录音录像的案件，相关录音录像未随案移送的，必要时，人民法院可以通知人民检察院在指定时间内移送。人民检察院未移送，导致不能排除属于刑事诉讼法第五十六条规定的以非法方法收集证据情形的，对有关证据应当依法排除；导致有关证据的真实性无法确认的，不得作为定案的根据。

2.3　规范性文件

▶《公安机关办理刑事案件程序规定》（公安部令第159号，2020年7月20日）

第七十一条　采用刑讯逼供等非法方法收集的犯罪嫌疑人供述和采用暴力、威胁等非法方法收集的证人证言、被害人陈述，应当予以排除。

收集物证、书证、视听资料、电子数据违反法定程序，可能严重影响司法公正的，应当予以补正或者作出合理解释；不能补正或者作出合理解释的，对该证据应当予以排除。

在侦查阶段发现有应当排除的证据的，经县级以上公安机关负责人批准，应当依法予以排除，不得作为提请批准逮捕、移送审查起诉的依据。

人民检察院认为可能存在以非法方法收集证据情形，要求公安机关进行说明的，公安机关应当及时进行调查，并向人民检察院作出书面说明。

第七十二条　人民法院认为现有证据材料不能证明证据收集的合法性，通知有关侦查人员或者公安机关其他人员出庭说明情况的，有关侦查人员或者其他人员应当出庭。必要时，有关侦查人员或者其他人员也可以要求出庭说明情况。侦查人员或者其他人员出庭，应当向法庭说明证据收集过程，并就相关情况接受发问。

经人民法院通知，人民警察应当就其执行职务时目击的犯罪情况出庭作证。

▶《监察法实施条例》（国家监察委员会公告第1号，2021年9月20日）

第六十四条　严禁以暴力、威胁、引诱、欺骗以及非法限制人身自由等非法方法收集证据，严禁侮辱、打骂、虐待、体罚或者变相体罚被调查人、涉案人员和证人。

专题二　讯问犯罪嫌疑人的规则

3　传唤犯罪嫌疑人的程序

3.1　法条规定与立法释义

▶《刑事诉讼法》（中华人民共和国主席令第10号，2018年10月26日）

第一百一十九条第一款　<u>对不需要逮捕、拘留的犯罪嫌疑人，可以传唤到犯罪嫌疑人所在市、县内的指定地点或者到他的住处进行讯问，但是应当出示人民检察院或者公安机关的证明文件。对在现场发现的犯罪嫌疑人，经出示工作证件，可以口头传唤，但应当在讯问笔录中注明。</u>

【立法释义】[①]

对于不需要逮捕、拘留的犯罪嫌疑人，可以通过传唤方式进行讯问。关于

---

① 参见王爱立主编：《中华人民共和国刑事诉讼法释义》，法律出版社2018年版，第262-265页。

传唤讯问的程序，主要包括以下几点：

第一，传唤讯问的地点。对不需要逮捕、拘留的犯罪嫌疑人，可以传唤到犯罪嫌疑人所在市、县内的指定地点或者其住处进行讯问。"指定地点"，主要是指犯罪嫌疑人所在市、县的公安局、派出所、基层组织及其所在单位等地点。

第二，出示证件的要求。为确保讯问程序合法进行，侦查人员传唤犯罪嫌疑人到指定地点或者其住处进行讯问时，应当出示人民检察院或者公安机关的证明文件。"证明文件"，是指传唤犯罪嫌疑人使用的传唤证以及办案人员的工作证件。

第三，现场口头传唤的要求。对于在现场发现的犯罪嫌疑人，经出示工作证件，可以口头传唤，但应当在讯问笔录中注明。之所以规定现场口头传唤，是因为考虑到现场发现犯罪嫌疑人这一紧急情形，为及时固定犯罪嫌疑人供述，有必要当场进行讯问。为确保供述的合法性，对于口头传唤并当场讯问的情形，应当在讯问笔录中注明。

3.2 司法解释

▶《人民检察院刑事诉讼规则》（高检发释字〔2019〕4号，2019年12月30日）

第一百八十三条 对于不需要逮捕、拘留的犯罪嫌疑人，可以传唤到犯罪嫌疑人所在市、县内的指定地点或者到他的住处进行讯问。

传唤犯罪嫌疑人，应当出示传唤证和工作证件，并责令犯罪嫌疑人在传唤证上签名或者盖章，并捺指印。

犯罪嫌疑人到案后，应当由其在传唤证上填写到案时间。传唤结束时，应当由其在传唤证上填写传唤结束时间。拒绝填写的，应当在传唤证上注明。

对在现场发现的犯罪嫌疑人，经出示工作证件，可以口头传唤，并将传唤的原因和依据告知被传唤人。在讯问笔录中应当注明犯罪嫌疑人到案时间、到案经过和传唤结束时间。

本规则第八十四条第二款的规定适用于传唤犯罪嫌疑人。

（第八十四条 人民检察院拘传犯罪嫌疑人，应当在犯罪嫌疑人所在市、县内的地点进行。

犯罪嫌疑人工作单位与居住地不在同一市、县的，拘传应当在犯罪嫌疑人工作单位所在的市、县内进行；特殊情况下，也可以在犯罪嫌疑人居住地所在的市、县内进行。）

第一百八十四条　传唤犯罪嫌疑人时，其家属在场的，应当当场将传唤的原因和处所口头告知其家属，并在讯问笔录中注明。其家属不在场的，应当及时将传唤的原因和处所通知被传唤人家属。无法通知的，应当在讯问笔录中注明。

3.3　规范性文件

▶《公安机关办理刑事案件程序规定》（公安部令第159号，2020年7月20日）

第一百九十九条　传唤犯罪嫌疑人时，应当出示传唤证和侦查人员的人民警察证，并责令其在传唤证上签名、捺指印。

犯罪嫌疑人到案后，应当由其在传唤证上填写到案时间。传唤结束时，应当由其在传唤证上填写传唤结束时间。犯罪嫌疑人拒绝填写的，侦查人员应当在传唤证上注明。

对在现场发现的犯罪嫌疑人，侦查人员经出示人民警察证，可以口头传唤，并将传唤的原因和依据告知被传唤人。在讯问笔录中应当注明犯罪嫌疑人到案方式，并由犯罪嫌疑人注明到案时间和传唤结束时间。

对自动投案或者群众扭送到公安机关的犯罪嫌疑人，可以依法传唤。

3.4　案例与要旨

◆ **陆远明、陆安强妨害公务案**［（2016）云刑再3号］

裁判要旨：本案中，贵州省桐梓县公安局传唤原审上诉人陆远明于1998年11月9日到该局接受讯问，1998年11月9日凌晨1时许，公安民警到原审上诉人陆远明的住宅执行传唤时，原审上诉人陆远明称天亮后接受传唤并未超过指定时间，不能认定其拒绝传唤或逃避传唤。在此过程中，桐梓县公安局对原审上诉人陆远明采取的强制传唤的方式，其强度超过了必要的限度。在此情况下，以妨害公务罪对原审上诉人陆远明、陆安强定罪量刑实属适用法律不当。

本案原由贵州法院判决有罪，后最高人民法院作出（2015）刑监字第99

号再审决定，认为"原判认定被告人陆远明、陆安强采取暴力方法阻碍公安机关依法强制传唤陆远明并打伤执法干警的行为构成妨害公务罪，系定性和适用法律不当"，指令云南省高级人民法院进行再审，显示其改判无罪具有重要指导意义，即警察必须严格依法执行公务，采取传唤措施不应超出必要限度。

4 传唤、拘传的持续时间限制

4.1 法条规定

▶《刑事诉讼法》（中华人民共和国主席令第 10 号，2018 年 10 月 26 日）

第一百一十九条第二、三款 <u>传唤、拘传持续的时间不得超过十二小时；案情特别重大、复杂，需要采取拘留、逮捕措施的，传唤、拘传持续的时间不得超过二十四小时。</u>

<u>不得以连续传唤、拘传的形式变相拘禁犯罪嫌疑人。传唤、拘传犯罪嫌疑人，应当保证犯罪嫌疑人的饮食和必要的休息时间。</u>

4.2 司法解释

▶《人民检察院刑事诉讼规则》（高检发释字〔2019〕4 号，2019 年 12 月 30 日）

第一百八十五条第一款 传唤持续的时间不得超过十二小时。案情特别重大、复杂，需要采取拘留、逮捕措施的，传唤持续的时间不得超过二十四小时。两次传唤间隔的时间一般不得少于十二小时，不得以连续传唤的方式变相拘禁犯罪嫌疑人。

4.3 规范性文件

▶《公安机关办理刑事案件程序规定》（公安部令第 159 号，2020 年 7 月 20 日）

第二百条 传唤持续的时间不得超过十二小时。案情特别重大、复杂，需要采取拘留、逮捕措施的，经办案部门负责人批准，传唤持续的时间不得超过二十四小时。不得以连续传唤的形式变相拘禁犯罪嫌疑人。

传唤期限届满，未作出采取其他强制措施决定的，应当立即结束传唤。

4.4 案例与要旨

◆ **牛兵林、张荣辉、赵雄伟等寻衅滋事案**［（2018）冀0108刑初519号］

裁判要旨：根据《中华人民共和国刑事诉讼法》第一百一十九条第二款之规定，传唤、拘传时间不得超过12小时，案情特别重大、复杂案件，需要采取拘留、逮捕措施的，传唤、拘传时间不得超过24小时。本案不属于特别重大案件，故传唤时间不应超过12小时，侦查机关在传唤12小时后所取得供述，属于《人民法院办理刑事案件排除非法证据规程（试行）》中规定的非法限制人身自由的方法收集的被告人供述应当排除的情形。

5 讯问犯罪嫌疑人的人数

5.1 法条规定与立法释义

▶《**刑事诉讼法**》（中华人民共和国主席令第10号，2018年10月26日）

第一百一十八条第一款 讯问犯罪嫌疑人必须由人民检察院或者公安机关的侦查人员负责进行。讯问的时候，侦查人员不得少于二人。

【立法释义】

本条规定明确了讯问的主体要求，这是讯问程序的基本法律要素。关于讯问的主体，应当关注以下事项：

讯问是法定侦查措施，对于甄别犯罪嫌疑人是否有罪，查明案件事实，核实在案证据，发现新的犯罪线索和潜在犯罪证据具有关键作用。通过依法讯问获得的合法供述，不仅是指控犯罪的重要证据，也是影响后续诉讼程序（如认罪认罚从宽制度）的重要因素。

根据本条规定，讯问犯罪嫌疑人的主体，应当是人民检察院或者公安机关的侦查人员。具体包括两项要求：一是单位资质。除人民检察院或者公安机关外，其他任何单位（监察机关，以及依法授权的国家安全机关、军队保卫部门等除外）都无权对犯罪嫌疑人进行讯问。二是人员资质。除人民检察院或者公安机关负责本案讯问的侦查人员（讯问人员）外，其他任何人员包括人民检察院或者公安机关的其他工作人员，都无权对犯罪嫌疑人进行讯问。

本条规定，讯问的时候，侦查人员不得少于二人。这一数量要求，主要是为了确保讯问人员能够复核审查讯问与供述的内容,进而客观全面地固定供述,同时通过侦查人员互相监督,避免侦查人员单独讯问可能出现徇私舞弊以及刑讯逼供等非法取证情形,减少不必要的讯问合法性争议。应当注意的是,讯问共同犯罪案件的犯罪嫌疑人应当分别进行、单独讯问,以防止同案犯串供或者相互影响供述。

5.2　相关法规

▶《看守所条例》(国务院令第 52 号,1990 年 3 月 17 日)

第十九条　公安机关、国家安全机关、人民检察院、人民法院提讯人犯时,必须持有提讯证或者提票。提讯人员不得少于二人。

不符合前款规定的,看守所应当拒绝提讯。

5.3　司法解释与重点解读

▶《人民检察院刑事诉讼规则》(高检发释字〔2019〕4 号,2019 年 12 月 30 日)

第一百八十二条　讯问犯罪嫌疑人,由检察人员负责进行。讯问时,检察人员或者检察人员和书记员不得少于二人。

讯问同案的犯罪嫌疑人,应当个别进行。

【重点解读】[①]

为防止办案人员违法提讯,保护在押犯罪嫌疑人的合法权益,对于按法律规定已经送交看守所羁押的犯罪嫌疑人,包括被拘留、逮捕的犯罪嫌疑人,人民检察院需要讯问时,应当填写提讯、提解证,将犯罪嫌疑人提押到看守所的讯问室进行讯问,每提讯一次,填写一次。

5.4　规范性文件

▶《公安机关办理刑事案件程序规定》(公安部令第 159 号,2020 年 7 月 20 日)

第二百零二条　讯问犯罪嫌疑人,必须由侦查人员进行。讯问的时候,侦

---

① 参见童建明、万春主编:《〈人民检察院刑事诉讼规则〉条文释义》,中国检察出版社 2020 年版,第 197 页。

查人员不得少于二人。

讯问同案的犯罪嫌疑人，应当个别进行。

▶《监察法实施条例》（国家监察委员会公告第1号，2021年9月20日）

第八十三条第一款　讯问应当个别进行，调查人员不得少于二人。

5.5　案例与要旨

◆ **骆国全走私、贩卖、运输、制造毒品案**［（2020）云04刑初39号］

裁判要旨：其辩护人提出，本案部分证据存在问题，不应作为本案定罪量刑的依据。本案中陆良县公安局对骆国全讯问过程中只有一开始几分钟有两名侦查人员，之后到结束均只有一名侦查人员，该讯问过程及笔录严重违反了法律规定，不应予以认定。

主审法院认定，本案第一次讯问过程的同步录音录像只有一名侦查人员在场，违反《中华人民共和国刑事诉讼法》第一百一十八条的规定，对辩护人提出的讯问过程及笔录严重违反法律规定，不应予以认定的辩护意见，予以采纳。

◆ **陈为考盗窃案**［（2019）浙0302刑初735号］

裁判要旨：讯问录像及"钟结义"警官的照片证实，2019年3月16日14时46分至15时20分所作第一次讯问笔录中与2019年3月16日15时42分至15时46分所作第二次讯问笔录中记载的讯问人"钟结义"警官均不在场，制作笔录讯问期间，仅有一名侦查人员与一名辅警在场；侦查人员陈某的当庭证言证实制作笔录讯问期间，其确与辅警在场。根据《中华人民共和国刑事诉讼法》第一百一十八条第一款的规定：讯问的时候，侦查人员不得少于二人，而2019年3月16日的第一次、第二次讯问被告人陈为考制作笔录期间，仅有一名侦查人员和一名辅警参与讯问，违反法定程序，故被告人陈为考的该两次有罪供述依法均不得作为定案的根据。

6　讯问犯罪嫌疑人的场所

6.1　法条规定与立法释义

▶《刑事诉讼法》（中华人民共和国主席令第10号，2018年10月26日）

第一百一十八条第二款　<u>犯罪嫌疑人被送交看守所羁押以后，侦查人员对</u>

其进行讯问，应当在看守所内进行。

第一百一十九条第一款 对不需要逮捕、拘留的犯罪嫌疑人，可以传唤到犯罪嫌疑人所在市、县内的指定地点或者到他的住处进行讯问，但是应当出示人民检察院或者公安机关的证明文件。……

【立法释义】①

《刑事诉讼法》第一百一十八条明确了讯问的场所要求，该规定是2012年《刑事诉讼法》修改后新增的规定。关于讯问的场所，应当关注以下事项：

根据《刑事诉讼法》的规定，拘留、逮捕犯罪嫌疑人后，应当在法定时限内将犯罪嫌疑人送交看守所羁押。鉴于看守所的管理比较规范，能够在一定程度上防止刑讯逼供等非法取证情形，且看守所讯问室普遍安装讯问录音录像设备，2012年《刑事诉讼法》修改专门规定，犯罪嫌疑人被送交看守所羁押以后，侦查人员对其进行讯问，应当在看守所内进行。

为严格执行这一规定，中共中央政法委员会《关于切实防止冤假错案的规定》第一条要求：讯问犯罪嫌疑人、被告人，除情况紧急必须现场讯问外，应当在规定的办案场所进行；侦查机关不得以起赃、辨认等为由将犯罪嫌疑人提出看守所外进行讯问。这一规定的目的主要是避免看守所外的违法讯问。对于讯问之外的合理侦查需要，必要时可以押解犯罪嫌疑人出所。

此外，2017年"两高三部"《关于办理刑事案件严格排除非法证据若干问题的规定》第九条进一步要求，因客观原因侦查机关在看守所讯问室以外的场所进行讯问的，应当作出合理解释。该条所指的"客观原因"，主要是指犯罪嫌疑人因身患重病等，无法在看守所内继续羁押，为及时收集、核实犯罪嫌疑人供述，侦查机关在医院等场所进行紧急讯问。为避免此类紧急情形下讯问合法性面临争议，侦查机关应当对讯问过程录音录像，并在讯问笔录中写明具体原因。

6.2 相关法规

▶《看守所条例》（国务院令第52号，1990年3月17日）

第十九条第一款 公安机关、国家安全机关、人民检察院、人民法院提讯

---

① 参见王爱立主编：《中华人民共和国刑事诉讼法释义》，法律出版社2018年版，第256-265页。

人犯时，必须持有提讯证或者提票。……

第二十条　提讯人员讯问人犯完毕，应当立即将人犯交给值班看守人员收押，并收回提讯证或者提票。

6.3　司法解释

▶《人民检察院刑事诉讼规则》（高检发释字〔2019〕4号，2019年12月30日）

第一百八十六条　犯罪嫌疑人被送交看守所羁押后，检察人员对其进行讯问，应当填写提讯、提解证，在看守所讯问室进行。

因辨认、鉴定、侦查实验或者追缴犯罪有关财物的需要，经检察长批准，可以提押犯罪嫌疑人出所，并应当由两名以上司法警察押解。不得以讯问为目的将犯罪嫌疑人提押出所进行讯问。

6.4　规范性文件

▶《公安机关办理刑事案件程序规定》（公安部令第159号，2020年7月20日）

第一百九十八条　讯问犯罪嫌疑人，除下列情形以外，应当在公安机关执法办案场所的讯问室进行：

（一）紧急情况下在现场进行讯问的；

（二）对有严重伤病或者残疾、行动不便的，以及正在怀孕的犯罪嫌疑人，在其住处或者就诊的医疗机构进行讯问的。

对于已送交看守所羁押的犯罪嫌疑人，应当在看守所讯问室进行讯问。

对于正在被执行行政拘留、强制隔离戒毒的人员以及正在监狱服刑的罪犯，可以在其执行场所进行讯问。

对于不需要拘留、逮捕的犯罪嫌疑人，经办案部门负责人批准，可以传唤到犯罪嫌疑人所在市、县公安机关执法办案场所或者到他的住处进行讯问。

▶《监察法实施条例》（国家监察委员会公告第1号，2021年9月20日）

第八十二条　讯问被留置的被调查人，应当在留置场所进行。

6.5 案例与要旨

◆ 程某等人强奸案 [（2015）彬刑初字第 00110 号]

裁判要旨：被告人程某等五人的有罪供述和讯问光盘存在以下问题：（1）五被告人在被刑事拘留以后，侦查机关未按照《刑事诉讼法》的规定在看守所内讯问，提讯证形式不完整，且记载的侦查阶段侦查人员对被告人的提讯时间、次数与讯问笔录严重不符；（2）侦查机关对部分讯问笔录制作了同步讯问光盘，但光盘显示与笔录记载的侦查人员、讯问地点及讯问时长严重不符，笔录记载与光盘记录中，被告人对事实的陈述部分细节上有出入，且光盘没有完整记录讯问过程；（3）收监身体检查表、入所健康检查登记表、彬县看守所教育谈话记录，均形成于被告人的有罪供述之前或者之后，不能证明侦查机关收集被告人供述的合法性。综上，提讯证、讯问光盘、收监身体检查表、入所健康检查登记表、彬县看守所谈话教育记录存在严重问题，不能证明被告人供述的合法性、客观性、关联性，故对以上证据均不予认定。

7 讯问犯罪嫌疑人应个别进行

7.1 司法解释

►《人民检察院刑事诉讼规则》（高检发释字〔2019〕4 号，2019 年 12 月 30 日）

第一百八十二条第二款 <u>讯问同案的犯罪嫌疑人，应当个别进行。</u>

7.2 规范性文件

►《公安机关办理刑事案件程序规定》（公安部令第 159 号，2020 年 7 月 20 日）

第二百零二条第二款 讯问同案的犯罪嫌疑人，应当个别进行。

8 侦查人员讯问前的程序告知

8.1 法条规定与立法释义

►《刑事诉讼法》（中华人民共和国主席令第 10 号，2018 年 10 月 26 日）

第一百二十条第二款 <u>侦查人员在讯问犯罪嫌疑人的时候，应当告知犯罪</u>

嫌疑人享有的诉讼权利，如实供述自己罪行可以从宽处理和认罪认罚的法律规定。

【立法释义】[①]

本条规定明确了讯问犯罪嫌疑人前的程序告知，2012年《刑事诉讼法》修改增加了"如实供述自己罪行可以从宽处理"的规定。2018年《刑事诉讼法》修改增加了"认罪认罚"的规定。该两项新增规定关系到犯罪嫌疑人认罪的自愿性，对供述的合法性具有重要影响。关于程序告知，应当关注以下事项：

侦查人员在讯问犯罪嫌疑人时，应当告知犯罪嫌疑人享有的诉讼权利，主要包括有权委托律师辩护、阅读讯问笔录、使用本民族语言文字、拒绝回答与本案无关的问题、申请法律援助、申请回避、申请变更强制措施等，以及如实供述自己的罪行可以从宽处理和认罪认罚的法律规定。这一权利告知程序，是讯问程序和供述证据具有合法性的前提，也是依法适用认罪认罚从宽程序的基础。对于上述权利告知情形，应当在讯问笔录中写明。

8.2　司法解释

▶《人民检察院刑事诉讼规则》（高检发释字〔2019〕4号，2019年12月30日）

第一百八十七条第一款　讯问犯罪嫌疑人一般按照下列顺序进行：

……

（二）告知犯罪嫌疑人在侦查阶段的诉讼权利，有权自行辩护或者委托律师辩护，告知其如实供述自己罪行可以依法从宽处理和认罪认罚的法律规定；

……

8.3　规范性文件

▶《监察法实施条例》（国家监察委员会公告第1号，2021年9月20日）

第八十三条第二款　首次讯问时，应当向被讯问人出示《被调查人权利义

[①] 参见王爱立主编：《中华人民共和国刑事诉讼法释义》，法律出版社2018年版，第266-269页。

务告知书》，由其签名、捺指印。被讯问人拒绝签名、捺指印的，调查人员应当在文书上记明。被讯问人未被限制人身自由的，应当在首次讯问时向其出具《讯问通知书》。

9　侦查人员讯问的方式

9.1　法条规定与立法释义

▶《刑事诉讼法》（中华人民共和国主席令第10号，2018年10月26日）

第一百二十条第一款　<u>侦查人员在讯问犯罪嫌疑人的时候，应当首先讯问犯罪嫌疑人是否有犯罪行为，让他陈述有罪的情节或者无罪的辩解，然后向他提出问题。犯罪嫌疑人对侦查人员的提问，应当如实回答。但是对与本案无关的问题，有拒绝回答的权利。</u>

【立法释义】①

本条规定明确了侦查人员的讯问方式。为避免有罪推定和非法讯问，侦查人员讯问犯罪嫌疑人应当采取"无罪推定型"讯问方法，确保供述的合法性和真实性。本条规定的"三步式"讯问，基本体现了这一要求。第一步，"首先讯问犯罪嫌疑人是否有犯罪行为"，具体是指核实犯罪嫌疑人与犯罪行为的关联，及时甄别犯罪嫌疑人是否有罪。第二步，"让他陈述有罪的情节或者无罪的辩解"，具体是指根据犯罪嫌疑人是否有认罪的意思表示，让其继续陈述有罪的情节或无罪的辩解理由。第三步，"向他提出问题"，具体是指讯问人员结合案情、在案证据和犯罪嫌疑人的供述与辩解，有针对性地提出问题。

基于无罪推定原则的要求，侦查人员进行讯问，应当注重现有证据能否排除犯罪嫌疑人的犯罪嫌疑，即通过讯问核实犯罪嫌疑人无罪的现实可能性。在此基础上，对于有罪的材料或者证据，可以要求犯罪嫌疑人作出合理解释。

我国《刑事诉讼法》并未确立犯罪嫌疑人的沉默权。犯罪嫌疑人对侦查人员的提问，应当如实回答。基于《刑事诉讼法》第五十二条规定的不得强迫自证其罪原则，本款规定的"如实回答"义务，显然不是指侦查人员可以强迫犯

---

① 参见王爱立主编：《中华人民共和国刑事诉讼法释义》，法律出版社2018年版，第266-269页。

罪嫌疑人认罪。结合本条规定的"三步式"讯问方式,这里的"如实回答",主要是指对于侦查人员提出的可能表明犯罪嫌疑人无罪的证据,犯罪嫌疑人应当结合自己的无罪辩解予以回应。同时,对于侦查人员提出的可能表明犯罪嫌疑人有罪的证据,特别是实物关联证据,犯罪嫌疑人应当作出合理解释。如果犯罪嫌疑人面对有罪证据拒绝作出合理解释,侦查人员不得强迫其认罪。同时,对于侦查人员提出的与本案无关的问题,犯罪嫌疑人有拒绝回答的权利。据此,"如实回答"义务,强调的不是"回答"义务,而是"如实"回答的义务,即如果犯罪嫌疑人选择回答,就应当"如实"回答。

▶《监察法》(中华人民共和国主席令第3号,2018年3月20日)

第二十条 在调查过程中,对涉嫌职务违法的被调查人,监察机关可以要求其就涉嫌违法行为作出陈述,必要时向被调查人出具书面通知。

<u>对涉嫌贪污贿赂、失职渎职等职务犯罪的被调查人,监察机关可以进行讯问,要求其如实供述涉嫌犯罪的情况。</u>

【立法释义】①

监察机关调查人员在讯问涉嫌贪污贿赂、失职渎职等职务犯罪的被调查人时,应当首先讯问被调查人是否有犯罪行为,让其陈述犯罪的事实情节或者没有犯罪的辩解,然后再向其提出问题。被调查人对调查人员的提问,应当如实回答。对共同犯罪的被调查人应当单独讯问,防止串供或者相互影响。监察机关调查人员应当依法保障被调查人的权利,严禁以威胁、引诱、欺骗及其他非法方式获取口供,严禁侮辱、打骂、虐待、体罚或者变相体罚被调查人。

9.2 司法解释

▶《人民检察院刑事诉讼规则》(高检发释字〔2019〕4号,2019年12月30日)

第一百八十七条第一、二、三款 讯问犯罪嫌疑人一般按照下列顺序进行:

(一)核实犯罪嫌疑人的基本情况,包括姓名、出生年月日、户籍地、公民身份号码、民族、职业、文化程度、工作单位及职务、住所、家庭情况、社

---

① 参见中共中央纪律检查委员会法规室、中华人民共和国国家监察委员会法规室编写:《〈中华人民共和国监察法〉释义》,中国方正出版社2018年版,第128-130页。

会经历、是否属于人大代表、政协委员等；

（二）告知犯罪嫌疑人在侦查阶段的诉讼权利，有权自行辩护或者委托律师辩护，告知其如实供述自己罪行可以依法从宽处理和认罪认罚的法律规定；

（三）讯问犯罪嫌疑人是否有犯罪行为，让他陈述有罪的事实或者无罪的辩解，应当允许其连贯陈述。

犯罪嫌疑人对检察人员的提问，应当如实回答。但是对与本案无关的问题，有拒绝回答的权利。

讯问犯罪嫌疑人时，应当告知犯罪嫌疑人将对讯问进行全程同步录音、录像。告知情况应当在录音、录像中予以反映，并记明笔录。

9.3 规范性文件

▶《监察法实施条例》（国家监察委员会公告第1号，2021年9月20日）

第八十三条第三、四、五款　讯问一般按照下列顺序进行：

（一）核实被讯问人的基本情况，包括姓名、曾用名、出生年月日、户籍地、身份证件号码、民族、职业、政治面貌、文化程度、工作单位及职务、住所、家庭情况、社会经历，是否属于党代表大会代表、人大代表、政协委员，是否受到过党纪政务处分，是否受到过刑事处罚等；

（二）告知被讯问人如实供述自己罪行可以依法从宽处理和认罪认罚的法律规定；

（三）讯问被讯问人是否有犯罪行为，让其陈述有罪的事实或者无罪的辩解，应当允许其连贯陈述。

调查人员的提问应当与调查的案件相关。被讯问人对调查人员的提问应当如实回答。调查人员对被讯问人的辩解，应当如实记录，认真查核。

讯问时，应当告知被讯问人将进行全程同步录音录像。告知情况应当在录音录像中予以反映，并在笔录中记明。

10　讯问聋、哑、不通晓当地语言文字及未成年犯罪嫌疑人的程序

10.1　法条规定与立法释义

▶《刑事诉讼法》（中华人民共和国主席令第10号，2018年10月26日）

第一百二十一条　讯问聋、哑的犯罪嫌疑人，应当有通晓聋、哑手势的人

参加，并且将这种情况记明笔录。

【立法释义】①

本条规定明确了讯问聋、哑人的法定程序，这是一项重要的人权保障措施。讯问聋、哑的犯罪嫌疑人，应当有通晓聋、哑手势的人参加，为讯问人员和犯罪嫌疑人翻译，并在讯问笔录中注明犯罪嫌疑人的聋、哑情况及翻译人员的姓名、工作单位和职业等基本情况。"通晓聋、哑手势的人"，应当具备有关的专业资质，避免在翻译过程中出现偏差或者疏漏。对于可以书写的聋、哑犯罪嫌疑人，可以允许其书写供述和辩解理由。

▶《刑事诉讼法》（中华人民共和国主席令第10号，2018年10月26日）

第二百八十一条第一、二、三款　对于未成年人刑事案件，在讯问和审判的时候，应当通知未成年犯罪嫌疑人、被告人的法定代理人到场。无法通知、法定代理人不能到场或者法定代理人是共犯的，也可以通知未成年犯罪嫌疑人、被告人的其他成年亲属，所在学校、单位、居住地基层组织或者未成年人保护组织的代表到场，并将有关情况记录在案。到场的法定代理人可以代为行使未成年犯罪嫌疑人、被告人的诉讼权利。

到场的法定代理人或者其他人员认为办案人员在讯问、审判中侵犯未成年人合法权益的，可以提出意见。讯问笔录、法庭笔录应当交给到场的法定代理人或者其他人员阅读或者向他宣读。

讯问女性未成年犯罪嫌疑人，应当有女工作人员在场。

10.2　案例与要旨

◆【《刑事审判参考》案例】［第1167号］黄某1、卢某2、陈某3贩卖、运输毒品案

裁判要旨：被告人陈某3系未成年人，办案单位对其讯问时未通知法定代理人或其他成年亲属到场，讯问程序违反法律规定，尽管这并不属于法律规定的采用刑讯逼供等非法方法收集证据的情形，但上述违反法定程序取得的供述因客观真实性无法保障，亦不能作为定案的根据。

---

① 参见王爱立主编：《中华人民共和国刑事诉讼法释义》，法律出版社2018年版，第269-270页。

11 讯问笔录应由犯罪嫌疑人核对确认

11.1 法条规定与立法释义

▶《**刑事诉讼法**》（中华人民共和国主席令第 10 号，2018 年 10 月 26 日）

第一百二十二条 <u>讯问笔录应当交犯罪嫌疑人核对，对于没有阅读能力的，应当向他宣读。如果记载有遗漏或者差错，犯罪嫌疑人可以提出补充或者改正。犯罪嫌疑人承认笔录没有错误后，应当签名或者盖章。</u>……

【立法释义】[①]

本条规定明确了讯问笔录的制作要求，是供述的证据资格和证明力的程序保障。关于讯问笔录制作，应当关注以下事项：

第一，讯问笔录的证据属性。讯问笔录是犯罪嫌疑人、被告人供述的重要证据载体，与讯问录音录像共同构成讯问和供述内容的客观记录。只要讯问犯罪嫌疑人，就应当制作讯问笔录。讯问笔录应当客观记录犯罪嫌疑人的认罪供述和无罪、罪轻辩解。对于犯罪嫌疑人拒不认罪或者做无罪辩解的情形，侦查人员应当在讯问笔录中写明。之所以强调在讯问笔录中记录讯问（或者问话）的内容，主要是考虑到讯问的语言和方式将会影响供述的合法性。

第二，讯问笔录的制作要求。关于讯问笔录的制作要求，主要包括以下要点：一是核对笔录。侦查人员在讯问结束后应当核对笔录，并将讯问笔录交犯罪嫌疑人核对。对于没有阅读能力的犯罪嫌疑人，应当向其宣读笔录内容。二是补充改正笔录内容。经核对，犯罪嫌疑人认为讯问笔录有遗漏或者差错的，可以提出补充或者改正。在补充或者改正的地方，犯罪嫌疑人应当签名或者盖章。三是签名确认。犯罪嫌疑人经审查确认讯问笔录无误的，应当签名或者盖章。侦查人员也应当在笔录上签名。

第三，违反规定的后果。对于违反本条规定的情形，如犯罪嫌疑人、侦查人员没有在笔录上签名或者犯罪嫌疑人对笔录内容有异议，但侦查人员不允许补充改正的，将会影响讯问笔录的证据资格和证明力。

---

① 参见王爱立主编：《中华人民共和国刑事诉讼法释义》，法律出版社 2018 年版，第 270-271 页。

11.2 司法解释

▶《人民检察院刑事诉讼规则》(高检发释字〔2019〕4号,2019年12月30日)

第一百八十八条 讯问犯罪嫌疑人,应当制作讯问笔录。讯问笔录应当忠实于原话,字迹清楚,详细具体,并交犯罪嫌疑人核对。犯罪嫌疑人没有阅读能力的,应当向他宣读。如果记载有遗漏或者差错,应当补充或者改正。犯罪嫌疑人认为讯问笔录没有错误的,由其在笔录上逐页签名或者盖章,并捺指印,在末页写明"以上笔录我看过(向我宣读过),和我说的相符",同时签名或者盖章,并捺指印,注明日期。如果犯罪嫌疑人拒绝签名、盖章、捺指印的,应当在笔录上注明。讯问的检察人员、书记员也应当在笔录上签名。

11.3 规范性文件

▶《公安机关办理刑事案件程序规定》(公安部令第159号,2020年7月20日)

第二百零五条 侦查人员应当将问话和犯罪嫌疑人的供述或者辩解如实地记录清楚。制作讯问笔录应当使用能够长期保持字迹的材料。

第二百零六条 讯问笔录应当交犯罪嫌疑人核对;对于没有阅读能力的,应当向他宣读。如果记载有遗漏或者差错,应当允许犯罪嫌疑人补充或者更正,并捺指印。笔录经犯罪嫌疑人核对无误后,应当由其在笔录上逐页签名、捺指印,并在末页写明"以上笔录我看过(或向我宣读过),和我说的相符"。拒绝签名、捺指印的,侦查人员应当在笔录上注明。

讯问笔录上所列项目,应当按照规定填写齐全。侦查人员、翻译人员应当在讯问笔录上签名。

11.4 案例与要旨

◆ 杨某盗窃案〔(2014)足法刑初字第00042号〕

裁判要旨:二次供述中杨某未承认盗窃事实,在第三次供述中详细交代了作案经过,但此次笔录却由公安民警代为签字,在之后的九次讯问笔录中,公安民警均采用如"为什么要偷?""如何实施盗窃?""盗窃用的什么工具""偷来的电缆是怎么处理？"等先入为主的提问方式获取被告人回答，并且后九次笔录简略单一，全部采用电脑打印的录入方式，内容分别为第三次笔录的重复拆解，杨某亦拒绝签字，而侦查机关对杨某未签字的笔录并未进行补正或作出合理解释。根据《最高人民法院关于适用〈中华人民共和国刑事诉讼法〉的解释》第八十一条第一款第一项、第八十二条第一款第二项的规定，讯问笔录未经被告人核对确认，或者未签名且不能补正或作出合理解释的，不能作为定案根据。综上，被告人杨某的供述不具有证据资格。

对于犯罪嫌疑人、被告人供述和辩解应注意审查讯问笔录的制作、修改、核对情况，尤其是犯罪嫌疑人、被告人是否核对并确认笔录。根据《刑事诉讼法》及相关解释的规定，讯问笔录没有经过被告人核对确认的，不得作为定案的根据。本案中，公诉机关提交的杨某有关有罪供述没有经过杨某本人的签字确认，其真实性、合法性存疑。最终法院在综合全案证据后对相关指控事实的不予认定，是适用非法证据排除规则的结果。

12　犯罪嫌疑人自行书写供述

12.1　法条规定与立法释义

▶《**刑事诉讼法**》（中华人民共和国主席令第 10 号，2018 年 10 月 26 日）

<u>第一百二十二条　……犯罪嫌疑人请求自行书写供述的，应当准许。必要的时候，侦查人员也可以要犯罪嫌疑人亲笔书写供词。</u>

【立法释义】[①]

犯罪嫌疑人请求自行书写供述的，应当准许。必要的时候，侦查人员也可以要求犯罪嫌疑人亲笔书写供词。本条中的"必要的时候"，主要包括两种情况：一是根据犯罪嫌疑人的自身情况，书写供述更能准确地表达犯罪嫌疑人的真实意思表示和案件事实情况，如犯罪嫌疑人系聋、哑人或者口齿不清。二是根据案件侦查需要，需要根据犯罪嫌疑人的书面笔录获取侦查线索，如进行笔迹鉴定等。需要强调的是，犯罪嫌疑人在讯问阶段自行书写的供述，也称"自

---

① 参见王爱立主编：《中华人民共和国刑事诉讼法释义》，法律出版社 2018 年版，第 270-271 页。

书材料",严格意义上并非书证,而是应当被认定为犯罪嫌疑人供述。犯罪嫌疑人在办案机关立案之前,针对犯罪过程自行书写的日记等材料,可以被视为书证。

12.2 司法解释与重点解读

▶《人民检察院刑事诉讼规则》(高检发释字〔2019〕4号,2019年12月30日)

第一百八十九条 犯罪嫌疑人请求自行书写供述的,检察人员应当准许。必要时,检察人员也可以要求犯罪嫌疑人亲笔书写供述。犯罪嫌疑人应当在亲笔供述的末页签名或者盖章,并捺指印,注明书写日期。检察人员收到后,应当在首页右上方写明"于某年某月某日收到",并签名。

【重点解读】[1]

亲笔书写供述是犯罪嫌疑人的一项权利,无论犯罪嫌疑人是在讯问前、讯问中还是讯问后提出,都应当满足犯罪嫌疑人的要求。但是,亲笔供述不能代替讯问笔录。即使犯罪嫌疑人亲笔书写供述后,检察人员也不能以此代替讯问笔录,而应当根据供词的内容进一步讯问犯罪嫌疑人。对于没有写清的问题,应当要求犯罪嫌疑人说明,或者提供补充供词。

12.3 规范性文件

▶《公安机关办理刑事案件程序规定》(公安部令第159号,2020年7月20日)

第二百零七条 犯罪嫌疑人请求自行书写供述的,应当准许;必要时,侦查人员也可以要求犯罪嫌疑人亲笔书写供词。犯罪嫌疑人应当在亲笔供词上逐页签名、捺指印。侦查人员收到后,应当在首页右上方写明"于某年某月某日收到",并签名。

---

[1] 参见童建明、万春主编:《〈人民检察院刑事诉讼规则〉条文释义》,中国检察出版社2020年版,第201页。

13 对讯问过程的录音录像

13.1 法条规定与立法释义

▶《刑事诉讼法》（中华人民共和国主席令第 10 号，2018 年 10 月 26 日）

第一百二十三条 ……对于可能判处无期徒刑、死刑的案件或者其他重大犯罪案件，应当对讯问过程进行录音或者录像。

录音或者录像应当全程进行，保持完整性。

【立法释义】①

本条规定明确了对讯问过程录音录像的要求，是 2012 年《刑事诉讼法》修改新增的规定。这一新增规定，体现了现代科技对侦查取证方式的影响，也为取证合法性争议提供了重要的解决机制。关于讯问录音录像的制作，应当关注以下事项：

第一，讯问录音录像的适用范围。讯问录音录像的适用范围，主要包括两种情形：一是裁量模式。对于普通犯罪案件，侦查人员在讯问犯罪嫌疑人时，可以对讯问过程进行录音或者录像。2012 年《刑事诉讼法》修改作出这一裁量性规定，主要是因为讯问录音录像制度刚刚施行，一些经济不发达地区尚不具备完全实施该项制度的条件。二是强制模式。对于可能判处无期徒刑、死刑的案件或者其他重大犯罪案件，应当对讯问过程进行录音或者录像。本条中的"可能判处无期徒刑、死刑的案件"，根据《公安机关办理刑事案件程序规定》第二百零八条第二款的规定，具体是指应当适用的法定刑或者量刑档次包含无期徒刑、死刑的案件。本条中的"其他重大犯罪案件"，具体是指致人重伤、死亡的严重危害公共安全犯罪、严重侵犯公民人身权利犯罪，以及黑社会性质组织犯罪、严重毒品犯罪等重大故意犯罪案件。

需要指出的是，《公安机关讯问犯罪嫌疑人录音录像工作规定》对公安机关讯问犯罪嫌疑人的录音录像工作提出明确要求，应当在实践中严格执行这一规定。如果从权利保障角度看待讯问录音录像，可以将之视为避免强迫自证其

---

① 参见王爱立主编：《中华人民共和国刑事诉讼法释义》，法律出版社 2018 年版，第 273—275 页。

罪的专门程序。对于强制模式的讯问录音录像要求，应当严格执行；对于裁量模式的讯问录音录像要求，应当尽可能地推广适用，并且在具备条件的情况下不能选择性适用。违反本条规定，规避讯问录音录像的程序要求，将会影响讯问行为和有关证据的合法性。

第二，讯问过程录音录像的操作要求。对讯问过程录音录像的具体要求，主要包括两个方面：一是全程同步进行。录音录像应当从犯罪嫌疑人进入讯问场所时开始，直至离开讯问场所为止。这主要是因为如果将录音录像限定为自讯问开始到讯问结束的过程，就难以避免先采用非法方法进行强迫，然后再进行讯问的可能性。二是保持完整性。对讯问过程的录音录像应当不间断进行，不得剪接、删改。这主要是因为如果讯问录音录像存在中断、剪接、删改，就容易导致讯问过程的合法性存在争议。需要强调的是，与讯问笔录一样，每次讯问过程都应当全程同步录音录像，不能选择性录音录像。尽管本条表述的是讯问录音或者录像，但实际上公安机关的讯问设备能够满足同时录音和录像的要求，《公安机关讯问犯罪嫌疑人录音录像工作规定》亦表述为讯问录音录像。三是严格执行首次讯问过程的录音录像。第一次讯问的合法性，直接影响后续供述的合法性，以及重复性供述排除规则的适用。

第三，讯问录音录像的证据属性。尽管同属供述的证据载体，但讯问录音录像作为对讯问过程更为客观、直观的记录，比讯问笔录更具可靠性。从证明价值角度看，讯问录音录像既可以作为证明取证合法性的证据，也可以作为证明案件事实的证据。为充分发挥讯问录音录像的证明价值，最高人民法院等六部委《关于实施刑事诉讼法若干问题的规定》第十九条规定，侦查人员对讯问过程进行录音或者录像，应当在讯问笔录中注明。人民检察院、人民法院可以根据需要调取讯问犯罪嫌疑人的录音或者录像，有关机关应当及时提供。

13.2 司法解释

▶《人民检察院刑事诉讼规则》（高检发释字〔2019〕4 号，2019 年 12 月 30 日）

第一百九十条 人民检察院办理直接受理侦查的案件，应当在每次讯问犯罪嫌疑人时，对讯问过程实行全程录音、录像，并在讯问笔录中注明。

13.3 规范性文件

▶《最高人民法院、最高人民检察院、公安部、国家安全部、司法部关于办理刑事案件严格排除非法证据若干问题的规定》（法发〔2017〕15号，2017年6月20日）

第十条 侦查人员在讯问犯罪嫌疑人的时候，可以对讯问过程进行录音录像；对于可能判处无期徒刑、死刑的案件或者其他重大犯罪案件，应当对讯问过程进行录音录像。

侦查人员应当告知犯罪嫌疑人对讯问过程录音录像，并在讯问笔录中写明。

第十一条 对讯问过程录音录像，应当不间断进行，保持完整性，不得选择性地录制，不得剪接、删改。

▶《公安机关讯问犯罪嫌疑人录音录像工作规定》（公通字〔2014〕33号，2014年9月5日）

第四条 对下列重大犯罪案件，应当对讯问过程进行录音录像：

（一）可能判处无期徒刑、死刑的案件；

（二）致人重伤、死亡的严重危害公共安全犯罪、严重侵犯公民人身权利犯罪案件；

（三）黑社会性质组织犯罪案件，包括组织、领导黑社会性质组织，入境发展黑社会组织，包庇、纵容黑社会性质组织等犯罪案件；

（四）严重毒品犯罪案件，包括走私、贩卖、运输、制造毒品，非法持有毒品数量大的，包庇走私、贩卖、运输、制造毒品的犯罪分子情节严重的，走私、非法买卖制毒物品数量大的犯罪案件；

（五）其他故意犯罪案件，可能判处十年以上有期徒刑的。

前款规定的"讯问"，既包括在执法办案场所进行的讯问，也包括对不需要拘留、逮捕的犯罪嫌疑人在指定地点或者其住处进行的讯问，以及紧急情况下在现场进行的讯问。

本条第一款规定的"可能判处无期徒刑、死刑的案件"和"可能判处十年以上有期徒刑的案件"，是指应当适用的法定刑或者量刑档次包含无期徒刑、死刑、十年以上有期徒刑的案件。

第五条　在办理刑事案件过程中,在看守所讯问或者通过网络视频等方式远程讯问犯罪嫌疑人的,应当对讯问过程进行录音录像。

第六条　对具有下列情形之一的案件,应当对讯问过程进行录音录像:

(一)犯罪嫌疑人是盲、聋、哑人,未成年人或者尚未完全丧失辨认或者控制自己行为能力的精神病人,以及不通晓当地通用的语言文字的;

(二)犯罪嫌疑人反侦查能力较强或者供述不稳定,翻供可能性较大的;

(三)犯罪嫌疑人作无罪辩解和辩护人可能作无罪辩护的;

(四)犯罪嫌疑人、被害人、证人对案件事实、证据存在较大分歧的;

(五)共同犯罪中难以区分犯罪嫌疑人相关责任的;

(六)引发信访、舆论炒作风险较大的;

(七)社会影响重大、舆论关注度高的;

(八)其他重大、疑难、复杂情形。

第十条　录音录像应当自讯问开始时开始,至犯罪嫌疑人核对讯问笔录、签字捺指印后结束。讯问笔录记载的起止时间应当与讯问录音录像资料反映的起止时间一致。

第十一条　对讯问过程进行录音录像,应当对侦查人员、犯罪嫌疑人、其他在场人员、讯问场景和计时装置、温度计显示的信息进行全面摄录,图像应当显示犯罪嫌疑人正面中景。有条件的地方,可以通过画中画技术同步显示侦查人员正面画面。

讯问过程中出示证据和犯罪嫌疑人辨认证据、核对笔录、签字捺指印的过程应当在画面中予以反映。

第十二条　讯问录音录像的图像应当清晰稳定,话音应当清楚可辨,能够真实反映讯问现场的原貌,全面记录讯问过程,并同步显示日期和24小时制时间信息。

第十四条　讯问过程中,因存储介质空间不足、技术故障等客观原因导致不能录音录像的,应当中止讯问,并视情及时采取更换存储介质、排除故障、调换讯问室、更换移动录音录像设备等措施。

对于本规定第四条规定以外的案件,因案情紧急、排除中止情形所需时间过长等原因不宜中止讯问的,可以继续讯问。有关情况应当在讯问笔录中载明,并由犯罪嫌疑人签字确认。

第十五条　中止讯问的情形消失后继续讯问的，应当同时进行录音录像。侦查人员应当在录音录像开始后，口头说明中断的原因、起止时间等情况，在讯问笔录中载明并由犯罪嫌疑人签字确认。

第十九条　人民法院、人民检察院依法调取讯问录音录像资料的，办案部门应当在三日内将副本光盘移交人民法院、人民检察院。利用磁盘等存储设备存储的，应当转录为光盘后移交。

第二十二条　讯问录音录像工作和讯问录音录像资料的管理使用情况，应当纳入所在单位案件审核和执法质量考评范围。

对本规定第四条规定的案件，办案部门在报送审核时应当同时提交讯问录音录像资料。审核部门应当重点审查是否存在以下情形：

（一）以刑讯逼供等非法方法收集证据；

（二）未在讯问室讯问犯罪嫌疑人；

（三）未保证犯罪嫌疑人的饮食和必要的休息时间；

（四）讯问笔录记载的起止时间与讯问录音录像资料反映的起止时间不一致；

（五）讯问笔录与讯问录音录像资料内容严重不符。

对本规定第四条规定以外的案件，存在刑讯逼供等非法取证嫌疑的，审核部门应当对讯问录音录像资料进行审查。

第二十三条　审核部门发现具有下列情形之一的，不得将犯罪嫌疑人供述作为提请批准逮捕、移送审查起诉的依据：

（一）存在本规定第二十二条第二款第一项情形的；

（二）存在本规定第二十二条第二款第二项至第五项情形而未进行补正、解释，或者经补正、解释后仍不能有效证明讯问过程合法性的。

13.4　案例与要旨

◆【《刑事审判参考》案例】［第1166号］王平受贿案

裁判要旨：侦查机关在立案后对上诉人王平的讯问笔录，其中没有同步录音录像的2011年4月21日1份、4月22日1份、4月28日1份、4月29日1份、5月4日1份，不符合《最高人民检察院讯问职务犯罪嫌疑人实行全程同步录音录像的规定》第二条的规定，在王平质疑的情况下，无法确保讯问笔录的合法性，亦无法确保讯问笔录内容的真实性，故不得作为定案的根据。

对本案中有同步录音录像的 2011 年 4 月 20 日 15 时 8 分至 17 时 13 分、4 月 29 日 14 时 50 分至 16 时 49 分的讯问笔录，虽然讯问笔录与讯问录音录像内容存在部分不一致，但讯问录音录像内容证明侦查机关不存在取证不合法的情形，对讯问笔录个别内容与同步录音录像不一致的部分由于不影响该讯问笔录的真实性，两者并不存在重大实质性差异，故对有关讯问笔录可以采纳。有关讯问笔录与讯问录音录像内容相一致部分，能与其他证据相互印证，可以作为定案的根据。但如果讯问笔录与讯问录音录像的内容有重大实质性差异的，该讯问笔录相关内容则不得作为证据使用。

专题三　询问证人、被害人的规则

14　询问证人的程序

14.1　法条规定与立法释义

▶《刑事诉讼法》（中华人民共和国主席令第 10 号，2018 年 10 月 26 日）

第一百二十四条　<u>侦查人员询问证人，可以在现场进行，也可以到证人所在单位、住处或者证人提出的地点进行，在必要的时候，可以通知证人到人民检察院或者公安机关提供证言。在现场询问证人，应当出示工作证件，到证人所在单位、住处或者证人提出的地点询问证人，应当出示人民检察院或者公安机关的证明文件。</u>

询问证人应当个别进行。

【立法释义】①

本条规定明确了询问证人的基本程序要求。2012 年《刑事诉讼法》修改增加了可以在现场以及证人提出的地点进行询问的规定。证人证言是证明案件

---

① 参见王爱立主编：《中华人民共和国刑事诉讼法释义》，法律出版社 2018 年版，第 273-275 页。

事实的关键证据，办案机关既要努力寻找潜在证人，寻求证人的配合，也要遵循询问的程序规范，确保证人证言的合法性和真实性。关于询问证人的程序，应当关注以下事项：

第一，询问地点。关于询问地点，主要包括四种情形：一是现场询问。侦查人员可以在现场询问证人，第一时间获取证人证言，固定原始的证据信息。询问时间越早，越有利于获取客观、准确、详细的证言。二是到证人所在单位或者住处询问。这主要是因为在此类地点开展询问，不影响证人正常的生活、工作，也有利于得到证人单位及其家人的支持，同时可以一并了解证人的品性情况。三是到证人提出的地点进行询问。这种做法有利于消除顾虑，获得证人的积极配合。在准备询问证人之前，办案机关可以针对询问地点征求证人意见。四是在必要的时候，通知证人到人民检察院或者公安机关提供证言。这种做法有利于保证证人安全，避免证人受到其他因素的干扰或者影响，督促证人如实提供证言。

第二，出示证件要求。关于询问的出示证件要求，要区分两种情形：一是现场询问证人，应当出示工作证件，证明侦查人员的执法身份。二是到证人所在单位、住处或者证人提出的地点询问证人，应当出示人民检察院、公安机关的证明文件，证明询问程序的合法性。

第三，个别询问原则。对于存在多名证人的案件，为避免证人之间交流案件信息，或者受其他证人影响，询问证人应当个别进行。无论是现场询问，还是在其他地点询问，都应当分别询问，确保证人不受干扰和影响地独立提供证言。

▶《监察法》（中华人民共和国主席令第 3 号，2018 年 3 月 20 日）

第二十一条　<u>在调查过程中，监察机关可以询问证人等人员。</u>

【立法释义】[①]

监察机关调查人员询问证人，可以到证人所在单位、住处或者证人提出的地点进行，在必要的时候，可以通知证人到监察机关提供证言。

---

① 参见中共中央纪律检查委员会法规室、中华人民共和国国家监察委员会法规室编写：《〈中华人民共和国监察法〉释义》，中国方正出版社 2018 年版，第 131-132 页。

14.2 司法解释与重点解读

▶《人民检察院刑事诉讼规则》（高检发释字〔2019〕4号，2019年12月30日）

第一百九十二条 询问证人，应当由检察人员负责进行。询问时，检察人员或者检察人员和书记员不得少于二人。

第一百九十三条 询问证人，可以在现场进行，也可以到证人所在单位、住处或者证人提出的地点进行。必要时，也可以通知证人到人民检察院提供证言。到证人提出的地点进行询问的，应当在笔录中记明。

询问证人应当个别进行。

在现场询问证人，应当出示工作证件。到证人所在单位、住处或者证人提出的地点询问证人，应当出示人民检察院的证明文件。

【重点解读】[1]

人民检察院在询问时，应当首先告知证人作证享有的权利和应当履行的义务。证人有使用本民族语言文字提供证言的权利；有要求阅读或者向其宣读自己证言笔录的权利，如果发现记录有遗漏或者差错，有补充或者更正的权利，有要求自己书写证言的权利；对检察人员侵犯其诉讼权利或者有人身侮辱的行为，有提出控告的权利；在侦查阶段不愿公开其姓名和作证行为的，有要求保密的权利；在人身安全受到侵害时，有要求保护的权利。同时，证人负有如实作证的义务，保守案件秘密的义务，不得有意作伪证的义务等。

14.3 规范性文件

14.3.1 公安机关询问证人、被害人的程序

▶《公安机关办理刑事案件程序规定》（公安部令第159号，2020年7月20日）

第二百一十条 询问证人、被害人，可以在现场进行，也可以到证人、被害人所在单位、住处或者证人、被害人提出的地点进行。在必要的时候，可以

---

[1] 参见童建明、万春主编：《〈人民检察院刑事诉讼规则〉条文释义》，中国检察出版社2020年版，第203页。

书面、电话或者当场通知证人、被害人到公安机关提供证言。

询问证人、被害人应当个别进行。

在现场询问证人、被害人，侦查人员应当出示人民警察证。到证人、被害人所在单位、住处或者证人、被害人提出的地点询问证人、被害人，应当经办案部门负责人批准，制作询问通知书。询问前，侦查人员应当出示询问通知书和人民警察证。

14.3.2 远程询问证人的程序规范

▶《最高人民法院、最高人民检察院、公安部关于办理信息网络犯罪案件适用刑事诉讼程序若干问题的意见》（法发〔2022〕23号，2022年8月25日）

15. 询（讯）问异地证人、被害人以及与案件有关联的犯罪嫌疑人的，可以由办案地公安机关通过远程网络视频等方式进行并制作笔录。

远程询（讯）问的，应当由协作地公安机关事先核实被询（讯）问人的身份。办案地公安机关应当将询（讯）问笔录传输至协作地公安机关。询（讯）问笔录经被询（讯）问人确认并逐页签名、捺指印后，由协作地公安机关协作人员签名或者盖章，并将原件提供给办案地公安机关。询（讯）问人员收到笔录后，应当在首页右上方写明"于某年某月某日收到"，并签名或者盖章。

远程询（讯）问的，应当对询（讯）问过程同步录音录像，并随案移送。

异地证人、被害人以及与案件有关联的犯罪嫌疑人亲笔书写证词、供词的，参照执行本条第二款规定。

14.3.3 监委询问证人的程序要求

▶《监察法实施条例》（国家监察委员会公告第1号，2021年9月20日）

第八十六条 证人未被限制人身自由的，可以在其工作地点、住所或者其提出的地点进行询问，也可以通知其到指定地点接受询问。到证人提出的地点或者调查人员指定的地点进行询问的，应当在笔录中注明。

调查人员认为有必要或者证人提出需要由所在单位派员或者其家属陪同到询问地点的，应当办理交接手续并填写《陪送交接单》。

14.4 案例与要旨

◆ 王某犯受贿案［（2006）济铁中刑再字第1-2号］

裁判要旨：询问证人没有个别进行的不得作为定案的根据。辩护人提交的向证人张某、江某发出的调查函及回复意见，张某、江某在法庭上已作出说明，且当庭陈述了给王某送钱的事实细节，该调查函及回复意见已失去证明意义，应以证人当庭陈述为准。同时回复意见违反"询问证人个别进行"的原则，向张某一人发出的调查函，却由张某、江某两人在回复意见上共同签字，根据《最高人民法院关于适用〈中华人民共和国刑事诉讼法〉的解释》第七十六条①的规定，询问证人没有个别进行的不得作为定案的根据，故不予采信。

◆ **郑川受贿案**［（2014）穗中法刑二初字第152号］

裁判要旨：询问地点不符合规定，不能作为证据使用。关于侦查人员对江某甲调查询问是否构成非法取证。在现有证据中，江某甲在侦查阶段作了3份询问笔录并提交1份亲笔证词，三次调查询问是在不同时间和地点、由不同侦查人员进行询问的情况下进行的。其中2013年9月28日笔录在广东省纪委办案点进行，对此公诉人在庭审中解释当时侦查人员是以犯罪嫌疑人身份对江某甲进行调查询问的。法院认为，因江某甲目前在本案中属于证人身份，且未被采取刑事强制措施，故对于江某甲的调查询问应当适用《刑事诉讼法》关于询问证人的规定。

根据《刑事诉讼法》第一百二十二条②的规定，侦查人员询问证人，可以在现场进行，也可以到证人所在单位、住处或者证人提出的地点进行，必要时，可以通知证人到人民检察院或者公安机关提供证言。鉴于2013年9月28日笔录不符合关于询问地点的规定，故不能作为本案证据使用。

◆ **王某某交通事故一审刑事附带民事判决书**［河南省登封市人民法院（2014）登少刑初字第27号］

裁判要旨：同一侦查人员在同一时段询问不同人，不能合理解释或补正的，不得作为定案的根据。关于侦查人员王宏彪、冯俊祥在2014年4月7日13时30分至15时30分对被告人王某甲做的讯问笔录与侦查人员冯俊祥、张高峰在2014年4月7日14时至15时20分对证人秦某乙的询问笔录，存在同一侦查人员在同一时段既对被告人进行讯问又对证人进行询问的情形，根据公安机关出具的情况说明，侦查机关对被告人王某甲的该份讯问笔录不作为定案的证据。

---

① 现为第八十九条。
② 现为第一百二十四条。

15　询问证人的法律责任告知程序

15.1　法条规定与立法释义

▶《刑事诉讼法》(中华人民共和国主席令第 10 号，2018 年 10 月 26 日)

第一百二十五条　<u>询问证人，应当告知他应当如实地提供证据、证言和有意作伪证或者隐匿罪证要负的法律责任。</u>

【立法释义】[①]

本条规定明确了询问证人的法律责任告知程序。证人是重要的证据来源，但也存在作伪证或者隐匿罪证的风险。为避免证据失真风险，根据本条规定，询问证人，应当首先进行责任告知，即告知证人应当如实地提供证据、证言以及有意作伪证或者隐匿罪证应负的法律责任。需要注意的是，这种责任告知程序，以督促证人如实提供证据和证言为宗旨，不得异化为强迫证人作证或者改变此前的证言，否则将会影响询问程序和有关证据的合法性。

关于询问方法，《人民检察院刑事诉讼规则》第一百九十四条规定，询问证人，不得向证人泄露案情，不得采用拘禁、暴力、威胁、引诱、欺骗以及其他非法方法获取证言。询问重大或者有社会影响的案件的重要证人，应当对询问过程实行全程录音、录像，并在询问笔录中注明。

15.2　规范性文件

▶《公安机关办理刑事案件程序规定》(公安部令第 159 号，2020 年 7 月 20 日)

第二百一十一条　询问前，应当了解证人、被害人的身份，证人、被害人、犯罪嫌疑人之间的关系。询问时，应当告知证人、被害人必须如实地提供证据、证言和有意作伪证或者隐匿罪证应负的法律责任。

侦查人员不得向证人、被害人泄露案情或者表示对案件的看法，严禁采用暴力、威胁等非法方法询问证人、被害人。

[①] 参见王爱立主编：《中华人民共和国刑事诉讼法释义》，法律出版社 2018 年版，第 275—276 页。

▶《监察法实施条例》（国家监察委员会公告第 1 号，2021 年 9 月 20 日）

第八十七条　询问应当个别进行。负责询问的调查人员不得少于二人。

首次询问时，应当向证人出示《证人权利义务告知书》，由其签名、捺指印。证人拒绝签名、捺指印的，调查人员应当在文书上记明。证人未被限制人身自由的，应当在首次询问时向其出具《询问通知书》。

询问时，应当核实证人身份，问明证人的基本情况，告知证人应当如实提供证据、证言，以及作伪证或者隐匿证据应当承担的法律责任。不得向证人泄露案情，不得采用非法方法获取证言。

询问重大或者有社会影响案件的重要证人，应当对询问过程全程同步录音录像，并告知证人。告知情况应当在录音录像中予以反映，并在笔录中记明。

15.3　案例与要旨

◆ **陈某某容留他人吸毒案**　[（2018）川 13 刑终 130 号]

裁判要旨：未告知证人权利义务且没有补正和合理解释，获取的证人证言不得作为定案根据。关于抗诉机关所提原判未认定其指控的陈某某容留李某 2、刘某、张某吸毒，属认定事实错误的抗诉意见，经查，抗诉机关在一审庭审中出示的讯问刘某、张某的笔录，因侦查机关在收集证人刘某、张某的证言时，没有告知证人有关作证的权利义务和法律责任，其收集证人证言的程序和方式有瑕疵，又没有作出补正和合理解释，根据《最高人民法院关于适用〈中华人民共和国刑事诉讼法〉的解释》第七十七条①第三项的规定，讯问刘某、张某的笔录不得作为定案的根据，原判未予确认正确。

16　证人作证的义务及法律后果

16.1　法条规定

▶《刑法》（主席令第 66 号，2020 年 12 月 26 日）

第三百零五条　在刑事诉讼中，证人、鉴定人、记录人、翻译人对与案件有重要关系的情节，故意作虚假证明、鉴定、记录、翻译，意图陷害他人或者

---

① 现为第九十条。

隐匿罪证的，处三年以下有期徒刑或者拘役；情节严重的，处三年以上七年以下有期徒刑。

第三百一十条　明知是犯罪的人而为其提供隐藏处所、财物，帮助其逃匿或者作假证明包庇的，处三年以下有期徒刑、拘役或者管制；情节严重的，处三年以上十年以下有期徒刑。

犯前款罪，事前通谋的，以共同犯罪论处。

16.2　规范性文件

▶《监察法实施条例》（国家监察委员会公告第 1 号，2021 年 9 月 20 日）

第八十九条　凡是知道案件情况的人，都有如实作证的义务。对故意提供虚假证言的证人，应当依法追究法律责任。

证人或者其他任何人不得帮助被调查人隐匿、毁灭、伪造证据或者串供，不得实施其他干扰调查活动的行为。

17　询问笔录的制作要求

17.1　法条规定与立法释义

▶《刑事诉讼法》（中华人民共和国主席令第 10 号，2018 年 10 月 26 日）

第一百二十六条　本法第一百二十二条的规定，也适用于询问证人。

第一百二十二条　讯问笔录应当交犯罪嫌疑人核对，对于没有阅读能力的，应当向他宣读。如果记载有遗漏或者差错，犯罪嫌疑人可以提出补充或者改正。犯罪嫌疑人承认笔录没有错误后，应当签名或者盖章。侦查人员也应当在笔录上签名。犯罪嫌疑人请求自行书写供述的，应当准许。必要的时候，侦查人员也可以要犯罪嫌疑人亲笔书写供词。

【立法释义】[①]

本条规定明确了询问笔录参照讯问笔录的制作要求。除客观全面记录证人证言，以及交证人核对、补充或者纠正笔录内容外，应当将询问前告知法律责

---

① 参见王爱立主编：《中华人民共和国刑事诉讼法释义》，法律出版社 2018 年版，第 277 页。

任的内容在询问笔录中写明。此外，对于重大案件中的关键证人，可以对询问过程录音录像。

17.2 案例与要旨

◆ 赵亚军故意伤害案 [（2014）铜中刑终字第157号]

裁判要旨：书面证言没有经证人核对确认，且证人未出庭的，予以排除。

裁判观点：经本院审查，证人赵某超确实未在询问笔录上签名确认，根据《最高人民法院关于适用〈中华人民共和国刑事诉讼法〉的解释》第七十六条关于"证人证言具有下列情形之一的，不得作为定案的根据：……（二）书面证言没有经证人核对确认的"的规定，上述证言，证人赵某超没有核对并签名确认，一审法院也未通知赵某超出庭作证，故此证言不能作为本案的定案证据，依法应予以排除。

18　询问被害人的程序

18.1　法条规定与立法释义

▶《刑事诉讼法》（中华人民共和国主席令第10号，2018年10月26日）

第一百二十七条　询问被害人，适用本节各条规定。

【立法释义】①

本条规定明确了询问被害人参照询问证人的程序进行。从证明角度看，被害人与证人具有一定的类似性。但被害人与案件处理结果存在利害关系，其陈述可能存在失真风险。在询问被害人过程中，应当结合在案证据核实其陈述的细节。

18.2　规范性文件

▶《监察法实施条例》（国家监察委员会公告第1号，2021年9月20日）

第九十一条　本条例第七十六条至第七十九条的要求，也适用于询问。询问重要涉案人员，根据情况适用本条例第七十五条的规定。

---

① 参见王爱立主编：《中华人民共和国刑事诉讼法释义》，法律出版社2018年版，第277-278页。

询问被害人,适用询问证人的规定。

18.3 案例与要旨

◆ **高建国故意杀人案**［(2018)吉0781刑初30号］

裁判要旨:处于明显醉酒状态、不能正常感知状态的被害人陈述不得作为证据使用。被害人聂建国、证人王井龙事发时处于明显醉酒状态,不能正常感知,聂建国的陈述、王井龙的证言不得作为证据使用。证据证明,聂建国、王井龙事发前均喝一斤半洮儿河白酒,事发时处于明显醉酒状态,对事发过程已不能正常感知。依据《最高人民法院关于适用〈中华人民共和国刑事诉讼法〉的解释》第七十五条①"处于明显醉酒、中毒或者麻醉等状态,不能正常感知或者正确表达的证人所提供的证言,不得作为证据使用",第七十九条②"对被害人陈述的审查与认定,参照本节适用的有关规定"之规定,聂建国的陈述、王井龙的证言不得作为证据使用。

◆ **李松松强奸案**【戴长林、罗国良、刘静坤:《中国非法证据排除制度:原理·案例·适用》附录典型案例】

裁判要旨:对采用诱导方式取得的被害人陈述,客观真实性无法确认的,不得作为定案的根据。法律明确禁止采用引诱的非法方法收集证据,对于采用诱导性发问的方式收集的被害人陈述,因诱导性发问极易造成言词证据失真,因此,应当结合其他证据审查被害人陈述的客观真实性,如果由此取得的被害人陈述与其他证据存在矛盾,或者无法得到其他证据印证,不能确认其客观真实性,不得将之作为定案的根据。如果最初的诱导询问对被害人产生持续的影响,后续被害人陈述的客观真实性仍然缺乏保障,也不得将之作为定案的根据。

◆ **刘永添等人组织、参加黑社会性质组织案**［(2018)粤01刑终748号］

裁判要旨:虽然案件经过媒体新闻报道相关案情,但庭审证言质证后合法,予以采信。有辩护人提出部分被害人陈述、证人证言存在作证前受到侦查机关通过媒体报道泄露案情和案件定性的诱导,导致所作的陈述或证言不客

---

① 现为第八十八条第一款。
② 现为第九十二条。

观，应作为非法证据予以排除。法院认为：侦查机关提取的被害人陈述、证人证言作为言词证据，均已经法庭出示，其合法性、真实性和关联性亦经由控辩双方当庭质证，法庭审查后认为可资采信；公安机关在破案后确实通过新闻发布的形式向社会公布了本案涉嫌黑恶势力犯罪的相关案情，但公安部门在侦办重大案件过程中，及时向社会公众公开信息以回应社会关切，并无不当。辩护人就此提出的上述意见，没有法律依据。

专题四　勘验、检查的规则

19　勘验、检查的主体和对象

19.1　法条规定与立法释义

▶《**刑事诉讼法**》（中华人民共和国主席令第10号，2018年10月26日）

第一百二十八条　<u>侦查人员对于与犯罪有关的场所、物品、人身、尸体应当进行勘验或者检查。在必要的时候，可以指派或者聘请具有专门知识的人，在侦查人员的主持下进行勘验、检查。</u>

【立法释义】[①]

勘验、检查是常用的侦查手段，主要用于对与案件事实可能有关联的血迹、指纹、足迹、字迹、毛发、体液、人体组织等痕迹和物品的鉴别、提取和检查。

勘验、检查的实施主体是侦查人员，包括公安机关和人民检察院对案件行使侦查权的工作人员。

勘验、检查的对象是与犯罪有关的场所、物品、人身和尸体。"与犯罪有关的场所"主要是指犯罪现场、现场外围及其他可能留有犯罪痕迹和物品的地方。与犯罪有关的"物品"是指犯罪的工具及现场遗留物，包括犯罪嫌疑人及

[①] 参见王爱立主编：《中华人民共和国刑事诉讼法释义》，法律出版社2018年版，第278-280页。

被害人遗留的衣物、毛发、血迹、书信等可见物。与犯罪有关的"人身"主要是指犯罪嫌疑人或被害人的身体。与犯罪有关的"尸体"是指死因与犯罪有关的尸体，多属于被害人，也可能是犯罪嫌疑人。勘验、检查的具体措施包括现场勘验、尸体检验、物证、书证检验、人身检查等。

为了保证勘验、检查结果的可靠性，在必要的时候，可以指派或者聘请具有专门知识的人，在侦查人员主持下进行勘验、检查。应当注意的是，指派、聘请具有专门知识的人进行勘验检查，必须是在侦查人员的主持下进行，以确保这种活动能够适应侦查工作的需要依法进行。

▶《监察法》（中华人民共和国主席令第 3 号，2018 年 3 月 20 日）

第二十六条 监察机关在调查过程中，可以直接或者指派、聘请具有专门知识、资格的人员在调查人员主持下进行勘验检查。勘验检查情况应当制作笔录，由参加勘验检查的人员和见证人签名或者盖章。

【立法释义】[1]

本条应当注意把握四个方面要求：

一是采取勘验检查措施，必须经监察机关相关负责人审批。

二是监察机关实施勘验检查的对象是与职务违法犯罪行为有关的场所、物品、人身等，具体措施包括现场勘验，物证、书证检验，人身检查等。

三是调查人员是勘验检查的实施主体，可以由监察机关工作人员直接进行，并邀请见证人在场。在实践中，监察机关应当根据案件的性质和重要程度，指派相应级别的调查人员主持指挥勘验检查。为了保证勘验检查结果的准确性和可靠性，在必要的时候，可以指派或者聘请具有专门知识的人，在调查人员主持下进行勘验检查。指派、聘请具有专门知识的人参与勘验检查，主要是因为职务违法犯罪情况复杂，手段和形式多种多样，特别是利用现代科学技术手段实施的违法犯罪，采用一般的调查措施可能难以得出正确结论，必须运用一定科学方法和专门知识才能查明案件情况。

四是调查人员和其他参加人员应当将勘验检查的情况，制作勘验检查笔录，主要包括勘验检查的时间、地点、对象、目的、经过和结果等。勘验检查

---

[1] 参见中共中央纪律检查委员会法规室、中华人民共和国国家监察委员会法规室编写：《〈中华人民共和国监察法〉释义》，中国方正出版社 2018 年版，第 147—149 页。

笔录由参加勘验检查的人和见证人签名或盖章。这样规定，一方面使该证据具有证明力，另一方面加强对勘验检查活动的监督，防止伪造勘验检查结果，以保证正确处理案件。

需要注意的是，调查人员在执行勘验检查任务时，必须持有监察机关的证明文件。监察机关所指派或者聘请参与勘验检查的人员，应当与案件无利害关系，调查人员不能对其进行技术上的干预，更不能强迫或暗示其作出某种不真实的倾向性结论。被指派或者聘请参与勘验检查的人员只能就案件中的专门性问题作出结论，不能就法律适用问题作出结论。

19.2 规范性文件

▶《公安机关刑事案件现场勘验检查规则》（公通字〔2015〕31号，2015年10月22日）

第五条　刑事案件现场勘验、检查的内容，包括现场保护、现场实地勘验检查、现场访问、现场搜索与追踪、侦查实验、现场分析、现场处理、现场复验与复查等。

第六条　刑事案件现场勘验、检查由公安机关组织现场勘验、检查人员实施。必要时，可以指派或者聘请具有专门知识的人，在侦查人员的组织下进行勘验、检查。

公安机关现场勘验、检查人员是指公安机关及其派出机构经过现场勘验、检查专业培训考试，取得现场勘验、检查资格的侦查人员。

第九条　县级公安机关及其派出机构负责辖区内刑事案件的现场勘验、检查。对于案情重大、现场复杂的案件，可以向上一级公安机关请求支援。上级公安机关认为有必要时，可以直接组织现场勘验、检查。

第十条　涉及两个县级以上地方公安机关的刑事案件现场勘验、检查，由受案地公安机关进行，案件尚未受理的，由现场所在地公安机关进行。

第十一条　新疆生产建设兵团和铁路、交通、民航、森林公安机关及海关缉私部门负责其管辖的刑事案件的现场勘验、检查。

第十二条　公安机关和军队、武装警察部队互涉刑事案件的现场勘验、检查，依照公安机关和军队互涉刑事案件管辖分工的有关规定确定现场勘验、检查职责。

第十三条　人民法院、人民检察院和国家安全机关、军队保卫部门、监狱等部门管辖的案件，需要公安机关协助进行现场勘验、检查，并出具委托书的，有关公安机关应当予以协助。

第二十条　公安机关对刑事案件现场勘验、检查应当统一指挥，周密组织，明确分工，落实责任，及时完成各项任务。

第二十一条　现场勘验、检查的指挥员由具有现场勘验、检查专业知识和组织指挥能力的人民警察担任。

第二十四条　公安机关对刑事案件现场进行勘验、检查不得少于二人。

勘验、检查现场时，应当邀请一至二名与案件无关的公民作见证人。由于客观原因无法由符合条件的人员担任见证人的，应当在笔录材料中注明情况，并对相关活动进行录像。

勘验、检查现场，应当拍摄现场照片，绘制现场图，制作笔录，由参加勘查的人和见证人签名。对重大案件的现场，应当录像。

第三十四条　为了确定被害人、犯罪嫌疑人的某些特征、伤害情况或者生理状态，可以对人身进行检查，可以提取指纹信息，采集血液、口腔拭子、尿液等生物样本。犯罪嫌疑人拒绝检查、提取、采集的，侦查人员认为必要的时候，经办案部门负责人批准，可以强制检查、提取、采集。

检查妇女的身体，应当由女工作人员或者医师进行。

检查的情况应当制作笔录，由参加检查的侦查人员、检查人员、被检查人员和见证人签名。被检查人员拒绝签名的，侦查人员应当在笔录中注明。

第三十五条　勘验、检查有尸体的现场，应当有法医参加。

第三十六条　为了确定死因，经县级以上公安机关负责人批准，可以解剖尸体。

▶《计算机犯罪现场勘验与电子证据检查规则》（公信安〔2005〕161号，2005年2月25日）

第六条　执行计算机犯罪现场勘验与电子证据检查任务的人员，应当具备计算机现场勘验与电子证据检查的专业知识和技能。

第八条　计算机犯罪现场勘验与电子证据检查，应当由县级以上公安机关公共信息网络安全监察部门负责组织实施。必要时，可以指派或者聘请具有专门知识的人参加。

第九条 对计算机犯罪现场进行勘验和对电子证据进行检查不得少于二人。现场勘验检查，应当邀请一至两名与案件无关的公民作见证人。公安司法人员不能充当见证人。电子证据检查，应当遵循办案人员与检查人员分离的原则。检查工作应当由具备电子证据检查技能的专业技术人员实施，办案人员应当予以配合。

第十一条 计算机犯罪现场勘验与电子证据检查的指挥员应当由具有计算机犯罪现场勘验与电子证据检查专业知识和组织指挥能力的人民警察担任。重大、特别重大案件的勘验检查工作，指挥员由案发地公安机关负责人担任。必要时，上级公安机关可以直接组织指挥现场勘验和电子证据检查工作。

▶《监察法实施条例》（国家监察委员会公告第1号，2021年9月20日）

第一百三十六条 监察机关按规定报批后，可以依法对与违法犯罪有关的场所、物品、人身、尸体、电子数据等进行勘验检查。

第一百三十七条 依法需要勘验检查的，应当制作《勘验检查证》；需要委托勘验检查的，应当出具《委托勘验检查书》，送具有专门知识、勘验检查资格的单位（人员）办理。

20 现场保护和通知义务

20.1 法条规定与立法释义

▶《刑事诉讼法》（中华人民共和国主席令第10号，2018年10月26日）

第一百二十九条 <u>任何单位和个人，都有义务保护犯罪现场，并且立即通知公安机关派员勘验。</u>

【立法释义】[①]

本条规定有两层含义：

一是保护犯罪现场是每个单位和公民的义务。任何单位或个人发现犯罪现场，应当立即将发现犯罪现场的时间、地点、犯罪情况报告给公安机关，通知其派员进行勘验，并且在公安机关派人到达现场之前设法保护好现场。除出现

---

① 参见王爱立主编：《中华人民共和国刑事诉讼法释义》，法律出版社2018年版，第280页。

抢救伤员、灭火等特殊的紧急情况外，应尽量防止移动、损毁现场的物品和原始痕迹，并阻止其他人进入现场、触摸现场及其附近物品。

二是公安机关在接到报案后，应当迅速派员赶赴犯罪现场，同时组织有关部门和人员采取相应保护措施，如封锁现场、布置警戒，防止无关人员进入现场等。

20.2 规范性文件

20.2.1 监督管理部门的现场保护、通知义务

▶《最高人民法院、最高人民检察院、公安部、监察部、国家安全生产监督管理总局关于严格依法及时办理危害生产安全刑事案件的通知》（高检会〔2008〕5号，2008年6月6日）

二、安全生产监督管理部门、煤矿安全监察机构和负有安全生产监督管理职责的有关部门接到事故报告后，应当按规定及时通知公安机关、监察机关、工会和人民检察院。

有关单位和人员要严格履行保护现场和重要痕迹、物证的义务。因抢救人员、防止事故扩大以及疏通交通等原因，需要移动事故现场物件的，应当做出标志，绘制现场简图并做出书面记录，妥善保存现场重要痕迹、物证。任何单位和个人不得破坏事故现场、毁灭相关证据。

相关单位、部门要在事故调查组的统一组织协调下开展调查取证、现场勘验、技术鉴定等工作，查明事故发生的经过、原因、人员伤亡情况及直接经济损失，认定事故的性质和事故责任，在法定期限内完成事故调查处理工作，并将处理意见抄送有关单位、部门。

事故调查过程中，发现涉嫌犯罪的，事故调查组应当及时将有关材料或者复印件移交公安机关、检察机关。

20.2.2 基层执法部门的现场保护、报告义务和持证勘查要求

▶《公安机关办理刑事案件程序规定》（公安部令第159号，2020年7月20日）

第二百一十四条 发案地派出所、巡警等部门应当妥善保护犯罪现场和证据，控制犯罪嫌疑人，并立即报告公安机关主管部门。

执行勘查的侦查人员接到通知后，应当立即赶赴现场；勘查现场，应当持

有刑事犯罪现场勘查证。

【重点解读】①

本条规定了基层执法部门的现场保护、报告义务以及持证勘查的要求。

发案地派出所、巡警等部门接到群众报案后,凡是有犯罪现场的,应当在立即报告公安机关主管部门,同时及时赶赴现场,并组织保护犯罪现场。所谓保护犯罪现场,是指将现场与外界隔离开来,阻止其他人进入现场、触摸现场及其附近的物品。这里的"公安机关主管部门"应当是指县级以上公安机关管辖该犯罪案件的侦查部门。

对于基层执法部门报告的现场情况,执行勘查的侦查人员应当立即赶赴犯罪现场,不得无故拖延。同时,勘查现场需坚持持证勘查的要求,勘查人员应当持有侦查机关配发的刑事犯罪现场勘查证。

21 勘验、检查的程序规范

21.1 法条规定与立法释义

▶《刑事诉讼法》(中华人民共和国主席令第10号,2018年10月26日)

第一百三十条 侦查人员执行勘验、检查,必须持有人民检察院或者公安机关的证明文件。

【立法释义】②

现场勘验、检查是一项重要的侦查措施,根据相关法律规定只有侦查人员能够行使此项职权。侦查人员所属单位开具的证明文件,是其依法履行职责的有效凭证,用以证明检察人员或公安人员的身份及执行勘验、检查任务的程序合法性,防止勘验、检查权被滥用,干扰或破坏侦查活动的顺利进行。

这里的"证明文件"是指人民检察院或公安机关开具的允许执行勘验、检查任务的证明文件,而不是指侦查人员的个人身份证件。

---

① 参见孙茂利主编:《公安机关办理刑事案件程序规定释义与实务指南》,中国人民公安大学出版社2020年版,第514-515页。

② 参见王爱立主编:《中华人民共和国刑事诉讼法释义》,法律出版社2018年版,第280-281页。

21.2 司法解释与重点解读

▶《人民检察院刑事诉讼规则》（高检发释字〔2019〕4号，2019年12月30日）

第一百九十七条 勘验时，人民检察院应当邀请两名与案件无关的见证人在场。

勘查现场，应当拍摄现场照片。勘查的情况应当写明笔录并制作现场图，由参加勘查的人和见证人签名。勘查重大案件的现场，应当录像。

【重点解读】[1]

为保证勘验的科学性、公正性，在进行勘验时，人民检察院应当邀请两名与案件无关的见证人在场。"与案件无关"，是指既和案件无利害关系，既不是案件的当事人及当事人的近亲属，也和诉讼的进行无关，即不是案件的证人、鉴定人等诉讼参与人。法庭对勘验、检查的证据存在疑问，认为有必要的，可以要求见证人出庭作证。"在场"，即现场目击勘验的进行。

制作现场勘验笔录包括两层含义：一是进行勘验、检查应当制作笔录，即将勘验、检查的情况写成笔录。"勘查的情况"包括勘验、检查的时间、地点、对象、目的、经过和结果等。只有将勘验、检查的情况用文字固定下来，形成笔录，才有证据价值。现场勘验除制作笔录外，还应当进行必要的绘图、拍照。二是勘验、检查笔录由参加勘验、检查的人和见证人签名。这样可以表明笔录来源、出处，便于核查，也有利于获得准确、科学的勘验、检查结果。

勘查重大案件的现场，应当录像。录像是为了保证勘验、检查的客观性、公正性。对于命案、可能判处无期徒刑以上刑罚、在本地有重大影响的重大案件，勘验、检查时应当录像，为后期可能进行的侦查实验、还原犯罪现场等工作服务。

---

[1] 参见童建明、万春主编：《〈人民检察院刑事诉讼规则〉理解与适用》，中国检察出版社2020年版，第209-210页。

21.3 规范性文件与重点解读

▶《公安机关办理刑事案件程序规定》(公安部令第159号,2020年7月20日)

第二百一十五条 公安机关对案件现场进行勘查,侦查人员不得少于二人。

第二百一十六条 勘查现场,应当拍摄现场照片、绘制现场图,制作笔录,由参加勘查的人和见证人签名。对重大案件的现场勘查,应当录音录像。

【重点解读】[1]

现场勘查的主体,应当具备与勘查工作相适应的知识、资质。关于勘查现场的具体要求,主要包括两个方面:首先,应当按照现场勘查规则的要求拍摄现场照片。现场照片必须反映现场的原始状态和勘查过程中发现的各种痕迹、物证,拍摄方位、概览、中心、细目照片。照片必须影像清晰真实,主题突出。其次,应当按照要求制作现场勘验、检查笔录和现场图。现场勘验、检查笔录应当按要求详细记载有关内容。其中,尸体检验笔录应当由法医单独制作,勘查现场和检验尸体时,应制作补充笔录;现场图必须反映现场的位置、范围,与犯罪活动有关的主要物体、痕迹、遗留物、作案工具、尸体具体位置以及它们之间的距离和关系等。对重大案件特别是重大案件的现场,侦查人员在勘查现场的同时,应当进行录像。

▶《监察法实施条例》(国家监察委员会公告第1号,2021年9月20日)

第一百三十八条 勘验检查应当由二名以上调查人员主持,邀请与案件无关的见证人在场。勘验检查情况应当制作笔录,并由参加勘验检查人员和见证人签名。

勘验检查现场、拆封电子数据存储介质应当全程同步录音录像。对现场情况应当拍摄现场照片、制作现场图,并由勘验检查人员签名。

---

[1] 参见孙茂利主编:《公安机关办理刑事案件程序规定释义与实务指南》,中国人民公安大学出版社2020年版,第516-522页。

21.4 案例与要旨

◆ 刘东杭走私、贩卖、运输、制造毒品案 [广东省佛山市中级人民法院（2014）佛中法刑一初字第74号]

裁判要旨：侦查人员控制被告人后，未能依照相关规定及时通知相关部门技术人员进行现场勘验并提取、采集与案件有关的痕迹、物证、生物样本，而是直接将涉案毒品及外包装带回派出所后提取指纹，且其实际提取人并未在物证痕迹表上签名，现场勘验笔录、搜查笔录系在现场搜查之后补作，而现场搜查及事后的勘验过程中的侦查人员均少于二人。此案在现场勘验的问题上除了没有及时由具有专业资质的现场勘验人员进行勘验，以及勘验主体少于二人外，侦查人员在提取涉案毒品外包装袋及电话机盒上被告人刘某的指纹时，没有第一时间固定、提取，而是带到派出所才提取，且提取人没有在《提取痕迹、物证登记表》上签字，这是严重违反现场勘查程序的。这个案件虽然公安机关侦查人员出庭作证，但法院认为在案证据不足以排除相关物证被污染及被告人被抓捕时接触到涉案毒品外包装并留下指纹的可能性，认定该指纹不能作为定案证据。

22 尸体解剖程序

22.1 法条规定与立法释义

▶《刑事诉讼法》（中华人民共和国主席令第10号，2018年10月26日）

第一百三十一条　对于死因不明的尸体，公安机关有权决定解剖，并且通知死者家属到场。

【立法释义】[①]

在案发现场或其他场所发现的与案件有关的尸体必须认真检查。在尸体检验过程中，相关人员不仅需要依法及时对尸体进行检查、解剖，以防尸体上的痕迹因尸体的变化和腐烂而消失，还应尽量尊重死者家属的感情，争取其理解

---

① 参见王爱立主编：《中华人民共和国刑事诉讼法释义》，法律出版社2018年版，第281-282页。

和支持,确保侦查活动的正常进行。

本条包含以下两项要求:第一,决定对死因不明的尸体解剖的权力属于公安机关,其他任何单位、个人都无权决定对死因不明的尸体进行解剖,也无权进行干涉。第二,公安机关决定解剖尸体,应当通知死者家属到场。家属在场有助于配合公安机关查明案情,也可对公安机关解剖尸体进行监督。

22.2 司法解释与重点解读

▶《人民检察院刑事诉讼规则》(高检发释字〔2019〕4号,2019年12月30日)

第一百九十八条 人民检察院解剖死因不明的尸体,应当通知死者家属到场,并让其在解剖通知书上签名或者盖章。

死者家属无正当理由拒不到场或者拒绝签名、盖章的,不影响解剖的进行,但是应当在解剖通知书上记明。对于身份不明的尸体,无法通知死者家属的,应当记明笔录。

【重点解读】[1]

尸体解剖,是指对尸体内部器官进行的检验,是尸体检验的重要组成部分。对死因不明的尸体,人民检察院有权决定尸体解剖。人民检察院决定解剖死因不明的尸体,应通知死者家属到场,并让其在解剖通知书上签名或者盖章。

尸体解剖是人民检察院侦查案件的一种手段,如果死者家属无正当理由拒不到场或者拒绝签名、盖章,并不影响解剖的进行,但是应当在解剖通知书上记明。对于身份不明的尸体,无法通知死者家属的,也不影响解剖的进行,但应当记明笔录。此种情形下,必须严格落实见证人在场规定,保障解剖的客观性、合法性。

应当注意,尸体解剖是专业性很强的侦查手段,必须在检察人员的主持下严格按照法律程序由法医进行;进行尸体解剖应根据案件的实际情况,决定全

---

[1] 参见童建明、万春主编:《〈人民检察院刑事诉讼规则〉理解与适用》,中国检察出版社2020年版,第140页;童建明、万春主编:《〈人民检察院刑事诉讼规则〉条文释义》,中国检察出版社2020年版,第210-211页。

部解剖或局部解剖。

22.3 规范性文件与重点解读

▶《公安机关办理刑事案件程序规定》（公安部令第159号，2020年7月20日）

第二百一十八条 为了确定死因，经县级以上公安机关负责人批准，可以解剖尸体，并且通知死者家属到场，让其在解剖尸体通知书上签名。

死者家属无正当理由拒不到场或者拒绝签名的，侦查人员应当在解剖尸体通知书上注明。对身份不明的尸体，无法通知死者家属的，应当在笔录中注明。

第二百一十九条 对已查明死因，没有继续保存必要的尸体，应当通知家属领回处理，对于无法通知或者通知后家属拒绝领回的，经县级以上公安机关负责人批准，可以及时处理。

【重点解读】[①]

解剖尸体必须及时，并在办案人员主持下由法医进行。解剖之前，应查明死者的年龄、面貌、体格特征、尸体来源、尸体位置等，并进行拍照，对解剖全过程进行录像。解剖尸体容易引起死者家属与公安机关的争议，必须慎重进行，经县级以上公安机关负责人批准，并通知死者家属到场。死者家属不配合和无法通知死者家属的，不影响公安机关对尸体进行解剖，但是应当进行注明。

当已经查明死因时，尸体便无继续保存的必要。对没有必要继续保存的尸体，经县级以上公安机关负责人批准，应当立即通知死者家属处理。对无法通知或者通知后死者家属拒绝领回的，经县级以上公安机关负责人批准，可以按照有关规定处理。对没有必要继续保存的外国人尸体，经县级以上公安机关负责人批准，应当立即通知死者家属或者所属国驻华使馆、领事馆官员处理。对无法通知或者通知后外国人家属或者所属国驻华使馆、领事馆官员拒绝领回的，经县级以上公安机关负责人批准，并书面通知外事部门后，可以按照有关

---

① 参见孙茂利主编：《公安机关办理刑事案件程序规定释义与实务指南》，中国人民公安大学出版社2020年版，第526—530页。

规定处理。对尸体进行处理前,要采集尸体的全部信息。

▶《公安部关于正确执行〈公安机关办理刑事案件程序规定〉第一百九十九条的批复》(公复字〔2008〕5号,2008年10月22日)

黑龙江省公安厅:

你厅《关于〈公安机关办理刑事案件程序规定〉第一百九十九条应如何理解的请示》(黑公传发〔2008〕521号)收悉。现批复如下:

一、根据《公安机关办理刑事案件程序规定》第一百九十九条的规定,死者家属无正当理由拒不到场或者拒绝签名、盖章的,不影响解剖或者开棺检验,公安机关可以在履行规定的审批程序后,解剖尸体;但应当认真核实死者家属提出的不到场或者拒绝签名、盖章的理由,对于有正当理由的,应当予以妥善处理,争取家属的配合,而不能简单地作为无正当理由对待。

二、对于重大、疑难、复杂的案件,可能引起争议的案件,或者死者家属无正当理由拒不到场或者拒绝签名、盖章的案件,为确保取得良好的社会效果,公安机关在进行尸体解剖、开棺检验、死因鉴定时,应当进行全程录音录像,商请检察机关派员到场,并邀请与案件无关的第三方或者死者家属聘请的律师到场见证。

▶《人民检察院法医工作细则(试行)》(高检办发字〔1988〕第5号,1988年1月28日)

第十条 尸体检验的对象包括:

一、涉及刑事案件,必须经过尸体检验方能查明死因的尸体。

二、被监管人员中非正常死亡的尸体。

三、重大责任事故案件中死亡,需要查明死因的尸体。

四、医疗责任事故造成死亡,需要查明死因的尸体。

五、体罚虐待被监管人员,刑讯逼供,违法乱纪致人死亡,需要查明死因的尸体。

六、控告申诉案件中涉及人身死亡,需要查明死因的尸体。

七、其他需要检验的尸体。

23 人身检查程序

23.1 法条规定与立法释义

▶**《刑事诉讼法》**（中华人民共和国主席令第 10 号，2018 年 10 月 26 日）

第一百三十二条 为了确定被害人、犯罪嫌疑人的某些特征、伤害情况或者生理状态，可以对人身进行检查，可以提取指纹信息，采集血液、尿液等生物样本。

犯罪嫌疑人如果拒绝检查，侦查人员认为必要的时候，可以强制检查。

检查妇女的身体，应当由女工作人员或者医师进行。

【立法释义】[①]

人身检查是建立被害人、犯罪嫌疑人与案件事实之间关联的重要措施。其中，"某些特征"主要是指被害人、犯罪嫌疑人的体表特征，如相貌、皮肤颜色、特殊痕迹、机体有无缺损等。"伤害情况"主要是指伤害的位置、程度、伤势形态等，对伤害情况的检查多是针对被害人进行。"生理状态"主要是指有无生理缺陷，如智力发育情况、生理机能等。

在采集生物样本时，为避免侵犯公民的合法权利，侦查人员必须严格遵守相关法律规定，如采集主体只能是依法行使侦查权的侦查人员或者经授权的医务人员。采集样本的范围仅限于查明案件事实及确定被害人、犯罪嫌疑人某些生物特征的需要，除此之外，不得随意采集。

实践中，对犯罪嫌疑人进行人身检查遭到拒绝时，侦查人员应当根据具体情况采取有效措施。"必要的时候"主要是指不进行强制检查就无法查明有关事实。需要注意的是，强制性人身检查只适用于犯罪嫌疑人，对于被害人不得适用。

---

① 参见王爱立主编：《中华人民共和国刑事诉讼法释义》，法律出版社 2018 年版，第 283—285 页。

23.2 司法解释与重点解读

▶《人民检察院刑事诉讼规则》（高检发释字〔2019〕4号，2019年12月30日）

第一百九十九条 为了确定被害人、犯罪嫌疑人的某些特征、伤害情况或者生理状态，人民检察院可以对其人身进行检查，可以提取指纹信息，采集血液、尿液等生物样本。

必要时，可以指派、聘请法医或者医师进行人身检查。采集血液等生物样本应当由医师进行。

犯罪嫌疑人如果拒绝检查，检察人员认为必要时可以强制检查。

检查妇女的身体，应当由女工作人员或者医师进行。

人身检查不得采用损害被检查人生命、健康或者贬低其名誉、人格的方法。在人身检查过程中知悉的被检查人的个人隐私，检察人员应当予以保密。

【重点解读】①

检察机关认为必要时，可以指派、聘请法医或者医师进行人身检查，从而确保人身检查的专业性。在采集血液等生物样本时，应当由医师进行，从而确保样本采集过程的安全性、卫生性。

需要指出的是，人身检查应当尊重和保障被检查人的基本权利，不得采用损害被检查人生命、健康或者贬低其名誉、人格的方法。在人身检查过程中知悉的被检查人的个人隐私，应当予以保密。

23.3 规范性文件与重点解读

▶《公安机关办理刑事案件程序规定》（公安部令第159号，2020年7月20日）

第二百一十七条 为了确定被害人、犯罪嫌疑人的某些特征、伤害情况或者生理状态，可以对人身进行检查，依法提取、采集肖像、指纹等人体生物识别信息，采集血液、尿液等生物样本。被害人死亡的，应当通过被害人近亲属

---

① 参见童建明、万春主编：《〈人民检察院刑事诉讼规则〉条文释义》，中国检察出版社2020年版，第211-213页。

辨认、提取生物样本鉴定等方式确定被害人身份。

犯罪嫌疑人拒绝检查、提取、采集的，侦查人员认为必要的时候，经办案部门负责人批准，可以强制检查、提取、采集。

检查妇女的身体，应当由女工作人员或者医师进行。

检查的情况应当制作笔录，由参加检查的侦查人员、检查人员、被检查人员和见证人签名。被检查人员拒绝签名的，侦查人员应当在笔录中注明。

【重点解读】[①]

实施人身检查，应当按照以下程序进行：检查人员向被检查人员表明身份；通知见证人到场；对被检查人进行检查。检查时应当注意被害人、犯罪嫌疑人的特征、伤害情况以及精神状态有无伪装、变化。对个体特征、伤害情况或者生理状态应当拍照，必要时录音录像。

除制作检查笔录外，如果指派或聘请医师检查，医师应当出具诊断意见书，说明检查的情况和结果，并连同检查笔录存入案卷。

▶《**人民检察院法医工作细则（试行）**》（高检办发字〔1988〕第5号，1988年1月28日）

第十三条 活体检查主要是对被害人、被告人的某些特征、损伤情况、生理状态、病理状态和各器官、系统功能状态等进行检验、鉴定。

一、个人特征：查明性别、年龄、检查血型及生理、病理特征。

二、检查人身是否有伤和损伤程度，推断损伤性质、受伤时间、致伤工具等。

三、检查有无被奸、妊娠、分娩以及性功能状态，协助解决有无性犯罪方面的问题。

四、查明人体有无中毒症状和体征，检查体内是否有某种毒物，并测定其含量及人体途径等。

五、检查有关人的精神状态，确定有无精神病及其类型，并断定其辨认能力或责任能力。

第十四条 活体检查一般由办案人员带领被检人在法医活体检验室内进行。被检人因健康关系不能行动，可在医院或家里进行。对妇女身体检验时，

[①] 参见孙茂利主编：《公安机关办理刑事案件程序规定释义与实务指南》，中国人民公安大学出版社2020年版，第524-525页。

应由女法医进行，无女法医时，要有女工作人员在场。

第二十九条　法医鉴定人必须是医学院、校毕业或有相应技术水平的医师、士，经过半年以上法医专业训练结业的专职人员来担任。

第三十条　法医鉴定权必须由具有专业技术职务的法医来行使。技术职务尚未评定的，经省级检察机关刑事技术部门审查认可后，方可行使鉴定权。

法医技术职务为：主任法医师、副主任法医师、主检法医师、法医师、法医士。

第三十一条　法医鉴定人应由与本案件无利害关系的人担任。凡属《刑事诉讼法》第二十三条、第二十四条之规定的鉴定人员。应主动加避。

▶《监察法实施条例》（国家监察委员会公告第1号，2021年9月20日）

第一百三十九条　为了确定被调查人或者相关人员的某些特征、伤害情况或者生理状态，可以依法对其人身进行检查。必要时可以聘请法医或者医师进行人身检查。检查女性身体，应当由女性工作人员或者医师进行。被调查人拒绝检查的，可以依法强制检查。

人身检查不得采用损害被检查人生命、健康或者贬低其名誉、人格的方法。对人身检查过程中知悉的个人隐私，应当严格保密。

对人身检查的情况应当制作笔录，由参加检查的调查人员、检查人员、被检查人员和见证人签名。被检查人员拒绝签名的，调查人员应当在笔录中记明。

24　勘验、检查笔录的制作要求

24.1　法条规定与立法释义

▶《刑事诉讼法》（中华人民共和国主席令第10号，2018年10月26日）

第一百三十三条　勘验、检查的情况应当写成笔录，由参加勘验、检查的人和见证人签名或者盖章。

【立法释义】①

进行勘验、检查，应当将相应情况写成笔录。"勘验、检查的情况"包括

---

① 参见王爱立主编：《中华人民共和国刑事诉讼法释义》，法律出版社2018年版，第286页。

勘验、检查的时间、地点、对象、目的、经过和结果等。

勘验、检查笔录应由参加勘验、检查的人和见证人签名或盖章,从而确保笔录的证据资格。没有签名、盖章的勘验、检查笔录不具有证据资格。

24.2 司法解释与重点解读

24.2.1 检察机关的勘验程序

▶《人民检察院刑事诉讼规则》(高检发释字〔2019〕4号,2019年12月30日)

第一百九十七条 勘验时,人民检察院应当邀请两名与案件无关的见证人在场。

勘查现场,应当拍摄现场照片。勘查的情况应当写明笔录并制作现场图,由参加勘查的人和见证人签名。勘查重大案件的现场,应当录像。

【重点解读】①

对于命案、可能判处无期徒刑以上刑罚、在本地有重大影响的重大案件,勘验、检查时应当录像,从而固定证据,为后期可能进行的侦查实验、还原犯罪现场等工作服务。

勘验时应当邀请见证人。"与案件无关"是指既和案件无利害关系,既不是案件的当事人或当事人的近亲属,也和诉讼的进行无关,即不是案件的证人、鉴定人等诉讼参与人。如法庭对勘验、检查的证据存在疑问,认为有必要,可以要求见证人出庭作证。

24.2.2 见证人的资格要求

▶《最高人民法院关于适用〈中华人民共和国刑事诉讼法〉的解释》(法释〔2021〕1号,2021年1月26日)

第八十条 下列人员不得担任见证人:

(一)生理上、精神上有缺陷或者年幼,不具有相应辨别能力或者不能正确表达的人;

(二)与案件有利害关系,可能影响案件公正处理的人;

---

① 参见童建明、万春主编:《〈人民检察院刑事诉讼规则〉条文释义》,中国检察出版社2020年版,第210页。

（三）行使勘验、检查、搜查、扣押、组织辨认等监察调查、刑事诉讼职权的监察、公安、司法机关的工作人员或者其聘用的人员。

对见证人是否属于前款规定的人员，人民法院可以通过相关笔录载明的见证人的姓名、身份证件种类及号码、联系方式以及常住人口信息登记表等材料进行审查。

由于客观原因无法由符合条件的人员担任见证人的，应当在笔录材料中注明情况，并对相关活动进行全程录音录像。

【重点解读】[①]

为确保相关证据的证据资格，取证过程中的见证人应当具有法定的资质。本条第一款第三项所列的工作人员、聘用人员，既包括正式工作人员，也包括实习人员或者聘用的协勤、文职、清洁、保安等人员。本条第二款有关见证人信息的规定，有利于后续诉讼过程中向见证人核实证据，防范办案机关的违规操作。

24.3 规范性文件

▶《公安机关办理刑事案件程序规定》（公安部令第159号，2020年7月20日）

第二百一十六条　勘查现场，应当拍摄现场照片、绘制现场图，制作笔录，由参加勘查的人和见证人签名。对重大案件的现场勘查，应当录音录像。

24.4 案例与要旨

◆ **冯某1、冯某2故意伤害案**［（2017）冀0207刑初56号］

裁判要旨：丰南区公安局制作的勘查号为K13028200000020160700049的现场勘查笔录，记载照相26张、制图2张、录像0分钟，勘查人员为韩彬、王凯、李民，现场勘查见证人王某、张某3，经见证人出庭说明见证经过，公诉机关对勘验人员进行询问，对勘验过程进行了调查，该现场勘验笔录由李民在现场勘查后完成，在制作程序中确有瑕疵，且提取的物证亦未全部移送，没有全面反映案发现场整体情况，故该现场勘查笔录因存在重大瑕疵，本院不予采信。

[①] 参见李少平主编：《最高人民法院关于适用〈中华人民共和国刑事诉讼法〉的解释理解与适用》，人民法院出版社2021年版，第204-205页。

25 复验、复查程序

25.1 法条规定与立法释义

►《刑事诉讼法》（中华人民共和国主席令第 10 号，2018 年 10 月 26 日）

第一百三十四条 <u>人民检察院审查案件的时候，对公安机关的勘验、检查，认为需要复验、复查时，可以要求公安机关复验、复查，并且可以派检察人员参加。</u>

【立法释义】[1]

复验、复查是对已经勘验、检查的，与犯罪有关的场所、物品、人身、尸体等，再次进行勘验、检查，以验证勘验、检查结果是否正确的侦查活动。人民检察院对案件勘验、检查的情况有异议，要求公安机关复验、复查，不仅可以对勘验、检查活动中存在的漏洞和疑点及时补充、更正，保证公安机关勘验、检查结果的真实可靠，也是检察机关依法行使监督权的具体方式。为深入、细致、全面地了解复验、复查情况，公安机关复验、复查时，人民检察院可以派检察人员参加。

25.2 规范性文件与重点解读

►《公安机关办理刑事案件程序规定》（公安部令第 159 号，2020 年 7 月 20 日）

第二百二十条 公安机关进行勘验、检查后，人民检察院要求复验、复查的，公安机关应当进行复验、复查，并可以通知人民检察院派员参加。

【重点解读】[2]

在刑事诉讼过程中，遇有下列情形之一，应当对现场进行复验、复查：案情重大、现场情况复杂的；需要从现场进一步收集信息、获取证据的；人民检察院审查案件时认为需要复验、复查的；当事人提出不同意见，公安机关认为

---

[1] 参见王爱立主编：《中华人民共和国刑事诉讼法释义》，法律出版社 2018 年版，第 287 页。

[2] 参见孙茂利主编：《公安机关办理刑事案件程序规定释义与实务指南》，中国人民公安大学出版社 2020 年版，第 531 页。

有必要复验、复查的；其他需要复验、复查的。

公安机关进行复验、复查时，对复验、复查的经过和结果等情况应当制作复验、复查笔录。复验、复查笔录在侦查终结时存入案卷。

专题五　搜查的规则

26　搜查的范围

26.1　法条规定与立法释义

▶《刑事诉讼法》（中华人民共和国主席令第 10 号，2018 年 10 月 26 日）

第一百三十六条　<u>为了收集犯罪证据、查获犯罪人，侦查人员可以对犯罪嫌疑人以及可能隐藏罪犯或者犯罪证据的人的身体、物品、住处和其他有关的地方进行搜查。</u>

【立法释义】[①]

搜查是以收集犯罪证据、查获犯罪嫌疑人[②]为目的的诉讼活动。搜查应当由侦查人员进行，其他任何单位和个人都无权进行搜查。搜查的范围主要包括：犯罪嫌疑人的身体、物品和住处；可能隐藏罪犯或者犯罪证据的人的身体、物品、住处。"其他有关的地方"，主要是指犯罪嫌疑人可能藏身或者隐匿犯罪证据的其他地方。

侦查人员执行搜查任务时，必须严格依法进行，不得滥用搜查权。侦查人员违法搜查的，应当承担相应的法律责任；构成犯罪的，可依照《刑法》关于非法搜查罪和非法侵入住宅罪的规定追究刑事责任。对侦查人员搜查行为的合法性，人民检察院可以行使监督权，如发现有违法搜查行为，应当及时纠正。

---

① 参见王爱立主编：《中华人民共和国刑事诉讼法释义》，法律出版社 2018 年版，第 289-290 页。

② 搜查作为侦查行为，目的是查获犯罪嫌疑人，故该条可考虑将"犯罪人""罪犯"调整为"犯罪嫌疑人"。

► 《监察法》（中华人民共和国主席令第 3 号，2018 年 3 月 20 日）

第二十四条 监察机关可以对涉嫌职务犯罪的被调查人以及可能隐藏被调查人或者犯罪证据的人的身体、物品、住处和其他有关地方进行搜查……

【立法释义】①

监察机关搜查的范围主要包括：涉嫌职务犯罪的被调查人的身体、物品和住处；可能隐藏被调查人或者犯罪证据的人的身体、物品、住处；其他被调查人可能藏身或者隐匿犯罪证据的地方。

26.2 司法解释与重点解读

► 《人民检察院刑事诉讼规则》（高检发释字〔2019〕4 号，2019 年 12 月 30 日）

第二百零三条 为了收集犯罪证据，查获犯罪人，经检察长批准，检察人员可以对犯罪嫌疑人以及可能隐藏罪犯或者犯罪证据的人的身体、物品、住处、工作地点和其他有关的地方进行搜查。

【重点解读】②

由于搜查的对象是犯罪嫌疑人的人身、物品、住处、工作地点等，直接涉及公民的人身权、财产权、隐私权等基本权利，搜查必须严格按照法律规定的搜查范围进行，严禁借办案之名，任意扩大搜查范围。

26.3 规范性文件

► 《公安机关办理刑事案件程序规定》（公安部令第 159 号，2020 年 7 月 20 日）

第二百二十二条 为了收集犯罪证据、查获犯罪人，经县级以上公安机关负责人批准，侦查人员可以对犯罪嫌疑人以及可能隐藏罪犯或者犯罪证据的人的身体、物品、住处和其他有关的地方进行搜查。

---

① 参见中共中央纪律检查委员会法规室、中华人民共和国国家监察委员会法规室编写：《〈中华人民共和国监察法〉释义》，中国方正出版社 2018 年版，第 139-142 页。

② 参见童建明、万春主编：《〈人民检察院刑事诉讼规则〉条文释义》，中国检察出版社 2020 年版，第 216-217 页。

▶《公安部关于对公安机关因侦查破案需要可否检查军车问题的批复》（公复字〔1998〕9号，1998年12月16日）

广东省公安厅：

你厅《关于公安机关因侦查破案需要可否检查军车的请示》（粤公请字〔1998〕86号）收悉。经研究并征求总政保卫部意见，现批复如下：

军队是国家的武装力量，担负着保卫国家安全的重要任务，公安机关一般不直接对军车进行检查。对已立案侦查或有充分证据证明犯罪嫌疑人、被告人或者罪犯利用军车犯罪、隐藏证据或者逃逸的，公安机关应当及时通报军车所属部队保卫部门或当地军队的警备部门，并与其共同组织进行检查；如果案情特别重大且情况紧急，不立即进行检查可能导致犯罪嫌疑人、被告人、罪犯逃逸或者造成其他严重危害后果的，经县级以上公安机关负责人批准可直接对军车进行检查，但应同时通报军车所属部队保卫部门或者当地军队的警备部门。检查时，应注意工作态度和方法，避免发生冲突。检查后，应及时将有关情况通报军车所属部队保卫部门或当地军队的警备部门，并按照军地互涉案件的有关规定处理，同时报省公安厅备案。

▶《监察法实施条例》（国家监察委员会公告第1号，2021年9月20日）

第一百一十二条　监察机关调查职务犯罪案件，为了收集犯罪证据、查获被调查人，按规定报批后，可以依法对被调查人以及可能隐藏被调查人或者犯罪证据的人的身体、物品、住处、工作地点和其他有关地方进行搜查。

27　搜查的主体

27.1　法条规定与立法释义

▶《刑事诉讼法》（中华人民共和国主席令第10号，2018年10月26日）

第一百三十九条第二款　<u>搜查妇女的身体，应当由女工作人员进行。</u>

【立法释义】[1]

搜查妇女的身体，应当由女工作人员进行。这一规定体现了对妇女的特殊

---

[1] 参见王爱立主编：《中华人民共和国刑事诉讼法释义》，法律出版社2018年版，第292-293页。

保护，有利于维护被搜查妇女的人格尊严和人身安全。

▶《监察法》（中华人民共和国主席令第 3 号，2018 年 3 月 20 日）

第二十四条第二款 搜查女性身体，应当由女性工作人员进行。

【立法释义】①

监察机关实施搜查时，调查人员不得少于二人。搜查女性身体时，应当由女性工作人员进行，确保被搜查女性的人格尊严和人身安全不受侵犯。

27.2 司法解释与重点解读

▶《人民检察院刑事诉讼规则》（高检发释字〔2019〕4 号，2019 年 12 月 30 日）

第二百零四条 搜查应当在检察人员的主持下进行，可以有司法警察参加。必要时，可以指派检察技术人员参加或者邀请当地公安机关、有关单位协助进行。

执行搜查的人员不得少于二人。

【重点解读】②

人民检察院依法作出搜查决定后，搜查必须在检察人员的主持下进行。必要时，可以指派检察技术人员参加或者邀请当地公安机关、有关单位协助进行。"必要时"，是指利用科技手段进行犯罪的案件，或案件涉及专门知识，或当地公安机关、有关单位协助更有利于开展搜查。执行搜查的人员不得少于二人，以保证搜查的客观公正，必要时，可以对搜查的全过程进行录像记录。

27.3 规范性文件

▶《监察法实施条例》（国家监察委员会公告第 1 号，2021 年 9 月 20 日）

第一百一十三条第一款 搜查应当在调查人员主持下进行，调查人员不得少于二人。搜查女性的身体，由女性工作人员进行。

---

① 参见中共中央纪律检查委员会法规室、中华人民共和国国家监察委员会法规室编写：《〈中华人民共和国监察法〉释义》，中国方正出版社 2018 年版，第 139-142 页。

② 参见童建明、万春主编：《〈人民检察院刑事诉讼规则〉条文释义》，中国检察出版社 2020 年版，第 217-219 页。

28 持证搜查及例外情形

28.1 法条规定与立法释义

▶《刑事诉讼法》（中华人民共和国主席令第10号，2018年10月26日）

第一百三十八条 <u>进行搜查，必须向被搜查人出示搜查证。</u>
<u>在执行逮捕、拘留的时候，遇有紧急情况，不另用搜查证也可以进行搜查。</u>

【立法释义】①

搜查是一种具有强制性的侦查措施，涉及当事人的合法权益，必须遵循法律的正当程序。

第一，持证搜查。持证搜查可以有效证明搜查行为的合法性，防止非法搜查。搜查证应当写明被搜查人的姓名、性别、职业、住址、搜查的处所和搜查的目的、搜查机关、执行人员以及搜查日期等内容。公安机关的搜查证由县级以上公安机关负责人签发；检察机关的搜查证由检察长签发。对于违反本条规定违法进行的搜查，公民有权制止。

第二，无证搜查。执行逮捕、拘留时，遇有紧急情况，可以不另用搜查证进行搜查。"紧急情况"主要指：被执行逮捕、拘留的人身藏凶器或引爆装置、剧毒物品或者在其住处放置爆炸物品等；可能发生自杀、凶杀以及其他危害他人或公共安全的情况；存在毁弃、转移罪证等反侦查迹象。此种情况下，如果不立即搜查，就可能给社会造成危害或者失去获取证据的时机，影响侦查活动的顺利进行。鉴于此，侦查人员可以凭拘留证、逮捕证进行搜查，相关情况应当在搜查笔录中注明。

28.2 司法解释与重点解读

▶《人民检察院刑事诉讼规则》（高检发释字〔2019〕4号，2019年12月30日）

第二百零五条 搜查时，应当向被搜查人或者他的家属出示搜查证。

---

① 参见王爱立主编：《中华人民共和国刑事诉讼法释义》，法律出版社2018年版，第291-292页。

在执行逮捕、拘留的时候，遇有下列紧急情况之一，不另用搜查证也可以进行搜查：

（一）可能随身携带凶器的；

（二）可能隐藏爆炸、剧毒等危险物品的；

（三）可能隐匿、毁弃、转移犯罪证据的；

（四）可能隐匿其他犯罪嫌疑人的；

（五）其他紧急情况。

搜查结束后，搜查人员应当在二十四小时以内补办有关手续。

【重点解读】[①]

搜查证是检察人员依法搜查的法律凭证，只有在紧急情况下才可以不使用搜查证进行搜查。紧急搜查结束后，搜查人员必须及时向检察长报告有关情况，并在24小时以内补办搜查的有关手续。

28.3 规范性文件

▶《公安机关办理刑事案件程序规定》（公安部令第159号，2020年7月20日）

第二百二十三条　进行搜查，必须向被搜查人出示搜查证，执行搜查的侦查人员不得少于二人。

第二百二十四条　执行拘留、逮捕的时候，遇有下列紧急情况之一的，不用搜查证也可以进行搜查：

（一）可能随身携带凶器的；

（二）可能隐藏爆炸、剧毒等危险物品的；

（三）可能隐匿、毁弃、转移犯罪证据的；

（四）可能隐匿其他犯罪嫌疑人的；

（五）其他突然发生的紧急情况。

▶《监察法实施条例》（国家监察委员会公告第1号，2021年9月20日）

第一百一十五条　县级以上监察机关需要提请公安机关依法协助采取搜查

---

① 参见童建明、万春主编：《〈人民检察院刑事诉讼规则〉条文释义》，中国检察出版社2020年版，第217-219页。

措施的，应当按规定报批，请同级公安机关予以协助。提请协助时，应当出具《提请协助采取搜查措施函》，列明提请协助的具体事项和建议，搜查时间、地点、目的等内容，附《搜查证》复印件。

需要提请异地公安机关协助采取搜查措施的，应当按规定报批，向协作地同级监察机关出具协作函件和相关文书，由协作地监察机关提请当地公安机关予以协助。

28.4 案例与要旨

◆ 王步兵贩卖毒品案 [（2013）遵市法刑一终字第 90 号]

裁判要旨：收集实物证据应当符合法定程序。在现场发现并追捕犯罪嫌疑人的过程中，犯罪嫌疑人有隐匿、毁灭证据可能的，侦查机关为避免证据灭失，可以对犯罪嫌疑人的人身、随身携带的物品或可能隐匿证据的地点立即进行搜查。搜查所获取的实物证据基于附带搜查、紧急搜查等类型化事由应当被认定为符合法定收集程序，经庭审举证质证查属实后可以用于证明案件事实。

关于王步兵否认搜查到的毒品、手机等系其所有，如何审查侦查行为的效力问题。从案件审理的发展过程看，检察机关出示了搜查笔录、扣押清单、指认照片等证明毒品、手机系王步兵所有，但搜查笔录等文书材料只是初步证明物证的收集符合法定程序，不为非法证据排除规则所否定。对收集物证的侦查行为是否合法，还需要进一步从规范意义上审查，即沿着"侦查行为启动的合理性——侦查行为是否符合法律规范"这一路径展开。

首先，侦查机关发动搜查乃是因为使用了特情引诱，并与王步兵形成了交易毒品的意思联络，这一点从破案报告、特情证言中可以得到印证，因此搜查具有合理根据；其次，本案中的搜查没有使用搜查证违背持证搜查原则，但需要结合搜查的例外规则进行体系性的正当化解释，当侦查人员追捕并控制王步兵时，知道其为贩卖毒品而来，有理由怀疑其身上藏有毒品，故可附带搜查其人身和随身物品；最后，因其逃跑过程中已将毒品等物品丢弃，此时若要进入第三人住所搜查其抛弃的手机，可先依同意搜查的规定征询第三人是否同意，若同意则不必论及紧急搜查，若不同意，亦应分析具体情形，该案当时天降大雨，不采取紧急搜查将导致手机因雨淋而毁坏故可适用紧急搜查。因此，本案搜查符合例外规则，搜查行为合法有效，基于搜查所获取的证据能够用于证明案件事实。

29 搜查的见证人制度

29.1 法条规定与立法释义

▶《刑事诉讼法》（中华人民共和国主席令第 10 号，2018 年 10 月 26 日）

第一百三十九条第一款 <u>在搜查的时候，应当有被搜查人或者他的家属，邻居或者其他见证人在场。</u>

【立法释义】[1]

搜查时见证人在场制度，有利于证实搜查情况，确保搜查取得的证据的真实性、合法性。

29.2 司法解释与重点解读

▶《人民检察院刑事诉讼规则》（高检发释字〔2019〕4 号，2019 年 12 月 30 日）

第二百零六条第一款 搜查时，应当有被搜查人或者其家属、邻居或者其他见证人在场，并且对被搜查人或者其家属说明阻碍搜查、妨碍公务应负的法律责任。

【重点解读】[2]

上述规定是关于搜查的见证人要求。搜查时，被搜查人或者其家属、邻居或者其他见证人在场，是搜查的必经程序。被搜查人或者他的家属、邻居或者其他见证人只要一方在场即可。

29.3 规范性文件

▶《监察法实施条例》（国家监察委员会公告第 1 号，2021 年 9 月 20 日）

第一百一十三条第二款 搜查时，应当有被搜查人或者其家属、其所在单

---

[1] 参见王爱立主编：《中华人民共和国刑事诉讼法释义》，法律出版社 2018 年版，第 292-293 页。

[2] 参见童建明、万春主编：《〈人民检察院刑事诉讼规则〉条文释义》，中国检察出版社 2020 年版，第 219-221 页。

位工作人员或者其他见证人在场。监察人员不得作为见证人。调查人员应当向被搜查人或者其家属、见证人出示《搜查证》，要求其签名。被搜查人或者其家属不在场，或者拒绝签名的，调查人员应当在文书上记明。

30 搜查笔录的制作要求

30.1 法条规定与立法释义

▶《刑事诉讼法》（中华人民共和国主席令第10号，2018年10月26日）

第一百四十条 搜查的情况应当写成笔录，由侦查人员和被搜查人或者他的家属，邻居或者其他见证人签名或者盖章。如果被搜查人或者他的家属在逃或者拒绝签名、盖章，应当在笔录上注明。

【立法释义】①

第一，搜查的情况应当写成笔录。搜查是侦查过程中获得证据、查获犯罪嫌疑人的重要手段。证明搜查活动的合法性，以及搜查获取的证据材料与犯罪嫌疑人之间的关联性，并将上述活动及其内容以规范的形式固定下来，是关系到搜查获取的证据的证明价值的重要问题。因此，侦查人员必须将搜查的情况制成笔录，写明搜查的时间、地点、过程，发现的证据，提取和扣押证据的名称、数量、特征及其他有关的犯罪线索等。

第二，搜查笔录的签名、盖章。搜查笔录应当由搜查人员和被搜查人或者他的家属、邻居或者其他见证人签名或盖章，从而保证搜查取得的证据的真实性、有效性。如果被搜查人或者他的家属在逃或者拒绝签名、盖章，应当在笔录上注明，具体说明搜查时的情况。

30.2 规范性文件

▶《监察法实施条例》（国家监察委员会公告第1号，2021年9月20日）

第一百一十六条 对搜查取证工作，应当全程同步录音录像。

对搜查情况应当制作《搜查笔录》，由调查人员和被搜查人或者其家属、

---

① 参见王爱立主编：《中华人民共和国刑事诉讼法释义》，法律出版社2018年版，第293页。

见证人签名。被搜查人或者其家属不在场，或者拒绝签名的，调查人员应当在笔录中记明。

对于查获的重要物证、书证、视听资料、电子数据及其放置、存储位置应当拍照，并在《搜查笔录》中作出文字说明。

30.3 案例与要旨

◆ **沈某甲妨害公务、非法持有枪支案**［（2016）黔0381刑初35号］

裁判要旨：公诉机关指控被告人沈某甲犯非法持有枪支罪，经庭审质证，……但没有证据证明火药枪是从被告人沈某甲的家中搜出；搜查枪支的现场、扣押的枪支和现场照片没有交由被告人沈某甲及其家属辨认、确认，被告人沈某甲系文盲、聋哑人犯罪，没有翻译人员对搜查笔录、扣押清单、现场勘查笔录等进行翻译，照片上的枪又无法确认是被告人沈某甲卧室的位置；搜查笔录、扣押清单上的办案民警和见证人互不一致；相关证人证言所证实公安机关搜查火药枪现场的事实前后矛盾，故公诉机关指控被告人沈某甲犯非法持有枪支罪的事实不清、证据不足、枪支的来源不清，不能认定该枪支为被告人沈某甲所持有，其指控的罪名不成立，不予确认，应宣告无罪。

◆ **陈小平制造毒品案**［（2018）湘05刑初89号］

裁判要旨：公诉机关提供的理化检验鉴定报告虽然从部分检材检出甲基苯丙胺、磺甲烷、烟酰胺、茶碱及咖啡因成分，但缺失现场勘验笔录、现场搜查笔录、物品提取笔录、称重笔录、扣押物品和收缴物品清单等重要客观证据佐证，缺乏关联性，不能作为定案的依据。

31 公民提交证据义务与强制搜查

31.1 法条规定与立法释义

▶《刑事诉讼法》（中华人民共和国主席令第10号，2018年10月26日）

<u>第一百三十七条 任何单位和个人，有义务按照人民检察院和公安机关的要求，交出可以证明犯罪嫌疑人有罪或者无罪的物证、书证、视听资料等证据。</u>

【立法释义】①

任何公民和单位都应当配合侦查部门的调查取证工作。在侦查机关依法进行搜查的时候,单位和个人应积极予以协助,如掌握与犯罪相关的证据,应当按照人民检察院和公安机关的要求及时提供。对拒不提供或者有隐匿、损毁证据行为的单位和个人,可依法追究法律责任。

被搜查的单位或个人应当提交的物证、书证或视听资料等证据,包括侦查机关已掌握的和搜查过程中新发现的证据。对于事先已确定的物证、书证和视听资料,侦查人员可以先动员被搜查对象主动提交,如其拒不提交,可以强制搜查。

31.2 司法解释与重点解读

▶《人民检察院刑事诉讼规则》(高检发释字〔2019〕4号,2019年12月30日)

第二百零二条 人民检察院有权要求有关单位和个人,交出能够证明犯罪嫌疑人有罪或者无罪以及犯罪情节轻重的证据。

【重点解读】②

强制搜查之前,人民检察院可以要求有关单位或者个人交出能够证明犯罪嫌疑人有罪或者无罪以及犯罪情节轻重的证据。有关单位和个人有义务按照人民检察院的要求积极配合。对于拒不交出证据的有关单位和个人,人民检察院应向其说明有关法律规定,如其仍不交出,人民检察院执行搜查的侦查人员可以依照刑事诉讼程序强制搜查。

31.3 规范性文件与重点解读

▶《公安机关办理刑事案件程序规定》(公安部令第159号,2020年7月20日)

第二百二十五条第二款 公安机关可以要求有关单位和个人交出可以证明

---

① 参见王爱立主编:《中华人民共和国刑事诉讼法释义》,法律出版社2018年版,第290—291页。

② 参见童建明、万春主编:《〈人民检察院刑事诉讼规则〉条文释义》,中国检察出版社2020年版,第215页。

犯罪嫌疑人有罪或者无罪的物证、书证、视听资料等证据。遇到阻碍搜查的，侦查人员可以强制搜查。

【重点解读】①

公安机关可以要求有关单位和个人交出可以证明犯罪嫌疑人有罪或者无罪的物证、书证、视听资料等证据。侦查人员遇到被搜查的单位拒不交出公安机关事先已经确定的证据，或采用暴力等其他手段妨碍搜查的情形，可以强制搜查，无须经过审批。在强制搜查前，应当向被搜查人或者其家属说明阻碍搜查、妨碍公务的法律责任。

专题六 查封、扣押、冻结的规则

32 查封、扣押的对象及保管要求

32.1 法条规定与立法释义

▶《刑事诉讼法》（中华人民共和国主席令第 10 号，2018 年 10 月 26 日）

第一百四十一条 <u>在侦查活动中发现的可用以证明犯罪嫌疑人有罪或者无罪的各种财物、文件，应当查封、扣押；与案件无关的财物、文件，不得查封、扣押。</u>

<u>对查封、扣押的财物、文件，要妥善保管或者封存，不得使用、调换或者损毁。</u>

【立法释义】②

第一，查封、扣押的对象。1996 年《刑事诉讼法》第一百一十四条规定，"在勘验、搜查中"发现的可用以证明犯罪嫌疑人有罪或无罪的各种物品和文

---

① 参见孙茂利主编：《公安机关办理刑事案件程序规定释义与实务指南》，中国人民公安大学出版社 2020 年版，第 540 页。

② 参见王爱立主编：《中华人民共和国刑事诉讼法释义》，法律出版社 2018 年版，第 294-295 页。

件，应当扣押。2012 年《刑事诉讼法》修改，将"在勘验、搜查中"修改为"在侦查活动中"，并将"物品"修改为"财物"。根据查封、扣押的关联性规则，与案件无关的财物、文件，不得查封、扣押；否则，当事人和辩护人、诉讼代理人、利害关系人有权依照本法第一百一十五条的规定，提起申诉或者控告。查封、扣押财物、文件时应当注意，既要查封、扣押能够证明犯罪嫌疑人有罪、罪重的物证、书证，也要查封、扣押能够证明犯罪嫌疑人无罪、罪轻的物证、书证，以保持证据的全面性、完整性、客观性。

第二，被查封、扣押的财物、文件的保管要求。对于查封、扣押的财物、文件，侦查机关应做好登记，并根据情况分别入卷，予以妥善保管或者封存，建立完整的证据保管链条，确保证据的来源和真实性。"妥善保管"是指将查封、扣押的财物、文件放置于安全设施较完备的地方保管，防止证据遗失、损毁或者被调换；"封存"是指查封、扣押的财物属于大型物品或数量较多时，在拍照并登记后就地封存或易地封存。为规范涉案财物处理，《人民检察院刑事诉讼涉案财物管理规定》《公安机关涉案财物管理若干规定》规定了查封、扣押措施和涉案财物处置的要求，实践中应当严格执行。

▶《监察法》（中华人民共和国主席令第 3 号，2018 年 3 月 20 日）

第二十五条　监察机关在调查过程中，可以调取、查封、扣押用以证明被调查人涉嫌违法犯罪的财物、文件和电子数据等信息。采取调取、查封、扣押措施，应当收集原物原件，会同持有人或者保管人、见证人，当面逐一拍照、登记、编号，开列清单，由在场人员当场核对、签名，并将清单副本交财物、文件的持有人或者保管人。

对调取、查封、扣押的财物、文件，监察机关应当设立专用账户、专门场所，确定专门人员妥善保管，严格履行交接、调取手续，定期对账核实，不得毁损或者用于其他目的。对价值不明物品应当及时鉴定，专门封存保管。

查封、扣押的财物、文件经查明与案件无关的，应当在查明后三日内解除查封、扣押，予以退还。

【立法释义】①

第一，调取、查封、扣押的范围。监察机关在调查过程中调取、查封、扣

---

① 参见中共中央纪律检查委员会法规室、中华人民共和国国家监察委员会法规室编写：《〈中华人民共和国监察法〉释义》，中国方正出版社 2018 年版，第 142-147 页。

押的财物、文件、电子数据，必须与调查的职务违法犯罪行为存在关联，能够或有可能证明该违法犯罪行为的真实情况。

第二，调取、查封、扣押的财物、文件和电子数据的保管要求。对调取、查封、扣押的财物、文件和电子数据，监察机关应当设立专用账户、专门场所，配备专用的存储设备，由专门人员妥善保管和使用。在调查中需要使用相关财物、文件或者电子数据的，应当履行严格的审批手续，调取、交接应当严格登记。任何单位和个人都不得以任何借口将调取、查封、扣押的财物、文件用于调查违法犯罪行为以外的目的，也不得将其损毁或者自行处理，要保证其完好无损。

32.2 司法解释与重点解读

▶《人民检察院刑事诉讼规则》（高检发释字〔2019〕4号，2019年12月30日）

第二百一十条 在侦查活动中发现的可以证明犯罪嫌疑人有罪、无罪或者犯罪情节轻重的各种财物和文件，应当查封或者扣押；与案件无关的，不得查封或者扣押。查封或者扣押应当经检察长批准。

……

持有人拒绝交出应当查封、扣押的财物和文件的，可以强制查封、扣押。

对于犯罪嫌疑人、被告人到案时随身携带的物品需要扣押的，可以依照前款规定办理。对于与案件无关的个人用品，应当逐件登记，并随案移交或者退还其家属。

【重点解读】[①]

为实现查封、扣押的目的，同时避免损害查封、扣押的财物和文件所有人的合法权益，对于不能立即查明是否与案件有关的可疑财物和文件，也可以查封或者扣押。为保证查封、扣押活动的顺利进行，检察人员拥有强制查封、扣押的权力。检察人员执行强制查封、扣押时，任何人不得以任何理由进行阻拦。对于故意隐匿罪证的，应当依法追究法律责任；构成犯罪的，依照《刑

---

① 参见童建明、万春主编：《〈人民检察院刑事诉讼规则〉条文释义》，中国检察出版社2020年版，第223–225页。

法》的有关规定追究刑事责任。对于以暴力、威胁方法妨碍检察人员查封、扣押的,应当视行为严重程度,依照法律有关规定追究刑事责任或者给予治安处罚。

32.3 规范性文件与重点解读

32.3.1 公安机关查封、扣押的对象

▶《公安机关办理刑事案件适用查封、冻结措施有关规定》(公通字〔2013〕30号,2013年9月1日)

第二条 根据侦查犯罪的需要,公安机关依法对涉案财物予以查封、冻结,有关部门、单位和个人应当协助和配合。

本规定所称涉案财物,是指公安机关在办理刑事案件过程中,依法以查封、冻结等方式固定的可用以证明犯罪嫌疑人有罪或者无罪的各种财产和物品,包括:

(一) 犯罪所得及其孳息;

(二) 用于实施犯罪行为的工具;

(三) 其他可以证明犯罪行为是否发生以及犯罪情节轻重的财物。

第三条 查封、冻结以及保管、处置涉案财物,必须严格依照法定的适用条件和程序进行。与案件无关的财物不得查封、冻结。查封、冻结涉案财物,应当为犯罪嫌疑人及其所扶养的家属保留必要的生活费用和物品。

严禁在立案之前查封、冻结财物。对于境外司法、警察机关依据国际条约、协议或者互惠原则提出的查封、冻结请求,可以根据公安部的执行通知办理有关法律手续。

查封、冻结的涉案财物,除依法应当返还被害人或者经查明确实与案件无关的以外,不得在诉讼程序终结之前作出处理。法律和有关规定另有规定的除外。

第五条 根据侦查犯罪的需要,公安机关可以依法查封涉案的土地、房屋等不动产,以及涉案的车辆、船舶、航空器和大型机器、设备等特定动产。必要时,可以一并扣押证明其财产所有权或者相关权益的法律文件和文书。

置于不动产上的设施、家具和其他相关物品,需要作为证据使用的,应当扣押;不宜移动的,可以一并查封。

▶《公安部关于公安机关在办理刑事案件中可否查封冻结不动产或投资权益问题的批复》（公复字〔2001〕17号，2001年10月22日）

广东省公安厅：

你厅《关于我省深圳市公安局在办理一特大诈骗案件中对涉案资产依法进行查封、冻结问题的请示》[粤公（请）字〔2001〕40号] 收悉。经征求最高人民法院、最高人民检察院意见，现批复如下：

根据《中华人民共和国刑事诉讼法》第一百一十四条和最高人民法院、最高人民检察院、公安部、司法部、国家安全部、全国人大常委会法制工作委员会《关于刑事诉讼法实施中若干问题的规定》第四十八条的规定，公安机关在办理刑事案件中有权依法查封、冻结犯罪嫌疑人以违法所得购买的不动产、获取的投资权益或股权。但由于投资权益或股权具有一定的风险性，对其采取冻结等侦查措施应严格依照法定的适用条件和程序，慎重使用。

32.3.2　公安机关对涉案财物的保管

▶《公安机关涉案财物管理若干规定》（公通字〔2015〕21号，2015年7月22日）

第八条　公安机关应当完善涉案财物管理制度，建立办案部门与保管部门、办案人员与保管人员相互制约制度。

公安机关应当指定一个部门作为涉案财物管理部门，负责对涉案财物实行统一管理，并设立或者指定专门保管场所，对各办案部门经手的全部涉案财物或者价值较大、管理难度较高的涉案财物进行集中保管。涉案财物集中保管的范围，由地方公安机关根据本地区实际情况确定。

对于价值较低、易于保管，或者需要作为证据继续使用，以及需要先行返还被害人、被侵害人的涉案财物，可以由办案部门设置专门的场所进行保管。

办案部门应当指定不承担办案工作的民警负责本部门涉案财物的接收、保管、移交等管理工作；严禁由办案人员自行保管涉案财物。

第九条　公安机关应当设立或者指定账户，作为本机关涉案款项管理的唯一合规账户。

办案部门扣押涉案款项后，应当立即将其移交涉案财物管理部门。涉案财物管理部门应当对涉案款项逐案设立明细账，存入唯一合规账户，并将存款回执交办案部门附卷保存。但是，对于具有特定特征、能够证明某些案件事实而需要作为证据使用的现金,应当交由涉案财物管理部门或者办案部门涉案财物管理人员,作为涉案物品进行管理,不再存入唯一合规账户。

第十条 公安机关应当建立涉案财物集中管理信息系统,对涉案财物信息进行实时、全程录入和管理,并与执法办案信息系统关联。涉案财物管理人员应当对所有涉案财物逐一编号,并将案由、来源、财物基本情况、保管状态、场所和去向等信息录入信息系统。

第十一条 对于不同案件、不同种类的涉案财物,应当分案、分类保管。

涉案财物保管场所和保管措施应当适合被保管财物的特性,符合防火、防盗、防潮、防蛀、防磁、防腐蚀等安全要求。涉案财物保管场所应当安装视频监控设备,并配备必要的储物容器、一次性储物袋、计量工具等物品。有条件的地方,可以会同人民法院、人民检察院等部门,建立多部门共用的涉案财物管理中心,对涉案财物进行统一管理。

对于易燃、易爆、毒害性、放射性等危险物品,鲜活动植物,大宗物品,车辆、船舶、航空器等大型交通工具,以及其他对保管条件、保管场所有特殊要求的涉案财物,应当存放在符合条件的专门场所。公安机关没有具备保管条件的场所的,可以委托具有相应条件、资质或者管理能力的单位代为保管。

依法对文物、金银、珠宝、名贵字画等贵重财物采取查封、扣押、扣留等措施的,应当拍照或者录像,并及时鉴定、估价;必要时,可以实行双人保管。

未经涉案财物管理部门或者管理涉案财物的办案部门负责人批准,除保管人员以外的其他人员不得进入涉案财物保管场所。

第十二条 办案人员依法提取涉案财物后,应当在二十四小时以内按照规定将其移交涉案财物管理部门或者本部门的涉案财物管理人员,并办理移交手续。

对于采取查封、冻结、先行登记保存等措施后不在公安机关保管的涉案财物,办案人员应当在采取有关措施后的二十四小时以内,将相关法律文书和清单的复印件移交涉案财物管理人员予以登记。

第十三条 因情况紧急,需要在提取后的二十四小时以内开展鉴定、辨认、检验、检查等工作的,经办案部门负责人批准,可以在上述工作完成后的二十四小时以内将涉案财物移交涉案财物管理人员,并办理移交手续。

异地办案或者在偏远、交通不便地区办案的，应当在返回办案单位后的二十四小时以内办理移交手续；行政案件在提取后的二十四小时以内已将涉案财物处理完毕的，可以不办理移交手续，但应当将处理涉案财物的相关手续附卷保存。

第十四条　涉案财物管理人员对办案人员移交的涉案财物，应当对照有关法律文书当场查验核对、登记入册，并与办案人员共同签名。

对于缺少法律文书、法律文书对必要事项记载不全或者实物与法律文书记载严重不符的，涉案财物管理人员可以拒绝接收涉案财物，并应当要求办案人员补齐相关法律文书、信息或者财物。

第十五条　因讯问、询问、鉴定、辨认、检验、检查等办案工作需要，经办案部门负责人批准，办案人员可以向涉案财物管理人员调用涉案财物。调用结束后，应当在二十四小时以内将涉案财物归还涉案财物管理人员。

因宣传教育等工作需要调用涉案财物的，应当经公安机关负责人批准。

涉案财物管理人员应当详细登记调用人、审批人、时间、事由、期限、调用的涉案财物状况等事项。

第十六条　调用人应当妥善保管和使用涉案财物。调用人归还涉案财物时，涉案财物管理人员应当进行检查、核对。对于有损毁、短少、调换、灭失等情况的，涉案财物管理人员应当如实记录，并报告调用人所属部门负责人和涉案财物管理部门负责人。因鉴定取样等事由导致涉案财物出现合理损耗的，不需要报告，但调用人应当向涉案财物管理人员提供相应证明材料和书面说明。

调用人未按照登记的调用时间归还涉案财物的，涉案财物管理人员应当报告调用人所属部门负责人；有关负责人应当责令调用人立即归还涉案财物。确需继续调用涉案财物的，调用人应当按照原批准程序办理延期手续，并交由涉案财物管理人员留存。

第十七条　办案部门扣押、扣留涉案车辆时，应当认真查验车辆特征，并在清单或者行政强制措施凭证中详细载明当事人的基本情况、案由、厂牌型号、识别代码、牌照号码、行驶里程、重要装备、车身颜色、车辆状况等情况。

对车辆内的物品，办案部门应当仔细清点。对与案件有关，需要作为证据使用的,应当依法扣押;与案件无关的,通知当事人或者其家属、委托的人领取。

公安机关应当对管理的所有涉案车辆进行专门编号登记,严格管理,妥善保管,非因法定事由并经公安机关负责人批准,不得调用。

对船舶、航空器等交通工具采取措施和进行管理,参照前三款规定办理。

【重点解读】①

公安机关应对涉案财物分案、分类保管,保管场所应符合安全要求。同时,允许公安机关委托具有相应条件、资质或者管理能力的单位,对危险物品、鲜活动植物、大宗大型物品等对保管条件或保管场所有特殊要求的物品进行代管。

32.3.3 检察机关对涉案财物的保管

▶《人民检察院刑事诉讼涉案财物管理规定》(高检发〔2015〕6号,2015年3月6日)

第七条 人民检察院实行查封、扣押、冻结、处理涉案财物与保管涉案财物相分离的原则,办案部门与案件管理、计划财务装备等部门分工负责、互相配合、互相制约。侦查监督、公诉、控告检察、刑事申诉检察等部门依照刑事诉讼法和其他相关规定对办案部门查封、扣押、冻结、保管、处理涉案财物等活动进行监督。

办案部门负责对涉案财物依法进行查封、扣押、冻结、处理,并对依照本规定第十条第二款、第十二条不移送案件管理部门或者不存入唯一合规账户的涉案财物进行管理;案件管理部门负责对办案部门和其他办案机关移送的涉案物品进行保管,并依照有关规定对查封、扣押、冻结、处理涉案财物工作进行监督管理;计划财务装备部门负责对存入唯一合规账户的扣押款项进行管理。

人民检察院监察部门依照有关规定对查封、扣押、冻结、保管、处理涉案财物工作进行监督。

第十条 人民检察院办案部门查封、扣押、冻结涉案财物及其孳息后,应当及时按照下列情形分别办理,至迟不得超过三日,法律和有关规定另有规定

---

① 参见《公安部修订涉案财物管理规定》,载中央人民政府网,http://www.gov.cn/xinwen/2015-08/11/content_ 2910908.htm。

的除外：

（一）将扣押的款项存入唯一合规账户；

（二）将扣押的物品和相关权利证书、支付凭证以及具有一定特征能够证明案情的现金等，送案件管理部门入库保管；

（三）将查封、扣押、冻结涉案财物的清单和扣押款项存入唯一合规账户的存款凭证等，送案件管理部门登记；案件管理部门应当对存款凭证复印保存，并将原件送计划财务装备部门。

扣押的款项或者物品因特殊原因不能按时存入唯一合规账户或者送案件管理部门保管的，经检察长批准，可以由办案部门暂时保管，在原因消除后及时存入或者移交，但应当将扣押清单和相关权利证书、支付凭证等依照本条第一款规定的期限送案件管理部门登记、保管。

第十一条　案件管理部门接收人民检察院办案部门移送的涉案财物或者清单时，应当审查是否符合下列要求：

（一）有立案决定书和相应的查封、扣押、冻结法律文书以及查封、扣押清单，并填写规范、完整，符合相关要求；

（二）移送的财物与清单相符；

（三）移送的扣押物品清单，已经依照《人民检察院刑事诉讼规则（试行）》有关扣押的规定注明扣押财物的主要特征；

（四）移送的外币、金银珠宝、文物、名贵字画以及其他不易辨别真伪的贵重物品，已经依照《人民检察院刑事诉讼规则（试行）》有关扣押的规定予以密封，检察人员、见证人和被扣押物品持有人在密封材料上签名或者盖章，经过鉴定的，附有鉴定意见复印件；

（五）移送的存折、信用卡、有价证券等支付凭证和具有一定特征能够证明案情的现金，已经依照《人民检察院刑事诉讼规则（试行）》有关扣押的规定予以密封，注明特征、编号、种类、面值、张数、金额等，检察人员、见证人和被扣押物品持有人在密封材料上签名或者盖章；

（六）移送的查封清单，已经依照《人民检察院刑事诉讼规则（试行）》有关查封的规定注明相关财物的详细地址和相关特征，检察人员、见证人和持有人签名或者盖章，注明已经拍照或者录像及其权利证书是否已被扣押，注明财物被查封后由办案部门保管或者交持有人或其近亲属保管，注明查封决定书副本已送达相关的财物登记、管理部门等。

第十二条 人民检察院办案部门查封、扣押的下列涉案财物不移送案件管理部门保管，由办案部门拍照或者录像后妥善管理或者及时按照有关规定处理：

（一）查封的不动产和置于该不动产上不宜移动的设施等财物，以及涉案的车辆、船舶、航空器和大型机械、设备等财物，及时依照《人民检察院刑事诉讼规则（试行）》有关查封、扣押的规定扣押相关权利证书，将查封决定书副本送达有关登记、管理部门，并告知其在查封期间禁止办理抵押、转让、出售等权属关系变更、转移登记手续；

（二）珍贵文物、珍贵动物及其制品、珍稀植物及其制品，按照国家有关规定移送主管机关；

（三）毒品、淫秽物品等违禁品，及时移送有关主管机关，或者根据办案需要严格封存，不得擅自使用或者扩散；

（四）爆炸性、易燃性、放射性、毒害性、腐蚀性等危险品，及时移送有关部门或者根据办案需要委托有关主管机关妥善保管；

（五）易损毁、灭失、变质等不宜长期保存的物品，易贬值的汽车、船艇等物品，经权利人同意或者申请，并经检察长批准，可以及时委托有关部门先行变卖、拍卖，所得款项存入唯一合规账户。先行变卖、拍卖应当做到公开、公平。

人民检察院办案部门依照前款规定不将涉案财物移送案件管理部门保管的，应当将查封、扣押清单以及相关权利证书、支付凭证等依照本规定第十条第一款的规定送案件管理部门登记、保管。

第十三条 人民检察院案件管理部门接收其他办案机关随案移送的涉案财物的，参照本规定第十一条、第十二条的规定进行审查和办理。

对移送的物品、权利证书、支付凭证以及具备一定特征能够证明案情的现金，案件管理部门审查后认为符合要求的，予以接收并入库保管。对移送的涉案款项，由其他办案机关存入检察机关指定的唯一合规账户，案件管理部门对转账凭证进行登记并联系计划财务装备部门进行核对。其他办案机关直接移送现金的，案件管理部门可以告知其存入指定的唯一合规账户，也可以联系计划财务装备部门清点、接收并及时存入唯一合规账户。计划财务装备部门应当在收到款项后三日以内将收款凭证复印件送案件管理部门登记。

对于其他办案机关移送审查起诉时随案移送的有关实物，案件管理部门经商公诉部门后，认为属于不宜移送的，可以依照刑事诉讼法第二百三十四条第一款、第二款的规定，只接收清单、照片或者其他证明文件。必要时，人民检察院案件管理部门可以会同公诉部门与其他办案机关相关部门进行沟通协商，确定不随案移送的实物。

第十四条　案件管理部门应当指定专门人员，负责有关涉案财物的接收、管理和相关信息录入工作。

第十五条　案件管理部门接收密封的涉案财物，一般不进行拆封。移送部门或者案件管理部门认为有必要拆封的，由移送人员和接收人员共同启封、检查、重新密封，并对全过程进行录像。根据《人民检察院刑事诉讼规则（试行）》有关扣押的规定应当予以密封的涉案财物，启封、检查、重新密封时应当依照规定有见证人、持有人或者单位负责人等在场并签名或者盖章。

第十六条　案件管理部门对于接收的涉案财物、清单及其他相关材料，认为符合条件的，应当及时在移送清单上签字并制作入库清单，办理入库手续。认为不符合条件的，应当将原因告知移送单位，由移送单位及时补送相关材料，或者按照有关规定进行补正或者作出合理解释。

第十七条　人民检察院对于查封、扣押、冻结的涉案财物及其孳息，应当如实登记，妥善保管。

第十八条　人民检察院计划财务装备部门对扣押款项及其孳息应当逐案设立明细账，严格收付手续。

计划财务装备部门应当定期对唯一合规账户的资金情况进行检查，确保账实相符。

第十九条　案件管理部门对收到的物品应当建账设卡，一案一账，一物一卡（码）。对于贵重物品和细小物品，根据物品种类实行分袋、分件、分箱设卡和保管。

案件管理部门应当定期对涉案物品进行检查，确保账实相符。

第二十条　涉案物品专用保管场所应当符合下列防火、防盗、防潮、防尘等要求：

（一）安装防盗门窗、铁柜和报警器、监视器；

（二）配备必要的储物格、箱、袋等设备设施；

（三）配备必要的除湿、调温、密封、防霉变、防腐烂等设备设施；

（四）配备必要的计量、鉴定、辨认等设备设施；

（五）需要存放电子存储介质类物品的，应当配备防磁柜；

（六）其他必要的设备设施。

第二十一条 人民检察院办案部门人员需要查看、临时调用涉案财物的，应当经办案部门负责人批准；需要移送、处理涉案财物的，应当经检察长批准。案件管理部门对于审批手续齐全的，应当办理查看、出库手续并认真登记。

对于密封的涉案财物，在查看、出库、归还时需要拆封的，应当遵守本规定第十五条的要求。

32.3.4 监委对查封、扣押涉案财物的保管

▶《监察法实施条例》（国家监察委员会公告第 1 号，2021 年 9 月 20 日）

第一百二十八条 查封、扣押下列物品，应当依法进行相应的处理：

（一）查封、扣押外币、金银珠宝、文物、名贵字画以及其他不易辨别真伪的贵重物品，具备当场密封条件的，应当当场密封，由二名以上调查人员在密封材料上签名并记明密封时间。不具备当场密封条件的，应当在笔录中记明，以拍照、录像等方法加以保全后进行封存。查封、扣押的贵重物品需要鉴定的，应当及时鉴定。

（二）查封、扣押存折、银行卡、有价证券等支付凭证和具有一定特征能够证明案情的现金，应当记明特征、编号、种类、面值、张数、金额等，当场密封，由二名以上调查人员在密封材料上签名并记明密封时间。

（三）查封、扣押易损毁、灭失、变质等不宜长期保存的物品以及有消费期限的卡、券，应当在笔录中记明，以拍照、录像等方法加以保全后进行封存，或者经审批委托有关机构变卖、拍卖。变卖、拍卖的价款存入专用账户保管，待调查终结后一并处理。

（四）对于可以作为证据使用的录音录像、电子数据存储介质，应当记明案由、对象、内容、录制、复制的时间、地点、规格、类别、应用长度、文件格式及长度等，制作清单。具备查封、扣押条件的电子设备、存储介质应当密封保存。必要时，可以请有关机关协助。

（五）对被调查人使用违法犯罪所得与合法收入共同购置的不可分割的财产，可以先行查封、扣押。对无法分割退还的财产，涉及违法的，可以在结案后委托有关单位拍卖、变卖，退还不属于违法所得的部分及孳息；涉及职务犯罪的，依法移送司法机关处置。

（六）查封、扣押危险品、违禁品，应当及时送交有关部门，或者根据工作需要严格封存保管。

第一百二十九条　对于需要启封的财物和文件，应当由二名以上调查人员共同办理。重新密封时，由二名以上调查人员在密封材料上签名、记明时间。

第一百三十条　查封、扣押涉案财物，应当按规定将涉案财物详细信息、《查封/扣押财物、文件清单》录入并上传监察机关涉案财物信息管理系统。

对于涉案款项，应当在采取措施后十五日以内存入监察机关指定的专用账户。对于涉案物品，应当在采取措施后三十日以内移交涉案财物保管部门保管。因特殊原因不能按时存入专用账户或者移交保管的，应当按规定报批，将保管情况录入涉案财物信息管理系统，在原因消除后及时存入或者移交。

第一百三十一条　对于已移交涉案财物保管部门保管的涉案财物，根据调查工作需要，经审批可以临时调用，并应当确保完好。调用结束后，应当及时归还。调用和归还时，调查人员、保管人员应当当面清点查验。保管部门应当对调用和归还情况进行登记，全程录像并上传涉案财物信息管理系统。

第一百三十二条　对于被扣押的股票、债券、基金份额等财产，以及即将到期的汇票、本票、支票，依法需要出售或者变现的，按照本条例关于出售冻结财产的规定办理。

第一百三十三条　监察机关接受司法机关、其他监察机关等国家机关移送的涉案财物后，该国家机关采取的查封、扣押期限届满，监察机关续行查封、扣押的顺位与该国家机关查封、扣押的顺位相同。

33　查封、扣押的程序

33.1　法条规定与立法释义

▶《刑事诉讼法》（中华人民共和国主席令第10号，2018年10月26日）

第一百四十二条　<u>对查封、扣押的财物、文件，应当会同在场见证人和被</u>

查封、扣押财物、文件持有人查点清楚,当场开列清单一式二份,由侦查人员、见证人和持有人签名或者盖章,一份交给持有人,另一份附卷备查。

【立法释义】①

本条规定了查封、扣押财物、文件的程序要求。

第一,查点。侦查人员应当会同在场见证人和被查封、扣押财物、文件的持有人,将查封、扣押的财物、文件查点清楚。

第二,开列清单。在查点基础上,侦查人员应当当场开列清单一式两份,在清单上写明查封、扣押财物、文件的名称、规格、特征、质量、数量,文件的编号,以及财物、文件发现的地点,查封、扣押的时间等。

第三,签名、盖章。清单应由侦查人员、持有人和在场见证人签名或者盖章。

第四,清单留存。查封、扣押清单一份交给持有人或者其家属,另一份由侦查机关附卷备查。当场开列的清单,不得涂改。如果必须更正,须由侦查人员、持有人和见证人共同签名或盖章,或者重新开列清单。

对作为犯罪证据但不便提取的财物、文件,经登记、拍照或者录像、估价后,可以交财物、文件持有人保管或者封存。财物、文件持有人应当妥善保管,不得转移、变卖、毁损。

第一百四十四条 人民检察院、公安机关根据侦查犯罪的需要,可以依照规定查询、冻结犯罪嫌疑人的存款、汇款、债券、股票、基金份额等财产。有关单位和个人应当配合。

犯罪嫌疑人的存款、汇款、债券、股票、基金份额等财产已被冻结的,不得重复冻结。

【立法释义】②

本条规定明确了查询、冻结财产的法律权限和具体要求。2012年《刑事诉讼法》修改将查询、冻结的财产范围由存款、汇款扩大为存款、汇款、债券、

---

① 参见王爱立主编:《中华人民共和国刑事诉讼法释义》,法律出版社2018年版,第295-296页。

② 参见王爱立主编:《中华人民共和国刑事诉讼法释义》,法律出版社2018年版,第297-299页。

股票、基金份额等财产,并规定了有关单位和个人的配合义务。关于查询、冻结财产,应当关注以下事项:

第一,查询、冻结财产的程序。查询、冻结财产涉及隐私权和财产权的法律保障,应当遵循正当程序的要求。主要包括以下规则:(1)必要性规则。本条中的"侦查犯罪的需要",具体到查询和冻结两类措施,主要是指以下需要:一是查询犯罪嫌疑人的财产来源和数额等信息,进而核实此类财产是否与案件存在关联、是否系违法所得。二是冻结犯罪嫌疑人的违法所得和其他涉案财物,防止犯罪嫌疑人转移资产,妨碍诉讼活动顺利进行。(2)关联性规则。查询的财产,应当是犯罪嫌疑人的财产。对于尚未被确定为犯罪嫌疑人的人员,以及犯罪嫌疑人的近亲属等与案件无关人员,不得采取查询措施。冻结的财产,应当是犯罪嫌疑人的违法所得和其他涉案财物,不得将犯罪嫌疑人及其近亲属的合法财产纳入冻结的范围。(3)查封、冻结的财产范围。办案机关可以查询、冻结的财产,不仅包括传统的存款、汇款,也包括债券、股票、基金份额等财产。(4)配合义务。对于办案机关依法采取的查询、冻结措施,有关单位和个人应当配合。本条中的"配合",主要是指应当为查询、冻结工作提供方便,提供协助,履行冻结手续,不得以保密为由进行阻碍。为取得银行等金融机构的配合,办案机关应当制作协助查询、冻结财产通知书,通知银行等金融机构和邮电部门等协助执行。

第二,禁止重复冻结。犯罪嫌疑人的存款、汇款、债券、股票、基金份额等财产已被冻结的,不得重复冻结。这项要求包括两种情形:一是不得重复冻结已被冻结的财产。本条中的"已被冻结的"财产,既包括本办案机关依照规定冻结的财产,也包括其他办案机关冻结的财产。二是继续冻结应当履行法定手续。对于有特殊原因需要延长期限的,办案机关应当在冻结期限届满前办理继续冻结手续。逾期不办理继续冻结手续,视为自动解除冻结。需要指出的是,实践中需要区分重复冻结与轮候冻结。2019年《人民检察院刑事诉讼规则》第二百一十三条规定,犯罪嫌疑人的存款、汇款、债券、股票、基金份额等财产已冻结的,人民检察院可以轮候冻结。

第三,被扣押、冻结财产的出售。对于扣押、冻结的财产,基于保值等考虑,当事人可以申请出售。2019年《人民检察院刑事诉讼规则》第二百一十四条规定,扣押、冻结债券、股票、基金份额等财产,应当书面告知当事人或者其法定代理人、委托代理人有权申请出售。对于被扣押、冻结的债券、股票、基金份额等财产，在扣押、冻结期间权利人申请出售，经审查认为不损害国家利益、被害人利益，不影响诉讼正常进行的，以及扣押、冻结的汇票、本票、支票的有效期即将届满的，经检察长批准，可以在案件办结前依法出售或者变现，所得价款由人民检察院指定的银行账户保管，并及时告知当事人或者其近亲属。

第四，扣划与没收。基于侦查犯罪的需要，办案机关可以依法采取查询、冻结等对物的强制措施，但不得对财产作出实质性处理。《关于实施刑事诉讼法若干问题的规定》第三十七条规定，人民检察院、公安机关不能扣划存款、汇款、债券、股票、基金份额等财产。

对于犯罪嫌疑人、被告人死亡，依照《刑法》规定应当追缴其违法所得及其他涉案财产的，适用《刑事诉讼法》第五编第四章规定的程序，由人民检察院向人民法院提出没收违法所得的申请。同时，《关于实施刑事诉讼法若干问题的规定》第三十八条第一款规定，犯罪嫌疑人、被告人死亡，现有证据证明存在违法所得及其他涉案财产应当予以没收的，公安机关、人民检察院可以进行调查。公安机关、人民检察院进行调查，可以依法进行查封、扣押、查询、冻结。

▶《监察法》（中华人民共和国主席令第3号，2018年3月20日）

第二十三条第一款　监察机关调查涉嫌贪污贿赂、失职渎职等严重职务违法或者职务犯罪，根据工作需要，可以依照规定查询、冻结涉案单位和个人的存款、汇款、债券、股票、基金份额等财产。有关单位和个人应当配合。

【立法释义】①

本条是关于监察机关运用查询、冻结措施调查案件的规定。为查清严重职务违法或者职务犯罪事实，使收集、固定的证据确实、充分，《监察法》赋予监察机关必要的查询、冻结权限，同时规定了严格的程序以及对相关人员的权利保障。

监察机关采取查询、冻结措施，必须"根据工作需要"，主要是指涉案单

---

① 参见中共中央纪律检查委员会法规室、中华人民共和国国家监察委员会法规室编写：《〈中华人民共和国监察法〉释义》，中国方正出版社2018年版，第136-139页。

位和个人为达到伪造、隐匿、毁灭证据等目的,有可能提取、转移其存款、汇款、债券、股票、基金份额等财产以及其他情形,不采取查询、冻结措施不足以防止上述情形的发生。监察机关采取查询、冻结措施,其对象必须是涉案单位或个人,并且应当向银行或者其他金融机构、有关单位和个人出具查询、冻结书面通知,有关机构、单位和个人应当准予查询、实施冻结并提供必要的协助,不得以任何理由拒绝、阻挠或者拖延。

第二十五条第一款 ……采取调取、查封、扣押措施,应当收集原物原件,会同持有人或者保管人、见证人,当面逐一拍照、登记、编号,开列清单,由在场人员当场核对、签名,并将清单副本交财物、文件的持有人或者保管人。

【立法释义】①

本条是关于调取、查封、扣押的程序的规定。采取调取、查封、扣押措施的,必须经监察机关相关负责人审批,并开具文书。应由两名以上调查人员持工作证件和文书,并有持有人或者保管人、见证人在场。应收集原物、原件。查封、扣押不动产、车辆、船舶等财物,可以扣押其权利证书,经拍照或者录像后原地封存;对书证、视听资料、电子数据,应当调取原件,取得原件确有困难的,可以调取副本或者复制件,但原件需要采用一定方式加以固定。应在仔细查验的基础上,当面逐一拍照、登记、编号,开列清单,由在场人员当场核对、签字。清单不得涂改,凡是必须更正的,须共同签名或盖章,或者重新开列清单。清单副本交财物、文件的持有人或者占有人。

33.2 司法解释与重点解读

▶《人民检察院刑事诉讼规则》(高检发释字〔2019〕4 号,2019 年 12 月 30 日)

第二百一十二条 人民检察院根据侦查犯罪的需要,可以依照规定查询、冻结犯罪嫌疑人的存款、汇款、债券、股票、基金份额等财产,并可以要求有关单位和个人配合。

---

① 参见中共中央纪律检查委员会法规室、中华人民共和国国家监察委员会法规室编写:《〈中华人民共和国监察法〉释义》,中国方正出版社 2018 年版,第 142-147 页。

查询、冻结前款规定的财产,应当制作查询、冻结财产通知书,通知银行或者其他金融机构、邮政部门执行。冻结财产的,应当经检察长批准。

第二百一十三条　犯罪嫌疑人的存款、汇款、债券、股票、基金份额等财产已冻结的,人民检察院不得重复冻结,可以轮候冻结。人民检察院应当要求有关银行或者其他金融机构、邮政部门在解除冻结或者作出处理前通知人民检察院。

第二百一十四条　扣押、冻结债券、股票、基金份额等财产,应当书面告知当事人或者其法定代理人、委托代理人有权申请出售。

对于被扣押、冻结的债券、股票、基金份额等财产,在扣押、冻结期间权利人申请出售,经审查认为不损害国家利益、被害人利益,不影响诉讼正常进行的,以及扣押、冻结的汇票、本票、支票的有效期即将届满的,经检察长批准,可以在案件办结前依法出售或者变现,所得价款由人民检察院指定的银行账户保管,并及时告知当事人或者其近亲属。

【重点解读】①

第一,查询、冻结的一般规定。人民检察院根据侦查犯罪的需要,可以依照规定采取查询、冻结措施。查询、冻结的范围包括犯罪嫌疑人的存款、汇款、债券、股票、基金份额等财产。查询、冻结财产,应当制作查询、冻结财产通知书,通知银行或者其他金融机构、邮政部门执行。2012年《人民检察院刑事诉讼规则》第二百四十二条规定,查询、冻结均应经检察长批准。考虑到查询仅仅是向金融机构等单位了解犯罪嫌疑人的财产状况,对财产权的行使没有作出限制,不会给财产的持有人造成损失,应当赋予检察官自行决定的权力,因此,2019年《人民检察院刑事诉讼规则》仅保留了冻结财产应当经检察长批准的规定。

第二,轮候冻结。"轮候冻结",是指在犯罪嫌疑人的相关财产已被其他办案机关冻结的情况下,向金融机构等单位办理轮候冻结登记,一旦其他办案机关解除冻结,登记在先的轮候冻结自动生效。如果原冻结机关办理延期手续,轮候冻结机关只能继续等待该冻结措施解除。

---

① 参见童建明、万春主编:《〈人民检察院刑事诉讼规则〉条文释义》,中国检察出版社2020年版,第225-228页。

第三，扣押、冻结财产的出售。鉴于股票、债券、基金、权证、期货、仓单、黄金等属于特殊财产，市场价格波动较大，为防止被扣押、冻结的财产因贬值而造成损失，必要时可以出售被扣押、冻结的财产。人民检察院扣押、冻结债券、股票、基金份额等财产的，应当以书面形式告知当事人或者其法定代理人、委托代理人有申请出售上述财产的权利。权利人申请出售，经审查认为不损害国家利益、被害人利益，不影响诉讼正常进行的，以及扣押、冻结的汇票、本票、支票的有效期即将届满的，经检察长批准，可以在案件办结前依法出售或者变现。

33.3 规范性文件与重点解读

33.3.1 公安机关查封、扣押、查询、冻结的程序

▶《公安机关办理刑事案件程序规定》（公安部令第159号，2020年7月20日）

第二百二十八条 在侦查过程中需要扣押财物、文件的，应当经办案部门负责人批准，制作扣押决定书；在现场勘查或者搜查中需要扣押财物、文件的，由现场指挥人员决定；但扣押财物、文件价值较高或者可能严重影响正常生产经营的，应当经县级以上公安机关负责人批准，制作扣押决定书。

在侦查过程中需要查封土地、房屋等不动产，或者船舶、航空器以及其他不宜移动的大型机器、设备等特定动产的，应当经县级以上公安机关负责人批准并制作查封决定书。

第二百二十九条 执行查封、扣押的侦查人员不得少于二人，并出示本规定第二百二十八条规定的有关法律文书。

查封、扣押的情况应当制作笔录，由侦查人员、持有人和见证人签名。对于无法确定持有人或者持有人拒绝签名的，侦查人员应当在笔录中注明。

第二百三十条 对查封、扣押的财物和文件，应当会同在场见证人和被查封、扣押财物、文件的持有人查点清楚，当场开列查封、扣押清单一式三份，写明财物或者文件的名称、编号、数量、特征及其来源等，由侦查人员、持有人和见证人签名，一份交给持有人，一份交给公安机关保管人员，一份附卷备查。

对于财物、文件的持有人无法确定，以及持有人不在现场或者拒绝签名的，侦查人员应当在清单中注明。

依法扣押文物、贵金属、珠宝、字画等贵重财物的，应当拍照或者录音录像，并及时鉴定、估价。

执行查封、扣押时，应当为犯罪嫌疑人及其所扶养的亲属保留必需的生活费用和物品。能够保证侦查活动正常进行的，可以允许有关当事人继续合理使用有关涉案财物，但应当采取必要的保值、保管措施。

第二百三十一条　对作为犯罪证据但不便提取或者没有必要提取的财物、文件，经登记、拍照或者录音录像、估价后，可以交财物、文件持有人保管或者封存，并且开具登记保存清单一式两份，由侦查人员、持有人和见证人签名，一份交给财物、文件持有人，另一份连同照片或者录音录像资料附卷备查。财物、文件持有人应当妥善保管，不得转移、变卖、毁损。

第二百三十七条　公安机关根据侦查犯罪的需要，可以依照规定查询、冻结犯罪嫌疑人的存款、汇款、证券交易结算资金、期货保证金等资金，债券、股票、基金份额和其他证券，以及股权、保单权益和其他投资权益等财产，并可以要求有关单位和个人配合。

对于前款规定的财产，不得划转、转账或者以其他方式变相扣押。

第二百三十八条　向金融机构等单位查询犯罪嫌疑人的存款、汇款、证券交易结算资金、期货保证金等资金，债券、股票、基金份额和其他证券，以及股权、保单权益和其他投资权益等财产，应当经县级以上公安机关负责人批准，制作协助查询财产通知书，通知金融机构等单位协助办理。

第二百三十九条　需要冻结犯罪嫌疑人财产的，应当经县级以上公安机关负责人批准，制作协助冻结财产通知书，明确冻结财产的账户名称、账户号码、冻结数额、冻结期限、冻结范围以及是否及于孳息等事项，通知金融机构等单位协助办理。

冻结股权、保单权益的，应当经设区的市一级以上公安机关负责人批准。

冻结上市公司股权的，应当经省级以上公安机关负责人批准。

第二百四十条　需要延长冻结期限的，应当按照原批准权限和程序，在冻结期限届满前办理继续冻结手续。逾期不办理继续冻结手续的，视为自动解除冻结。

第二百四十一条　不需要继续冻结犯罪嫌疑人财产时，应当经原批准冻结的公安机关负责人批准，制作协助解除冻结财产通知书，通知金融机构等单位协助办理。

第二百四十二条　犯罪嫌疑人的财产已被冻结的，不得重复冻结，但可以轮候冻结。

第二百四十三条　冻结存款、汇款、证券交易结算资金、期货保证金等财产的期限为六个月。每次续冻期限最长不得超过六个月。

对于重大、复杂案件，经设区的市一级以上公安机关负责人批准，冻结存款、汇款、证券交易结算资金、期货保证金等财产的期限可以为一年。每次续冻期限最长不得超过一年。

第二百四十四条　冻结债券、股票、基金份额等证券的期限为二年。每次续冻期限最长不得超过二年。

第二百四十五条　冻结股权、保单权益或者投资权益的期限为六个月。每次续冻期限最长不得超过六个月。

【重点解读】[1]

在一般情形下，在侦查过程中需要扣押财物、文件的，应当经办案部门负责人批准，制作扣押决定书。在现场勘查或者搜查中需要扣押财物、文件的，由现场指挥人员决定。在此情况下，无须制作扣押决定书，当场制作扣押清单即可，但对于扣押的过程，应当在现场勘查笔录或者搜查笔录中注明。

需要注意的是，在执行拘留、逮捕时，遇有紧急情况，不另用搜查证也可以进行搜查，并扣押财物；扣押财物、文件价值较大或者可能严重影响正常生产经营的，应当经县级以上公安机关负责人批准，制作扣押决定书。

侦查人员应当会同持有人和见证人将被查封、扣押的财物、文件查点清楚，并当场开列清单，事后补开的清单没有法律效力。查封、扣押清单应当写明财物或者文件的名称、编号、数量、特征及其来源等，确保能够全面、真实地反映被查封、扣押财物、文件的特性。

查封、扣押清单应当一式三份，一份交给持有人，一份交给公安机关保管人员，一份附卷备查。在《刑事诉讼法》要求清单一式两份的基础上，《公安机关办理刑事案件程序规定》要求清单一式三份，以加强公安机关内部对涉案财物的管理和监督。

---

[1] 参见孙茂利主编：《公安机关办理刑事案件程序规定释义与实务指南》，中国人民公安大学出版社2020年版，第547-548、554-555页。

扣押贵重财物时，因其对实物、数量、价值的同一性要求较高，侦查人员有必要采取拍照或者录音录像，以及及时鉴定、估价等手段来补充证明扣押的法律效力，避免持有人以扣押物不是原物等理由提出抗辩。

▶《公安机关办理刑事案件适用查封、冻结措施有关规定》（公通字〔2013〕30号，2013年9月1日）

第六条　查封涉案财物需要国土资源、房地产管理、交通运输、农业、林业、民航等有关部门协助的，应当经县级以上公安机关负责人批准，制作查封决定书和协助查封通知书，明确查封财物情况、查封方式、查封期限等事项，送交有关部门协助办理，并及时告知有关当事人。

涉案土地和房屋面积、金额较大的，应当经设区的市一级以上公安机关负责人批准，制作查封决定书和协助查封通知书。

第七条　查封期限不得超过二年。期限届满可以续封一次，续封应当经作出原查封决定的县级以上公安机关负责人批准，在期限届满前五日以内重新制作查封决定书和协助查封通知书，送交有关部门协助办理，续封期限最长不得超过一年。

案件重大复杂，确需再续封的，应当经设区的市一级以上公安机关负责人批准，在期限届满前五日以内重新制作查封决定书和协助查封通知书，且每次再续封的期限最长不得超过一年。

查封期限届满，未办理续封手续的，查封自动解除。

公安机关应当及时将续封决定告知有关当事人。

第十二条　查封土地、房屋等涉案不动产的，应当经县级以上公安机关负责人批准，制作协助查封通知书，明确涉案土地、房屋等不动产的详细地址、权属证书号、权利人姓名或者单位名称等事项，送交国土资源、房地产管理等有关部门协助办理，有关部门应当在相关通知书回执中注明办理情况。

侦查人员到国土资源、房地产管理等有关部门办理土地使用权或者房屋查封登记手续时，应当出示本人工作证件，提交查封决定书和协助查封通知书，依照有关规定办理查封事项。

第十三条　查封土地、房屋等涉案不动产的侦查人员不得少于二人，持侦查人员工作证件和相关法律文书，通知有关当事人、见证人到场，制作查封笔录，并会同在场人员对被查封的财物查点清楚，当场开列查封清单一式三份，由侦查人员、见证人和不动产所有权人或者使用权人签名后，一份交给不动产所有权人或者使用权人，一份交给公安机关保管人员，一份连同照片、录像资料或者扣押的产权证照附卷备查，并且应当在不动产的显著位置张贴公告。必要时，可以张贴制式封条。

查封清单中应当写明涉案不动产的详细地址、相关特征和置于该不动产上不宜移动的设施、家具和其他相关物品清单，注明已经拍照或者录像以及是否扣押其产权证照等情况。

对于无法确定不动产相关权利人或者权利人拒绝签名的，应当在查封笔录中注明情况。

第十九条 查封车辆、船舶、航空器以及大型机器、设备等特定动产的，应当制作协助查封通知书，明确涉案财物的名称、型号、权属、地址等事项，送交有关登记管理部门协助办理。必要时，可以扣押有关权利证书。

执行查封时，应当将涉案财物拍照或者录像后封存，或者交持有人、近亲属保管，或者委托第三方保管。有关保管人应当妥善保管，不得转移、变卖、损毁。

33.3.2 公安机关冻结财产的申请出售

▶《公安机关办理刑事案件程序规定》（公安部令第159号，2020年7月20日）

第二百四十六条 对冻结的债券、股票、基金份额等财产，应当告知当事人或者其法定代理人、委托代理人有权申请出售。

权利人书面申请出售被冻结的债券、股票、基金份额等财产，不损害国家利益、被害人、其他权利人利益，不影响诉讼正常进行的，以及冻结的汇票、本票、支票的有效期即将届满的，经县级以上公安机关负责人批准，可以依法出售或者变现，所得价款应当继续冻结在其对应的银行账户中；没有对应的银行账户的，所得价款由公安机关在银行指定专门账户保管，并及时告知当事人或者其近亲属。

33.3.3 办案机关不得扣划涉案财产

▶《最高人民法院、最高人民检察院、公安部、国家安全部、司法部、全国人大常委会法制工作委员会关于实施刑事诉讼法若干问题的规定》（2012年12月26日）

37.刑事诉讼法第一百四十二条第一款中规定："人民检察院、公安机关根据侦查犯罪的需要，可以依照规定查询、冻结犯罪嫌疑人的存款、汇款、债券、股票、基金份额等财产。"根据上述规定，人民检察院、公安机关不能扣划存款、汇款、债券、股票、基金份额等财产。对于犯罪嫌疑人、被告人死亡，依照刑法规定应当追缴其违法所得及其他涉案财产的，适用刑事诉讼法第五编第三章规定的程序，由人民检察院向人民法院提出没收违法所得的申请。

33.3.4 查询、冻结、扣划存款的程序

▶《最高人民法院、最高人民检察院、公安部关于对冻结、扣划企业事业单位、机关团体在银行、非银行金融机构存款的执法活动加强监督的通知》（法〔1996〕83号，1996年8月13日）

一、最高人民法院、最高人民检察院、公安部发现地方各级人民法院、人民检察院、公安机关冻结、解冻、扣划有关单位在银行、非银行金融机构存款有错误时，上级人民法院、人民检察院、公安机关发现下级人民法院、人民检察院、公安机关冻结、解冻、扣划有关单位在银行、非银行金融机构存款有错误时，可以依照法定程序作出决定或者裁定，送达本系统地方各级或下级有关法院、检察院、公安机关限期纠正。有关法院、检察院、公安机关应当立即执行。

二、有关法院、检察院、公安机关认为上级机关的决定或者裁定有错误的，可在收到该决定或者裁定之日起5日以内向作出决定或裁定的人民法院、人民检察院、公安机关请求复议。最高人民法院、最高人民检察院、公安部或上级人民法院、人民检察院、公安机关经审查，认为请求复议的理由不能成立，依法有权直接向有关银行发出法律文书，纠正各自的下级机关所作的错误决定，并通知原作出决定的机关；有关银行、非银行金融机构接到此项法律文书后，应当立即办理，不得延误，不必征得原作出决定机关的同意。

33.3.5 查询、冻结、扣划证券和证券交易结算资金的程序

▶《最高人民法院、最高人民检察院、公安部、中国证券监督管理委员会关于查询、冻结、扣划证券和证券交易结算资金有关问题的通知》（法发〔2008〕4号，2008年1月10日）

各省、自治区、直辖市高级人民法院、人民检察院、公安厅（局），解放军军事法院、军事检察院，新疆维吾尔自治区高级人民法院生产建设兵团分院，新疆生产建设兵团人民检察院、公安局：

为维护正常的证券交易结算秩序，保护公民、法人和其他组织的合法权

益，保障执法机关依法执行公务，根据《中华人民共和国刑事诉讼法》、《中华人民共和国民事诉讼法》、《中华人民共和国证券法》等法律以及司法解释的规定，现就人民法院、人民检察院、公安机关查询、冻结、扣划证券和证券交易结算资金的有关问题通知如下：

一、人民法院、人民检察院、公安机关在办理案件过程中，按照法定权限需要通过证券登记结算机构或者证券公司查询、冻结、扣划证券和证券交易结算资金的，证券登记结算机构或者证券公司应当依法予以协助。

二、人民法院要求证券登记结算机构或者证券公司协助查询、冻结、扣划证券和证券交易结算资金，人民检察院、公安机关要求证券登记结算机构或者证券公司协助查询、冻结证券和证券交易结算资金时，有关执法人员应当依法出具相关证件和有效法律文书。

执法人员证件齐全、手续完备的，证券登记结算机构或者证券公司应当签收有关法律文书并协助办理有关事项。

拒绝签收人民法院生效法律文书的，可以留置送达。

三、人民法院、人民检察院、公安机关可以依法向证券登记结算机构查询客户和证券公司的证券账户、证券交收账户和资金交收账户内已完成清算交收程序的余额、余额变动、开户资料等内容。

人民法院、人民检察院、公安机关可依法向证券公司查询客户的证券账户和资金账户、证券交收账户和资金交收账户内的余额、余额变动、证券及资金流向、开户资料等内容。

查询自然人账户的，应当提供自然人姓名和身份证件号码；查询法人账户的，应当提供法人名称和营业执照或者法人注册登记证书号码。

证券登记结算机构或者证券公司应当出具书面查询结果并加盖业务专用章。查询机关对查询结果有疑问时，证券登记结算机构、证券公司在必要时应当进行书面解释并加盖业务专用章。

四、人民法院、人民检察院、公安机关按照法定权限冻结、扣划相关证券、资金时，应当明确冻结、扣划证券、资金所在的账户名称、账户号码、冻结期限，所冻结、扣划证券的名称、数量或者资金的数额。扣划时，还应当明确拟划入的账户名称、账号。

冻结证券和交易结算资金时，应当明确冻结的范围是否及于孳息。

本通知规定的以证券登记结算机构名义建立的各类专门清算交收账户不得整体冻结。

五、证券登记结算机构依法按照业务规则收取并存放于专门清算交收账户内的下列证券，不得冻结、扣划：

（一）证券登记结算机构设立的证券集中交收账户、专用清偿账户、专用处置帐户内的证券。

（二）证券公司按照业务规则在证券登记结算机构开设的客户证券交收账户、自营证券交收账户和证券处置账户内的证券。

六、证券登记结算机构依法按照业务规则收取并存放于专门清算交收账户内的下列资金，不得冻结、扣划：

（一）证券登记结算机构设立的资金集中交收账户、专用清偿账户内的资金。

（二）证券登记结算机构依法收取的证券结算风险基金和结算互保金。

（三）证券登记结算机构在银行开设的结算备付金专用存款账户和新股发行验资专户内的资金，以及证券登记结算机构为新股发行网下申购配售对象开立的网下申购资金账户内的资金。

（四）证券公司在证券登记结算机构开设的客户资金交收账户内的资金。

（五）证券公司在证券登记结算机构开设的自营资金交收账户内最低限额自营结算备付金及根据成交结果确定的应付资金。

七、证券登记结算机构依法按照业务规则要求证券公司等结算参与人、投资者或者发行人提供的回购质押券、价差担保物、行权担保物、履约担保物，在交收完成之前，不得冻结、扣划。

八、证券公司在银行开立的自营资金账户内的资金可以冻结、扣划。

九、在证券公司托管的证券的冻结、扣划，既可以在托管的证券公司办理，也可以在证券登记结算机构办理。不同的执法机关同一交易日分别在证券公司、证券登记结算机构对同一笔证券办理冻结、扣划手续的，证券公司协助办理的为在先冻结、扣划。

冻结、扣划未在证券公司或者其他托管机构托管的证券或者证券公司自营证券的，由证券登记结算机构协助办理。

十、证券登记结算机构受理冻结、扣划要求后，应当在受理日对应的交收日交收程序完成后根据交收结果协助冻结、扣划。

证券公司受理冻结、扣划要求后，应当立即停止证券交易，冻结时已经下单但尚未撮合成功的应当采取撤单措施。冻结后，根据成交结果确定的用于交收的应付证券和应付资金可以进行正常交收。在交收程序完成后，对于剩余部分可以扣划。同时，证券公司应当根据成交结果计算出等额的应收资金或者应收证券交由执法机关冻结或者扣划。

十一、已被人民法院、人民检察院、公安机关冻结的证券或证券交易结算资金，其他人民法院、人民检察院、公安机关或者同一机关因不同案件可以进行轮候冻结。冻结解除的，登记在先的轮候冻结自动生效。

轮候冻结生效后，协助冻结的证券登记结算机构或者证券公司应当书面通知做出该轮候冻结的机关。

十二、冻结证券的期限不得超过二年，冻结交易结算资金的期限不得超过六个月。

需要延长冻结期限的，应当在冻结期限届满前办理续行冻结手续，每次续行冻结的期限不得超过前款规定的期限。

十三、不同的人民法院、人民检察院、公安机关对同一笔证券或者交易结算资金要求冻结、扣划或者轮候冻结时，证券登记结算机构或者证券公司应当按照送达协助冻结、扣划通知书的先后顺序办理协助事项。

十四、要求冻结、扣划的人民法院、人民检察院、公安机关之间，因冻结、扣划事项发生争议的，要求冻结、扣划的机关应当自行协商解决。协商不成的，由其共同上级机关决定；没有共同上级机关的，由其各自的上级机关协商解决。

在争议解决之前，协助冻结的证券登记结算机构或者证券公司应当按照争议机关所送达法律文书载明的最大标的范围对争议标的进行控制。

十五、依法应当予以协助而拒绝协助，或者向当事人通风报信，或者与当事人通谋转移、隐匿财产的，对有关的证券登记结算机构或者证券公司和直接责任人应当依法进行制裁。

十六、以前规定与本通知规定内容不一致的，以本通知为准。

十七、本通知中所规定的证券登记结算机构，是指中国证券登记结算有限责任公司及其分公司。

十八、本通知自 2008 年 3 月 1 日起实施。

【重点解读】①

第一，豁免冻结、扣划的证券和资金。主要涉及以下方面：担保品的豁免冻结、扣划问题；客户证券、资金账户内的证券和资金的冻结、扣划；证券公司资金交收账户内豁免冻结、扣划的结算备付金范围。

第二，协助义务主体。主要包括：托管在证券公司的投资者证券的协助义务单位范围问题；对登记结算机构和证券公司的不同协助义务要求问题；对证券公司自营资金的冻结、扣划问题。

第三，冻结的轮候。不同执法机关对同一笔证券和资金的冻结实行轮候制度。同时，协助义务单位在轮候的冻结裁定生效时，应当书面通知作出轮候冻结的执法机关。

第四，争议解决机制。包括两个原则：一是协调原则；二是维持现状原则。在争议解决之前，协助冻结的登记结算机构或者证券公司应当按照争议机关所送达法律文书载明的最大标的范围对争议标的进行控制。

33.3.6 监察委员会查封、扣押的程序要求

▶《监察法实施条例》（国家监察委员会公告第1号，2021年9月20日）

第一百二十六条　查封、扣押时，应当出具《查封/扣押通知书》，调查人员不得少于二人。持有人拒绝交出应当查封、扣押的财物和文件的，可以依法强制查封、扣押。

调查人员对于查封、扣押的财物和文件，应当会同在场见证人和被查封、扣押财物持有人进行清点核对，开列《查封/扣押财物、文件清单》，由调查人员、见证人和持有人签名或者盖章。持有人不在场或者拒绝签名、盖章的，调查人员应当在清单上记明。

查封、扣押财物，应当为被调查人及其所扶养的亲属保留必需的生活费用和物品。

第一百二十七条　查封、扣押不动产和置于该不动产上不宜移动的设施、家具和其他相关财物，以及车辆、船舶、航空器和大型机械、设备等财物，必要时可以依法扣押其权利证书，经拍照或者录像后原地封存。调查人员应当在

---

① 参见范向阳：《〈关于查询、冻结、扣划证券和证券交易结算资金有关问题的通知〉的理解与适用》，载《人民司法》2008年第3期。

查封清单上记明相关财物的所在地址和特征，已经拍照或者录像及其权利证书被扣押的情况，由调查人员、见证人和持有人签名或者盖章。持有人不在场或者拒绝签名、盖章的，调查人员应当在清单上记明。

34 解除查封、扣押、冻结

34.1 法条规定与立法释义

▶《刑事诉讼法》（中华人民共和国主席令第10号，2018年10月26日）

第一百四十五条 <u>对查封、扣押的财物、文件、邮件、电报或者冻结的存款、汇款、债券、股票、基金份额等财产，经查明确实与案件无关的，应当在三日以内解除查封、扣押、冻结，予以退还。</u>

【立法释义】①

本条规定明确了冻结的解除程序，这是对财产权的重要程序保障条款。关于冻结的解除，应当关注以下原则：

第一，及时审查原则。办案机关采取冻结措施后，应当立即对冻结的存款、汇款、债券、股票、基金份额等财产进行审查，核实是否与案件存在关联。在审查逮捕、移送审查起诉等重要诉讼环节，人民检察院应当依法审查冻结措施的合法性。对于当事人及其利害关系人对冻结措施提出异议的情形，办案机关也应当依法进行审查。

第二，及时解除原则。办案机关经过审查，查明冻结的存款、汇款、债券、股票、基金份额等财产确实与案件无关的，应当在三日以内解除冻结，予以退还。本条中的"经查明确实与案件无关"，是指办案机关经过侦查，询问证人，讯问犯罪嫌疑人，调查核实证据，认定该冻结款项、债券、股票、基金份额等并非违法所得，也不具有证明犯罪嫌疑人是否犯罪、罪轻、罪重的作用，不能作为证据使用，与案件事实无关。

▶《监察法》（中华人民共和国主席令第3号，2018年3月20日）

第二十五条第三款 查封、扣押的财物、文件经查明与案件无关的，应当

---

① 参见王爱立主编：《中华人民共和国刑事诉讼法释义》，法律出版社2018年版，第299-301页。

在查明后三日内解除查封、扣押，予以退还。

【立法释义】①

查封、扣押的目的是保护证据，查明、证实违法犯罪行为。监察机关对查封、扣押的财物、文件，应当及时进行审查。经过调查核实，认定该查封、扣押的财物等并非违法所得，也不具有证明被调查人违法犯罪情况，不能作为证据使用，或者与违法犯罪行为无任何牵连的，应当在三日内解除查封、扣押，并退还原持有人或者保管人。

34.2 司法解释与重点解读

▶《人民检察院刑事诉讼规则》（高检发释字〔2019〕4号，2019年12月30日）

第二百一十条第二款 不能立即查明是否与案件有关的可疑的财物和文件，也可以查封或者扣押，但应当及时审查。经查明确实与案件无关的，应当在三日以内解除查封或者予以退还。

【重点解读】②

"可疑的财物和文件"是指根据侦查人员对案情以及已有证据的了解，对财物和文件与案件是否存在某种联系，暂时难以确认。但在查封、扣押后，不能一封了之、一扣了之，对可疑财物和文件是否与案件有关，应当继续审查。确实与案件无关的，应当在规定期限内解除查封或者予以退还，不得拖延。

34.3 规范性文件与重点解读

▶《公安机关办理刑事案件适用查封、冻结措施有关规定》（公通字〔2013〕30号，2013年9月1日）

第三十五条 公安机关在采取查封、冻结措施后，应当及时查清案件事

---

① 参见中共中央纪律检查委员会法规室、中华人民共和国国家监察委员会法规室编写：《〈中华人民共和国监察法〉释义》，中国方正出版社2018年版，第142-147页。

② 参见童建明、万春主编：《〈人民检察院刑事诉讼规则〉条文释义》，中国检察出版社2020年版，第223-225页。

实，在法定期限内对涉案财物依法作出处理。

经查明查封、冻结的财物确实与案件无关的，应当在三日以内解除查封、冻结。

第三十七条　人民检察院决定不起诉并对涉案财物解除查封、冻结的案件，公安机关应当在接到人民检察院的不起诉决定和解除查封、冻结财物的通知之日起三日以内对不宜移送而未随案移送的财物解除查封、冻结。对于人民检察院提出的对被不起诉人给予行政处罚、行政处分等检察意见中涉及查封、冻结涉案财物的，公安机关应当及时予以处理或者移送有关行政主管机关处理，并将处理结果通知人民检察院。

第三十八条　公安机关决定撤销案件或者对犯罪嫌疑人终止侦查的，除依照法律和有关规定另行处理的以外，应当在作出决定之日起三日以内对侦查中查封、冻结的涉案财物解除查封、冻结。需要给予行政处理的，应当及时予以处理或者移交有关行政主管机关处理。

第三十九条　解除查封的，应当在三日以内制作协助解除查封通知书，送交协助查封的有关部门办理，并通知所有权人或者使用权人。张贴制式封条的，启封时应当通知当事人到场；当事人经通知不到场，也未委托他人到场的，办案人员应当在见证人的见证下予以启封。提取的有关产权证照应当发还。必要时，可以予以公告。

▶《公安机关办理刑事案件程序规定》（公安部令第159号，2020年7月20日）

第二百三十四条　有关犯罪事实查证属实后，对于有证据证明权属明确且无争议的被害人合法财产及其孳息，且返还不损害其他被害人或者利害关系人的利益，不影响案件正常办理的，应当在登记、拍照或者录音录像和估价后，报经县级以上公安机关负责人批准，开具发还清单返还，并在案卷材料中注明返还的理由，将原物照片、发还清单和被害人的领取手续存卷备查。

领取人应当是涉案财物的合法权利人或者其委托的人；委托他人领取的，应当出具委托书。侦查人员或者公安机关其他工作人员不得代为领取。

查找不到被害人，或者通知被害人后，无人领取的，应当将有关财产及其孳息随案移送。

【重点解读】①

公安机关返还被害人财产及其孳息，应当同时符合三个条件：一是有关犯罪事实查证属实；二是有证据证明相关财产权属明确且无争议；三是属于被害人合法财产及其孳息。对于权属有争议的财产及其孳息，应当根据人民法院的判决进行处理；查封、扣押的被害人合法财产及其孳息仍然需要作为证据使用，用以查明涉嫌犯罪事实的，应当在涉嫌犯罪事实已查证属实的情况下再予以返还。

► 《监察法实施条例》（国家监察委员会公告第1号，2021年9月20日）

第一百三十四条　对查封、扣押的财物和文件，应当及时进行核查。经查明与案件无关的，经审批，应当在查明后三日以内解除查封、扣押，予以退还。解除查封、扣押的，应当向有关单位、原持有人或者近亲属送达《解除查封/扣押通知书》，附《解除查封/扣押财物、文件清单》，要求其签名或者盖章。

35　扣押邮件、电报的程序

35.1　法条规定与立法释义

► 《刑事诉讼法》（中华人民共和国主席令第10号，2018年10月26日）

第一百四十三条　<u>侦查人员认为需要扣押犯罪嫌疑人的邮件、电报的时候，经公安机关或者人民检察院批准，即可通知邮电机关将有关的邮件、电报检交扣押。</u>

不需要继续扣押的时候，应即通知邮电机关。

【立法释义】②

我国《宪法》明确规定，除因国家安全或者追查刑事犯罪的需要，由公安机关或者检察机关依照法律规定的程序对通信进行检查外，任何组织或者个人不得以任何理由侵犯公民的通信自由和通信秘密。扣押邮件、电报的批准和及时解除程序，充分体现了我国公民通信自由和通信秘密受国家保护的宪法原

---

① 参见孙茂利主编：《公安机关办理刑事案件程序规定释义与实务指南》，中国人民公安大学出版社2020年版，第562-564页。

② 参见王爱立主编：《中华人民共和国刑事诉讼法释义》，法律出版社2018年版，第296-297页。

则。关于扣押邮件、电报，应当关注以下事项：

第一，扣押邮件、电报的对象。扣押邮件、电报的对象，只能是犯罪嫌疑人。对于尚未被确定为犯罪嫌疑人的人员，以及犯罪嫌疑人的近亲属等与案件无关的人员，不得适用扣押邮件、电报措施。

第二，扣押依据。扣押邮件、电报的前提是，侦查人员认为需要扣押犯罪嫌疑人的邮件、电报。这里的"认为"，不是指侦查人员的主观臆断，而应当适用证据的关联性规则，即犯罪嫌疑人的邮件、电报与案件事实存在关联，能够作为证据使用。

第三，审批程序。扣押邮件、电报，应当依法经过公安机关或者人民检察院批准。批准的主体是县级以上公安机关负责人或者检察长。侦查人员在报请审批时，应当说明扣押的邮件、电报与案件事实存在的关联。

第四，执行程序。扣押邮件、电报，应当通知邮电机关经有关的邮件、电报检交扣押。这意味着，办案机关不能直接扣押邮件、电报，而是通知邮电机关配合扣押。

第五，解除程序。为保护公民的合法权益，保证邮电部门工作的正常进行，被扣押的邮件、电报不需要继续扣押的时候，应当及时解除扣押。"不需要继续扣押"，主要是指邮件、电报所涉及的情况已经查清，该邮件、电报不作为证据使用，或者扣押的邮件、电报已失去扣押意义等情况。

需要指出的是，随着网络通信技术发展，电子邮件已经逐步取代邮件、电报，成为普及性的通信方式。鉴于此，《公安机关办理刑事案件程序规定》第二百三十二条一并规定了电子邮件的扣押程序。

35.2 规范性文件与重点解读

▶《公安机关办理刑事案件程序规定》（公安部令第159号，2020年7月20日）

第二百三十二条 扣押犯罪嫌疑人的邮件、电子邮件、电报，应当经县级以上公安机关负责人批准，制作扣押邮件、电报通知书，通知邮电部门或者网络服务单位检交扣押。

不需要继续扣押的时候，应当经县级以上公安机关负责人批准，制作解除扣押邮件、电报通知书，立即通知邮电部门或者网络服务单位。

第二百三十三条 对查封、扣押的财物、文件、邮件、电子邮件、电报，经查明确实与案件无关的，应当在三日以内解除查封、扣押，退还原主或者原邮电部门、网络服务单位；原主不明确的，应当采取公告方式告知原主认领。在通知原主或者公告后六个月以内，无人认领的，按照无主财物处理，登记后上缴国库。

【重点解读】①

公安机关对查封、扣押的财物、文件、邮件、电子邮件、电报，应当及时进行审查，确定它们是否与案件有关，进而能否作为证据使用。经审查，确实与案件无关的财物、文件、邮件、电子邮件、电报，应当在三日以内解除查封、扣押。"与案件无关"，是指经过侦查，询问证人，讯问犯罪嫌疑人，调查核实证据，并对查封、扣押物进行认真分析后，认定该查封、扣押物并非犯罪嫌疑人的违法所得，也不具有证明犯罪嫌疑人是否有罪以及罪轻、罪重的作用，与案件事实没有关联。

对于查封、扣押物原主不明确的情形，《公安机关办理刑事案件程序规定》第二百三十三条规定了公告认领程序。"原主不明确"，是指不能确定查封、扣押物的原主，或者虽然知道原主，但无法与其取得联系。

36 电子数据的扣押、封存、冻结

36.1 司法解释

▶《最高人民法院、最高人民检察院、公安部关于办理刑事案件收集提取和审查判断电子数据若干问题的规定》（法发〔2016〕22号，2016年9月9日）

第五条 对作为证据使用的电子数据，应当采取以下一种或者几种方法保护电子数据的完整性：

（一）扣押、封存电子数据原始存储介质；

（二）计算电子数据完整性校验值；

（三）制作、封存电子数据备份；

---

① 参见孙茂利主编：《公安机关办理刑事案件程序规定释义与实务指南》，中国人民公安大学出版社2020年版，第561页。

（四）冻结电子数据；

（五）对收集、提取电子数据的相关活动进行录像；

（六）其他保护电子数据完整性的方法。

第七条 收集、提取电子数据，应当由二名以上侦查人员进行。取证方法应当符合相关技术标准。

第八条 收集、提取电子数据，能够扣押电子数据原始存储介质的，应当扣押、封存原始存储介质，并制作笔录，记录原始存储介质的封存状态。

封存电子数据原始存储介质，应当保证在不解除封存状态的情况下，无法增加、删除、修改电子数据。封存前后应当拍摄被封存原始存储介质的照片，清晰反映封口或者张贴封条处的状况。

封存手机等具有无线通信功能的存储介质，应当采取信号屏蔽、信号阻断或者切断电源等措施。

第九条 具有下列情形之一，无法扣押原始存储介质的，可以提取电子数据，但应当在笔录中注明不能扣押原始存储介质的原因、原始存储介质的存放地点或者电子数据的来源等情况，并计算电子数据的完整性校验值：

（一）原始存储介质不便封存的；

（二）提取计算机内存数据、网络传输数据等不是存储在存储介质上的电子数据的；

（三）原始存储介质位于境外的；

（四）其他无法扣押原始存储介质的情形。

对于原始存储介质位于境外或者远程计算机信息系统上的电子数据，可以通过网络在线提取。

为进一步查明有关情况，必要时，可以对远程计算机信息系统进行网络远程勘验。进行网络远程勘验，需要采取技术侦查措施的，应当依法经过严格的批准手续。

第十条 由于客观原因无法或者不宜依据第八条、第九条的规定收集、提取电子数据的，可以采取打印、拍照或者录像等方式固定相关证据，并在笔录中说明原因。

第十一条 具有下列情形之一的，经县级以上公安机关负责人或者检察长批准，可以对电子数据进行冻结：

（一）数据量大，无法或者不便提取的；
（二）提取时间长，可能造成电子数据被篡改或者灭失的；
（三）通过网络应用可以更为直观地展示电子数据的；
（四）其他需要冻结的情形。

第十二条　冻结电子数据，应当制作协助冻结通知书，注明冻结电子数据的网络应用账号等信息，送交电子数据持有人、网络服务提供者或者有关部门协助办理。解除冻结的，应当在三日内制作协助解除冻结通知书，送交电子数据持有人、网络服务提供者或者有关部门协助办理。

冻结电子数据，应当采取以下一种或者几种方法：
（一）计算电子数据的完整性校验值；
（二）锁定网络应用账号；
（三）其他防止增加、删除、修改电子数据的措施。

第十三条　调取电子数据，应当制作调取证据通知书，注明需要调取电子数据的相关信息，通知电子数据持有人、网络服务提供者或者有关部门执行。

第十四条　收集、提取电子数据，应当制作笔录，记录案由、对象、内容、收集、提取电子数据的时间、地点、方法、过程，并附电子数据清单，注明类别、文件格式、完整性校验值等，由侦查人员、电子数据持有人（提供人）签名或者盖章；电子数据持有人（提供人）无法签名或者拒绝签名的，应当在笔录中注明，由见证人签名或者盖章。有条件的，应当对相关活动进行录像。

第十五条　收集、提取电子数据，应当根据刑事诉讼法的规定，由符合条件的人员担任见证人。由于客观原因无法由符合条件的人员担任见证人的，应当在笔录中注明情况，并对相关活动进行录像。

针对同一现场多个计算机信息系统收集、提取电子数据的，可以由一名见证人见证。

第十六条　对扣押的原始存储介质或者提取的电子数据，可以通过恢复、破解、统计、关联、比对等方式进行检查。必要时，可以进行侦查实验。

电子数据检查，应当对电子数据存储介质拆封过程进行录像，并将电子数据存储介质通过写保护设备接入到检查设备进行检查；有条件的，应当制作电子数据备份，对备份进行检查；无法使用写保护设备且无法制作备份的，应当注明原因，并对相关活动进行录像。

电子数据检查应当制作笔录，注明检查方法、过程和结果，由有关人员签名或者盖章。进行侦查实验的，应当制作侦查实验笔录，注明侦查实验的条件、经过和结果，由参加实验的人员签名或者盖章。

36.2 规范性文件与重点解读

▶《公安机关办理刑事案件电子数据取证规则》（公通字〔2018〕41号，2019年2月1日）

第十条 在侦查活动中发现的可以证明犯罪嫌疑人有罪或者无罪、罪轻或者罪重的电子数据，能够扣押原始存储介质的，应当扣押、封存原始存储介质，并制作笔录，记录原始存储介质的封存状态。

勘验、检查与电子数据有关的犯罪现场时，应当按照有关规范处置相关设备，扣押、封存原始存储介质。

第十一条 对扣押的原始存储介质，应当按照以下要求封存：

（一）保证在不解除封存状态的情况下，无法使用或者启动被封存的原始存储介质，必要时，具备数据信息存储功能的电子设备和硬盘、存储卡等内部存储介质可以分别封存；

（二）封存前后应当拍摄被封存原始存储介质的照片。照片应当反映原始存储介质封存前后的状况，清晰反映封口或者张贴封条处的状况；必要时，照片还要清晰反映电子设备的内部存储介质细节；

（三）封存手机等具有无线通信功能的原始存储介质，应当采取信号屏蔽、信号阻断或者切断电源等措施。

第十二条 对扣押的原始存储介质，应当会同在场见证人和原始存储介质持有人（提供人）查点清楚，当场开列《扣押清单》一式三份，写明原始存储介质名称、编号、数量、特征及其来源等，由侦查人员、持有人（提供人）和见证人签名或者盖章，一份交给持有人（提供人），一份交给公安机关保管人员，一份附卷备查。

第十三条 对无法确定原始存储介质持有人（提供人）或者原始存储介质持有人（提供人）无法签名、盖章或者拒绝签名、盖章的，应当在有关笔录中注明，由见证人签名或者盖章。由于客观原因无法由符合条件的人员担任见证人的，应当在有关笔录中注明情况，并对扣押原始存储介质的过程全程录像。

第十四条　扣押原始存储介质，应当收集证人证言以及犯罪嫌疑人供述和辩解等与原始存储介质相关联的证据。

第十五条　扣押原始存储介质时，可以向相关人员了解、收集并在有关笔录中注明以下情况：

（一）原始存储介质及应用系统管理情况，网络拓扑与系统架构情况，是否由多人使用及管理，管理及使用人员的身份情况；

（二）原始存储介质及应用系统管理的用户名、密码情况；

（三）原始存储介质的数据备份情况，有无加密磁盘、容器，有无自毁功能，有无其它可移动存储介质，是否进行过备份，备份数据的存储位置等情况；

（四）其他相关的内容。

【重点解读】[①]

2016年"两高一部"《关于办理刑事案件收集提取和审查判断电子数据若干问题的规定》确立了"能够扣押电子数据原始存储介质的，应当扣押、封存原始存储介质"的原则，但实践中，公安机关扣押手机、电脑、硬盘时，不封存或者封存不规范的问题仍然偶有存在，导致电子数据来源不清，影响电子数据的真实性。鉴于此，2019年《公安机关办理刑事案件电子数据取证规则》专门对电子数据原始存储介质的扣押、封存进行了规定，并提示在执法中应注意收集提取原始存储介质同相关人的关联性证据，如相关证人证言、嫌疑人供述、指认材料、辨认笔录、生物检材等能够证明原始存储介质为相关人员所有、管理、使用的证据。

37　有组织犯罪案件涉案财物处理

37.1　法条规定

▶《反有组织犯罪法》（中华人民共和国主席令101号，2021年12月24日）

第三十九条　办理有组织犯罪案件中发现的可用以证明犯罪嫌疑人、被告人有罪或者无罪的各种财物、文件，应当依法查封、扣押。

[①] 参见田虹、翟晓飞、王艺筱：《〈公安机关办理刑事案件电子数据取证规则〉的理解与适用》，载《派出所工作》2019年第3期。

公安机关、人民检察院、人民法院可以依照《中华人民共和国刑事诉讼法》的规定查询、冻结犯罪嫌疑人、被告人的存款、汇款、债券、股票、基金份额等财产。有关单位和个人应当配合。

第四十条 公安机关、人民检察院、人民法院根据办理有组织犯罪案件的需要，可以全面调查涉嫌有组织犯罪的组织及其成员的财产状况。

第四十一条 查封、扣押、冻结、处置涉案财物，应当严格依照法定条件和程序进行，依法保护公民和组织的合法财产权益，严格区分违法所得与合法财产、本人财产与其家属的财产，减少对企业正常经营活动的不利影响。不得查封、扣押、冻结与案件无关的财物。经查明确实与案件无关的财物，应当在三日以内解除查封、扣押、冻结，予以退还。对被害人的合法财产，应当及时返还。

查封、扣押、冻结涉案财物，应当为犯罪嫌疑人、被告人及其扶养的家属保留必需的生活费用和物品。

第四十二条 公安机关可以向反洗钱行政主管部门查询与有组织犯罪相关的信息数据，提请协查与有组织犯罪相关的可疑交易活动，反洗钱行政主管部门应当予以配合并及时回复。

第四十三条 对下列财产，经县级以上公安机关、人民检察院或者人民法院主要负责人批准，可以依法先行出售、变现或者变卖、拍卖，所得价款由扣押、冻结机关保管，并及时告知犯罪嫌疑人、被告人或者其近亲属：

（一）易损毁、灭失、变质等不宜长期保存的物品；

（二）有效期即将届满的汇票、本票、支票等；

（三）债券、股票、基金份额等财产，经权利人申请，出售不损害国家利益、被害人利益，不影响诉讼正常进行的。

第四十四条 公安机关、人民检察院应当对涉案财产审查甄别。在移送审查起诉、提起公诉时，应当对涉案财产提出处理意见。

在审理有组织犯罪案件过程中，应当对与涉案财产的性质、权属有关的事实、证据进行法庭调查、辩论。人民法院应当依法作出判决，对涉案财产作出处理。

第四十五条 有组织犯罪组织及其成员违法所得的一切财物及其孳息、收益，违禁品和供犯罪所用的本人财物，应当依法予以追缴、没收或者责令退赔。

依法应当追缴、没收的涉案财产无法找到、灭失或者与其他合法财产混合且不可分割的，可以追缴、没收其他等值财产或者混合财产中的等值部分。

被告人实施黑社会性质组织犯罪的定罪量刑事实已经查清，有证据证明其在犯罪期间获得的财产高度可能属于黑社会性质组织犯罪的违法所得及其孳息、收益，被告人不能说明财产合法来源的，应当依法予以追缴、没收。

第四十六条　涉案财产符合下列情形之一的，应当依法予以追缴、没收：

（一）为支持或者资助有组织犯罪活动而提供给有组织犯罪组织及其成员的财产；

（二）有组织犯罪组织成员的家庭财产中实际用于支持有组织犯罪活动的部分；

（三）利用有组织犯罪组织及其成员的违法犯罪活动获得的财产及其孳息、收益。

第四十七条　黑社会性质组织犯罪案件的犯罪嫌疑人、被告人逃匿，在通缉一年后不能到案，或者犯罪嫌疑人、被告人死亡，依照《中华人民共和国刑法》规定应当追缴其违法所得及其他涉案财产的，依照《中华人民共和国刑事诉讼法》有关犯罪嫌疑人、被告人逃匿、死亡案件违法所得的没收程序的规定办理。

第四十八条　监察机关、公安机关、人民检察院发现与有组织犯罪相关的洗钱以及掩饰、隐瞒犯罪所得、犯罪所得收益等犯罪的，应当依法查处。

第四十九条　利害关系人对查封、扣押、冻结、处置涉案财物提出异议的，公安机关、人民检察院、人民法院应当及时予以核实，听取其意见，依法作出处理。

公安机关、人民检察院、人民法院对涉案财物作出处理后，利害关系人对处理不服的，可以提出申诉或者控告。

37.2　规范性文件

▶《最高人民法院、最高人民检察院、公安部、司法部关于办理黑社会性质组织犯罪案件若干问题的规定》（公通字〔2012〕45号，2012年9月11日）

第十七条　根据黑社会性质组织犯罪案件的诉讼需要，公安机关、人民检察院、人民法院可以依法查询、查封、扣押、冻结与案件有关的下列财产：

（一）黑社会性质组织的财产；
（二）犯罪嫌疑人、被告人个人所有的财产；
（三）犯罪嫌疑人、被告人实际控制的财产；
（四）犯罪嫌疑人、被告人出资购买的财产；
（五）犯罪嫌疑人、被告人转移至他人的财产；
（六）其他与黑社会性质组织及其违法犯罪活动有关的财产。

对于本条第一款的财产，有证据证明与黑社会性质组织及其违法犯罪活动无关的，应当依法立即解除查封、扣押、冻结措施。

第十八条 查封、扣押、冻结财产的，应当一并扣押证明财产所有权或者相关权益的法律文件和文书。

在侦查、起诉、审判过程中，查询、查封、扣押、冻结财产需要其他部门配合或者执行的，应当分别经县级以上公安机关负责人、人民检察院检察长、人民法院院长批准，通知有关部门配合或者执行。

查封、扣押、冻结已登记的不动产、特定动产及其他财产，应当通知有关登记机关，在查封、扣押、冻结期间禁止被查封、扣押、冻结的财产流转，不得办理被查封、扣押、冻结财产权属变更、抵押等手续；必要时可以提取有关产权证照。

第十九条 对于不宜查封、扣押、冻结的经营性财产，公安机关、人民检察院、人民法院可以申请当地政府指定有关部门或者委托有关机构代管。

▶《最高人民法院、最高人民检察院、公安部、司法部关于办理黑恶势力刑事案件中财产处置若干问题的意见》（法发〔2018〕1号，2019年4月1日）

一、总体工作要求

1. 公安机关、人民检察院、人民法院在办理黑恶势力犯罪案件时，在查明黑恶势力组织违法犯罪事实并对黑恶势力成员依法定罪量刑的同时，要全面调查黑恶势力组织及其成员的财产状况，依法对涉案财产采取查询、查封、扣押、冻结等措施，并根据查明的情况，依法作出处理。

前款所称处理既包括对涉案财产中犯罪分子违法所得、违禁品、供犯罪所用的本人财物以及其他等值财产等依法追缴、没收，也包括对被害人的合法财产等依法返还。

2. 对涉案财产采取措施，应当严格依照法定条件和程序进行。严禁在立案之前查封、扣押、冻结财物。凡查封、扣押、冻结的财物,都应当及时进行审查,防止因程序违法、工作瑕疵等影响案件审理以及涉案财产处置。

3. 对涉案财产采取措施,应当为犯罪嫌疑人、被告人及其所扶养的亲属保留必需的生活费用和物品。

根据案件具体情况,在保证诉讼活动正常进行的同时,可以允许有关人员继续合理使用有关涉案财产,并采取必要的保值保管措施,以减少案件办理对正常办公和合法生产经营的影响。

4. 要彻底摧毁黑社会性质组织的经济基础,防止其死灰复燃。对于组织者、领导者一般应当并处没收个人全部财产。对于确属骨干成员或者为该组织转移、隐匿资产的积极参加者,可以并处没收个人全部财产。对于其他组织成员,应当根据所参与实施违法犯罪活动的次数、性质、地位、作用、违法所得数额以及造成损失的数额等情节,依法决定财产刑的适用。

5. 要深挖细查并依法打击黑恶势力组织进行的洗钱以及掩饰、隐瞒犯罪所得、犯罪所得收益等转变涉案财产性质的关联犯罪。

二、依法采取措施全面收集证据

6. 公安机关侦查期间,要根据《公安机关办理刑事案件适用查封、冻结措施相关规定》(公通字〔2013〕30号)等有关规定,会同有关部门全面调查黑恶势力及其成员的财产状况,并可以根据诉讼需要,先行依法对下列财产采取查询、查封、扣押、冻结等措施:

(1) 黑恶势力组织的财产;

(2) 犯罪嫌疑人个人所有的财产;

(3) 犯罪嫌疑人实际控制的财产;

(4) 犯罪嫌疑人出资购买的财产;

(5) 犯罪嫌疑人转移至他人名下的财产;

(6) 犯罪嫌疑人涉嫌洗钱以及掩饰、隐瞒犯罪所得、犯罪所得收益等犯罪涉及的财产;

(7) 其他与黑恶势力组织及其违法犯罪活动有关的财产。

7. 查封、扣押、冻结已登记的不动产、特定动产及其他财产,应当通知有关登记机关,在查封、扣押、冻结期间禁止被查封、扣押、冻结的财产流转,不得办理被查封、扣押、冻结财产权属变更、抵押等手续。必要时可以提取有关产权证照。

8. 公安机关对于采取措施的涉案财产，应当全面收集证明其来源、性质、用途、权属及价值的有关证据，审查判断是否应当依法追缴、没收。

证明涉案财产来源、性质、用途、权属及价值的有关证据一般包括：

（1）犯罪嫌疑人、被告人关于财产来源、性质、用途、权属、价值的供述；

（2）被害人、证人关于财产来源、性质、用途、权属、价值的陈述、证言；

（3）财产购买凭证、银行往来凭证、资金注入凭证、权属证明等书证；

（4）财产价格鉴定、评估意见；

（5）可以证明财产来源、性质、用途、权属、价值的其他证据。

9. 公安机关对应当依法追缴、没收的财产中黑恶势力组织及其成员聚敛的财产及其孳息、收益的数额，可以委托专门机构评估；确实无法准确计算的，可以根据有关法律规定及查明的事实、证据合理估算。

人民检察院、人民法院对于公安机关委托评估、估算的数额有不同意见的，可以重新委托评估、估算。

10. 人民检察院、人民法院根据案件诉讼的需要，可以依法采取上述相关措施。

三、准确处置涉案财产

11. 公安机关、人民检察院应当加强对在案财产审查甄别。在移送审查起诉、提起公诉时，一般应当对采取措施的涉案财产提出处理意见建议，并将采取措施的涉案财产及其清单随案移送。

人民检察院经审查，除对随案移送的涉案财产提出处理意见外，还需要对继续追缴的尚未被足额查封、扣押的其他违法所得提出处理意见建议。

涉案财产不宜随案移送的，应当按照相关法律、司法解释的规定，提供相应的清单、照片、录像、封存手续、存放地点说明、鉴定、评估意见、变价处理凭证等材料。

12. 对于不宜查封、扣押、冻结的经营性财产，公安机关、人民检察院、人民法院可以申请当地政府指定有关部门或者委托有关机构代管或者托管。

对易损毁、灭失、变质等不宜长期保存的物品，易贬值的汽车、船艇等物品，或者市场价格波动大的债券、股票、基金等财产，有效期即将届满的汇票、本票、支票等，经权利人同意或者申请，并经县级以上公安机关、人民检察院或者人民法院主要负责人批准,可以依法出售、变现或者先行变卖、拍卖,所得价款由扣押、冻结机关保管,并及时告知当事人或者其近亲属。

13. 人民检察院在法庭审理时应当对证明黑恶势力犯罪涉案财产情况进行举证质证,对于既能证明具体个罪又能证明经济特征的涉案财产情况相关证据在具体个罪中出示后,在经济特征中可以简要说明,不再重复出示。

14. 人民法院作出的判决,除应当对随案移送的涉案财产作出处理外,还应当在判决书中写明需要继续追缴尚未被足额查封、扣押的其他违法所得;对随案移送财产进行处理时,应当列明相关财产的具体名称、数量、金额、处置情况等。涉案财产或者有关当事人人数较多,不宜在判决书正文中详细列明的,可以概括叙述并另附清单。

15. 涉案财产符合下列情形之一的,应当依法追缴、没收:

(1) 黑恶势力组织及其成员通过违法犯罪活动或者其他不正当手段聚敛的财产及其孳息、收益;

(2) 黑恶势力组织成员通过个人实施违法犯罪活动聚敛的财产及其孳息、收益;

(3) 其他单位、组织、个人为支持该黑恶势力组织活动资助或者主动提供的财产;

(4) 黑恶势力组织及其成员通过合法的生产、经营活动获取的财产或者组织成员个人、家庭合法财产中,实际用于支持该组织活动的部分;

(5) 黑恶势力组织成员非法持有的违禁品以及供犯罪所用的本人财物;

(6) 其他单位、组织、个人利用黑恶势力组织及其成员违法犯罪活动获取的财产及其孳息、收益;

(7) 其他应当追缴、没收的财产。

16. 应当追缴、没收的财产已用于清偿债务或者转让、或者设置其他权利负担,具有下列情形之一的,应当依法追缴:

(1) 第三人明知是违法犯罪所得而接受的;

(2) 第三人无偿或者以明显低于市场的价格取得涉案财物的;

(3) 第三人通过非法债务清偿或者违法犯罪活动取得涉案财物的;

(4) 第三人通过其他方式恶意取得涉案财物的。

17. 涉案财产符合下列情形之一的,应当依法返还:

（1）有证据证明确属被害人合法财产；

（2）有证据证明确与黑恶势力及其违法犯罪活动无关。

18. 有关违法犯罪事实查证属实后，对于有证据证明权属明确且无争议的被害人、善意第三人或者其他人员合法财产及其孳息，凡返还不损害其他利害关系人的利益，不影响案件正常办理的，应当在登记、拍照或者录像后，依法及时返还。

四、依法追缴、没收其他等值财产

19. 有证据证明依法应当追缴、没收的涉案财产无法找到、被他人善意取得、价值灭失或者与其他合法财产混合且不可分割的，可以追缴、没收其他等值财产。

对于证明前款各种情形的证据，公安机关或者人民检察院应当及时调取。

20. 本意见第19条所称"财产无法找到"，是指有证据证明存在依法应当追缴、没收的财产，但无法查证财产去向、下落的。被告人有不同意见的，应当出示相关证据。

21. 追缴、没收的其他等值财产的数额，应当与无法直接追缴、没收的具体财产的数额相对应。

▶《最高人民法院、最高人民检察院、公安部、司法部关于办理黑恶势力犯罪案件若干问题的指导意见》（法发〔2018〕1号，2018年1月16日）

26. 公安机关、人民检察院、人民法院根据黑社会性质组织犯罪案件的诉讼需要，应当依法查询、查封、扣押、冻结全部涉案财产。公安机关侦查期间，要会同工商、税务、国土、住建、审计、人民银行等部门全面调查涉黑组织及其成员的财产状况。

对于不宜查封、扣押、冻结的经营性资产，可以申请当地政府指定有关部门或者委托有关机构代管或者托管。

对黑社会性质组织及其成员聚敛的财产及其孳息、收益的数额，办案单位可以委托专门机构评估；确实无法准确计算的，可以根据有关法律规定及查明的事实、证据合理估算。

27. 对于依法查封、冻结、扣押的黑社会性质组织涉案财产，应当全面收集、审查证明其来源、性质、用途、权属及价值大小的有关证据。符合下列情形之一的，应当依法追缴、没收：

（1）组织及其成员通过违法犯罪活动或其他不正当手段聚敛的财产及其孳息、收益；

（2）组织成员通过个人实施违法犯罪活动聚敛的财产及其孳息、收益；

（3）其他单位、组织、个人为支持该组织活动资助或主动提供的财产；

（4）通过合法的生产、经营活动获取的财产或者组织成员个人、家庭合法资产中，实际用于支持该组织活动的部分；

（5）组织成员非法持有的违禁品以及供犯罪所用的本人财物；

（6）其他单位、组织、个人利用黑社会性质组织及其成员的违法犯罪活动获取的财产及其孳息、收益；

（7）其他应当追缴、没收的财产。

28. 违法所得已用于清偿债务或者转让给他人，具有下列情形之一的，应当依法追缴：

（1）对方明知是通过违法犯罪活动或者其他不正当手段聚敛的财产及其孳息、收益的；

（2）对方无偿或者以明显低于市场价格取得的；

（3）对方是因非法债务或者违法犯罪活动而取得的；

（4）通过其他方式恶意取得的。

29. 依法应当追缴、没收的财产无法找到、被他人善意取得、价值灭失或者与其他合法财产混合且不可分割的，可以追缴、没收其他等值财产。

30. 黑社会性质组织犯罪嫌疑人、被告人逃匿，在通缉一年后不能到案，或者犯罪嫌疑人、被告人死亡的，应当依照法定程序没收其违法所得。

31. 对于依法查封、扣押、冻结的涉案财产，有证据证明确属被害人合法财产，或者确与黑社会性质组织及其违法犯罪活动无关的应予以返还。

38 经济犯罪案件涉案财物处理

38.1 规范性文件

▶《最高人民检察院、公安部关于公安机关办理经济犯罪案件的若干规定》（公通字〔2017〕25号，2017年11月24日）

第四十六条 查封、扣押、冻结以及处置涉案财物，应当依照法律规定的条件和程序进行。除法律法规和规范性文件另有规定以外，公安机关不得在诉讼程序终结之前处置涉案财物。严格区分违法所得、其他涉案财产与合法财产，严格区分企业法人财产与股东个人财产，严格区分犯罪嫌疑人个人财产与家庭成员财产，不得超权限、超范围、超数额、超时限查封、扣押、冻结，并注意保护利害关系人的合法权益。

对涉众型经济犯罪案件，需要追缴、返还涉案财物的，应当坚持统一资产处置原则。公安机关移送审查起诉时，应当将有关涉案财物及其清单随案移送人民检察院。人民检察院提起公诉时，应当将有关涉案财物及其清单一并移送受理案件的人民法院，并提出处理意见。

第四十七条　对依照有关规定可以分割的土地、房屋等涉案不动产，应当只对与案件有关的部分进行查封。

对不可分割的土地、房屋等涉案不动产或者车辆、船舶、航空器以及大型机器、设备等特定动产，可以查封、扣押、冻结犯罪嫌疑人提供的与涉案金额相当的其他财物。犯罪嫌疑人不能提供的，可以予以整体查封。

冻结涉案账户的款项数额，应当与涉案金额相当。

第四十八条　对自动投案时主动提交的涉案财物和权属证书等，公安机关可以先行接收，如实登记并出具接收财物凭证，根据立案和侦查情况决定是否查封、扣押、冻结。

第四十九条　已被依法查封、冻结的涉案财物，公安机关不得重复查封、冻结，但是可以轮候查封、冻结。

已被人民法院采取民事财产保全措施的涉案财物，依照前款规定办理。

第五十条　对不宜查封、扣押、冻结的经营性涉案财物，在保证侦查活动正常进行的同时，可以允许有关当事人继续合理使用，并采取必要的保值保管措施，以减少侦查办案对正常办公和合法生产经营的影响。必要时，可以申请当地政府指定有关部门或者委托有关机构代管。

第五十一条　对查封、扣押、冻结的涉案财物及其孳息，以及作为证据使用的实物，公安机关应当如实登记，妥善保管，随案移送，并与人民检察院及时交接，变更法律手续。

在查封、扣押、冻结涉案财物时，应当收集、固定与涉案财物来源、权属、性质等有关的证据材料并随案移送。对不宜移送或者依法不移送的实物，应当将其清单、照片或者其他证明文件随案移送。

第五十二条 涉嫌犯罪事实查证属实后,对有证据证明权属关系明确的被害人合法财产及其孳息,及时返还不损害其他被害人或者利害关系人的利益、不影响诉讼正常进行的,可以在登记、拍照或者录像、估价后,经县级以上公安机关负责人批准,开具发还清单,在诉讼程序终结之前返还被害人。办案人员应当在案卷中注明返还的理由,将原物照片、清单和被害人的领取手续存卷备查。

具有下列情形之一的,不得在诉讼程序终结之前返还:

（一）涉嫌犯罪事实尚未查清的;

（二）涉案财物及其孳息的权属关系不明确或者存在争议的;

（三）案件需要变更管辖的;

（四）可能损害其他被害人或者利害关系人利益的;

（五）可能影响诉讼程序正常进行的;

（六）其他不宜返还的。

第五十三条 有下列情形之一的,除依照有关法律法规和规范性文件另行处理的以外,应当立即解除对涉案财物的查封、扣押、冻结措施,并及时返还有关当事人:

（一）公安机关决定撤销案件或者对犯罪嫌疑人终止侦查的;

（二）人民检察院通知撤销案件或者作出不起诉决定的;

（三）人民法院作出生效判决、裁定应当返还的。

第五十四条 犯罪分子违法所得的一切财物及其孳息,应当予以追缴或者责令退赔。

发现犯罪嫌疑人将经济犯罪违法所得和其他涉案财物用于清偿债务、转让或者设定其他权利负担,具有下列情形之一的,应当依法查封、扣押、冻结:

（一）他人明知是经济犯罪违法所得和其他涉案财物而接受的;

（二）他人无偿或者以明显低于市场价格取得上述财物的;

（三）他人通过非法债务清偿或者违法犯罪活动取得上述财物的;

（四）他人通过其他恶意方式取得上述财物的。

他人明知是经济犯罪违法所得及其产生的收益,通过虚构债权债务关系、虚假交易等方式予以窝藏、转移、收购、代为销售或者以其他方法掩饰、隐瞒，构成犯罪的，应当依法追究刑事责任。

第五十五条　具有下列情形之一，依照刑法规定应当追缴其违法所得及其他涉案财物的，经县级以上公安机关负责人批准，公安机关应当出具没收违法所得意见书，连同相关证据材料一并移送同级人民检察院：

（一）重大的走私、金融诈骗、洗钱犯罪案件，犯罪嫌疑人逃匿，在通缉一年后不能到案的；

（二）犯罪嫌疑人死亡的；

（三）涉嫌重大走私、金融诈骗、洗钱犯罪的单位被撤销、注销，直接负责的主管人员和其他直接责任人员逃匿、死亡，导致案件无法适用普通刑事诉讼程序审理的。

犯罪嫌疑人死亡，现有证据证明其存在违法所得及其他涉案财物应当予以没收的，公安机关可以继续调查，并依法进行查封、扣押、冻结。

第五十六条　公安机关办理经济犯罪案件，应当加强协作和配合，依法履行协查、协办等职责。

上级公安机关应当加强监督、协调和指导，及时解决跨区域性协作的争议事项。

第五十七条　办理经济犯罪案件需要异地公安机关协作的，委托地公安机关应当对案件的管辖、定性、证据认定以及所采取的侦查措施负责，办理有关的法律文书和手续，并对协作事项承担法律责任。但是协作地公安机关超权限、超范围采取相关措施的，应当承担相应的法律责任。

第五十八条　办理经济犯罪案件需要异地公安机关协作的，由委托地的县级以上公安机关制作办案协作函件和有关法律文书，通过协作地的县级以上公安机关联系有关协作事宜。协作地公安机关接到委托地公安机关请求协作的函件后，应当指定主管业务部门办理。

各省、自治区、直辖市公安机关根据本地实际情况，就需要外省、自治区、直辖市公安机关协助对犯罪嫌疑人采取强制措施或者查封、扣押、冻结涉案财物事项制定相关审批程序。

第五十九条　协作地公安机关应当对委托地公安机关出具的法律文书和手续予以审核，对法律文书和手续完备的，协作地公安机关应当及时无条件予以配合，不得收取任何形式的费用。

第六十条 委托地公安机关派员赴异地公安机关请求协助查询资料、调查取证等事项时，应当出具办案协作函件和有关法律文书。

委托地公安机关认为不需要派员赴异地的，可以将办案协作函件和有关法律文书寄送协作地公安机关，协作地公安机关协查不得超过十五日；案情重大、情况紧急的，协作地公安机关应当在七日以内回复；因特殊情况不能按时回复的，协作地公安机关应当及时向委托地公安机关说明情况。

必要时，委托地公安机关可以将办案协作函件和有关法律文书通过电传、网络等保密手段或者相关工作机制传至协作地公安机关，协作地公安机关应当及时协查。

第六十一条 委托地公安机关派员赴异地公安机关请求协助采取强制措施或者搜查，查封、扣押、冻结涉案财物等事项时，应当持办案协作函件、有关侦查措施或者强制措施的法律文书、工作证件及相关案件材料，与协作地县级以上公安机关联系，协作地公安机关应当派员协助执行。

第六十二条 对不及时采取措施，有可能导致犯罪嫌疑人逃匿，或者有可能转移涉案财物以及重要证据的，委托地公安机关可以商请紧急协作，将办案协作函件和有关法律文书通过电传、网络等保密手段传至协作地县级以上公安机关，协作地公安机关收到协作函后，应当及时采取措施，落实协作事项。委托地公安机关应当立即派员携带法律文书前往协作地办理有关事宜。

第六十三条 协作地公安机关在协作过程中，发现委托地公安机关明显存在违反法律规定的行为时，应当及时向委托地公安机关提出并报上一级公安机关。跨省协作的，应当通过协作地的省级公安机关通报委托地的省级公安机关，协商处理。未能达成一致意见的，协作地的省级公安机关应当及时报告公安部。

第六十四条 立案地公安机关赴其他省、自治区、直辖市办案，应当按照有关规定呈报上级公安机关审查批准。

专题七 鉴定的规则

39 鉴定的对象和主体

39.1 法条规定与立法释义

▶《刑事诉讼法》(中华人民共和国主席令第10号,2018年10月26日)

第一百四十六条 为了查明案情,需要解决案件中某些专门性问题的时候,应当指派、聘请有专门知识的人进行鉴定。

【立法释义】[1]

本条规定明确了鉴定的对象和主体。鉴定意见是刑事诉讼领域的重要证据,对于解决案件中的专门性问题具有重要作用。关于鉴定,应当关注以下事项:

第一,鉴定对象。鉴定的对象是指案件中的"专门性问题",即与查明案情有关,需要凭借专门知识和技能予以解决的问题。《全国人民代表大会常务委员会关于司法鉴定管理问题的决定》列举了实行登记管理的鉴定事项,主要涉及:法医类鉴定,包括法医病理鉴定、法医临床鉴定、法医精神病鉴定、法医物证鉴定和法医毒物鉴定;物证类鉴定,包括文书鉴定、痕迹鉴定和微量鉴定;声像资料鉴定,包括对录音带、录像带、磁盘、光盘、图片等载体上记录的声音、图像信息的真实性、完整性及其所反映的情况过程进行的鉴定和对记录的声音、图像中的语言、人体、物体作出种类或者同一认定。此外,还包括根据诉讼需要由国务院司法行政部门商最高人民法院、最高人民检察院确定的其他应当对鉴定人和鉴定机构实行登记管理的鉴定事项。

第二,鉴定事项。关于鉴定事项,需要注意以下两点:其一,不是案件中所有的专门性问题都需要进行鉴定。本条中的"某些专门性问题",是指需要由具有专门知识的人进行鉴定才能解决的问题。对于不影响定罪量刑的专门性

---

[1] 参见王爱立主编:《中华人民共和国刑事诉讼法释义》,法律出版社2018年版,第301-302页。

问题，以及案件中所涉的法律性问题，不需要进行鉴定。其二，"专门性问题"，包括但不限于纳入登记管理的鉴定事项。对于登记管理的鉴定事项之外的专门性问题，对定罪量刑有重要影响，也可以指派、聘请有专门知识的人进行鉴定或检验。2021年《最高人民法院关于适用〈中华人民共和国刑事诉讼法〉的解释》第一百条第一款规定，因无鉴定机构，或者根据法律、司法解释的规定，指派、聘请有专门知识的人就案件的专门性问题出具的报告，可以作为证据使用。

第三，鉴定主体。本条中的"有专门知识的人"，是指在某一专门研究领域，如法医学、弹道、指纹等，具有相关理论和实践经验的人，包括但不限于鉴定人。对于纳入登记管理范围的鉴定事项，应当指派、聘请具有鉴定资质的鉴定机构中的适格鉴定人。对于未纳入登记管理范围的新型专业事项，也可以指派、聘请具备相应领域专业技能，能够解决有关专门性问题的专业人员进行鉴定或检验。这也表明，鉴定意见并不具有预定的证明力，而是需要结合鉴定的方法和程序进行审查判断。此外，鉴定主体应当与案件无利害关系。

此外，《司法鉴定程序通则》等规范性文件对鉴定的委托、受理、实施等程序作出了具体规定。对各类专门鉴定意见的审查判断，以及鉴定意见争议的解决，可以结合有关规定进行。

▶《监察法》（中华人民共和国主席令第3号，2018年3月20日）

第二十七条 监察机关在调查过程中，对于案件中的专门性问题，可以指派、聘请有专门知识的人进行鉴定。鉴定人进行鉴定后，应当出具鉴定意见，并且签名。

【立法释义】①

本条是关于监察机关运用鉴定措施对案件中的专门性问题进行调查的规定。监察机关采取鉴定措施，应经监察机关相关负责人审批，制作委托鉴定文书。

鉴定人在运用科学技术或专门知识进行鉴别、判断后，应当出具鉴定意见。鉴定意见经审查核实后，可以作为定案的根据。鉴定意见应当由鉴定人签

---

① 参见中共中央纪律检查委员会法规室、中华人民共和国国家监察委员会法规室编写：《〈中华人民共和国监察法〉释义》，中国方正出版社2018年版，第150-152页。

名，如果是多名鉴定人，应当分别签名。对有多名鉴定人的，如果意见一致，应当写出共同的鉴定意见；如果意见不一致，可以分别提出不同的鉴定意见。

调查人员应对鉴定意见进行审查，必要时，可以提出补充鉴定或者重新鉴定的意见。被调查人对鉴定意见有异议的，可以申请补充鉴定或者重新鉴定。

▶《全国人民代表大会常务委员会关于司法鉴定管理问题的决定》（中华人民共和国主席令第25号，2015年4月24日）

六、申请从事司法鉴定业务的个人、法人或者其他组织，由省级人民政府司法行政部门审核，对符合条件的予以登记，编入鉴定人和鉴定机构名册并公告。

省级人民政府司法行政部门应当根据鉴定人或者鉴定机构的增加和撤销登记情况，定期更新所编制的鉴定人和鉴定机构名册并公告。

九、在诉讼中，对本决定第二条所规定的鉴定事项发生争议，需要鉴定的，应当委托列入鉴定人名册的鉴定人进行鉴定。鉴定人从事司法鉴定业务，由所在的鉴定机构统一接受委托。

鉴定人和鉴定机构应当在鉴定人和鉴定机构名册注明的业务范围内从事司法鉴定业务。

鉴定人应当依照诉讼法律规定实行回避。

十、司法鉴定实行鉴定人负责制度。鉴定人应当独立进行鉴定，对鉴定意见负责并在鉴定书上签名或者盖章。多人参加的鉴定，对鉴定意见有不同意见的，应当注明。

39.2 司法解释

▶《人民检察院刑事诉讼规则》（高检发释字〔2019〕4号，2019年12月30日）

第二百一十八条 人民检察院为了查明案情，解决案件中某些专门性的问题，可以进行鉴定。

鉴定由人民检察院有鉴定资格的人员进行。必要时，也可以聘请其他有鉴定资格的人员进行，但是应当征得鉴定人所在单位同意。

39.3 规范性文件与重点解读

39.3.1 公安机关鉴定的要求

▶《公安机关办理刑事案件程序规定》（公安部令第159号，2020年7月20日）

第二百四十八条 为了查明案情，解决案件中某些专门性问题，应当指派、聘请有专门知识的人进行鉴定。

需要聘请有专门知识的人进行鉴定，应当经县级以上公安机关负责人批准后，制作鉴定聘请书。

【重点解读】[①]

聘请有专门知识的人进行鉴定，应当按照以下步骤进行：（1）呈批。需要聘请有专门知识的人鉴定的，办案部门制作呈请鉴定报告书，报县级以上公安机关负责人批准。呈请鉴定报告书的内容包括简要案情、需要鉴定的种类、鉴定意见对案件办理所起的作用、拟聘请鉴定的具体机构和人员。（2）批准。需要聘请本公安机关以外的鉴定人的，经县级以上公安机关负责人批准，办案部门制作鉴定聘请书；由公安机关刑事技术部门或者鉴定机构鉴定的，不需要制作鉴定聘请书，直接将检材送交鉴定。本级公安机关鉴定机构有鉴定能力的，应当委托该机构；超出本级公安机关鉴定机构鉴定项目或者鉴定能力范围的，应当向上级公安机关鉴定机构逐级委托。

▶《公安部关于贯彻落实〈全国人民代表大会常务委员会关于司法鉴定管理问题的决定〉进一步加强公安机关刑事科学技术工作的通知》（公通字〔2005〕19号，2005年4月20日）

（二）《决定》[②]所指的司法鉴定机构和司法鉴定人，是指在诉讼中面向社会提供司法鉴定服务的鉴定人和鉴定机构。公安机关所属的鉴定机构和鉴定人不属于《决定》规定的"司法鉴定机构"和"司法鉴定人"的范畴，不在司法行政机关登记之列。根据《决定》精神，公安机关不再面向社会提供涉及诉

[①] 参见孙茂利主编：《公安机关办理刑事案件程序规定释义与实务指南》，中国人民公安大学出版社2020年版，第594—601页。

[②] 全称为《全国人民代表大会常务委员会关于司法鉴定管理问题的决定》。

讼的鉴定服务。

（三）下列五种对象委托的鉴定不在《决定》限制之列，公安机关鉴定机构应予受理：

1. 公安机关内部委托的鉴定；

2. 人民法院、人民检察院、司法行政机关、国家安全机关、军队保卫部门、其他行政执法机关、仲裁机构委托的鉴定；

3. 纪律监察机关委托的鉴定；

4. 公证机关和公民个人委托的非诉讼鉴定；

5. 通过指纹、DNA 等数据库进行人体生物特征检索，提供有无犯罪记录查询等非诉讼鉴定。

39.3.2　监委鉴定的要求

▶《监察法实施条例》（国家监察委员会公告第 1 号，2021 年 9 月 20 日）

第一百四十五条　监察机关为解决案件中的专门性问题，按规定报批后，可以依法进行鉴定。

鉴定时应当出具《委托鉴定书》，由二名以上调查人员送交具有鉴定资格的鉴定机构、鉴定人进行鉴定。

第一百四十六条　监察机关可以依法开展下列鉴定：

（一）对笔迹、印刷文件、污损文件、制成时间不明的文件和以其他形式表现的文件等进行鉴定；

（二）对案件中涉及的财务会计资料及相关财物进行会计鉴定；

（三）对被调查人、证人的行为能力进行精神病鉴定；

（四）对人体造成的损害或者死因进行人身伤亡医学鉴定；

（五）对录音录像资料进行鉴定；

（六）对因电子信息技术应用而出现的材料及其派生物进行电子证据鉴定；

（七）其他可以依法进行的专业鉴定。

39.3.3　司法鉴定的通行规范

▶《司法鉴定程序通则》（中华人民共和国司法部令第 132 号，2016 年 3 月 2 日）

第五条　司法鉴定实行鉴定人负责制度。司法鉴定人应当依法独立、客观、公正地进行鉴定，并对自己作出的鉴定意见负责。司法鉴定人不得违反规定会见诉讼当事人及其委托的人。

第七条 司法鉴定人在执业活动中应当依照有关诉讼法律和本通则规定实行回避。

第十一条 司法鉴定机构应当统一受理办案机关的司法鉴定委托。

第十五条 具有下列情形之一的鉴定委托，司法鉴定机构不得受理：

（一）委托鉴定事项超出本机构司法鉴定业务范围的；

（二）发现鉴定材料不真实、不完整、不充分或者取得方式不合法的；

（三）鉴定用途不合法或者违背社会公德的；

（四）鉴定要求不符合司法鉴定执业规则或者相关鉴定技术规范的；

（五）鉴定要求超出本机构技术条件或者鉴定能力的；

（六）委托人就同一鉴定事项同时委托其他司法鉴定机构进行鉴定的；

（七）其他不符合法律、法规、规章规定的情形。

第十八条 司法鉴定机构受理鉴定委托后，应当指定本机构具有该鉴定事项执业资格的司法鉴定人进行鉴定。

委托人有特殊要求的，经双方协商一致，也可以从本机构中选择符合条件的司法鉴定人进行鉴定。

委托人不得要求或者暗示司法鉴定机构、司法鉴定人按其意图或者特定目的提供鉴定意见。

第十九条 司法鉴定机构对同一鉴定事项，应当指定或者选择二名司法鉴定人进行鉴定；对复杂、疑难或者特殊鉴定事项，可以指定或者选择多名司法鉴定人进行鉴定。

第二十条 司法鉴定人本人或者其近亲属与诉讼当事人、鉴定事项涉及的案件有利害关系，可能影响其独立、客观、公正进行鉴定的，应当回避。

司法鉴定人曾经参加过同一鉴定事项鉴定的，或者曾经作为专家提供过咨询意见的，或者曾被聘请为有专门知识的人参与过同一鉴定事项法庭质证的，应当回避。

第二十一条 司法鉴定人自行提出回避的，由其所属的司法鉴定机构决定；委托人要求司法鉴定人回避的，应当向该司法鉴定人所属的司法鉴定机构提出，由司法鉴定机构决定。

委托人对司法鉴定机构作出的司法鉴定人是否回避的决定有异议的，可以撤销鉴定委托。

39.3.4　其他关于鉴定机构的规范

▶《最高人民检察院关于贯彻〈全国人民代表大会常务委员会关于司法鉴定管理问题的决定〉有关工作的通知》（高检发办字〔2005〕11号，2005年9月21日）

一、根据《决定》①的规定，自10月1日起，各级检察机关的鉴定机构不得面向社会接受委托从事鉴定业务，鉴定人员不得参与面向社会服务的司法鉴定机构组织的司法鉴定活动。

三、检察机关鉴定机构可以受理下列鉴定案件：

1. 检察机关业务工作所需的鉴定；
2. 有关部门交办的鉴定；
3. 其他司法机关委托的鉴定。

▶《最高人民法院关于审理生产、销售伪劣商品刑事案件有关鉴定问题的通知》（法〔2001〕70号，2001年5月21日）

二、根据《解释》②第三条和第四条的规定，人民法院受理的生产、销售假药犯罪案件和生产、销售不符合卫生标准的食品犯罪案件，均需有"省级以上药品监督管理部门设置或者确定的药品检验机构"和"省级以上卫生行政部门确定的机构"出具的鉴定结论。

40　鉴定的程序和法律责任

40.1　法条规定与立法释义

▶《刑事诉讼法》（中华人民共和国主席令第10号，2018年10月26日）

第一百四十七条　<u>鉴定人进行鉴定后，应当写出鉴定意见，并且签名。鉴定人故意作虚假鉴定的，应当承担法律责任。</u>

---

① 全称为《全国人民代表大会常务委员会关于司法鉴定管理问题的决定》。
② 全称为《最高人民法院、最高人民检察院关于办理生产、销售伪劣商品刑事案件具体应用法律若干问题的解释》。

【立法释义】[1]

本条规定明确了鉴定的要求和法律责任。2012年《刑事诉讼法》修改将"鉴定结论"修改为"鉴定意见",这意味着,尽管鉴定是科学技术知识的运用,但因其涉及鉴定人的主观判断,因此并不具有预定的证明力。同时,证明价值越强的证据,证明风险越大。将鉴定证据表述为鉴定意见,强调对鉴定意见的审查判断,有助于识别鉴定证据潜在的风险,并对其证明价值作出准确认定。关于鉴定的要求,应当关注以下事项:

第一,鉴定意见的制作要求。鉴定人接受指派或者聘请进行鉴定后,应当出具书面鉴定意见,同时附上鉴定机构和鉴定人的资质证明,并且签名或者盖章。鉴定人应当遵循科学的鉴定规程和方法,独立进行鉴定,并对委托鉴定事项作出明确的答复。2019年《人民检察院刑事诉讼规则》第二百二十条规定,对于鉴定意见,检察人员应当进行审查,必要时可以进行补充鉴定或者重新鉴定。重新鉴定的,应当另行指派或者聘请鉴定人。需要指出的是,对于特定的鉴定事项,可能涉及多个鉴定人进行鉴定。多个鉴定人的鉴定意见不一致的,应当在鉴定意见上写明分歧的内容和理由,并且分别签名或者盖章。

第二,虚假鉴定的法律责任。"故意作虚假鉴定",是指鉴定人违背鉴定材料和鉴定方法,故意制作不符合事实真相和科学要求的鉴定意见。因检材污染、技术失误、认识错误等原因,导致鉴定意见失真的,不属于故意作虚假鉴定。"承担法律责任"是指鉴定人故意作虚假鉴定,构成犯罪的,依法追究刑事责任;尚不构成犯罪的,予以相应的行政处罚。

40.2 司法解释

▶《人民检察院刑事诉讼规则》(高检发释字〔2019〕4号,2019年12月30日)

第二百一十九条 人民检察院应当为鉴定人提供必要条件,及时向鉴定人送交有关检材和对比样本等原始材料,介绍与鉴定有关的情况,并明确提出要求鉴定解决的问题,但是不得暗示或者强迫鉴定人作出某种鉴定意见。

---

[1] 参见王爱立主编:《中华人民共和国刑事诉讼法释义》,法律出版社2018年版,第303页。

40.3 规范性文件

▶《公安机关办理刑事案件程序规定》（公安部令第 159 号，2020 年 7 月 20 日）

第二百五十一条 鉴定人应当按照鉴定规则，运用科学方法独立进行鉴定。鉴定后，应当出具鉴定意见，并在鉴定意见书上签名，同时附上鉴定机构和鉴定人的资质证明或者其他证明文件。

多人参加鉴定，鉴定人有不同意见的，应当注明。

第二百五十六条第二款 鉴定人故意作虚假鉴定的，应当依法追究其法律责任。

▶《监察法实施条例》（国家监察委员会公告第 1 号，2021 年 9 月 20 日）

第一百四十七条 监察机关应当为鉴定提供必要条件，向鉴定人送交有关检材和对比样本等原始材料，介绍与鉴定有关的情况。调查人员应当明确提出要求鉴定事项，但不得暗示或者强迫鉴定人作出某种鉴定意见。

监察机关应当做好检材的保管和送检工作，记明检材送检环节的责任人，确保检材在流转环节的同一性和不被污染。

第一百四十八条 鉴定人应当在出具的鉴定意见上签名，并附鉴定机构和鉴定人的资质证明或者其他证明文件。多个鉴定人的鉴定意见不一致的，应当在鉴定意见上记明分歧的内容和理由，并且分别签名。

监察机关对于法庭审理中依法决定鉴定人出庭作证的，应当予以协调。

鉴定人故意作虚假鉴定的，应当依法追究法律责任。

40.4 案例与要旨

◆【《刑事审判参考》案例】［第 177 号］王逸故意伤害案

裁判要旨：鉴定意见只是某一方面专家就涉案的专门性问题向法庭提供的专业意见，鉴定意见的科学性、正确性与否，能否作为定案根据，还有待法官的审查采信。鉴定意见的审查一般主要包括对鉴定人资格、鉴定材料、鉴定过程、鉴定依据、鉴定结果与全案其他证据的一致性等内容的审查。

41 鉴定意见的告知及异议处理

41.1 法条规定与立法释义

▶《**刑事诉讼法**》（中华人民共和国主席令第 10 号，2018 年 10 月 26 日）

第一百四十八条 <u>侦查机关应当将用作证据的鉴定意见告知犯罪嫌疑人、被害人。如果犯罪嫌疑人、被害人提出申请，可以补充鉴定或者重新鉴定。</u>

【立法释义】[①]

本条规定明确了侦查机关对鉴定意见的告知义务，以及当事人申请补充鉴定或者重新鉴定的权利。对此，应当关注以下事项：

第一，侦查机关的告知义务。对于用作证据的鉴定意见，侦查机关应当告知犯罪嫌疑人、被害人。其中，"用作证据的鉴定意见"，是指接受指派、聘请的鉴定人，经过鉴定后形成书面鉴定意见，经侦查机关审查核实后，决定作为证据使用。因鉴定意见对案件事实认定具有重要影响，为确保当事人的知情权和异议权，侦查机关应当对当事人履行告知义务。告知义务的对象，包括"犯罪嫌疑人、被害人"。这主要是考虑到，犯罪嫌疑人和被害人与案件处理结果存在直接利害关系，在得知鉴定意见后，有权申请补充鉴定或者重新鉴定。

第二，当事人的异议权。对于办案机关用作证据的鉴定意见，犯罪嫌疑人、被害人有权申请补充鉴定或者重新鉴定。2020 年《公安机关办理刑事案件程序规定》第二百五十四条第一款规定，"补充鉴定"的情形包括："（一）鉴定内容有明显遗漏的；（二）发现新的有鉴定意义的证物的；（三）对鉴定证物有新的鉴定要求的；（四）鉴定意见不完整，委托事项无法确定的；（五）其他需要补充鉴定的情形。"该规定第二百五十五条第一款规定，"重新鉴定"的情形包括："（一）鉴定程序违法或者违反相关专业技术要求的；（二）鉴定机构、鉴定人不具备鉴定资质和条件的；（三）鉴定人故意作虚假鉴定或者违反回避规定的；（四）鉴定意见依据明显不足的；（五）检材虚假或者被损坏的；

[①] 参见王爱立主编：《中华人民共和国刑事诉讼法释义》，法律出版社 2018 年版，第 304-305 页。

(六) 其他应当重新鉴定的情形。"

对犯罪嫌疑人或者被害人提出的申请,侦查机关应当立即进行审查,对于符合规定的情形,应当决定补充鉴定或者重新鉴定。经审查认为,申请补充鉴定或者重新鉴定的理由不成立,原鉴定意见并不存在需要补充或者重新鉴定的情形,可以作出不准予的决定,并在作出决定后三日以内书面通知申请人。对于侦查机关驳回申请的情形,犯罪嫌疑人、被害人可以聘请专家辅助人对鉴定意见进行审查复核。

41.2 司法解释与重点解读

▶《人民检察院刑事诉讼规则》(高检发释字〔2019〕4号,2019年12月30日)

第二百二十条 对于鉴定意见,检察人员应当进行审查,必要时可以进行补充鉴定或者重新鉴定。重新鉴定的,应当另行指派或者聘请鉴定人。

第二百二十一条 用作证据的鉴定意见,人民检察院办案部门应当告知犯罪嫌疑人、被害人;被害人死亡或者没有诉讼行为能力的,应当告知其法定代理人、近亲属或诉讼代理人。

犯罪嫌疑人、被害人或被害人的法定代理人、近亲属、诉讼代理人提出申请,可以补充鉴定或者重新鉴定,鉴定费用由请求方承担。但原鉴定违反法定程序的,由人民检察院承担。

犯罪嫌疑人的辩护人或者近亲属以犯罪嫌疑人有患精神病可能而申请对犯罪嫌疑人进行鉴定的,鉴定费用由申请方承担。

【重点解读】[①]

鉴定意见的审查内容包括:(1) 鉴定机构和鉴定人是否具有法定资质;(2) 鉴定人是否存在应当回避的情形;(3) 检材的来源、取得、保管、送检是否符合法律、有关规定,与相关提取笔录、扣押物品清单等记载的内容是否相符,检材是否充足、可靠;(4) 鉴定意见的形式要件是否完备,是否注明提起鉴定的事由、鉴定委托人、鉴定机构、鉴定要求、鉴定过程、鉴定方法、鉴

[①] 参见童建明、万春主编:《〈人民检察院刑事诉讼规则〉条文释义》,中国检察出版社2020年版,第234-235页。

定日期等相关内容,是否由鉴定机构加盖司法鉴定专用章并由鉴定人签名、盖章;(5)鉴定程序是否符合法律、有关规定;(6)鉴定的过程和方法是否符合相关专业的规范要求;(7)鉴定意见是否明确;(8)鉴定意见与案件待证事实有无关联;(9)鉴定意见与勘验、检查笔录及相关照片等其他证据是否矛盾;(10)当事人对鉴定意见是否有异议。经审查,认为确有必要的,可以进行补充鉴定或者重新鉴定。

41.3 规范性文件与重点解读

▶《公安机关办理刑事案件程序规定》(公安部令第159号,2020年7月20日)

第二百五十二条 对鉴定意见,侦查人员应当进行审查。

对经审查作为证据使用的鉴定意见,公安机关应当及时告知犯罪嫌疑人、被害人或者其法定代理人。

第二百五十三条 犯罪嫌疑人、被害人对鉴定意见有异议提出申请,以及办案部门或者侦查人员对鉴定意见有疑义的,可以将鉴定意见送交其他有专门知识的人员提出意见。必要时,询问鉴定人并制作笔录附卷。

第二百五十四条 经审查,发现有下列情形之一的,经县级以上公安机关负责人批准,应当补充鉴定:

(一)鉴定内容有明显遗漏的;

(二)发现新的有鉴定意义的证物的;

(三)对鉴定证物有新的鉴定要求的;

(四)鉴定意见不完整,委托事项无法确定的;

(五)其他需要补充鉴定的情形。

经审查,不符合上述情形的,经县级以上公安机关负责人批准,作出不准予补充鉴定的决定,并在作出决定后三日以内书面通知申请人。

第二百五十五条 经审查,发现有下列情形之一的,经县级以上公安机关负责人批准,应当重新鉴定:

(一)鉴定程序违法或者违反相关专业技术要求的;

(二)鉴定机构、鉴定人不具备鉴定资质和条件的;

(三)鉴定人故意作虚假鉴定或者违反回避规定的;

（四）鉴定意见依据明显不足的；

（五）检材虚假或者被损坏的；

（六）其他应当重新鉴定的情形。

重新鉴定，应当另行指派或者聘请鉴定人。

经审查，不符合上述情形的，经县级以上公安机关负责人批准，作出不准予重新鉴定的决定，并在作出决定后三日以内书面通知申请人。

第二百五十六条　公诉人、当事人或者辩护人、诉讼代理人对鉴定意见有异议，经人民法院依法通知的，公安机关鉴定人应当出庭作证。

【重点解读】[①]

第一，鉴定意见告知程序。鉴定意见直接关系到案件事实的认定，与犯罪嫌疑人、被害人有直接的利害关系。为保障犯罪嫌疑人的辩护权和被害人的诉讼权利，公安机关应当将用作证据的鉴定意见告知犯罪嫌疑人、被害人或者其法定代理人，并征求他们对鉴定意见的意见。公安机关对于犯罪嫌疑人、被害人或者其法定代理人提出的补充鉴定或者重新鉴定的申请，应当及时进行核查，并将结果告知申请人。同时，应当将告知的情况写成笔录，连同犯罪嫌疑人、被害人或者其法定代理人提出补充鉴定或者重新鉴定的书面或口头申请，一并存入案卷。

第二，对鉴定意见异议的处理。为妥善处理鉴定意见的异议和疑义，2020年《公安机关办理刑事案件程序规定》规定两种处理方法：一是将鉴定意见送交其他有专门知识的人员提出意见，供侦查人员参考。需要注意的是，具有专门知识的人员并不一定需要具备鉴定资格；同时，有专门知识的人员提出的意见本身不是重新鉴定，只是对鉴定意见提出的意见，作为侦查人员审查鉴定意见的参考。二是询问鉴定人并制作笔录附卷。询问应当围绕异议、疑义的焦点进行。

第三，重新鉴定的鉴定人要求。鉴于原鉴定人对该鉴定对象已经进行过鉴定，对鉴定可能会有先入为主或存在成见的情况，且重新鉴定是由于原鉴定的机构、人员、检材、程序、方法有错误、缺陷或者争议，如果重新鉴定仍由原

[①] 参见孙茂利主编：《公安机关办理刑事案件程序规定释义与实务指南》，中国人民公安大学出版社2020年版，第606-613页。

鉴定人进行，可能影响重新鉴定意见的准确性，不能保证鉴定意见的客观、公正。因此，重新鉴定时应当另行指派或者聘请鉴定人。

第四，公安机关鉴定人出庭作证程序。鉴定人出庭作证，有利于审判人员对鉴定意见的真伪以及在案件中的证明力作出判断。2012年《刑事诉讼法》修改，对鉴定人出庭作证的情形、拒不出庭作证的后果作出了明确规定。在执法实践中，公安机关承担较多的鉴定工作，因此，2020年《公安机关办理刑事案件程序规定》对公安机关鉴定人出庭作证的义务作出具体规定。

▶《监察法实施条例》（国家监察委员会公告第1号，2021年9月20日）

第一百四十九条 调查人员应当对鉴定意见进行审查。对经审查作为证据使用的鉴定意见，应当告知被调查人及相关单位、人员，送达《鉴定意见告知书》。

被调查人或者相关单位、人员提出补充鉴定或者重新鉴定申请，经审查符合法定要求的，应当按规定报批，进行补充鉴定或者重新鉴定。

对鉴定意见告知情况可以制作笔录，载明告知内容和被告知人的意见等。

第一百五十条 经审查具有下列情形之一的，应当补充鉴定：

（一）鉴定内容有明显遗漏的；

（二）发现新的有鉴定意义的证物的；

（三）对鉴定证物有新的鉴定要求的；

（四）鉴定意见不完整，委托事项无法确定的；

（五）其他需要补充鉴定的情形。

第一百五十一条 经审查具有下列情形之一的，应当重新鉴定：

（一）鉴定程序违法或者违反相关专业技术要求的；

（二）鉴定机构、鉴定人不具备鉴定资质和条件的；

（三）鉴定人故意作出虚假鉴定或者违反回避规定的；

（四）鉴定意见依据明显不足的；

（五）检材虚假或者被损坏的；

（六）其他应当重新鉴定的情形。

决定重新鉴定的，应当另行确定鉴定机构和鉴定人。

42 精神病鉴定期间的扣除

42.1 法条规定与立法释义

▶《**刑事诉讼法**》(中华人民共和国主席令第 10 号,2018 年 10 月 26 日)

第一百四十九条 对犯罪嫌疑人作精神病鉴定的期间不计入办案期限。

【立法释义】[①]

本条规定明确了精神病鉴定的期间不计入办案期限。根据刑法规定,精神病人在不能辨认或者控制自己行为的时候造成危害后果的,不负刑事责任;间歇性的精神病人在精神正常时犯罪,应当负刑事责任。尚未完全丧失辨认或者控制自己行为能力的精神病人犯罪的,应当负刑事责任,但是可以从轻或者减轻处罚。鉴于犯罪嫌疑人是否属于精神病人,以及是否完全丧失辨认或者控制自己行为的能力等情形,直接影响案件处理结果,当此类问题存在疑问时,应当进行精神病鉴定。进行精神病鉴定,需要调查核实犯罪嫌疑人的病史等背景情况,以及案发前后的相关证据材料,通常持续较长时日,故有必要将精神病鉴定的期间从办案期限中扣除。"精神病鉴定的期间",是指侦查机关根据犯罪嫌疑人及其法定代理人或者辩护人提出的精神病鉴定申请,或者依职权决定对犯罪嫌疑人作精神病鉴定,依照法定程序决定委托鉴定,直至出具鉴定意见的期间。"不计入办案期限",是指不计入侦查羁押期限和审查起诉、审判期限。

需要指出的是,本条规定是对精神病鉴定事项作出的特别规定。犯罪嫌疑人、被告人在押的案件,除对犯罪嫌疑人、被告人的精神病鉴定期间不计入办案期限外,其他鉴定期间仍应计入办案期限。"六部委"《关于实施刑事诉讼法若干问题的规定》第四十条规定,对于因鉴定时间较长,办案期限届满仍不能终结的案件,自期限届满之日起,应当对被羁押的犯罪嫌疑人、被告人变更强制措施,改为取保候审或者监视居住。

[①] 参见王爱立主编:《中华人民共和国刑事诉讼法释义》,法律出版社 2018 年版,第 305 页。

42.2 规范性文件

►《最高人民法院、最高人民检察院、公安部、国家安全部、司法部、全国人大常委会法制工作委员会关于实施刑事诉讼法若干问题的规定》（2012年12月26日）

40. 刑事诉讼法第一百四十七条规定："对犯罪嫌疑人作精神病鉴定的期间不计入办案期限。"根据上述规定，犯罪嫌疑人、被告人在押的案件，除对犯罪嫌疑人、被告人的精神病鉴定期间不计入办案期限外，其他鉴定期间都应当计入办案期限。对于因鉴定时间较长，办案期限届满仍不能终结的案件，自期限届满之日起，应当对被羁押的犯罪嫌疑人、被告人变更强制措施，改为取保候审或者监视居住。

42.3 案例与要旨

◆【《刑事审判参考》案例】［第431号］彭崧故意杀人案

裁判要旨：吸食毒品后犯罪的，不需要作司法精神病鉴定。鉴于被告人吸食毒品后实施犯罪行为，其犯罪行为归责于吸食毒品的行为，且吸食毒品后出现的精神障碍并不属于刑法意义上的精神病人，所以，对吸毒后犯罪的被告人作司法精神病鉴定对本案的处理不产生任何影响。换言之，被告人吸食毒品后的责任能力问题，不影响其对自己吸食毒品后的危害社会行为依法承担刑事责任，故对被告人吸食毒品后的责任能力不需要作司法精神病鉴定。

◆【《刑事审判参考》案例】［第948号］李鹏盗窃案

裁判要旨：对实施了不同性质犯罪的智力障碍者的刑事责任能力需要区分对待。通常认为，只要智力障碍行为人具备了基本的认识能力，就能判断自己的行为是否违背社会道德，从而不会去实施杀人、放火、强奸等自然犯。例如，在司法鉴定中，对轻度智力障碍者实施拨打虚假恐怖信息报警电话的行为，通常可以认定其为无责任能力或者限制责任能力，而对他们实施的预谋杀人犯罪，一般认为具有完全责任能力。换言之，智力障碍行为人的智力水平达到一定程度后，可以认为他们对基本的社会伦理道德有充分的认识，只是对更为复杂的社会规则认识程度可能不足。

43　关于鉴定意见的专门性规定

43.1　公安机关的刑事技术鉴定

▶《公安部刑事技术鉴定规则》（公安部，1980年5月1日）

第二条　刑事技术鉴定的范围：必须是与犯罪案件有关的物品、文件、痕迹、人身、尸体。

第三条　刑事技术鉴定，由县以上公安机关的刑事技术部门负责进行。

第四条　刑事技术鉴定，必须由具有鉴定员以上职称的专业技术人员担任。本人或者近亲属与案件有利害关系的人，担任过本案的侦查、证人，或者与本案当事人有其他关系，可能影响公正鉴定的人，不能充当鉴定人。鉴定人的回避，由所在公安机关负责人决定。

第七条　刑事技术部门，只承担办案单位有关犯罪案件的鉴定任务。受理鉴定的手续是：

（一）查验委托公函；

（二）听取送检人介绍案件情况和鉴定要求；

（三）查验检材有无鉴定条件，核对其名称、数量；

（四）查验样本的来源和收集方法，是否具备比对条件。

根据查验情况，确定是否接受委托，或修改鉴定要求，或补送材料。

接受委托的，由送检人填写《委托鉴定登记表》。

第八条　刑事技术鉴定，要按下列程序进行：预备检验、分别检验、比对检验、综合评断。每个程序都要作出详细、客观的记录。最后制作鉴定书。

第九条　对检材进行物理检验或化学检验，要标明取材部位，并作详细记录。消耗性的检材，要注意留存，以备复核检验；检材过少无法留存的，应事先征得送检单位同意，并在委托登记表中注明。

第十条　凡需做鉴定实验的，由主办的鉴定人组织实施。要严格选用与检材质量、形态相同或近似的材料，运用与发生案件时相同或近似的形成条件和方法进行实验。实验情况，要如实记录，并由参加实验的人签名。鉴定实验记录，是综合评断的依据，不能代替鉴定书。

第十一条　鉴定书的内容，包括绪论、检验、论证、结论。

"绪论"：收检日期，送检单位，送检人，简要案情，检材名称、种类、数量、提取方法、载体及包装、运输情况，鉴定要求。

"检验"：检材和样本的形态、色质、大小、检验、实验的步骤、方法、手段、数据、特征图形。

"论证"：对检验发现的特征、数据进行综合评断，论述结论的科学依据。

"结论"：鉴定的结果。

鉴定书要文字简练，描述确切。照片要真实清晰，特征要标划鲜明。

尸体检验、物证分析、出具检验报告，不出鉴定书。

确因检材不够鉴定条件，而无法作出肯定性结论的，可以出具分析意见。

第十二条　鉴定书由鉴定人签名，检验报告由检验人签名，注明技术职称，并加盖"刑事技术鉴定专用章"。

第十三条　鉴定结束后，应将鉴定书同剩余的检材，一并发还送检单位。有研究价值，需要留作标本的，应征得送检单位同意，并商定留用的时限和保管、销毁的责任。

第十四条　由于技术水平或设备条件的限制，做不出结论，需要进行复核或重新鉴定的，应逐级上送刑事技术部门复核或重新鉴定。

鉴定中遇有重大疑难问题或鉴定结论有分歧时，可邀请有关人员进行鉴定"会诊"。

复核鉴定，除按规定办理委托鉴定手续外，送检单位还应提供原鉴定书或检验报告，并说明要求复核的原因。

43.2　军队内部刑事案件的鉴定

▶《中央军委关于军队执行〈中华人民共和国刑事诉讼法〉若干问题的暂行规定》（1998年7月21日）

第十五条　办理刑事案件中，对人身伤害的医学鉴定有争议需要重新鉴定或者对精神病的医学鉴定，由省级人民政府或者大军区级以上单位指定的医院进行；需作其他鉴定的，应当指派、聘请军级以上单位或者地方有关部门具有专门知识的人进行。

43.3 关于死刑案件的鉴定要求

▶《最高人民法院、最高人民检察院、公安部、司法部〈关于进一步严格依法办案确保办理死刑案件质量的意见〉》(法发〔2007〕11号,2007年3月9日)

9. 对可能属于精神病人、未成年人或者怀孕的妇女的犯罪嫌疑人,应当及时进行鉴定或者调查核实。

10. 加强证据的收集、保全和固定工作。对证据的原物、原件要妥善保管,不得损毁、丢失或者擅自处理。对与查明案情有关需要鉴定的物品、文件、电子数据、痕迹、人身、尸体等,应当及时进行刑事科学技术鉴定,并将鉴定报告附卷。涉及命案的,应当通过被害人近亲属辨认、DNA鉴定、指纹鉴定等方式确定被害人身份。对现场遗留的与犯罪有关的具备同一认定检验鉴定条件的血迹、精斑、毛发、指纹等生物物证、痕迹、物品,应当通过DNA鉴定、指纹鉴定等刑事科学技术鉴定方式与犯罪嫌疑人的相应生物检材、生物特征、物品等作同一认定。……

43.4 危害生产安全案件的鉴定

▶《最高人民法院、最高人民检察院、公安部、监察部、国家安全生产监督管理总局关于严格依法及时办理危害生产安全刑事案件的通知》(高检会〔2008〕5号,2008年6月6日)

三、……

需要有关部门进行鉴定的,公安机关、检察机关应当及时建议事故调查组组织鉴定,也可以自行组织鉴定。事故调查组组织鉴定、或者委托有关部门鉴定、或者公安机关、检察机关自行组织鉴定的,鉴定报告原则上应当自委托或者决定之日起20日内作出。不涉及机械、电气、瓦斯、化学、有毒有害物(气)体、锅炉压力容器、起重机械、地质勘察、工程设计与施工质量、火灾以及非法开采、破坏矿产资源量认定等专业技术问题的,不需要进行鉴定,相关事实和证据符合法定条件的,可以逮捕、公诉和审判。

43.5 经济犯罪案件的鉴定

▶《最高人民检察院、公安部关于公安机关办理经济犯罪案件的若干规定》(公通字〔2017〕25号，2017年11月24日)

第三十九条 公安机关办理生产、销售伪劣商品犯罪案件、走私犯罪案件、侵犯知识产权犯罪案件，对同一批次或者同一类型的涉案物品，确因实物数量较大，无法逐一勘验、鉴定、检测、评估的，可以委托或者商请有资格的鉴定机构、专业机构或者行政执法机关依照程序按照一定比例随机抽样勘验、鉴定、检测、评估，并由其制作取样记录和出具相关书面意见。有关抽样勘验、鉴定、检测、评估的结果可以作为该批次或者该类型全部涉案物品的勘验、鉴定、检测、评估结果，但是不符合法定程序，且不能补正或者作出合理解释，可能严重影响案件公正处理的除外。

法律、法规和规范性文件对鉴定机构或者抽样方法另有规定的，从其规定。

43.6 电子数据专门问题的鉴定

▶《公安机关办理刑事案件电子数据取证规则》(公通字〔2018〕41号，2018年12月13日)

第五十五条 为了查明案情，解决案件中某些专门性问题，应当指派、聘请有专门知识的人进行鉴定，或者委托公安部指定的机构出具报告。

需要聘请有专门知识的人进行鉴定，或者委托公安部指定的机构出具报告的，应当经县级以上公安机关负责人批准。

第五十六条 侦查人员送检时，应当封存原始存储介质、采取相应措施保护电子数据完整性，并提供必要的案件相关信息。

第五十七条 公安部指定的机构及其承担检验工作的人员应当独立开展业务并承担相应责任，不受其他机构和个人影响。

第五十八条 公安部指定的机构应当按照法律规定和司法审判机关要求承担回避、保密、出庭作证等义务，并对报告的真实性、合法性负责。

公安部指定的机构应当运用科学方法进行检验、检测，并出具报告。

第五十九条 公安部指定的机构应当具备必需的仪器、设备并且依法通过资质认定或者实验室认可。

第六十条 委托公安部指定的机构出具报告的其他事宜，参照《公安机关鉴定规则》等有关规定执行。

43.7 淫秽物品的鉴定

▶《公安部对〈关于鉴定淫秽物品有关问题的请示〉的批复》（公复字〔1998〕8号，1998年11月27日）

江苏省公安厅：

你厅《关于鉴定淫秽物品有关问题的请示》（苏公厅〔1998〕459号）收悉。现批复如下：

鉴于近年来各地公安机关查获淫秽物品数量不断增加、查禁任务日趋繁重的情况，为及时打击处理走私、制作、贩卖、传播淫秽物品的违法犯罪分子，今后各地公安机关查获的物品，需审查认定是否为淫秽物品的，可以由县级以上公安机关治安部门负责鉴定工作，但要指定两名政治、业务素质过硬的同志共同进行，其他人员一律不得参加。当事人提出不同意见需重新鉴定的，由上一级公安机关治安部门会同同级新闻出版、音像归口管理等部门重新鉴定。对送审鉴定和收缴的淫秽物品，由县级以上公安机关治安部门统一集中，登记造册，适时组织全部销毁。

对于淫秽物品鉴定工作中与新闻出版、音像归口管理等部门的配合问题，仍按现行规定执行。

43.8 国家秘密及密级的鉴定

▶《最高人民法院关于审理为境外窃取、刺探、收买、非法提供国家秘密、情报案件具体应用法律若干问题的解释》（法释〔2001〕4号，2001年1月17日）

第七条 审理为境外窃取、刺探、收买、非法提供国家秘密案件，需要对有关事项是否属于国家秘密以及属于何种密级进行鉴定的，由国家保密工作部门或者省、自治区、直辖市保密工作部门鉴定。

43.9 涉案文物的鉴定评估

►《**涉案文物鉴定评估管理办法**》(文物博发〔2018〕4号,2018年6月14日)

第三条　国家文物局指定的涉案文物鉴定评估机构和予以备案的文物鉴定评估人员开展涉案文物鉴定评估活动,适用本办法。

第九条　涉案文物鉴定评估范围涵盖可移动文物和不可移动文物。

(一)可移动文物鉴定评估类别包括陶瓷器、玉石器、金属器、书画、杂项等五个类别。

(二)不可移动文物鉴定评估类别包括古文化遗址、古墓葬、古建筑、石窟寺及石刻、近现代重要史迹及代表性建筑、其他等六个类别。

第十条　已被拆解的不可移动文物的构件,涉案文物鉴定评估机构可以应办案机关的要求,将其作为可移动文物进行鉴定评估。

第十一条　可移动文物鉴定评估内容包括:

(一)确定疑似文物是否属于文物;

(二)确定文物产生或者制作的时代;

(三)评估文物的历史、艺术、科学价值,确定文物级别;

(四)评估有关行为对文物造成的损毁程度;

(五)评估有关行为对文物价值造成的影响;

(六)其他需要鉴定评估的文物专门性问题。

可移动文物及其等级已经文物行政部门认定的,涉案文物鉴定评估机构不再对上述第一至三项内容进行鉴定评估。

第十二条　不可移动文物鉴定评估内容包括:

(一)确定疑似文物是否属于古文化遗址、古墓葬;

(二)评估有关行为对文物造成的损毁程度;

(三)评估有关行为对文物价值造成的影响;

(四)其他需要鉴定评估的文物专门性问题。

不可移动文物及其等级已经文物行政部门认定的,涉案文物鉴定评估机构不再对上述第一项内容进行鉴定评估。

第十三条　涉案文物鉴定评估机构可以根据自身专业条件,并应办案机关的要求，对文物的经济价值进行评估。

第十七条　涉案文物鉴定评估机构的文物鉴定评估人员，应当至少符合下列条件之一：

（一）取得文物博物及相关系列中级以上专业技术职务，并有至少持续5年文物鉴定实践经历；

（二）是文物进出境责任鉴定人员；

（三）是国家或者省级文物鉴定委员会委员。

第二十九条　涉案文物鉴定评估机构接受鉴定评估委托后，应当组织本机构与委托鉴定评估文物类别一致的文物鉴定评估人员进行鉴定评估。每类别文物鉴定评估应当有2名以上文物鉴定评估人员参加鉴定评估。

对复杂、疑难和重大案件所涉的鉴定评估事项，可以聘请其他涉案文物鉴定评估机构相关文物类别的文物鉴定评估人员参加鉴定评估。

第三十一条　可移动文物的鉴定评估，应当依托涉案文物实物开展，并依照相关标准和技术规范进行。

第三十二条　不可移动文物的鉴定评估，应当到涉案文物所在地现场开展调查研究，并依照相关标准和技术规范进行。

第三十五条　鉴定评估活动完成后，涉案文物鉴定评估机构应当对文物鉴定评估人员作出的鉴定评估意见进行审查，对鉴定评估意见一致的出具鉴定评估报告。

鉴定评估意见不一致的，涉案文物鉴定评估机构应当组织原鉴定人员以外的文物鉴定评估人员再次进行鉴定评估，再次鉴定评估意见一致的出具鉴定评估报告；再次鉴定评估意见仍不一致的，可以终止鉴定评估，涉案文物鉴定评估机构应当书面通知委托办案机关终止鉴定评估决定并说明理由。

第三十六条　有下列情形之一的，涉案文物鉴定评估机构可以终止鉴定评估：

（一）在鉴定评估过程中发现本机构难以解决的技术性问题的；

（二）确需补充鉴定评估材料而委托办案机关无法补充的；

（三）委托办案机关要求终止鉴定评估的；

（四）其他需要终止鉴定评估的情形。

除上述第三项情形外，涉案文物鉴定评估机构应当书面通知委托办案机关终止鉴定评估决定并说明理由。

第四十一条 涉案文物鉴定评估机构应当按照统一规定的文本格式制作鉴定评估报告。

鉴定评估报告一式五份，三份交委托办案机关，一份由涉案文物鉴定评估机构存档，一份在鉴定评估活动完成次月15日前报所在地省级文物行政部门备案。

第五十三条 对古猿化石、古人类化石及其与人类活动有关的第四纪古脊椎动物化石的鉴定评估活动，依照本办法执行。

43.10 光盘生产源的鉴定

►《最高人民法院、最高人民检察院、公安部、司法部、新闻出版署关于公安部光盘生产源鉴定中心行使行政、司法鉴定权有关问题的通知》（公通字〔2000〕21号，2000年3月9日）

各省、自治区、直辖市高级人民法院，人民检察院，公安厅、局，司法厅、局，新闻出版局及有关音像行政管理部门，解放军军事法院、军事检察院，新疆生产建设兵团公安局：

为适应"扫黄""打非"、保护知识产权工作的需要，解决目前各地办案过程中遇到的光盘生产源无法识别的问题，经中央机构编制委员会办公室批准，公安部组建了光盘生产源鉴定中心（设在广东省深圳市，以下简称鉴定中心）。目前，鉴定中心的各项筹备工作已完毕，所开发研制的光盘生产源识别方法已通过了由最高人民法院、最高人民检察院、公安部、司法部和国家新闻出版署派员组成的专家委员会的评审鉴定，具备了行政、司法鉴定能力。现将有关问题通知如下：

一、鉴定范围和内容

鉴定中心负责对各地人民法院、人民检察院、公安机关、司法行政机关、新闻出版行政机关、音像行政管理部门和其他行政执法机关在办理制黄贩黄、侵权盗版案件中所查获的光盘及母盘进行鉴定，确定送检光盘及母盘的生产企业。

企事业单位因业务工作需要，提出鉴定申请的，鉴定中心也可以进行上述鉴定。

二、鉴定程序

办案单位认为需要进行行政、司法鉴定的,应持有本单位所在地县级以上人民法院、人民检察院、公安机关、司法行政机关或其他行政执法机关出具的公函;新闻出版行政机关、音像行政管理部门办案需要鉴定的,由当地省级以上新闻出版机关、音像行政管理部门出具委托鉴定公函。

企事业单位需要鉴定的,由本单位向鉴定中心出具委托鉴定公函。鉴定中心在接受鉴定委托后,应立即组织2名以上专业技术人员进行鉴定,在30天以内出具《中华人民共和国公安部光盘生产源鉴定书》(见附件),并报公安部治安管理局备案。

委托鉴定可通过寄递方式提出。

专题八 辨认的规则

44 辨认的要求

44.1 司法解释

▶《人民检察院刑事诉讼规则》(高检发释字〔2019〕4号,2019年12月30日)

第二百二十三条 为了查明案情,必要时,检察人员可以让被害人、证人和犯罪嫌疑人对与犯罪有关的物品、文件、尸体或场所进行辨认;也可以让被害人、证人对犯罪嫌疑人进行辨认,或者让犯罪嫌疑人对其他犯罪嫌疑人进行辨认。

第二百二十四条 辨认应当在检察人员的主持下进行,执行辨认的人员不得少于二人。在辨认前,应当向辨认人详细询问被辨认对象的具体特征,避免辨认人见到被辨认对象,并应当告知辨认人有意作虚假辨认应负的法律责任。

第二百二十五条 几名辨认人对同一被辨认对象进行辨认时,应当由每名辨认人单独进行。必要时,可以有见证人在场。

第二百二十六条　辨认时，应当将辨认对象混杂在其他对象中。不得在辨认前向辨认人展示辨认对象及其影像资料，不得给辨认人任何暗示。

辨认犯罪嫌疑人时，被辨认的人数不得少于七人，照片不得少于十张。

辨认物品时，同类物品不得少于五件，照片不得少于五张。

对犯罪嫌疑人的辨认，辨认人不愿公开进行时，可以在不暴露辨认人的情况下进行，并应当为其保守秘密。

44.2　规范性文件

▶《公安机关办理刑事案件程序规定》（公安部令第159号，2020年7月20日）

第二百五十八条　为了查明案情，在必要的时候，侦查人员可以让被害人、证人或者犯罪嫌疑人对与犯罪有关的物品、文件、尸体、场所或者犯罪嫌疑人进行辨认。

第二百五十九条　辨认应当在侦查人员的主持下进行。主持辨认的侦查人员不得少于二人。

几名辨认人对同一辨认对象进行辨认时，应当由辨认人个别进行。

第二百六十条　辨认时，应当将辨认对象混杂在特征相类似的其他对象中，不得在辨认前向辨认人展示辨认对象及其影像资料，不得给辨认人任何暗示。

辨认犯罪嫌疑人时，被辨认的人数不得少于七人；对犯罪嫌疑人照片进行辨认的，不得少于十人的照片。

辨认物品时，混杂的同类物品不得少于五件；对物品的照片进行辨认的，不得少于十个物品的照片。

对场所、尸体等特定辨认对象进行辨认，或者辨认人能够准确描述物品独有特征的，陪衬物不受数量的限制。

第二百六十一条　对犯罪嫌疑人的辨认，辨认人不愿意公开进行时，可以在不暴露辨认人的情况下进行，并应当为其保守秘密。

第二百六十二条　对辨认经过和结果，应当制作辨认笔录，由侦查人员、辨认人、见证人签名。必要时，应当对辨认过程进行录音录像。

▶《监察法实施条例》（国家监察委员会公告第1号，2021年9月20日）

第一百四十一条　调查人员在必要时，可以依法让被害人、证人和被调查人对与违法犯罪有关的物品、文件、尸体或者场所进行辨认;也可以让被害人、证人对被调查人进行辨认,或者让被调查人对涉案人员进行辨认。

辨认工作应当由二名以上调查人员主持进行。在辨认前,应当向辨认人详细询问辨认对象的具体特征,避免辨认人见到辨认对象,并告知辨认人作虚假辨认应当承担的法律责任。几名辨认人对同一辨认对象进行辨认时,应当由辨认人个别进行。辨认应当形成笔录,并由调查人员、辨认人签名。

第一百四十二条　辨认人员时,被辨认的人数不得少于七人,照片不得少于十张。

辨认人不愿公开进行辨认时,应当在不暴露辨认人的情况下进行辨认,并为其保守秘密。

第一百四十三条　组织辨认物品时一般应当辨认实物。被辨认的物品系名贵字画等贵重物品或者存在不便搬运等情况的,可以对实物照片进行辨认。辨认人进行辨认时,应当在辨认出的实物照片与附纸骑缝上捺指印予以确认,在附纸上写明该实物涉案情况并签名、捺指印。

辨认物品时,同类物品不得少于五件,照片不得少于五张。

对于难以找到相似物品的特定物,可以将该物品照片交由辨认人进行确认后,在照片与附纸骑缝上捺指印,在附纸上写明该物品涉案情况并签名、捺指印。在辨认人确认前,应当向其详细询问物品的具体特征,并对确认过程和结果形成笔录。

第一百四十四条　辨认笔录具有下列情形之一的,不得作为认定案件的依据:

(一) 辨认开始前使辨认人见到辨认对象的;

(二) 辨认活动没有个别进行的;

(三) 辨认对象没有混杂在具有类似特征的其他对象中,或者供辨认的对象数量不符合规定的,但特定辨认对象除外;

(四) 辨认中给辨认人明显暗示或者明显有指认嫌疑的;

(五) 辨认不是在调查人员主持下进行的;

(六) 违反有关规定,不能确定辨认笔录真实性的其他情形。

辨认笔录存在其他瑕疵的,应当结合全案证据审查其真实性和关联性,作出综合判断。

专题九 侦查、调查实验的规则

45 侦查、调查实验的规则

45.1 法条规定与立法释义

▶《刑事诉讼法》（中华人民共和国主席令第10号，2018年10月26日）

第一百三十五条 为了查明案情，在必要的时候，经公安机关负责人批准，可以进行侦查实验。

侦查实验的情况应当写成笔录，由参加实验的人签名或者盖章。

侦查实验，禁止一切足以造成危险、侮辱人格或者有伤风化的行为。

【立法释义】[1]

侦查实验是一项模拟案件发生时的环境、条件，进行实验性重演的侦查活动。侦查实验应当注意以下事项：（1）实验的条件应当与事件发生时的条件尽量相同，尽可能在事件发生的原地，使用原工具、原物品进行。（2）注意采用科学合理的方法进行，必要时，在侦查人员主持下，可以邀请具有专门知识的人参与实验。（3）应当履行法律手续，进行侦查实验必须经公安机关负责人批准。本条中"必要的时候"是指与案件有关的重要情节非经侦查实验难以证明，或者对案件是否发生及如何发生难以确定。

进行侦查实验采取的手段、方法必须合理、规范，不得给实验人员和其他相关人员的生命、财产造成危险。同时，禁止任何带有人身侮辱性、损害当事人及其他人人格尊严或者有伤当地善良民俗的行为。

45.2 司法解释与重点解读

▶《人民检察院刑事诉讼规则》（高检发释字〔2019〕4号，2019年12月30日）

第二百条 为了查明案情，必要时经检察长批准，可以进行侦查实验。

---

[1] 参见王爱立主编：《中华人民共和国刑事诉讼法释义》，法律出版社2018年版，第288-289页。

侦查实验，禁止一切足以造成危险、侮辱人格或者有伤风化的行为。

第二百零一条　侦查实验，必要时可以聘请有关专业人员参加，也可以要求犯罪嫌疑人、被害人、证人参加。

【重点解读】[①]

侦查实验应当注意以下事项：（1）侦查实验不宜扩大使用，应严格履行法律手续，报经检察长批准才能进行。必须严格掌握进行侦查实验的条件，只有侦查实验是确定案件事实的必要手段时才能使用。（2）侦查实验应当强调同等条件，即侦查实验的环境与条件，诸如时间、地点、光线、风向、风力以及其他主、客观条件，应尽可能和原来相同。（3）侦查实验应采用科学的方法，不能为了查明或确定与案件有关的情况而不择手段。

侦查实验涉及某些专门领域，或者犯罪嫌疑人、被害人、证人参加更能再现当时情景时，可以聘请有关专业人员或要求犯罪嫌疑人、被害人、证人参加。要求犯罪嫌疑人、被害人、证人参加侦查实验应当慎重，防止负面效果。在要求其参加前，一般应进行预先实验。决定聘请有关人员或者要求犯罪嫌疑人、被害人、证人参加侦查实验时，应事先说明侦查实验的要求、具体内容。

45.3　规范性文件

▶《公安机关办理刑事案件程序规定》（公安部令第159号，2020年7月20日）

第二百二十一条　为了查明案情，在必要的时候，经县级以上公安机关负责人批准，可以进行侦查实验。

进行侦查实验，应当全程录音录像，并制作侦查实验笔录，由参加实验的人签名。

进行侦查实验，禁止一切足以造成危险、侮辱人格或者有伤风化的行为。

▶《最高人民法院、最高人民检察院、公安部关于办理刑事案件收集提取和审查判断电子数据若干问题的规定》（法发〔2016〕22号，2016年9月9日）

第十六条　对扣押的原始存储介质或者提取的电子数据，可以通过恢复、

[①] 参见童建明、万春主编：《〈人民检察院刑事诉讼规则〉条文释义》，中国检察出版社2020年版，第213-215页。

破解、统计、关联、比对等方式进行检查。必要时,可以进行侦查实验。

电子数据检查,应当对电子数据存储介质拆封过程进行录像,并将电子数据存储介质通过写保护设备接入到检查设备进行检查;有条件的,应当制作电子数据备份,对备份进行检查;无法使用写保护设备且无法制作备份的,应当注明原因,并对相关活动进行录像。

电子数据检查应当制作笔录,注明检查方法、过程和结果,由有关人员签名或者盖章。进行侦查实验的,应当制作侦查实验笔录,注明侦查实验的条件、经过和结果,由参加实验的人员签名或者盖章。

▶ **《公安机关办理刑事案件电子数据取证规则》**(公通字〔2018〕41号,2018年12月13日)

第五十条 为了查明案情,必要时,经县级以上公安机关负责人批准可以进行电子数据侦查实验。

第五十一条 电子数据侦查实验的任务包括:

(一)验证一定条件下电子设备发生的某种异常或者电子数据发生的某种变化;

(二)验证在一定时间内能否完成对电子数据的某种操作行为;

(三)验证在某种条件下使用特定软件、硬件能否完成某种特定行为、造成特定后果;

(四)确定一定条件下某种计算机信息系统应用或者网络行为能否修改、删除特定的电子数据;

(五)其他需要验证的情况。

第五十二条 电子数据侦查实验应当符合以下要求:

(一)应当采取技术措施保护原始存储介质数据的完整性;

(二)有条件的,电子数据侦查实验应当进行二次以上;

(三)侦查实验使用的电子设备、网络环境等应当与发案现场一致或者基本一致;必要时,可以采用相关技术方法对相关环境进行模拟或者进行对照实验;

(四)禁止可能泄露公民信息或者影响非实验环境计算机信息系统正常运行的行为。

第五十三条 进行电子数据侦查实验,应当使用拍照、录像、录音、通信数据采集等一种或多种方式客观记录实验过程。

第五十四条　进行电子数据侦查实验，应当制作《电子数据侦查实验笔录》，记录侦查实验的条件、过程和结果，并由参加侦查实验的人员签名或者盖章。

▶《监察法实施条例》（国家监察委员会公告第1号，2021年9月20日）

第一百四十条　为查明案情，在必要的时候，经审批可以依法进行调查实验。调查实验，可以聘请有关专业人员参加，也可以要求被调查人、被害人、证人参加。

进行调查实验，应当全程同步录音录像，制作调查实验笔录，由参加实验的人签名。进行调查实验，禁止一切足以造成危险、侮辱人格的行为。

专题十　技术侦查、调查的规则

46　技术侦查、调查措施的适用范围

46.1　法条规定与立法释义

▶《刑事诉讼法》（中华人民共和国主席令第10号，2018年10月26日）

第一百五十条　公安机关在立案后，对于危害国家安全犯罪、恐怖活动犯罪、黑社会性质的组织犯罪、重大毒品犯罪或者其他严重危害社会的犯罪案件，根据侦查犯罪的需要，经过严格的批准手续，可以采取技术侦查措施。

人民检察院在立案后，对于利用职权实施的严重侵犯公民人身权利的重大犯罪案件，根据侦查犯罪的需要，经过严格的批准手续，可以采取技术侦查措施，按照规定交有关机关执行。

追捕被通缉或者批准、决定逮捕的在逃的犯罪嫌疑人、被告人，经过批准，可以采取追捕所必需的技术侦查措施。

【立法释义】①

本条规定明确了技术侦查措施的适用范围，这是 2012 年《刑事诉讼法》修改新增的规定。技术侦查措施极大地提高了侦查取证效能，但也极易侵犯公民隐私权。关于技术侦查措施的适用，应当关注以下事项：

第一，严格限定适用阶段。公安机关、人民检察院"在立案后"，可以采取技术侦查措施。"立案后"，是指根据《刑事诉讼法》第一百零九条的规定，办案机关发现犯罪事实或者犯罪嫌疑人，依法决定立案侦查。在立案之前的初查阶段，不得采用技术侦查措施。

第二，严格限定案件范围。公安机关可以采取技术侦查措施的案件范围包括：危害国家安全犯罪、恐怖活动犯罪、黑社会性质的组织犯罪、重大毒品犯罪或者其他严重危害社会的犯罪案件。除本条第一款明确列举的案件外，根据 2020 年《公安机关办理刑事案件程序规定》第二百六十三条第一款的规定，"其他严重危害社会的犯罪案件"主要包括：故意杀人、故意伤害致人重伤或者死亡、强奸、抢劫、绑架、放火、爆炸、投放危险物质等严重暴力犯罪案件；集团性、系列性、跨区域性重大犯罪案件；利用电信、计算机网络、寄递渠道等实施的重大犯罪案件，以及针对计算机网络实施的重大犯罪案件；其他严重危害社会、依法可能判处七年以上有期徒刑的犯罪案件。

2019 年《人民检察院刑事诉讼规则》第二百二十七条规定，人民检察院可以采取技术侦查措施的案件，主要是指利用职权实施的严重侵犯公民人身权利的重大犯罪案件。

第三，严格坚持比例原则。公安机关、人民检察院需"根据侦查犯罪的需要"，决定是否采取技术侦查措施。对于通过常规侦查措施能够收集犯罪证据，查获犯罪嫌疑人的情形，通常没有必要采取技术侦查措施。为避免技术侦查措施滥用，办案机关在技术侦查措施的审批环节，要严格审查采取技术侦查措施的必要性以及理由。

---

① 参见王爱立主编：《中华人民共和国刑事诉讼法释义》，法律出版社 2018 年版，第 306-310 页。

第四,严格履行批准手续。"经过严格的批准手续"①,是指办案机关应当严格履行相应的批准手续,不能随意决定采取技术侦查措施。同时,审批部门应当严格执行技术侦查措施的法定适用标准,不能随意批准采取技术侦查措施。

第五,严格规范实施程序。2020年《公安机关办理刑事案件程序规定》第二百六十四条规定,技术侦查措施,主要包括记录监控、行踪监控、通信监控、场所监控等措施,其适用对象是犯罪嫌疑人、被告人以及与犯罪活动直接关联的人员。公安机关或者人民检察院决定采取技术侦查措施,统一由设区的市一级以上公安机关负责技术侦查的部门实施。其他任何机关和个人都不得采取技术侦查措施。

此外,根据追捕在逃的犯罪嫌疑人、被告人的特殊需要,经过批准,可以采取追捕所必须的技术侦查措施。这一规定并未限定案件范围,主要是考虑在逃的犯罪嫌疑人、被告人可能给公共安全和公民人身、财产安全带来严重威胁,有必要及时采取技术侦查措施,确定犯罪嫌疑人的行踪,进行有效实施追捕。对于此种特殊情形,也需要经过批准才能采取技术侦查措施。同时,此种情形下的技术侦查措施应当限定于追捕目的,以及为追捕所必需的措施种类,不能用于其他无关目的,也不能随意采用与追捕无关的技术侦查措施。

▶ 《监察法》(中华人民共和国主席令第3号,2018年3月20日)

第二十八条第一款 监察机关调查涉嫌重大贪污贿赂等职务犯罪,根据需要,经过严格的批准手续,可以采取技术调查措施,按照规定交有关机关执行。

【立法释义】②

监察机关可以采取技术调查措施的案件范围,主要是指重大贪污贿赂等职务犯罪案件。"重大",一般是指犯罪数额巨大,造成的损失严重,社会影响恶劣等。此外,对于其他重大职务犯罪案件,如确有必要,监察机关也可以采取技术调查措施。"技术调查措施",是指监察机关为调查职务犯罪,根据国家有

---

① 鉴于技术侦查措施是对隐私权的极大侵犯,故有必要严格规范审批程序,纳入司法机关的审查批准程序。如果单纯由侦查机关自我审批,容易导致技术侦查措施滥用的法律风险。

② 参见中共中央纪律检查委员会法规室、中华人民共和国国家监察委员会法规室编写:《〈中华人民共和国监察法〉释义》,中国方正出版社2018年版,第152-155页。

关规定，通过通讯技术手段对被调查人的职务违法犯罪行为进行调查。通讯技术手段通常包括电话监听、电子监控、拍照或者录像等。随着科学技术发展，技术调查手段也会不断发展变化。采取技术调查措施，需要按照规定交由公安机关执行，监察机关不能自己执行。

46.2 司法解释

▶《人民检察院刑事诉讼规则》（高检发释字〔2019〕4号，2019年12月30日）

第二百二十七条 人民检察院在立案后，对于利用职权实施的严重侵犯公民人身权利的重大犯罪案件，经过严格的批准手续，可以采取技术侦查措施，交有关机关执行。

第二百二十八条 人民检察院办理直接受理侦查的案件，需要追捕被通缉或者决定逮捕的在逃犯罪嫌疑人、被告人的，经过批准，可以采取追捕所必需的技术侦查措施，不受本规则第二百二十七条规定的案件范围的限制。

46.3 规范性文件与重点解读

▶《公安机关办理刑事案件程序规定》（公安部令第159号，2020年7月20日）

第二百六十四条 技术侦查措施是指由设区的市一级以上公安机关负责技术侦查的部门实施的记录监控、行踪监控、通信监控、场所监控等措施。

技术侦查措施的适用对象是犯罪嫌疑人、被告人以及与犯罪活动直接关联的人员。

【重点解读】[1]

第一，技术侦查措施的种类。考虑到技术侦查措施保密需要，本条规定没有采取直接定义的方式，而是间接以公安机关实施技术侦查措施的主体作为限定条件，即"由设区的市一级以上公安机关负责技术侦查的部门实施"，对技术侦查措施进行属性上的限定。因此，凡是采用公开方法进行的侦查活动均不

---

[1] 参见孙茂利主编：《公安机关办理刑事案件程序规定释义与实务指南》，中国人民公安大学出版社2020年版，第624-631页。

属于技术侦查措施，只有负责技术侦查的部门采用专门技术手段实施的特殊侦查方法才属于技术侦查措施。

第二，技术侦查措施的适用对象。从侦查实践看，很多犯罪案件发生时，并没有明确的犯罪嫌疑人，公安机关发现的是与犯罪活动直接关联的人。本条规定将技术侦查措施的适用对象界定为"犯罪嫌疑人、被告人以及与犯罪活动直接关联的人员"，基本上符合侦查实践需要。

▶《监察法实施条例》（国家监察委员会公告第1号，2021年9月20日）

第一百五十三条 监察机关根据调查涉嫌重大贪污贿赂等职务犯罪需要，依照规定的权限和程序报经批准，可以依法采取技术调查措施，按照规定交公安机关或者国家有关执法机关依法执行。

前款所称重大贪污贿赂等职务犯罪，是指具有下列情形之一：

（一）案情重大复杂，涉及国家利益或者重大公共利益的；

（二）被调查人可能被判处十年以上有期徒刑、无期徒刑或者死刑的；

（三）案件在全国或者本省、自治区、直辖市范围内有较大影响的。

47 技术侦查措施的适用规范

47.1 法条规定与立法释义

▶《刑事诉讼法》（中华人民共和国主席令第10号，2018年10月26日）

第一百五十一条 批准决定应当根据侦查犯罪的需要，确定采取技术侦查措施的种类和适用对象。批准决定自签发之日起三个月以内有效。对于不需要继续采取技术侦查措施的，应当及时解除；对于复杂、疑难案件，期限届满仍有必要继续采取技术侦查措施的，经过批准，有效期可以延长，每次不得超过三个月。

【立法释义】①

本条规定明确了技术侦查措施的适用规范，是2012年《刑事诉讼法》新增的规定。关于技术侦查措施的适用规范，应当关注以下事项：

---

① 参见王爱立主编：《中华人民共和国刑事诉讼法释义》，法律出版社2018年版，第310-311页。

第一，采取技术侦查措施的种类和适用对象。本条中的"种类"，是指技术侦查措施的类型。办案机关应当根据侦查犯罪的需要，确定具体技术侦查措施的种类，包括某一类或者某几类技术侦查措施，而不能笼统地批准采取技术侦查措施。本条中的"适用对象"，是指针对案件中的特定犯罪嫌疑人采取技术侦查措施，而不是笼统地批准对案件采取技术侦查措施。在批准决定中限定种类和适用对象，是确保技术侦查措施合法适用的基本前提。

第二，技术侦查措施的适用期限。根据本条规定，采取技术侦查措施的期限为三个月，自批准决定签发之日起算。对于复杂、疑难案件，期限届满仍有必要继续采取技术侦查措施的，经过批准，有效期可以延长，每次不得超过三个月。"经过批准"，是指按照原审批程序再次经过审查批准。侦查机关继续采取技术侦查措施，仍应限定为原有的种类和适用对象。根据侦查犯罪的需要，需要采取新类型的技术侦查措施，或者调整、增加适用对象的，应当重新进行审查批准。

第三，技术侦查措施的解除。与讯问、询问等侦查措施相比，技术侦查措施是由侦查机关秘密进行，其适用对象并不知情。因此，技术侦查措施的适用应当保持合理限度。侦查机关应尽可能缩短采取技术侦查的期间，虽然采取技术侦查措施的批准决定是三个月内有效，但在三个月有效期内，如果不需要继续采取技术侦查措施的，执行机关应当及时解除技术侦查措施。对于期限届满后，不需要继续采取技术侦查措施的，也应当及时解除。

47.2 司法解释

▶《人民检察院刑事诉讼规则》（高检发释字〔2019〕4号，2019年12月30日）

第二百二十九条　人民检察院采取技术侦查措施应当根据侦查犯罪的需要，确定采取技术侦查措施的种类和适用对象，按照有关规定报请批准。批准决定自签发之日起三个月以内有效。对于不需要继续采取技术侦查措施的，应当及时解除；对于复杂、疑难案件，期限届满仍有必要继续采取技术侦查措施的，应当在期限届满前十日以内制作呈请延长技术侦查措施期限报告书，写明延长的期限及理由，经过原批准机关批准，有效期可以延长，每次不得超过三个月。

采取技术侦查措施收集的材料作为证据使用的，批准采取技术侦查措施的法律文书应当附卷，辩护律师可以依法查阅、摘抄、复制。

47.3 规范性文件与重点解读

▶《公安机关办理刑事案件程序规定》（公安部令第 159 号，2020 年 7 月 20 日）

第二百六十五条 需要采取技术侦查措施的，应当制作呈请采取技术侦查措施报告书，报设区的市一级以上公安机关负责人批准，制作采取技术侦查措施决定书。

人民检察院等部门决定采取技术侦查措施，交公安机关执行的，由设区的市一级以上公安机关按照规定办理相关手续后，交负责技术侦查的部门执行，并将执行情况通知人民检察院等部门。

第二百六十六条 批准采取技术侦查措施的决定自签发之日起三个月以内有效。

在有效期限内，对不需要继续采取技术侦查措施的，办案部门应当立即书面通知负责技术侦查的部门解除技术侦查措施；负责技术侦查的部门认为需要解除技术侦查措施的，报批准机关负责人批准，制作解除技术侦查措施决定书，并及时通知办案部门。

对复杂、疑难案件，采取技术侦查措施的有效期限届满仍需要继续采取技术侦查措施的，经负责技术侦查的部门审核后，报批准机关负责人批准，制作延长技术侦查措施期限决定书。批准延长期限，每次不得超过三个月。

有效期限届满，负责技术侦查的部门应当立即解除技术侦查措施。

【重点解读】[①]

第一，人民检察院等部门决定采取技术侦查措施，交公安机关执行。《刑事诉讼法》仅规定人民检察院决定采取的技术侦查措施交公安机关执行。在侦查实践中，军队保卫部门立案侦查的犯罪案件，通常也是由公安机关负责技术侦查的部门执行技术侦查。鉴于此，"人民检察院等部门"应当包括军队保卫

[①] 参见孙茂利主编：《公安机关办理刑事案件程序规定释义与实务指南》，中国人民公安大学出版社 2020 年版，第 631-637 页。

部门，并且在具体办理程序上应当参照人民检察院的办理程序执行。

第二，在有效期限内解除技术侦查措施的办理程序。一是办案部门认为不需要继续采取技术侦查措施。具体包括案件侦查终结，案件已经撤销或者终止对犯罪嫌疑人的侦查等，办案部门应当书面通知负责技术侦查的部门解除技术侦查措施。二是负责技术侦查的部门认为不需要继续采取技术侦查措施。具体包括在采取技术侦查措施过程中发现办案部门提供的案件情况、适用对象情况与事实不符，或者已经达到采取技术侦查措施的目的，不具备继续采取技术侦查措施的条件，此时负责技术侦查的部门可以与办案单位协商解除技术侦查措施，办案单位同意解除的，书面通知负责技术侦查的部门；办案单位不同意解除的，负责技术侦查的部门需制作呈请解除技术侦查措施报告书，报原批准机关负责人批准后，制作解除技术侦查措施决定书。

▶《监察法实施条例》（国家监察委员会公告第1号，2021年9月20日）

第一百五十四条 依法采取技术调查措施的，监察机关应当出具《采取技术调查措施委托函》《采取技术调查措施决定书》和《采取技术调查措施适用对象情况表》，送交有关机关执行。其中，设区的市级以下监察机关委托有关执行机关采取技术调查措施，还应当提供《立案决定书》。

第一百五十五条 技术调查措施的期限按照监察法的规定执行，期限届满前未办理延期手续的，到期自动解除。

对于不需要继续采取技术调查措施的，监察机关应当按规定及时报批，将《解除技术调查措施决定书》送交有关机关执行。

需要依法变更技术调查措施种类或者增加适用对象的，监察机关应当重新办理报批和委托手续，依法送交有关机关执行。

第一百五十六条 对于采取技术调查措施收集的信息和材料，依法需要作为刑事诉讼证据使用的，监察机关应当按规定报批，出具《调取技术调查证据材料通知书》向有关执行机关调取。

对于采取技术调查措施收集的物证、书证及其他证据材料，监察机关应当制作书面说明，写明获取证据的时间、地点、数量、特征以及采取技术调查措施的批准机关、种类等。调查人员应当在书面说明上签名。

对于采取技术调查措施获取的证据材料，如果使用该证据材料可能危及有关人员的人身安全，或者可能产生其他严重后果的，应当采取不暴露有关人员身份、技术方法等保护措施。必要时，可以建议由审判人员在庭外进行核实。

48 技术侦查措施的实施规范

48.1 法条规定与立法释义

▶《**刑事诉讼法**》（中华人民共和国主席令第 10 号，2018 年 10 月 26 日）

第一百五十二条　采取技术侦查措施，必须严格按照批准的措施种类、适用对象和期限执行。

侦查人员对采取技术侦查措施过程中知悉的国家秘密、商业秘密和个人隐私，应当保密；对采取技术侦查措施获取的与案件无关的材料，必须及时销毁。

采取技术侦查措施获取的材料，只能用于对犯罪的侦查、起诉和审判，不得用于其他用途。

公安机关依法采取技术侦查措施，有关单位和个人应当配合，并对有关情况予以保密。

【立法释义】①

本条规定明确了技术侦查措施的实施规范，是 2012 年《刑事诉讼法》修改新增的规定。关于技术侦查措施的实施，应当关注以下事项：

第一，严格规范适用技术侦查措施。采取技术侦查措施，必须严格按照批准的措施种类、适用对象和期限执行。违反批准决定中的措施种类、适用对象和期限，将影响技术侦查措施以及有关证据的合法性。根据侦查工作需要，办案机关认为有必要调整技术侦查措施的种类和适用对象的，应当重新履行审查批准手续。

第二，保密义务的履行。在采用技术侦查措施的过程中，侦查人员可能会知悉国家秘密、商业秘密和个人隐私，对此应当保密。对于与案件事实有关的国家秘密、商业秘密和个人隐私，应当对有关证据进行保密处理。对于采取技术侦查措施获取的与案件无关的材料，必须及时销毁。

第三，采取技术侦查措施获取的材料的使用限制。采取技术侦查措施获取

---

① 参见王爱立主编：《中华人民共和国刑事诉讼法释义》，法律出版社 2018 年版，第 312—313 页。

的材料,只能用于对犯罪的侦查、起诉和审判,不得用于其他用途。本条规定中的"其他用途",是指与刑事诉讼无关的用途。需要指出的是,本条规定所指的"对犯罪的侦查、起诉和审判",并未限定于本案的侦查、起诉和审判。这意味着,采取技术侦查措施获取的材料,除用于本案的侦查线索和诉讼证据外,亦可以用于其他案件的调查。但是,需要强调的是,如果采用技术侦查措施获得的材料,涉及其他犯罪的线索,不得对有关犯罪持续采取技术侦查措施。办案机关可以依法决定对其他犯罪立案侦查,在经依法审查批准后,才能采取技术侦查措施。

第四,有关单位和个人对技术侦查措施予以配合及保密的义务。技术侦查措施需要在秘密情况下进行,一旦被公开或者被犯罪嫌疑人知悉,将妨碍技术侦查措施的继续进行。为确保技术侦查措施有效进行,有关单位和个人应当积极配合,如为侦查人员采取技术侦查措施提供必要的便利,或者配合侦查人员采取特定的技术侦查措施等。同时,有关单位和个人知悉侦查人员采取技术侦查措施的,应当对有关情况保密,不得向犯罪嫌疑人透露有关信息。

48.2 司法解释

▶《人民检察院刑事诉讼规则》(高检发释字〔2019〕4号,2019年12月30日)

第二百三十一条 检察人员对采取技术侦查措施过程中知悉的国家秘密、商业秘密和个人隐私,应当保密;对采取技术侦查措施获取的与案件无关的材料,应当及时销毁,并对销毁情况制作记录。

采取技术侦查措施获取的证据、线索及其他有关材料,只能用于对犯罪的侦查、起诉和审判,不得用于其他用途。

48.3 规范性文件与重点解读

▶《公安机关办理刑事案件程序规定》(公安部令第159号,2020年7月20日)

第二百六十七条 采取技术侦查措施,必须严格按照批准的措施种类、适用对象和期限执行。

在有效期限内,需要变更技术侦查措施种类或者适用对象的,应当按照本规定第二百六十五条规定重新办理批准手续。

第二百六十九条 采取技术侦查措施收集的材料,应当严格依照有关规定存放,只能用于对犯罪的侦查、起诉和审判,不得用于其他用途。

采取技术侦查措施收集的与案件无关的材料,必须及时销毁,并制作销毁记录。

第二百七十条 侦查人员对采取技术侦查措施过程中知悉的国家秘密、商业秘密和个人隐私,应当保密。

公安机关依法采取技术侦查措施,有关单位和个人应当配合,并对有关情况予以保密。

【重点解读】[①]

《刑事诉讼法》规定,对采取技术侦查措施获取的与案件无关的材料,必须及时销毁。2020年《公安机关办理刑事案件程序规定》增加了"制作销毁记录"的要求。通过制作销毁记录,记载销毁时间、销毁地点、销毁人、批准销毁人以及销毁的材料内容等,有助于严格管理采取技术侦查措施收集的材料。

▶《监察法实施条例》(国家监察委员会公告第1号,2021年9月20日)

第一百五十七条 调查人员对采取技术调查措施过程中知悉的国家秘密、商业秘密、个人隐私,应当严格保密。

采取技术调查措施获取的证据、线索及其他有关材料,只能用于对违法犯罪的调查、起诉和审判,不得用于其他用途。

对采取技术调查措施获取的与案件无关的材料,应当经审批及时销毁。对销毁情况应当制作记录,由调查人员签名。

49 秘密侦查的适用程序

49.1 法条规定与立法释义

▶《**刑事诉讼法**》(中华人民共和国主席令第10号,2018年10月26日)

第一百五十三条 为了查明案情,在必要的时候,经公安机关负责人决

---

① 参见孙茂利主编:《公安机关办理刑事案件程序规定释义与实务指南》,中国人民公安大学出版社2020年版,第643页。

定，可以由有关人员隐匿其身份实施侦查。但是，不得诱使他人犯罪，不得采用可能危害公共安全或者发生重大人身危险的方法。

对涉及给付毒品等违禁品或者财物的犯罪活动，公安机关根据侦查犯罪的需要，可以依照规定实施控制下交付。

【立法释义】[1]

本条规定明确了秘密侦查的适用程序，是2012年《刑事诉讼法》修改新增的规定。秘密侦查包括两种情形：一是隐匿身份侦查；二是控制下交付。关于秘密侦查，应当关注以下事项：

第一，隐匿身份侦查。隐匿身份侦查是秘密侦查的重要方法。在适用隐匿身份侦查措施时，应注意以下要求：其一，必要性原则。本条规定中的"在必要的时候"，是指为了查明案情，采取其他侦查手段难以获取犯罪证据，因而具有适用隐匿身份侦查的必要性。其二，适用隐匿身份侦查的决定程序。采用隐匿身份侦查措施，应当经公安机关负责人决定。根据该规定，除公安机关外，其他司法机关不得采取隐匿身份侦查措施。其三，隐匿身份侦查的人员。本条中的"有关人员"，既包括公安机关的侦查人员，也包括侦查机关指派的隐匿身份实施侦查的特情人员。接受侦查机关指派的特情人员，只能参与收集犯罪证据、配合实施抓捕等活动，不能代替侦查人员采取强制性措施。其四，禁止性规定。在实施隐匿身份侦查过程中，不得诱使他人犯罪，不得采用可能危害公共安全或者发生重大人身危险的方法。本条中的"不得诱使他人犯罪"，主要是指不得诱使他人产生犯罪意图。以毒品犯罪为例，"犯意引诱型"侦查属于本法禁止的范畴；"数量引诱型"侦查可以作为量刑抗辩的理由。本条中的"不得采用可能危害公共安全或者发生重大人身危险的方法"，是指实施隐匿身份侦查，例如对黑社会性质的组织犯罪的侦查，有关人员难免需参与犯罪分子实施的违法犯罪行为，但这种做法应当有一定限度，不能危害公共安全或者发生重大人身危险。本条中的"重大人身危险"，既包括对他人造成重大人身危险，也包括对隐匿身份的有关人员造成重大人身危险。在隐匿身份侦查过程中，如果发现可能危害公共安全或者发生重大人身危险，应当立即停止使用

---

[1] 参见王爱立主编：《中华人民共和国刑事诉讼法释义》，法律出版社2018年版，第314-315页。

隐匿身份侦查措施。

第二，控制下交付。《联合国禁止非法贩运麻醉品和精神药物公约》《联合国打击跨国有组织犯罪公约》《联合国反腐败公约》等国际公约规定了控制下交付的侦查方法。本条规定中的"控制下交付"，主要是指侦查机关在发现涉及给付毒品等违禁品或者财物的犯罪后，通过对犯罪活动进行有效的秘密监控，在违禁品或者财物的交付环节，对有关犯罪行为人实施抓捕，并查获有关犯罪证据。2020年《公安机关办理刑事案件程序规定》第二百七十二条规定，对涉及给付毒品等违禁品或者财物的犯罪活动，为查明参与该项犯罪的人员和犯罪事实，根据侦查需要，经县级以上公安机关负责人决定，可以实施控制下交付。控制下交付涉及违禁品或者财物脱离监控等风险，因此，应当严格按照规定的程序实施。

49.2 规范性文件与重点解读

▶《公安机关办理刑事案件程序规定》（公安部令第159号，2020年7月20日）

第二百七十一条 为了查明案情，在必要的时候，经县级以上公安机关负责人决定，可以由侦查人员或者公安机关指定的其他人员隐匿身份实施侦查。

隐匿身份实施侦查时，不得使用促使他人产生犯罪意图的方法诱使他人犯罪，不得采用可能危害公共安全或者发生重大人身危险的方法。

第二百七十二条 对涉及给付毒品等违禁品或者财物的犯罪活动，为查明参与该项犯罪的人员和犯罪事实，根据侦查需要，经县级以上公安机关负责人决定，可以实施控制下交付。

【重点解读】①

第一，隐匿身份侦查。尽管隐匿身份侦查规定在"技术侦查措施"一节，但其与普通的技术侦查措施存在以下差别：一是公安机关实施隐匿身份侦查没有法定案件范围的限制，而对技术侦查措施适用的案件范围有着严格限制。二是公安机关决定实施隐匿身份侦查的批准程序，要求"经县级以上公安机关负

---

① 参见孙茂利主编：《公安机关办理刑事案件程序规定释义与实务指南》，中国人民公安大学出版社2020年版，第646-649页。

责人决定";而采取技术侦查措施需要"制作呈请采取技术侦查措施报告书,报设区的市一级以上公安机关负责人批准,制作采取技术侦查措施决定书"。三是实施隐匿身份侦查的主体既可以是侦查人员,也可以是公安机关指定的其他人员;而技术侦查措施必须由公安机关负责技术侦查的部门及其侦查人员实施。

第二,控制下交付。控制下交付的实施过程主要包括四个环节:发现违禁品;决定实施控制下交付;放行违禁品使其继续流转,并实施秘密监控;目的地交易时或交易后抓捕犯罪嫌疑人、收集有关证据,达到铲除整个犯罪组织的目的。

50　技术侦查证据的使用规范

50.1　法条规定与立法释义

▶《**刑事诉讼法**》(中华人民共和国主席令第 10 号,2018 年 10 月 26 日)

第一百五十四条　依照本节规定采取侦查措施收集的材料在刑事诉讼中可以作为证据使用。如果使用该证据可能危及有关人员的人身安全,或者可能产生其他严重后果的,应当采取不暴露有关人员身份、技术方法等保护措施,必要的时候,可以由审判人员在庭外对证据进行核实。

【立法释义】[①]

本条规定明确了技术侦查证据的使用规范,是 2012 年《刑事诉讼法》修改新增的规定。关于技术侦查证据的使用,应当关注以下事项:

第一,证据资格。根据"技术侦查措施"一节规定采取技术侦查措施收集的材料在刑事诉讼中可以作为证据作用。这一规定明确赋予技术侦查证据相应的证据资格。技术侦查措施纳入法定程序后,依法取得的技术侦查证据随之获得法律效力;而违反技术侦查措施的法定程序,也将影响技术侦查证据的合法性。

第二,移送要求。对于影响定罪量刑特别是影响死刑适用的技术侦查证

[①] 参见王爱立主编:《中华人民共和国刑事诉讼法释义》,法律出版社 2018 年版,第 316—317 页。

据,应当附卷并随案移送,这是法律对技术侦查证据专门赋予证据资格的应有之义。"六部委"《关于实施刑事诉讼法若干问题的规定》第二十条规定,采取技术侦查措施收集的材料作为证据使用的,批准采取技术侦查措施的法律文书应当附卷,辩护律师可以依法查阅、摘抄、复制,在审判过程中可以向法庭出示。移送技术侦查证据的,应当附批准采取技术侦查措施的法律文书、技术侦查证据材料清单和有关部门对证据内容的说明材料。随案移送的证据材料涉及国家秘密、商业秘密或者个人隐私的,应当单独立卷,涉及国家秘密的,应当标明密级,相关办案人员应当予以保密。

采取技术调查、侦查措施收集的材料,作为证据使用的,应当随案移送。对于未作为证据随案移送的技术调查、侦查材料,不能作为证据使用,更不能作为定案的根据。同时,人民法院认为应当移送的技术调查、侦查证据材料未随案移送的,应当通知人民检察院在指定时间内移送。人民检察院未移送的,人民法院应当根据在案证据对案件事实作出认定。基于证据裁判原则,对于人民检察院未移送有关材料的情形,因上述材料并未作为证据使用,人民法院应当根据在案证据对案件事实作出认定。如果因有关技术调查、侦查证据材料未随案移送,导致案件事实存在疑问,应当按照存疑有利于被告人的原则作出裁判。

第三,使用方法。技术侦查证据的使用,可能危及有关人员的人身安全,特别是隐匿身份侦查的情形;亦有可能产生其他严重后果,例如导致有关侦查技术方法不当泄密,影响其他案件侦破等。为避免此类负面后果,对于技术侦查证据的使用,包括制作案卷材料以及庭审质证,应当采取不暴露有关人员身份、技术方法等保护措施。本条规定还明确了在庭外对证据进行核实的程序。本条中的"必要的时候",主要是指当庭对技术侦查证据进行调查,难以核实技术侦查证据的合法性和真实性。此种情况下,审判人员可以在庭外对技术侦查证据进行补充核实,例如,向侦查人员了解采取技术侦查措施的有关情况、核实有关技术方法,查阅采取技术侦查措施获取的完整证据材料等。

需要指出的是,技术侦查证据的庭外核实,不是取代当庭调查,而是指对有关证据的当庭调查结束后,审判人员仍然对技术侦查证据的来源、真实性和合法性存在疑问,有必要在庭外对证据进行核实。对于当庭调查后仍然存在疑问的情形,辩护方也可以申请法庭进行庭外核实。法庭决定对技术侦查证据进行庭外核实的,可以通知控辩双方到场。

50.2 司法解释

50.2.1 检察机关技术侦查证据的使用规范

▶《人民检察院刑事诉讼规则》（高检发释字〔2019〕4号，2019年12月30日）

第二百三十条 采取技术侦查措施收集的物证、书证及其他证据材料，检察人员应当制作相应的说明材料，写明获取证据的时间、地点、数量、特征以及采取技术侦查措施的批准机关、种类等，并签名和盖章。

对于使用技术侦查措施获取的证据材料，如果可能危及特定人员的人身安全、涉及国家秘密或者公开后可能暴露侦查秘密或者严重损害商业秘密、个人隐私的，应当采取不暴露有关人员身份、技术方法等保护措施。必要时，可以建议不在法庭上质证，由审判人员在庭外对证据进行核实。

50.2.2 法院对技术侦查证据的审查与认定

▶《最高人民法院关于适用〈中华人民共和国刑事诉讼法〉的解释》（法释〔2021〕1号，2021年1月26日）

第一百一十六条 依法采取技术调查、侦查措施收集的材料在刑事诉讼中可以作为证据使用。

采取技术调查、侦查措施收集的材料，作为证据使用的，应当随案移送。

第一百一十七条 使用采取技术调查、侦查措施收集的证据材料可能危及有关人员的人身安全，或者可能产生其他严重后果的，可以采取下列保护措施：

（一）使用化名等代替调查、侦查人员及有关人员的个人信息；

（二）不具体写明技术调查、侦查措施使用的技术设备和技术方法；

（三）其他必要的保护措施。

第一百一十八条 移送技术调查、侦查证据材料的，应当附采取技术调查、侦查措施的法律文书、技术调查、侦查证据材料清单和有关说明材料。

移送采用技术调查、侦查措施收集的视听资料、电子数据的，应当制作新的存储介质，并附制作说明，写明原始证据材料、原始存储介质的存放地点等信息，由制作人签名，并加盖单位印章。

第一百一十九条 对采取技术调查、侦查措施收集的证据材料，除根据相关证据材料所属的证据种类，依照本章第二节至第七节的相应规定进行审查外，还应当着重审查以下内容：

（一）技术调查、侦查措施所针对的案件是否符合法律规定；

（二）技术调查措施是否经过严格的批准手续，按照规定交有关机关执行；技术侦查措施是否在刑事立案后，经过严格的批准手续；

（三）采取技术调查、侦查措施的种类、适用对象和期限是否按照批准决定载明的内容执行；

（四）采取技术调查、侦查措施收集的证据材料与其他证据是否矛盾；存在矛盾的，能否得到合理解释。

第一百二十条　采取技术调查、侦查措施收集的证据材料，应当经过当庭出示、辨认、质证等法庭调查程序查证。

当庭调查技术调查、侦查证据材料可能危及有关人员的人身安全，或者可能产生其他严重后果的，法庭应当采取不暴露有关人员身份和技术调查、侦查措施使用的技术设备、技术方法等保护措施。必要时，审判人员可以在庭外对证据进行核实。

第一百二十一条　采用技术调查、侦查证据作为定案根据的，人民法院在裁判文书中可以表述相关证据的名称、证据种类和证明对象，但不得表述有关人员身份和技术调查、侦查措施使用的技术设备、技术方法等。

第一百二十二条　人民法院认为应当移送的技术调查、侦查证据材料未随案移送的，应当通知人民检察院在指定时间内移送。人民检察院未移送的，人民法院应当根据在案证据对案件事实作出认定。

专题十一　域外证据的取证规则

51　域外证据的取证规则

51.1　法条规定

▶《国际刑事司法协助法》（中华人民共和国主席令第13号，2018年10月26日）

第二十五条　办案机关需要外国就下列事项协助调查取证的，应当制作刑

事司法协助请求书并附相关材料,经所属主管机关审核同意后,由对外联系机关及时向外国提出请求:

(一) 查找、辨认有关人员;

(二) 查询、核实涉案财物、金融账户信息;

(三) 获取并提供有关人员的证言或者陈述;

(四) 获取并提供有关文件、记录、电子数据和物品;

(五) 获取并提供鉴定意见;

(六) 勘验或者检查场所、物品、人身、尸体;

(七) 搜查人身、物品、住所和其他有关场所;

(八) 其他事项。

请求外国协助调查取证时,办案机关可以同时请求在执行请求时派员到场。

第二十六条　向外国请求调查取证的,请求书及所附材料应当根据需要载明下列事项:

(一) 被调查人的姓名、性别、住址、身份信息、联系方式和有助于确认被调查人的其他资料;

(二) 需要向被调查人提问的问题;

(三) 需要查找、辨认人员的姓名、性别、住址、身份信息、联系方式、外表和行为特征以及有助于查找、辨认的其他资料;

(四) 需要查询、核实的涉案财物的权属、地点、特性、外形和数量等具体信息,需要查询、核实的金融账户相关信息;

(五) 需要获取的有关文件、记录、电子数据和物品的持有人、地点、特性、外形和数量等具体信息;

(六) 需要鉴定的对象的具体信息;

(七) 需要勘验或者检查的场所、物品等的具体信息;

(八) 需要搜查的对象的具体信息;

(九) 有助于执行请求的其他材料。

第三十一条　办案机关需要外国协助安排证人、鉴定人来中华人民共和国作证或者通过视频、音频作证,或者协助调查的,应当制作刑事司法协助请求书并附相关材料,经所属主管机关审核同意后,由对外联系机关及时向外国提出请求。

第三十二条　向外国请求安排证人、鉴定人作证或者协助调查的，请求书及所附材料应当根据需要载明下列事项：

（一）证人、鉴定人的姓名、性别、住址、身份信息、联系方式和有助于确认证人、鉴定人的其他资料；

（二）作证或者协助调查的目的、必要性、时间和地点等；

（三）证人、鉴定人的权利和义务；

（四）对证人、鉴定人的保护措施；

（五）对证人、鉴定人的补助；

（六）有助于执行请求的其他材料。

第三十三条　来中华人民共和国作证或者协助调查的证人、鉴定人在离境前，其入境前实施的犯罪不受追诉；除因入境后实施违法犯罪而被采取强制措施的以外，其人身自由不受限制。

证人、鉴定人在条约规定的期限内或者被通知无需继续停留后十五日内没有离境的，前款规定不再适用，但是由于不可抗力或者其他特殊原因未能离境的除外。

第三十四条　对来中华人民共和国作证或者协助调查的证人、鉴定人，办案机关应当依法给予补助。

第三十五条　来中华人民共和国作证或者协助调查的人员系在押人员的，由对外联系机关会同主管机关与被请求国就移交在押人员的相关事项事先达成协议。

主管机关和办案机关应当遵守协议内容，依法对被移交的人员予以羁押，并在作证或者协助调查结束后及时将其送回被请求国。

第三十九条　办案机关需要外国协助查封、扣押、冻结涉案财物的，应当制作刑事司法协助请求书并附相关材料，经所属主管机关审核同意后，由对外联系机关及时向外国提出请求。

外国对于协助执行中华人民共和国查封、扣押、冻结涉案财物的请求有特殊要求的，在不违反中华人民共和国法律的基本原则的情况下，可以同意。需要由司法机关作出决定的，由人民法院作出。

第四十条　向外国请求查封、扣押、冻结涉案财物的，请求书及所附材料应当根据需要载明下列事项：

（一）需要查封、扣押、冻结的涉案财物的权属证明、名称、特性、外形和数量等；

（二）需要查封、扣押、冻结的涉案财物的地点。资金或者其他金融资产存放在金融机构中的，应当载明金融机构的名称、地址和账户信息；

（三）相关法律文书的副本；

（四）有关查封、扣押、冻结以及利害关系人权利保障的法律规定；

（五）有助于执行请求的其他材料。

第四十一条　外国确定的查封、扣押、冻结的期限届满，办案机关需要外国继续查封、扣押、冻结相关涉案财物的，应当再次向外国提出请求。

办案机关决定解除查封、扣押、冻结的，应当及时通知被请求国。

51.2　司法解释

▶《最高人民法院关于适用〈中华人民共和国刑事诉讼法〉的解释》（法释〔2021〕1号，2021年1月26日）

第七十七条　对来自境外的证据材料，人民检察院应当随案移送有关材料来源、提供人、提取人、提取时间等情况的说明。经人民法院审查，相关证据材料能够证明案件事实且符合刑事诉讼法规定的，可以作为证据使用，但提供人或者我国与有关国家签订的双边条约对材料的使用范围有明确限制的除外；材料来源不明或者真实性无法确认的，不得作为定案的根据。

当事人及其辩护人、诉讼代理人提供来自境外的证据材料的，该证据材料应当经所在国公证机关证明，所在国中央外交主管机关或者其授权机关认证，并经中华人民共和国驻该国使领馆认证，或者履行中华人民共和国与该所在国订立的有关条约中规定的证明手续，但我国与该国之间有互免认证协定的除外。

第七十八条　控辩双方提供的证据材料涉及外国语言、文字的，应当附中文译本。

51.3 案例与要旨

◆ **糯康犯罪集团故意杀人、运输毒品、劫持船只、绑架案**①

该案发生在"金三角"地区，地理、社会环境复杂，犯罪嫌疑人都是外国人，长期在该地区作案和藏匿，案件的侦查取证和抓捕工作都需要在境外完成。2011年10月15日晚，中国公安部刑侦专家与泰方一同连夜开始对遇难者进行尸检。16日上午，双方开始对遇袭船只进行首次共同现场勘查。17日，工作组在泰国警方和中国驻泰国使馆领事官员陪同下对事发水域进行了现场勘查。同日，中方专家继续与泰方一同对遇袭船只进行调查取证。31日，湄公河流域执法安全合作会议在北京召开，中老缅泰四国共同发表《关于湄公河流域执法安全合作的联合声明》，四国一致同意建立中老缅泰湄公河流域执法安全合作机制，涵盖交流情报信息、联合巡逻执法、联合整治治安突出问题、联合打击跨国犯罪等领域。11月3日，由200多人、6个工作组组成的专案组成立，分赴老挝、缅甸和泰国开展侦查和抓捕犯罪嫌疑人的工作。在追捕糯康过程中，专案组充分发挥国际警务合作机制作用，极大地压缩了糯康组织的藏身空间，先后在老挝、缅甸等国与有关国家警方合作抓捕，最终在老挝将其抓获。

通过司法协助，专案组有效完成了境外证据的调取和交换、联合审讯、犯罪嫌疑人身份查询等工作。庭审现场出示的6组证据都是根据中国与老挝、缅甸、泰国的相关司法协助条约，通过联合调查取证或交换证据等方式获得。其中，专案组通过警务合作机制获取泰方现场勘验报告、尸检报告等证据材料17份、480余页和200余张照片。另外，泰国与老挝应我国司法机关申请，派出13名警务人员、专家证人出庭作证，直接、客观地证实了糯康犯罪集团劫持中

---

① 详见最高人民法院刑事裁定书，（2013）刑二复72350274号；《湄公河船员遇袭专题》，载中国领事服务网，http://cs.mfa.gov.cn/gyls/lsgz/ztzl/lbdxal/cymghyx_645677/；《新华时评：湄公河案结果体现中国保护公民决心》，载中央政府网，http://www.gov.cn/jrzg/2013-03/01/content_2342975.htm；《洗冤伏枭录-湄公河"10·5"中国船员遇害案侦破纪实》，载中央政府网，http://www.gov.cn/jrzg/2012-09/18/content_2227760.htm；《为了国家尊严和人民利益——湄公河惨案侦破始末》，载中央政府网，http://www.gov.cn/jrzg/2012-09/18/content_2226873.htm；《湄公河"10·5"案件庭审聚焦》，载共产党员网，https://news.12371.cn/2012/09/21/ARTI1348183203971903.shtml。

国船只、运输毒品、杀害中国公民的犯罪事实。

◆【《刑事审判参考》案例】[第640号] 邵春天制造毒品案

裁判要旨：就跨国犯罪案件而言，有些证据、证人可能在一国境外，因此在调查取证中需要相关国家给予司法协助，包括代为询问证人、被害人、鉴定人及其他犯罪嫌疑人，代为进行搜查、扣押、勘验、检查，代为送达诉讼文书，移交物证、书证及赃款赃物等活动。此外，还包括为侦破跨国犯罪进行的联合调查、执法合作等措施。我国《刑事诉讼法》第十七条①规定："根据中华人民共和国缔结或者参加的国际条约，或者按照互惠原则，我国司法机关和外国司法机关可以相互请求刑事司法协助。"有关反腐败、毒品犯罪、跨国有组织犯罪的国际公约均对相互法律协助、加强国际合作作了规定，我国也与包括菲律宾在内的多个国家签订了刑事司法协助条约。

在司法实践中，对跨国犯罪案件的证据，要重点审查证据的来源是否正当、合法，尤其是相关国家提供的证据材料。对于通过司法协助渠道由被请求国提供的证据材料，可以作为定案的证据使用。本案中，一部分证据包括证人证言、书证、被告人供述等是在我国境内由我国司法机关收集的，而查获的物品清单、毒品性质鉴定等部分证据则由菲律宾警方提供。根据菲律宾毒品法执行署向我国公安部禁毒局、福建省公安厅出具的函件，这部分证据材料是菲律宾警方应我国公安部禁毒局去函提供，而我国公安机关也出具材料证实，这些材料是菲律宾毒品法执行署当场交付我国公安人员的。事实表明，这些证据材料来源正当、合法，可以作为本案的证据使用。

顺便指出，被告人邵春天系在我国境内被抓获，本起跨国犯罪由我国管辖并应适用我国法律，因此不涉及引渡问题。

◆【《刑事审判参考》案例】[第578号] 沈容焕合同诈骗案

裁判要旨：对境外证据的审查与认定，应根据提供证据的主体不同而加以区分：（1）对于我国司法机关通过刑事司法协助获取的境外证据，人民法院在审理案件中应当审查公安、检察机关是否遵守法定程序请求国际刑事司法协助。对于由外国司法机关进行的调查取证，只要其具备了完整的证据属性，即客观性、关联性和合法性，即可对该证据进行认定。但是对该证据的证明内容

---

① 现为第十八条。

是否采纳，人民法院应当结合案件的其他证据作出判断，不能因为该证据是外国司法机关提供的就直接确认其效力。（2）刑事诉讼中，对于当事人、辩护人、诉讼代理人提供的在我国领域外形成的证据，由于该证据不是通过国际刑事司法协助途径取得，存在法院确认这些证据的有效性、真实性问题，法院对这些证据的审查与认定可以借鉴《最高人民法院关于民事诉讼证据的若干规定》中的相关规定，同时要充分注意到刑事诉讼的证明标准高于民事诉讼的证明标准的问题。当事人、辩护人、诉讼代理人向法院提供的在我国领域外形成的证据应经所在国公证机关证明、所在国外交部或者其授权机关认证，并经我国驻该国使、领馆认证。对履行了上述证明手续的证据，法院才能予以认定。但并不是说只要经过了公证、认证手续的证据材料，其真实效力即得到了确认，其证明力相等于公证文件，对该证据的证明内容是否采纳，人民法院仍应当结合案件的其他证据进行审查后才能作出判断。无论是公安、检察机关通过司法协助取得的外文书证，还是当事人、辩护人、诉讼代理人提供的外文书证，都应由证据提供者将外文书证交有资质的翻译机构进行翻译。在翻译无误的情况下，法院只需对中文译文进行审查，控、辩双方只需对中文译文进行质证即可，而不必引用外文书证的原文。如果控辩双方对译文的用词产生争议，而关键词语的翻译对案件处理结果有影响，法院还是应当慎重审查外文书证原件，并作出正确认定。

◆【最高人民检察院检例第67号】张凯闵等52人电信网络诈骗案

要旨：跨境电信网络诈骗犯罪往往涉及大量的境外证据和庞杂的电子数据。对境外获取的证据应着重审查合法性，对电子数据应着重审查客观性。……

指导意义：对在境外获取的实施犯罪的证据，一是要审查是否符合我国《刑事诉讼法》的相关规定，对能够证明案件事实且符合《刑事诉讼法》规定的，可以作为证据使用。二是对基于有关条约、司法互助协定、两岸司法互助协议或通过国际组织委托调取的证据，应注意审查相关办理程序、手续是否完备，取证程序和条件是否符合有关法律文件的规定。对不具有规定规范的，一般应当要求提供所在国公证机关证明，由所在国中央外交主管机关或其授权机关认证，并经我国驻该国使、领馆认证。三是对委托取得的境外证据，移交过程中应注意审查过程是否连续、手续是否齐全、交接物品是否完整、双方的交接清单记载的物品信息是否一致、交接清单与交接物品是否一一对应。四是对当事人及其辩护人、诉讼代理人提供的来自境外的证据材料,要审查其是否按照条约等相关规定办理了公证和认证,并经我国驻该国使、领馆认证。

专题十二 律师收集证据规则

52 辩护人的申请调取证据权

52.1 法条规定与立法释义

▶《**刑事诉讼法**》(中华人民共和国主席令第 10 号,2018 年 10 月 26 日)

第四十一条 辩护人认为在侦查、审查起诉期间公安机关、人民检察院收集的证明犯罪嫌疑人、被告人无罪或者罪轻的证据材料未提交的,有权申请人民检察院、人民法院调取。

【立法释义】①

本条规定明确了辩护人的申请调取证据权,是 2012 年《刑事诉讼法》修改新增的规定。关于辩护人的申请调取证据权,应当关注以下事项:

第一,辩护人申请调取证据的必要性。侦查、审查起诉期间,公安机关、人民检察院收集证明犯罪嫌疑人、被告人无罪或者罪轻的证据材料后,可能基于各种考虑,并未将之随案移送。此种情况下,辩护人为了维护犯罪嫌疑人、被告人的合法权益,有效开展辩护工作,有权申请人民检察院、人民法院向公安机关、人民检察院依法调取有关证据。

第二,辩护人申请调取的证据范围。辩护人有权申请调取"证明犯罪嫌疑人、被告人无罪或者罪轻的证据材料",主要包括两种情形。一种情形是指可能证明犯罪嫌疑人、被告人无罪或者罪轻的证据材料,如现场提取的生物检材,经鉴定并非犯罪嫌疑人、被告人所留,但公安机关、人民检察院认为该证据系无关证据,故未随案移送。另一种情况是指能够表明犯罪嫌疑人、被告人

---

① 参见王爱立主编:《中华人民共和国刑事诉讼法释义》,法律出版社 2018 年版,第 88-90 页。

无罪或者罪轻的证据材料，如犯罪嫌疑人、被告人曾经作出无罪辩解，证人曾经作出犯罪嫌疑人、被告人无罪的证言，但公安机关、人民检察院将这些证据材料排除在案卷材料之外，仅随案移送犯罪嫌疑人、被告人的有罪供述或者证人证明犯罪嫌疑人、被告人有罪的证言。

第三，辩护人申请调取证据的理由。为规范申请调取证据权，表明辩护人"认为"的合理性，并明确申请调取的证据材料，辩护人应当以书面形式提出申请，并提供相关线索或者材料。本条规定中的办案机关"未提交"的证据材料，主要是指公安机关、人民检察院未将证明犯罪嫌疑人、被告人无罪或者罪轻的证据材料纳入案卷材料的情形，也包括公安机关、人民检察院将原本纳入案卷材料的证据材料从案卷材料中移除的情形。

52.2 司法解释

▶《人民检察院刑事诉讼规则》（高检发释字〔2019〕4号，2019年12月30日）

第五十条　案件提请批准逮捕或者移送起诉后，辩护人认为公安机关在侦查期间收集的证明犯罪嫌疑人无罪或者罪轻的证据材料未提交，申请人民检察院向公安机关调取的，人民检察院负责捕诉的部门应当及时审查。经审查，认为辩护人申请调取的证据已收集并且与案件事实有联系的，应当予以调取；认为辩护人申请调取的证据未收集或者与案件事实没有联系的，应当决定不予调取并向辩护人说明理由。公安机关移送相关证据材料的，人民检察院应当在三日以内告知辩护人。

人民检察院办理直接受理侦查的案件，适用前款规定。

第五十二条　案件移送起诉后，辩护律师依据刑事诉讼法第四十三条第一款的规定申请人民检察院收集、调取证据的，人民检察院负责捕诉的部门应当及时审查。经审查，认为需要收集、调取证据的，应当决定收集、调取并制作笔录附卷；决定不予收集、调取的，应当书面说明理由。

人民检察院根据辩护律师的申请收集、调取证据时，辩护律师可以在场。

▶《最高人民法院关于适用〈中华人民共和国刑事诉讼法〉的解释》（法释〔2021〕1号，2021年1月26日）

第五十七条　辩护人认为在调查、侦查、审查起诉期间监察机关、公安机关、人民检察院收集的证明被告人无罪或者罪轻的证据材料未随案移送,申请人民法院调取的,应当以书面形式提出,并提供相关线索或者材料。人民法院接受申请后,应当向人民检察院调取。人民检察院移送相关证据材料后,人民法院应当及时通知辩护人。

52.3 规范性文件

▶《最高人民法院、最高人民检察院、公安部、国家安全部、司法部关于依法保障律师执业权利的规定》(司发〔2015〕14号,2015年9月16日)

第十六条 在刑事诉讼审查起诉、审理期间,辩护律师书面申请调取公安机关、人民检察院在侦查、审查起诉期间收集但未提交的证明犯罪嫌疑人、被告人无罪或者罪轻的证据材料的,人民检察院、人民法院应当依法及时审查。经审查,认为辩护律师申请调取的证据材料已收集并且与案件事实有联系的,应当及时调取。相关证据材料提交后,人民检察院、人民法院应当及时通知辩护律师查阅、摘抄、复制。经审查决定不予调取的,应当书面说明理由。

53 辩护律师的调查取证权

53.1 法条规定与立法释义

▶《刑事诉讼法》(中华人民共和国主席令第10号,2018年10月26日)

第四十三条 辩护律师经证人或者其他有关单位和个人同意,可以向他们收集与本案有关的材料,也可以申请人民检察院、人民法院收集、调取证据,或者申请人民法院通知证人出庭作证。

辩护律师经人民检察院或者人民法院许可,并且经被害人或者其近亲属、被害人提供的证人同意,可以向他们收集与本案有关的材料。

【立法释义】[①]

本条规定明确了辩护律师的调查取证权和具体程序,包括向证人取证和向被害方取证两种情形。关于辩护律师的调查取证权,应当关注以下事项:

[①] 参见王爱立主编:《中华人民共和国刑事诉讼法释义》,法律出版社2018年版,第92-94页。

第一,辩护律师向证人调查取证的情形。证人证言通常是案件中的重要证据,辩护律师向证人取证主要包括三种情形:

一是直接向证人调查取证。此种情形下,辩护律师调查取证,需经证人或者其他有关单位和个人同意。《刑事诉讼法》并未明确区分控方证人和辩方证人,鉴于此,辩护律师可以选择向案件所涉的各方证人收集与本案有关的有利或者不利于犯罪嫌疑人、被告人的各种材料。为了避免辩护律师调查取证面临法律争议,可以对调查取证过程录音录像。

二是申请办案机关调查取证。对于证人或者其他有关单位和个人不配合调查取证等情形,辩护律师可以申请人民检察院、人民法院收集、调取证据。

对于辩护律师申请人民法院收集、调取证据,2021年《最高人民法院关于适用〈中华人民共和国刑事诉讼法〉的解释》区分两种情形:其一因证人或者有关单位、个人不配合而提出申请的情形;其二辩护律师直接提出申请的情形。

三是申请人民法院通知证人出庭作证。辩护律师通过向证人收集证据,发现证人不予配合,或者发现证人证言对定罪量刑有重大影响,且存在争议,可以申请人民法院通知证人出庭作证。对于符合证人出庭作证法定条件的情形,人民法院应当通知证人出庭作证。

第二,辩护律师向被害方取证的情形。辩护律师向被害方取证,需要具备两个条件:一是经人民检察院或者人民法院许可。主要是考虑,辩护律师直接向被害方取证,可能会造成二次伤害或者影响案件公正办理,因此,需经人民检察院或者人民法院事先许可。二是经被害人、被害人近亲属、被害人提供的证人同意。这是辩护律师调查取证的基本程序前提。

第三,辩护律师申请调取证据和自行调查取证的关联。"六部委"《关于实施刑事诉讼法若干问题的规定》第八条作出了规定。

▶《**律师法**》(中华人民共和国主席令第76号,2017年9月1日)

第三十五条 受委托的律师根据案情的需要,可以申请人民检察院、人民法院收集、调取证据或者申请人民法院通知证人出庭作证。

律师自行调查取证的,凭律师执业证书和律师事务所证明,可以向有关单位或者个人调查与承办法律事务有关的情况。

53.2　司法解释与重点解读

▶《最高人民法院、最高人民检察院、公安部、国家安全部、司法部、全国人大常委会法制工作委员会关于实施刑事诉讼法若干问题的规定》（2012年12月26日）

8. 刑事诉讼法第四十一条第一款规定："辩护律师经证人或者其他有关单位和个人同意，可以向他们收集与本案有关的材料，也可以申请人民检察院、人民法院收集、调取证据，或者申请人民法院通知证人出庭作证。"对于辩护律师申请人民检察院、人民法院收集、调取证据，人民检察院、人民法院认为需要调查取证的，应当由人民检察院、人民法院收集、调取证据，不得向律师签发准许调查决定书，让律师收集、调取证据。

▶《人民检察院刑事诉讼规则》（高检发释字〔2019〕4号，2019年12月30日）

第五十三条　辩护律师申请人民检察院许可其向被害人或者其近亲属、被害人提供的证人收集与本案有关材料的，人民检察院负责捕诉的部门应当及时进行审查。人民检察院应当在五日以内作出是否许可的决定，通知辩护律师；不予许可的，应当书面说明理由。

▶《最高人民法院关于适用〈中华人民共和国刑事诉讼法〉的解释》（法释〔2021〕1号，2021年1月26日）

第五十八条　辩护律师申请向被害人及其近亲属、被害人提供的证人收集与本案有关的材料，人民法院认为确有必要的，应当签发准许调查书。

第五十九条　辩护律师向证人或者有关单位、个人收集、调取与本案有关的证据材料，因证人或者有关单位、个人不同意，申请人民法院收集、调取，或者申请通知证人出庭作证，人民法院认为确有必要的，应当同意。

第六十条　辩护律师直接申请人民法院向证人或者有关单位、个人收集、调取证据材料，人民法院认为确有必要，且不宜或者不能由辩护律师收集、调取的，应当同意。

人民法院向有关单位收集、调取的书面证据材料，必须由提供人签名，并加盖单位印章；向个人收集、调取的书面证据材料，必须由提供人签名。

人民法院对有关单位、个人提供的证据材料，应当出具收据，写明证据材料的名称、收到的时间、件数、页数以及是否为原件等,由书记员、法官助理或者审判人员签名。

收集、调取证据材料后,应当及时通知辩护律师查阅、摘抄、复制,并告知人民检察院。

第六十一条 本解释第五十八条至第六十条规定的申请,应当以书面形式提出,并说明理由,写明需要收集、调取证据材料的内容或者需要调查问题的提纲。

对辩护律师的申请,人民法院应当在五日以内作出是否准许、同意的决定,并通知申请人;决定不准许、不同意的,应当说明理由。

【重点解读】①

对于证据材料"不宜或者不能由辩护律师收集、调取"的情形,例如,向性侵案件被害人收集相关证据,如果辩护律师在场,可能不利于证据材料的收集、调取。此种情况下,司法机关依申请收集、调取相关证据材料,即使辩护律师未到场,仍然可以在法庭上对相关证据材料充分进行质证,对其依法履职和权利保障并无影响。

---

① 参见李少平主编:《最高人民法院关于适用〈中华人民共和国刑事诉讼法〉的解释理解与适用》,人民法院出版社2021年版,第187-188页。

第二部分 证据审查规则

专题一　侦查终结阶段的证据审查规则

1　侦查机关对证据收集合法性的审查

1.1　法条规定与立法释义

▶《刑事诉讼法》（中华人民共和国主席令第 10 号，2018 年 10 月 26 日）

第五十六条第二款　在侦查、审查起诉、审判时发现有应当排除的证据的，应当依法予以排除，不得作为起诉意见、起诉决定和判决的依据。

【立法释义】①

本条第二款明确了侦查机关、检察机关、审判机关排除非法证据的职责。侦查阶段、起诉阶段与审判各阶段都应审查并排除非法证据。

1.2　规范性文件

▶《最高人民法院、最高人民检察院、公安部、国家安全部、司法部关于办理刑事案件严格排除非法证据若干问题的规定》（法发〔2017〕15 号，2017 年 6 月 20 日）

第十五条　对侦查终结的案件，侦查机关应当全面审查证明证据收集合法性的证据材料，依法排除非法证据。排除非法证据后，证据不足的，不得移送审查起诉。

侦查机关发现办案人员非法取证的，应当依法作出处理，并可另行指派侦查人员重新调查取证。

▶《公安机关办理刑事案件程序规定》（公安部令第 159 号，2020 年 7 月 20 日）

第七十一条　采用刑讯逼供等非法方法收集的犯罪嫌疑人供述和采用暴力、威胁等非法方法收集的证人证言、被害人陈述，应当予以排除。

---

① 参见王爱立主编：《中华人民共和国刑事诉讼法释义》，法律出版社 2018 年版，第 119-121 页。

收集物证、书证、视听资料、电子数据违反法定程序，可能严重影响司法公正的，应当予以补正或者作出合理解释；不能补正或者作出合理解释的，对该证据应当予以排除。

在侦查阶段发现有应当排除的证据的，经县级以上公安机关负责人批准，应当依法予以排除，不得作为提请批准逮捕、移送审查起诉的依据。

人民检察院认为可能存在以非法方法收集证据情形，要求公安机关进行说明的，公安机关应当及时进行调查，并向人民检察院作出书面说明。

第二百八十四条 对侦查终结的案件，公安机关应当全面审查证明证据收集合法性的证据材料，依法排除非法证据。排除非法证据后证据不足的，不得移送审查起诉。

公安机关发现侦查人员非法取证的，应当依法作出处理，并可另行指派侦查人员重新调查取证。

▶《最高人民法院、最高人民检察院、公安部、国家安全部、司法部关于推进以审判为中心的刑事诉讼制度改革的意见》（法发〔2016〕18号，2016年7月20日）

四、侦查机关应当全面、客观、及时收集与案件有关的证据。

侦查机关应当依法收集证据。对采取刑讯逼供、暴力、威胁等非法方法收集的言词证据，应当依法予以排除。侦查机关收集物证、书证不符合法定程序，可能严重影响司法公正，不能补正或者作出合理解释的，应当依法予以排除。

对物证、书证等实物证据，一般应当提取原物、原件，确保证据的真实性。需要鉴定的，应当及时送检。证据之间有矛盾的，应当及时查证。所有证据应当妥善保管，随案移送。

2 重大案件侦查终结前的讯问合法性核查

2.1 司法解释与重点解读

▶《人民检察院刑事诉讼规则》（高检发释字〔2019〕4号，2019年12月30日）

第七十一条 对重大案件，人民检察院驻看守所检察人员在侦查终结前应当对讯问合法性进行核查并全程同步录音、录像，核查情况应当及时通知本院负责捕诉的部门。

负责捕诉的部门认为确有刑讯逼供等非法取证情形的，应当要求公安机关依法排除非法证据，不得作为提请批准逮捕、移送起诉的依据。

【重点解读】①

本条是关于重大案件侦查终结前讯问合法性核查的规定。

由人民检察院派驻看守检察人员承担讯问合法性核查职能，主要有以下优势：一是贴近性，驻所检察人员因为常驻看守所，日常能通过谈话、询问等方式获知是否有刑讯逼供等非法讯问情形；二是便捷性，驻所检察人员发现有刑讯逼供可能的，有条件第一时间采取拍照、录像等方式固定相关证据，防止证据灭失；三是相对中立性，驻所检察人员行使检察监督职责，与犯罪嫌疑人、办案机关没有利益上的直接关系，更能独立、公正地开展讯问合法性核查。因此，由驻所检察人员负责开展讯问合法性核查，能够实现监督关口前移，有助于解决刑讯逼供发现滞后、调查核实困难等问题。本条重申了上述规定，并在此基础上，进一步规定，人民检察院驻看守所检察人员应当将核查情况及时通知本院负责捕诉的部门。负责捕诉的部门认为确有刑讯逼供等非法取证情形的，应当要求公安机关依法排除非法证据，不得作为提请批准逮捕、移送起诉的依据。该规定明确了讯问合法性核查的后续处理措施，使这一制度进一步落到实处。

2.2　规范性文件

▶《**最高人民法院、最高人民检察院、公安部、国家安全部、司法部关于办理刑事案件严格排除非法证据若干问题的规定**》（法发〔2017〕15号，2017年6月20日）

第十四条　犯罪嫌疑人及其辩护人在侦查期间可以向人民检察院申请排除非法证据。对犯罪嫌疑人及其辩护人提供相关线索或者材料的，人民检察院应当调查核实。调查结论应当书面告知犯罪嫌疑人及其辩护人。对确有以非法方法收集证据情形的，人民检察院应当向侦查机关提出纠正意见。

---

① 参见童建明、万春主编：《〈人民检察院刑事诉讼规则〉条文释义》，中国检察出版社2020年版，第85—86页。

侦查机关对审查认定的非法证据,应当予以排除,不得作为提请批准逮捕、移送审查起诉的根据。

对重大案件,人民检察院驻看守所检察人员应当在侦查终结前询问犯罪嫌疑人,核查是否存在刑讯逼供、非法取证情形,并同步录音录像。经核查,确有刑讯逼供、非法取证情形的,侦查机关应当及时排除非法证据,不得作为提请批准逮捕、移送审查起诉的根据。

▶《最高人民法院、最高人民检察院、公安部、国家安全部、司法部关于推进以审判为中心的刑事诉讼制度改革的意见》(法发〔2016〕18号,2016年7月20日)

五、完善讯问制度,防止刑讯逼供,不得强迫任何人证实自己有罪。严格按照有关规定要求,在规范的讯问场所讯问犯罪嫌疑人。严格依照法律规定对讯问过程全程同步录音录像,逐步实行对所有案件的讯问过程全程同步录音录像。

探索建立重大案件侦查终结前对讯问合法性进行核查制度。对公安机关、国家安全机关和人民检察院侦查的重大案件,由人民检察院驻看守所检察人员询问犯罪嫌疑人,核查是否存在刑讯逼供、非法取证情形,并同步录音录像。经核查,确有刑讯逼供、非法取证情形的,侦查机关应当及时排除非法证据,不得作为提请批准逮捕、移送审查起诉的根据。

3 人民检察院对证据合法性的调查核实

3.1 司法解释与重点解读

▶《人民检察院刑事诉讼规则》(高检发释字〔2019〕4号,2019年12月30日)

第七十二条 人民检察院发现侦查人员以非法方法收集证据的,应当及时进行调查核实。

当事人及其辩护人或者值班律师、诉讼代理人报案、控告、举报侦查人员采用刑讯逼供等非法方法收集证据,并提供涉嫌非法取证的人员、时间、地点、方式和内容等材料或者线索的,人民检察院应当受理并进行审查。根据现有材料无法证明证据收集合法性的,应当及时进行调查核实。

上一级人民检察院接到对侦查人员采用刑讯逼供等非法方法收集证据的报案、控告、举报，可以直接进行调查核实，也可以交由下级人民检察院调查核实。交由下级人民检察院调查核实的，下级人民检察院应当及时将调查结果报告上一级人民检察院。

人民检察院决定调查核实的，应当及时通知公安机关。

【重点解读】①

本条规定明确了人民检察院启动证据合法性审查的方式。一是人民检察院在履行法律监督职责过程中，主动发现侦查人员存在以非法方法收集证据的情形，应当及时进行调查核实。二是单位或个人举报或者控告存在非法取证行为，人民检察院应当调查核实。单位或者个人的举报或者控告，应当提供相关的证据或线索。对于能够提供相关证据或者线索的，人民检察院应当立即受理并进行审查，经审查后发现根据现有材料无法证明证据收集合法性的，应当启动调查核实。三是上级检察机关接到举报、控告的情形，既可以直接进行调查核实，也可以交由下级检察机关予以调查核实。

专题二 审查逮捕（审查起诉）阶段的证据审查规则

4 审查逮捕（审查起诉）阶段核实证据

4.1 司法解释与重点解读

▶《人民检察院刑事诉讼规则》（高检发释字〔2019〕4号，2019年12月30日）

第二百六十三条 对于公安机关提请批准逮捕、移送起诉的案件，检察人员审查时发现存在本规则第七十五条第一款规定情形的，可以调取公安机关讯

---

① 参见童建明、万春主编：《〈人民检察院刑事诉讼规则〉条文释义》，中国检察出版社2020年版，第87页。

问犯罪嫌疑人的录音、录像并审查相关的录音、录像。对于重大、疑难、复杂的案件，必要时可以审查全部录音、录像。

对于监察机关移送起诉的案件，认为需要调取有关录音、录像的，可以商监察机关调取。

对于人民检察院直接受理侦查的案件，审查时发现负责侦查的部门未按照本规则第七十五条第三款的规定移送录音、录像或者移送不全的，应当要求其补充移送。对取证合法性或者讯问笔录真实性等产生疑问的，应当有针对性地审查相关的录音、录像。对于重大、疑难、复杂的案件，可以审查全部录音、录像。

【重点解读】①

关于对录音、录像的审查，本条第三款规定，对取证合法性或者讯问笔录真实性等产生疑问的，应当有针对性地审查相关的录音、录像。对于重大、疑难、复杂的案件，可以审查全部录音、录像。规定有针对性地审查相关的录音、录像，这主要是考虑到办案的实际，一般情况下难以或者也没有必要对全部录音、录像进行审查，尤其是由于审查逮捕时间短，要求审查逮捕时对于移送或调取的录音、录像必须全部审看是不现实也是没有必要的。较为可行的方式是，在对录音、录像的起止时间、是否剪接、删改等进行形式审查后，在保证录音、录像真实性的前提下，有选择性地审看录音、录像中与对证据真实性产生疑问相对应的部分，这样既符合实际工作要求又能够完成对证据真实性审查的需要。但对于重大、疑难、复杂案件，由于案情重大，本着审慎的态度，在必要时应当全部审查。必要时可以加班加点、增加人员，审看全部的录音、录像。

第二百六十四条　经审查讯问犯罪嫌疑人录音、录像，发现公安机关、本院负责侦查的部门讯问不规范，讯问过程存在违法行为，录音、录像内容与讯问笔录不一致等情形的，应当逐一列明并向公安机关、本院负责侦查的部门书面提出，要求其予以纠正、补正或者书面作出合理解释。发现讯问笔录与讯问

---

① 参见童建明、万春主编：《〈人民检察院刑事诉讼规则〉条文释义》，中国检察出版社2020年版，第271页。

犯罪嫌疑人录音、录像内容有重大实质性差异的，或者公安机关、本院负责侦查的部门不能补正或者作出合理解释的，该讯问笔录不能作为批准或者决定逮捕、提起公诉的依据。

第二百八十条 人民检察院办理审查逮捕案件，可以讯问犯罪嫌疑人；具有下列情形之一的，应当讯问犯罪嫌疑人：

（一）对是否符合逮捕条件有疑问的；

（二）犯罪嫌疑人要求向检察人员当面陈述的；

（三）侦查活动可能有重大违法行为的；

（四）案情重大、疑难、复杂的；

（五）犯罪嫌疑人认罪认罚的；

（六）犯罪嫌疑人系未成年人的；

（七）犯罪嫌疑人是盲、聋、哑人或者是尚未完全丧失辨认或者控制自己行为能力的精神病人的。

讯问未被拘留的犯罪嫌疑人，讯问前应当听取公安机关的意见。

办理审查逮捕案件，对被拘留的犯罪嫌疑人不予讯问的，应当送达听取犯罪嫌疑人意见书，由犯罪嫌疑人填写后及时收回审查并附卷。经审查认为应当讯问犯罪嫌疑人的，应当及时讯问。

第二百八十一条 对有重大影响的案件，可以采取当面听取侦查人员、犯罪嫌疑人及其辩护人等意见的方式进行公开审查。

4.2 规范性文件

▶《人民检察院审查逮捕质量标准》（最高人民检察院第十一届检察委员会第四十一次会议通过，2010年8月25日）

第十条 办理审查逮捕案件，认为证据存有疑问的，可以复核有关证据，讯问犯罪嫌疑人，询问证人。必要时，可以派人参加侦查机关对重大案件的讨论。

审查下列案件，应当讯问犯罪嫌疑人：

（一）犯罪嫌疑人是否有犯罪事实、是否有逮捕必要等关键问题有疑点的，主要包括：罪与非罪界限不清的，是否达到刑事责任年龄需要确认的，有无逮捕必要难以把握的，犯罪嫌疑人的供述前后矛盾或者违背常理的，据以定罪的主要证据之间存在重大矛盾的；

（二）案情重大疑难复杂的，主要包括：涉嫌造成被害人死亡的故意杀人案、故意伤害致人死亡案以及其他可能判处无期徒刑以上刑罚的，在罪与非罪认定上存在重大争议的；

（三）犯罪嫌疑人系未成年人的；

（四）有线索或者证据表明侦查活动可能存在刑讯逼供、暴力取证等违法犯罪行为的。

对被拘留的犯罪嫌疑人不予讯问的，应当送达听取犯罪嫌疑人意见书，由犯罪嫌疑人填写后，及时收回审查并附卷。犯罪嫌疑人要求讯问的，一般应当讯问。

讯问犯罪嫌疑人时，应当依法告知其诉讼权利和义务，认真听取其供述和辩解。

讯问未被拘留的犯罪嫌疑人，讯问前应当征求侦查机关的意见。

第十一条　犯罪嫌疑人委托的律师提出不构成犯罪、无逮捕必要、不适宜羁押、侦查活动有违法犯罪情形等书面意见以及相关证据材料的，应当认真审查，并在审查逮捕意见书中说明是否采纳的情况和理由。必要时，可以当面听取受委托律师的意见。

第十三条　现有证据所证明的事实已经基本构成犯罪，认为经过进一步侦查能够收集到定罪所必需的证据、确有逮捕必要的重大案件的犯罪嫌疑人，经检察长或者检察委员会决定批准逮捕后，应当采取以下措施：

（一）向侦查机关发出补充侦查提纲，列明需要查明的事实和需要补充收集、核实的证据，并及时了解补充取证情况；

（二）批准逮捕后三日以内报上一级人民检察院备案；

（三）侦查机关在逮捕后二个月的侦查羁押期限届满时，仍未能收集到定罪所必需的充足证据的，应当撤销批准逮捕决定。

5 审查逮捕（审查起诉）阶段排除非法证据

5.1 司法解释与重点解读

▶《人民检察院刑事诉讼规则》（高检发释字〔2019〕4号，2019年12月30日）

第七十三条 人民检察院经审查认定存在非法取证行为的，对该证据应当予以排除，其他证据不能证明犯罪嫌疑人实施犯罪行为的，应当不批准或者决定逮捕。已经移送起诉的，可以依法将案件退回监察机关补充调查或者退回公安机关补充侦查，或者作出不起诉决定。被排除的非法证据应当随案移送，并写明为依法排除的非法证据。

对于侦查人员的非法取证行为，尚未构成犯罪的，应当依法向其所在机关提出纠正意见。对于需要补正或者作出合理解释的，应当提出明确要求。

对于非法取证行为涉嫌犯罪需要追究刑事责任的，应当依法立案侦查。

【重点解读】[①]

本条是关于对非法取证行为如何处理的规定。

第一款是排除非法证据的概括性规定。理解本款需要注意如下要点：

（1）对于应当排除的证据的处理。《刑事诉讼法》第五十六条第二款规定："在侦查、审查起诉、审判时发现有应当排除的证据的，应当依法予以排除，不得作为起诉意见、起诉决定和判决的依据。"2012年的《人民检察院刑事诉讼规则（试行）》第六十七条根据《刑事诉讼法》的要求作了同样规定，"两高三部"《关于办理刑事案件严格排除非法证据若干问题的规定》第十七条、第十八条予以重申。2019年修订，在本条第一款也予以重申，"人民检察院经审查认定存在非法取证行为的，对该证据应当予以排除"。

（2）关于一些案件的关键证据属非法证据，除该证据外可能缺乏必要的证据证明犯罪事实，对此类案件如何处理。2012年《人民检察院刑事诉讼规则（试行）》第六十七条要求应当作出不捕、不诉决定。"两高三部"《关于办理

[①] 参见童建明、万春主编：《〈人民检察院刑事诉讼规则〉条文释义》，中国检察出版社2020年版，第88页。

刑事案件严格排除非法证据若干问题的规定》第十八条第一款予以重申。本次修订时，对上述要求予以吸收，在本条规定，"人民检察院经审查认定存在非法取证行为的，对该证据应当予以排除，其他证据不能证明犯罪嫌疑人实施犯罪行为的，应当不批准或者决定逮捕。已经移送起诉的，可以依法将案件退回监察机关补充调查或者退回公安机关补充侦查，或者作出不起诉决定"。

（3）关于被排除的非法证据是否应当随案移送。一是为保证上述环节的顺畅进行，便于下一环节的办案人员较为全面地了解案件情况；二是避免个别办案人员利用职务之便，假借非法证据排除之名，随意截留证据。因此，2012年《人民检察院刑事诉讼规则（试行）》第七十一条第二款要求必须随案移送。"两高三部"《关于办理刑事案件严格排除非法证据若干问题的规定》第十七条第三款作出同样规定。2019年修订，对"被排除的非法证据应当随案移送"予以重申，并进一步要求应当"写明为依法排除的非法证据"。

第七十四条 人民检察院认为可能存在以刑讯逼供等非法方法收集证据情形的，可以书面要求监察机关或者公安机关对证据收集的合法性作出说明。说明应当加盖单位公章，并由调查人员或者侦查人员签名。

【重点解读】[①]

本条是关于要求监察机关或者公安机关作出取证过程合法性说明的规定。

《刑事诉讼法》第五十九条第一款规定："在对证据收集的合法性进行法庭调查的过程中，人民检察院应当对证据收集的合法性加以证明。"第一百七十五条第一款规定："人民检察院审查案件，可以要求公安机关提供法庭审判所必需的证据材料；认为可能存在本法第五十六条规定的以非法方法收集证据情形的，可以要求其对证据收集的合法性作出说明。"《监察法》第三十三条第二款规定："监察机关在收集、固定、审查、运用证据时，应当与刑事审判关于证据的要求和标准相一致。"该条第三款规定："以非法方法收集的证据应当依法予以排除，不得作为案件处置的依据。"根据上述规定，《人民检察院刑事诉讼规则》本条规定，检察机关可以要求侦查人员或者调查人员提供取证合法性说明。对于该条要重点把握如下要点：第一，要求监察机关或者公安机关进行

[①] 参见童建明、万春主编：《〈人民检察院刑事诉讼规则〉条文释义》，中国检察出版社2020年版，第90页。

合法性说明应当采用书面形式;第二,检察机关对合法性说明应当注重形式审查,即是否盖有单位公章,是否有调查人员或者侦查人员签名;第三,结合《人民检察院刑事诉讼规则》关于非法证据的其他相关规定,对合法性说明的审查应当分情况予以处理,这也是对其说明进行实质审查后的处理结果,即如果能够提供合法性说明的,应当认定该证据可以作为提起公诉的依据;对于无法提供合理解释或者说明,进而无法认定收集证据合法性的,则不得作为提起公诉的依据。

第二百六十五条 犯罪嫌疑人及其辩护人申请排除非法证据,并提供相关线索或者材料的,人民检察院应当调查核实。发现侦查人员以刑讯逼供等非法方法收集证据的,应当依法排除相关证据并提出纠正意见。

审查逮捕期限届满前,经审查无法确定存在非法取证的行为,但也不能排除非法取证可能的,该证据不作为批准逮捕的依据。检察官应当根据在案的其他证据认定案件事实和决定是否逮捕,并在作出批准或者不批准逮捕的决定后,继续对可能存在的非法取证行为进行调查核实。经调查核实确认存在以刑讯逼供等非法方法收集证据情形的,应当向公安机关提出纠正意见。以非法方法收集的证据,不得作为提起公诉的依据。

【重点解读】[1]

本条是关于对犯罪嫌疑人及其辩护人申请排除非法证据,或者检察机关办案人员发现可能存在非法取证行为,审查逮捕、审查起诉阶段如何处理的规定。

(1)关于对申请排除非法证据的调查核实。本条第一款规定,犯罪嫌疑人及其辩护人申请排除非法证据,并提供相关线索或者材料的,人民检察院应当调查核实。发现侦查人员以刑讯逼供等非法方法收集证据的,应当依法排除相关证据并提出纠正意见。在适用本款时,应当注意以下几个方面:一是这是对审查逮捕、审查起诉的共同要求,不能因为审查逮捕时限紧就不再调查核实。二是对于应当调查核实的,必须进行调查核实,否则就是违法办案。即犯罪嫌疑人及其辩护人申请排除非法证据,并提供相关线索或者材料的,办案人员应当调查核实。如果犯罪嫌疑人及其辩护人申请排除非法证据,但没有提供相关

---

[1] 参见童建明、万春主编:《〈人民检察院刑事诉讼规则〉条文释义》,中国检察出版社2020年版,第273-274页。

线索或者材料的，办案人员可以根据案件情况、结合对证据的审查情况决定，并不一定要进行调查核实。三是要准确把握排除非法证据的范围。本款规定，对于发现侦查人员以刑讯逼供等非法方法收集证据的，应当依法排除相关证据并提出纠正意见。刑讯逼供取得的犯罪嫌疑人的供述，显然属于非法证据，应当予以排除。但这里规定的排除非法证据的范围显然不限于此。根据"两高三部"《关于办理刑事案件严格排除非法证据若干问题的规定》第二条至第七条的规定，下列非法证据均应当依法予以排除：①采取殴打、违法使用戒具等暴力方法或者变相肉刑的恶劣手段，使犯罪嫌疑人、被告人遭受难以忍受的痛苦而违背意愿作出的供述；②采用以暴力或者严重损害本人及其近亲属合法权益等进行威胁的方法，使犯罪嫌疑人、被告人遭受难以忍受的痛苦而违背意愿作出的供述；③采用非法拘禁等非法限制人身自由的方法收集的犯罪嫌疑人、被告人供述；④采用暴力、威胁以及非法限制人身自由等非法方法收集的证人证言、被害人陈述；⑤收集物证、书证不符合法定程序，可能严重影响司法公正的，应当予以补正或者作出合理解释，不能补正或者作出合理解释的应予以排除。

（2）要注意区别处理。本条第二款规定，审查逮捕期限届满前，经审查无法确定存在非法取证的行为，但也不能排除非法取证可能的，该证据不作为批准逮捕的依据。检察官应当根据在案的其他证据认定案件事实和决定是否逮捕，并在作出批准或者不批准逮捕的决定后，继续对可能存在的非法取证行为进行调查核实。经调查核实确认存在以刑讯逼供等非法收集证据情形的，应当向公安机关提出纠正意见。以非法方法收集的证据，不得作为提起公诉的依据。理解和适用本款，要把握如下几点：一是这里的审查，应当建立在一定的调查核实的基础上，要避免未经调查核实就作出无法确定存在非法取证的行为的结论。经审查无法确定存在非法取证的行为，但也不能排除非法取证可能的，该证据不作为批准逮捕的依据。这里的"无法确定""不能排除非法取证可能"，主要是指既不能证实也不能证伪的情况。二是要注意在这种情况下应当根据在案的其他证据认定案件事实和决定是否逮捕。注意对存疑证据的继续调查核实，切实防止非法证据进入审查起诉环节并作为提起公诉的依据。

第二百六十六条　审查逮捕期间，犯罪嫌疑人申请排除非法证据，但未提交相关线索或者材料，人民检察院经全面审查案件事实、证据，未发现侦查人员存在以非法方法收集证据的情形，认为符合逮捕条件的，可以批准逮捕。

审查起诉期间，犯罪嫌疑人及其辩护人又提出新的线索或者证据，或者人民检察院发现新的证据，经调查核实认为侦查人员存在以刑讯逼供等非法方法收集证据情形的，应当依法排除非法证据，不得作为提起公诉的依据。

排除非法证据后，犯罪嫌疑人不再符合逮捕条件但案件需要继续审查起诉的，应当及时变更强制措施。案件不符合起诉条件的，应当作出不起诉决定。

【重点解读】①

本条是关于对犯罪嫌疑人及其辩护人申请排除非法证据，在审查逮捕期间、审查起诉期间如何根据情况变化分别处理的规定。

本条第一款规定，审查逮捕期间，犯罪嫌疑人申请排除非法证据但未提交相关线索或者材料，人民检察院经全面审查案件事实、证据，未发现侦查人员存在以非法方法收集证据的情形，认为符合逮捕条件的，可以批准逮捕。理解和适用本款，就是要把握对非法证据的审查认定一定要坚持证据裁判原则。在犯罪嫌疑人申请排除非法证据，但未提交相关线索或者材料，人民检察院经全面审查案件事实、证据，也未发现侦查人员存在以非法方法收集证据的情形，在这种情况下，该证据作为合法证据予以使用，并综合全案证据认为符合逮捕条件的，可以作出批准逮捕决定。即便将来有新的证据证明侦查人员存在以非法方法收集证据的情形，也不能认定该案批准逮捕存在错误，这也是符合刑事诉讼规则的。

本条第二款、第三款主要规定了在审查起诉阶段，犯罪嫌疑人及其辩护人又提出新的线索或者证据，或者人民检察院发现新的证据，如何处理的问题。对于这种情况一定要坚持实事求是，依法办理。按照法律规定，在审查起诉阶段，既然有了新的证据经调查核实认为侦查人员存在以非法方法收集证据的情形，就应当依法排除相关证据，不得作为提起公诉的根据。绝对不能有错不纠，继续使用此证据作为指控犯罪的根据。在排除非法证据后，可能会出现案件事实的变化，因此本条第三款规定，排除非法证据后，相关证据证明的事实不符合起诉条件的，应当作出不起诉决定；相关证据证明的事实不再符合逮捕

---

① 参见童建明、万春主编：《〈人民检察院刑事诉讼规则〉条文释义》，中国检察出版社2020年版，第274-275页。

条件但案件需要继续审查起诉的,应当及时变更强制措施。本款中规定的"犯罪嫌疑人不再符合逮捕条件但案件需要继续审查起诉的",主要是指该非法证据排除后,犯罪嫌疑人就不再符合逮捕的三个条件,如不再符合有证据证明有犯罪事实的条件,或者因部分事实不能认定而不再符合可能判处徒刑以上刑罚的条件等,但根据案件事实、证据情况,尚不能作出不起诉决定,要通过继续审查起诉,或者通过补充侦查,才能作出最终处理决定。在这种情况下,应当先对犯罪嫌疑人及时变更强制措施,避免犯罪嫌疑人、被告人被继续羁押而案件最终不起诉或者起诉后被法院判决免刑或无罪。

第三百四十一条 人民检察院在审查起诉中发现有应当排除的非法证据,应当依法排除,同时可以要求监察机关或者公安机关另行指派调查人员或者侦查人员重新取证。必要时,人民检察院也可以自行调查取证。

【重点解读】①

本条是关于审查起诉阶段排除非法证据和重新取证的规定。

根据本条和《人民检察院刑事诉讼规则》的相关规定,人民检察院在审查起诉中发现有应当排除的证据的,应当作出以下处理:一是确实存在侦查人员以非法方法收集犯罪嫌疑人供述、被害人陈述、证人证言等证据材料的,应当依法予以排除,并提出纠正意见。二是根据具体情况,可以要求监察机关或者公安机关另行指派调查人员或者侦查人员以合法的方式重新取证,或者不要求监察机关或者公安机关另行指派人员重新取证,而由人民检察院自行收集证据。三是如果监察机关或者公安机关没有另行指派调查人员或者侦查人员重新取证的,人民检察院可以依照法律规定的程序退回监察机关补充调查或者公安机关补充侦查。对于不需要退回补充调查或补充侦查的,人民检察院也可以自行收集有关证据。当然,即使没有要求监察机关或者公安机关另行指派人员重新取证,需要退回补充调查或者侦查的,人民检察院也可以在依法排除非法证据后,退回监察机关补充调查或者公安机关补充侦查。

此外,根据《人民检察院刑事诉讼规则》第七十四条的规定,人民检察院在审查起诉中发现可能存在《刑事诉讼法》第五十六条规定的以非法方法收集

---

① 参见童建明、万春主编:《〈人民检察院刑事诉讼规则〉条文释义》,中国检察出版社2020年版,第366—367页。

证据情形的，可以要求监察机关或者公安机关对证据收集的合法性作出书面说明，并加盖公章，由调查人员或者侦查人员签名。

5.2 规范性文件

▶《最高人民法院、最高人民检察院、公安部、国家安全部、司法部关于办理刑事案件严格排除非法证据若干问题的规定》（法发〔2017〕15号，2017年6月20日）

第十六条 审查逮捕、审查起诉期间讯问犯罪嫌疑人，应当告知其有权申请排除非法证据，并告诉讼权利和认罪的法律后果。

第十七条 审查逮捕、审查起诉期间，犯罪嫌疑人及其辩护人申请排除非法证据，并提供相关线索或者材料的，人民检察院应当调查核实。调查结论应当书面告知犯罪嫌疑人及其辩护人。

人民检察院在审查起诉期间发现侦查人员以刑讯逼供等非法方法收集证据的，应当依法排除相关证据并提出纠正意见，必要时人民检察院可以自行调查取证。

人民检察院对审查认定的非法证据，应当予以排除，不得作为批准或者决定逮捕、提起公诉的根据。被排除的非法证据应当随案移送，并写明为依法排除的非法证据。

第十八条 人民检察院依法排除非法证据后，证据不足，不符合逮捕、起诉条件的，不得批准或者决定逮捕、提起公诉。

对于人民检察院排除有关证据导致对涉嫌的重要犯罪事实未予认定，从而作出不批准逮捕、不起诉决定，或者对涉嫌的部分重要犯罪事实决定不起诉的，公安机关、国家安全机关可要求复议、提请复核。

▶《人民检察院审查逮捕质量标准》（最高人民检察院第十一届检察委员会第四十一次会议通过，2010年8月25日）

第十二条 审查逮捕过程中，应当依照法律和相关规定严格审查证据的合法性。对采用刑讯逼供等非法手段取得的犯罪嫌疑人供述和采用暴力、威胁等非法手段取得的证人证言、被害人陈述，应当依法予以排除，不能作为批准逮捕的根据。

对未严格遵守法律规定收集的其他证据，应当要求侦查机关依法重新收集或者予以补正，保证证据的合法性。

5.3 案例与要旨

◆【最高人民检察院 2016 年发布第七批指导性案例之四】王玉雷不批准逮捕案

要旨：检察机关办理审查逮捕案件，要严格坚持证据合法性原则，既要善于发现非法证据，又要坚决排除非法证据。非法证据排除后，其他在案证据不能证明犯罪嫌疑人实施犯罪行为的，应当依法对犯罪嫌疑人作出不批准逮捕的决定。要加强对审查逮捕案件的跟踪监督，引导侦查机关全面及时收集证据，促进侦查活动依法规范进行。

指导意义：严格把握作出批准逮捕决定的条件。构建以客观证据为核心的案件事实认定体系，高度重视无法排除合理怀疑的矛盾证据，注意利用收集在案的客观证据验证、比对全案证据，守住"犯罪事实不能没有、犯罪嫌疑人不能搞错"的逮捕底线。要坚持惩罚犯罪与保障人权并重的理念，重视犯罪嫌疑人不在犯罪现场、没有作案时间等方面的无罪证据以及侦查机关可能存在的非法取证行为的线索。综合审查全案证据，不能证明犯罪嫌疑人实施了犯罪行为的，应当依法作出不批准逮捕的决定。要结合办理审查逮捕案件，注意发挥检察机关侦查监督作用，引导侦查机关及时收集、补充其他证据，促进侦查活动依法规范进行。

专题三 审查起诉阶段的证据审查规则

6 人民检察院讯问犯罪嫌疑人的程序

6.1 法条规定与立法释义

▶《**刑事诉讼法**》（中华人民共和国主席令第 10 号，2018 年 10 月 26 日）

第一百七十三条 <u>人民检察院审查案件，应当讯问犯罪嫌疑人，听取辩护</u>

人或者值班律师、被害人及其诉讼代理人的意见，并记录在案。辩护人或者值班律师、被害人及其诉讼代理人提出书面意见的，应当附卷。

犯罪嫌疑人认罪认罚的，人民检察院应当告知其享有的诉讼权利和认罪认罚的法律规定，听取犯罪嫌疑人、辩护人或者值班律师、被害人及其诉讼代理人对下列事项的意见，并记录在案：

（一）涉嫌的犯罪事实、罪名及适用的法律规定；
（二）从轻、减轻或者免除处罚等从宽处罚的建议；
（三）认罪认罚后案件审理适用的程序；
（四）其他需要听取意见的事项。

人民检察院依照前两款规定听取值班律师意见的，应当提前为值班律师了解案件有关情况提供必要的便利。

【立法释义】[①]

本条规定明确了人民检察院审查起诉的程序。2012年《刑事诉讼法》增加了听取意见的处理方式。为确保审查起诉决定的公正性和程序的参与度，人民检察院审查案件，应当讯问犯罪嫌疑人，听取辩护人或值班律师、被害人及诉讼代理人的意见，并记录在案。本条中的"讯问犯罪嫌疑人"，应当参照侦查程序讯问犯罪嫌疑人的规定。人民检察院在审查起诉程序阶段讯问犯罪嫌疑人，应当遵守法定的讯问程序，确保该阶段获取的供述具有证据资格。

6.2 司法解释与重点解读

▶《人民检察院刑事诉讼规则》（高检发释字〔2019〕4号，2019年12月30日）

第二百五十八条 人民检察院讯问犯罪嫌疑人时，应当首先查明犯罪嫌疑人的基本情况，依法告知犯罪嫌疑人诉讼权利和义务，以及认罪认罚的法律规定，听取其供述和辩解。犯罪嫌疑人翻供的，应当讯问其原因。犯罪嫌疑人申请排除非法证据的，应当告知其提供相关线索或者材料。犯罪嫌疑人检举揭发

[①] 参见王爱立主编：《中华人民共和国刑事诉讼法释义》，法律出版社2018年版，第352-357页。

他人犯罪的,应当予以记录,并依照有关规定移送有关机关、部门处理。

讯问犯罪嫌疑人应当制作讯问笔录,并交犯罪嫌疑人核对或者向其宣读。经核对无误后逐页签名或者盖章,并捺指印后附卷。犯罪嫌疑人请求自行书写供述的,应当准许,但不得以自行书写的供述代替讯问笔录。

犯罪嫌疑人被羁押的,讯问应当在看守所讯问室进行。

【重点解读】[①]

本条是关于办理审查逮捕、审查起诉案件讯问犯罪嫌疑人的规定。

1. 2019年修改增加了讯问时应当依法告知犯罪嫌疑人认罪认罚的法律规定。《刑事诉讼法》第一百二十条第二款规定,侦查人员在讯问犯罪嫌疑人的时候,应当告知犯罪嫌疑人享有的诉讼权利,如实供述自己罪行可以从宽处理和认罪认罚的法律规定。司法实践中,在审查逮捕阶段、审查起诉阶段,检察人员讯问犯罪嫌疑人时,也应告知其认罪认罚的法律后果,这样有利于认罪认罚从宽处理这一制度得到真正落实。而且,"两高三部"《关于办理刑事案件严格排除非法证据若干问题的规定》第十六条规定:"审查逮捕、审查起诉期间讯问犯罪嫌疑人,应当告知其有权申请排除非法证据,并告知诉讼权利和认罪的法律后果。"因此,《人民检察院刑事诉讼规则》在修订时吸收了上述规定内容,明确规定审查逮捕、审查起诉讯问犯罪嫌疑人时应当依法告知犯罪嫌疑人认罪认罚的法律规定。

2. 规定讯问犯罪嫌疑人时,对于犯罪嫌疑人翻供的,应当讯问其原因。犯罪嫌疑人申请排除非法证据的,应当告知其提供相关线索或者材料。本条规定依据"两高三部"《关于办理刑事案件严格排除非法证据若干问题的规定》第二十条,参考了《人民法院办理刑事案件排除非法证据规程(试行)》第五条的规定。对于犯罪嫌疑人翻供的,应当讯问其原因,犯罪嫌疑人申请排除非法证据的,应当告知其提供相关线索或者材料,有利于依法客观公正审查证据,并确定口供的真实性和合法性。

[①] 参见童建明、万春主编:《〈人民检察院刑事诉讼规则〉条文释义》,中国检察出版社2020年版,第265-266页。

6.3 规范性文件

▶《最高人民法院、最高人民检察院、公安部、国家安全部、司法部关于办理刑事案件严格排除非法证据若干问题的规定》（法发〔2017〕15号，2017年6月20日）

第十六条 审查逮捕、审查起诉期间讯问犯罪嫌疑人，应当告知其有权申请排除非法证据，并告知诉讼权利和认罪的法律后果。

▶《最高人民法院、最高人民检察院、公安部、司法部关于进一步严格依法办案确保办理死刑案件质量的意见》（法发〔2007〕11号，2007年3月9日）

18. 人民检察院审查案件，应当讯问犯罪嫌疑人，听取被害人和犯罪嫌疑人、被害人委托的人的意见，并制作笔录附卷。被害人和犯罪嫌疑人、被害人委托的人在审查起诉期间没有提出意见的，应当记明附卷。人民检察院对证人证言笔录存在疑问或者认为对证人的询问不具体或者有遗漏的，可以对证人进行询问并制作笔录。

19. 人民检察院讯问犯罪嫌疑人时，既要听取犯罪嫌疑人的有罪供述，又要听取犯罪嫌疑人无罪或罪轻的辩解。犯罪嫌疑人提出受到刑讯逼供的，可以要求侦查人员作出说明，必要时进行核查。对刑讯逼供取得的犯罪嫌疑人供述和以暴力、威胁等非法方法收集的被害人陈述、证人证言，不能作为指控犯罪的根据。

7 人民检察院审查讯问犯罪嫌疑人的录音、录像

7.1 司法解释与重点解读

▶《人民检察院刑事诉讼规则》（高检发释字〔2019〕4号，2019年12月30日）

第二百六十三条 <u>对于公安机关提请批准逮捕、移送起诉的案件，检察人员审查时发现存在本规则第七十五条第一款规定情形的，可以调取公安机关讯问犯罪嫌疑人的录音、录像并审查相关的录音、录像。对于重大、疑难、复杂的案件，必要时可以审查全部录音、录像。</u>

<u>对于监察机关移送起诉的案件，认为需要调取有关录音、录像的，可以商</u>

监察机关调取。

对于人民检察院直接受理侦查的案件，审查时发现负责侦查的部门未按照本规则第七十五条第三款的规定移送录音、录像或者移送不全的，应当要求其补充移送。对取证合法性或者讯问笔录真实性等产生疑问的，应当有针对性地审查相关的录音、录像。对于重大、疑难、复杂的案件，可以审查全部录音、录像。

【重点解读】①

本条是关于调取录音、录像及审查录音、录像的规定。

1. 对公安机关侦查的案件，调取录音、录像并审查录音、录像是审查核实证据（对犯罪嫌疑人的讯问笔录）合法性、真实性的重要方法，是确保案件质量的重要手段。但由于侦查或者调查案件的主体不同，具体要求也就不同。对公安机关侦查的案件，审查逮捕、审查起诉时对证据收集合法性和真实性产生疑问的，可以调取录音、录像，对于法律规定应进行录音、录像的案件，公安机关必须进行移送，如果公安机关没有对犯罪嫌疑人进行录音、录像，应当向公安机关提出纠正违法意见，并且在证据收集合法性无法证实的情况下应当排除非法证据。对于法律没有要求必须进行录音、录像的案件，如果公安机关进行了录音、录像且符合条件的，负责捕诉的部门也可以进行调取并审查。没有进行录音、录像的，则不能提出纠正违法意见。

2. 对于监察机关移送起诉的案件，本条第二款规定，认为需要调取有关录音、录像的，可以同监察机关沟通协商后予以调取。对于人民检察院直接受理立案侦查的案件，本条第三款规定，审查时发现负责侦查的部门未按照《人民检察院刑事诉讼规则》第七十五条第三款的规定移送录音、录像或者移送不全的，应当要求其补充移送。《人民检察院刑事诉讼规则》第七十五条第三款规定了人民检察院直接受理侦查的案件，负责侦查的部门移送审查逮捕、移送起诉时，应当将讯问录音、录像连同案卷材料一并移送审查。

3. 关于对录音、录像的审查，本条第三款规定，对取证合法性或者讯问笔录真实性等产生疑问的，应当有针对性地审查相关的录音、录像。对于重大、

---

① 参见童建明、万春主编：《〈人民检察院刑事诉讼规则〉条文释义》，中国检察出版社2020年版，第269-271页。

疑难、复杂的案件，可以审查全部录音、录像。规定有针对性地审查相关的录音、录像，这主要是考虑到办案的实际，一般情况下难以或者也没有必要对全部录音、录像进行审查，尤其是由于审查逮捕时间短，要求审查逮捕时对于移送或调取的录音、录像必须全部审查是不现实也是没有必要的。较为可行的方式是，在对录音、录像的起止时间、是否剪接、删改等进行形式审查后，在保证录音、录像真实性的前提下，有选择性地审看录音、录像中与对证据真实性产生疑问相对应的部分，这样既符合实际工作要求又能够完成对证据真实性审查的需要。但对于重大、疑难、复杂案件，由于案情重大，本着审慎的态度，在必要时就应当全部审查。必要时可以加班加点、增加人员，查看全部的录音录像。

第二百六十四条　经审查讯问犯罪嫌疑人录音、录像，发现公安机关、本院负责侦查的部门讯问不规范，讯问过程存在违法行为，录音、录像内容与讯问笔录不一致等情形的，应当逐一列明并向公安机关、本院负责侦查的部门书面提出，要求其予以纠正、补正或者书面作出合理解释。发现讯问笔录与讯问犯罪嫌疑人录音、录像内容有重大实质性差异的，或者公安机关、本院负责侦查的部门不能补正或者作出合理解释的，该讯问笔录不能作为批准或者决定逮捕、提起公诉的依据。

【重点解读】①

本条是关于审查讯问犯罪嫌疑人录音、录像与对讯问笔录的处理的规定。

根据本条规定，对讯问犯罪嫌疑人录音、录像审查后的处理，要根据情况分别作出处理。首先，经审查，发现公安机关、检察院负责侦查的部门（应当说明的是审查起诉的有些检察机关侦查的案件，并不一定是本院负责侦查的部门侦查的案件，可能有上级院负责立案侦查的案件）讯问不规范，讯问过程违法，录音、录像内容与讯问笔录不一致等情形的，应当逐一列明并向侦查机关书面提出，要求公安机关、检察院负责侦查的部门予以纠正、补正或者书面作出合理解释。其次，经审查，对于发现讯问笔录与讯问犯罪嫌疑人录音、录像内容有重大实质性差异的，或者公安机关、检察院负责侦

---

① 参见童建明、万春主编：《〈人民检察院刑事诉讼规则〉条文释义》，中国检察出版社2020年版，第271-272页。

查的部门不能补正或者作出合理解释的,本条规定该讯问笔录不能作为批准或者决定逮捕、提起公诉的依据。对于发现讯问笔录与同步录音、录像资料在内容上存在重大实质性差异或者侦查机关不能补正或者作出合理解释的,应当以哪个证据为准,理论上存在不同认识。有的观点认为,讯问笔录与录音、录像都是证据的一种,其真实性与合法性应当接受同样的审查,不能在出现矛盾时当然地排除哪一个,而应进行综合审查判断。有的观点认为,讯问笔录和录音、录像资料属于对犯罪嫌疑人供述辩解的不同记录方式,是同一证据的不同载体,录音、录像具有能够重现讯问过程、形象逼真的特点,其证明力明显高于讯问笔录,因此,应当以录音、录像为准。还有的观点认为,录音、录像确实具有证明供述的作用和能力,但法律没有将录音、录像作为法定证据形式的一种,因此其不能作为证明案件事实的证据,只能作为证明证据取得合法性的证据。《人民检察院刑事诉讼规则》采纳了最后一种观点,明确规定该讯问笔录不能作为批准逮捕或者决定逮捕的依据。需要说明的是,对这里的"重大实质性差异",要准确把握。这种差异不是一般的轻微差异,而是内容上的重大差异,只有在这种情况下该讯问笔录才可以不被采用。至于该讯问笔录是否是非法证据,可以在作出是否批捕、起诉决定后再进行调查核实。

7.2 规范性文件

▶《最高人民法院、最高人民检察院、公安部、国家安全部、司法部关于办理刑事案件严格排除非法证据若干问题的规定》(法发〔2017〕15号,2017年6月20日)

第二十二条 犯罪嫌疑人、被告人及其辩护人向人民法院、人民检察院申请调取公安机关、国家安全机关、人民检察院收集但未提交的讯问录音录像、体检记录等证据材料,人民法院、人民检察院经审查认为犯罪嫌疑人、被告人及其辩护人申请调取的证据材料与证明证据收集的合法性有联系的,应当予以调取;认为与证明证据收集的合法性没有联系的,应当决定不予调取并向犯罪嫌疑人、被告人及其辩护人说明理由。

8 人民检察院询问诉讼参与人的程序

8.1 法条规定与立法释义

▶《**刑事诉讼法**》（中华人民共和国主席令第 10 号，2018 年 10 月 26 日）

第一百七十三条第一款　<u>人民检察院审查案件，应当讯问犯罪嫌疑人，听取辩护人或者值班律师、被害人及其诉讼代理人的意见，并记录在案。辩护人或者值班律师、被害人及其诉讼代理人提出书面意见的，应当附卷。</u>

【立法释义】①

本条规定明确了人民检察院审查起诉的程序。2012 年《刑事诉讼法》增加了听取意见的处理方式。为确保审查起诉决定的公正性和程序的参与度，人民检察院审查案件，应当讯问犯罪嫌疑人，听取辩护人或值班律师、被害人及诉讼代理人的意见，并记录在案。本条中的"听取被害人的意见"，包括两个方面：其一，听取辩护人或者值班律师、被害人及其诉讼代理人对案件处理情况的意见，例如，被害人对定罪量刑的意见和附带民事诉讼赔偿请求等的意见。其二，听取辩护人或者值班律师、被害人及其诉讼代理人对案件处理程序的意见，例如，被害人对刑事诉讼程序中个人权利保障提出的意见。

8.2 司法解释与重点解读

▶《**人民检察院刑事诉讼规则**》（高检发释字〔2019〕4 号，2019 年 12 月 30 日）

第二百五十九条　办理审查逮捕、审查起诉案件，可以询问证人、被害人、鉴定人等诉讼参与人，并制作笔录附卷。询问时，应当告知其诉讼权利和义务。

询问证人、被害人的地点按照刑事诉讼法第一百二十四条的规定执行。

【重点解读】②

本条是关于审查逮捕、审查起诉阶段询问证人等诉讼参与人的规定。

---

① 参见王爱立主编：《中华人民共和国刑事诉讼法释义》，法律出版社 2018 年版，第 352—357 页。
② 参见童建明、万春主编：《〈人民检察院刑事诉讼规则〉条文释义》，中国检察出版社 2020 年版，第 266 页。

审查逮捕、审查起诉阶段询问证人等诉讼参与人的目的，主要在于核实证据，及时发现和纠正侦查活动中的违法行为，依法排除以暴力、威胁等非法方法收集的证人证言、被害人陈述等非法证据，严把逮捕关、起诉关。2012 年《人民检察院刑事诉讼规则（试行）》第三百零八条对审查逮捕阶段询问证人等诉讼参与人作出了规定，规定在必要时可以询问证人等诉讼参与人，2019 年《人民检察院刑事诉讼规则》修订时删去了"必要时"这一表述，但并非一定要求在审查逮捕阶段都要询问证人等诉讼参与人。考虑到审查逮捕时限紧张，与审查起诉在证据的审查与认定方面具有阶段性特征不同，因此每案询问证人等诉讼参与人并不现实，实践中还是要根据案件情况在必要时询问证人等诉讼参与人。而对于审查起诉环节一般情况下要询问证人等诉讼参与人，这是办案人员应当注意的。同时本条还增加了询问应当遵守的规定：一是询问时应当告知其诉讼权利和义务；二是询问证人、被害人的地点按照《刑事诉讼法》第一百二十四条的规定执行。《刑事诉讼法》第一百二十四条对侦查人员询问证人的地点及相关要求作了规定，这些同样适用于检察人员询问证人、被害人。

第二百六十条 讯问犯罪嫌疑人，询问被害人、证人、鉴定人，听取辩护人、被害人及其诉讼代理人的意见，应当由检察人员负责进行。检察人员或者检察人员和书记员不得少于二人。

讯问犯罪嫌疑人，询问证人、鉴定人、被害人，应当个别进行。

【重点解读】①

本条是关于讯问犯罪嫌疑人、询问被害人等对检察人员的要求的规定。

本条第一款规定："讯问犯罪嫌疑人，询问被害人、证人、鉴定人，听取辩护人、被害人及其诉讼代理人的意见，应当由检察人员负责进行。检察人员或者检察人员和书记员不得少于二人。"至于检察人员的范围《人民检察院刑事诉讼规则》第六百八十二条规定："本规则所称检察官，包括检察长、副检察长、检察委员会委员、检察员。本规则所称检察人员，包括检察官和检察官助理。"因此，讯问犯罪嫌疑人或者询问被害人等，既可以由两名检察人员进行，也可以由一名检察人员和一名书记员进行，这名检察人员既可以是检察

---

① 参见童建明、万春主编：《〈人民检察院刑事诉讼规则〉条文释义》，中国检察出版社 2020 年版，第 267 页。

官，也可以是检察官助理，要根据案件具体情况、办案的人员情况而定。譬如需要向证人核实一个简单的事项，或者只是听取一下被害人的意见，事项并不复杂，则完全可以由一名检察官助理与一名书记员进行。如果讯问、询问的事项较为复杂，对于案件的处理结果有重大影响，则一般应由检察官进行，这也是落实司法责任制、体现检察官办案亲历性的要求，对于保证案件质量也具有重要意义。

本条第二款规定："讯问犯罪嫌疑人、询问证人、鉴定人、被害人，应当个别进行。"这是为了保证讯问、询问的客观公正，防止相互影响或者出现串供的情况。

9 人民检察院补充鉴定的程序

9.1 司法解释与重点解读

▶《人民检察院刑事诉讼规则》（高检发释字〔2019〕4号，2019年12月30日）

第二百二十条 对于鉴定意见，检察人员应当进行审查，必要时可以进行补充鉴定或者重新鉴定。重新鉴定的，应当另行指派或者聘请鉴定人。

【重点解读】①

本条是关于鉴定意见的审查、补充鉴定、重新鉴定的规定。

尽管鉴定意见具有科学性较强、证明力较强的特点，但仍需进行司法审查，判断正误，以正确认定案情。那种过于迷信鉴定意见，对鉴定意见直接采用的做法是错误的。2012年修改《刑事诉讼法》时将"鉴定结论"修改为"鉴定意见"，其意在提示办案人员不能将鉴定意见当作定案的结论而怠于审查。对于鉴定意见，检察人员应当注重审查以下内容：（1）鉴定机构和鉴定人是否具有法定资质；（2）鉴定人是否存在应当回避的情形；（3）检材的来源、取得、保管、送检是否符合法律、有关规定，与相关提取笔录、扣押物品清单等记载的内容是否相符，检材是否充足、可靠；（4）鉴定意见的形式要件是否

---

① 参见童建明、万春主编：《〈人民检察院刑事诉讼规则〉条文释义》，中国检察出版社2020年版，第234-235页。

完备，是否注明提起鉴定的事由、鉴定委托人、鉴定机构、鉴定要求、鉴定过程、鉴定方法、鉴定日期等相关内容是否由鉴定机构加盖司法鉴定专用章并由鉴定人签名、盖章；(5) 鉴定程序是否符合法律、有关规定；(6) 鉴定的过程和方法是否符合相关专业的规范要求；(7) 鉴定意见是否明确；(8) 鉴定意见与案件待证事实有无关联；(9) 鉴定意见与勘验、检查笔录及相关照片等其他证据是否矛盾；(10) 当事人对鉴定意见是否有异议。由于鉴定意见的专业性较强，办案人员往往难以对鉴定意见进行实质审查，需要由有专门知识的人协助审查。《人民检察院刑事诉讼规则》第三百三十四条规定："人民检察院对鉴定意见有疑问的，可以询问鉴定人或者有专门知识的人并制作笔录附卷，也可以指派有鉴定资格的检察技术人员或者聘请其他有鉴定资格的人进行补充鉴定或者重新鉴定。人民检察院对鉴定意见等技术性证据材料需要进行专门审查的，按照有关规定交检察技术人员或者其他有专门知识的人进行审查并出具审查意见。"

经审查，认为确有必要的，可以进行补充鉴定或者重新鉴定。需要补充鉴定的情形主要包括：(1) 鉴定内容有明显遗漏的；(2) 发现新的有鉴定意义的证物的；(3) 对鉴定证物有新的鉴定要求的；(4) 鉴定意见不完整，委托事项无法确定的；(5) 其他需要补充鉴定的情形。需要重新鉴定的情形主要包括：(1) 鉴定程序违法或者违反相关专业技术要求的；(2) 鉴定机构、鉴定人不具备法定鉴定资质和条件的；(3) 鉴定人故意作虚假鉴定或者违反回避规定的；(4) 鉴定意见依据明显不足的；(5) 检材虚假或者被损坏、污染的；(6) 其他应当重新鉴定的情形。

鉴于原鉴定人对该鉴定对象已经进行过鉴定，对鉴定可能会有先入为主或存在成见的情况，而且要重新鉴定往往是由于原鉴定机构、人员、检材程序、方法有错误、缺陷或者争议，如果重新鉴定仍由原鉴定人进行，就可能影响重新鉴定时得出正确的鉴定意见，不能保证鉴定意见的客观公正。因此，为了保证鉴定的质量，进行重新鉴定时应当另行指派或者聘请鉴定人。进行补充鉴定的，则无此要求。

需要说明的是，2012年《人民检察院刑事诉讼规则（试行）》第二百五十二条规定："对于鉴定意见，检察人员应当进行审查，必要的时候，可以提出补充鉴定或者重新鉴定的意见，报检察长批准后进行补充鉴定或者重新鉴定。检察长也可以直接决定进行补充鉴定或者重新鉴定。"经研究，补充鉴定和重新鉴定是检察官经审查认为鉴定意见存在瑕疵的情况下，为查明案件事实，解决专门性问题而进行补救的必要措施。办案实践中，经常需要补充鉴定或者重新鉴定，可以将是否进行补充鉴定或者重新鉴定的权力赋予检察官。因此，本条不再要求报检察长批准或者由检察长决定。

第二百二十一条　用作证据的鉴定意见，人民检察院办案部门应当告知犯罪嫌疑人、被害人；被害人死亡或者没有诉讼行为能力的，应当告知其法定代理人、近亲属或诉讼代理人。

犯罪嫌疑人、被害人或被害人的法定代理人、近亲属、诉讼代理人提出申请，可以补充鉴定或者重新鉴定，鉴定费用由请求方承担。但原鉴定违反法定程序的，由人民检察院承担。

犯罪嫌疑人的辩护人或者近亲属以犯罪嫌疑人有患精神病可能而申请对犯罪嫌疑人进行鉴定的，鉴定费用由申请方承担。

【重点解读】[1]

本条是关于鉴定意见的告知和鉴定费用的负担的规定。

按照本条第一款的规定，用作证据的鉴定意见直接关系到案件事实的认定，与犯罪嫌疑人、被害人有直接的利害关系，为了保障犯罪嫌疑人的辩护权和被害人的诉讼权利，人民检察院办案部门应当将用作证据的鉴定意见告知犯罪嫌疑人、被害人，并听取他们对鉴定意见的意见。被害人死亡或者没有诉讼行为能力的，应当告知其法定代理人、近亲属或者诉讼代理人。所谓"用作证据的鉴定意见"，是指经过鉴定人对专门性问题进鉴定后形成的，经人民检察院审查核实后，认为可以作为证据使用的鉴定意见。

本条第二款明确了申请补充鉴定或者重新鉴定的费用负担原则。对补充鉴定或者重新鉴定的费用负担，以请求方负担为原则。但是原鉴定违反法定程序的，补充鉴定或者重新鉴定的费用由人民检察院承担。

本条第三款规定了申请精神病鉴定的费用负担原则。对于犯罪嫌疑人的辩护人或者近亲属申请对犯罪嫌疑人进行精神病鉴定的，鉴定费用由申请方承担。

---

[1]　参见童建明、万春主编：《〈人民检察院刑事诉讼规则〉条文释义》，中国检察出版社2020年版，第236页。

10 人民检察院复验、复查的程序

10.1 法条规定与立法释义

▶《刑事诉讼法》（中华人民共和国主席令第 10 号，2018 年 10 月 26 日）

第一百三十四条 <u>人民检察院审查案件的时候，对公安机关的勘验、检查，认为需要复验、复查时，可以要求公安机关复验、复查，并且可以派检察人员参加。</u>

【立法释义】①

复验、复查是对已经勘验、检查的，与犯罪有关的场所、物品、人身、尸体等，再次进行勘验、检查，以验证勘验、检查结果是否正确的侦查活动。人民检察院对案件勘验、检查的情况有异议，要求公安机关复验、复查，可以对勘验、检查活动中存在的漏洞和疑点及时补充、更正，保证公安机关勘验、检查结果的真实可靠。为深入、细致全面了解复验、复查的情况时，人民检察院可以派检察人员参加。

10.2 司法解释与重点解读

▶《人民检察院刑事诉讼规则》（高检发释字〔2019〕4 号，2019 年 12 月 30 日）

第三百三十五条 人民检察院审查案件时，对监察机关或者公安机关的勘验、检查，认为需要复验、复查的，应当要求其复验、复查，人民检察院可以派员参加；也可以自行复验、复查，商请监察机关或者公安机关派员参加，必要时也可以指派检察技术人员或者聘请其他有专门知识的人参加。

【重点解读】②

本条是关于对勘验、检查笔录进行审查的规定。

本条包含两层内容：一是要求监察机关或者公安机关复验、复查。人民检

---

① 参见王爱立主编：《中华人民共和国刑事诉讼法释义》，法律出版社 2018 年版，第 287 页。
② 参见童建明、万春主编：《〈人民检察院刑事诉讼规则〉条文释义》，中国检察出版社 2020 年版，第 364 页。

察院审查案件时，对监察机关或者公安机关的勘验、检查，认为需要复验、复查的，应当要求其复验、复查，人民检察院可以派员参加。二是自行复验、复查。人民检察院也可以自行复验、复查，商请监察机关或公安机关派员参加，必要时也可以指派检察技术人员或者聘请其他有专门知识的人参加。

11　人民检察院对证据存在疑问的审查

11.1　司法解释与重点解读

▶《人民检察院刑事诉讼规则》（高检发释字〔2019〕4号，2019年12月30日）

第三百三十六条　<u>人民检察院对物证、书证、视听资料、电子数据及勘验、检查、辨认、侦查实验等笔录存在疑问的，可以要求调查人员或者侦查人员提供获取、制作的有关情况，必要时也可以询问提供相关证据材料的人员和见证人并制作笔录附卷，对物证、书证、视听资料、电子数据进行鉴定。</u>

【重点解读】[①]

本条是关于审查起诉阶段对物证、书证、视听资料、电子数据等进行审查的规定。

人民检察院对物证、书证、视听资料、电子数据及勘验、检查、辨认、侦查实验等笔录存在疑问的，本条规定了三种处理方式：一是可以要求调查人员或者侦查人员提供获取、制作的有关情况；二是必要时也可以询问提供相关证据材料的人员和见证人并制作笔录附卷；三是对物证、书证、视听资料、电子数据进行鉴定。另外，人民检察院对证人证言笔录存在疑问或者认为对证人的询问不具体、不详细或者有遗漏的，可以对证人进行询问并制作笔录附卷。

[①]　参见童建明、万春主编：《〈人民检察院刑事诉讼规则〉条文释义》，中国检察出版社2020年版，第364页。

专题四　审判阶段的证据审查规则

12　物证、书证的审查

12.1　司法解释与重点解读

▶《最高人民法院关于适用〈中华人民共和国刑事诉讼法〉的解释》（法释〔2021〕1号，2021年1月26日）

第八十二条　对物证、书证应当着重审查以下内容：

（一）物证、书证是否为原物、原件，是否经过辨认、鉴定；物证的照片、录像、复制品或者书证的副本、复制件是否与原物、原件相符，是否由二人以上制作，有无制作人关于制作过程以及原物、原件存放于何处的文字说明和签名；

（二）物证、书证的收集程序、方式是否符合法律、有关规定；经勘验、检查、搜查提取、扣押的物证、书证，是否附有相关笔录、清单，笔录、清单是否经调查人员或者侦查人员、物品持有人、见证人签名，没有签名的，是否注明原因；物品的名称、特征、数量、质量等是否注明清楚；

（三）物证、书证在收集、保管、鉴定过程中是否受损或者改变；

（四）物证、书证与案件事实有无关联；对现场遗留与犯罪有关的具备鉴定条件的血迹、体液、毛发、指纹等生物样本、痕迹、物品，是否已作DNA鉴定、指纹鉴定等，并与被告人或者被害人的相应生物特征、物品等比对；

（五）与案件事实有关联的物证、书证是否全面收集。

第八十三条　据以定案的物证应当是原物。原物不便搬运、不易保存、依法应当返还或者依法应当由有关部门保管、处理的，可以拍摄、制作足以反映原物外形和特征的照片、录像、复制品。必要时，审判人员可以前往保管场所查看原物。

物证的照片、录像、复制品，不能反映原物的外形和特征的，不得作为定案的根据。

物证的照片、录像、复制品，经与原物核对无误、经鉴定或者以其他方式确认真实的，可以作为定案的根据。

第八十四条　据以定案的书证应当是原件。取得原件确有困难的，可以使用副本、复制件。

对书证的更改或者更改迹象不能作出合理解释，或者书证的副本、复制件不能反映原件及其内容的，不得作为定案的根据。

书证的副本、复制件，经与原件核对无误、经鉴定或者以其他方式确认真实的，可以作为定案的根据。

【重点解读】①

以上第八十三条、第八十四条基本沿用 2012 年《最高人民法院关于适用〈中华人民共和国刑事诉讼法〉的解释》第七十条、第七十一条的规定，但根据司法实践反映的问题，在第七十条第一款增加规定"必要时，审判人员可以前往保管场所查看原物"。

对物证、书证的审查，首先应判断物证、书证是否为原物、原件并核实物证、书证的真实性。根据最佳证据原则的要求，《最高人民法院关于适用〈中华人民共和国刑事诉讼法〉的解释》第八十三条、第八十四条专门规定，据以定案的物证、书证应当是原物、原件。这是基于确保物证、书证本身真实性的要求。但是，在司法实践中，要求一概提交原物、原件，一律以原物、原件作为定案的根据，并不现实。因此，可以使用原物的照片、录像、复制品，原件的副本、复制件，但同时必须严格限制条件以确保其真实性。具体而言：（1）原物不便搬运，不易保存，依法应当由有关部门保管、处理，或者依法应当返还的，可以拍摄、制作足以反映原物外形和特征的照片、录像、复制品。物证的照片、录像、复制品，不能反映原物的外形和特征的，不得作为定案的根据。物证的照片、录像、复制品，经与原物核对无误、经鉴定为真实或者以其他方式确认为真实的，可以作为定案的根据。（2）取得原件确有困难的，可以使用副本、复制件。书证有更改或者对更改迹象不能作出合理解释，或者书证的副本、复制件不能反映原件及其内容的，不得作为定案的根据。书证的副本、复制件，经与原件核对无误经鉴定为真实或者以其他方式确认为真实的，

---

① 参见李少平主编：《最高人民法院关于适用〈中华人民共和国刑事诉讼法〉的解释理解与适用》，人民法院出版社 2021 年版，第 207 页。

可以作为定案的根据。

第八十五条　对与案件事实可能有关联的血迹、体液、毛发、人体组织、指纹、足迹、字迹等生物样本、痕迹和物品，应当提取而没有提取，应当鉴定而没有鉴定，应当移送鉴定意见而没有移送，导致案件事实存疑的，人民法院应当通知人民检察院依法补充收集、调取、移送证据。

第八十六条　在勘验、检查、搜查过程中提取、扣押的物证、书证，未附笔录或者清单，不能证明物证、书证来源的，不得作为定案的根据。

物证、书证的收集程序、方式有下列瑕疵，经补正或者作出合理解释的，可以采用：

（一）勘验、检查、搜查、提取笔录或者扣押清单上没有调查人员或者侦查人员、物品持有人、见证人签名，或者对物品的名称、特征、数量、质量等注明不详的；

（二）物证的照片、录像、复制品，书证的副本、复制件未注明与原件核对无异，无复制时间，或者无被收集、调取人签名的；

（三）物证的照片、录像、复制品，书证的副本、复制件没有制作人关于制作过程和原物、原件存放地点的说明，或者说明中无签名的；

（四）有其他瑕疵的。

物证、书证的来源、收集程序有疑问，不能作出合理解释的，不得作为定案的根据。

【重点解读】[①]

第八十六条是根据《监察法》的规定而对2012年《最高人民法院关于适用〈中华人民共和国刑事诉讼法〉的解释》第七十三条作出修改完善，增加了监察调查的相关内容。

第八十六条第一款对物证、书证的绝对排除规则作了规定。在勘验、检查、搜查过程中提取、扣押的物证、书证，未附笔录或者清单，不能证明物证、书证来源的，不得作为定案的根据。物证、书证的来源清楚，是物证、书证作为定案根据的前提条件。对于在勘验、检查、搜查过程中提取、扣押的物证、书

[①] 参见李少平主编：《最高人民法院关于适用〈中华人民共和国刑事诉讼法〉的解释理解与适用》，人民法院出版社2021年版，第208-209页。

证，应当附有关笔录或者清单，以证明物证、书证的具体来源。物证、书证如果未附有关笔录或者清单，不能证明物证、书证具体来源的，则无法确保物证、书证的真实性，无法排除伪造物证、书证的可能。因此，对于此种情形的物证、书证，应当绝对排除，不得作为定案的根据。

第八十六条第二款对瑕疵物证、书证的情形和采用规则作了规定。根据规定，物证、书证的收集程序、方式有瑕疵，经补正或者作出合理解释的，可以采用。第八十六条第三款则进一步规定，对物证、书证的来源、收集程序有疑问，不能作出合理解释的，该物证、书证不得作为定案的根据。物证、书证的来源及收集过程有疑问，不能作出合理解释的，则影响到该物证、书证的真实性和合法性，应当绝对予以排除，不得作为定案的根据。

12.2 规范性文件

▶《最高人民法院、最高人民检察院、公安部、国家安全部、司法部关于办理刑事案件严格排除非法证据若干问题的规定》（法发〔2017〕15号，2017年6月20日）

第七条 收集物证、书证不符合法定程序，可能严重影响司法公正的，应当予以补正或者作出合理解释；不能补正或者作出合理解释的，对有关证据应当予以排除。

▶《人民法院办理刑事案件排除非法证据规程（试行）》（法发〔2017〕31号，2017年11月27日）

第三条 采用非法搜查、扣押等违反法定程序的方法收集物证、书证，可能严重影响司法公正的，应当予以补正或者作出合理解释；不能补正或者作出合理解释的，对有关证据应当予以排除。

13 证人证言、被害人陈述的审查

13.1 司法解释与重点解读

▶《最高人民法院关于适用〈中华人民共和国刑事诉讼法〉的解释》（法释〔2021〕1号，2021年1月26日）

第八十七条 对证人证言应当着重审查以下内容：

（一）证言的内容是否为证人直接感知；

（二）证人作证时的年龄，认知、记忆和表达能力，生理和精神状态是否影响作证；

（三）证人与案件当事人、案件处理结果有无利害关系；

（四）询问证人是否个别进行；

（五）询问笔录的制作、修改是否符合法律、有关规定，是否注明询问的起止时间和地点，首次询问时是否告知证人有关权利义务和法律责任，证人对询问笔录是否核对确认；

（六）询问未成年证人时，是否通知其法定代理人或者刑事诉讼法第二百八十一条第一款规定的合适成年人到场，有关人员是否到场；

（七）有无以暴力、威胁等非法方法收集证人证言的情形；

（八）证言之间以及与其他证据之间能否相互印证，有无矛盾；存在矛盾的，能否得到合理解释。

第八十八条　处于明显醉酒、中毒或者麻醉等状态，不能正常感知或者正确表达的证人所提供的证言，不得作为证据使用。

证人的猜测性、评论性、推断性的证言，不得作为证据使用，但根据一般生活经验判断符合事实的除外。

第八十九条　证人证言具有下列情形之一的，不得作为定案的根据：

（一）询问证人没有个别进行的；

（二）书面证言没有经证人核对确认的；

（三）询问聋、哑人，应当提供通晓聋、哑手势的人员而未提供的；

（四）询问不通晓当地通用语言、文字的证人，应当提供翻译人员而未提供的。

第九十条　证人证言的收集程序、方式有下列瑕疵，经补正或者作出合理解释的，可以采用；不能补正或者作出合理解释的，不得作为定案的根据：

（一）询问笔录没有填写询问人、记录人、法定代理人姓名以及询问的起止时间、地点的；

（二）询问地点不符合规定的；

（三）询问笔录没有记录告知证人有关权利义务和法律责任的；

（四）询问笔录反映出在同一时段，同一询问人员询问不同证人的；

（五）询问未成年人，其法定代理人或者合适成年人不在场的。

【重点解读】①

1. 证人证言的来源和内容。根据《最高人民法院关于适用〈中华人民共和国刑事诉讼法〉的解释》第八十七条的规定，对证人证言审查判断的第一项内容是"证言的内容是否为证人直接感知"，即审查证人证言的来源和内容，这是确定证人证言真实性，准确认定案件事实的前提条件。

2. 证人的作证能力。不能正常感知或者正确表达的证人所提供的证言，不得作为证据使用。

需要注意的是，生理上、精神上有缺陷或者年幼，并非意味着必然不能作证，关键要判断生理、精神缺陷或者年幼是否导致"不能辨别是非、不能正确表达"。例如，如果某未成年人目睹了一起故意杀人案件，虽然其年幼，但是能够辨别是非、能够正确表达，完全可以作为该起案件的证人。该解释征求意见过程中，有意见提出，司法实践中，有的人由于事故、疾病等原因致语言能力、视力、听力严重下降，甚至有的比盲、聋、哑人还要严重，因此，应当将因疾病等原因造成重度残疾，不能准确表达自己意志的人排除在证人之外。经研究认为，此种情形可以由司法实践具体把握，确实存在因疾病等原因不能准确表达自己意志的人，可以认定为生理上有缺陷"不能辨别是非、不能正确表达"的人，将其排除在证人之外。

3. 证人与案件的利害关系。根据《刑事诉讼法》的规定，无论是与案件当事人具有利害关系，还是与案件处理结果具有利害关系的人，都可以成为证人。即使《刑事诉讼法》第一百九十三条第一款关于"被告人的配偶、父母、子女除外"的规定，所免除的也只是相关人员的出庭作证义务，也并未赋予其作证豁免权。然而，上述人员由于与案件当事人或者案件处理结果具有利害关系，可能会影响所作证言的真实性，在审判环节应当以重点审查甄别，以避免对案件事实的不当认定。对于证人与案件具有利害关系的，还要结合案件的具体情况、利害关系程度，综合全案证据，判断该利害关系对证人证言的影响程度，进而准确判断该证言的证明价值。

---

① 参见李少平主编：《最高人民法院关于适用〈中华人民共和国刑事诉讼法〉的解释理解与适用》，人民法院出版社2021年版，第210-213页。

4. 证言的取得程序、方式。依法收集证人证言是《刑事诉讼法》和有关规定的明确要求，《最高人民法院关于适用〈中华人民共和国刑事诉讼法〉的解释》第八十七条第四至第七项规定应当着重审查证言的取得程序、方式。具体而言：（1）询问证人是否个别进行。《刑事诉讼法》第一百二十四条第二款规定："询问证人应当个别进行。"询问证人没有个别进行的，相关证人证言不能作为定案的根据。（2）询问证人笔录的制作、修改是否规范。审判人员应当审查询问笔录的制作、修改是否符合法律、有关规定，是否注明询问的起止时间和地点，首次询问时是否告知证人有关作证的权利义务和法律责任，证人对询问笔录是否核对确认。（3）询问未成年证人是否符合相关特殊要求。根据《刑事诉讼法》第二百八十一条的规定，询问未成年证人，应当通知未成年证人的法定代理人到场。无法通知、法定代理人不能到场或者法定代理人系犯罪嫌疑人、被告人的，也可以通知未成年犯罪嫌疑人、被告人的其他成年亲属，所在学校、单位、居住地基层组织或者未成年人保护组织的代表到场，并将有关情况记录在案。因此，审判人员询问未成年证人时，应当审查是否通知其法定代理人或者《刑事诉讼法》第二百八十一条第一款规定的合适成年人、有关人员到场。（4）询问证人的禁止性规定。《刑事诉讼法》明确规定了非法证据排除规则，进一步强化了禁止采用暴力、威胁等非法方法收集证人证言的规定。审判人员应当着重审查证人证言有无以暴力、威胁等非法方法收集的情形。

5. 证言的综合审查判断。《最高人民法院关于适用〈中华人民共和国刑事诉讼法〉的解释》第八十七条第八项规定应当着重审查证言之间以及与其他证据之间能否相互印证、有无矛盾，存在矛盾的，能否得到合理解释。对此，在司法实践中，审判人员应当从两个方面对证据进行综合审查判断：（1）对证言与其他证言之间的关系进行综合审查判断，主要是审查各证言之间的重合一致程度，判断各证言之间的差异及其原因认定各证言之间是否有矛盾之处。（2）审查证言与其他证据之间的关系。如果证言与其他证据之间相互矛盾，则需要对矛盾的成因进行分析，判断证言的可信程度。

第九十二条 对被害人陈述的审查与认定，参照适用本节的有关规定。

13.2 规范性文件

▶《最高人民法院、最高人民检察院、公安部、国家安全部、司法部关于办理刑事案件严格排除非法证据若干问题的规定》(法发〔2017〕15号,2017年6月20日)

第六条 采用暴力、威胁以及非法限制人身自由等非法方法收集的证人证言、被害人陈述,应当予以排除。

14 被告人供述和辩解的审查

14.1 司法解释与重点解读

▶《最高人民法院关于适用〈中华人民共和国刑事诉讼法〉的解释》(法释〔2021〕1号,2021年1月26日)

第九十三条 对被告人供述和辩解应当着重审查以下内容:

(一) 讯问的时间、地点,讯问人的身份、人数以及讯问方式等是否符合法律、有关规定;

(二) 讯问笔录的制作、修改是否符合法律、有关规定,是否注明讯问的具体起止时间和地点,首次讯问时是否告知被告人有关权利和法律规定,被告人是否核对确认;

(三) 讯问未成年被告人时,是否通知其法定代理人或者合适成年人到场,有关人员是否到场;

(四) 讯问女性未成年被告人时,是否有女性工作人员在场;

(五) 有无以刑讯逼供等非法方法收集被告人供述的情形;

(六) 被告人的供述是否前后一致,有无反复以及出现反复的原因;

(七) 被告人的供述和辩解是否全部随案移送;

(八) 被告人的辩解内容是否符合案情和常理,有无矛盾;

(九) 被告人的供述和辩解与同案被告人的供述和辩解以及其他证据能否相互印证,有无矛盾;存在矛盾的,能否得到合理解释。

必要时,可以结合现场执法音视频记录、讯问录音录像、被告人进出看守所的健康检查记录、笔录等,对被告人的供述和辩解进行审查。

【重点解读】①

需要特别注意：

1. 讯问女性未成年被告人时，是否有女性工作人员在场。

2. 对于被告人作的供述、辩解可以结合侦查讯问和调查讯问过程的录音录像予以审查。

第九十四条　被告人供述具有下列情形之一的，不得作为定案的根据：

（一）讯问笔录没有经被告人核对确认的；

（二）讯问聋、哑人，应当提供通晓聋、哑手势的人员而未提供的；

（三）讯问不通晓当地通用语言、文字的被告人，应当提供翻译人员而未提供的；

（四）讯问未成年人，其法定代理人或者合适成年人不在场的。

【重点解读】②

该条规定了四种情形下的供述不得作为定案依据。明确对于讯问未成年被告人，法定代理人或者合适成年人未到的，应当予以排除；合适成年人参与未成年人刑事诉讼程序，具有监督讯问活动、抚慰未成年人的紧张情绪、帮助未成年人与讯问人员有效沟通等职能。

▶《人民检察院刑事诉讼规则》（高检发释字〔2019〕4号，2019年12月30日）

第七十七条　在法庭审理过程中，被告人或者辩护人对讯问活动合法性提出异议，公诉人可以要求被告人及其辩护人提供相关线索或者材料。必要时，公诉人可以提请法庭当庭播放相关时段的讯问录音、录像，对有关异议或者事实进行质证。

需要播放的讯问录音、录像中涉及国家秘密、商业秘密、个人隐私或者含有其他不宜公开内容的，公诉人应当建议在法庭组成人员、公诉人、侦查人员、被告人及其辩护人范围内播放。因涉及国家秘密、商业秘密、个人隐私或

---

① 参见李少平主编：《最高人民法院关于适用〈中华人民共和国刑事诉讼法〉的解释理解与适用》，人民法院出版社2021年版，第217页。

② 参见李少平主编：《最高人民法院关于适用〈中华人民共和国刑事诉讼法〉的解释理解与适用》，人民法院出版社2021年版，第218页。

者其他犯罪线索等内容,人民检察院对讯问录音、录像的相关内容进行技术处理的,公诉人应当向法庭作出说明。

【重点解读】①

本条是关于庭审阶段使用录音、录像证明取证合法性的规定。

《刑事诉讼法》第五十八条第二款规定,"当事人及其辩护人、诉讼代理人有权申请人民法院对以非法方法收集的证据依法予以排除"。第五十九条第一款规定:"在对证据收集的合法性进行法庭调查的过程中,人民检察院应当对证据收集的合法性加以证明。"因此,录音、录像成为公诉人当庭证明取证合法性的重要手段之一。

本条第一款规定了庭审中被告人及其辩护人提出审前供述系非法取得时,使用录音、录像的处理。被告人及其辩护人提出审判前供述是非法取得的,应当要求其提供涉嫌非法取证的人员、时间、地点、方式、内容等相关线索或者证据。同时,为更好地完成当庭证明证据合法性的任务,公诉人可以在必要时主动提请审判长当庭播放相关时段的讯问同步录音、录像资料,对有关异议或者事实进行质证。需要指出的是,这里对"相关时段"的讯问录音、录像的理解。与宣读讯问笔录同理,考虑到办案实践中对犯罪嫌疑人往往进行多次讯问,而法庭审理的时间有限,不能播放全部讯问录音、录像。只有被告人、辩护人提出涉嫌非法讯问的时段,才有必要当庭进行针对性播放。对于被告人及其辩护人没有提出异议的时段,没有必要播放。

本条第二款规定了录音、录像中涉及相关秘密的保密和技术处理措施,包括限定参加庭审的人员、对涉密部分进行技术处理两种方法。当讯问录音、录像存在本款所列出的情形时,公诉人可以提请法庭限制观看人员的范围。需要说明的是,如果技术人员对于录音、录像出于保密需要作了处理,公诉人应当向法庭说明情况,以确保法庭对讯问录音、录像同步性、完整性的审查。

---

① 参见童建明、万春主编:《〈人民检察院刑事诉讼规则〉条文释义》,中国检察出版社2020年版,第95页。

14.2 规范性文件

▶《最高人民法院、最高人民检察院、公安部、国家安全部、司法部关于办理刑事案件严格排除非法证据若干问题的规定》（法发〔2017〕15号，2017年6月20日）

第二条 采取殴打、违法使用戒具等暴力方法或者变相肉刑的恶劣手段，使犯罪嫌疑人、被告人遭受难以忍受的痛苦而违背意愿作出的供述，应当予以排除。

第三条 采用以暴力或者严重损害本人及其近亲属合法权益等进行威胁的方法，使犯罪嫌疑人、被告人遭受难以忍受的痛苦而违背意愿作出的供述，应当予以排除。

第四条 采用非法拘禁等非法限制人身自由的方法收集的犯罪嫌疑人、被告人供述，应当予以排除。

第五条 采用刑讯逼供方法使犯罪嫌疑人、被告人作出供述，之后犯罪嫌疑人、被告人受该刑讯逼供行为影响而作出的与该供述相同的重复性供述，应当一并排除，但下列情形除外：

（一）侦查期间，根据控告、举报或者自己发现等，侦查机关确认或者不能排除以非法方法收集证据而更换侦查人员，其他侦查人员再次讯问时告知诉讼权利和认罪的法律后果，犯罪嫌疑人自愿供述的；

（二）审查逮捕、审查起诉和审判期间，检察人员、审判人员讯问时告知诉讼权利和认罪的法律后果，犯罪嫌疑人、被告人自愿供述的。

14.3 案例与要旨

◆【《刑事审判参考》案例】[第1166号] 王平受贿案

裁判要旨：实践中，审查讯问笔录的证据能力，首先应当关注讯问笔录自身。讯问笔录应当符合法律规定的形式要求，体现讯问程序的合法性。对讯问笔录自身的审查，应当注意以下内容：①讯问是否在刑事立案之后进行；②讯问笔录是否明确载明讯问时间地点；③讯问是否违反规定较长时间持续进行（是否存在疲劳讯问）；④讯问过程中是否保证犯罪嫌疑人饮食和必要的休息时间；⑤讯问场所是否符合法律规定；⑥讯问人员是否符合法律规定；⑦讯问时是否告知如实陈述自己罪行可以从轻或者减轻处罚的法律规定；⑧讯问笔录是否交犯罪嫌疑人核对或者向其宣读；⑨讯问笔录是否由犯罪嫌疑人签名捺指印；⑩讯问过程是否进行录音录像，等等。如果讯问笔录的形式不符合法律规定的要求，反映出可能存在非法讯问情形，或者讯问笔录的真实性存疑，就需要结合讯问录音录像审查讯问笔录的合法性和真实性。

15 鉴定意见的审查

15.1 司法解释与重点解读

▶《最高人民法院关于适用〈中华人民共和国刑事诉讼法〉的解释》（法释〔2021〕1号，2021年1月26日）

第九十七条 对鉴定意见应当着重审查以下内容：

（一）鉴定机构和鉴定人是否具有法定资质；

（二）鉴定人是否存在应当回避的情形；

（三）检材的来源、取得、保管、送检是否符合法律、有关规定，与相关提取笔录、扣押清单等记载的内容是否相符，检材是否可靠；

（四）鉴定意见的形式要件是否完备，是否注明提起鉴定的事由、鉴定委托人、鉴定机构、鉴定要求、鉴定过程、鉴定方法、鉴定日期等相关内容，是否由鉴定机构盖章并由鉴定人签名；

（五）鉴定程序是否符合法律、有关规定；

（六）鉴定的过程和方法是否符合相关专业的规范要求；

（七）鉴定意见是否明确；

（八）鉴定意见与案件事实有无关联；

（九）鉴定意见与勘验、检查笔录及相关照片等其他证据是否矛盾；存在矛盾的，能否得到合理解释；

（十）鉴定意见是否依法及时告知相关人员，当事人对鉴定意见有无异议。

【重点解读】[①]

1. 鉴定机构和鉴定人法定资质的审查。由于鉴定是解决刑事诉讼中的专门

[①] 参见李少平主编：《最高人民法院关于适用〈中华人民共和国刑事诉讼法〉的解释理解与适用》，人民法院出版社2021年版，第221-222页。

性问题，而解决专门性问题的鉴定机构和鉴定人应当具有相应的资质，才能确保鉴定意见的可靠性。因此，本条第一项规定应当着重审查"鉴定机构和鉴定人是否具有法定资质"。根据这一规定，审判人员要注重对鉴定人和鉴定机构资质的审查，鉴定人和鉴定机构不具备法定资质的鉴定意见不得作为定案的根据。

2. 鉴定人回避的审查。根据《刑事诉讼法》的相关规定，作为诉讼参与人的鉴定人应当遵守法律有关回避的规定，以确保鉴定人的中立客观，确保所作出的鉴定意见的真实性。因此，本条第二项规定应当着重审查"鉴定人是否存在应当回避的情形"。

3. 鉴定检材的审查。检材是鉴定的基础，其来源和质量直接影响鉴定意见的科学性和可靠性，直接影响鉴定意见能否作为定案的根据。因此本条第三项规定应当着重审查"检材的来源、取得、保管、送检是否符合法律、有关规定，与相关提取笔录、扣押清单等记载的内容是否相符，检材是否可靠"。

4. 鉴定意见的形式审查。《刑事诉讼法》第一百四十七条第一款规定："鉴定人进行鉴定后，应当写出鉴定意见，并且签名。"《全国人民代表大会常务委员会关于司法鉴定管理问题的决定》第十条规定："……鉴定人应当独立进行鉴定，对鉴定意见负责并在鉴定书上签名或者盖章。多人参加的鉴定，对鉴定意见有不同意见的，应当注明。"上述规定明确了鉴定意见的形式要求。本条第四项专门对鉴定意见的形式审查提出要求，规定应当着重审查"鉴定意见的形式要件是否完备，是否注明提起鉴定的事由、鉴定委托人、鉴定机构、鉴定要求、鉴定过程、鉴定方法、鉴定日期等相关内容，是否由鉴定机构盖章并由鉴定人签名"。

5. 鉴定意见告知程序的审查。《刑事诉讼法》第一百四十八条规定："侦查机关应当将用作证据的鉴定意见告知犯罪嫌疑人、被害人。如果犯罪嫌疑人、被害人提出申请，可以补充鉴定或者重新鉴定。"因此，本条第十项规定应当着重审查"鉴定意见是否依法及时告知相关人员，当事人对鉴定意见有无异议"。司法实践中，审判人员要注意审查鉴定意见是否告知相关人员，当事人对鉴定意见是否有异议，异议是否得到处理等事项。

第九十八条　鉴定意见具有下列情形之一的，不得作为定案的根据：

（一）鉴定机构不具备法定资质，或者鉴定事项超出该鉴定机构业务范围、技术条件的；

（二）鉴定人不具备法定资质，不具有相关专业技术或者职称，或者违反回避规定的；

（三）送检材料、样本来源不明，或者因污染不具备鉴定条件的；

（四）鉴定对象与送检材料、样本不一致的；

（五）鉴定程序违反规定的；

（六）鉴定过程和方法不符合相关专业的规范要求的；

（七）鉴定文书缺少签名、盖章的；

（八）鉴定意见与案件事实没有关联的；

（九）违反有关规定的其他情形。

【重点解读】[1]

出具鉴定意见的鉴定人以向诉讼活动出具鉴定意见为职业，属"职业证人"，应当对其高标准、严要求。鉴定人在出具的鉴定文书上"缺少签名、盖章"，是其对工作严重不负责任或不敢负责任的表现，与讯问笔录上缺少讯问人员签名完全不同，不能视为"瑕疵证据"，而应当绝对排除。

第九十九条　经人民法院通知，鉴定人拒不出庭作证的，鉴定意见不得作为定案的根据。

鉴定人由于不能抗拒的原因或者有其他正当理由无法出庭的，人民法院可以根据情况决定延期审理或者重新鉴定。

鉴定人无正当理由拒不出庭作证的，人民法院应当通报司法行政机关或者有关部门。

---

[1] 参见李少平主编：《最高人民法院关于适用〈中华人民共和国刑事诉讼法〉的解释理解与适用》，人民法院出版社2021年版，第223-224页。

16　勘验、检查笔录的审查

16.1　司法解释与重点解读

▶《最高人民法院关于适用〈中华人民共和国刑事诉讼法〉的解释》(法释〔2021〕1号，2021年1月26日)

第一百零二条　对勘验、检查笔录应当着重审查以下内容：

(一) 勘验、检查是否依法进行，笔录制作是否符合法律、有关规定，勘验、检查人员和见证人是否签名或者盖章；

(二) 勘验、检查笔录是否记录了提起勘验、检查的事由，勘验、检查的时间、地点，在场人员、现场方位、周围环境等，现场的物品、人身、尸体等的位置、特征等情况，以及勘验、检查的过程；文字记录与实物或者绘图、照片、录像是否相符；现场、物品、痕迹等是否伪造、有无破坏；人身特征、伤害情况、生理状态有无伪装或者变化等；

(三) 补充进行勘验、检查的，是否说明了再次勘验、检查的原因，前后勘验、检查的情况是否矛盾。

第一百零三条　勘验、检查笔录存在明显不符合法律、有关规定的情形，不能作出合理解释的，不得作为定案的根据。

【重点解读】[1]

1. 勘验、检查是否依法进行，笔录的制作是否符合法律、有关规定，勘验、检查人员和见证人是否签名或者盖章。《刑事诉讼法》第一百二十八条规定："侦查人员对于与犯罪有关的场所、物品、人身、尸体应当进行勘验或者检查。在必要的时候，可以指派或者聘请具有专门知识的人，在侦查人员的主持下进行勘验、检查。"第一百九十六条规定："法庭审理过程中，合议庭对证据有疑问的，可以宣布休庭，对证据进行调查核实。人民法院调查核实证据，可以进行勘验、检查、查封、扣押、鉴定和查询、冻结。"无论是侦查机关在

---

[1] 参见李少平主编：《最高人民法院关于适用〈中华人民共和国刑事诉讼法〉的解释理解与适用》，人民法院出版社2021年版，第228-229页。

侦查活动中进行勘验、检查，还是人民法院为调查核实证据进行勘验、检查，都应当依照法律和司法解释、其他规范性文件进行，严格遵守批准程序，规范制作笔录。

2. 勘验、检查笔录是否记录了提起勘验、检查的事由，勘验、检查时间、地点，在场人员、现场方位、周围环境等，现场的物品、人身、尸体等的位置、特征等情况，以及勘验、检查的过程；文字记录与实物或者绘图、照片、录像是否相符；现场、物品、痕迹等是否伪造、有无破坏；人身特征、伤害情况、生理状态有无伪装或者变化等。这主要是要求审查勘验、检查笔录的规范性。在审查过程中，要注意审查笔录所记载的内容是否真实，是否由符合法定资格的司法人员制作，笔录格式、用语、签名是否符合规范要求，以及制作过程是否符合法定程序的要求。

3. 补充进行勘验、检查的，是否说明了再次勘验、检查的原因，前后勘验、检查的情况是否矛盾。《刑事诉讼法》第一百三十四条规定："人民检察院审查案件的时候，对公安机关的勘验、检查，认为需要复验、复查时，可以要求公安机关复验、复查，并且可以派检察人员参加。"而且，根据《刑事诉讼法》第一百九十七条第一款的规定，法庭审理过程中，当事人和辩护人、诉讼代理人有权申请重新勘验。无论是何种情形，对于案件存在再次勘验、检查的，应当注意审查再次勘验、检查的原因，并注意审查前后勘验、检查的情况是否矛盾。

此外，毫无疑问的是，根据《最高人民法院关于适用〈中华人民共和国刑事诉讼法〉的解释》第一百三十九条第一款的规定对证据的真实性，应当综合全案证据进行审查。因此，应当注意审查判断勘验、检查笔录中记载的情况与被告人供述、被害人陈述、鉴定意见等其他证据能否印证，有无矛盾。

根据《最高人民法院关于适用〈中华人民共和国刑事诉讼法〉的解释》第一百零三条的规定，经过上述审查，如果勘验、检查笔录存在明显不符合法律、有关规定的情形，如主体不合法或者未依法回避的、勘验未经依法批准进行的、勘验笔录不合规范的等，法庭应当要求相关人员作出解释或者说明，结合案件其他证据，审查其真实性和关联性；不能作出合理解释或者说明，或者虽经解释或者说明，仍然无法确定其真实性和关联性的，不得作为定案的根据。

17　辨认笔录的审查

17.1　司法解释

▶《最高人民法院关于适用〈中华人民共和国刑事诉讼法〉的解释》（法释〔2021〕1号，2021年1月26日）

第一百零四条　对辨认笔录应当着重审查辨认的过程、方法，以及辨认笔录的制作是否符合有关规定。

第一百零五条　辨认笔录具有下列情形之一的，不得作为定案的根据：

（一）辨认不是在调查人员、侦查人员主持下进行的；

（二）辨认前使辨认人见到辨认对象的；

（三）辨认活动没有个别进行的；

（四）辨认对象没有混杂在具有类似特征的其他对象中，或者供辨认的对象数量不符合规定的；

（五）辨认中给辨认人明显暗示或者明显有指认嫌疑的；

（六）违反有关规定，不能确定辨认笔录真实性的其他情形。

18　侦查实验笔录的审查

18.1　司法解释

▶《最高人民法院关于适用〈中华人民共和国刑事诉讼法〉的解释》（法释〔2021〕1号，2021年1月26日）

第一百零六条　对侦查实验笔录应当着重审查实验的过程、方法，以及笔录的制作是否符合有关规定。

第一百零七条　侦查实验的条件与事件发生时的条件有明显差异，或者存在影响实验结论科学性的其他情形的，侦查实验笔录不得作为定案的根据。

19 视听资料的审查

19.1 司法解释与重点解读

▶《最高人民法院关于适用〈中华人民共和国刑事诉讼法〉的解释》(法释〔2021〕1号,2021年1月26日)

第一百零八条 对视听资料应当着重审查以下内容:

(一) 是否附有提取过程的说明,来源是否合法;

(二) 是否为原件,有无复制及复制份数;是复制件的,是否附有无法调取原件的原因、复制件制作过程和原件存放地点的说明,制作人、原视听资料持有人是否签名;

(三) 制作过程中是否存在威胁、引诱当事人等违反法律、有关规定的情形;

(四) 是否写明制作人、持有人的身份,制作的时间、地点、条件和方法;

(五) 内容和制作过程是否真实,有无剪辑、增加、删改等情形;

(六) 内容与案件事实有无关联。

对视听资料有疑问的,应当进行鉴定。

【重点解读】[1]

1. 是否附有提取过程的说明,来源是否合法。这实际上是要求注重对视听资料来源的审查。视听资料的来源与其真实性密切相关,因此,审查视听资料的来源是查证视听资料的重要内容。

2. 是否为原件,有无复制及复制份数;是复制件的,是否附有无法提取原件的原因、复制件制作过程和原件存放地点的说明,制作人、原视听资料持有人是否签名。同书证、物证等传统证据一样,视听资料也适用最佳证据原则。为了防止视听资料被伪造和在复制的过程中被剪辑、增加、删改、编辑,收集、调取的视听资料应当是原件。但是,无法提取原件的可以复制。在刑事诉讼中,对于上述复制有着严格的要求:无法提取视听资料原件的,可以复制;

---

[1] 参见李少平主编:《最高人民法院关于适用〈中华人民共和国刑事诉讼法〉的解释理解与适用》,人民法院出版社2021年版,第231-233页。

制作复制件的，制作人不得少于二人；应附有复制件和复制份数的说明，无法调取原件的原因、制作过程和原件存放地点的说明，制作人和原视听资料持有人签名。因此，在法庭审查证据的过程中，也应当审查上述信息。

3. 制作过程中是否存在威胁、引诱当事人等违反法律、有关规定的情形。如果制作过程中存在当事人受到威胁、引诱等违反法律及有关规定的情形的，所制作的视听资料也不具有合法性。

4. 是否写明制作人、持有人的身份，制作的时间、地点、条件和方法。上述信息对于判断视听资料的真实性具有重要意义，故在审查过程中要着重审查有无相关信息，以便更为全面地了解视听资料的制作过程，判断内容和制作过程是否真实，是否被伪造、变造。

5. 内容和制作过程是否真实，有无剪辑、增加、删改等情形。为了判断视听资料的真实性，需要特别注意对视听资料的内容和制作过程的审查，主要是判断有无伪造、变造情形。

6. 内容与案件事实有无关联。通过前述审查，在判断视听资料的合法性和真实性之余，还应当对视听资料与案件事实的关联性进行审查。只有与案件事实有关联性的视听资料，才能作为证据使用；不具有关联性的，不应当作为证据使用。需要注意的是，视听资料的部分内容与案件事实具有关联性的，可以通过技术手段提取该部分内容作为证据使用。

第一百零九条　视听资料具有下列情形之一的，不得作为定案的根据：

（一）系篡改、伪造或者无法确定真伪的；

（二）制作、取得的时间、地点、方式等有疑问，不能作出合理解释的。

20　技术调查、侦查证据的审查

20.1　司法解释与重点解读

▶《最高人民法院关于适用〈中华人民共和国刑事诉讼法〉的解释》（法释〔2021〕1号，2021年1月26日）

第一百一十九条　对采取技术调查、侦查措施收集的证据材料，除根据相关证据材料所属的证据种类，依照本章第二节至第七节的相应规定进行审查外，还应当着重审查以下内容：

（一）技术调查、侦查措施所针对的案件是否符合法律规定；

（二）技术调查措施是否经过严格的批准手续，按照规定交有关机关执行；技术侦查措施是否在刑事立案后，经过严格的批准手续；

（三）采取技术调查、侦查措施的种类、适用对象和期限是否按照批准决定载明的内容执行；

（四）采取技术调查、侦查措施收集的证据材料与其他证据是否矛盾；存在矛盾的，能否得到合理解释。

【重点解读】①

技术调查、侦查证据并非单独的证据种类，而是通常表现为视听资料、电子数据等类型，故根据前述证据分类审查规定进行审查判断即可。本条只是进一步强调了关于技术调查、侦查措施本身应当审查的要点。

21 专门报告的审查

21.1 司法解释与重点解读

▶《最高人民法院关于适用〈中华人民共和国刑事诉讼法〉的解释》（法释〔2021〕1号，2021年1月26日）

第一百条 因无鉴定机构，或者根据法律、司法解释的规定，指派、聘请有专门知识的人就案件的专门性问题出具的报告，可以作为证据使用。

对前款规定的报告的审查与认定，参照适用本节的有关规定。

经人民法院通知，出具报告的人拒不出庭作证的，有关报告不得作为定案的根据。

【重点解读】②

2012年《最高人民法院关于适用〈中华人民共和国刑事诉讼法〉的解释》第八十七条曾规定："对案件中的专门性问题需要鉴定，但没有法定司法鉴定机构，或者法律、司法解释规定可以进行检验的，可以指派、聘请有专门知识

---

① 参见李少平主编：《最高人民法院关于适用〈中华人民共和国刑事诉讼法〉的解释理解与适用》，人民法院出版社2021年版，第238页。

② 参见李少平主编：《最高人民法院关于适用〈中华人民共和国刑事诉讼法〉的解释理解与适用》，人民法院出版社2021年版，第226页。

的人进行检验，检验报告可以作为定罪量刑的参考。对检验报告的审查与认定，参照适用本节的有关规定。经人民法院通知，检验人拒不出庭作证的，检验报告不得作为定罪量刑的参考。"根据《刑事诉讼法》第五十条第一款的规定，可以用于证明案件事实的材料，都是证据。在司法实践中，大量的关于专门性问题的报告被用于证明案件事实，有些还被用于证明与定罪量刑直接相关的构成要件的事实，发挥着与鉴定意见同等重要的作用。无论从法条的规定来看，还是从司法实务的操作出发，该类报告可以且已经作为证据使用。特别是在盗窃、诈骗等侵财案件中，被广泛运用的价格认定报告就属于本条所讲的"报告"。目前看来，现实中的专业性问题层出不穷，司法鉴定却非常有限，无法一一涵盖，允许出具报告不仅仅是应急之策，而是已成常态。而"作为定罪量刑的参考"并不能反映明确的态度。基于此，本条第一款中将有关报告直接规定为"可以作为证据使用"，在第三款中也相应地修改为"不得作为定案的根据"。

第一百零一条　有关部门对事故进行调查形成的报告，在刑事诉讼中可以作为证据使用；报告中涉及专门性问题的意见，经法庭查证属实，且调查程序符合法律、有关规定的，可以作为定案的根据。

【重点解读】①

司法实践中，事故调查报告被广泛运用。此类证据的特点如下：（1）以行政机关或者事故调查组名义出具，且很多时候是集体讨论的结果。（2）内容多涉及单位就其职权范围，依照一定的程序对某一事实进行审查认定。（3）技术性强，具有不可替代性。例如，火灾事故调查报告记录了火灾的起火时间、起火点、可能的起火原因等对案件事实认定至关重要的因素。由于上述材料无法归入现行的证据种类，实践中对其能否作为刑事证据使用，存在不同认识。基于此，本条作出专门规定。

需要注意的是，根据本条规定，"报告中涉及专门性问题的意见，经法庭查证属实，且调查程序符合法律、有关规定的"，才可以作为定案的根据。首先，事故调查报告中涉及的对专门性问题的意见，其性质实际与鉴定意见类

---

① 参见李少平主编：《最高人民法院关于适用〈中华人民共和国刑事诉讼法〉的解释理解与适用》，人民法院出版社 2021 年版，第 227 页。

似，也需要接受控辩双方质证，接受法庭调查，只有经查证属实且调查程序符合法律、有关规定的，才可以作为定案的根据。其次，事故调查报告中常常会涉及其他事项，有关事项与事实认定无关或者不属于专门性问题的，不具有证据性质，不能作为定案的根据。

▶《最高人民法院、最高人民检察院关于办理危害食品安全刑事案件适用法律若干问题的解释》（法释〔2021〕24号，2021年12月30日）

第二十四条 "足以造成严重食物中毒事故或者其他严重食源性疾病""有毒、有害的非食品原料"等专门性问题难以确定的，司法机关可以依据鉴定意见、检验报告、地市级以上相关行政主管部门组织出具的书面意见，结合其他证据作出认定。必要时，专门性问题由省级以上相关行政主管部门组织出具书面意见。

21.2 规范性文件

▶《应急管理部、公安部、最高人民法院、最高人民检察院安全生产行政执法与刑事司法衔接工作办法》（应急〔2019〕54号，2019年4月16日）

第二十五条 在查处违法行为或者事故调查的过程中依法收集制作的物证、书证、视听资料、电子数据、检验报告、鉴定意见、勘验笔录、检查笔录等证据材料以及经依法批复的事故调查报告，在刑事诉讼中可以作为证据使用。

事故调查组依照有关规定提交的事故调查报告应当由其成员签名。没有签名的，应当予以补正或者作出合理解释。

22 行政执法证据的审查

22.1 法条规定与立法释义

▶《刑事诉讼法》（中华人民共和国主席令第10号，2018年10月26日）

第五十四条 人民法院、人民检察院和公安机关有权向有关单位和个人收集、调取证据。有关单位和个人应当如实提供证据。

行政机关在行政执法和查办案件过程中收集的物证、书证、视听资料、电子数据等证据材料，在刑事诉讼中可以作为证据使用。

对涉及国家秘密、商业秘密、个人隐私的证据，应当保密。

凡是伪造证据、隐匿证据或者毁灭证据的，无论属于何方，必须受法律追究。

【立法释义】①

行政机关收集的证据材料。部分刑事案件由担负有关职责的行政机关在行政执法或查办案件过程中依法调查后，再移送刑事侦查机关侦查。行政机关收集的特定类型的证据材料，在刑事诉讼中具有证据资格。具体包括两个限定条件：

一是证据来源。具体限定于"行政机关在行政执法和查办案件过程中收集"。本条中的"行政执法"，是指行政机关执行行政管理领域的法律法规赋予的职责，例如，市场监督管理部门履行市场监管职责，证券监督管理机构履行资本市场监管职责等。本条中的"查办案件"，是指行政机关依法调查、处理行政违法、违纪案件，例如，市场监督管理部门查办侵犯知识产权案件等。

二是证据类型。具体限定于"物证、书证、视听资料、电子数据等"客观证据，不包括证人证言等言词证据。对于行政机关收集的证人证言等言词证据，侦查机关应当重新收集。对于物证、书证、视听资料、电子数据等实物证据，如果要求侦查机关重新收集，会增加侦查机关的负担，且很多实物证据上无法"重新"收集。

需要强调的是在证据收集领域，检察机关类似侦查机关，而非行政机关，所以，检察机关收集的各类证据，包括言词证据，在刑事诉讼中可以作为证据使用。

22.2 司法解释与重点解读

▶《最高人民法院关于适用〈中华人民共和国刑事诉讼法〉的解释》（法释〔2021〕1号，2021年1月26日）

第七十五条 行政机关在行政执法和查办案件过程中收集的物证、书证、视听资料、电子数据等证据材料，经法庭查证属实，且收集程序符合有关法

---

① 参见王爱立主编：《中华人民共和国刑事诉讼法释义》，法律出版社2018年版，第113-116页。

律、行政法规规定的，可以作为定案的根据。

根据法律、行政法规规定行使国家行政管理职权的组织，在行政执法和查办案件过程中收集的证据材料，视为行政机关收集的证据材料。

【重点解读】[①]

本条根据司法实践反映的问题对 2012 年《最高人民法院关于适用〈中华人民共和国刑事诉讼法〉的解释》第六十五条的规定作出修改完善。

1. 《刑事诉讼法》第五十四条第二款规定："行政机关在行政执法和查办案件过程中收集的物证、书证、视听资料、电子数据等证据材料，在刑事诉讼中可以作为证据使用。"实践中，有观点认为，勘验、检查等笔录的客观性强，且往往条件消失后，不能重复制作，而重复鉴定亦无必要，故对于上述行政证据材料，应当承认其刑事证据资格。基于此，本条原本拟增加规定"勘验、检查等笔录"和"鉴定意见"在刑事诉讼中可以作为证据使用。征求意见过程中，有意见提出："由于行政机关收集勘验、检查等笔录以及鉴定意见等证据的程序与刑事诉讼法的规定存在差异，且基于各方面等原因，这些证据可能存在无法有效检验、质证等情况，刑事诉讼法未对行政机关收集的勘验、检查等笔录以及鉴定意见在刑事诉讼中的证据效力作出规定。这些证据如果在刑事诉讼中使用，并作为定案的依据，应当严格慎重把握。"另有意见认为，勘验、检查笔录以及鉴定意见是有一定主观性的证据材料，与书证、物证等客观性证据不同，不宜采用相同的证据审查认定规则。特别是行政执法过程中的"鉴定意见"效力不同于司法鉴定。司法鉴定需要有鉴定资质，而行政执法过程中的"鉴定意见"往往由行政机关自己作出，或者由不具有司法鉴定资质的机构作出，不具有相同的公信力，不应直接作为证据使用。经研究，采纳上述意见，沿用 2012 年《最高人民法院关于适用〈中华人民共和国刑事诉讼法〉的解释》第六十五条第一款的规定，且与《刑事诉讼法》第五十四条第二款的规定保持一致。

需要注意的是，本条规定的是"物证、书证、视听资料、电子数据等证据材料"在刑事诉讼中可以作为证据使用，对其中的"等"，原则上应作"等

[①] 参见李少平主编：《最高人民法院关于适用〈中华人民共和国刑事诉讼法〉的解释理解与适用》，人民法院出版社 2021 年版，第 198-200 页。

内"解释，即通常只限于物证、书证、视听资料、电子数据，不包括鉴定意见、勘验、检查笔录；但是，根据案件具体情况，进入刑事诉讼程序后，如已不具备重新鉴定、勘验、检查的条件，且有证据证明行政机关进行的鉴定、勘验、检查程序合法，相关证据能与其他证据相印证，确有必要作"等外"解释的，则可依个案处理。

2. 本条原本拟增加一款作为第二款："行政机关在行政执法和查办案件过程中收集的证人证言、当事人陈述、辨认笔录，需要在刑事诉讼中作为证据使用的，应当重新收集。确有证据证实相关人员因死亡、丧失作证能力等，无法重新收集的，该证据可以在刑事诉讼中作为证据使用；经法庭调查，证言、陈述的收集程序合法，并有其他证据相印证的，可以作为定案的根据。"讨论中，有意见认为，相比于刑事司法程序，行政执法办案对程序规范、权利保障的要求较为宽松。言词证据具有易变性，故对于言词证据特别是证人证言的审查通常要遵守直接言词原则。而作出上述规定，将导致对言词证据的质证权难以落实。此外，还有可能被滥用、不当适用以规避《刑事诉讼法》的相关规定。例如，一旦证人联系不上，就以证人失踪为由，要求使用、采信行政机关对其录取的证言。经研究，采纳上述意见，删去相关规定。司法实践中，对行政机关收集的言词证据，在刑事诉讼中作为证据材料使用的，必须作为更为严格的限制，即仅限于确实无法重新收集，但又必须使用的，且有证据证明取证程序合法、能与其他证据相印证的极特殊情形。

3. 征求意见过程中，有意见建议本条增加一款，明确"公安机关在办理行政案件过程中所收集的言词证据，需要在刑事诉讼中作为证据使用的，无需重新收集"。理由是：公安机关具有行政执法和刑事司法的双重职能，在办理行政案件和刑事案件中对于取证程序的要求是完全相同的。并且，根据《公安机关办理行政案件程序规定》的有关规定，对发现或者受理的案件暂时无法确定为刑事案件或者行政案件的，可以按照行政案件的程序办理。在办理过程中，认为涉嫌构成犯罪的，应当按照《公安机关办理刑事案件程序规定》办理。因此，公安机关在办理行政案件过程中收集的证据，应当可以用作刑事诉讼中的证据。经研究认为，上述观点似有不妥，对于公安机关在行政执法过程中收集的言词证据，依法应当在刑事立案之后重新收集。主要考虑：（1）公安机关具有行政执法和刑事司法的双重职能，这就决定了公安机关的取证活动未必就是刑事侦查，而可能是行政执法，应当受《刑事诉讼法》第五十四条第二款的规范。（2）监察机关收集的证据材料，无论是言词证据还是实物证据，在刑事诉讼中都可以作为刑事证据使用。其依据在于《监察法》第三十三条第一款"监察机关依照本法规定收集的物证、书证、证人证言、被调查人供述和辩解、视听资料、电子数据等证据材料，在刑事诉讼中可以作为证据使用"的规定。如果公安机关在行政执法过程中收集的言词证据也需要在刑事诉讼中直接使用，则需要在《刑事诉讼法》或者其他法律中作出专门规定。

23 域外证据的审查

23.1 司法解释与重点解读

▶《最高人民法院关于适用〈中华人民共和国刑事诉讼法〉的解释》（法释〔2021〕1号，2021年1月26日）

第七十七条 对来自境外的证据材料，人民检察院应当随案移送有关材料来源、提供人、提取人、提取时间等情况的说明。经人民法院审查，相关证据材料能够证明案件事实且符合刑事诉讼法规定的，可以作为证据使用，但提供人或者我国与有关国家签订的双边条约对材料的使用范围有明确限制的除外；材料来源不明或者真实性无法确认的，不得作为定案的根据。

当事人及其辩护人、诉讼代理人提供来自境外的证据材料的，该证据材料应当经所在国公证机关证明，所在国中央外交主管机关或者其授权机关认证，并经中华人民共和国驻该国使领馆认证，或者履行中华人民共和国与该所在国订立的有关条约中规定的证明手续，但我国与该国之间有互免认证协定的除外。

【重点解读】①

根据本条规定，对于办案机关收集、获得的境外证据材料，无须经过公证、认证程序，只需对来源等作出说明即可；只有当事人等个人提供的境外证据材料才需要经过公证、认证程序。

---

① 参见李少平主编：《最高人民法院关于适用〈中华人民共和国刑事诉讼法〉的解释理解与适用》，人民法院出版社2021年版，第201-202页。

《关于办理电信网络诈骗等刑事案件适用法律若干问题的意见》"六、证据的收集和审查判断"第三项规定:"依照国际条约、刑事司法协助、互助协议或平等互助原则,请求证据材料所在地司法机关收集,或通过国际警务合作机制、国际刑警组织启动合作取证程序收集的境外证据材料,经查证属实,可以作为定案的依据。公安机关应对其来源、提取人、提取时间或者提供人、提供时间以及保管移交的过程等作出说明。对其他来自境外的证据材料,应当对其来源、提供人、提供时间以及提取人、提取时间进行审查。能够证明案件事实且符合《刑事诉讼法》规定的,可以作为证据使用。"

第七十八条 控辩双方提供的证据材料涉及外国语言、文字的,应当附中文译本。

23.2 规范性文件

▶《人民检察院办理网络犯罪案件规定》(高检发办字〔2021〕3号,2021年1月22日)

第五十七条 地方人民检察院在案件办理中需要向外国请求刑事司法协助的,应当制作刑事司法协助请求书并附相关材料,经报最高人民检察院批准后,由我国与被请求国间司法协助条约规定的对外联系机关向外国提出申请。没有刑事司法协助条约的,通过外交途径联系。

第五十八条 人民检察院参加现场移交境外证据的检察人员不少于二人,外方有特殊要求的除外。

移交、开箱、封存、登记的情况应当制作笔录,由最高人民检察院或者承办案件的人民检察院代表、外方移交人员签名或者盖章,一般应当全程录音录像。有其他见证人的,在笔录中注明。

第五十九条 人民检察院对境外收集的证据,应当审查证据来源是否合法、手续是否齐备以及证据的移交、保管、转换等程序是否连续、规范。

第六十条 人民检察院办理涉香港特别行政区、澳门特别行政区、台湾地区的网络犯罪案件,需要当地有关部门协助的,可以参照本规定及其他相关规定执行。

第三部分 庭审举证、质证规则

专题一　庭前会议的证据争议处理规则

1　了解证据情况

1.1　法条规定与立法释义

▶《刑事诉讼法》（中华人民共和国主席令第10号，2018年10月26日）

第一百八十七条　人民法院决定开庭审判后，应当确定合议庭的组成人员，将人民检察院的起诉书副本至迟在开庭十日以前送达被告人及其辩护人。

<u>在开庭以前，审判人员可以召集公诉人、当事人和辩护人、诉讼代理人，对回避、出庭证人名单、非法证据排除等与审判相关的问题，了解情况，听取意见。</u>

人民法院确定开庭日期后，应当将开庭的时间、地点通知人民检察院，传唤当事人，通知辩护人、诉讼代理人、证人、鉴定人和翻译人员，传票和通知书至迟在开庭三日以前送达。公开审判的案件，应当在开庭三日以前先期公布案由、被告人姓名、开庭时间和地点。

上述活动情形应当写入笔录，由审判人员和书记员签名。

【立法释义】[1]

庭前会议程序允许法官在开庭前，在控辩双方同时参与下，对案件的程序性争议问题集中听取意见。听取意见的范围包括回避、出庭证人名单、非法证据排除等与审判相关的问题。这里规定的"非法证据排除"，只是听取意见，具体如何排除要根据本法第五十六条、第五十八条、第六十条等规定进行。

1.2　司法解释与重点解读

▶《最高人民法院关于适用〈中华人民共和国刑事诉讼法〉的解释》（法释〔2021〕1号，2021年1月26日）

第一百三十条　开庭审理前，人民法院可以召开庭前会议，就非法证据排

---

[1] 参见王爱立主编：《中华人民共和国刑事诉讼法释义》，法律出版社2018年版，第394—395页。

除等问题了解情况,听取意见。

在庭前会议中,人民检察院可以通过出示有关证据材料等方式,对证据收集的合法性加以说明。必要时,可以通知调查人员、侦查人员或者其他人员参加庭前会议,说明情况。

【重点解读】①

1. 申请排除非法证据,并提供相关线索或者材料的,即足以说明证据收集的合法性存在疑问,符合召开庭前会议的情形。

2.《关于办理刑事案件严格排除非法证据若干问题的规定》第二十五条第一款规定:"被告人及其辩护人在开庭审理前申请排除非法证据,按照法律规定提供相关线索或者材料的,人民法院应当召开庭前会议……"司法实践反映,对于证据收集的合法性存在疑问的,可以通过庭前会议加以解决,也可以通过庭审程序中对证据合法性的审查加以解决。鉴于《关于办理刑事案件严格排除非法证据若干问题的规定》系联合规范性文件,需要协商一致才能作出调整,本条第一款规定"开庭审理前,人民法院可以召开庭前会议,就非法证据排除等问题了解情况,听取意见",以更具灵活性和包容性。

▶《人民检察院刑事诉讼规则》(高检发释字〔2019〕4号,2019年12月30日)

第三百九十五条 在庭前会议中,公诉人可以对案件管辖、回避、出庭证人、鉴定人、有专门知识的人的名单、辩护人提供的无罪证据、非法证据排除、不公开审理、延期审理、适用简易程序或者速裁程序、庭审方案等与审判相关的问题提出和交换意见,了解辩护人收集的证据等情况。

对辩护人收集的证据有异议的,应当提出,并简要说明理由。

公诉人通过参加庭前会议,了解案件事实、证据和法律适用的争议和不同意见,解决有关程序问题,为参加法庭审理做好准备。

【重点解读】②

庭前会议中,公诉人进行以下与证据有关的工作:

---

① 参见李少平主编:《最高人民法院关于适用〈中华人民共和国刑事诉讼法〉的解释理解与适用》,人民法院出版社2021年版,第243页。

② 参见童建明、万春主编:《〈人民检察院刑事诉讼规则〉条文释义》,中国检察出版社2020年版,第404-405页。

一是需要申请证人、鉴定人、有专门知识的人出庭，在提起公诉时未提出的，此时可以提交申请证人、鉴定人、有专门知识的人出庭的名单。

二是就辩护人提供的无罪证据、非法证据排除交换意见。

三是了解辩护人收集证据的情况。依据《刑事诉讼法》第四十二条的规定，辩护人收集的有关犯罪嫌疑人不在犯罪现场、未达到刑事责任年龄、属于依法不负刑事责任的精神病人的证据，应当及时告知人民检察院。辩护人在庭前会议前已告知人民检察院上述证据的，庭前会议中公诉人可以在辩护人自愿的情况下了解辩护人掌握的其他证据，与辩护人就证据问题进行沟通；辩护人没有告知人民检察院上述证据的，应当询问辩护人有没有上述证据，如果辩护人已掌握上述证据，应当要求辩护人告知。

四是对辩护人收集的证据有异议的，应当提出，并简要说明理由。

1.3 规范性文件

▶《人民法院办理刑事案件庭前会议规程（试行）》（法发〔2017〕31号，2017年11月27日）

第十条 庭前会议中，主持人可以就下列事项向控辩双方了解情况，听取意见：

（一）是否对案件管辖有异议；

（二）是否申请有关人员回避；

（三）是否申请不公开审理；

（四）是否申请排除非法证据；

（五）是否申请提供新的证据材料；

（六）是否申请重新鉴定或者勘验；

（七）是否申请调取在侦查、审查起诉期间公安机关、人民检察院收集但未随案移送的证明被告人无罪或者罪轻的证据材料；

（八）是否申请向证人或有关单位、个人收集、调取证据材料；

（九）是否申请证人、鉴定人、侦查人员、有专门知识的人出庭，是否对出庭人员名单有异议；

（十）与审判相关的其他问题。

对于前款规定中可能导致庭审中断的事项，人民法院应当依法作出处理，在开庭审理前告知处理决定,并说明理由。控辩双方没有新的理由,在庭审中再次提出有关申请或者异议的,法庭应当依法予以驳回。

▶《最高人民法院、最高人民检察院、公安部、国家安全部、司法部关于办理刑事案件严格排除非法证据若干问题的规定》(法发〔2017〕15号,2017年6月20日)

第二十五条 被告人及其辩护人在开庭审理前申请排除非法证据,按照法律规定提供相关线索或者材料的,人民法院应当召开庭前会议。人民检察院应当通过出示有关证据材料等方式,有针对性地对证据收集的合法性作出说明。人民法院可以核实情况,听取意见。

人民检察院可以决定撤回有关证据,撤回的证据,没有新的理由,不得在庭审中出示。

被告人及其辩护人可以撤回排除非法证据的申请。撤回申请后,没有新的线索或者材料,不得再次对有关证据提出排除申请。

▶《最高人民法院、最高人民检察院、公安部、国家安全部、司法部关于依法保障律师执业权利的规定》(司发〔2015〕14号,2015年9月16日)

第二十三条 辩护律师在侦查、审查起诉、审判期间发现案件有关证据存在刑事诉讼法第五十四条规定的情形的,可以向办案机关申请排除非法证据。

辩护律师在开庭以前申请排除非法证据,人民法院对证据收集合法性有疑问的,应当依照《刑事诉讼法》第一百八十二条第二款的规定召开庭前会议,就非法证据排除问题了解情况,听取意见。

辩护律师申请排除非法证据的,办案机关应当听取辩护律师的意见,按照法定程序审查核实相关证据,并依法决定是否予以排除。

2 因证据问题召开庭前会议

2.1 司法解释

▶《最高人民法院关于适用〈中华人民共和国刑事诉讼法〉的解释》(法释〔2021〕1号,2021年1月26日)

第二百二十六条 案件具有下列情形之一的,人民法院可以决定召开庭前会议:

（一）证据材料较多、案情重大复杂的；
（二）控辩双方对事实、证据存在较大争议的；
（三）社会影响重大的；
（四）需要召开庭前会议的其他情形。

第二百二十七条　控辩双方可以申请人民法院召开庭前会议，提出申请应当说明理由。人民法院经审查认为有必要的，应当召开庭前会议；决定不召开的，应当告知申请人。

2.2　规范性文件

▶《人民法院办理刑事案件庭前会议规程（试行）》（法发〔2017〕31号，2017年11月27日）

第一条　人民法院适用普通程序审理刑事案件，对于证据材料较多、案情疑难复杂、社会影响重大或者控辩双方对事实证据存在较大争议等情形的，可以决定在开庭审理前召开庭前会议。

控辩双方可以申请人民法院召开庭前会议。申请召开庭前会议的，应当说明需要处理的事项。人民法院经审查认为有必要的，应当决定召开庭前会议；决定不召开庭前会议的，应当告知申请人。

被告人及其辩护人在开庭审理前申请排除非法证据，并依照法律规定提供相关线索或者材料的，人民法院应当召开庭前会议。

▶《最高人民法院、最高人民检察院、公安部、国家安全部、司法部关于办理刑事案件严格排除非法证据若干问题的规定》（法发〔2017〕15号，2017年6月20日）

第二十五条　被告人及其辩护人在开庭审理前申请排除非法证据，按照法律规定提供相关线索或者材料的，人民法院应当召开庭前会议。人民检察院应当通过出示有关证据材料等方式，有针对性地对证据收集的合法性作出说明。人民法院可以核实情况，听取意见。

人民检察院可以决定撤回有关证据，撤回的证据，没有新的理由，不得在庭审中出示。

被告人及其辩护人可以撤回排除非法证据的申请。撤回申请后，没有新的线索或者材料，不得再次对有关证据提出排除申请。

▶《**人民法院办理刑事案件排除非法证据规程（试行）**》（法发〔2017〕31号，2017年11月27日）

第十条　被告人及其辩护人申请排除非法证据，并提供相关线索或者材料的，人民法院应当召开庭前会议，并在召开庭前会议三日前将申请书和相关线索或者材料的复制件送交人民检察院。

被告人及其辩护人申请排除非法证据，未提供相关线索或者材料的，人民法院应当告知其补充提交。被告人及其辩护人未能补充的，人民法院对申请不予受理，并在开庭审理前告知被告人及其辩护人。上述情况应当记录在案。

▶《**最高人民法院、最高人民检察院、公安部、国家安全部、司法部关于依法保障律师执业权利的规定**》（司发〔2015〕14号，2015年9月16日）

第二十三条　辩护律师在侦查、审查起诉、审判期间发现案件有关证据存在《刑事诉讼法》第五十四条规定的情形的，可以向办案机关申请排除非法证据。

辩护律师在开庭以前申请排除非法证据，人民法院对证据收集合法性有疑问的，应当依照《刑事诉讼法》第一百八十二条第二款的规定召开庭前会议，就非法证据排除问题了解情况，听取意见。

辩护律师申请排除非法证据的，办案机关应当听取辩护律师的意见，按照法定程序审查核实相关证据，并依法决定是否予以排除。

3　控辩双方申请调取新证据

3.1　规范性文件

▶《**人民法院办理刑事案件庭前会议规程（试行）**》（法发〔2017〕31号，2017年11月27日）

第十五条　控辩双方申请重新鉴定或者勘验，应当说明理由。人民法院经审查认为理由成立，有关证据材料可能影响定罪量刑且不能补正的，应当准许。

第十六条　被告人及其辩护人书面申请调取公安机关、人民检察院在侦查、审查起诉期间收集但未随案移送的证明被告人无罪或者罪轻的证据材料，并提供相关线索或者材料的，人民法院应当调取，并通知人民检察院在收到调取决定书后三日内移交。

被告人及其辩护人申请向证人或有关单位、个人收集、调取证据材料，应当说明理由。人民法院经审查认为有关证据材料可能影响定罪量刑的，应当准许；认为有关证据材料与案件无关或者明显重复、没有必要的，可以不予准许。

第十七条 控辩双方申请证人、鉴定人、侦查人员、有专门知识的人出庭，应当说明理由。人民法院经审查认为理由成立的，应当通知有关人员出庭。

控辩双方对出庭证人、鉴定人、侦查人员、有专门知识的人的名单有异议，人民法院经审查认为异议成立的，应当依法作出处理；认为异议不成立的，应当依法驳回。

人民法院通知证人、鉴定人、侦查人员、有专门知识的人等出庭后，应当告知控辩双方协助有关人员到庭。

4 确定庭审调查事项

4.1 司法解释

▶《最高人民法院关于适用〈中华人民共和国刑事诉讼法〉的解释》（法释〔2021〕1号，2021年1月26日）

第二百二十九条 庭前会议中，审判人员可以询问控辩双方对证据材料有无异议，对有异议的证据，应当在庭审时重点调查；无异议的，庭审时举证、质证可以简化。

4.2 规范性文件

▶《人民法院办理刑事案件庭前会议规程（试行）》（法发〔2017〕31号，2017年11月27日）

第二十条 人民法院可以在庭前会议中归纳控辩双方的争议焦点。对控辩双方没有争议或者达成一致意见的事项，可以在庭审中简化审理。

人民法院可以组织控辩双方协商确定庭审的举证顺序、方式等事项，明确法庭调查的方式和重点。协商不成的事项，由人民法院确定。

5　公诉人对证据收集合法性加以说明

5.1　司法解释与重点解读

▶《最高人民法院关于适用〈中华人民共和国刑事诉讼法〉的解释》（法释〔2021〕1号，2021年1月26日）

第一百三十条　开庭审理前，人民法院可以召开庭前会议，就非法证据排除等问题了解情况，听取意见。

<u>在庭前会议中，人民检察院可以通过出示有关证据材料等方式，对证据收集的合法性加以说明。必要时，可以通知调查人员、侦查人员或者其他人员参加庭前会议，说明情况。</u>

【重点解读】①

实践反映，侦查人员或者其他人员到庭前会议说明情况更具可操作性。本着循序渐进和实事求是的原则，本条专门规定必要时可以通知有关人员参加庭前会议，说明情况。

5.2　规范性文件

▶《人民法院办理刑事案件庭前会议规程（试行）》（法发〔2017〕31号，2017年11月27日）

第十四条　被告人及其辩护人在开庭审理前申请排除非法证据，并依照法律规定提供相关线索或者材料的，人民检察院应当在庭前会议中通过出示有关证据材料等方式，有针对性地对证据收集的合法性作出说明。人民法院可以对有关证据材料进行核实；经控辩双方申请，可以有针对性地播放讯问录音录像。

人民检察院可以撤回有关证据，撤回的证据，没有新的理由，不得在庭审中出示。被告人及其辩护人可以撤回排除非法证据的申请，撤回申请后，没有新的线索或者材料，不得再次对有关证据提出排除申请。

---

① 参见李少平主编：《最高人民法院关于适用〈中华人民共和国刑事诉讼法〉的解释理解与适用》，人民法院出版社2021年版，第243-244页。

控辩双方在庭前会议中对证据收集的合法性未达成一致意见，人民法院应当开展庭审调查，但公诉人提供的相关证据材料确实、充分，能够排除非法取证情形，且没有新的线索或者材料表明可能存在非法取证的，庭审调查举证、质证可以简化。

▶《人民法院办理刑事案件排除非法证据规程（试行）》（法发〔2017〕31号，2017年11月27日）

第七条　开庭审理前，承办法官应当阅卷，并对证据收集的合法性进行审查：

（一）被告人在侦查、审查起诉阶段是否提出排除非法证据申请；提出申请的，是否提供相关线索或者材料；

（二）侦查机关、人民检察院是否对证据收集的合法性进行调查核实；调查核实的，是否作出调查结论；

（三）对于重大案件，人民检察院驻看守所检察人员在侦查终结前是否核查讯问的合法性，是否对核查过程同步录音录像；进行核查的，是否作出核查结论；

（四）对于人民检察院在审查逮捕、审查起诉阶段排除的非法证据，是否随案移送并写明为依法排除的非法证据。

人民法院对证据收集的合法性进行审查后，认为需要补充证据材料的，应当通知人民检察院在三日内补送。

第十三条　在庭前会议中，人民检察院应当通过出示有关证据材料等方式，有针对性地对证据收集的合法性作出说明。人民法院可以对有关材料进行核实，经控辩双方申请，可以有针对性地播放讯问录音录像。

第二十条　公诉人对证据收集的合法性加以证明，可以出示讯问笔录、提讯登记、体检记录、采取强制措施或者侦查措施的法律文书、侦查终结前对讯问合法性的核查材料等证据材料，也可以针对被告人及其辩护人提出异议的讯问时段播放讯问录音录像，提请法庭通知侦查人员或者其他人员出庭说明情况。不得以侦查人员签名并加盖公章的说明材料替代侦查人员出庭。

庭审中，公诉人当庭不能举证或者为提供新的证据需要补充侦查，建议延期审理的，法庭可以同意。

6 撤回排除非法证据申请

6.1 司法解释

▶《最高人民法院关于适用〈中华人民共和国刑事诉讼法〉的解释》（法释〔2021〕1号，2021年1月26日）

第一百三十一条 在庭前会议中，人民检察院可以撤回有关证据。撤回的证据，没有新的理由，不得在庭审中出示。

当事人及其辩护人、诉讼代理人可以撤回排除非法证据的申请。撤回申请后，没有新的线索或者材料，不得再次对有关证据提出排除申请。

6.2 规范性文件

▶《最高人民法院、最高人民检察院、公安部、国家安全部、司法部关于办理刑事案件严格排除非法证据若干问题的规定》（法发〔2017〕15号，2017年6月20日）

第二十五条 被告人及其辩护人在开庭审理前申请排除非法证据，按照法律规定提供相关线索或者材料的，人民法院应当召开庭前会议。人民检察院应当通过出示有关证据材料等方式，有针对性地对证据收集的合法性作出说明。人民法院可以核实情况，听取意见。

人民检察院可以决定撤回有关证据，撤回的证据，没有新的理由，不得在庭审中出示。

被告人及其辩护人可以撤回排除非法证据的申请。撤回申请后，没有新的线索或者材料，不得再次对有关证据提出排除申请。

▶《人民法院办理刑事案件庭前会议规程（试行）》（法发〔2017〕31号，2017年11月27日）

第十四条 被告人及其辩护人在开庭审理前申请排除非法证据，并依照法律规定提供相关线索或者材料的，人民检察院应当在庭前会议中通过出示有关证据材料等方式，有针对性地对证据收集的合法性作出说明。人民法院可以对有关证据材料进行核实；经控辩双方申请，可以有针对性地播放讯问录音录像。

人民检察院可以撤回有关证据,撤回的证据,没有新的理由,不得在庭审中出示。被告人及其辩护人可以撤回排除非法证据的申请,撤回申请后,没有新的线索或者材料,不得再次对有关证据提出排除申请。

控辩双方在庭前会议中对证据收集的合法性未达成一致意见,人民法院应当开展庭审调查,但公诉人提供的相关证据材料确实、充分,能够排除非法取证情形,且没有新的线索或者材料表明可能存在非法取证的,庭审调查举证、质证可以简化。

7 检察院撤回证据

7.1 司法解释

▶《最高人民法院关于适用〈中华人民共和国刑事诉讼法〉的解释》(法释〔2021〕1号,2021年1月26日)

<u>第一百三十一条 在庭前会议中,人民检察院可以撤回有关证据。撤回的证据,没有新的理由,不得在庭审中出示。</u>

当事人及其辩护人、诉讼代理人可以撤回排除非法证据的申请。撤回申请后,没有新的线索或者材料,不得再次对有关证据提出排除申请。

7.2 规范性文件

▶《最高人民法院、最高人民检察院、公安部、国家安全部、司法部关于办理刑事案件严格排除非法证据若干问题的规定》(法发〔2017〕15号,2017年6月20日)

第二十五条 被告人及其辩护人在开庭审理前申请排除非法证据,按照法律规定提供相关线索或者材料的,人民法院应当召开庭前会议。人民检察院应当通过出示有关证据材料等方式,有针对性地对证据收集的合法性作出说明。人民法院可以核实情况,听取意见。

<u>人民检察院可以决定撤回有关证据,撤回的证据,没有新的理由,不得在庭审中出示。</u>

被告人及其辩护人可以撤回排除非法证据的申请。撤回申请后,没有新的线索或者材料,不得再次对有关证据提出排除申请。

▶《人民法院办理刑事案件庭前会议规程（试行）》（法发〔2017〕31号，2017年11月27日）

第十四条　被告人及其辩护人在开庭审理前申请排除非法证据，并依照法律规定提供相关线索或者材料的，人民检察院应当在庭前会议中通过出示有关证据材料等方式，有针对性地对证据收集的合法性作出说明。人民法院可以对有关证据材料进行核实；经控辩双方申请，可以有针对性地播放讯问录音录像。

人民检察院可以撤回有关证据，撤回的证据，没有新的理由，不得在庭审中出示。被告人及其辩护人可以撤回排除非法证据的申请，撤回申请后，没有新的线索或者材料，不得再次对有关证据提出排除申请。

控辩双方在庭前会议中对证据收集的合法性未达成一致意见，人民法院应当开展庭审调查，但公诉人提供的相关证据材料确实、充分，能够排除非法取证情形，且没有新的线索或者材料表明可能存在非法取证的，庭审调查举证、质证可以简化。

8　检察院补充材料或撤回起诉

8.1　司法解释

▶《最高人民法院关于适用〈中华人民共和国刑事诉讼法〉的解释》（法释〔2021〕1号，2021年1月26日）

第二百三十二条　<u>人民法院在庭前会议中听取控辩双方对案件事实、证据材料的意见后，对明显事实不清、证据不足的案件，可以建议人民检察院补充材料或者撤回起诉。建议撤回起诉的案件，人民检察院不同意的，开庭审理后，没有新的事实和理由，一般不准许撤回起诉。</u>

8.2　规范性文件

▶《人民法院办理刑事案件庭前会议规程（试行）》（法发〔2017〕31号，2017年11月27日）

第二十二条　人民法院在庭前会议中听取控辩双方对案件事实证据的意见后，对于明显事实不清、证据不足的案件，可以建议人民检察院补充材料或者撤回起诉。建议撤回起诉的案件，人民检察院不同意的，人民法院开庭审理后，没有新的事实和理由，一般不准许撤回起诉。

▶《**最高人民法院关于全面推进以审判为中心的刑事诉讼制度改革的实施意见**》（法发〔2017〕5号，2017年2月17日）

8. 人民法院在庭前会议中听取控辩双方对案件事实证据的意见后，对明显事实不清、证据不足的案件，可以建议人民检察院补充侦查或者撤回起诉。

对人民法院在庭前会议中建议撤回起诉的案件，人民检察院不同意的，人民法院开庭审理后，没有新的事实和理由，一般不准许撤回起诉。

9 庭前会议报告

9.1 规范性文件

▶《**人民法院办理刑事案件庭前会议规程（试行）**》（法发〔2017〕31号，2017年11月27日）

第二十三条 庭前会议情况应当制作笔录，由参会人员核对后签名。

<u>庭前会议结束后应当制作庭前会议报告，说明庭前会议的基本情况、与审判相关的问题的处理结果、控辩双方的争议焦点以及就相关事项达成的一致意见等。</u>

第二十四条 对于召开庭前会议的案件，在宣读起诉书后，法庭应当宣布庭前会议报告的主要内容；有多起犯罪事实的案件，可以在有关犯罪事实的法庭调查开始前，分别宣布庭前会议报告的相关内容；对庭前会议处理管辖异议、申请回避、申请不公开审理等事项的，法庭可以在告知当事人诉讼权利后宣布庭前会议报告的相关内容。

▶《**人民法院办理刑事案件排除非法证据规程（试行）**》（法发〔2017〕31号，2017年11月27日）

第十六条 审判人员应当在庭前会议报告中说明证据收集合法性的审查情况，主要包括控辩双方的争议焦点以及就相关事项达成的一致意见等内容。

▶《**人民法院办理刑事案件第一审普通程序法庭调查规程（试行）**》（法发〔2017〕31号，2017年11月27日）

第六条 <u>公诉人宣读起诉书后，对于召开庭前会议的案件，法庭应当宣布庭前会议报告的主要内容。有多起犯罪事实的案件，法庭可以在有关犯罪事实的法庭调查开始前，分别宣布庭前会议报告的相关内容。

对于庭前会议中达成一致意见的事项，法庭可以向控辩双方核实后当庭予以确认；对于未达成一致意见的事项，法庭可以在庭审涉及该事项的环节归纳争议焦点，听取控辩双方意见，依法作出处理。

▶《最高人民法院关于全面推进以审判为中心的刑事诉讼制度改革的实施意见》（法发〔2017〕5 号，2017 年 2 月 17 日）

9. 控辩双方在庭前会议中就相关事项达成一致意见，又在庭审中提出异议的，应当说明理由。

召开庭前会议应当制作笔录，由参加人员核对后签名。

审判人员应当制作庭前会议报告，说明庭前会议的基本情况、程序性事项的处理结果、控辩双方的争议焦点以及就相关事项达成的一致意见。

专题二 庭审调查的举证、质证规则

10 庭审质证规则

10.1 法条规定与立法释义

▶《刑事诉讼法》（中华人民共和国主席令第 10 号，2018 年 10 月 26 日）

第六十一条 证人证言必须在法庭上经过公诉人、被害人和被告人、辩护人双方质证并且查实以后，才能作为定案的根据。法庭查明证人有意作伪证或者隐匿罪证的时候，应当依法处理。

【立法释义】[1]

证人证言必须要经过法庭质证、查实后才作为定案的根据。这是证人证言作为定案根据的必经程序。证人证言是证人就自己的所见所闻向司法机关所作的陈述，是刑事诉讼中的一种重要证据。证人证言的真实性，对于办案机关

---

[1] 参见王爱立主编：《中华人民共和国刑事诉讼法释义》，法律出版社 2018 年版，第 129-130 页。

准确认定案件事实，惩治犯罪，保护人民，有着重要的意义。但证人证言也属于主观性较强的证据，由于证人本身的感受、记忆、表达能力的限制，或者受到外界的压力，或者受自己主观愿望的影响而不诚实作证等，证人证言所反映的事实和案件的客观情况有可能存在一定的差距，甚至存在虚假的可能性。一般来说，证人都必须通过言词的方式，当面向法庭提供证人证言，比如我国古代法官在证人当庭作证时就通过辞听、色听、气听、耳听、目听的"五听"方法判断证言的真伪。在现代刑事诉讼中，通过证人出庭作证并接受控辩双方的质证，来确定证人证言的可靠性和证明力，已成为绝大多数国家刑事诉讼法通行的规定。

本条规定的这一必经程序有两个方面需要注意：（1）证人提供的证言必须要经过公诉人、被害人和被告人、辩护人双方的质证。也就是说，无论是公诉人、被害人一方提出的证人，还是被告人、辩护人一方提出的证人都要经过双方的质证。质证的方式包括控辩双方就证人提供证言的具体内容或者就本方想要了解的情况对证人进行提问，通过提问让证人全面深入地陈述证词，暴露虚假或者不可靠的证言中的矛盾，便于法庭审查；还包括针对对方提出的证人证言中存在的疑点提出问题和意见，或者答复对方的疑问，提出反驳的意见。证人未出庭的，双方也应对宣读的证言笔录进行质证。（2）证言要经查实，才能作为定案的根据。查实证言，主要是指在法庭调查中，通过质证确定证人具有举证资格，确定证言的收集程序合法，并运用全案的其他证据，包括物证、书证、其他证人的证言、被害人陈述、被告人的供述和辩解等进行综合分析，排除疑点，确认证言的可信性。在此过程中，审判人员始终要客观地倾听控辩双方的意见，才能正确认定证言。

10.2 司法解释与重点解读

▶《最高人民法院关于适用〈中华人民共和国刑事诉讼法〉的解释》（法释〔2021〕1号，2021年1月26日）

第七十一条 证据未经当庭出示、辨认、质证等法庭调查程序查证属实，不得作为定案的根据。

▶《人民检察院刑事诉讼规则》（高检发释字〔2019〕4号，2019年12月30日）

第四百一十六条 人民法院根据申请收集、调取的证据或者在合议庭休庭后自行调查取得的证据,应当经过庭审出示、质证才能决定是否作为判决的依据。未经庭审出示、质证直接采纳为判决依据的,人民检察院应当提出纠正意见。

【重点解读】①

人民法院自行调查取得的证据若未经庭审出示直接采纳为判决依据的,属于明显的程序违法,会对判决公正造成较大影响。对此,人民检察院应当依法履行监督职能,提出纠正意见。

【重点解读】②

在法庭审理过程中,合议庭对证据有疑问并在休庭后进行勘验、检查、查封、扣押、鉴定和查询、冻结的,人民检察院应当依法进行监督,发现上述活动有违法情况的,应当提出纠正意见。

10.3 规范性文件

▶《最高人民法院、最高人民检察院、公安部、国家安全部、司法部关于推进以审判为中心的刑事诉讼制度改革的意见》(法发〔2016〕18号,2016年7月20日)

十一、规范法庭调查程序,确保诉讼证据出示在法庭、案件事实查明在法庭。证明被告人有罪或者无罪、罪轻或者罪重的证据,都应当在法庭上出示,依法保障控辩双方的质证权利。对定罪量刑的证据,控辩双方存在争议的,应当单独质证;对庭前会议中控辩双方没有异议的证据,可以简化举证、质证。

十二、完善对证人、鉴定人的法庭质证规则。落实证人、鉴定人、侦查人员出庭作证制度,提高出庭作证率。公诉人、当事人或者辩护人、诉讼代理人对证人证言有异议,人民法院认为该证人证言对案件定罪量刑有重大影响的,证人应当出庭作证。

健全证人保护工作机制,对因作证面临人身安全等危险的人员依法采取保

---

① 参见童建明、万春主编:《〈人民检察院刑事诉讼规则〉条文释义》,中国检察出版社2020年版,第422页。

② 参见童建明、万春主编:《〈人民检察院刑事诉讼规则〉理解与适用》,中国检察出版社2020年版,第257-258页。

护措施。建立证人、鉴定人等作证补助专项经费划拨机制。完善强制证人到庭制度。

▶《最高人民法院关于全面推进以审判为中心的刑事诉讼制度改革的实施意见》(法发〔2017〕5号,2017年2月17日)

12. 法庭应当依照法定程序审查、核实、认定证据。证据未经当庭出示、辨认、质证等法庭调查程序查证属实,不得作为定案的根据。

▶《最高人民法院、最高人民检察院、公安部、国家安全部、司法部关于办理死刑案件审查判断证据若干问题的规定》(法发〔2010〕20号,2010年6月13日)

第四条 经过当庭出示、辨认、质证等法庭调查程序查证属实的证据,才能作为定罪量刑的根据。

11 庭审质证内容

11.1 司法解释与重点解读

▶《人民检察院刑事诉讼规则》(高检发释字〔2019〕4号,2019年12月30日)

第三百九十九条第一款 在法庭审理中,公诉人应当客观、全面、公正地向法庭出示与定罪、量刑有关的证明被告人有罪、罪重或者罪轻的证据。

第四百条 公诉人讯问被告人,询问证人、被害人、鉴定人,出示物证,宣读书证、未出庭证人的证言笔录等应当围绕下列事实进行:

(一)被告人的身份;
(二)指控的犯罪事实是否存在,是否为被告人所实施;
(三)实施犯罪行为的时间、地点、方法、手段、结果,被告人犯罪后的表现等;
(四)犯罪集团或者其他共同犯罪案件中参与犯罪人员的各自地位和应负的责任;
(五)被告人有无刑事责任能力,有无故意或者过失,行为的动机、目的;
(六)有无依法不应当追究刑事责任的情况,有无法定的从重或者从轻、减轻以及免除处罚的情节;

（七）犯罪对象、作案工具的主要特征，与犯罪有关的财物的来源、数量以及去向；

（八）被告人全部或者部分否认起诉书指控的犯罪事实的，否认的根据和理由能否成立；

（九）与定罪、量刑有关的其他事实。

【重点解读】①

公诉人讯问被告人，询问证人、被害人、鉴定人，出示物证，宣读书证、未出庭证人的证言笔录等应当围绕下列事实进行：一是被告人的身份；二是指控的犯罪事实是否存在，是否为被告人所实施；三是实施犯罪行为的时间、地点、方法、手段、结果，被告人犯罪后的表现等；四是犯罪集团或者其他共同犯罪案件中参与犯罪人员的各自地位和应负的责任；五是被告人有无刑事责任能力，有无故意或者过失，行为的动机、目的；六是有无依法不应当追究刑事责任的情况，有无法定的从重或者从轻、减轻以及免除处罚的情节；七是犯罪对象、作案工具的主要特征，与犯罪有关的财物的来源、数量以及去向；八是被告人全部或者部分否认起诉书指控的犯罪事实的，否认的根据和理由能否成立；九是与定罪、量刑有关的其他事实。

11.2 规范性文件

▶《人民检察院公诉人出庭举证质证工作指引》（最高人民检察院，2018年7月3日）

第十五条 公诉人举证，应当主要围绕下列事实，重点围绕控辩双方争议的内容进行：

（一）被告人的身份；

（二）指控的犯罪事实是否存在，是否为被告人所实施；

（三）实施犯罪行为的时间、地点、方法、手段、结果，被告人犯罪后的表现等；

（四）犯罪集团或者其他共同犯罪案件中参与犯罪人员的各自地位和应负

---

① 参见童建明、万春主编：《〈人民检察院刑事诉讼规则〉条文释义》，中国检察出版社2020年版，第409页。

的责任；

（五）被告人有无刑事责任能力，有无故意或者过失，行为的动机、目的；

（六）有无依法不应当追究刑事责任的情形，有无法定从重或者从轻、减轻以及免除处罚的情节；

（七）犯罪对象、作案工具的主要特征，与犯罪有关的财物的来源、数量以及去向；

（八）被告人全部或者部分否认起诉书指控的犯罪事实的，否认的根据和理由能否成立；

（九）与定罪、量刑有关的其他事实。

12 庭审质证方式

12.1 司法解释与重点解读

▶《最高人民法院关于适用〈中华人民共和国刑事诉讼法〉的解释》（法释〔2021〕1号，2021年1月26日）

第二百六十七条 <u>举证方当庭出示证据后，由对方发表质证意见。</u>

第二百六十八条 <u>对可能影响定罪量刑的关键证据和控辩双方存在争议的证据，一般应当单独举证、质证，充分听取质证意见。</u>

<u>对控辩双方无异议的非关键证据，举证方可以仅就证据的名称及拟证明的事实作出说明。</u>

<u>召开庭前会议的案件，举证、质证可以按照庭前会议确定的方式进行。</u>

根据案件和庭审情况，法庭可以对控辩双方的举证、质证方式进行必要的指引。

【重点解读】[①]

关键证据应该每份证据单独质证，才能充分查明事实。

第二百七十条 当庭出示的证据，尚未移送人民法院的，应当在质证后当庭移交。

[①] 参见李少平主编：《最高人民法院关于适用〈中华人民共和国刑事诉讼法〉的解释理解与适用》，人民法院出版社2021年版，第343页。

【重点解读】①

当庭出示的证据具有质证后当庭移交的条件，且当庭移交可以避免庭后移交带来的当事人不移交、证据安全性等问题。

▶《人民检察院刑事诉讼规则》（高检发释字〔2019〕4号，2019年12月30日）

第三百九十九条　在法庭审理中，公诉人应当客观、全面、公正地向法庭出示与定罪、量刑有关的证明被告人有罪、罪重或者罪轻的证据。

按照审判长要求，或者经审判长同意，公诉人可以按照以下方式举证、质证：

（一）对于可能影响定罪量刑的关键证据和控辩双方存在争议的证据，一般应当单独举证、质证；

（二）对于不影响定罪量刑且控辩双方无异议的证据，可以仅就证据的名称及其证明的事项、内容作出说明；

（三）对于证明方向一致、证明内容相近或者证据种类相同，存在内在逻辑关系的证据，可以归纳、分组示证、质证。

公诉人出示证据时，可以借助多媒体设备等方式出示、播放或者演示证据内容。

定罪证据与量刑证据需要分开的，应当分别出示。

【重点解读】②

按照审判长要求，或者经审判长同意，公诉人可以按照以下方式举证、质证：一是对于可能影响定罪量刑的关键证据和控辩双方存在争议的证据，一般应当单独举证、质证；二是对于不影响定罪量刑且控辩双方无异议的证据，可以仅就证据的名称及其证明的事项、内容作出说明；三是对于证明方向一致、证明内容相近或者证据种类相同，存在内在逻辑关系的证据，可以归纳、分组示证、质证；四是公诉人出示证据时，可以借助多媒体设备等方式出示、播放

---

① 参见李少平主编：《最高人民法院关于适用〈中华人民共和国刑事诉讼法〉的解释理解与适用》，人民法院出版社2021年版，第344页。

② 参见童建明、万春主编：《〈人民检察院刑事诉讼规则〉条文释义》，中国检察出版社2020年版，第408页。

7. 物证、书证的出示。对物证、书证的出示更加强调了证据的证明力。

12.2 规范性文件

▶《人民法院办理刑事案件第一审普通程序法庭调查规程（试行）》（法发〔2017〕31号，2017年11月27日）

第二十八条 开庭讯问、发问结束后，公诉人先行举证。公诉人举证完毕后，被告人及其辩护人举证。

公诉人出示证据后，经审判长准许，被告人及其辩护人可以有针对性地出示证据予以反驳。

控辩一方举证后，对方可以发表质证意见。必要时，控辩双方可以对争议证据进行多轮质证。

被告人及其辩护人认为公诉人出示的有关证据对本方诉讼主张有利的，可以在发表质证意见时予以认可，或者在发表辩护意见时直接援引有关证据。

▶《最高人民检察院关于加强出庭公诉工作的意见》（高检发诉字〔2015〕5号，2015年6月15日）

9. 强化当庭示证。公诉人出示证据应以证明公诉主张为目的，善于根据案件的不同种类、特点和庭审实际情况，围绕犯罪构成要件和争议焦点，合理安排和调整示证顺序，做到详略得当，要点突出。根据案件的具体情况和证据状况，结合被告人的认罪态度，示证可以采用分组举证或逐一示证的方式。

10. 强化当庭质证。公诉人质证要目的明确、逻辑清晰，紧紧围绕案件事实和证据的客观性、关联性、合法性进行。熟练掌握各类证据的质证方法和质证策略，熟悉言词证据和实物证据的特点差异，善于从不同角度区别质证，保证质证效果。善于根据庭审变化动向，掌握质证主动性，提高质证的针对性和有效性。

11. 强化证据合法性的证明。对被告人或辩护人当庭提出被告人庭前供述系非法取得，法庭决定进行调查时，公诉人可以根据讯问笔录、羁押记录、出入看守所的健康检查记录、看守管教人员的谈话记录以及侦查机关对讯问过程合法性的说明等，对庭前讯问被告人的合法性进行证明。必要时，可以要求法庭播放讯问录音、录像，申请法庭通知侦查人员或者其他人员出庭说明情况。审判人员认为可能存在以非法方法收集其他证据的情形需要进行法庭调查的，公诉人可以参照上述方法对证据收集的合法性进行证明。

16. 强化现代科技手段运用。善于运用信息化和科技手段提高出庭质量和效果。公诉人在庭审中要灵活运用多媒体技术、现代通讯技术以及相关科技手段进行示证,增强出庭举证效果。探索运用信息化手段开展简易程序案件远程视频出庭,对未成年人被害人、证人出庭作证的,采取不暴露外貌、真实声音等保护措施。加强重大敏感复杂案件远程出庭指挥,及时解决庭审中遇到的突发情况,确保庭审效果。

▶《人民检察院公诉人出庭举证质证工作指引》(最高人民检察院,2018年7月3日)

第十四条 公诉人举证,一般应当遵循下列要求:

(一)公诉人举证,一般应当全面出示证据;出示、宣读、播放每一份(组)证据时,一般应当出示证据的全部内容。根据普通程序、简易程序以及庭前会议确定的举证方式和案件的具体情况,也可以简化出示,但不得随意删减、断章取义。没有召开庭前会议的,公诉人可以当庭与辩护方协商,并经法庭许可确定举证方式。

(二)公诉人举证前,应当先就举证方式作出说明;庭前会议对简化出示证据达成一致意见的,一并作出说明。

(三)出示、宣读、播放每一份(组)证据前,公诉人一般应当先就证据证明方向,证据的种类、名称、收集主体和时间以及所要证明的内容向法庭作概括说明。

(四)对于控辩双方无异议的非关键性证据,举证时可以仅就证据的名称及所证明的事项作出说明;对于可能影响定罪量刑的关键证据和控辩双方存在争议的证据,以及法庭认为有必要调查核实的证据,应当详细出示。

(五)举证完毕后,应当对出示的证据进行归纳总结,明确证明目的。

(六)使用多媒体示证的,应当与公诉人举证同步进行。

第十六条 对于公诉人简化出示的证据,辩护人要求公诉人详细出示的,可以区分不同情况作出处理。具有下列情形之一的,公诉人应当详细出示:

(一)审判人员要求详细出示的;

(二)辩护方要求详细出示并经法庭同意的;

(三)简化出示证据可能影响举证效果的。

具有下列情形之一的,公诉人可以向法庭说明理由,经法庭同意后,可以不再详细出示:

(一)公诉人已经详细出示过相关证据,辩护方重复要求的;

(二)公诉人简化出示的证据能够证明案件事实并反驳辩护方异议的;

(三)辩护方所要求详细出示的内容与起诉书认定事实无关的;

(四)被告人承认指控的犯罪事实和情节的。

第十七条 辩护方当庭申请公诉人宣读出示案卷中对被告人有利但未被公诉人采信的证据的,可以建议法庭决定由辩护方宣读出示,并说明不采信的理由。法庭采纳辩护方申请要求公诉人宣读出示的,公诉人应当出示。

第十八条 公诉人、被告人及其辩护人对收集被告人供述是否合法未达成一致意见,人民法院在庭审中对证据合法性进行调查的,公诉人可以根据讯问笔录、羁押记录、提讯登记、出入看守所的健康检查记录、医院病历、看守管教人员的谈话记录、采取强制措施或者侦查措施的法律文书、侦查机关对讯问过程合法性的证明材料、侦查机关或者检察机关对证据收集合法性调查核实的结论、驻看守所检察人员在侦查终结前对讯问合法性的核查结论等,对庭前讯问被告人的合法性进行证明,可以要求法庭播放讯问同步录音、录像,必要时可以申请法庭通知侦查人员或者其他人员出庭说明情况。

控辩双方对收集证人证言、被害人陈述、收集物证、书证等的合法性以及其他程序事实发生争议的,公诉人可以参照前款规定出示、宣读有关法律文书、侦查或者审查起诉活动笔录等予以证明。必要时,可以建议法庭通知负责侦查的人员以及搜查、查封、扣押、冻结、勘验、检查、辨认、侦查实验等活动的见证人出庭陈述有关情况。

第四十条 公诉人质证应当根据辩护方所出示证据的内容以及对公诉方证据提出的质疑,围绕案件事实、证据和适用法律进行。

质证应当一证一质一辩。质证阶段的辩论,一般应当围绕证据本身的真实性、关联性、合法性,针对证据能力有无以及证明力大小进行。对于证据与证据之间的关联性、证据的综合证明作用问题,一般在法庭辩论阶段予以答辩。

第四十一条 对影响定罪量刑的关键证据和控辩双方存在争议的证据,一般应当单独质证。

对控辩双方没有争议的证据,可以在庭审中简化质证。

对于被告人认罪案件，主要围绕量刑和其他有争议的问题质证，对控辩双方无异议的定罪证据，可以不再质证。

第四十二条　公诉人可以根据需要将举证质证、讯问询问结合起来，在质证阶段对辩护方观点予以适当辩驳，但应当区分质证与辩论之间的界限，重点针对证据本身的真实性、关联性、合法性进行辩驳。

第四十三条　在每一份（组）证据或者全部证据质证完毕后，公诉人可以根据具体案件情况，提请法庭对证据进行确认。

13　庭审质证的例外情形

13.1　司法解释与重点解读

▶《人民检察院刑事诉讼规则》（高检发释字〔2019〕4号，2019年12月30日）

第四百零一条　在法庭审理中，下列事实不必提出证据进行证明：

（一）为一般人共同知晓的常识性事实；

（二）人民法院生效裁判所确认并且未依审判监督程序重新审理的事实；

（三）法律、法规的内容以及适用等属于审判人员履行职务所应当知晓的事实；

（四）在法庭审理中不存在异议的程序事实；

（五）法律规定的推定事实；

（六）自然规律或者定律。

【重点解读】[1]

在法庭审理中，下列事实不必提出证据进行证明：一是为一般人共同知晓的常识性事实。二是人民法院生效裁判所确认的并且未依审判监督程序重新审理的事实。这是指法院的生效裁判就与犯罪相关的某些事实问题作出过认定的，且未依审判监督程序重新审理，此种情形下不需要提供证据证明。三是法律、法规的内容以及适用等属于审判人员履行职务所应当知晓的事实。四是在

---

[1]　参见童建明、万春主编：《〈人民检察院刑事诉讼规则〉条文释义》，中国检察出版社2020年版，第410页。

法庭审理中不存在异议的程序事实。五是法律规定的推定事实。这是指根据已知的事实和法律规定，而作出的事实盖然性的推断。六是自然规律或者定律。自然规律，是指客观事物在特定条件下所发生的本质联系和必然趋势的反映，如石头的风化。定律，是指在科学上于特定的条件下已被反复证明属于一定变化过程的必然联系，如几何定理。

14 启动非法证据调查

14.1 法条规定与立法释义

▶《刑事诉讼法》（中华人民共和国主席令第 10 号，2018 年 10 月 26 日）

第五十八条 法庭审理过程中，审判人员认为可能存在本法第五十六条规定的以非法方法收集证据情形的，应当对证据收集的合法性进行法庭调查。

当事人及其辩护人、诉讼代理人有权申请人民法院对以非法方法收集的证据依法予以排除。申请排除以非法方法收集的证据的，应当提供相关线索或者材料。

【立法释义】①

"法庭审理过程中"是启动调查的时间范围，是指从开庭审判到法庭辩论终结的过程。启动调查的权力属于人民法院的审判人员，启动调查的条件是审判人员"认为可能存在本法第五十六条规定的以非法方法收集证据情形"，包括非法收集言词证据和收集实物证据不符合法定程序，可能严重影响司法公正的情形。审判人员可以根据审判过程中发现的情况依职权启动调查，也可以在对当事人及其辩护人、诉讼代理人根据本条第二款规定提出的申请进行审查后，决定启动调查。本条第一款规定的调查程序，是专门针对公诉方提供的证据收集的合法性进行的相对独立的法庭调查程序。

有权申请启动调查程序的主体是当事人及其辩护人、诉讼代理人。本条第二款对于排除非法证据的申请规定了条件，即申请人应当提供办案机关及其工作人员非法收集证据的相关线索或者材料。"线索"是指可说明存在非法取证

---

① 参见王爱立主编：《中华人民共和国刑事诉讼法释义》，法律出版社 2018 年版，第 123-125 页。

情形,指引调查进行的信息,如曾在何时、何地被何人用何种方式刑讯逼供的回忆等。"材料"是可用于证明非法取证行为存在的材料,如血衣、伤痕、同监房人员的证言等。本条第二款之所以规定提出申请应当提供相关线索或者材料,一方面是因为当事人是非法取证的亲历者,有条件向法庭提供相关线索或者材料以便进行调查;另一方面也是为了防止当事人及其辩护人、诉讼代理人滥用诉讼权利,随意提出申请,干扰庭审的正常进行。需要指出的是,本条第二款规定对申请人提供相关线索或者材料的要求是较为宽松的,即有材料的应当提供材料,没有或者无法提供材料的,提供可供查证的线索。同时,提供相关线索或者材料只是对申请人提出申请的要求,一旦审判人员决定启动调查程序,根据本法第五十九条的规定,对证据收集的合法性的证明责任仍然由人民检察院承担。当事人及其辩护人、诉讼代理人申请启动调查的,审判人员应当对申请及相关线索或者材料进行初步审查。经审查认为可能存在本法第五十六条规定的非法取证情形的,应当根据本条第一款的规定启动调查程序;认为不可能存在第五十六条规定的非法取证情形的,应当驳回申请。

14.2 司法解释

▶《最高人民法院关于适用〈中华人民共和国刑事诉讼法〉的解释》(法释〔2021〕1号,2021年1月26日)

第一百三十二条 当事人及其辩护人、诉讼代理人在开庭审理前未申请排除非法证据,在庭审过程中提出申请的,应当说明理由。人民法院经审查,对证据收集的合法性有疑问的,应当进行调查;没有疑问的,驳回申请。

驳回排除非法证据的申请后,当事人及其辩护人、诉讼代理人没有新的线索或者材料,以相同理由再次提出申请的,人民法院不再审查。

第一百三十三条 控辩双方在庭前会议中对证据收集是否合法未达成一致意见,人民法院对证据收集的合法性有疑问的,应当在庭审中进行调查;对证据收集的合法性没有疑问,且无新的线索或者材料表明可能存在非法取证的,可以决定不再进行调查并说明理由。

14.3 规范性文件

▶《最高人民法院、最高人民检察院、公安部、国家安全部、司法部关于办理刑事案件严格排除非法证据若干问题的规定》（法发〔2017〕15号，2017年6月20日）

第二十六条 公诉人、被告人及其辩护人在庭前会议中对证据收集是否合法未达成一致意见，人民法院对证据收集的合法性有疑问的，应当在庭审中进行调查；人民法院对证据收集的合法性没有疑问，且没有新的线索或者材料表明可能存在非法取证的，可以决定不再进行调查。

第二十九条 被告人及其辩护人在开庭审理前未申请排除非法证据，在法庭审理过程中提出申请的，应当说明理由。

对前述情形，法庭经审查，对证据收集的合法性有疑问的，应当进行调查；没有疑问的，应当驳回申请。

法庭驳回排除非法证据申请后，被告人及其辩护人没有新的线索或者材料，以相同理由再次提出申请的，法庭不再审查。

▶《人民法院办理刑事案件排除非法证据规程（试行）》（法发〔2017〕31号，2017年11月27日）

第十五条 控辩双方在庭前会议中对证据收集的合法性达成一致意见的，法庭应当在庭审中向控辩双方核实并当庭予以确认。对于一方在庭审中反悔的，除有正当理由外，法庭一般不再进行审查。

控辩双方在庭前会议中对证据收集的合法性未达成一致意见，人民法院应当在庭审中进行调查，但公诉人提供的相关证据材料确实、充分，能够排除非法取证情形，且没有新的线索或者材料表明可能存在非法取证的，庭审调查举证、质证可以简化。

第十七条 被告人及其辩护人在开庭审理前未申请排除非法证据，在庭审过程中提出申请的，应当说明理由。人民法院经审查，对证据收集的合法性有疑问的，应当进行调查；没有疑问的，应当驳回申请。

人民法院驳回排除非法证据的申请后，被告人及其辩护人没有新的线索或者材料，以相同理由再次提出申请的，人民法院不再审查。

▶《最高人民法院、最高人民检察院、公安部、国家安全部、司法部关于办理死刑案件审查判断证据若干问题的规定》（法发〔2010〕20号，2010年6月13日）

第三十八条 法庭对证据有疑问的，可以告知出庭检察人员、被告人及其辩护人补充证据或者作出说明；确有核实必要的，可以宣布休庭，对证据进行调查核实。法庭进行庭外调查时，必要时，可以通知出庭检察人员、辩护人到场。出庭检察人员、辩护人一方或者双方不到场的，法庭记录在案。

人民检察院、辩护人补充的和法庭庭外调查核实取得的证据，法庭可以庭外征求出庭检察人员、辩护人的意见。双方意见不一致，有一方要求人民法院开庭进行调查的，人民法院应当开庭。

15 法庭对证据收集合法性进行调查

15.1 司法解释与重点解读

▶《最高人民法院关于适用〈中华人民共和国刑事诉讼法〉的解释》（法释〔2021〕1号，2021年1月26日）

第一百三十四条 庭审期间，法庭决定对证据收集的合法性进行调查的，应当先行当庭调查。但为防止庭审过分迟延，也可以在法庭调查结束前调查。

【重点解读】[1]

如果在对有关证据出示、质证前，先行公布对证据收集合法性的法庭调查结论，再对有关证据出示、质证，可能辩方由于对调查结论不认可，进而不配合进行证据的出示、质证，导致庭审无法顺利进行。而且，有意见认为，要求在法庭作出是否排除有关证据的决定前不得对有关证据宣读、质证，主要是英美法系国家的做法。英美法系如此操作，是为了避免让陪审团受到非法证据的干扰。我国的刑事诉讼制度，包括人民陪审员制度，与英美法系有很大不同。在我国，对证据是否合法、是否应当排除，是由合议庭，包括由法官和人民陪审员共同组成的合议庭，作出认定和决定，要求在作出是否排除决定前不得对

---

[1] 参见李少平主编：《最高人民法院关于适用〈中华人民共和国刑事诉讼法〉的解释理解与适用》，人民法院出版社2021年版，第246页。

有关证据宣读、质证，似无实际意义。

15.2 规范性文件

▶《最高人民法院、最高人民检察院、公安部、国家安全部、司法部关于办理刑事案件严格排除非法证据若干问题的规定》（法发〔2017〕15号，2017年6月20日）

第三十条 庭审期间，法庭决定对证据收集的合法性进行调查的，应当先行当庭调查。但为防止庭审过分迟延，也可以在法庭调查结束前进行调查。

▶《人民法院办理刑事案件排除非法证据规程（试行）》（法发〔2017〕31号，2017年11月27日）

第十八条 人民法院决定对证据收集的合法性进行法庭调查的，应当先行当庭调查。对于被申请排除的证据和其他犯罪事实没有关联等情形，为防止庭审过分迟延，可以先调查其他犯罪事实，再对证据收集的合法性进行调查。

在对证据收集合法性的法庭调查程序结束前，不得对有关证据宣读、质证。

第二十二条 法庭对证据收集的合法性进行调查的，应当重视对讯问录音录像的审查，重点审查以下内容：

（一）讯问录音录像是否依法制作。对于可能判处无期徒刑、死刑的案件或者其他重大犯罪案件，是否对讯问过程进行录音录像；

（二）讯问录音录像是否完整。是否对每一次讯问过程录音录像，录音录像是否全程不间断进行，是否有选择性录制、剪接、删改等情形；

（三）讯问录音录像是否同步制作。录音录像是否自讯问开始时制作，至犯罪嫌疑人核对讯问笔录、签字确认后结束；讯问笔录记载的起止时间是否与讯问录音录像反映的起止时间一致；

（四）讯问录音录像与讯问笔录的内容是否存在差异。对与定罪量刑有关的内容，讯问笔录记载的内容与讯问录音录像是否存在实质性差异，存在实质性差异的，以讯问录音录像为准。

▶《最高人民法院、最高人民检察院、公安部、国家安全部、司法部、全国人大常委会法制工作委员会关于实施刑事诉讼法若干问题的规定》（2012年12月26日）

11. 刑事诉讼法第五十六条第一款规定："法庭审理过程中，审判人员认为可能存在本法第五十四条规定的以非法方法收集证据情形的，应当对证据收集的合法性进行法庭调查。"法庭经对当事人及其辩护人、诉讼代理人提供的相关线索或者材料进行审查后，认为可能存在刑事诉讼法第五十四条规定的以非法方法收集证据情形的，应当对证据收集的合法性进行法庭调查。法庭调查的顺序由法庭根据案件审理情况确定。

▶ **《最高人民法院关于全面推进以审判为中心的刑事诉讼制度改革的实施意见》**（法发〔2017〕5号，2017年2月17日）

24. 法庭对证据收集的合法性进行调查的，应当重视对讯问过程录音录像的审查。讯问笔录记载的内容与讯问录音录像存在实质性差异的，以讯问录音录像为准。

对于法律规定应当对讯问过程录音录像的案件，公诉人没有提供讯问录音录像，或者讯问录音录像存在选择性录制、剪接、删改等情形，现有证据不能排除以非法方法收集证据情形的，对有关供述应当予以排除。

26. 法庭对证据收集的合法性进行调查后，应当当庭作出是否排除有关证据的决定。必要时，可以宣布休庭，由合议庭评议或者提交审判委员会讨论，再次开庭时宣布决定。

在法庭作出是否排除有关证据的决定前，不得对有关证据宣读、质证。

15.3 案例与要旨

◆ **【《刑事审判参考》案例】**［第1141号］吴毅、朱蓓娅贪污案

裁判要旨：一审法院经过初步审查后，认为有必要启动证据合法性调查程序，法院决定中止法庭调查，启动非法证据排除审查程序，对侦查人员的取证行为是否合法进行调查。为此，法院当庭播放了讯问过程的同步录音录像，通知侦查人员出庭作证，对取证过程进行说明。讯问笔录和同步录音录像反映，侦查机关采用上下级机关"倒手""轮流审讯"的方式连续讯问吴毅长达三十多小时，而且期间没有给予吴毅必要休息，属于疲劳审讯。

◆ **【《刑事审判参考》案例】**［第1164号］郑建昌故意杀人案

裁判要旨：对于被告方提出的排除非法证据申请，法庭并非一律启动证据收集合法性调查程序，而是首先要对被告方的申请及其提供的相关线索或者材料进行审查。经审查认为，被告方提供的相关线索或者材料有据可查，召开庭

前会议听取控辩双方意见后,对证据收集的合法性有疑问的,应当进行调查;对证据收集的合法性没有疑问,且没有新的线索或者材料表明可能存在非法取证的,可以决定不再进行调查。

在司法实践中,法庭对被告方提出的排除非法证据申请及其提供的相关线索或者材料,可从以下方面进行审查:一是看是否存在刑讯逼供等非法取证行为的可能性。例如,被告人是否杜撰非法取证人员姓名,是否虚构根本不可能发生刑讯逼供的时间、地点、方式和相关情节等。二是看被告人的申请理由和相关线索、材料是否有据可查。例如,被告人对非法取证行为的描述是否具体和详细,尤其是要注意被告人所描述的非法取证细节,并注意审查其所提供的线索或者材料是否能够得到其他证据的印证等。法庭经审查认为,被告方提出的非法取证情形或者提供的线索、材料明显不成立,就可以决定不再进行调查。

16 检察机关对证据收集合法性进行说明

16.1 法条规定与立法释义

▶《刑事诉讼法》(中华人民共和国主席令第10号,2018年10月26日)

第五十九条 在对证据收集的合法性进行法庭调查的过程中,人民检察院应当对证据收集的合法性加以证明。

现有证据材料不能证明证据收集的合法性的,人民检察院可以提请人民法院通知有关侦查人员或者其他人员出庭说明情况;人民法院可以通知有关侦查人员或者其他人员出庭说明情况。有关侦查人员或者其他人员也可以要求出庭说明情况。经人民法院通知,有关人员应当出庭。

【立法释义】[1]

在对证据收集的合法性进行法庭调查的过程中,人民检察院应当对证据收集的合法性加以证明。人民检察院证明证据收集的合法性的方法,可以是向法庭提供讯问笔录、讯问过程的录音录像、羁押记录、体检记录,按照本条第二

---

[1] 参见王爱立主编:《中华人民共和国刑事诉讼法释义》,法律出版社2018年版,第125-127页。

款的规定提请人民法院通知有关侦查人员或者其他人员出庭说明情况等。如果人民检察院对于证据收集的合法性不能举证证明，或者举证之后仍然不能排除有采取非法方法收集证据情形，人民法院应当依照本法第五十六条和第六十条的规定对有关证据进行处理。

有关侦查人员和其他人员出庭说明情况的前提是"现有证据材料不能证明证据收集的合法性"，即公诉机关通过向法庭提供讯问笔录、讯问过程的录音录像、羁押记录、体检记录等材料不能证明证据收集的合法性，造成有关证据可能被认定为非法取得的证据而被排除。这种情况下侦查人员出庭说明情况，是对人民检察院公诉工作的支持，体现了公安机关、检察机关在刑事诉讼中互相配合的原则，有利于惩治犯罪，与侦查机关工作的目的是一致的。出庭的人员范围是"有关侦查人员或者其他人员"。"有关侦查人员"主要是指参与收集有关证据的侦查人员，如讯问犯罪嫌疑人的侦查人员、提取物证的侦查人员等。"其他人员"是指了解证据收集情况的其他人员，如看守所民警、搜查时的见证人等。他们出庭"说明情况"，主要是向法庭说明收集证据的过程，便于法庭对证据收集的合法性进行审查。有关侦查人员和其他人员出庭说明情况有以下两种情形：一是人民检察院认为有必要由他们出庭说明情况的，可以提请人民法院发出通知，人民法院认为有必要由他们出庭说明情况的，也可以向他们发出通知。经人民法院通知，有关人员应当出庭。二是有关侦查人员和其他人员主动要求出庭说明情况。如有关侦查人员出于责任心和维护侦查活动的合法性以实现追究惩治犯罪的目的，要求出庭驳斥被告人非法取证的指控。作为特定情况下证明取证合法性的手段，本条对有关侦查人员和其他人员出庭说明情况的规定，是比较慎重、稳妥的，不会对侦查机关的工作造成大的困难和干扰。

16.2 司法解释与重点解读

▶《最高人民法院关于适用〈中华人民共和国刑事诉讼法〉的解释》（法释〔2021〕1号，2021年1月26日）

第一百三十五条 法庭决定对证据收集的合法性进行调查的，由公诉人通过宣读调查、侦查讯问笔录、出示提讯登记、体检记录、对讯问合法性的核查材料等证据材料，有针对性地播放讯问录音录像，提请法庭通知有关调查人员、侦查人员或者其他人员出庭说明情况等方式，证明证据收集的合法性。

讯问录音录像涉及国家秘密、商业秘密、个人隐私或者其他不宜公开内容的，法庭可以决定对讯问录音录像不公开播放、质证。

公诉人提交的取证过程合法的说明材料，应当经有关调查人员、侦查人员签名，并加盖单位印章。未经签名或者盖章的，不得作为证据使用。上述说明材料不能单独作为证明取证过程合法的根据。

【重点解读】[①]

本条规定的"讯问录音录像"不限于侦查录音录像，也包括监察调查讯问录音录像在内。调查过程的录音录像虽然不随案移送，但可以依法调取。对于已经调取的监察调查讯问录音录像，应当允许播放，以更好地发挥其证明取证合法性的作用。

▶《人民检察院刑事诉讼规则》（高检发释字〔2019〕4号，2019年12月30日）

第四百一十条　在法庭审理过程中，被告人及其辩护人提出被告人庭前供述系非法取得，审判人员认为需要进行法庭调查的，公诉人可以通过出示讯问笔录、提讯登记、体检记录、采取强制措施或者侦查措施的法律文书、侦查终结前对讯问合法性进行核查的材料等证据材料，有针对性地播放讯问录音、录像，提请法庭通知调查人员、侦查人员或者其他人员出庭说明情况等方式，对证据收集的合法性加以证明。

审判人员认为可能存在刑事诉讼法第五十六条规定的以非法方法收集其他证据的情形，需要进行法庭调查的，公诉人可以参照前款规定对证据收集的合法性进行证明。

公诉人不能当庭证明证据收集的合法性，需要调查核实的，可以建议法庭休庭或者延期审理。

在法庭审理期间，人民检察院可以要求监察机关或者公安机关对证据收集的合法性进行说明或者提供相关证明材料。必要时，可以自行调查核实。

[①] 参见李少平主编：《最高人民法院关于适用〈中华人民共和国刑事诉讼法〉的解释理解与适用》，人民法院出版社2021年版，第247页。

【重点解读】①

对被告人及其辩护人提出庭前供述系非法取得，公诉人如何应对包含以下两层内容：一是在法庭审理过程中，被告人及其辩护人提出被告人庭前供述系非法取得，审判人员认为需要对被告人庭前供述的合法性进行法庭调查的，公诉人应当对被告人庭前供述的合法性进行证明。需要注意的是，当事人及其辩护人、诉讼代理人提出证据系非法取得的，并不必然需要公诉人对证据的合法性进行证明。只有审判人员对证据的合法性产生合理的怀疑，认为需要对证据的合法性进行法庭调查时，公诉人才需要承担证据的合法性的举证责任。二是合法性证明的方式。本条第一款根据《关于办理刑事案件严格排除非法证据若干问题的规定》的规定，对 2012 年《人民检察院刑事诉讼规则（试行）》关于证据合法性证明的内容作出了调整。需要注意的是，侦查终结前对讯问合法性进行核查是"两高三部"《关于推进以审判为中心的刑事诉讼制度改革的意见》中确立的一项制度。根据该制度，重大案件侦查终结前，人民检察院应当对讯问合法性进行核查，经核查发现存在刑讯逼供等非法取证行为的，应当要求侦查机关排除非法证据，并依法追究责任。对在庭前讯问过程已经进行录音、录像的，公诉人可以要求法庭当庭播放讯问录音、录像。录音、录像既可以在提出讯问笔录、羁押被告人的记录、被告人出入看守所的健康检查记录、看守管教人员的谈话记录以及侦查机关对讯问过程合法性的说明等材料仍然不能证明庭前讯问的合法性时要求法庭播放，也可以在提出上述材料前即要求法庭播放。公安机关等侦查机关侦查的案件，并不要求一律进行录音、录像，即使进行录音、录像，也不要求随案移送，故需要申请法庭播放录音、录像的，检察机关应当事先调取侦查机关的录音、录像。必要时，公诉人可以申请法庭通知侦查人员或者其他人员出庭说明情况。一般来说，公诉人应当先出示讯问笔录等材料及播放录音、录像，仍然不能证明庭前讯问合法性的，再申请法庭通知侦查人员或者其他人员出庭说明情况。当然，公诉人也可以不经过以上程序而直接申请法庭通知侦查人员或者其他人员出庭说明情况。

---

① 参见童建明、万春主编：《〈人民检察院刑事诉讼规则〉条文释义》，中国检察出版社 2020 年版，第 418-420 页。

审判人员认为可能存在《刑事诉讼法》第五十六条规定的以非法方法收集其他证据的情形，需要对该证据的合法性进行法庭调查的，公诉人可以参照上述方式对证据收集的合法性进行证明。

公诉人不能当庭证明证据收集的合法性，需要调查核实的，可以建议法庭休庭，也可以建议法庭延期审理。

在对证据合法性进行证明时，人民检察院可以要求监察机关或者公安机关对证据收集的合法性进行说明或者提供相关证明材料，必要时可以自行对证据的合法性进行调查核实。

16.3　规范性文件

▶《最高人民法院、最高人民检察院、公安部、国家安全部、司法部关于办理刑事案件严格排除非法证据若干问题的规定》（法发〔2017〕15号，2017年6月20日）

第三十一条　公诉人对证据收集的合法性加以证明，可以出示讯问笔录、提讯登记、体检记录、采取强制措施或者侦查措施的法律文书、侦查终结前对讯问合法性的核查材料等证据材料，有针对性地播放讯问录音录像，提请法庭通知侦查人员或者其他人员出庭说明情况。

被告人及其辩护人可以出示相关线索或者材料，并申请法庭播放特定时段的讯问录音录像。

侦查人员或者其他人员出庭，应当向法庭说明证据收集过程，并就相关情况接受发问。对发问方式不当或者内容与证据收集的合法性无关的，法庭应当制止。

公诉人、被告人及其辩护人可以对证据收集的合法性进行质证、辩论。

▶《人民法院办理刑事案件排除非法证据规程（试行）》（法发〔2017〕31号，2017年11月27日）

第二十条　公诉人对证据收集的合法性加以证明，可以出示讯问笔录、提讯登记、体检记录、采取强制措施或者侦查措施的法律文书、侦查终结前对讯问合法性的核查材料等证据材料，也可以针对被告人及其辩护人提出异议的讯问时段播放讯问录音录像，提请法庭通知侦查人员或者其他人员出庭说明情况。不得以侦查人员签名并加盖公章的说明材料替代侦查人员出庭。

庭审中，公诉人当庭不能举证或者为提供新的证据需要补充侦查，建议延期审理的，法庭可以同意。

▶《人民检察院公诉人出庭举证质证工作指引》（最高人民检察院，2018年7月3日）

第十八条　公诉人、被告人及其辩护人对收集被告人供述是否合法未达成一致意见，人民法院在庭审中对证据合法性进行调查的，公诉人可以根据讯问笔录、羁押记录、提讯登记、出入看守所的健康检查记录、医院病历、看守管教人员的谈话记录、采取强制措施或者侦查措施的法律文书、侦查机关对讯问过程合法性的证明材料、侦查机关或者检察机关对证据收集合法性调查核实的结论、驻看守所检察人员在侦查终结前对讯问合法性的核查结论等，对庭前讯问被告人的合法性进行证明，可以要求法庭播放讯问同步录音、录像，必要时可以申请法庭通知侦查人员或者其他人员出庭说明情况。

控辩双方对收集证人证言、被害人陈述、收集物证、书证等的合法性以及其他程序事实发生争议的，公诉人可以参照前款规定出示、宣读有关法律文书、侦查或者审查起诉活动笔录等予以证明。必要时，可以建议法庭通知负责侦查的人员以及搜查、查封、扣押、冻结、勘验、检查、辨认、侦查实验等活动的见证人出庭陈述有关情况。

第五十条　辩护方质疑被告人庭前供述系非法取得的，公诉人可以综合采取以下方式证明取证的合法性：

（一）宣读被告人在审查（决定）逮捕、审查起诉阶段的讯问笔录，证实其未曾供述过在侦查阶段受到刑讯逼供，或者证实其在侦查机关更换侦查人员且再次讯问时告知诉讼权利和认罪的法律后果后仍自愿供述，或者证实其在检察人员讯问并告知诉讼权利和认罪的法律后果后仍自愿供述；

（二）出示被告人的羁押记录，证实其接受讯问的时间、地点、次数等符合法律规定；

（三）出示被告人出入看守所的健康检查记录、医院病历，证实其体表和健康情况；

（四）出示看守管教人员的谈话记录；

（五）出示与被告人同监舍人员的证言材料；

（六）当庭播放或者庭外核实讯问被告人的录音、录像；

（七）宣读重大案件侦查终结前讯问合法性核查笔录，当庭播放或者庭外核实对讯问合法性进行核查时的录音、录像；

（八）申请侦查人员出庭说明办案情况。

公诉人当庭不能证明证据收集的合法性，需要调查核实的，可以建议法庭休庭或者延期审理。

▶《最高人民检察院关于加强出庭公诉工作的意见》（高检发诉字〔2015〕5号，2015年6月15日）

11. 强化证据合法性的证明。对被告人或辩护人当庭提出被告人庭前供述系非法取得，法庭决定进行调查时，公诉人可以根据讯问笔录、羁押记录、出入看守所的健康检查记录、看守管教人员的谈话记录以及侦查机关对讯问过程合法性的说明等，对庭前讯问被告人的合法性进行证明。必要时，可以要求法庭播放讯问录音、录像，申请法庭通知侦查人员或者其他人员出庭说明情况。审判人员认为可能存在以非法方法收集其他证据的情形需要进行法庭调查的，公诉人可以参照上述方法对证据收集的合法性进行证明。

▶《最高人民检察院关于适用〈关于办理死刑案件审查判断证据若干问题的规定〉和〈关于办理刑事案件排除非法证据若干问题的规定〉的指导意见》（高检发研字〔2010〕13号，2010年12月30日）

13. 犯罪嫌疑人或者其聘请的律师提出受到刑讯逼供的，应当告知其如实提供相关的证据或者线索，并认真予以核查。认为有刑讯逼供嫌疑的，应当要求侦查机关（部门）提供全部讯问笔录、原始的讯问过程录音录像、出入看守所的健康检查情况、看守管教人员的谈话记录以及讯问过程合法性的说明；必要时，可以询问讯问人员、其他在场人员、看守管教人员或者证人，调取驻所检察室的相关材料。发现犯罪嫌疑人有伤情的，应当及时对伤势的成因和程度进行必要的调查和鉴定。对同步录音录像有疑问的，可以要求侦查机关（部门）对不连贯部分的原因予以说明，必要时可以协同检察技术部门进行审查。

23. 庭审中，被告人及其辩护人提出被告人庭前供述是非法取得，没有提供相关证据或者线索的，公诉人应当根据全案证据情况综合说明该证据的合法性。被告人及其辩护人提供了相关证据或者线索，法庭经审查对被告人审判前供述取得的合法性有疑问的，公诉人应当向法庭提供讯问笔录、出入看守所的健康检查记录、看守管教人员的谈话记录以及侦查机关（部门）对讯问过程合法性的说明，讯问过程有录音录像的，应当提供。必要时提请法庭通知讯问时其他在场人员或者其他证人出庭作证，仍不能证明的，提请法庭通知讯问人员出庭作证。对被告人及其辩护人庭审中提出的新证据或者线索，当庭不能举证证明的，应当依法建议法庭延期审理，要求侦查机关（部门）提供相关证明，必要时可以自行调查核实。

25. 对于庭审中被告人及其辩护人提出未到庭证人的书面证言、未到庭被害人的书面陈述是非法取得的，可以从证人或者被害人的作证资格、询问人员、询问程序和方式以及询问笔录的法定形式等方面对合法性作出说明；有原始询问过程录音录像或者其他证据能证明合法性的，可以在法庭上宣读或者出示。被告人及其辩护人提出明确的新证据或者线索，需要进一步调查核实的，应当依法建议法庭延期审理，要求侦查机关（部门）提供相关证明，必要时可以自行调查核实、对被告人及其辩护人所提供的证人证言、被害人陈述等证据取得的合法性有疑问的，应当建议法庭要求其提供证明。

17 法庭对非法证据的处理

17.1 法条规定与立法释义

▶《刑事诉讼法》（中华人民共和国主席令第10号，2018年10月26日）

第五十六条 采用刑讯逼供等非法方法收集的犯罪嫌疑人、被告人供述和采用暴力、威胁等非法方法收集的证人证言、被害人陈述，应当予以排除。收集物证、书证不符合法定程序，可能严重影响司法公正的，应当予以补正或者作出合理解释；不能补正或者作出合理解释的，对该证据应当予以排除。

在侦查、审查起诉、审判时发现有应当排除的证据的，应当依法予以排除，不得作为起诉意见、起诉决定和判决的依据。

【立法释义】[①]

刑事诉讼中应当排除的非法证据有两类：

第一类是采用刑讯逼供等非法方法收集的犯罪嫌疑人、被告人供述和采用暴力、威胁等非法方法收集的证人证言、被害人陈述，即采用非法方法收集的言词证据。"刑讯逼供"是指使用肉刑或者变相肉刑，使当事人在肉体或精神上遭受剧烈疼痛或痛苦而不得不供述的行为，如殴打、电击、饿、冻、烤等。"等非法方法"是指违法程度和对当事人的强迫程度达到与刑讯逼供或者暴力、威胁相当，使其不得不违背自己意愿陈述的方法。以本条第一款规定的非法方法收集言词证据，会严重侵犯当事人的人身权利，破坏司法公正，极易酿成冤假错案，是非法取证情节最严重的情形。本条第一款对以上述非法方法取得的言词证据，规定应当严格地予以排除。

第二类是收集程序不符合法定程序的物证、书证。"不符合法定程序"包括不符合法律对于取证主体、取证手续、取证方法的规定，如由不具备办案资格的人员提取的物证，勘验笔录没有见证人签字的物证，未出示搜查证搜查取得的书证等。违法收集物证、书证的情况比较复杂，物证、书证本身是客观证据，取证程序的违法一般不影响证据的可信度，而且许多物证、书证具有唯一性，一旦被排除就不可能再次取得。大部分国家的法律对于违法取得的实物证据，都没有规定绝对予以排除，而是区分情况作不同的处理。本条统筹考虑惩治犯罪和保障人权的要求，规定对于收集物证、书证不符合法定程序，可能严重影响司法公正的，应当予以补正或者作出合理解释；不能补正或者作出合理解释的，对该证据才应当予以排除。"可能严重影响司法公正"是排除非法取得的物证、书证的前提，是指收集物证、书证不符合法定程序的行为明显违法或者情节严重，可能对司法机关办理案件的公正性、权威性以及司法的公信力产生严重的损害。"补正或者作出合理解释"的主体是收集证据的办案机关或者人员。"补正"是指对取证程序上的非实质性的瑕疵进行补救，如在缺少侦查人员签名的勘验、检查笔录上签名等。"合理解释"是指对取证程序的瑕疵作出符合逻辑的解释，如对书证副本复制时间作出解释等。根据本条第一款的

---

① 参见王爱立主编：《中华人民共和国刑事诉讼法释义》，法律出版社2018年版，第119-121页。

规定，如果收集证据的机关或者人员对违法取证的情况作出了补正或者合理解释，审查证据的机关认为不影响证据使用的，该证据可以继续使用；不能补正或者作出合理解释的，对该证据则应当予以排除。

本条第二款是关于侦查机关、检察机关、审判机关排除非法证据的义务的规定。侦查机关、检察机关、审判机关都不得采取非法方法收集证据，也都有维护司法公正和诉讼参与人合法权利的职责。他们在办理案件过程中发现已经收集的证据中有依法应当排除的非法证据的，都有义务加以排除。本条第二款规定的"应当排除的证据"，是指依照第一款的规定应当排除的言词证据和实物证据。根据本条第二款的规定，依法被排除的证据，不得作为侦查机关起诉意见、检察机关起诉决定和审判机关判决中认定事实的依据。规定刑事诉讼每个阶段的办案机关都有排除非法证据的义务，有利于尽早发现和排除非法证据，提高办案质量，维护诉讼参与人合法权利。

第六十条 对于经过法庭审理，确认或者不能排除存在本法第五十六条规定的以非法方法收集证据情形的，对有关证据应当予以排除。

【立法释义】[①]

本条规定的"经过法庭审理"，是指经过本法第五十八条、第五十九条规定的对证据收集的合法性的法庭调查程序，审判人员就证据收集的合法性问题审查了控辩双方提出的证据，听取了控辩双方的意见之后。此时，人民法院应当根据调查的结果，对取证合法性存在疑问的证据进行处理：

1. 确认存在本法第五十六条规定的非法取证情形的，包括确认存在非法收集言词证据的情形和确认存在收集实物证据不符合法定程序，可能严重影响司法公正，不能补正或者作出合理解释的情形，对有关证据应当予以排除，不得作为判决的依据。

2. 不能排除存在本法第五十六条规定的非法取证情形的，即检察机关对证据收集的合法性的证明不能排除存在非法取证的可能，审判人员对是否存在本法第五十六条规定的以非法方法收集证据情形仍有疑问的情况。人民法院对有关证据也应当予以排除，不得作为判决的依据。

[①] 参见王爱立主编：《中华人民共和国刑事诉讼法释义》，法律出版社2018年版，第128页。

3. 如果经过法庭调查和人民检察院举证，法庭确认不存在本法第五十六条规定的非法取证情形，则有关证据属于合法取得的证据，可以在对定罪量刑事实的法庭调查中使用，经查证属实的，可以作为定案的根据。

17.2 司法解释与重点解读

▶《最高人民法院关于适用〈中华人民共和国刑事诉讼法〉的解释》（法释〔2021〕1号，2021年1月26日）

第一百三十七条 法庭对证据收集的合法性进行调查后，确认或者不能排除存在刑事诉讼法第五十六条规定的以非法方法收集证据情形的，对有关证据应当排除。

【重点解释】①

关于启动证据收集合法性调查后在再次开庭时应当宣布证据合法性调查结论，《关于办理刑事案件严格排除非法证据若干问题的规定》第三十三条第一款规定："法庭对证据收集的合法性进行调查后，应当当庭作出是否排除有关证据的决定。必要时，可以宣布休庭，由合议庭评议或者提交审判委员会讨论，再次开庭时宣布决定。"本条吸收了上述规定。

17.3 案例与要旨

◆【《人民司法》案例】章国锡受贿案（2011）浙甬刑终字第288号

裁判要旨：被告人及其辩护人、诉讼代理人有权申请人民法院对以非法方法收集的证据依法予以排除。人民法院对公诉机关收集的证据合法性进行法庭调查时，公诉人不提供证据加以证明，或者已提供的证据不够确实、充分的，该证据不能作为定案的根据。人民法院在审判时发现有应当排除的证据的，应当依法予以排除，不得作为判决的依据。经过公诉机关补正或者作出合理解释的证据，达到确实、充分的认定标准，应当作为定案的根据。

---

① 参见李少平主编：《最高人民法院关于适用〈中华人民共和国刑事诉讼法〉的解释理解与适用》，人民法院出版社2021年版，第249页。

18 控辩双方有权提请证人、鉴定人等人员出庭、出示证据

18.1 法条规定与立法释义

▶《刑事诉讼法》（中华人民共和国主席令第 10 号，2018 年 10 月 26 日）

第一百九十五条 公诉人、辩护人应当向法庭出示物证，让当事人辨认，对未到庭的证人的证言笔录、鉴定人的鉴定意见、勘验笔录和其他作为证据的文书，应当当庭宣读。审判人员应当听取公诉人、当事人和辩护人、诉讼代理人的意见。

【立法释义】[1]

本条规定有以下三层内容：

一是公诉人、辩护人应当向法庭出示物证，让当事人辨认。该规定有利于充分调动公诉人、辩护人在庭审中的积极性，让他们从不同角度提出证据，使审判人员站在比较客观的角度，公正地审理案件。在法庭举证、质证过程中，公诉人向法庭出示证明被告人罪行以及其他客观反映案情的物证，辩护人则出示证明被告人无罪或者罪轻的物证。在出示物证前，公诉人、辩护人应当先向当事人问明该物证的特征，然后向法庭出示，让当事人辨认核实，并问清辨认意见。当事人在法庭上辨认物证时要如实回答。不便或者不能拿到法庭上出示的物证，应当出示原物的照片或者投影。

二是对未到庭的证人的证言笔录，鉴定人的鉴定意见、勘验笔录和其他作为证据的文书，应当当庭宣读。证人身患疾病住院治疗或者行走不便、远居外地或者外出，以及有其他正当理由不能到庭作证的，公诉人、辩护人应将其证言笔录当庭宣读。对未到庭的鉴定人的鉴定意见、勘验笔录和其他作为证据的文书，也应当当庭宣读。

三是审判人员应当听取公诉人、当事人和辩护人、诉讼代理人的意见。对于在法庭上出示的物证和宣读的其他证据，审判人员应当听取公诉人、当事人和辩护人、诉讼代理人的意见，认真进行核对。只有经过当事人辨认，各方面

---

[1] 参见王爱立主编：《中华人民共和国刑事诉讼法释义》，法律出版社 2018 年版，第 415—416 页。

的证人证言相互印证、核对属实后，才能作为定案的根据。

18.2 司法解释与重点解读

▶《最高人民法院关于适用〈中华人民共和国刑事诉讼法〉的解释》（法释〔2021〕1号，2021年1月26日）

第二百四十六条 公诉人可以提请法庭通知证人、鉴定人、有专门知识的人、调查人员、侦查人员或者其他人员出庭，或者出示证据。被害人及其法定代理人、诉讼代理人，附带民事诉讼原告人及其诉讼代理人也可以提出申请。

在控诉方举证后，被告人及其法定代理人、辩护人可以提请法庭通知证人、鉴定人、有专门知识的人、调查人员、侦查人员或者其他人员出庭，或者出示证据。

【重点解读】[①]

本条2021年修改时"有专门知识的人、调查人员、侦查人员或其他人员"出庭，主要考虑：在有非法证据需要排除等情形下，控辩双方可能申请调查人员、侦查人员或其他人员出庭说明情况。将"出庭作证"修改为"出庭"，主要考虑：因在出庭人员中增加了调查人员、侦查人员或者其他人员，而上述"有专门知识的人"不属于证人，其出庭说明有关情况并非作证，故作相应修改。

第二百四十八条 已经移送人民法院的案卷和证据材料，控辩双方需要出示的，可以向法庭提出申请，法庭可以准许。案卷和证据材料应当在质证后当庭归还。

需要播放录音录像或者需要将证据材料交由法庭、公诉人或者诉讼参与人查看的，法庭可以指令值庭法警或者相关人员予以协助。

第二百四十九条 公诉人、当事人或者辩护人、诉讼代理人对证人证言有异议，且该证人证言对定罪量刑有重大影响，或者对鉴定意见有异议，人民法院认为证人、鉴定人有必要出庭作证的，应当通知证人、鉴定人出庭。

控辩双方对侦破经过、证据来源、证据真实性或者合法性等有异议，申请

[①] 参见李少平主编：《最高人民法院关于适用〈中华人民共和国刑事诉讼法〉的解释理解与适用》，人民法院出版社2021年版，第331-332页。

调查人员、侦查人员或者有关人员出庭,人民法院认为有必要的,应当通知调查人员、侦查人员或者有关人员出庭。

第二百五十条 公诉人、当事人及其辩护人、诉讼代理人申请法庭通知有专门知识的人出庭,就鉴定意见提出意见的,应当说明理由。法庭认为有必要的,应当通知有专门知识的人出庭。

申请有专门知识的人出庭,不得超过二人。有多种类鉴定意见的,可以相应增加人数。

▶《人民检察院刑事诉讼规则》(高检发释字〔2019〕4号,2019年12月30日)

第三百九十七条 人民检察院向人民法院移送全部案卷材料后,在法庭审理过程中,公诉人需要出示、宣读、播放有关证据的,可以申请法庭出示、宣读、播放。

人民检察院基于出庭准备和庭审举证工作的需要,可以取回有关案卷材料和证据。

取回案卷材料和证据后,辩护律师要求查阅案卷材料的,应当允许辩护律师在人民检察院查阅、摘抄、复制案卷材料。

【重点解读】[1]

一般情况下,人民检察院提起公诉后要将案卷材料和证据移送人民法院。对于有些案件,人民检察院不一定需要取回案卷材料和证据,故根据本条,人民检察院未取回案卷材料和证据的,人民法院开庭审理时,公诉人需要出示、宣读、播放已移交人民法院证据的,可以申请法庭出示、宣读、播放。当然,对于有些案件,公诉人可以在开庭审理当天到达人民法院后,在正式开庭审理前取回案卷材料和证据,在庭审过程中出示证据。实践中,人民检察院可以加强与人民法院的沟通,灵活处理。

---

[1] 参见童建明、万春主编:《〈人民检察院刑事诉讼规则〉条文释义》,中国检察出版社2020年版,第406页。

18.3 规范性文件

▶《人民法院办理刑事案件第一审普通程序法庭调查规程（试行）》（法发〔2017〕31号，2017年11月27日）

第十二条 控辩双方可以申请法庭通知证人、鉴定人、侦查人员和有专门知识的人等出庭。

被害人及其法定代理人、诉讼代理人、附带民事诉讼原告人及其诉讼代理人也可以提出上述申请。

18.4 案例与要旨

◆【《刑事审判参考》案例】［第721号］王文勇、陈清运输毒品案

裁判要旨：侦查人员出庭，应当是就其在执行职务过程中感知和了解的案件情况进行说明。具体包括：对犯罪嫌疑人进行抓捕的过程中经历和了解的案件事实情况；在实施搜查、扣押、辨认、讯问、询问等侦查活动中了解的案件事实情况和与实施侦查活动本身的合法性相关的情况；在接受犯罪嫌疑人投案或者对犯罪嫌疑人提供的立功线索进行查证等活动中了解的案件事实情况。侦查人员出庭作证的，根据其特殊职务身份的需要，一般不必要求其签署证人保证书，但可要求其向法庭如实提供案件真实情况。侦查人员出庭作证，应当首先由该侦查人员就需要说明的情况进行陈述，再由控方和辩方分别进行询问；审判人员认为必要时，也可以进行询问。

19 法庭对控辩双方申请的处理

19.1 司法解释

▶《最高人民法院关于适用〈中华人民共和国刑事诉讼法〉的解释》（法释〔2021〕1号，2021年1月26日）

第二百四十七条 控辩双方申请证人出庭作证，出示证据，应当说明证据的名称、来源和拟证明的事实。法庭认为有必要的，应当准许；对方提出异议，认为有关证据与案件无关或者明显重复、不必要，法庭经审查异议成立的，可以不予准许。

19.2 规范性文件

▶《人民法院办理刑事案件第一审普通程序法庭调查规程（试行）》（法发〔2017〕31号，2017年11月27日）

第十三条 控辩双方对证人证言、被害人陈述有异议，申请证人、被害人出庭，人民法院经审查认为证人证言、被害人陈述对案件定罪量刑有重大影响的，应当通知证人、被害人出庭。

控辩双方对鉴定意见有异议，申请鉴定人或者有专门知识的人出庭，人民法院经审查认为有必要的，应当通知鉴定人或者有专门知识的人出庭。

控辩双方对侦破经过、证据来源、证据真实性或者证据收集合法性等有异议，申请侦查人员或者有关人员出庭，人民法院经审查认为有必要的，应当通知侦查人员或者有关人员出庭。

为查明案件事实、调查核实证据，人民法院可以依职权通知上述人员到庭。

人民法院通知证人、被害人、鉴定人、侦查人员、有专门知识的人等出庭的，控辩双方协助有关人员到庭。

20 人民法院依职权通知证人、鉴定人等人员出庭

20.1 司法解释

▶《最高人民法院关于适用〈中华人民共和国刑事诉讼法〉的解释》（法释〔2021〕1号，2021年1月26日）

第二百五十一条 为查明案件事实、调查核实证据，人民法院可以依职权通知证人、鉴定人、有专门知识的人、调查人员、侦查人员或者其他人员出庭。

第二百五十二条 人民法院通知有关人员出庭的，可以要求控辩双方予以协助。

20.2 规范性文件

▶《人民法院办理刑事案件第一审普通程序法庭调查规程（试行）》（法发〔2017〕31号，2017年11月27日）

第十三条 控辩双方对证人证言、被害人陈述有异议，申请证人、被害人

出庭，人民法院经审查认为证人证言、被害人陈述对案件定罪量刑有重大影响的，应当通知证人、被害人出庭。

控辩双方对鉴定意见有异议，申请鉴定人或者有专门知识的人出庭，人民法院经审查认为有必要的，应当通知鉴定人或者有专门知识的人出庭。

控辩双方对侦破经过、证据来源、证据真实性或者证据收集合法性等有异议，申请侦查人员或者有关人员出庭，人民法院经审查认为有必要的，应当通知侦查人员或者有关人员出庭。

为查明案件事实、调查核实证据，人民法院可以依职权通知上述人员到庭。

人民法院通知证人、被害人、鉴定人、侦查人员、有专门知识的人等出庭的，控辩双方协助有关人员到庭。

21 证人应当出庭的情形及例外

21.1 法条规定与立法释义

▶《刑事诉讼法》（中华人民共和国主席令第 10 号，2018 年 10 月 26 日）

第一百九十二条 <u>公诉人、当事人或者辩护人、诉讼代理人对证人证言有异议，且该证人证言对案件定罪量刑有重大影响，人民法院认为证人有必要出庭作证的，证人应当出庭作证。</u>

人民警察就其执行职务时目击的犯罪情况作为证人出庭作证，适用前款规定。

公诉人、当事人或者辩护人、诉讼代理人对鉴定意见有异议，人民法院认为鉴定人有必要出庭的，鉴定人应当出庭作证。经人民法院通知，鉴定人拒不出庭作证的，鉴定意见不得作为定案的根据。

【立法释义】[①]

证人证言是《刑事诉讼法》第五十条规定的证据种类之一。《刑事诉讼法》的一项重要任务就是要查明犯罪事实，证人作为知道案件情况的人，其证

[①] 参见王爱立主编：《中华人民共和国刑事诉讼法释义》，法律出版社 2018 年版，第 408-411 页。

言对于查明事实真相具有重要意义。但证人证言具有主观性，其证明力往往受到时间、来源、案发时的环境等各种因素的影响，因此需要对其进行甄别、质证。《刑事诉讼法》第六十一条规定，证人证言必须在法庭上经过公诉人、被害人和被告人、辩护人双方质证并且查实以后，才能作为定案的根据。出庭作证是在审判阶段对证人证言进行甄别的重要方式。根据本条第一款的规定，证人证言在同时符合三个条件的情况下，证人应当以出庭的方式作证：一是公诉人、当事人或者辩护人、诉讼代理人对证人证言有异议，包括公诉人、当事人等认为证人证言不符合实际情况，与其掌握的其他证据之间存在矛盾之处等。二是该证人证言对案件定罪量刑有重大影响，即对定罪量刑有重大影响的才有必要出庭作证，这是考虑到我国的实际情况作出的规定。我国司法实践中证人出庭率很低，其原因是多方面的，既有传统的原因，也有对自身利益的考虑，如害怕打击报复，认为出庭作证会导致自身权益受损，或是认为出庭作证耽误时间，影响自己收入，或是认为案件与自己无关，多一事不如少一事等。因此，当务之急是要采取措施，如加强证人保护、对出庭作证予以补偿等，从而推动、鼓励证人出庭。从国外司法实践来看，证人也并非都要出庭。而且，规定证人都要出庭并不现实，因此这里规定要对"定罪量刑有重大影响"。证人证言对"定罪量刑有重大影响"不仅包括单独影响定罪、量刑，而且包括既影响定罪也影响量刑，如直接目击案件的发生、是案件主要甚至唯一的证人、对于印证其他可能定案的证据具有重要意义等。三是人民法院认为证人有必要出庭作证的。这里规定的是出庭作证的必要性。证人是否应当出庭应由人民法院综合全案情况予以考虑，包括提出异议的情况以及对定罪量刑的影响等。对本条第一款规定的未出庭作证证人的证言能否排除，这里未作规定，需要由法官根据案件的具体情况，结合其他证据确定。根据《最高人民法院、最高人民检察院、公安部、国家安全部、司法部关于办理死刑案件审查判断证据若干问题的规定》第十五条第三款的规定，办理死刑案件时，对未出庭作证证人的书面证言，应当听取出庭检察人员、被告人及其辩护人的意见，并结合其他证据综合判断。未出庭作证证人的书面证言出现矛盾，不能排除矛盾且无证据印证的，不能作为定案的根据。需要注意的是，对无正当理由拒绝出庭的证人，应根据本法第一百九十三条的规定依法处理。

21.2 司法解释

▶《最高人民法院关于适用〈中华人民共和国刑事诉讼法〉的解释》(法释〔2021〕1号,2021年1月26日)

第二百四十九条 公诉人、当事人或者辩护人、诉讼代理人对证人证言有异议,且该证人证言对定罪量刑有重大影响,或者对鉴定意见有异议,人民法院认为证人、鉴定人有必要出庭作证的,应当通知证人、鉴定人出庭。

控辩双方对侦破经过、证据来源、证据真实性或者合法性等有异议,申请调查人员、侦查人员或者有关人员出庭,人民法院认为有必要的,应当通知调查人员、侦查人员或者有关人员出庭。

第二百五十条 公诉人、当事人及其辩护人、诉讼代理人申请法庭通知有专门知识的人出庭,就鉴定意见提出意见的,应当说明理由。法庭认为有必要的,应当通知有专门知识的人出庭。

申请有专门知识的人出庭,不得超过二人。有多种类鉴定意见的,可以相应增加人数。

第二百五十三条 证人具有下列情形之一,无法出庭作证的,人民法院可以准许其不出庭:

(一)庭审期间身患严重疾病或者行动极为不便的;
(二)居所远离开庭地点且交通极为不便的;
(三)身处国外短期无法回国的;
(四)有其他客观原因,确实无法出庭的。

具有前款规定情形的,可以通过视频等方式作证。

21.3 规范性文件

▶《最高人民法院、最高人民检察院、公安部、国家安全部、司法部关于推进以审判为中心的刑事诉讼制度改革的意见》(法发〔2016〕18号,2016年7月20日)

十二、完善对证人、鉴定人的法庭质证规则。落实证人、鉴定人、侦查人员出庭作证制度,提高出庭作证率。公诉人、当事人或者辩护人、诉讼代理人对证人证言有异议,人民法院认为该证人证言对案件定罪量刑有重大影响的,证人应当出庭作证。

……

22　强制证人出庭作证

22.1　法条规定与立法释义

▶《刑事诉讼法》(中华人民共和国主席令第 10 号，2018 年 10 月 26 日)

第一百九十三条　经人民法院通知，证人没有正当理由不出庭作证的，人民法院可以强制其到庭，但是被告人的配偶、父母、子女除外。

证人没有正当理由拒绝出庭或者出庭后拒绝作证的，予以训诫，情节严重的，经院长批准，处以十日以下的拘留。被处罚人对拘留决定不服的，可以向上一级人民法院申请复议。复议期间不停止执行。

【立法释义】[1]

"强制其到庭"是指人民法院派法警采用强制手段，将证人带至法庭。根据本条第一款的规定，在两种情况下不能采取强制到庭的措施：一是证人有正当理由，如生病不能出庭，由于不可抗力无法到庭，等等。这里的正当理由应由法官判断是否成立，法官认为不成立的，也可强制其到庭。二是证人是被告人的配偶、父母、子女。这主要是考虑到强制配偶、父母、子女在法庭上对被告人进行指证，不利于家庭关系的维系和社会和谐的构建。需要特别指出的是，这里规定的是免予强制出庭，不是拒证权。拒证权一般是指在特定情形下，负有作证义务的证人被司法机关要求提供证言时，因其特殊身份或者法律的规定而享有的拒绝作证的权利，通常贯穿侦查、起诉、审判等诉讼阶段。根据《刑事诉讼法》第六十二条第一款的规定，凡是知道案件情况的人，都有作证的义务。本条第一款规定并没有免除其作证的义务，只是规定在庭审阶段可以免予强制到庭。本条第一款规定的配偶是指与被告人有夫妻关系的人，不包括有事实上的同居关系的人；父母、子女包括依法确立收养关系的养父母、养子女。

---

[1]　参见王爱立主编：《中华人民共和国刑事诉讼法释义》，法律出版社 2018 年版，第 412-413 页。

22.2 司法解释与重点解读

▶《最高人民法院关于适用〈中华人民共和国刑事诉讼法〉的解释》（法释〔2021〕1号，2021年1月26日）

第二百五十五条 强制证人出庭的，应当由院长签发强制证人出庭令，由法警执行。必要时，可以商请公安机关协助。

▶《人民检察院刑事诉讼规则》（高检发释字〔2019〕4号，2019年12月30日）

第四百零五条 证人应当由人民法院通知并负责安排出庭作证。

对于经人民法院通知而未到庭的证人或者出庭后拒绝作证的证人的证言笔录，公诉人应当当庭宣读。

对于经人民法院通知而未到庭的证人的证言笔录存在疑问，确实需要证人出庭作证，且可以强制其到庭的，公诉人应当建议人民法院强制证人到庭作证和接受质证。

【重点解读】[①]

对于经人民法院通知而未到庭的证人的证言笔录存在疑问，确实需要证人出庭作证，且可以强制其到庭的，公诉人应当建议人民法院强制证人到庭作证和接受质证。建议人民法院强制证人到庭作证需要满足两个条件：一是对于经人民法院通知而未到庭的证人的证言笔录存在疑问，确实需要证人出庭作证。二是可以强制其到庭。根据《刑事诉讼法》第一百九十三条的规定，经人民法院通知，证人没有正当理由不出庭作证的，人民法院可以强制其到庭，但是被告人的配偶、父母、子女除外。这意味着，证人如果有正当理由，如生病不能出庭或者由于不可抗力无法到庭的，人民法院不能强制其到庭。同时，无论是否有正当理由，被告人的配偶、父母、子女应当免予强制出庭。这主要是考虑到强制配偶、父母、子女在法庭上对被告人进行指证，不利于家庭关系的维系和社会和谐的构建。

[①] 参见童建明、万春主编：《〈人民检察院刑事诉讼规则〉条文释义》，中国检察出版社2020年版，第415页。

22.3 规范性文件

▶《人民法院办理刑事案件第一审普通程序法庭调查规程（试行）》（法发〔2017〕31号，2017年11月27日）

第十五条 人民法院通知出庭的证人，无正当理由拒不出庭的，可以强制其出庭，但是被告人的配偶、父母、子女除外。

强制证人出庭的，应当由院长签发强制证人出庭令，并由法警执行。必要时，可以商请公安机关协助执行。

23 出庭作证证人证言的证明效力

23.1 司法解释与重点解读

▶《最高人民法院关于适用〈中华人民共和国刑事诉讼法〉的解释》（法释〔2021〕1号，2021年1月26日）

第九十一条 <u>证人当庭作出的证言，经控辩双方质证、法庭查证属实的，应当作为定案的根据。</u>

<u>证人当庭作出的证言与其庭前证言矛盾，证人能够作出合理解释，并有其他证据印证的，应当采信其庭审证言；不能作出合理解释，而其庭前证言有其他证据印证的，可以采信其庭前证言。</u>

经人民法院通知，证人没有正当理由拒绝出庭或者出庭后拒绝作证，法庭对其证言的真实性无法确认的，该证人证言不得作为定案的根据。

【重点解读】[①]

1. 当庭证言的采信。司法实践中，应当根据《刑事诉讼法》的相关规定，做好证人出庭作证的相关工作。本条第一款体现的正是这一立场。这里使用了"应当"的用语，体现的正是对证人出庭作证的鼓励。

2. 证人改变证言情况下的证言采信。对于证人在庭前和当庭所作的证言存在差异甚至矛盾时，如何采信相关证言，《刑事诉讼法》未规定明确规则。本

---

① 参见李少平主编：《最高人民法院关于适用〈中华人民共和国刑事诉讼法〉的解释理解与适用》，人民法院出版社2021年版，第214-215页。

条第二款对能否采信庭前证言的问题予以明确，主要有如下考虑：（1）从《刑事诉讼法》鼓励证人出庭的立法精神出发，宜鼓励司法实践中根据庭审证言认定案件事实。因此，本条第二款的基本立场是以庭审证言为基础，允许证人当庭对其当庭作出的证言与庭前证言矛盾的情形作出合理解释。（2）从实践来看，在庭审证言和庭前证言相矛盾的情况下，庭审证言未必一定是真实的，而庭前证言也未必一定是不真实的。这里专门规定只有在"证人能够作出合理解释，并有其他证据印证"的情况下，才采信其庭审证言。因此，在证人当庭改变庭前证言后，应当结合全案证据，对其当庭证言进行审查，进行有针对性的询问，判断其庭审证言的可信度。（3）在证人当庭作出的证言与其庭前证言矛盾的情况下，如果证人不能作出合理解释，而其庭前证言有其他证据印证，可以采信其庭前证言。

23.2 规范性文件

▶《人民法院办理刑事案件第一审普通程序法庭调查规程（试行）》（法发〔2017〕31号，2017年11月27日）

第四十八条第二款 证人当庭作出的证言与其庭前证言矛盾，证人能够作出合理解释，并与相关证据印证的，应当采信其庭审证言；不能作出合理解释，而其庭前证言与相关证据印证的，可以采信其庭前证言。

▶《最高人民法院关于全面推进以审判为中心的刑事诉讼制度改革的实施意见》（法发〔2017〕5号，2017年2月17日）

29. 证人没有出庭作证，其庭前证言真实性无法确认的，不得作为定案的根据。证人当庭作出的证言与其庭前证言矛盾，证人能够作出合理解释，并与相关证据印证的，可以采信其庭审证言；不能作出合理解释，而其庭前证言与相关证据印证的，可以采信其庭前证言。

经人民法院通知，鉴定人拒不出庭作证的，鉴定意见不得作为定案的根据。

24 证人拒绝作证的法律后果

24.1 法条规定与立法释义

▶《刑事诉讼法》（中华人民共和国主席令第10号，2018年10月26日）

第一百九十三条 经人民法院通知，证人没有正当理由不出庭作证的，人民法院可以强制其到庭,但是被告人的配偶、父母、子女除外。

证人没有正当理由拒绝出庭或者出庭后拒绝作证的,予以训诫,情节严重的,经院长批准,处以十日以下的拘留。被处罚人对拘留决定不服的,可以向上一级人民法院申请复议。复议期间不停止执行。

【立法释义】①

本条第二款规定在执行中要注意以下三点:(1)这里的规定应结合本法第一百九十二条的规定执行,即首先需符合第一百九十二条第一款规定的应当出庭的条件,即公诉人、当事人或者辩护人、诉讼代理人对证人证言有异议,且该证人证言对案件定罪量刑有重大影响,人民法院认为证人有必要出庭作证,通知其出庭,但该证人拒绝出庭或者出庭后拒绝作证的。(2)对证人的处罚有两种方式,一般情况下予以训诫即可,只有达到情节严重的程度,才能予以拘留。这两种情况都意味着对拒绝出庭或者出庭后拒绝作证的证人不是一律都要予以处罚。司法机关应当多做证人的工作,对依法应当予以保护和补偿的,提供必要的保护和补偿,从而打消其作证的疑虑,鼓励其作证。处罚证人不是目的,只是为了确保其出庭作证而采取的最后的手段。(3)对根据本条第一款规定免予强制到庭的人,包括被告人的配偶、父母、子女,不能因为其未出庭而予以训诫或者拘留。

24.2 司法解释与重点解读

▶《最高人民法院关于适用〈中华人民共和国刑事诉讼法〉的解释》(法释〔2021〕1号,2021年1月26日)

第九十一条 证人当庭作出的证言,经控辩双方质证、法庭查证属实的,应当作为定案的根据。

证人当庭作出的证言与其庭前证言矛盾,证人能够作出合理解释,并有其他证据印证的,应当采信其庭审证言;不能作出合理解释,而其庭前证言有其他证据印证的,可以采信其庭前证言。

经人民法院通知,证人没有正当理由拒绝出庭或者出庭后拒绝作证,法庭

---

① 参见王爱立主编:《中华人民共和国刑事诉讼法释义》,法律出版社2018年版,第412-413页。

对其证言的真实性无法确认的,该证人证言不得作为定案的根据。

【重点解读】[①]

根据本条第三款规定,证人拒绝出庭或者出庭后拒绝作证,尚不能绝对排除证言的采用。在当前的司法实践中,证人证言仍然在证明案件事实的过程中发挥着重要作用。实践中,许多证人为避免麻烦和报复而不愿出庭的情况大量存在。如果关键证人不出庭作证,其证言失去效力,会影响案件判决,故不宜绝对排除。如在行贿、受贿等案件中,证言的作用十分重要,往往是定案的关键证据,如果因为证人拒绝出庭作证绝对予以排除并不合适。因此,基于当前实际,人民法院应结合具体案情,分别作出处理:经审查,其庭前证言无法与在案其他证据相印证,如书面证言之间或者同其他证据产生矛盾且矛盾无法排除的,则不能采信,不得作为定案的根据;反之,仍可作为定案根据。

24.3 规范性文件

▶《人民法院办理刑事案件第一审普通程序法庭调查规程(试行)》(法发〔2017〕31号,2017年11月27日)

第四十八条 证人没有出庭作证,其庭前证言真实性无法确认的,不得作为定案的根据。

证人当庭作出的证言与其庭前证言矛盾,证人能够作出合理解释,并与相关证据印证的,应当采信其庭审证言;不能作出合理解释,而其庭前证言与相关证据印证的,可以采信其庭前证言。

▶《最高人民法院关于全面推进以审判为中心的刑事诉讼制度改革的实施意见》(法发〔2017〕5号,2017年2月17日)

29. 证人没有出庭作证,其庭前证言真实性无法确认的,不得作为定案的根据。证人当庭作出的证言与其庭前证言矛盾,证人能够作出合理解释,并与相关证据印证的,可以采信其庭审证言;不能作出合理解释,而其庭前证言与相关证据印证的,可以采信其庭前证言。

经人民法院通知,鉴定人拒不出庭作证的,鉴定意见不得作为定案的根据。

---

① 参见李少平主编:《最高人民法院关于适用〈中华人民共和国刑事诉讼法〉的解释理解与适用》,人民法院出版社2021年版,第215-216页。

25 法庭对出庭证人、鉴定人等人员身份的核实

25.1 司法解释

► 《最高人民法院关于适用〈中华人民共和国刑事诉讼法〉的解释》（法释〔2021〕1号，2021年1月26日）

第二百五十七条 决定对出庭作证的证人、鉴定人、被害人采取不公开个人信息的保护措施的，审判人员应当在开庭前核实其身份，对证人、鉴定人如实作证的保证书不得公开，在判决书、裁定书等法律文书中可以使用化名等代替其个人信息。

第二百五十八条 证人出庭的，法庭应当核实其身份、与当事人以及本案的关系，并告知其有关权利义务和法律责任。证人应当保证向法庭如实提供证言，并在保证书上签名。

25.2 规范性文件

► 《人民法院办理刑事案件第一审普通程序法庭调查规程（试行）》（法发〔2017〕31号，2017年11月27日）

第十八条 证人、鉴定人出庭，法庭应当当庭核实其身份、与当事人以及本案的关系，审查证人、鉴定人的作证能力、专业资质，并告知其有关作证的权利和法律责任。

证人、鉴定人作证前，应当保证向法庭如实提供证言、说明鉴定意见，并在保证书上签名。

26 对出庭证人、鉴定人等人员的发问顺序

26.1 司法解释与重点解读

► 《最高人民法院关于适用〈中华人民共和国刑事诉讼法〉的解释》（法释〔2021〕1号，2021年1月26日）

第二百五十九条 证人出庭后，一般先向法庭陈述证言；其后，经审判长许可，由申请通知证人出庭的一方发问，发问完毕后，对方也可以发问。

法庭依职权通知证人出庭的，发问顺序由审判长根据案件情况确定。

【重点解读】①

所谓"主导对证人的询问"，实际上就是确定发问的顺序。基于此，本条第二款规定法庭依职权通知证人出庭的，发问顺序由审判长根据案件情况确定。

第二百六十条　鉴定人、有专门知识的人、调查人员、侦查人员或者其他人员出庭的，参照适用前两条规定。

【重点解读】②

《刑事诉讼法》规定有专门知识的人可以出庭就鉴定人作出的鉴定意见提出意见，其实质上就是作为专家辅助人，帮助法庭对鉴定意见进行审查与认定。因此，有专门知识的人应当提供其专业背景等材料，便于法庭审查其是否有能力、有资格履行专家辅助人的职责。此外，有专门知识的人也应当负有客观陈述意见的义务。因此，法庭可以参照对证人作证的相关要求，要求有专门知识的人签署保证书，以增强其如实陈述意见的责任感。

▶《人民检察院刑事诉讼规则》（高检发释字〔2019〕4号，2019年12月30日）

第四百零六条　证人在法庭上提供证言，公诉人应当按照审判长确定的顺序向证人发问。可以要求证人就其所了解的与案件有关的事实进行陈述，也可以直接发问。

证人不能连贯陈述的，公诉人可以直接发问。

向证人发问，应当针对证言中有遗漏、矛盾、模糊不清和有争议的内容，并着重围绕与定罪量刑紧密相关的事实进行。

发问采取一问一答形式，提问应当简洁、清楚。

证人进行虚假陈述的，应当通过发问澄清事实，必要时可以宣读在侦查、审查起诉阶段制作的该证人的证言笔录或者出示、宣读其他证据。

---

① 参见李少平主编：《最高人民法院关于适用〈中华人民共和国刑事诉讼法〉的解释理解与适用》，人民法院出版社2021年版，第338页。

② 参见李少平主编：《最高人民法院关于适用〈中华人民共和国刑事诉讼法〉的解释理解与适用》，人民法院出版社2021年版，第339页。

当事人和辩护人、诉讼代理人向证人发问后，公诉人可以根据证人回答的情况，经审判长许可，再次向证人发问。

询问鉴定人、有专门知识的人参照上述规定进行。

【重点解读】[①]

询问证人应当遵循以下方式：一是证人在法庭上提供证言，公诉人应当按照审判长确定的顺序向证人发问。公诉人可以要求证人就其所了解的与案件有关的事实进行陈述，也可以直接发问。二是证人不能连贯陈述的，公诉人可以直接发问。三是向证人发问，应当针对证言中有遗漏、矛盾、模糊不清和有争议的内容，并着重围绕与定罪量刑紧密相关的事实进行。四是发问采取一问一答形式，提问应当简洁、清楚。五是证人进行虚假陈述的，应当通过发问澄清事实，必要时可以宣读在侦查、审查起诉阶段制作的该证人的证言笔录或者出示、宣读其他证据。六是当事人和辩护人、诉讼代理人向证人发问后，公诉人可以根据证人回答的情况，经审判长许可，再次向证人发问。询问鉴定人、有专门知识的人参照询问证人的规定进行。

26.2 规范性文件

▶《人民法院办理刑事案件第一审普通程序法庭调查规程（试行）》（法发〔2017〕31号，2017年11月27日）

第十九条　证人出庭后，先向法庭陈述证言，然后先由举证方发问；发问完毕后，对方也可以发问。根据案件审理需要，也可以先由申请方发问。

控辩双方向证人发问完毕后，可以发表本方对证人证言的质证意见。控辩双方如有新的问题，经审判长准许，可以再行向证人发问。

审判人员认为必要时，可以询问证人。法庭依职权通知证人出庭的情形，审判人员应当主导对证人的询问。经审判长准许，被告人可以向证人发问。

[①] 参见童建明、万春主编：《〈人民检察院刑事诉讼规则〉条文释义》，中国检察出版社2020年版，第416页。

27 对出庭证人、被告人、鉴定人等人员的发问规则

27.1 司法解释与重点解读

▶《最高人民法院关于适用〈中华人民共和国刑事诉讼法〉的解释》(法释〔2021〕1号,2021年1月26日)

第二百六十一条 向证人发问应当遵循以下规则:

(一) 发问的内容应当与本案事实有关;

(二) 不得以诱导方式发问;

(三) 不得威胁证人;

(四) 不得损害证人的人格尊严。

对被告人、被害人、附带民事诉讼当事人、鉴定人、有专门知识的人、调查人员、侦查人员或者其他人员的讯问、发问,适用前款规定。

【重点解读】[①]

向证人发问,"不得以诱导方式发问"。根据英美法交叉询问的惯例,"不得以诱导方式发问"的禁令应仅限于对本方证人的直接询问,而对对方证人的交叉询问,诱导性询问是质证的必要方法,不应有此限制。因此,应当区分主询问与交叉询问的差别作出规定,对主询问禁止诱导的方式,对交叉询问则不应当禁止。但是,实践操作中,本方证人与他方证人如何区分,相关规定是否符合当前证人询问的实际情况,需要作进一步斟酌。稳妥起见,暂时维持现行规定,交由司法实践继续探索。

第二百六十三条 审判人员认为必要时,可以询问证人、鉴定人、有专门知识的人、调查人员、侦查人员或者其他人员。

第二百六十四条 向证人、调查人员、侦查人员发问应当分别进行。

▶《人民检察院刑事诉讼规则》(高检发释字〔2019〕4号,2019年12月30日)

第四百零二条 讯问被告人、询问证人不得采取可能影响陈述或者证言客

[①] 参见李少平主编:《最高人民法院关于适用〈中华人民共和国刑事诉讼法〉的解释理解与适用》,人民法院出版社2021年版,第339-340页。

观真实的诱导性发问以及其他不当发问方式。

辩护人向被告人或者证人进行诱导性发问以及其他不当发问可能影响陈述或者证言的客观真实的，公诉人可以要求审判长制止或者要求对该项陈述或者证言不予采纳。

讯问共同犯罪案件的被告人、询问证人应当个别进行。

被告人、证人、被害人对同一事实的陈述存在矛盾的，公诉人可以建议法庭传唤有关被告人、通知有关证人同时到庭对质，必要时可以建议法庭询问被害人。

【重点解读】[1]

公诉人、法官讯问被告人、询问证人都不能采取可能影响陈述或者证言客观真实的诱导性讯问、询问以及其他不当方式的讯问、询问。

辩护人向被告人或者证人进行诱导性发问以及其他不当发问可能影响陈述或者证言的客观真实的，公诉人可以要求审判长制止或者要求对该项陈述或者证言不予采纳。

讯问共同犯罪案件的被告人、询问证人应当个别进行。

被告人、证人、被害人对同一事实的陈述存在矛盾的，公诉人可以建议法庭传唤有关被告人、通知有关证人同时到庭对质，"必要时可以建议法庭询问被害人"。

27.2 规范性文件

▶《最高人民检察院关于加强出庭公诉工作的意见》（高检发诉字〔2015〕5号，2015年6月15日）

8. 强化当庭询问。公诉人询问出庭作证的证人，可以要求证人连贯陈述，也可以直接发问。发问应简洁清楚，重点围绕与定罪量刑紧密相关的事实以及证言中有遗漏、矛盾、模糊不清和有争议的内容进行。当事人和辩护人、诉讼代理人对证人发问后，公诉人可以根据证人回答的情况，向法庭申请再次对证人发问。发现辩护人对证人有提示性、诱导性发问的，公诉人要及时提请合议

---

[1] 参见童建明、万春主编：《〈人民检察院刑事诉讼规则〉条文释义》，中国检察出版社2020年版，第411页。

庭予以制止。

▶《人民法院办理刑事案件第一审普通程序法庭调查规程（试行）》（法发〔2017〕31号，2017年11月27日）

第二十条　向证人发问应当遵循以下规则：

（一）发问内容应当与案件事实有关；

（二）不得采用诱导方式发问；

（三）不得威胁或者误导证人；

（四）不得损害证人人格尊严；

（五）不得泄露证人个人隐私。

第二十一条　控辩一方发问方式不当或者内容与案件事实无关，违反有关发问规则的，对方可以提出异议。对方当庭提出异议的，发问方应当说明发问理由，审判长判明情况予以支持或者驳回；对方未当庭提出异议的，审判长也可以根据情况予以制止。

第二十二条　审判长认为证人当庭陈述的内容与案件事实无关或者明显重复的，可以进行必要的提示。

第二十三条　有多名证人出庭作证的案件，向证人发问应当分别进行。

多名证人出庭作证的，应当在法庭指定的地点等候，不得谈论案情，必要时可以采取隔离等候措施。证人出庭作证后，审判长应当通知法警引导其退庭。证人不得旁听对案件的审理。

被害人没有列为当事人参加法庭审理，仅出庭陈述案件事实的，参照适用前款规定。

28　法庭对发问不当的处理

28.1　法条规定与立法释义

▶《刑事诉讼法》（中华人民共和国主席令第10号，2018年10月26日）

第一百九十四条　证人作证，审判人员应当告知他要如实地提供证言和有意作伪证或者隐匿罪证要负的法律责任。公诉人、当事人和辩护人、诉讼代理人经审判长许可，可以对证人、鉴定人发问。审判长认为发问的内容与案件无关的时候，应当制止。

【立法释义】[①]

审判长认为发问的内容与案件无关的时候,应当制止。"内容与案件无关",是指发问的内容与案件涉及的犯罪事实无关,与案件定罪量刑无关。

28.2 司法解释

▶《最高人民法院关于适用〈中华人民共和国刑事诉讼法〉的解释》(法释〔2021〕1号,2021年1月26日)

第二百六十二条 控辩双方的讯问、发问方式不当或者内容与本案无关的,对方可以提出异议,申请审判长制止,审判长应当判明情况予以支持或者驳回;对方未提出异议的,审判长也可以根据情况予以制止。

28.3 规范性文件

▶《人民法院办理刑事案件第一审普通程序法庭调查规程(试行)》(法发〔2017〕31号,2017年11月27日)

第二十一条 控辩一方发问方式不当或者内容与案件事实无关,违反有关发问规则的,对方可以提出异议。对方当庭提出异议的,发问方应当说明发问理由,审判长判明情况予以支持或者驳回;对方未当庭提出异议的,审判长也可以根据情况予以制止。

第二十二条 审判长认为证人当庭陈述的内容与案件事实无关或者明显重复的,可以进行必要的提示。

29 证人、鉴定人等人员不得旁听审理

29.1 司法解释与重点解读

▶《最高人民法院关于适用〈中华人民共和国刑事诉讼法〉的解释》(法释〔2021〕1号,2021年1月26日)

第二百三十四条 开庭审理前,书记员应当依次进行下列工作:

---

① 参见王爱立主编:《中华人民共和国刑事诉讼法释义》,法律出版社2018年版,第413-415页。

（一）受审判长委托，查明公诉人、当事人、辩护人、诉讼代理人、证人及其他诉讼参与人是否到庭；

<u>（二）核实旁听人员中是否有证人、鉴定人、有专门知识的人；</u>

（三）请公诉人、辩护人、诉讼代理人及其他诉讼参与人入庭；

（四）宣读法庭规则；

（五）请审判长、审判员、人民陪审员入庭；

（六）审判人员就座后，向审判长报告开庭前的准备工作已经就绪。

【重点解读】[①]

"核实旁听人员中是否有证人、鉴定人、有专门知识的人"是为保证法庭调查正常进行，在书记员的开庭准备工作中核实有无上述人员旁听。

第二百六十五条　证人、鉴定人、有专门知识的人、调查人员、侦查人员或者其他人员不得旁听对本案的审理。有关人员作证或者发表意见后，审判长应当告知其退庭。

29.2　规范性文件

▶《人民法院办理刑事案件第一审普通程序法庭调查规程（试行）》（法发〔2017〕31号，2017年11月27日）

第二十三条第二款　多名证人出庭作证的，应当在法庭指定的地点等候，不得谈论案情，必要时可以采取隔离等候措施。证人出庭作证后，审判长应当通知法警引导其退庭。证人不得旁听对案件的审理。

30　鉴定人应当出庭的情形及拒不出庭的后果

30.1　法条规定与立法释义

▶《刑事诉讼法》（中华人民共和国主席令第10号，2018年10月26日）

第一百九十二条　公诉人、当事人或者辩护人、诉讼代理人对证人证言有异议，且该证人证言对案件定罪量刑有重大影响，人民法院认为证人有必要出

[①] 参见李少平主编：《最高人民法院关于适用〈中华人民共和国刑事诉讼法〉的解释理解与适用》，人民法院出版社2021年版，第325页。

庭作证的,证人应当出庭作证。

人民警察就其执行职务时目击的犯罪情况作为证人出庭作证,适用前款规定。

<u>公诉人、当事人或者辩护人、诉讼代理人对鉴定意见有异议,人民法院认为鉴定人有必要出庭的,鉴定人应当出庭作证。经人民法院通知,鉴定人拒不出庭作证的,鉴定意见不得作为定案的根据。</u>

【立法释义】[①]

根据本条第三款规定,在同时符合两个条件的情况下,鉴定人应当出庭:一是公诉人、当事人或者辩护人、诉讼代理人对鉴定意见有异议。二是人民法院认为鉴定人有必要出庭。这里规定的条件和证人出庭作证有所不同,未列明"对案件定罪量刑有重大影响",主要是因为鉴定意见通常都对案件的定罪量刑有重大影响,同时,鉴定意见具有专门性、科学性的特征,往往在证明力上会优于其他证据。关于鉴定人不出庭的后果,根据本条第三款的规定,经人民法院通知,鉴定人拒不出庭作证的,鉴定意见不得作为定案的根据。这是一个非常明确的规定,也就是说,经人民法院通知鉴定人出庭,鉴定人不出庭的,其鉴定意见将失去证据作用。这样规定是考虑到鉴定意见与其他证据不同,鉴定意见是专业人员根据科学方法和自己的专业知识作出的判断,不具有唯一性,鉴定人不出庭的,可以另外进行鉴定,提出鉴定意见。

30.2 司法解释与重点解读

▶ **《最高人民法院关于适用〈中华人民共和国刑事诉讼法〉的解释》**(法释〔2021〕1号,2021年1月26日)

第九十九条 经人民法院通知,鉴定人拒不出庭作证的,鉴定意见不得作为定案的根据。

鉴定人由于不能抗拒的原因或者有其他正当理由无法出庭的,人民法院可以根据情况决定延期审理或者重新鉴定。

鉴定人无正当理由拒不出庭作证的,人民法院应当通报司法行政机关或者

[①] 参见王爱立主编:《中华人民共和国刑事诉讼法释义》,法律出版社2018年版,第394-395页。

有关部门。

【重点解读】①

对于鉴定人有正当理由无法出庭的，人民法院可以决定延期审理，也可以决定不延期审理，由人民法院根据案件具体情况把握。人民法院可以根据情况决定延期审理或者重新鉴定。需要注意的是，经人民法院通知，鉴定人没有正当理由不出庭作证的，不得适用强制到庭措施。鉴定人在刑事诉讼中的地位不同于证人。证人具有不可替代性和不可指定性，而鉴定人是可以指定和替代的。故对鉴定人拒不出庭的，由其他鉴定人进行鉴定、提出新的鉴定意见即可，没有必要强制鉴定人到庭作证。

对没有正当理由拒不出庭作证的鉴定人，人民法院应当通报司法行政机关或者有关部门。对此需要注意以下三个问题：（1）本条第三款适用于没有正当理由拒不出庭作证的鉴定人，鉴定人出于不能抗拒的原因或者其他正当理由无法出庭的，不属于应当通报的情形。（2）根据《最高人民法院、最高人民检察院、公安部、国家安全部、司法部关于做好司法鉴定机构和司法鉴定人备案登记工作的通知》（司发通〔2008〕165号）的规定，司法行政机关仅对经检察机关、公安机关、国家安全机关审查合格的所属鉴定机构和鉴定人进行备案登记，对其无管理职能。因此，检察机关、公安机关、国家安全机关所属鉴定机构的鉴定人没有正当理由拒不出庭的，人民法院应当通报相应检察机关、公安机关、国家安全机关；其他司法鉴定人没有正当理由拒不出庭的，人民法院应当通报司法行政机关。（3）对于没有正当理由拒不出庭作证的鉴定人，司法行政部门或者有关部门可以依照《全国人民代表大会常务委员会关于司法鉴定管理问题的决定》或者其他规定给予相应处罚。例如，根据《全国人民代表大会常务委员会关于司法鉴定管理问题的决定》第十三条的规定，经人民法院依法通知，鉴定人拒不出庭作证的，可以给予停止从事司法鉴定业务三个月以上一年以下的处罚；情节严重的，撤销登记。

第二百四十九条 公诉人、当事人或者辩护人、诉讼代理人对证人证言有异议，且该证人证言对定罪量刑有重大影响，或者对鉴定意见有异议，人民法

---

① 参见李少平主编：《最高人民法院关于适用〈中华人民共和国刑事诉讼法〉的解释理解与适用》，人民法院出版社2021年版，第224-225页。

院认为证人、鉴定人有必要出庭作证的，应当通知证人、鉴定人出庭。

控辩双方对侦破经过、证据来源、证据真实性或者合法性等有异议，申请调查人员、侦查人员或者有关人员出庭，人民法院认为有必要的，应当通知调查人员、侦查人员或者有关人员出庭。

▶《人民检察院刑事诉讼规则》（高检发释字〔2019〕4号，2019年12月30日）

第四百零四条　公诉人对证人证言有异议，且该证人证言对案件定罪量刑有重大影响的，可以申请人民法院通知证人出庭作证。

人民警察就其执行职务时目击的犯罪情况作为证人出庭作证，适用前款规定。

公诉人对鉴定意见有异议的，可以申请人民法院通知鉴定人出庭作证。经人民法院通知，鉴定人拒不出庭作证的，公诉人可以建议法庭不予采纳该鉴定意见作为定案的根据，也可以申请法庭重新通知鉴定人出庭作证或者申请重新鉴定。

必要时，公诉人可以申请法庭通知有专门知识的人出庭，就鉴定人作出的鉴定意见提出意见。

当事人或者辩护人、诉讼代理人对证人证言、鉴定意见有异议的，公诉人认为必要时，可以申请人民法院通知证人、鉴定人出庭作证。

【重点解读】①

只要公诉人对鉴定意见有异议，就可以申请鉴定人出庭。经人民法院通知，鉴定人拒不出庭作证的，公诉人可以建议法庭不予采纳该鉴定意见作为定案的根据，也可以申请法庭重新通知鉴定人出庭作证或者申请重新鉴定。

30.3　规范性文件

▶《人民法院办理刑事案件第一审普通程序法庭调查规程（试行）》（法发〔2017〕31号，2017年11月27日）

第四十九条　经人民法院通知，鉴定人拒不出庭作证的，鉴定意见不得作

---

① 参见童建明、万春主编：《〈人民检察院刑事诉讼规则〉条文释义》，中国检察出版社2020年版，第413-414页。

为定案的根据。

有专门知识的人当庭对鉴定意见提出质疑，鉴定人能够作出合理解释，并与相关证据印证的，应当采信鉴定意见；不能作出合理解释，无法确认鉴定意见可靠性的，有关鉴定意见不能作为定案的根据。

▶《最高人民法院、最高人民检察院、公安部、国家安全部、司法部、全国人大常委会法制工作委员会关于实施刑事诉讼法若干问题的规定》（2012年12月26日）

29. 刑事诉讼法第一百八十七条第三款规定："公诉人、当事人或者辩护人、诉讼代理人对鉴定意见有异议，人民法院认为鉴定人有必要出庭的，鉴定人应当出庭作证。经人民法院通知，鉴定人拒不出庭作证的，鉴定意见不得作为定案的根据。"根据上述规定，依法应当出庭的鉴定人经人民法院通知未出庭作证的，鉴定意见不得作为定案的根据。鉴定人由于不能抗拒的原因或者有其他正当理由无法出庭的，人民法院可以根据案件审理情况决定延期审理。

▶《最高人民法院关于全面推进以审判为中心的刑事诉讼制度改革的实施意见》（法发〔2017〕5号，2017年2月17日）

29. 证人没有出庭作证，其庭前证言真实性无法确认的，不得作为定案的根据。证人当庭作出的证言与其庭前证言矛盾，证人能够作出合理解释，并与相关证据印证的，可以采信其庭审证言；不能作出合理解释，而其庭前证言与相关证据印证的，可以采信其庭前证言。

经人民法院通知，鉴定人拒不出庭作证的，鉴定意见不得作为定案的根据。

31 控辩双方对无异议的证据的举证规则

31.1 规范性文件

▶《人民法院办理刑事案件第一审普通程序法庭调查规程（试行）》（法发〔2017〕31号，2017年11月27日）

第三十四条 控辩双方对证人证言、被害人陈述、鉴定意见无异议，有关人员不需要出庭的，或者有关人员因客观原因无法出庭且无法通过视频等方式作证的，可以出示、宣读庭前收集的书面证据材料或者作证过程录音录像。

被告人当庭供述与庭前供述的实质性内容一致的，可以不再出示庭前供述；当庭供述与庭前供述存在实质性差异的，可以出示、宣读庭前供述中存在实质性差异的内容。

32 对物证、文书的审查辨认、宣读（最佳证据规则）

32.1 法条规定与立法释义

▶《**刑事诉讼法**》（中华人民共和国主席令第10号，2018年10月26日）

第一百九十五条 公诉人、辩护人应当向法庭出示物证，让当事人辨认，对未到庭的证人的证言笔录、鉴定人的鉴定意见、勘验笔录和其他作为证据的文书，应当当庭宣读。审判人员应当听取公诉人、当事人和辩护人、诉讼代理人的意见。

【立法释义】①

本条规定有以下三层内容：

一是公诉人、辩护人应当向法庭出示物证，让当事人辨认。公诉人、辩护人向法庭出示物证、宣读未到庭证人的证言笔录等作为证据的文书，审判人员应当听取公诉人、辩护人等的意见。有利于充分调动公诉人、辩护人在庭审中的积极性，让他们从不同角度提出证据，使审判人员站在比较客观的角度，公正地审理案件。在法庭举证、质证过程中，公诉人向法庭出示证明被告人罪行以及其他客观反映案情的物证，辩护人则出示证明被告人无罪或者罪轻的物证。在出示物证前，公诉人、辩护人应当先向当事人问明该物证的特征，然后向法庭出示，让当事人辨认核实，并问清辨认意见。当事人在法庭上辨认物证时要如实回答。不便或者不能拿到法庭上出示的物证，应当出示原物的照片或者投影。

二是对未到庭的证人的证言笔录，鉴定人的鉴定意见、勘验笔录和其他作为证据的文书，应当当庭宣读。证人身患疾病住院治疗或者行走不便、远居外地或者外出，以及有其他正当理由不能到庭作证的，公诉人、辩护人应将其证

---

① 参见王爱立主编：《中华人民共和国刑事诉讼法释义》，法律出版社2018年版，第415-416页。

言笔录当庭宣读。对未到庭的鉴定人的鉴定意见、勘验笔录和其他作为证据的文书，也应当当庭宣读。

三是审判人员应当听取公诉人、当事人和辩护人、诉讼代理人的意见。对于在法庭上出示的物证和宣读的其他证据，审判人员应当听取公诉人、当事人和辩护人、诉讼代理人的意见，认真进行核对。只有经过当事人辨认，各方面的证人证言相互印证、核对属实后，才能作为定案的根据。

32.2 司法解释与重点解读

▶《人民检察院刑事诉讼规则》（高检发释字〔2019〕4号，2019年12月30日）

第四百零九条 公诉人向法庭出示物证，一般应当出示原物，原物不易搬运、不易保存或者已返还被害人的，可以出示反映原物外形和特征的照片、录像、复制品，并向法庭说明情况及与原物的同一性。

公诉人向法庭出示书证，一般应当出示原件。获取书证原件确有困难的，可以出示书证副本或者复制件，并向法庭说明情况及与原件的同一性。

公诉人向法庭出示物证、书证，应当对该物证、书证所要证明的内容、获取情况作出说明，并向当事人、证人等问明物证的主要特征，让其辨认。对该物证、书证进行鉴定的，应当宣读鉴定意见。

▶《最高人民法院、最高人民检察院、公安部、国家安全部、司法部、全国人大常委会法制工作委员会关于实施刑事诉讼法若干问题的规定》（2012年12月26日）

26. 人民法院开庭审理公诉案件时，出庭的检察人员和辩护人需要出示、宣读、播放已移交人民法院的证据的，可以申请法庭出示、宣读、播放。

32.3 规范性文件

▶《人民法院办理刑事案件第一审普通程序法庭调查规程（试行）》（法发〔2017〕31号，2017年11月27日）

第三十二条 物证、书证、视听资料、电子数据等证据，应当出示原物、原件。取得原物、原件确有困难的，可以出示照片、录像、副本、复制件等足以反映原物、原件外形和特征以及真实内容的材料，并说明理由。

对于鉴定意见和勘验、检查、辨认、侦查实验等笔录，应当出示原件。

第三十三条 控辩双方出示证据，应当重点围绕与案件事实相关的内容或者控辩双方存在争议的内容进行。

出示证据时，可以借助多媒体设备等方式出示、播放或者演示证据内容。

33 法庭对有疑问证据进行调查核实

33.1 法条规定与立法释义

▶《刑事诉讼法》（中华人民共和国主席令第10号，2018年10月26日）

第一百九十六条 法庭审理过程中，合议庭对证据有疑问的，可以宣布休庭，对证据进行调查核实。

人民法院调查核实证据，可以进行勘验、检查、查封、扣押、鉴定和查询、冻结。

【立法释义】[1]

合议庭可以休庭进行调查核实证据是在"对证据有疑问的"情况下。"合议庭对证据有疑问的"，主要是指合议庭在法庭审理过程中，认为公诉人、辩护人提出的主要证据是清楚、充分的，但某个证据或者证据的某一方面存在不足或者相互矛盾，如对同一法律事实，公诉人、辩护人各有不同的物证、书证、证人证言或者鉴定意见等证据等情形。在这种情况下，不排除合理怀疑，就会影响定罪或者判刑，但是，控辩双方各执一词，会导致法庭无法及时判定真伪。在这种情况下，有时就需要先宣布休庭，对证据进行调查核实。

人民法院调查核实证据，有时需要对有关证据重新进行调查，有时需要及时地将有关财物固定，防止书证、物证的灭失，因此必须要有一定的手段。这些措施是勘验、检查，查封、扣押，鉴定和查询、冻结。"勘验、检查"，主要是指对于与犯罪有关的场所、物品、人身、尸体进行勘验或者检查；"查封、扣押"，主要是指扣押可用于证明被告人有罪、无罪或者罪轻的各种物品和文件、邮件、电报等，必要时也可以查封或者扣押被告人的财产，但与案件无关

---

[1] 参见王爱立主编：《中华人民共和国刑事诉讼法释义》，法律出版社2018年版，第417-418页。

的上述物品等不得查封、扣押;"鉴定",是指为查明证据的真伪,指派、聘请有专门知识的人就案件中的某个专门性问题进行鉴别、确定;"查询、冻结",主要是指依照规定查询、冻结被告人的存款、汇款。人民法院在采取上述措施时,应当遵守本法关于侦查中相关措施的规定。

在理解和执行本条的规定时主要应当注意两点:一是合议庭对证据有疑问,在庭外采用勘验、检查,查封、扣押,鉴定和查询、冻结等方式对证据进行调查核实后,在继续进行开庭审理时必须经过庭审辩认、质证才能作为判决的依据,而不能以调查核实代替控辩双方的举证、质证。二是合议庭调查核实证据是在开庭审理后,公诉人、辩护人进行举证、质证的过程中,遇到对证据有疑问的情况时才进行,而不是开庭前事先调查核实证据。

33.2 司法解释与重点解读

▶《最高人民法院关于适用〈中华人民共和国刑事诉讼法〉的解释》(法释〔2021〕1号,2021年1月26日)

第七十九条 人民法院依照刑事诉讼法第一百九十六条的规定调查核实证据,必要时,可以通知检察人员、辩护人、自诉人及其法定代理人到场。上述人员未到场的,应当记录在案。

人民法院调查核实证据时,发现对定罪量刑有重大影响的新的证据材料的,应当告知检察人员、辩护人、自诉人及其法定代理人。必要时,也可以直接提取,并及时通知检察人员、辩护人、自诉人及其法定代理人查阅、摘抄、复制。

【重点解读】[①]

为了保证对证据调查核实的公正性和客观性,调查核实证据,"必要时,可以通知检察人员、辩护人、自诉人及其法定代理人到场"。被告人往往处于羁押状态,可以由其辩护人代为表达意见,所以可以不通知其到场。证人参与庭外调取、调查、核实证据活动,容易受到上述活动的影响,影响其客观地陈述证言。而人民法院直接通知侦查人员到场,不符合刑事诉讼的构造。因此,庭外调取、调查、核实证据活动的人员范围规定为"检察人员、辩护人、自诉

[①] 参见李少平主编:《最高人民法院关于适用〈中华人民共和国刑事诉讼法〉的解释理解与适用》,人民法院出版社2021年版,第203页。

人及其法定代理人"。

人民法院依法调查核实证据时，发现对定罪量刑有重大影响的新的证据材料的，应当告知检察人员、辩护人、自诉人及其法定代理人，由上述主体依法收集。在证据不及时收集可能灭失，辩护人、自诉人及其法定代理人难以收集到相关证据等必要情况下，也可以由人民法院直接提取。

第二百七十一条　法庭对证据有疑问的，可以告知公诉人、当事人及其法定代理人、辩护人、诉讼代理人补充证据或者作出说明；必要时，可以宣布休庭，对证据进行调查核实。

对公诉人、当事人及其法定代理人、辩护人、诉讼代理人补充的和审判人员庭外调查核实取得的证据，应当经过当庭质证才能作为定案的根据。但是，对不影响定罪量刑的非关键证据、有利于被告人的量刑证据以及认定被告人有犯罪前科的裁判文书等证据，经庭外征求意见，控辩双方没有异议的除外。

有关情况，应当记录在案。

▶《人民检察院刑事诉讼规则》（高检发释字〔2019〕4号，2019年12月30日）

第四百一十四条　在法庭审理过程中，合议庭对证据有疑问或者人民法院根据辩护人、被告人的申请，向人民检察院调取在侦查、审查起诉中收集的有关被告人无罪或者罪轻的证据材料的，人民检察院应当自收到人民法院要求调取证据材料决定书后三日以内移交。没有上述材料的，应当向人民法院说明情况。

【重点解读】①

人民检察院如果掌握被告人无罪或者罪轻的证据材料，应当按照要求向人民法院移交；如果没有此类材料，则不需要移交，说明情况即可。

33.3　规范性文件

▶《人民法院办理刑事案件第一审普通程序法庭调查规程（试行）》（法发〔2017〕31号，2017年11月27日）

第三十六条　法庭对证据有疑问的，可以告知控辩双方补充证据或者作出

---

① 参见童建明、万春主编：《〈人民检察院刑事诉讼规则〉条文释义》，中国检察出版社2020年版，第421页。

说明；必要时，可以在其他证据调查完毕后宣布休庭，对证据进行调查核实。法庭调查核实证据，可以通知控辩双方到场，并将核实过程记录在案。

对于控辩双方补充的和法庭庭外调查核实取得的证据，应当经过庭审质证才能作为定案的根据。但是，对于不影响定罪量刑的非关键性证据和有利于被告人的量刑证据，经庭外征求意见，控辩双方没有异议的除外。

▶《最高人民法院、最高人民检察院、公安部、国家安全部、司法部关于办理刑事案件排除非法证据若干问题的规定》（法发〔2010〕20号，2010年6月13日）

第八条 法庭对于控辩双方提供的证据有疑问的，可以宣布休庭，对证据进行调查核实。必要时，可以通知检察人员、辩护人到场。

▶《最高人民法院、最高人民检察院、公安部、国家安全部、司法部关于办理死刑案件审查判断证据若干问题的规定》（法发〔2010〕20号，2010年6月13日）

第三十八条 法庭对证据有疑问的，可以告知出庭检察人员、被告人及其辩护人补充证据或者作出说明；确有核实必要的，可以宣布休庭，对证据进行调查核实。法庭进行庭外调查时，必要时，可以通知出庭检察人员、辩护人到场。出庭检察人员、辩护人一方或者双方不到场的，法庭记录在案。

人民检察院、辩护人补充的和法庭庭外调查核实取得的证据，法庭可以庭外征求出庭检察人员、辩护人的意见。双方意见不一致，有一方要求人民法院开庭进行调查的，人民法院应当开庭。

33.4 案例与要旨

◆【最高人民检察院指导性案例】［第26号］陈满申诉案

裁判要旨：证据是刑事诉讼的基石，认定案件事实，必须以证据为根据。证据未经当庭出示、辨认、质证等法庭调查程序查证属实，不能作为定案的根据。对于在案发现场提取的物证等实物证据，未经鉴定，且在诉讼过程中丢失或者毁灭，无法在庭审中出示、质证，有罪供述的主要情节又得不到其他证据印证，而原审裁判认定被告人有罪的，应当依法进行监督。

34 申请新证人、新物证、重新鉴定或勘验

34.1 法条规定与立法释义

▶《刑事诉讼法》（中华人民共和国主席令第 10 号，2018 年 10 月 26 日）

第一百九十七条 <u>法庭审理过程中，当事人和辩护人、诉讼代理人有权申请通知新的证人到庭，调取新的物证，申请重新鉴定或者勘验。</u>

<u>公诉人、当事人和辩护人、诉讼代理人可以申请法庭通知有专门知识的人出庭，就鉴定人作出的鉴定意见提出意见。</u>

法庭对于上述申请，应当作出是否同意的决定。

第二款规定的有专门知识的人出庭，适用鉴定人的有关规定。

【立法释义】[1]

在法庭审理过程中，如果当事人和辩护人、诉讼代理人发现了新的证据或者对原有证据产生疑问，认为有必要重新取证或者进行补充，有权以口头或者书面形式随时向法庭提出申请，请求新的证人到庭，调取新的物证，进行重新鉴定或者勘验。

"有专门知识的人出庭"这一制度在理解和执行中有三个问题需要注意：（1）提出意见本身不是重新鉴定，只是具有专门知识的人从专业角度对鉴定意见提出质疑意见，作为法官甄别证据的参考。（2）具有专门知识的人提出的意见如被采纳，则可能带来相关的鉴定意见不能采信的后果，该鉴定意见不能作为定案的根据。但是否需要重新鉴定还要根据案件情况和需要由法官决定。（3）有专门知识的人，不需要具有鉴定人的资格。根据《全国人民代表大会常务委员会关于司法鉴定管理问题的决定》的规定，国家对从事法医类、物证类等的鉴定人和鉴定机构实行登记管理制度。申请从事司法鉴定业务的个人、法人或者其他组织，由省级人民政府司法行政部门审核，对符合条件的予以登记，编入鉴定人和鉴定机构名册并公告。上述法医类等的鉴定的鉴定人只能从名册中选出。本条第二款规定的有专门知识的人，不需要一定从鉴定人名册中选出，只要对相关鉴定事项具有相当的专业知识即可。

---

[1] 参见王爱立主编：《中华人民共和国刑事诉讼法释义》，法律出版社 2018 年版，第 419-421 页。

如果法庭认为公诉人、当事人和辩护人、诉讼代理人提出的申请有道理，对查清案件的事实真相有意义，而且在客观上又能做到，应当作出决定，通知新的证人到庭，通知具有专门知识的人出庭，调取新的物证，重新鉴定或者勘验。能够当庭解决的，应当当庭解决；当庭解决不了的，应当宣布休庭，决定案件延期审理。如果法庭认为公诉人、当事人和辩护人、诉讼代理人提出的申请没有理由，与查清本案没有关系，应当作出不同意当事人和辩护人、诉讼代理人申请的决定，并当庭宣布。

有专门知识的人出庭适用鉴定人有关规定主要是为了解决其出庭的诉讼地位等程序性问题，如回避、询问等，不包括适用《全国人民代表大会常务委员会关于司法鉴定管理问题的决定》有关其资质、处罚等实体性处理的规定。

34.2 司法解释

▶《最高人民法院关于适用〈中华人民共和国刑事诉讼法〉的解释》（法释〔2021〕1号，2021年1月26日）

第二百七十二条 公诉人申请出示开庭前未移送或者提交人民法院的证据，辩护方提出异议的，审判长应当要求公诉人说明理由；理由成立并确有出示必要的，应当准许。

辩护方提出需要对新的证据作辩护准备的，法庭可以宣布休庭，并确定准备辩护的时间。

辩护方申请出示开庭前未提交的证据，参照适用前两款规定。

第二百七十三条 法庭审理过程中，控辩双方申请通知新的证人到庭，调取新的证据，申请重新鉴定或者勘验的，应当提供证人的基本信息、证据的存放地点，说明拟证明的事项，申请重新鉴定或者勘验的理由。法庭认为有必要的，应当同意，并宣布休庭；根据案件情况，可以决定延期审理。

人民法院决定重新鉴定的，应当及时委托鉴定，并将鉴定意见告知人民检察院、当事人及其辩护人、诉讼代理人。

34.3 规范性文件

▶《人民法院办理刑事案件第一审普通程序法庭调查规程（试行）》（法发〔2017〕31号，2017年11月27日）

第三十七条 控辩双方申请出示庭前未移送或提交人民法院的证据，对方提出异议的，申请方应当说明理由，法庭经审查认为理由成立并确有出示必要的，应当准许。

对方提出需要对新的证据作辩护准备的，法庭可以宣布休庭，并确定准备的时间。

第三十八条　法庭审理过程中，控辩双方申请通知新的证人到庭，调取新的证据，申请重新鉴定或者勘验的，应当提供证人的基本信息、证据的存放地点，说明拟证明的案件事实、要求重新鉴定或者勘验的理由。法庭认为有必要的，应当同意，并宣布延期审理；不同意的，应当说明理由并继续审理。

▶《最高人民法院、最高人民检察院、公安部、国家安全部、司法部关于办理刑事案件排除非法证据若干问题的规定》（法发〔2010〕20号，2010年6月13日）

第九条　庭审中，公诉人为提供新的证据需要补充侦查，建议延期审理的，法庭应当同意。

被告人及其辩护人申请通知讯问人员、讯问时其他在场人员或者其他证人到庭，法庭认为有必要的，可以宣布延期审理。

35　检察机关在审判期间补充侦查

35.1　司法解释与重点解读

▶《最高人民法院关于适用〈中华人民共和国刑事诉讼法〉的解释》（法释〔2021〕1号，2021年1月26日）

第二百七十四条　审判期间，公诉人发现案件需要补充侦查，建议延期审理的，合议庭可以同意，但建议延期审理不得超过两次。

人民检察院将补充收集的证据移送人民法院的，人民法院应当通知辩护人、诉讼代理人查阅、摘抄、复制。

补充侦查期限届满后，人民检察院未将补充的证据材料移送人民法院的，人民法院可以根据在案证据作出判决、裁定。

【重点解读】①

1. 对于检察机关为补充侦查而提出的延期审理建议，法院具有裁量权，可根据案件情况决定是否同意延期审理。

2. 补充侦查期限届满后，经通知，人民检察院未将补充的证据材料移送人民法院的，人民法院原则上应当根据在案证据材料作出判决、裁定。但是，如果人民检察院未将补充侦查时退回的案卷移送人民法院，或者拒不派员出席法庭，可以按人民检察院撤诉处理。

3. 本条针对的是补充侦查情形的延期审理，故限定主体为人民检察院，但是对于其他情形的延期审理，辩方也可以申请。

▶《人民检察院刑事诉讼规则》（高检发释字〔2019〕4号，2019年12月30日）

第四百二十二条 在审判过程中，对于需要补充提供法庭审判所必需的证据或者补充侦查的，人民检察院应当自行收集证据和进行侦查，必要时可以要求监察机关或者公安机关提供协助；也可以书面要求监察机关或者公安机关补充提供证据。

人民检察院补充侦查，适用本规则第六章、第九章、第十章的规定。

补充侦查不得超过一个月。

【重点解读】②

在审判过程中，如果需要补充提供法庭审判所必需的证据或者补充侦查，人民检察院可以通过两种途径进行：一是应当自行收集证据和进行侦查。也就是说，在审判阶段，对于补充法庭所需要的证据或者补充侦查，人民检察院一般应当自行侦查和收集证据。二是必要时可以要求监察机关或者公安机关提供协助，也可以书面要求监察机关或者公安机关补充提供证据。在自行侦查过程中，人民检察院可以要求监察机关或者公安机关提供协助。如果需要收集的证据由监察机关或者公安机关收集更为便利和合适，人民检察院可以书面要求监

---

① 参见李少平主编：《最高人民法院关于适用〈中华人民共和国刑事诉讼法〉的解释理解与适用》，人民法院出版社2021年版，第346-347页。

② 参见童建明、万春主编：《〈人民检察院刑事诉讼规则〉条文释义》，中国检察出版社2020年版，第426-427页。

察机关或者公安机关补充提供。

35.2 规范性文件

► 《人民法院办理刑事案件第一审普通程序法庭调查规程（试行）》（法发〔2017〕31号，2017年11月27日）

第四十条 审判期间，公诉人发现案件需要补充侦查，建议延期审理的，法庭可以同意，但建议延期审理不得超过两次。

人民检察院将补充收集的证据移送人民法院的，人民法院应当通知辩护人、诉讼代理人查阅、摘抄、复制。辩护方提出需要对补充收集的证据作辩护准备的，法庭可以宣布休庭，并确定准备的时间。

补充侦查期限届满后，经人民法院通知，人民检察院未建议案件恢复审理，且未说明原因的，人民法院可以决定按人民检察院撤诉处理。

36 法庭向检察机关调取证据

36.1 司法解释

► 《最高人民法院关于适用〈中华人民共和国刑事诉讼法〉的解释》（法释〔2021〕1号，2021年1月26日）

第二百七十五条 <u>人民法院向人民检察院调取需要调查核实的证据材料，或者根据被告人、辩护人的申请，向人民检察院调取在调查、侦查、审查起诉期间收集的有关被告人无罪或者罪轻的证据材料，应当通知人民检察院在收到调取证据材料决定书后三日以内移交。</u>

第二百七十七条第一款 审判期间，合议庭发现被告人可能有自首、坦白、立功等法定量刑情节，而人民检察院移送的案卷中没有相关证据材料的，应当通知人民检察院在指定时间内移送。

36.2 规范性文件

► 《人民法院办理刑事案件第一审普通程序法庭调查规程（试行）》（法发〔2017〕31号，2017年11月27日）

第四十一条 人民法院向人民检察院调取需要调查核实的证据材料，或者根据被告人及其辩护人的申请，向人民检察院调取在侦查、审查起诉期间收集的有关被告人无罪或者罪轻的证据材料，应当通知人民检察院在收到调取证据材料决定书后三日内移交。

第四十三条第一款 审判期间，被告人及其辩护人提出有自首、坦白、立功等法定量刑情节，或者人民法院发现被告人可能有上述法定量刑情节，而人民检察院移送的案卷中没有相关证据材料的，应当通知人民检察院移送。

▶《最高人民法院、最高人民检察院、公安部、国家安全部、司法部、全国人大常委会法制工作委员会关于实施刑事诉讼法若干问题的规定》（2012年12月26日）

27. 刑事诉讼法第三十九条规定："辩护人认为在侦查、审查起诉期间公安机关、人民检察院收集的证明犯罪嫌疑人、被告人无罪或者罪轻的证据材料未提交的，有权申请人民检察院、人民法院调取。"第一百九十一条第一款规定："法庭审理过程中，合议庭对证据有疑问的，可以宣布休庭，对证据进行调查核实。"第一百九十二条第一款规定："法庭审理过程中，当事人和辩护人、诉讼代理人有权申请通知新的证人到庭，调取新的物证，申请重新鉴定或者勘验。"根据上述规定，自案件移送审查起诉之日起，人民检察院可以根据辩护人的申请，向公安机关调取未提交的证明犯罪嫌疑人、被告人无罪或者罪轻的证据材料。在法庭审理过程中，人民法院可以根据辩护人的申请，向人民检察院调取未提交的证明被告人无罪或者罪轻的证据材料，也可以向人民检察院调取需要调查核实的证据材料。公安机关、人民检察院应当自收到要求调取证据材料决定书后三日内移交。

37　法庭建议检察机关补充侦查

37.1　司法解释与重点解读

▶《最高人民法院关于适用〈中华人民共和国刑事诉讼法〉的解释》（法释〔2021〕1号，2021年1月26日）

第二百七十七条 审判期间，合议庭发现被告人可能有自首、坦白、立功等法定量刑情节，而人民检察院移送的案卷中没有相关证据材料的，应当通知人民检察院在指定时间内移送。

审判期间，被告人提出新的立功线索的，人民法院可以建议人民检察院补充侦查。

第二百九十七条　审判期间，人民法院发现新的事实，可能影响定罪量刑的，或者需要补查补证的，应当通知人民检察院，由其决定是否补充、变更、追加起诉或者补充侦查。

人民检察院不同意或者在指定时间内未回复书面意见的，人民法院应当就起诉指控的事实，依照本解释第二百九十五条的规定作出判决、裁定。

【重点解读】①

根据以审判为中心的刑事诉讼制度改革的要求，法院应当坚持裁判中立原则，不能成为控诉方，故而第二百九十七条第一款只是规定"通知人民检察院，由其决定是否补充、变更、追加起诉或者补充侦查"，即强调人民法院要依据在案证据依法裁判，确保司法公正和中立。

人民检察院不同意或者在指定时间内未回复书面意见的，人民法院应当就起诉指控的事实，依照本解释第二百九十五条的规定作出判决、裁定。

▶《人民检察院刑事诉讼规则》（高检发释字〔2019〕4号，2019年12月30日）

第四百二十五条　在法庭审理过程中，人民法院建议人民检察院补充侦查、补充起诉、追加起诉或者变更起诉的，人民检察院应当审查有关理由，并作出是否补充侦查、补充起诉、追加起诉或者变更起诉的决定。人民检察院不同意的，可以要求人民法院就起诉指控的犯罪事实依法作出裁判。

【重点解读】②

补充起诉、追加起诉或者变更起诉均是起诉裁量权的重要组成部分，是否行使决定权在于人民检察院。在法庭审理过程中，人民法院建议人民检察院补充侦查、补充起诉、追加起诉或者变更起诉的，人民检察院应当对人民法院建议的理由进行审查，并作出是否补充侦查、补充起诉、追加起诉或者变更起诉

---

① 参见李少平主编：《最高人民法院关于适用〈中华人民共和国刑事诉讼法〉的解释理解与适用》，人民法院出版社2021年版，第362-363页。

② 参见童建明、万春主编：《〈人民检察院刑事诉讼规则〉条文释义》，中国检察出版社2020年版，第429-430页。

的决定。人民检察院不同意的，可以要求人民法院就起诉指控的犯罪事实依法作出裁判。也就是说，对人民法院的建议，人民检察院可以同意，也可以不同意。人民检察院不同意补充起诉、追加起诉或者变更起诉的，人民法院不能超出指控的事实范围径行作出判决，这也是不告不理和控审分离原则的体现。

37.2 规范性文件

▶《人民法院办理刑事案件第一审普通程序法庭调查规程（试行）》（法发〔2017〕31号，2017年11月27日）

第四十三条 审判期间，被告人及其辩护人提出有自首、坦白、立功等法定量刑情节，或者人民法院发现被告人可能有上述法定量刑情节，而人民检察院移送的案卷中没有相关证据材料的，应当通知人民检察院移送。

审判期间，被告人及其辩护人提出新的立功情节，并提供相关线索或者材料的，人民法院可以建议人民检察院补充侦查。

38 对采用技术侦查、调查措施收集的证据的审查原则

38.1 法条规定与立法释义

▶《刑事诉讼法》（中华人民共和国主席令第10号，2018年10月26日）

第一百五十四条 依照本节规定采取侦查措施收集的材料在刑事诉讼中可以作为证据使用。如果使用该证据可能危及有关人员的人身安全，或者可能产生其他严重后果的，应当采取不暴露有关人员身份、技术方法等保护措施，必要的时候，可以由审判人员在庭外对证据进行核实。

【立法释义】[1]

第一，明确规定依照"技术侦查措施"一节采取侦查措施所收集的材料在刑事诉讼中可以作为证据作用。根据这一规定，有些材料如窃听获取的录音带，密拍获取的照片、录像带等都可以作为证据向法庭提供。应当说明的是，这些材料作为证据使用，同样要经过法庭查证属实，才能作为定案的根据。这

---

[1] 参见王爱立主编：《中华人民共和国刑事诉讼法释义》，法律出版社2018年版，第316-317页。

里规定的"侦查措施",包括依照本法第一百五十条、第一百五十一条采取的技术侦查措施,也包括依照本法第一百五十三条采取的隐匿身份实施侦查和控制下交付。

第二,为了保证侦查人员、技术侦查方法和过程的安全,本条对证据的使用作了特殊规定:(1)为了保护相关侦查人员、线人的人身安全,保守国家秘密、企业的商业秘密、公民的个人隐私,防止技术侦查过程、方法被泄露,本条规定,如果使用该证据可能危及有关人员的人身安全,或者可能产生其他严重后果的,应当采取不暴露有关人员身份、技术方法等保护措施。这里规定的"其他严重后果"主要是指使用该证据会造成泄密、提高罪犯的反侦查能力、妨碍对其他案件的侦破等后果。(2)规定了庭外核实证据的程序,即必要的时候,可以由审判人员在庭外对证据进行核实。这里规定的"必要的时候",主要指两种情况:一种是采取不暴露有关人员身份、技术方法等保护措施不足以使法官确信这些证据材料的真实性、可靠性,无法作出判决。另一种是采取不暴露有关人员身份、技术方法等保护措施还是无法防止严重后果的发生。在这两种情况下,可以由审判人员在庭外对侦查的方法、过程等进行核实,向侦查人员了解有关情况,查看相关的物证、书证及其他证据材料,包括观看相关的录音录像等。应当注意的是,在庭外对证据进行核实的审判人员必须承担对有关人员身份、技术侦查的具体方法的保密义务。

38.2 司法解释与重点解读

▶《最高人民法院关于适用〈中华人民共和国刑事诉讼法〉的解释》(法释〔2021〕1号,2021年1月26日)

第一百二十条 采取技术调查、侦查措施收集的证据材料,应当经过当庭出示、辨认、质证等法庭调查程序查证。

当庭调查技术调查、侦查证据材料可能危及有关人员的人身安全,或者可能产生其他严重后果的,法庭应当采取不暴露有关人员身份和技术调查、侦查措施使用的技术设备、技术方法等保护措施。必要时,审判人员可以在庭外对证据进行核实。

第一百二十一条 采用技术调查、侦查证据作为定案根据的,人民法院在裁判文书中可以表述相关证据的名称、证据种类和证明对象,但不得表述有关人员身份和技术调查、侦查措施使用的技术设备、技术方法等。

第一百二十二条 人民法院认为应当移送的技术调查、侦查证据材料未随案移送的，应当通知人民检察院在指定时间内移送。人民检察院未移送的，人民法院应当根据在案证据对案件事实作出认定。

▶《人民检察院刑事诉讼规则》（高检发释字〔2019〕4号，2019年12月30日）

第四百零七条 必要时，公诉人可以建议法庭采取不暴露证人、鉴定人、被害人外貌、真实声音等出庭作证保护措施，或者建议法庭根据刑事诉讼法第一百五十四条的规定在庭外对证据进行核实。

【重点解读】[1]

为了保护证人、鉴定人、被害人的人身安全，防止受到报复陷害等不法侵害，必要时，公诉人可以提出以下建议：一是建议法庭采取不暴露证人、鉴定人、被害人外貌、真实声音等出庭作证保护措施。二是建议法庭根据《刑事诉讼法》第一百五十四条的规定在庭外对证据进行核实。"在庭外对证据进行核实"，是指由审判人员在庭外向证人、鉴定人、被害人核实有关情况，审判人员负有对证人、鉴定人、被害人身份保密的义务。

38.3 规范性文件

▶《人民法院办理刑事案件第一审普通程序法庭调查规程（试行）》（法发〔2017〕31号，2017年11月27日）

第三十五条 采用技术侦查措施收集的证据，应当当庭出示。当庭出示、辨认、质证可能危及有关人员的人身安全，或者可能产生其他严重后果的，应当采取不暴露有关人员身份、不公开技术侦查措施和方法等保护措施。

法庭决定在庭外对技术侦查证据进行核实的，可以召集公诉人和辩护律师到场。在场人员应当履行保密义务。

▶《最高人民法院、最高人民检察院、公安部、国家安全部、司法部关于办理死刑案件审查判断证据若干问题的规定》（法发〔2010〕20号，2010年6月13日）

第三十五条 侦查机关依照有关规定采用特殊侦查措施所收集的物证、书

---

[1] 参见童建明、万春主编：《〈人民检察院刑事诉讼规则〉条文释义》，中国检察出版社2020年版，第416页。

证及其他证据材料,经法庭查证属实,可以作为定案的根据。

法庭依法不公开特殊侦查措施的过程及方法。

39　同案或关联案件被告人到庭对质

39.1　司法解释与重点解读

▶《最高人民法院关于适用〈中华人民共和国刑事诉讼法〉的解释》(法释〔2021〕1号,2021年1月26日)

第二百六十九条　审理过程中,法庭认为有必要的,可以传唤同案被告人、分案审理的共同犯罪或者关联犯罪案件的被告人等到庭对质。

【重点解读】[①]

到庭对质的范围由"同案被告人"扩展为包括"分案审理的共同犯罪或者关联犯罪案件的被告人"在内,以充分保障当事人的质证权,便于法庭准确查明案件事实。

40　对量刑证据的调查

40.1　法条规定与立法释义

▶《刑事诉讼法》(中华人民共和国主席令第10号,2018年10月26日)

第一百九十八条　法庭审理过程中,对与定罪、量刑有关的事实、证据都应当进行调查、辩论。

经审判长许可,公诉人、当事人和辩护人、诉讼代理人可以对证据和案件情况发表意见并且可以互相辩论。

审判长在宣布辩论终结后,被告人有最后陈述的权利。

【立法释义】[②]

本条共分三款。本条第一款是关于法庭审理中对与定罪、量刑有关的事

---

① 参见李少平主编:《最高人民法院关于适用〈中华人民共和国刑事诉讼法〉的解释理解与适用》,人民法院出版社2021年版,第344页。

② 参见王爱立主编:《中华人民共和国刑事诉讼法释义》,法律出版社2018年版,第421-423页。

实、证据都应当进行调查、辩论的规定。近年来，量刑问题日益引起人们的关注。最高人民法院根据深化司法体制和工作机制改革的要求，通过制定量刑指导意见明确了未成年犯、未遂犯、自首、立功等14种常见的量刑情节对基准刑的调节幅度，选择了常见的交通肇事、故意伤害、抢劫、盗窃、强奸等15种犯罪进行规范；通过制定量刑程序指导意见来规范量刑活动的具体程序。这些对于促进量刑的公正与均衡、增强量刑的公开性和透明度、促进司法公正等具有积极意义。本条第一款规定的意图是表达，在法庭审理中，不仅要对与定罪相关的事实、证据进行调查、辩论，对与量刑相关的事实、证据也要调查、辩论，旨在为量刑规范化提供法律依据。在研究过程中，有的建议将定罪和量刑程序分开，分别进行调查、辩论。考虑到定罪量刑本身是庭审的重要内容，实践中案件的情况比较复杂，很多犯罪情节既是定罪情节也是量刑情节，难以分开，刻意分开会影响诉讼效率，增加当事人、辩护人的诉讼负担，既不科学也不符合我国审判制度。因此，本条第一款规定仅强调了"对与定罪、量刑有关的事实、证据都应当进行调查、辩论"，并非为量刑设置专门程序。

40.2 司法解释与重点解读

▶《最高人民法院关于适用〈中华人民共和国刑事诉讼法〉的解释》（法释〔2021〕1号，2021年1月26日）

第七十九条 人民法院依照刑事诉讼法第一百九十六条的规定调查核实证据，必要时，可以通知检察人员、辩护人、自诉人及其法定代理人到场。上述人员未到场的，应当记录在案。

人民法院调查核实证据时，发现对定罪量刑有重大影响的新的证据材料的，应当告知检察人员、辩护人、自诉人及其法定代理人。必要时，也可以直接提取，并及时通知检察人员、辩护人、自诉人及其法定代理人查阅、摘抄、复制。

【重点解读】[①]

为了保证证据调查核实的公正性和客观性，必要时，人民法院可以通知检察人员、辩护人、自诉人及其法定代理人到场。被告人往往处于羁押状态，可

[①] 参见李少平主编：《最高人民法院关于适用〈中华人民共和国刑事诉讼法〉的解释理解与适用》，人民法院出版社2021年版，第203页。

以由其辩护人代为表达意见,所以可以不通知其到场。证人参与庭外调取、调查、核实证据活动,容易受上述活动的影响,影响其客观地陈述证言。而人民法院直接通知侦查人员到场,不符合刑事诉讼的构造。庭外调取、调查、核实证据活动的人员范围规定为"检察人员、辩护人、自诉人及其法定代理人"。

人民法院依法调查核实证据时,发现对定罪量刑有重大影响的新的证据材料的,应当告知检察人员、辩护人、自诉人及其法定代理人,由上述主体依法收集。本条第二款规定以通知控辩双方收集为原则、人民法院直接提取为补充。

第二百六十八条 对可能影响定罪量刑的关键证据和控辩双方存在争议的证据,一般应当单独举证、质证,充分听取质证意见。

对控辩双方无异议的非关键证据,举证方可以仅就证据的名称及拟证明的事实作出说明。

召开庭前会议的案件,举证、质证可以按照庭前会议确定的方式进行。

根据案件和庭审情况,法庭可以对控辩双方的举证、质证方式进行必要的指引。

【重点解读】①

对关键证据应该每份证据单独质证,才能充分查明事实。

第二百七十一条 法庭对证据有疑问的,可以告知公诉人、当事人及其法定代理人、辩护人、诉讼代理人补充证据或者作出说明;必要时,可以宣布休庭,对证据进行调查核实。

对公诉人、当事人及其法定代理人、辩护人、诉讼代理人补充的和审判人员庭外调查核实取得的证据,应当经过当庭质证才能作为定案的根据。但是,对不影响定罪量刑的非关键证据、有利于被告人的量刑证据以及认定被告人有犯罪前科的裁判文书等证据,经庭外征求意见,控辩双方没有异议的除外。

有关情况,应当记录在案。

▶ **《人民检察院刑事诉讼规则》**(高检发释字〔2019〕4号,2019年12月30日)

第三百九十九条 在法庭审理中,公诉人应当客观、全面、公正地向法庭

---

① 参见李少平主编:《最高人民法院关于适用〈中华人民共和国刑事诉讼法〉的解释理解与适用》,人民法院出版社2021年版,第343页。

出示与定罪、量刑有关的证明被告人有罪、罪重或者罪轻的证据。

按照审判长要求，或者经审判长同意，公诉人可以按照以下方式举证、质证：

（一）对于可能影响定罪量刑的关键证据和控辩双方存在争议的证据，一般应当单独举证、质证；

（二）对于不影响定罪量刑且控辩双方无异议的证据，可以仅就证据的名称及其证明的事项、内容作出说明；

（三）对于证明方向一致、证明内容相近或者证据种类相同，存在内在逻辑关系的证据，可以归纳、分组示证、质证。

公诉人出示证据时，可以借助多媒体设备等方式出示、播放或者演示证据内容。

定罪证据与量刑证据需要分开的，应当分别出示。

【重点解读】[1]

定罪证据与量刑证据需要分开的，应当分别出示。如自首、立功等纯属于量刑的证据，应当与定罪证据分开出示，即将定罪证据出示完毕后，再单独出示纯粹的量刑证据。当然，可以分开的证据指那些纯属于量刑的证据，有些证据可能既是定罪证据，也是量刑证据，无法分开。而有些纯属于量刑的证据，分别出示可以使出示证据的条理更清楚、重点更突出，这些证据不分别出示也不易操作。

第四百三十四条 公诉人出席简易程序法庭时，应当主要围绕量刑以及其他有争议的问题进行法庭调查和法庭辩论。在确认被告人庭前收到起诉书并对起诉书指控的犯罪事实没有异议后，可以简化宣读起诉书，根据案件情况决定是否讯问被告人，询问证人、鉴定人和出示证据。

根据案件情况，公诉人可以建议法庭简化法庭调查和法庭辩论程序。

【重点解读】[2]

在法庭调查阶段，公诉人可以根据案件情况决定是否讯问被告人、询问证

---

[1] 参见童建明、万春主编：《〈人民检察院刑事诉讼规则〉条文释义》，中国检察出版社2020年版，第408页。

[2] 参见童建明、万春主编：《〈人民检察院刑事诉讼规则〉条文释义》，中国检察出版社2020年版，第436页。

人、鉴定人，如果需要讯问或询问的，也应当突出重点。举证时可以采取适当的方式出示证据，对于控辩双方没有争议的证据，可以不出示。对于辩方出示的证据，需要质证的，应当质证；没有必要质证的，则不质证。在法庭辩论阶段，公诉人应当主要围绕量刑以及其他有争议的问题进行法庭辩论。对于定罪问题，由于被告人认罪，故无须作过多的阐述。根据案件情况，公诉人还可以建议法庭简化法庭调查和法庭辩论程序。

40.3 规范性文件

▶《最高人民法院关于处理自首和立功若干具体问题的意见》（法发〔2010〕60号，2010年12月22日）

六、关于立功线索的查证程序和具体认定

被告人在一、二审审理期间检举揭发他人犯罪行为或者提供侦破其他案件的重要线索，人民法院经审查认为该线索内容具体、指向明确的，应及时移交有关人民检察院或者公安机关依法处理。

侦查机关出具材料，表明在三个月内还不能查证并抓获被检举揭发的人，或者不能查实的，人民法院审理案件可不再等待查证结果。

被告人检举揭发他人犯罪行为或者提供侦破其他案件的重要线索经查证不属实，又重复提供同一线索，且没有提出新的证据材料的，可以不再查证。

根据被告人检举揭发破获的他人犯罪案件，如果已有审判结果，应当依据判决确认的事实认定是否查证属实；如果被检举揭发的他人犯罪案件尚未进入审判程序，可以依据侦查机关提供的书面查证情况认定是否查证属实。检举揭发的线索经查确有犯罪发生，或者确定了犯罪嫌疑人，可能构成重大立功，只是未能将犯罪嫌疑人抓获归案的，对可能判处死刑的被告人一般要留有余地，对其他被告人原则上应酌情从轻处罚。

被告人检举揭发或者协助抓获的人的行为构成犯罪，但因法定事由不追究刑事责任、不起诉、终止审理的，不影响对被告人立功表现的认定；被告人检举揭发或者协助抓获的人的行为应判处无期徒刑以上刑罚，但因具有法定、酌定从宽情节，宣告刑为有期徒刑或者更轻刑罚的，不影响对被告人重大立功表现的认定。

七、关于自首、立功证据材料的审查

人民法院审查的自首证据材料，应当包括被告人投案经过、有罪供述以及能够证明其投案情况的其他材料。投案经过的内容一般应包括被告人投案时间、地点、方式等。证据材料应加盖接受被告人投案的单位的印章，并有接受人员签名。

人民法院审查的立功证据材料，一般应包括被告人检举揭发材料及证明其来源的材料、司法机关的调查核实材料、被检举揭发人的供述等。被检举揭发案件已立案、侦破，被检举揭发人被采取强制措施、公诉或者审判的，还应审查相关的法律文书。证据材料应加盖接收被告人检举揭发材料的单位的印章，并有接收人员签名。

人民法院经审查认为证明被告人自首、立功的材料不规范、不全面的，应当由检察机关、侦查机关予以完善或者提供补充材料。

上述证据材料在被告人被指控的犯罪一、二审审理时已形成的，应当经庭审质证。

▶《最高人民法院、最高人民检察院、公安部、国家安全部、司法部关于办理死刑案件审查判断证据若干问题的规定》（法发〔2010〕20号，2010年6月13日）

第三十六条　在对被告人作出有罪认定后，人民法院认定被告人的量刑事实，除审查法定情节外，还应审查以下影响量刑的情节：

（一）案件起因；

（二）被害人有无过错及过错程度，是否对矛盾激化负有责任及责任大小；

（三）被告人的近亲属是否协助抓获被告人；

（四）被告人平时表现及有无悔罪态度；

（五）被害人附带民事诉讼赔偿情况，被告人是否取得被害人或者被害人近亲属谅解；

（六）其他影响量刑的情节。

既有从轻、减轻处罚等情节，又有从重处罚等情节的，应当依法综合相关情节予以考虑。

不能排除被告人具有从轻、减轻处罚等量刑情节的，判处死刑应当特别慎重。

第三十九条　被告人及其辩护人提出有自首的事实及理由，有关机关未予认定的，应当要求有关机关提供证明材料或者要求相关人员作证，并结合其他证据判断自首是否成立。

被告人是否协助或者如何协助抓获同案犯的证明材料不全，导致无法认定被告人构成立功的，应当要求有关机关提供证明材料或者要求相关人员作证，并结合其他证据判断立功是否成立。

被告人有检举揭发他人犯罪情形的，应当审查是否已经查证属实；尚未查证的，应当及时查证。

被告人累犯的证明材料不全，应当要求有关机关提供证明材料。

41 审理未成年人案件的特殊规定

41.1 司法解释与重点解读

▶《最高人民法院关于适用〈中华人民共和国刑事诉讼法〉的解释》（法释〔2021〕1号，2021年1月26日）

第五百五十八条 开庭审理涉及未成年人的刑事案件，未成年被害人、证人一般不出庭作证；必须出庭的，应当采取保护其隐私的技术手段和心理干预等保护措施。

第五百七十五条 <u>对未成年被告人情况的调查报告，以及辩护人提交的有关未成年被告人情况的书面材料，法庭应当审查并听取控辩双方意见。上述报告和材料可以作为办理案件和教育未成年人的参考。</u>

人民法院可以通知作出调查报告的人员出庭说明情况，接受控辩双方和法庭的询问。

【重点解读】[1]

实践中，法庭通知社会调查员出庭说明其作出的社会调查报告，并接受控辩双方和法庭的询问已成为一种效果较好的审查方式。社会调查员当庭对控辩双方和法庭就调查程序、报告内容及形式等提出的疑问进行解释说明，对开展的具体工作进行更详细的介绍，有利于法庭对社会调查报告进行全面、客观的

---

[1] 参见李少平主编：《最高人民法院关于适用〈中华人民共和国刑事诉讼法〉的解释理解与适用》，人民法院出版社2021年版，第556-557页。

审查。鉴于未成年人社会调查报告内容很丰富，有的可能很长，法庭调查前，控辩双方通常都已收到调查报告的书面材料，基本上没有当庭宣读的必要性，但可以让调查人员出庭就调查的过程和结果作必要的说明，并接受控辩双方和法庭的询问。社会调查员是"出庭说明调查情况"而非"宣读调查报告"。

41.2 规范性文件

▶《最高人民法院、最高人民检察院、公安部、国家安全部、司法部关于办理死刑案件审查判断证据若干问题的规定》（法发〔2010〕20号，2010年6月13日）

第四十条 审查被告人实施犯罪时是否已满十八周岁，一般应当以户籍证明为依据；对户籍证明有异议，并有经查证属实的出生证明文件、无利害关系人的证言等证据证明被告人不满十八周岁的，应认定被告人不满十八周岁；没有户籍证明以及出生证明文件的，应当根据人口普查登记、无利害关系人的证言等证据综合进行判断，必要时，可以进行骨龄鉴定，并将结果作为判断被告人年龄的参考。

未排除证据之间的矛盾，无充分证据证明被告人实施被指控的犯罪时已满十八周岁且确实无法查明的，不能认定其已满十八周岁。

专题三 认罪认罚案件的举证、质证规则

42 认罪认罚自愿性、合法性审查

42.1 法条规定与立法释义

▶《刑事诉讼法》（中华人民共和国主席令第10号，2018年10月26日）

第一百九十条 开庭的时候，审判长查明当事人是否到庭，宣布案由；宣布合议庭的组成人员、书记员、公诉人、辩护人、诉讼代理人、鉴定人和翻译人员的名单；告知当事人有权对合议庭组成人员、书记员、公诉人、鉴定人和

翻译人员申请回避；告知被告人享有辩护权利。

<u>被告人认罪认罚的</u>，审判长应当告知被告人享有的诉讼权利和认罪认罚的法律规定，<u>审查认罪认罚的自愿性和认罪认罚具结书内容的真实性、合法性</u>。

【立法释义】[①]

对于认罪认罚案件，审判长应当向被告人告知相应的权利和法律规定，还应同时审查以下内容：一是被告人认罪认罚的自愿性。适用认罪认罚从宽制度的前提是被告人自愿。考虑到人民法院审理被告人认罪认罚案件，可能在实体和程序予以从宽和从简，人民法院在开庭时就应当审查被告人是否自愿认罪认罚，以确定审理案件适用的程序。如果被告人选择认罪认罚是对认罪认罚制度有重大误解，或者在侦查起诉阶段是迫于压力、违背意愿认罪认罚的，被告人可以在审判长审查时向法庭提出，特别是被告人否认指控的犯罪事实，认为不构成犯罪或者不应当追究刑事责任，对量刑有异议等意见。审查被告人认罪认罚的自愿性，有利于避免因被告人被迫认罪认罚产生的冤假错案。审判长应通过切实审查认罪认罚的自愿性，避免无罪的人受到刑事追究，有罪的人受到超出刑法规定的刑事处罚。二是认罪认罚具结书内容的真实性、合法性。根据本法第一百七十四条第一款的规定，犯罪嫌疑人自愿认罪认罚，同意量刑建议和程序适用的，应当在辩护人或者值班律师在场的情况下签署认罪认罚具结书。认罪认罚具结书作为被告人认罪认罚的重要材料，在人民检察院起诉时随案移送。认罪认罚具结书中一般会载明犯罪嫌疑人的身份信息，犯罪嫌疑人对相关权利是否知悉，犯罪嫌疑人对认罪认罚的内容包括人民检察院指控的犯罪事实、提出的量刑建议、适用程序等是否确认，犯罪嫌疑人自愿签署认罪认罚具结书的声明等内容。同时犯罪嫌疑人、被告人的辩护人或值班律师也应根据犯罪嫌疑人、被告人自愿签署认罪认罚具结书的情况签署意见。

审查认罪认罚具结书内容的合法性还包括被告人签署认罪认罚具结书的程序是否合法，如被告人签署具结书，是否充分吸取了辩护人或者值班律师的意见；人民检察院是否为辩护人或者值班律师了解案情提供便利等。审判长在审查认罪认罚具结书内容的真实性、合法性的时候，应分别就具结书的内容、签

[①] 参见王爱立主编：《中华人民共和国刑事诉讼法释义》，法律出版社2018年版，第399—406页。

署具结书的不同主体的情况予以审核,如具结书是否是被告人本人签署,根据被告人文化程度是否真实了解认罪认罚的法律后果,辩护人或值班律师是否真实确认被告人自愿认罪认罚等。

此外,审判长不能将审核认罪认罚具结书内容的真实性、合法性等同于审核被告人认罪认罚的自愿性。有时候,被告人虽然自愿认罪认罚,但认罪认罚具结书的内容不一定是真实、合法的。被告人可能是在被欺骗、蒙蔽的情况签署认罪认罚具结书,形成权利受损而不自知的状况。因此,审判长需要将被告人认罪认罚的自愿性与认罪认罚具结书内容的真实性、合法性相结合审查。

对于本条规定,实践中需注意两个问题:一是根据本条的规定,审判长在开庭的时候应当审查认罪认罚案件中被告人认罪认罚的自愿性和认罪认罚具结书内容的真实性、合法性。但是如果在法庭调查、辩论等庭审过程中发现存在被告人违背意愿认罪认罚等导致认罪认罚存有疑问的情况,审判长需要重新审查认罪认罚的相关事项。因此,对被告人认罪认罚的自愿性、认罪认罚具结书内容的真实性和合法性的审查应贯穿于法庭审理的全过程,以充分保障司法公正。二是认罪认罚案件中被告人是未成年人的,审判长在告知相应权利、法律规定以及审查认罪认罚自愿性的时候,需要充分考虑到未成年的被告人在智力认知和表达能力上的不足。人民法院在依法适用"未成年人刑事案件诉讼程序"的特别程序的同时,应注意《刑事诉讼法》第二百二十三条第二项规定,被告人是未成年人的不适用速裁程序。

42.2 司法解释与重点解读

▶《**最高人民法院关于适用〈中华人民共和国刑事诉讼法〉的解释**》(法释〔2021〕1号,2021年1月26日)

第三百五十一条 对认罪认罚案件,法庭审理时应当告知被告人享有的诉讼权利和认罪认罚的法律规定,审查认罪认罚的自愿性和认罪认罚具结书内容的真实性、合法性。

▶《**人民检察院刑事诉讼规则**》(高检发释字〔2019〕4号,2019年12月30日)

第四百九十七条 人民检察院应当对和解的自愿性、合法性进行审查,重点审查以下内容:

（一）双方当事人是否自愿和解；

（二）犯罪嫌疑人是否真诚悔罪，是否向被害人赔礼道歉，赔偿数额与其所造成的损害和赔偿能力是否相适应；

（三）被害人及其法定代理人或者近亲属是否明确表示对犯罪嫌疑人予以谅解；

（四）是否符合法律规定；

（五）是否损害国家、集体和社会公共利益或者他人的合法权益；

（六）是否符合社会公德。

审查时，应当听取双方当事人和其他有关人员对和解的意见，告知刑事案件可能从宽处理的法律后果和双方的权利义务，并制作笔录附卷。

【重点解读】[①]

实践中，为防止有些案件的当事人以"和解"的形式逃避法律追究，《刑事诉讼法》明确规定公安机关、人民检察院、人民法院要听取当事人和其他有关人员的意见，对和解的自愿性、合法性进行审查。对于当事人和解协议的审查应当重点从以下几个方面进行：一是双方当事人是否自愿和解；二是犯罪嫌疑人是否真诚悔罪，是否向被害人赔礼道歉，经济赔偿数额与其所造成的损害和赔偿能力是否相适应；三是被害人及其法定代理人或者近亲属是否明确表示对犯罪嫌疑人予以谅解；四是是否符合法律规定；五是是否损害国家、集体和社会公共利益或者他人的合法权益；六是是否符合社会公德。为了保证审查的效果，本条第二款规定，检察机关在审查时应当听取双方当事人和其他有关人员对和解的意见，告知被害人刑事案件可能从宽处理的法律后果和双方的权利义务，并制作笔录附卷。人民检察院在听取双方当事人和其他有关人员意见时，发现任何一方采取暴力、胁迫、欺骗等方式使另一方在违背真实意愿的基础上和解的，应当认定和解无效。这里的"其他有关人员"是指与该案有利害关系人的当事人以外的其他人员，如被害人的法定代理人、被告人的辩护律师等。

[①] 参见童建明、万春主编：《〈人民检察院刑事诉讼规则〉条文释义》，中国检察出版社2020年版，第514页。

42.3 规范性文件

▶《最高人民法院、最高人民检察院、公安部、国家安全部、司法部关于适用认罪认罚从宽制度的指导意见》(高检发〔2019〕13号，2019年10月11日)

28. 自愿性、合法性审查。对侦查阶段认罪认罚的案件，人民检察院应当重点审查以下内容：

（一）犯罪嫌疑人是否自愿认罪认罚，有无因受到暴力、威胁、引诱而违背意愿认罪认罚；

（二）犯罪嫌疑人认罪认罚时的认知能力和精神状态是否正常；

（三）犯罪嫌疑人是否理解认罪认罚的性质和可能导致的法律后果；

（四）侦查机关是否告知犯罪嫌疑人享有的诉讼权利，如实供述自己罪行可以从宽处理和认罪认罚的法律规定，并听取意见；

（五）起诉意见书中是否写明犯罪嫌疑人认罪认罚情况；

（六）犯罪嫌疑人是否真诚悔罪，是否向被害人赔礼道歉。

经审查，犯罪嫌疑人违背意愿认罪认罚的，人民检察院可以重新开展认罪认罚工作。存在刑讯逼供等非法取证行为的，依照法律规定处理。

39. 审判阶段认罪认罚自愿性、合法性审查。办理认罪认罚案件，人民法院应当告知被告人享有的诉讼权利和认罪认罚的法律规定，听取被告人及其辩护人或者值班律师的意见。庭审中应当对认罪认罚的自愿性、具结书内容的真实性和合法性进行审查核实，重点核实以下内容：

（一）被告人是否自愿认罪认罚，有无因受到暴力、威胁、引诱而违背意愿认罪认罚；

（二）被告人认罪认罚时的认知能力和精神状态是否正常；

（三）被告人是否理解认罪认罚的性质和可能导致的法律后果；

（四）人民检察院、公安机关是否履行告知义务并听取意见；

（五）值班律师或者辩护人是否与人民检察院进行沟通，提供了有效法律帮助或者辩护，并在场见证认罪认罚具结书的签署。

庭审中审判人员可以根据具体案情，围绕定罪量刑的关键事实，对被告人认罪认罚的自愿性、真实性等进行发问，确认被告人是否实施犯罪，是否真诚悔罪。

被告人违背意愿认罪认罚，或者认罪认罚后又反悔，依法需要转换程序的，应当按照普通程序对案件重新审理。发现存在刑讯逼供等非法取证行为的，依照法律规定处理。

▶《人民法院办理刑事案件第一审普通程序法庭调查规程（试行）》（法发〔2017〕31号，2017年11月27日）

第十一条 有多起犯罪事实的案件，对被告人不认罪的事实，法庭调查一般应当分别进行。

被告人不认罪或者认罪后又反悔的案件，法庭应当对与定罪和量刑有关的事实、证据进行全面调查。

被告人当庭认罪的案件，法庭核实被告人认罪的自愿性和真实性，确认被告人知悉认罪的法律后果后，可以重点围绕量刑事实和其他有争议的问题进行调查。

43 法庭调查围绕与量刑有关的证据进行

43.1 规范性文件

▶《最高人民法院、最高人民检察院、公安部、国家安全部、司法部关于适用认罪认罚从宽制度的指导意见》（高检发〔2019〕13号，2019年10月11日）

39. 审判阶段认罪认罚自愿性、合法性审查。办理认罪认罚案件，人民法院应当告知被告人享有的诉讼权利和认罪认罚的法律规定，听取被告人及其辩护人或者值班律师的意见。庭审中应当对认罪认罚的自愿性、具结书内容的真实性和合法性进行审查核实，重点核实以下内容：

（一）被告人是否自愿认罪认罚，有无因受到暴力、威胁、引诱而违背意愿认罪认罚；

（二）被告人认罪认罚时的认知能力和精神状态是否正常；

（三）被告人是否理解认罪认罚的性质和可能导致的法律后果；

（四）人民检察院、公安机关是否履行告知义务并听取意见；

（五）值班律师或者辩护人是否与人民检察院进行沟通，提供了有效法律帮助或者辩护，并在场见证认罪认罚具结书的签署。

庭审中审判人员可以根据具体案情，围绕定罪量刑的关键事实，对被告人认罪认罚的自愿性、真实性等进行发问，确认被告人是否实施犯罪，是否真诚悔罪。

被告人违背意愿认罪认罚，或者认罪认罚后又反悔，依法需要转换程序的，应当按照普通程序对案件重新审理。发现存在刑讯逼供等非法取证行为的，依照法律规定处理。

▶《人民法院办理刑事案件第一审普通程序法庭调查规程（试行）》（法发〔2017〕31号，2017年11月27日）

第十一条 有多起犯罪事实的案件，对被告人不认罪的事实，法庭调查一般应当分别进行。

被告人不认罪或者认罪后又反悔的案件，法庭应当对与定罪和量刑有关的事实、证据进行全面调查。

被告人当庭认罪的案件，法庭核实被告人认罪的自愿性和真实性，确认被告人知悉认罪的法律后果后，可以重点围绕量刑事实和其他有争议的问题进行调查。

44 证据开示制度

44.1 规范性文件

▶《最高人民法院、最高人民检察院、公安部、国家安全部、司法部关于适用认罪认罚从宽制度的指导意见》（高检发〔2019〕13号，2019年10月11日）

29. 证据开示。人民检察院可以针对案件具体情况，探索证据开示制度，保障犯罪嫌疑人的知情权和认罪认罚的真实性及自愿性。

45 发现非法取证行为的处理

45.1 规范性文件

▶《最高人民法院、最高人民检察院、公安部、国家安全部、司法部关于适用认罪认罚从宽制度的指导意见》（高检发〔2019〕13号，2019年10月11日）

39. 审判阶段认罪认罚自愿性、合法性审查。办理认罪认罚案件，人民法院应当告知被告人享有的诉讼权利和认罪认罚的法律规定，听取被告人及其辩护人或者值班律师的意见。庭审中应当对认罪认罚的自愿性、具结书内容的真实性和合法性进行审查核实，重点核实以下内容：

（一）被告人是否自愿认罪认罚，有无因受到暴力、威胁、引诱而违背意愿认罪认罚；

（二）被告人认罪认罚时的认知能力和精神状态是否正常；

（三）被告人是否理解认罪认罚的性质和可能导致的法律后果；

（四）人民检察院、公安机关是否履行告知义务并听取意见；

（五）值班律师或者辩护人是否与人民检察院进行沟通，提供了有效法律帮助或者辩护，并在场见证认罪认罚具结书的签署。

庭审中审判人员可以根据具体案情，围绕定罪量刑的关键事实，对被告人认罪认罚的自愿性、真实性等进行发问，确认被告人是否实施犯罪，是否真诚悔罪。

<u>被告人违背意愿认罪认罚，或者认罪认罚后又反悔，依法需要转换程序的，应当按照普通程序对案件重新审理。发现存在刑讯逼供等非法取证行为的，依照法律规定处理。</u>

专题四　二审、再审案件举证、质证规则

46　二审案件举证、质证规则

46.1　法条规定与立法释义

▶《刑事诉讼法》（中华人民共和国主席令第10号，2018年10月26日）

第二百四十二条　第二审人民法院审判上诉或者抗诉案件的程序，除本章已有规定的以外，参照第一审程序的规定进行。

【立法释义】[1]

第二审人民法院对于上诉或抗诉案件，应当在控辩双方参与下，对一审判决所认定的事实、适用的法律和诉讼程序进行全面的审查。第二审与第一审

---

[1] 参见王爱立主编：《中华人民共和国刑事诉讼法释义》，法律出版社2018年版，第514-515页。

都是对案件的事实和证据进行审查,确定被告人是否犯罪、犯什么罪、应当如何判处刑罚的审判活动。因此,根据本条规定,除上述规定外,第二审人民法院开庭审理上诉或者抗诉案件,应参照《刑事诉讼法》规定的第一审程序进行。

第二百三十四条 第二审人民法院对于下列案件,应当组成合议庭,开庭审理:

(一)被告人、自诉人及其法定代理人对第一审认定的事实、证据提出异议,可能影响定罪量刑的上诉案件;

(二)被告人被判处死刑的上诉案件;

(三)人民检察院抗诉的案件;

(四)其他应当开庭审理的案件。

<u>第二审人民法院决定不开庭审理的,应当讯问被告人,听取其他当事人、辩护人、诉讼代理人的意见。</u>

第二审人民法院开庭审理上诉、抗诉案件,可以到案件发生地或者原审人民法院所在地进行。

【立法释义】[①]

对于不开庭审理的案件,审判人员也应当阅卷,了解案件的基本情况,讯问被告人,听取其他当事人、辩护人、诉讼代理人对案件的意见。

46.2 司法解释与重点解读

▶《最高人民法院关于适用〈中华人民共和国刑事诉讼法〉的解释》(法释〔2021〕1号,2021年1月26日)

第三百九十八条 开庭审理上诉、抗诉案件,除参照适用第一审程序的有关规定外,应当按照下列规定进行:

(一)法庭调查阶段,审判人员宣读第一审判决书、裁定书后,上诉案件由上诉人或者辩护人先宣读上诉状或者陈述上诉理由,抗诉案件由检察员先宣读抗诉书;既有上诉又有抗诉的案件,先由检察员宣读抗诉书,再由上诉人或

---

① 参见王爱立主编:《中华人民共和国刑事诉讼法释义》,法律出版社2018年版,第503页。

者辩护人宣读上诉状或者陈述上诉理由；

（二）法庭辩论阶段，上诉案件，先由上诉人、辩护人发言，后由检察员、诉讼代理人发言；抗诉案件，先由检察员、诉讼代理人发言，后由被告人、辩护人发言；既有上诉又有抗诉的案件，先由检察员、诉讼代理人发言，后由上诉人、辩护人发言。

第三百九十九条　开庭审理上诉、抗诉案件，可以重点围绕对第一审判决、裁定有争议的问题或者有疑问的部分进行。根据案件情况，可以按照下列方式审理：

（一）宣读第一审判决书，可以只宣读案由、主要事实、证据名称和判决主文等；

（二）法庭调查应当重点围绕对第一审判决提出异议的事实、证据以及新的证据等进行；对没有异议的事实、证据和情节，可以直接确认；

（三）对同案审理案件中未上诉的被告人，未被申请出庭或者人民法院认为没有必要到庭的，可以不再传唤到庭；

（四）被告人犯有数罪的案件，对其中事实清楚且无异议的犯罪，可以不在庭审时审理。

同案审理的案件，未提出上诉、人民检察院也未对其判决提出抗诉的被告人要求出庭的，应当准许。出庭的被告人可以参加法庭调查和辩论。

第四百条　第二审案件依法不开庭审理的，应当讯问被告人，听取其他当事人、辩护人、诉讼代理人的意见。合议庭全体成员应当阅卷，必要时应当提交书面阅卷意见。

▶《人民检察院刑事诉讼规则》（高检发释字〔2019〕4号，2019年12月30日）

第四百五十二条　在法庭审理中，检察官应当针对原审判决或者裁定认定事实或适用法律、量刑等方面的问题，围绕抗诉或者上诉理由以及辩护人的辩护意见，讯问原审被告人，询问被害人、证人、鉴定人，出示和宣读证据，并提出意见和进行辩论。

【重点解读】①

在法庭审理中，检察官应当针对原审判决或者裁定认定事实或适用法律、量刑等方面的问题，围绕抗诉或者上诉理由以及辩护人的辩护意见，讯问被告人、询问被害人、证人、鉴定人，出示和宣读证据，并提出意见和进行辩论。公诉人出席二审法庭的重点应当围绕抗诉或者上诉理由以及辩护人的辩护意见开展调查、发表意见和进行辩论。

第四百五十三条　需要出示、宣读、播放第一审期间已移交人民法院的证据的，出庭的检察官可以申请法庭出示、宣读、播放。

在第二审法庭宣布休庭后需要移交证据材料的，参照本规则第四百二十八条的规定办理。

第四百二十八条　人民检察院应当当庭向人民法院移交取回的案卷材料和证据。在审判长宣布休庭后，公诉人应当与审判人员办理交接手续。无法当庭移交的，应当在休庭后三日以内移交。

【重点解读】②

由于有的案件在开庭审理前，人民检察院已经从人民法院取回案卷材料和证据，故本条规定人民检察院应当当庭向人民法院移交取回的案卷材料和证据，在审判长宣布休庭后，公诉人应当与审判人员办理交接手续。无法当庭移交的，应当在休庭后三日以内移交。当然，如果人民检察院在开庭审理前没有从人民法院取回案卷材料和证据，则不存在移交案卷材料和证据问题。

46.3　规范性文件

46.3.1　抗诉案件举证、质证规则

▶《刑事抗诉案件出庭规则（试行）》（高检诉发〔2001〕第 11 号，2001 年 3 月 5 日）

第九条　检察人员应当根据抗诉案件的不同情况分别采取以下举证方式：

---

① 参见童建明、万春主编：《〈人民检察院刑事诉讼规则〉条文释义》，中国检察出版社 2020 年版，第 447-448 页。

② 参见童建明、万春主编：《〈人民检察院刑事诉讼规则〉条文释义》，中国检察出版社 2020 年版，第 431 页。

（一）对于事实清楚，证据确实、充分，只是由于原审判决、裁定定性不准、裁定定性不准、适用法律错误导致量刑明显不当，或者因人民法院审判活动违反法定诉讼程序而提起抗诉的案件，如果原审事实、证据没有变化，在宣读支持抗诉意见书后由检察人员提请，并经审判长许可和辩护方同意，除了对新的辩论观点所依据的证据进行举证、质证以外，可以直接进入法庭辩论。

（二）对于因原审判决、裁定认定部分事实不清、运用部分证据错误，导致定性不准，量刑明显不当而抗诉的案件，出庭的检察人员对经过原审举证、质证并成为判决、裁定依据，且诉讼双方没有异议的证据，不必逐一举证、质证，应当将法庭调查、辩论的焦点放在检察机关认为原审判决、裁定认定错误的事实和运用错误的证据上，并就有关事实和证据进行详细调查、举证和论证。对原审未质证清楚，二审、再审对犯罪事实又有争议的证据，或者在二审、再审期间收集的新的证据，应当进行举证、质证。

（三）对于因原审判决、裁定认定事实不清、证据不足，导致定性不准、量刑明显不当而抗诉的案件，出庭的检察人员应当对案件的事实、证据、定罪、量刑等方面的问题进行全面举证。庭审中应当注意围绕抗诉重点举证、质证、答辩，充分阐明抗诉观点，详实、透彻地论证抗诉理由及其法律依据。

第十条　检察人员在审判长的主持下讯问被告人、讯问应当围绕抗诉理由以及对原审判决、裁定认定事实有争议的部分进行，对没有异议的事实不再全面讯问。

讯问前应当先就原审被告人过去所作的供述是否属实进行讯问。如果被告人回答不属实，应当讯问哪些不属实。针对翻供，可以进行政策攻心和法制教育，或者利用被告人供述的前后矛盾进行讯问，或者适时举出相关证据予以反驳。

讯问时应当注意方式、方法，讲究技巧和策略。对被告人供述不清、不全、前后矛盾，或者供述明显不合情理，或者供述与已查证属实的证据相矛盾的问题，应当讯问。与案件无关、被告人已经供述清楚或者无争议的问题，不应当讯问。

讯问被告人应当有针对性，语言准确、简练、严密。

对辩护人已经提问而被告人作出客观回答的问题，一般不进行重复讯问。辩护人提问后，被告人翻供或者回答含糊不清的，如果涉及案件事实、性质的认定或者影响量刑的，检察人员必须有针对性重复讯问。辩护人提问的内容与案件无关，或者采取不适当的发问语言和态度的，检察人员应当及时请求合议庭予以制止。

在法庭调查结束前，检察人员可以根据辩护人、诉讼代理人、审判长（审判员）发问的情况，进行补充讯问。

第十一条 证人、鉴定人应当由人民法院通知并负责安排出庭作证。对证人的询问，应当按照刑事诉讼法第一百五十六条规定的顺序进行，但对辩方提供的证人，公诉人认为由辩护人先行发问更为适当的，可以由辩护人先行发问。

检察人员对证人发问，应当针对证言中有遗漏、矛盾、模糊不清的有争议的内容，并着重围绕与定罪量刑紧密相关的事实进行。发问应当采取一问一答的形式，做到简洁清楚。

证人进行虚假陈述的，应当通过发问澄清事实，必要时还应当出示、宣读证据配合发问。

第十二条 询问鉴定人参照第十一条的规定进行。

第十三条 检察人员应当在提请合议庭同意宣读有关证言、书证或者出示物证时，说明该证据的证明对象。合议庭同意后，在举证前，检察人员应当说明取证主体、取证对象以及取证时间和地点，说明取证程序合法。

对检察人员收集的新证据，向法庭出示时也应当说明证据的来源和证明作用以及证人的有关情况，提请法庭质证。

第十四条 二审期间审判人员通过调查核实取得的新证据，应当由审判人员在法庭上出示，检察人员应当进行质证。

第十五条 检察人员对辩护人在法庭上出示的证据材料，无论是新的证据材料还是原审庭审时已经举证、质证的证据材料，均应积极参与质证。既要对辩护人所出示证据材料的真实性发表意见，也要注意辩护人的举证意图。如果辩护人运用该证据材料所说明观点不能成立，应当及时予以反驳。对辩护人、当事人、原审被告人出示的新的证据材料，检察人员认为必要时，可以进行讯问、质证，并就该证据材料的合法性证明力提出意见。

第十六条 法庭审理过程中，对证据有疑问或者需要补充新的证据、重新鉴定或勘验现场等，检察人员可以向审判长提出休庭或延期审理的建议。

▶《人民检察院刑事抗诉工作指引》(高检发诉字〔2018〕2号,2018年2月14日)

第四十三条 检察员在审判长的主持下讯问被告人。讯问应当围绕抗诉理由以及对原审判决、裁定认定事实有争议的部分进行,对没有异议的事实不再全面讯问。

讯问时应当先就原审被告人过去所作的供述和辩解是否属实进行讯问。如果被告人回答不属实,应当讯问哪些不属实。针对翻供,可以讯问翻供理由,利用被告人供述的前后矛盾进行讯问,或者适时举出相关证据予以反驳。

讯问时应当注意方式、方法,讲究技巧和策略。对被告人供述和辩解不清、不全、前后矛盾,或者供述和辩解明显不合情理,或者供述和辩解与已查证属实的证据相矛盾的问题,应当讯问。与案件无关、被告人已经供述清楚或者无争议的问题,不再讯问。

讯问被告人应当有针对性,语言准确、简练、严密。

对辩护人已经发问而被告人作出客观回答的问题,一般不进行重复讯问。辩护人发问后,被告人翻供或者回答含糊不清的,如果涉及案件事实、性质的认定或者影响量刑的,检察员必须有针对性再讯问。辩护人发问的内容与案件无关,或者采取不适当的发问语言和态度的,检察员应当及时请求合议庭予以制止。

在法庭调查结束前,检察员可以根据辩护人、诉讼代理人、审判长(审判员)发问的情况,进行补充讯问。

第四十四条 证人、鉴定人、有专门知识的人需要出庭的,人民检察院应当申请人民法院通知并安排出庭作证。

对于经人民法院通知而未到庭的证人或者出庭后拒绝作证的证人的证言笔录,检察员应当当庭宣读。对于经人民法院通知而未到庭的证人的证言笔录存在疑问、确实需要证人出庭作证,且可以强制其到庭的,检察员应当建议人民法院强制证人到庭作证和接受质证。

向证人发问,应当先由提请通知的一方进行;发问时可以要求证人就其所了解的与案件有关的事实进行陈述,也可以直接发问。发问完毕后,经审判长准许,对方也可以发问。

检察员对证人发问,应当针对证言中有遗漏、矛盾、模糊不清和有争议的内容，并着重围绕与定罪量刑紧密相关的事实进行。发问应当采取一问一答的形式，做到简洁清楚。

证人进行虚假陈述的，应当通过发问澄清事实，必要时还应当出示、宣读证据配合发问。

询问鉴定人、有专门知识的人参照询问证人的规定进行。

第四十五条　需要出示、宣读、播放原审期间已移交人民法院的证据的，出庭的检察员可以申请法庭出示、宣读、播放。

需要移送证据材料的，在审判长宣布休庭后，检察员应当与审判人员办理交接手续。无法当庭移交的，应当在休庭后三日以内移交。

第四十六条　审判人员通过调查核实取得并当庭出示的新证据，检察员应当进行质证。

第四十七条　检察员对辩护人在法庭上出示的证据材料，应当积极参与质证。质证时既要对辩护人所出示证据材料的真实性发表意见，也要注意辩护人的举证意图。如果辩护人运用该证据材料所说明的观点不能成立，应当及时予以反驳。对辩护人、当事人、原审被告人出示的新的证据材料，检察员认为必要时，可以进行讯问、质证，并就该证据材料的合法性、证明力提出意见。

46.3.2　死刑二审和复核案件举证、质证规则

▶《人民检察院办理死刑第二审案件和复核监督工作指引（试行）》（高检发诉二字〔2018〕1号，2018年1月11日）

第五十五条　检察人员讯问被告人应当根据法庭确定的审理重点和焦点问题，围绕抗诉、上诉理由以及对原审判决、裁定认定事实有争议的部分进行，对没有异议的事实不再全面讯问。上诉案件先由辩护人发问，抗诉案件以及既有上诉又有抗诉的案件先由检察人员讯问。讯问应当注意以下方面：

（一）被告人当庭辩解之前所作的供述不属实的，应当就其提出的不属实部分和翻供理由，进行有针对性的讯问，翻供理由不成立的，应当结合相关证据当庭指出；

（二）被告人供述不清楚、不全面、不合理，或者与案件第一审判决查证属实的证据相矛盾的，应当进行讯问，与案件抗诉、上诉部分的犯罪事实无关的问题可以不讯问；

（三）对于辩护人已经发问而被告人作出客观回答的问题，不进行重复讯

问，但是被告人供述矛盾、含糊不清或者翻供，影响对案件事实、性质的认定或者量刑的，应当有针对性地进行讯问；

（四）在法庭调查结束前，可以根据辩护人或者诉讼代理人发问、审判长（审判员）讯问的情况，进行补充讯问。

讯问共同犯罪案件的被告人应当个别进行，讯问中应当注意讯问被告人在共同犯罪中的地位、作用。被告人对同一事实的供述存在矛盾的，检察人员可以建议法庭传唤有关被告人到庭对质。

第五十六条　检察人员讯问被告人，应当避免可能影响陈述客观真实的诱导性讯问或者其他不当讯问。

辩护人采用诱导性发问或者其他不当发问可能影响陈述的客观真实的，检察人员应当提请审判长予以制止或者要求对该项发问所获得的当庭供述不予采信。

第五十七条　检察人员举证质证应当围绕对抗诉、上诉意见及理由具有重要影响的关键事实和证据进行。上诉案件先由被告人及其辩护人举证；抗诉案件以及既有上诉又有抗诉的案件，先由检察人员举证。

第五十八条　检察人员举证应当注意以下方面：

（一）对于原判决已经确认的证据，如果检察人员、被告人及其辩护人均无异议，可以概括说明证据的名称和证明事项；

（二）对于有争议且影响定罪量刑的证据，应当重新举证；

（三）对于新收集的与定罪量刑有关的证据，应当当庭举证。

第五十九条　检察人员质证应当注意以下方面：

（一）对于诉讼参与人提交的新证据和原审法院未经质证而采信的证据，应当要求当庭质证；

（二）发表质证意见、答辩意见应当简洁、精练，一般应当围绕证据的合法性、客观性、关联性进行；

（三）对于被告人及其辩护人提出的与证据证明无关的质证意见，可以说明理由不予答辩，并提请法庭不予采纳；

（四）被告人及其辩护人对证人证言、被害人陈述提出质疑的，应当根据证言、陈述情况，针对证言、陈述中有争议的内容重点答辩；

（五）被告人及其辩护人对物证、书证、勘验检查笔录、鉴定意见提出质疑的,应当从证据是否客观、取证程序是否合法等方面有针对性地予以答辩。

第六十条 采取技术侦查措施收集的物证、书证及其他证据材料,如果可能危及特定人员的人身安全、涉及国家秘密,或者公开后可能暴露侦查秘密或者严重损害商业秘密、个人隐私的,检察人员应当采取或者建议法庭采取避免暴露有关人员身份、技术方法等保护措施。在必要的时候,可以建议不在法庭上质证,由审判人员在庭外对证据进行核实。

第六十一条 检察人员应当按照审判长确定的顺序询问证人。询问时应当围绕与定罪量刑紧密相关的事实进行,对证人证言中有虚假、遗漏、矛盾、模糊不清、有争议的内容,应当重点询问,必要时宣读证人在侦查、审查起诉阶段提供的证言笔录或者出示、宣读其他证据。

询问证人应当避免可能影响证言客观真实的诱导性询问以及其他不当询问。

第六十二条 对于侦查人员就其执行职务过程中目击的犯罪情况出庭作证的,检察人员可以参照证人出庭有关规定进行询问;侦查人员为证明证据收集的合法性出庭作证的,检察人员应当主要围绕证人证言、被告人供述、被害人陈述的取得,物证、书证的收集、保管及送检等程序、方式是否符合法律及有关规定进行询问。

第六十三条 对于鉴定人出庭作证的,检察人员应当重点围绕下列问题发问:

(一)鉴定人所属鉴定机构的资质情况,包括核准机关、业务范围、有效期限等;

(二)鉴定人的资质情况,包括执业范围、执业证使用期限、专业技术职称、执业经历等;

(三)委托鉴定的机关、时间以及事项,鉴定对象的基本情况,鉴定时间,鉴定程序等;

(四)鉴定意见及依据。

第六十四条 有专门知识的人出庭对鉴定意见发表意见的,检察人员应当重点询问鉴定的程序、方法、分析过程是否符合本专业的检验鉴定规程和技术方法要求,鉴定意见是否科学等内容。

46.3.3 二审期间排除非法证据

▶《最高人民法院、最高人民检察院、公安部、国家安全部、司法部关于办理刑事案件严格排除非法证据若干问题的规定》（法发〔2017〕15号，2017年6月20日）

第三十八条 人民检察院、被告人及其法定代理人提出抗诉、上诉，对第一审人民法院有关证据收集合法性的审查、调查结论提出异议的，第二审人民法院应当审查。

被告人及其辩护人在第一审程序中未申请排除非法证据，在第二审程序中提出申请的，应当说明理由。第二审人民法院应当审查。

人民检察院在第一审程序中未出示证据证明证据收集的合法性，第一审人民法院依法排除有关证据的，人民检察院在第二审程序中不得出示之前未出示的证据，但在第一审程序后发现的除外。

第四十条 第一审人民法院对被告人及其辩护人排除非法证据的申请未予审查，并以有关证据作为定案根据，可能影响公正审判的，第二审人民法院可以裁定撤销原判，发回原审人民法院重新审判。

第一审人民法院对依法应当排除的非法证据未排除的，第二审人民法院可以依法排除非法证据。排除非法证据后，原判决认定事实和适用法律正确、量刑适当的，应当裁定驳回上诉或者抗诉，维持原判；原判决认定事实没有错误，但适用法律有错误，或者量刑不当的，应当改判；原判决事实不清楚或者证据不足的，可以裁定撤销原判，发回原审人民法院重新审判。

47 再审案件举证、质证规则

47.1 司法解释与重点解读

▶《最高人民法院关于适用〈中华人民共和国刑事诉讼法〉的解释》（法释〔2021〕1号，2021年1月26日）

第四百六十五条 依照审判监督程序重新审判的案件，人民法院应当重点针对申诉、抗诉和决定再审的理由进行审理。<u>必要时，应当对原判决、裁定认定的事实、证据和适用法律进行全面审查。</u>

第四百六十六条 原审人民法院审理依照审判监督程序重新审判的案件，

应当另行组成合议庭。

原来是第一审案件,应当依照第一审程序进行审判,所作的判决、裁定可以上诉、抗诉;原来是第二审案件,或者是上级人民法院提审的案件,应当依照第二审程序进行审判,所作的判决、裁定是终审的判决、裁定。

第四百七十一条 开庭审理的再审案件,系人民法院决定再审的,由合议庭组成人员宣读再审决定书;系人民检察院抗诉的,由检察员宣读抗诉书;系申诉人申诉的,由申诉人或者其辩护人、诉讼代理人陈述申诉理由。

【重点解读】①

2021年修改,本条将"检察人员"调整为"检察员"。

▶《人民检察院刑事诉讼规则》(高检发释字〔2019〕4号,2019年12月30日)

第四百五十五条 人民检察院对于人民法院按照审判监督程序重新审判的案件,应当对原判决、裁定认定的事实、证据、适用法律进行全面审查,重点审查有争议的案件事实、证据和法律适用问题。

【重点解读】②

人民检察院办理再审案件,同办理二审案件一样,应当坚持全面审查原则,即应当对原判决、裁定认定的事实、证据、适用法律进行全面审查,同时应当突出重点,重点审查有争议的案件事实证据和法律适用问题。

第四百五十六条 人民检察院派员出席再审法庭,如果再审案件按照第一审程序审理,参照本章第一节有关规定执行;如果再审案件按照第二审程序审理,参照本章第四节有关规定执行。

【重点解读】③

"参照"并非完全依照。在出席再审案件法庭时应当根据再审案件的特点和具体情况灵活处理庭审中的有关问题。

---

① 参见李少平主编:《最高人民法院关于适用〈中华人民共和国刑事诉讼法〉的解释理解与适用》,人民法院出版社2021年版,第486-487页。
② 参见童建明、万春主编:《〈人民检察院刑事诉讼规则〉条文释义》,中国检察出版社2020年版,第448-449页。
③ 参见童建明、万春主编:《〈人民检察院刑事诉讼规则〉条文释义》,中国检察出版社2020年版,第449页。

▶《最高人民法院关于刑事再审案件开庭审理程序的具体规定（试行）》（法释〔2001〕31号，2001年12月26日）

第十九条 在审判长主持下，控辩双方应就案件的事实、证据和适用法律等问题分别进行陈述。合议庭对控辩双方无争议和有争议的事实、证据及适用法律问题进行归纳，予以确认。

第二十条 在审判长主持下，就控辩双方有争议的问题，进行法庭调查和辩论。

第二十一条 在审判长主持下，控辩双方对提出的新证据或者有异议的原审据以定罪量刑的证据进行质证。

47.2 规范性文件

▶《最高人民法院、最高人民检察院、公安部、国家安全部、司法部关于办理刑事案件严格排除非法证据若干问题的规定》（法发〔2017〕15号，2017年6月20日）

第四十一条 审判监督程序、死刑复核程序中对证据收集合法性的审查、调查，参照上述规定。

47.3 案例与要旨

◆【《刑事审判参考》案例】［第686号］何邓平抢劫案

裁判要旨：案件发回重审后，原审判决中认定的事实和证据均没有得到确认，仍属公诉机关指控的事实和证据。重新审判的内容应包括公诉机关指控的所有事实和证据，不论该事实或证据是否曾经被举证、质证。一审法院重审开庭时，仅就补充起诉的事实进行举证、质证，未就曾经原审认定的事实进行举证、质证，该做法不属于对全案重新审判，而是对补充起诉的一起事实进行"补充审理"，违背了重审制度设置的初衷。

第四部分 证据排除规则

专题一　非法证据排除规则

1　排除非法证据的一般规定

1.1　法条规定与立法释义

▶《刑事诉讼法》（中华人民共和国主席令第10号，2018年10月26日）

第五十六条　采用刑讯逼供等非法方法收集的犯罪嫌疑人、被告人供述和采用暴力、威胁等非法方法收集的证人证言、被害人陈述，应当予以排除。收集物证、书证不符合法定程序，可能严重影响司法公正的，应当予以补正或者作出合理解释；不能补正或者作出合理解释的，对该证据应当予以排除。

在侦查、审查起诉、审判时发现有应当排除的证据的，应当依法予以排除，不得作为起诉意见、起诉决定和判决的依据。

【立法释义】①

本条规定明确了非法证据的范围和排除规则，是2012年《刑事诉讼法》修改新增的规定。关于非法证据的范围和排除规则，应关注以下事项：

第一，非法证据的类型和排除方式。非法证据分为非法言词证据和非法实物证据两类，并分别适用强制排除和裁量排除两种不同的排除方式。

第二，非法言词证据的强制排除规则。非法言词证据包括"采用刑讯逼供等非法方法收集的犯罪嫌疑人、被告人供述和采用暴力、威胁等非法方法收集的证人证言、被害人陈述"，此类非法证据应当予以排除。

对此可以得出如下结论：

一是刑讯逼供和威胁的列举式规定。2021年《最高人民法院关于适用〈中华人民共和国刑事诉讼法〉的解释》第一百二十三条作出了规定。首先，刑讯逼供的范围除暴力方法外，还包括"变相肉刑的恶劣手段"，后者在实践中主要是指冻、饿、晒、烤、疲劳讯问等恶劣手段。对刑讯逼供的认定，需要

---

① 参见王爱立主编：《中华人民共和国刑事诉讼法释义》，法律出版社2018年版，第119—121页。

注意程度上的要求，避免将取证不规范但未达到刑讯逼供程度而收集的证据一律作为非法证据予以排除。其次，威胁是《刑事诉讼法》明确禁止的非法取证方法，在侵犯人权的程度上接近刑讯逼供，两者均属强迫方法。讯问特别是羁押讯问包含内在的制度性压力，但合理的讯问压力是法律所允许的，也是获取口供的必要条件。因此，需要将合理的讯问压力与非法的威胁方法作出区分。将非法的威胁限定为"暴力"或者"严重损害本人及其近亲属合法权益"，能够为讯问行为和讯问语言划定合法性边界。第一百二十三条中的以"严重损害近亲属合法权益"进行威胁，主要是指在近亲属与案件无涉的情形下，以之为要挟迫使犯罪嫌疑人、被告人认罪。最后，与刑讯逼供、威胁方法不同，非法限制人身自由是一种持续性非法行为，因此，尽管并未强调程度要求，但通过非法限制人身自由而强迫犯罪嫌疑人被告人认罪，是该类非法方法的应有之义。

二是重复性供述的排除规则。采用刑讯逼供等非法方法收集供述后，后续重复性供述是否排除，法律并未作出明确规定。立足司法实践，如果仅排除刑讯逼供取得的当次供述，对后续重复性供述不予排除，无异于变相默许刑讯逼供。2021年《最高人民法院关于适用〈中华人民共和国刑事诉讼法〉的解释》第一百二十四条对此作出了规定。需要指出的是，如果在审查逮捕、审查起诉环节，先前刑讯逼供的侦查人员参与检察人员主持的讯问，犯罪嫌疑人因该侦查人员在场而不得不继续作出认罪供述，那么，此类供述的自愿性仍然缺乏保障，不能被视为诉讼阶段变更的例外情形。

三是引诱、欺骗取证情形的处理。与刑讯逼供和威胁相比，引诱、欺骗并不属于侵犯人身权和意志自由权的强迫方法，而且在侦查实践中，引诱、欺骗与合法侦查策略的边界也较为模糊。一些突破法律底线的引诱、欺骗方法极易导致虚假供述，特别是刑讯逼供、威胁与引诱、欺骗组合使用的情形，极易引发冤假错案。尽管目前在规范层面尚未确立引诱、欺骗取证的的排除规则，但实践中遇有引诱、欺骗取证情形，也需要审慎评估此类证据的证据资格。

四是严重违反法定取证程序情形的处理。对于严重违反讯问过程录音录像、羁押讯问在看守所内进行等法定讯问程序取得的供述，因程序的权利要素并不明确，给非法证据的认定带来了挑战。在现有诉讼模式下，羁押讯问具有内在的强制性，羁押期间在看守所外进行的讯问更加具有强制性，并且极易存在刑讯逼供等非法取证情形。尽管法律并未明确规定违反法定讯问程序的法律后果，一旦讯问严重违反法定程序，犯罪嫌疑人、被告人又辩称遭到刑讯逼供，严重违反法定程序的情形就可以被视为涉嫌非法取证的线索，办案机关有必要对取证合法性进行调查。对严重违反法定程序收集的供述，即便不宜径行认定为非法证据，在把握证据合法性的证明标准时，也有必要将上述因素整合入非法证据的认定要件之中。这主要是考虑，取证违反法定程序与证据合法性的证明存在反向逻辑关联，即取证严重违反法定程序，由此导致不能排除非法取证可能性的，就将成为认定非法证据的重要理由。

五是非法收集的证人证言、被害人陈述的排除规则。对证人、被害人非法取证，严重损害司法的公正性和公信力，由此制造的虚假印证，在证人、被害人不出庭的情形下难以有效识别，极易导致冤假错案。2021年《最高人民法院关于适用〈中华人民共和国刑事诉讼法〉的解释》第一百二十五条对此作出了规定。

第三，非法实物证据的裁量排除规则。本条第一款确立了非法收集的物证、书证的裁量排除规则。2021年《最高人民法院关于适用〈中华人民共和国刑事诉讼法〉的解释》第一百二十六条第一款对此作出了规定。"可能严重影响司法公正"是排除非法取得的物证、书证的前提，是指收集物证、书证不符合法定程序的行为明显违法或者情节严重，可能对司法机关办理案件的公正性、权威性以及司法的公信力产生严重的损害。2021年《最高人民法院关于适用〈中华人民共和国刑事诉讼法〉的解释》第一百二十六条第二款规定，认定"可能严重影响司法公正"，应当综合考虑收集证据违反法定程序以及所造成后果的严重程度等情况。对非法实物证据予以"补正或者作出合理解释"，主要是指对取证不符合法定程序的情形提供正当理由，如抓捕犯罪嫌疑人、抢救被害人、防止证据灭失等紧急情况。为严格实行非法证据排除规则，有必要规定"毒树之果"的排除规则。如果不排除"毒树之果"，仅排除刑讯逼供取得的供述，这种排除也仅是一种形式上的排除而非真正意义上的排除，因为虽然从表面上排除了非法取得的供述，但由于根据供述收集到其他能够证实犯罪的实物证据，供述的真实性由此得到印证，尽管供述失去了证据资格，但其可信性反而会得到加强。鉴于此，虽然法律并未对此作出规定，但在现有制度框架下，可考虑参照实物证据的排除规则，基于公正审判权的考量对"毒树之果"

实行裁量排除。

第四，侦查机关、检察机关、审判机关排除非法证据的职责。中国非法证据排除程序的一大特色，就是侦查、起诉、审判各阶段都应当审查并排除非法证据。依法被排除的非法证据，不得作为起诉意见、起诉决定和判决的依据。

2 非法收集的犯罪嫌疑人、被告人供述的排除规则

2.1 司法解释与重点解读

▶《最高人民法院关于适用〈中华人民共和国刑事诉讼法〉的解释》（法释〔2021〕1号，2021年1月26日）

第一百二十三条 采用下列非法方法收集的被告人供述，应当予以排除：

（一）采用殴打、违法使用戒具等暴力方法或者变相肉刑的恶劣手段，使被告人遭受难以忍受的痛苦而违背意愿作出的供述；

（二）采用以暴力或者严重损害本人及其近亲属合法权益等相威胁的方法，使被告人遭受难以忍受的痛苦而违背意愿作出的供述；

（三）采用非法拘禁等非法限制人身自由的方法收集的被告人供述。

▶《人民检察院刑事诉讼规则》（高检发释字〔2019〕4号，2019年12月30日）

第六十六条 对采用刑讯逼供等非法方法收集的犯罪嫌疑人供述和采用暴力、威胁等非法方法收集的证人证言、被害人陈述，应当依法排除，不得作为移送审查逮捕、批准或者决定逮捕、移送起诉以及提起公诉的依据。

第六十七条 对采用下列方法收集的犯罪嫌疑人供述，应当予以排除：

（一）采用殴打、违法使用戒具等暴力方法或者变相肉刑的恶劣手段，使犯罪嫌疑人遭受难以忍受的痛苦而违背意愿作出的供述；

（二）采用以暴力或者严重损害本人及其近亲属合法权益等进行威胁的方法，使犯罪嫌疑人遭受难以忍受的痛苦而违背意愿作出的供述；

（三）采用非法拘禁等非法限制人身自由的方法收集的供述。

【重点解读】①

"刑讯逼供",即殴打、违法使用戒具等暴力或者变相使用肉刑等方法。实践中,这些方法较为常见,也是导致冤错案件的主要原因。需要说明的是,冻、晒、饿、烤不等同于刑讯逼供,判断是否属于刑讯逼供应当考虑诸多因素,疲劳讯问难以界定,在实践中难以统一标准。

尽管与刑讯逼供相比,威胁没有直接对犯罪嫌疑人的身体实施暴力或者体罚虐待,但因涉及对自由意志这一基本人权的侵犯,所以在侵犯人权的程度上接近刑讯逼供,两者同属强迫方法。常见的威胁方式有对犯罪嫌疑人进行恐吓将对其使用暴力,揭露其个人隐私或痛苦往事,对其近亲属采取强制措施,对其配偶、子女追究相应责任或者影响子女前途,恐吓有病的犯罪嫌疑人将对其不予治疗等。需要注意的是,上述排除情形有如下限定:一是威胁的范围限于本人或者其近亲属的合法权益;二是威胁的程度应当是使犯罪嫌疑人遭受难以忍受的痛苦而违背意愿作出供述。对于讯问过程中的一般性的威吓、呵斥,由于程度轻微,不足以迫使犯罪嫌疑人违背意愿供述,并不构成威胁。

除刑讯逼供等典型非法方法,比较常见的就是通过非法拘禁等非法限制人身自由的方法取得犯罪嫌疑人、被告人供述。例如,未依法采取强制措施就非法拘禁犯罪嫌疑人,或者在采取强制措施超过法定期限后仍非法羁押犯罪嫌疑人。

2.2 规范性文件

▶《最高人民法院、最高人民检察院、公安部、国家安全部、司法部关于办理刑事案件严格排除非法证据若干问题的规定》(法发〔2017〕15号,2017年6月20日)

第二条 采取殴打、违法使用戒具等暴力方法或者变相肉刑的恶劣手段,使犯罪嫌疑人、被告人遭受难以忍受的痛苦而违背意愿作出的供述,应当予以排除。

---

① 参见童建明、万春主编:《〈人民检察院刑事诉讼规则〉条文释义》,中国检察出版社2020年版,第74-75页。

第三条　采用以暴力或者严重损害本人及其近亲属合法权益等进行威胁的方法，使犯罪嫌疑人、被告人遭受难以忍受的痛苦而违背意愿作出的供述，应当予以排除。

第四条　采用非法拘禁等非法限制人身自由的方法收集的犯罪嫌疑人、被告人供述，应当予以排除。

▶《人民法院办理刑事案件排除非法证据规程（试行）》（法发〔2017〕31号，2017年11月27日）

第一条第一款　采用下列非法方法收集的被告人供述，应当予以排除：

（一）采用殴打、违法使用戒具等暴力方法或者变相肉刑的恶劣手段，使被告人遭受难以忍受的痛苦而违背意愿作出的供述；

（二）采用以暴力或者严重损害本人及其近亲属合法权益等进行威胁的方法，使被告人遭受难以忍受的痛苦而违背意愿作出的供述；

（三）采用非法拘禁等非法限制人身自由的方法收集的被告人供述。

▶《最高人民法院关于建立健全防范刑事冤假错案工作机制的意见》（法发〔2013〕11号，2013年10月9日）

8. 采用刑讯逼供或者冻、饿、晒、烤、疲劳审讯等非法方法收集的被告人供述，应当排除。

除情况紧急必须现场讯问以外，在规定的办案场所外讯问取得的供述，未依法对讯问进行全程录音录像取得的供述，以及不能排除以非法方法取得的供述，应当排除。

▶《最高人民检察院关于切实履行检察职能防止和纠正冤假错案的若干意见》（高检发〔2013〕11号，2013年9月9日）

13. 依法排除非法证据。采用刑讯逼供等非法方法收集的犯罪嫌疑人供述和采用暴力、威胁等非法方法收集的证人证言、被害人陈述，应当依法排除，不得作为批准、决定逮捕或者提起公诉的依据。收集物证、书证不符合法定程序，可能严重影响司法公正的，应当及时要求侦查机关补正或者作出书面解释；不能补正或者无法作出合理解释的，对该证据应当予以排除。对非法证据依法予以排除后，其他证据不能证明犯罪嫌疑人实施犯罪行为的，应当不批准或者决定逮捕，已经移送审查起诉的，可以将案件退回侦查机关补充侦查或者作出不起诉决定。

►《最高人民法院、最高人民检察院、公安部、国家安全部、司法部关于办理刑事案件排除非法证据若干问题的规定》（法发〔2010〕20号，2010年6月13日）

第一条　采用刑讯逼供等非法手段取得的犯罪嫌疑人、被告人供述和采用暴力、威胁等非法手段取得的证人证言、被害人陈述，属于非法言词证据。

第二条　经依法确认的非法言词证据，应当予以排除，不能作为定案的根据。

►《最高人民检察院、公安部关于公安机关办理经济犯罪案件的若干规定》（公通字〔2017〕25号，2017年11月24日）

第四十三条第一款　人民检察院在审查逮捕、审查起诉中发现公安机关办案人员以非法方法收集犯罪嫌疑人供述、被害人陈述、证人证言等证据材料的，应当依法排除非法证据并提出纠正意见。需要重新调查取证的，经县级以上公安机关负责人批准，应当另行指派办案人员重新调查取证。必要时，人民检察院也可以自行收集犯罪嫌疑人供述、被害人陈述、证人证言等证据材料。

2.3　案例与要旨

◆【《刑事审判参考》案例】[第1039号] 李志周运输毒品案

裁判要旨：对于能够证明被告人李志周供述证据收集合法性的关键证据，如讯问过程的同步录音录像、被告人李志周出入派出所的监控视频等，公诉机关未能提供。本案不能排除存在2012年《刑事诉讼法》第五十四条规定的以非法方法收集供述的情形，对李志周的供述依法应当排除。

◆【《刑事审判参考》案例】[第1140号] 郑祖文贪污、受贿、滥用职权案

裁判要旨：通过采用威胁手段获取证据是一种严重侵犯人权的行为。从规范司法的长远角度，采用威胁手段获取的的证据应予以排除，《刑事诉讼法》对此也有明确的禁止性规定。对被告人在侦查阶段首次认罪供述系因非法方法取得，依法应予排除的前提下，对于侦查机关后续取得的被告人的有罪供述，应当综合考虑违法取证手段的严重性、取证主体的改变情况、特定的讯问要求等因素综合考虑是否排除。

◆【《刑事审判参考》案例】[第1141号] 吴毅、朱蓓娅贪污案

裁判要旨：疲劳审讯属于一种变相肉刑，对公民基本权利的侵犯程度与刑

讯逼供基本相当，以此获取的证据属于非法证据，应当予以排除。被排除的非法证据既不可以作为定罪证据，也不应作为量刑证据，人民法院应当根据其他在案证据准确定罪量刑。

◆【《刑事审判参考》案例】[第 1165 号] 黄金东受贿、陈玉军行贿案

裁判要旨：办案单位传唤被告人到案后持续羁押超过法定期限的行为不符合法律规定，属于非法限制人身自由。采用非法限制人身自由的方式取得供述，属于《刑事诉讼法》规定的"非法方法"，由此取得的供述应当予以排除，不得作为诉讼证据使用。

◆【《刑事审判参考》案例】[第 1166 号] 王平受贿案

裁判要旨：侦查机关在立案之前对被告人所作的调查笔录，不符合法律规定的证据种类，不得作为诉讼证据使用。侦查机关在立案后对被告人的讯问笔录，其中依法应当制作同步录音录像而没有同步录音录像的，且被告人提出质疑，无法确保讯问笔录的合法性，亦无法确保讯问笔录内容真实性的，不得作为定案的根据。讯问笔录内容与讯问同步录音录像的内容有重大实质性差异的，不得作为定案根据。长时间连续讯问超出合理限度，没有为被告人提供必要的休息时间，使得被告人遭受难以忍受的痛苦而违背意愿作出供述，应当认定为疲劳审讯，并依法排除有关供述。

◆【《人民法院报》案例】陆武非法持有毒品案 [（2013）新刑初字第 0161 号]

裁判要旨：关于审判前供述取得合法性的审查。被告人陆武在 2013 年 2 月 19 日被抓获至 2 月 26 日进入无锡市第一看守所，有多份证据证明被告人陆武有眼睛青紫、面部肿胀的情形，陆武在入看守所体检时及公诉机关提审时均对此进行了反映，而公诉机关证明证据收集的合法性时，仅提供了陆武写的情况说明、公安机关的情况说明用以证实公安机关无非法取证行为，未能提供同步录音录像等更为客观的证据。根据现有的证据及线索，不能排除公安机关存在以非法方法收集证据情形，故对陆武在公安机关所做的供述笔录予以排除。

对于陆武在公诉机关的两份有罪供述笔录，陆武当庭予以否认，认为其当时的供述是未仔细看并怕打击报复。法院认为，检察机关的二次取证并不符合足以排除第一次取证违法性的条件，且陆武在检察机关的供述未形成多次稳定供述，其当庭供述的犯罪事实与在检察机关的供述仍存在反复，故其在审判前

的所有供述都应予以排除。

3 重复性供述的排除规则与例外

3.1 司法解释与重点解读

▶《最高人民法院关于适用〈中华人民共和国刑事诉讼法〉的解释》(法释〔2021〕1号,2021年1月26日)

第一百二十四条 采用刑讯逼供方法使被告人作出供述,之后被告人受该刑讯逼供行为影响而作出的与该供述相同的重复性供述,应当一并排除,但下列情形除外:

(一)调查、侦查期间,监察机关、侦查机关根据控告、举报或者自己发现等,确认或者不能排除以非法方法收集证据而更换调查、侦查人员,其他调查、侦查人员再次讯问时告知有关权利和认罪的法律后果,被告人自愿供述的;

(二)审查逮捕、审查起诉和审判期间,检察人员、审判人员讯问时告知诉讼权利和认罪的法律后果,被告人自愿供述的。

▶《人民检察院刑事诉讼规则》(高检发释字〔2019〕4号,2019年12月30日)

第六十八条 对采用刑讯逼供方法使犯罪嫌疑人作出供述,之后犯罪嫌疑人受该刑讯逼供行为影响而作出的与该供述相同的重复性供述,应当一并排除,但下列情形除外:

(一)侦查期间,根据控告、举报或者自己发现等,公安机关确认或者不能排除以非法方法收集证据而更换侦查人员,其他侦查人员再次讯问时告知诉讼权利和认罪认罚的法律规定,犯罪嫌疑人自愿供述的;

(二)审查逮捕、审查起诉期间,检察人员讯问时告知诉讼权利和认罪认罚的法律规定,犯罪嫌疑人自愿供述的。

【重点解读】①

重复性供述不是一律排除,存在例外情形。考虑司法实际需要,对供述一

---

① 参见童建明、万春主编:《〈人民检察院刑事诉讼规则〉条文释义》,中国检察出版社2020年版,第74-75页。

律予以排除，难以满足实现惩罚犯罪与保障人权的平衡。综合考虑非法证据排除原理和我国司法实践情况，本条规定设置了两种例外：第一种是侦查阶段主体变更的例外。如果侦查机关排除非法证据后，继续讯问取得的重复性供述一概不能作为证据使用，既不符合侦查办案的实际，也必然影响侦查机关排除非法证据的积极性。第二种是诉讼阶段变更的例外。检察机关承担客观中立角色，在审查逮捕、审查起诉过程中不太可能对犯罪嫌疑人采取刑讯逼供等非法取证方法。随着诉讼阶段的变更，由检察人员进行讯问，可以中断侦查阶段非法取证方法的影响。

3.2 规范性文件

▶《最高人民法院、最高人民检察院、公安部、国家安全部、司法部关于办理刑事案件严格排除非法证据若干问题的规定》（法发〔2017〕15号，2017年6月20日）

第五条 采用刑讯逼供方法使犯罪嫌疑人、被告人作出供述，之后犯罪嫌疑人、被告人受该刑讯逼供行为影响而作出的与该供述相同的重复性供述，应当一并排除，但下列情形除外：

（一）侦查期间，根据控告、举报或者自己发现等，侦查机关确认或者不能排除以非法方法收集证据而更换侦查人员，其他侦查人员再次讯问时告知诉讼权利和认罪的法律后果，犯罪嫌疑人自愿供述的；

（二）审查逮捕、审查起诉和审判期间，检察人员、审判人员讯问时告知诉讼权利和认罪的法律后果，犯罪嫌疑人、被告人自愿供述的。

3.3 案例与要旨

◆【《刑事审判参考》案例】［第1038号］文某非法持有毒品案

裁判要旨：辩方能够提供涉嫌非法取证的线索或者材料的，可以依法申请启动非法证据排除程序。申请排除非法证据的，应当提供相关线索或者材料。其中所谓"材料"是指被告人出示的血衣、伤痕、伤痕照片、医疗证明、伤残证明、同监人员证言等；所谓"线索"是指可以显示刑讯逼供等非法取证事实存在的比较具体的事实，如关于非法取证的时间、地点、方式、人员等信息。经审查，不能排除存在刑讯逼供等非法方法收集证据情形的，应当将该证据依法予以排除。

对于被告人在侦查、审查批捕、审查起诉各阶段所作的多次有罪供述，前一阶段的有罪供述被作为非法证据排除后，后一阶段的有罪供述是否一并排除，应以刑讯逼供等非法方法对被告人所造成的心理影响是否得到一定程度的消除为标准。如辩方提出被告人在后一阶段的有罪供述系因侦查机关在前一阶段实施刑讯逼供而导致其害怕后一阶段被继续刑讯逼供的，公诉机关应当提供相反证据，否则后一阶段的有罪供述亦应当予以排除。

◆【《刑事审判参考》案例】［第 1040 号］尹某受贿案

裁判要旨：侦查机关在初查阶段收集的被告人言词证据可以作为证据使用；侦查机关在初查阶段采取疲劳审讯、威胁、辱骂等方式非法取得的证据应当予以排除；重复供述不因之前供述取证非法而当然排除，而是要结合被告人供述时意志是否相对自由、同步录音录像资料是否完备、犯罪细节供述是否具有个性特征等进行综合审查判断。

◆【《人民法院报》案例】陆武非法持有毒品案［（2013）新刑初字第 0161 号］

裁判要旨：采用刑讯逼供等非法方法收集供述，将会对被告人产生持续的心理影响，以至于后续讯问即使不再采用刑讯逼供等非法方法，被告人仍然会重复之前的供述。因此，只有排除后续收集的审判前重复性供述，才能使非法证据排除规则落到实处，否则仅排除采用非法方法收集的供述自身，而不排除后续审判前重复性供述，将使非法证据排除规则被架空。

本案是排除审判前重复性供述的典型案例，既排除了被告人在侦查阶段作出的两份供述，又排除了被告人在审查起诉阶段作出的三份供述。

（1）不能排除侦查人员采用刑讯逼供的非法方法收集供述的，有关供述应当予以排除。

本案中的核心争议问题，就是被告人陆武在侦查阶段作出的供述是否属于应当排除的非法证据。在被告人陆武眼部有伤，进而以遭到刑讯逼供为由申请排除非法证据的情况下，公诉机关未能对被告人眼部损伤的成因作出合理解释，也未能提供讯问录音录像证明讯问的合法性。鉴于公诉机关提供的证据材料不能排除侦查人员采用刑讯逼供的非法方法收集证据的可能性，被告人在侦查阶段作出的认罪供述应当予以排除。

（2）采用刑讯逼供等非法方法收集的被告人供述被依法排除的，之后收集的审判前重复性供述应当予以排除。

司法实践中，侦查人员为了固定被告人的供述，往往在侦查阶段进行多次讯问，由此获得多份重复性供述。如果被告人在侦查阶段遭到刑讯逼供，其审判前重复性供述应当予以排除。被告方只需提供侦查人员涉嫌非法取证的线索或者材料，证据收集合法性的证明责任由公诉机关承担。

为了兼顾实体公正和程序公正，有必要对审判前重复性供述排除规则设定合理的例外情形。如果侦查人员先前的刑讯逼供行为对被告人造成的心理影响已经消除，在保障被告人认罪供述具有自愿性的情况下，后续合法收集的供述可以采纳。立足司法实践，可以考虑确立两类例外情形：一是侦查期间排除非法证据后，其他侦查人员再次讯问时告知诉讼权利和认罪的法律后果，被告人自愿作出供述的；二是审查逮捕或者审查起诉期间检察人员讯问时告知诉讼权利和认罪的法律后果，被告人自愿作出供述的。上述例外情形下，先前的非法取证行为对被告人所产生的心理影响已经消除，被告人自愿作出供述，其后续重复性供述可以采纳。

4 证人证言、被害人陈述的排除规则

4.1 司法解释

▶《最高人民法院关于适用〈中华人民共和国刑事诉讼法〉的解释》（法释〔2021〕1号，2021年1月26日）

第一百二十五条 采用暴力、威胁以及非法限制人身自由等非法方法收集的证人证言、被害人陈述，应当予以排除。

▶《人民检察院刑事诉讼规则》（高检发释字〔2019〕4号，2019年12月30日）

第六十九条 采用暴力、威胁以及非法限制人身自由等非法方法收集的证人证言、被害人陈述，应当予以排除。

4.2 规范性文件

▶《最高人民法院、最高人民检察院、公安部、国家安全部、司法部关于办理刑事案件严格排除非法证据若干问题的规定》(法发〔2017〕15号，2017年6月20日)

第六条 采用暴力、威胁以及非法限制人身自由等非法方法收集的证人证言、被害人陈述，应当予以排除。

▶《人民法院办理刑事案件排除非法证据规程（试行）》(法发〔2017〕31号，2017年11月27日)

第二条 采用暴力、威胁以及非法限制人身自由等非法方法收集的证人证言、被害人陈述，应当予以排除。

▶《最高人民检察院关于切实履行检察职能防止和纠正冤假错案的若干意见》(高检发〔2013〕11号，2013年9月9日)

13. 依法排除非法证据。采用刑讯逼供等非法方法收集的犯罪嫌疑人供述和采用暴力、威胁等非法方法收集的证人证言、被害人陈述，应当依法排除，不得作为批准、决定逮捕或者提起公诉的依据。收集物证、书证不符合法定程序，可能严重影响司法公正的，应当及时要求侦查机关补正或者作出书面解释；不能补正或者无法作出合理解释的，对该证据应当予以排除。对非法证据依法予以排除后，其他证据不能证明犯罪嫌疑人实施犯罪行为的，应当不批准或者决定逮捕，已经移送审查起诉的，可以将案件退回侦查机关补充侦查或者作出不起诉决定。

5 物证、书证的排除规则

5.1 司法解释

▶《最高人民法院关于适用〈中华人民共和国刑事诉讼法〉的解释》(法释〔2021〕1号，2021年1月26日)

第一百二十六条 收集物证、书证不符合法定程序，可能严重影响司法公正的，应当予以补正或者作出合理解释；不能补正或者作出合理解释的，对该证据应当予以排除。

认定"可能严重影响司法公正",应当综合考虑收集证据违反法定程序以及所造成后果的严重程度等情况。

5.2 规范性文件

▶《最高人民法院、最高人民检察院、公安部、国家安全部、司法部关于办理刑事案件严格排除非法证据若干问题的规定》（法发〔2017〕15号，2017年6月20日）

第七条 收集物证、书证不符合法定程序，可能严重影响司法公正的，应当予以补正或者作出合理解释；不能补正或者作出合理解释的，对有关证据应当予以排除。

▶《人民法院办理刑事案件排除非法证据规程（试行）》（法发〔2017〕31号，2017年11月27日）

第三条 采用非法搜查、扣押等违反法定程序的方法收集物证、书证，可能严重影响司法公正的，应当予以补正或者作出合理解释；不能补正或者作出合理解释的，对有关证据应当予以排除。

▶《最高人民检察院、公安部关于公安机关办理经济犯罪案件的若干规定》（公通字〔2017〕25号，2017年11月24日）

第四十三条 人民检察院在审查逮捕、审查起诉中发现公安机关办案人员以非法方法收集犯罪嫌疑人供述、被害人陈述、证人证言等证据材料的，应当依法排除非法证据并提出纠正意见。需要重新调查取证的，经县级以上公安机关负责人批准，应当另行指派办案人员重新调查取证。必要时，人民检察院也可以自行收集犯罪嫌疑人供述、被害人陈述、证人证言等证据材料。

公安机关发现收集物证、书证不符合法定程序，可能严重影响司法公正的，应当要求办案人员予以补正或者作出合理解释；不能补正或者作出合理解释的，应当依法予以排除，不得作为提请批准逮捕、移送审查起诉的依据。

人民检察院发现收集物证、书证不符合法定程序，可能严重影响司法公正的，应当要求公安机关予以补正或者作出合理解释，不能补正或者作出合理解释的，应当依法予以排除，不得作为批准逮捕、提起公诉的依据。

5.3 案例与要旨

◆ 陈灼昊故意杀人案 [（2014）粤高法刑一终字第 351 号]

裁判要旨：侦查人员在没有出现相关办案程序规定所列明的五种紧急情形的情况下，无证对陈灼昊的住处进行搜查，构成了无证搜查，属于严重违反法定程序。基于搜查证日期与被搜查人署名日期的不一致，以及被搜查人在二审庭审中的指证，不排除侦查人员在时隔近八个月后补办搜查证，把该搜查证的日期倒签至搜查当天，试图隐瞒真实取证过程的可能性。陈灼昊及其辩护人提出侦查机关非法搜查、栽赃陷害的控告及排除非法证据的申请，导致法院无法判明搜查行为收集的物证的真实来源，而这些物证对定案具有关键的证明价值，侦查人员的上述行为已经严重影响了法院对案件事实的准确认定。因此，法院认为无证搜查行为造成了严重的后果，参与搜查的两名侦查人员在二审庭审中均无法对无证搜查及是否存在补办搜查证的行为作出合理的解释。鉴于此，法院决定支持辩方有关排除非法证据的申请，除了陈灼昊本人无异议的两项物证之外，法院认定侦查机关在陈灼昊租住处搜查所收集的物证无证据能力，属非法证据，予以排除。

◆【《人民法院案例选》案例】袁增仁非法拘禁、强奸案 [（2018）粤刑再 2 号]

裁判要旨：鉴于原审及再审开庭时，原审被告人袁增仁质疑检出其精斑的纸巾的来源，广东省高级人民法院决定对相关物证（检出袁增仁精斑的纸巾）的收集合法性进行调查，广东省人民检察院提供了深圳市公安局沙井派出所出具的情况说明等材料。广东省高级人民法院审查认为，该物证来源存疑，收集不符合法定程序，可能严重影响司法公正，且不能补正或作出合理解释，应当依法予以排除，该物证及据此得出的鉴定意见不能作为定案的依据。理由如下：（1）该物证所在的原始现场被改变；（2）未依法对现场进行勘验检查并照相；（3）提取笔录没有袁增仁的签名；（4）没有物证照片及物证提取扣押清单；（5）指认现场照片存在事后补拍的可能；（6）侦查机关不能对该物证收集不符合法定程序作出补正或合理解释。

专题二 关联性规则

6 关联性的一般要求

6.1 司法解释与重点解读

▶《最高人民法院关于适用〈中华人民共和国刑事诉讼法〉的解释》(法释〔2021〕1号,2021年1月26日)

第八十二条 对物证、书证应当重审查以下内容:

(一)物证、书证是否为原物、原件,是否经过辨认、鉴定;物证的照片、录像、复制品或者书证的副本、复制件是否与原物、原件相符,是否由二人以上制作,有无制作人关于制作过程以及原物、原件存放于何处的文字说明和签名;

(二)物证、书证的收集程序、方式是否符合法律、有关规定;经勘验、检查、搜查提取、扣押的物证、书证,是否附有相关笔录、清单,笔录、清单是否经调查人员或者侦查人员、物品持有人、见证人签名,没有签名的,是否注明原因;物品的名称、特征、数量、质量等是否注明清楚;

(三)物证、书证在收集、保管、鉴定过程中是否受损或者改变;

(四)物证、书证与案件事实有无关联;对现场遗留与犯罪有关的具备鉴定条件的血迹、体液、毛发、指纹等生物样本、痕迹、物品,是否已作 DNA 鉴定、指纹鉴定等,并与被告人或者被害人的相应生物特征、物品等比对;

(五)与案件事实有关联的物证、书证是否全面收集。

第八十五条 对与案件事实可能有关联的血迹、体液、毛发、人体组织、指纹、足迹、字迹等生物样本、痕迹和物品,应当提取而没有提取,应当鉴定而没有鉴定,应当移送鉴定意见而没有移送,导致案件事实存疑的,人民法院应当通知人民检察院依法补充收集、调取、移送证据。

【重点解读】[1]

物证、书证与待证事实的关联,仅凭常识和经验难以判断,通常需要借助

---

[1] 参见杨万明主编:《新刑事诉讼法司法适用解答》,人民法院出版社2018年版,第44-47页。

鉴定等方式予以确定。需要指出的是，物证、书证与待证事实的关联涉及多个维度，如物证、书证可以证明被告人与犯罪现场的关联、被告人与作案工具的关联、被告人与被害人的关联等。

为了确保准确认定案件事实，同时确保无罪的人不受刑事追究，应当全面收集能够证明犯罪嫌疑人、被告人有罪或者无罪、犯罪情节轻重的各种物证、书证，避免因为物证、书证的遗漏而影响案件事实的认定。

第一百零八条　对视听资料应当着重审查以下内容：

（一）是否附有提取过程的说明，来源是否合法；

（二）是否为原件，有无复制及复制份数；是复制件的，是否附有无法调取原件的原因、复制件制作过程和原件存放地点的说明，制作人、原视听资料持有人是否签名；

（三）制作过程中是否存在威胁、引诱当事人等违反法律、有关规定的情形；

（四）是否写明制作人、持有人的身份，制作的时间、地点、条件和方法；

（五）内容和制作过程是否真实，有无剪辑、增加、删改等情形；

<u>（六）内容与案件事实有无关联。</u>

对视听资料有疑问的，应当进行鉴定。

【重点解读】①

如果视听资料清晰记录犯罪过程和犯罪嫌疑人、被告人体貌特征，其与案件事实的关联可以自动呈现。不过，出于设备性能以及拍摄角度等原因，如图像分辨率低、没有声音、仅拍摄部分行为或者局部图像等，如果仅凭视听资料自身，不能建立其与案件事实的关联。

▶《人民检察院刑事诉讼规则》（高检发释字〔2019〕4号，2019年12月30日）

第六十二条　证据的审查认定，应当结合案件的具体情况，从证据与待证事实的关联程度、各证据之间的联系、是否依照法定程序收集等方面进行综合审查判断。

---

① 参见杨万明主编：《新刑事诉讼法司法适用解答》，人民法院出版社2018年版，第85-89页。

6.2 规范性文件

▶《最高人民法院、最高人民检察院、公安部、国家安全部、司法部关于办理死刑案件审查判断证据若干问题的规定》（法发〔2010〕20号，2010年6月13日）

第三十二条 对证据的证明力，应当结合案件的具体情况，从各证据与待证事实的关联程度、各证据之间的联系等方面进行审查判断。

证据之间具有内在的联系，共同指向同一待证事实，且能合理排除矛盾的，才能作为定案的根据。

▶《人民检察院办理网络犯罪案件规定》（最高人民检察院，2021年1月22日）

第十七条 认定网络犯罪的犯罪嫌疑人，应当结合全案证据，围绕犯罪嫌疑人与原始存储介质、电子数据的关联性、犯罪嫌疑人网络身份与现实身份的同一性，注重审查以下内容：

（一）扣押、封存的原始存储介质是否为犯罪嫌疑人所有、持有或者使用；

（二）社交、支付结算、网络游戏、电子商务、物流等平台的账户信息、身份认证信息、数字签名、生物识别信息等是否与犯罪嫌疑人身份关联；

（三）通话记录、短信、聊天信息、文档、图片、语音、视频等文件内容是否能够反映犯罪嫌疑人的身份；

（四）域名、IP地址、终端MAC地址、通信基站信息等是否能够反映电子设备为犯罪嫌疑人所使用；

（五）其他能够反映犯罪嫌疑人主体身份的内容。

第二十九条 人民检察院办理网络犯罪案件，应围绕客观性、合法性、关联性的要求对电子数据进行全面审查。注重审查电子数据与案件事实之间的多元关联，加强综合分析，充分发挥电子数据的证明作用。

第三十三条 对电子数据的关联性，注重审查以下内容：

（一）电子数据与案件事实之间的关联性；

（二）电子数据及其存储介质与案件当事人之间的关联性。

▶《最高人民法院、最高人民检察院、公安部关于办理刑事案件收集提取和审查判断电子数据若干问题的规定》（法发〔2016〕22号，2016年9月9日）

第二条 侦查机关应当遵守法定程序，遵循有关技术标准，全面、客观、及时地收集、提取电子数据；人民检察院、人民法院应当围绕真实性、合法性、关联性审查判断电子数据。

第二十五条 认定犯罪嫌疑人、被告人的网络身份与现实身份的同一性，可以通过核查相关IP地址、网络活动记录、上网终端归属、相关证人证言以及犯罪嫌疑人、被告人供述和辩解等进行综合判断。

<u>认定犯罪嫌疑人、被告人与存储介质的关联性，可以通过核查相关证人证言以及犯罪嫌疑人、被告人供述和辩解等进行综合判断。</u>

▶《公安机关办理刑事案件程序规定》（中华人民共和国公安部令第159号，2020年7月20日）

第七十条 公安机关移送审查起诉的案件，应当做到犯罪事实清楚，证据确实、充分。

证据确实、充分，应当符合以下条件：

（一）认定的案件事实都有证据证明；

（二）认定案件事实的证据均经法定程序查证属实；

（三）综合全案证据，对所认定事实已排除合理怀疑。

<u>对证据的审查，应当结合案件的具体情况，从各证据与待证事实的关联程度、各证据之间的联系等方面进行审查判断。</u>

只有犯罪嫌疑人供述，没有其他证据的，不能认定案件事实；没有犯罪嫌疑人供述，证据确实、充分的，可以认定案件事实。

第一百九十二条 公安机关经过侦查，对有证据证明有犯罪事实的案件，应当进行预审，对收集、调取的证据材料的真实性、合法性、关联性及证明力予以审查、核实。

7 欠缺关联性排除规则

7.1 司法解释与重点解读

▶《最高人民法院关于适用〈中华人民共和国刑事诉讼法〉的解释》（法释〔2021〕1号，2021年1月26日）

第九十八条 鉴定意见具有下列情形之一的，不得作为定案的根据：

（一）鉴定机构不具备法定资质，或者鉴定事项超出该鉴定机构业务范围、技术条件的；

（二）鉴定人不具备法定资质，不具有相关专业技术或者职称，或者违反回避规定的；

（三）送检材料、样本来源不明，或者因污染不具备鉴定条件的；

（四）鉴定对象与送检材料、样本不一致的；

（五）鉴定程序违反规定的；

（六）鉴定过程和方法不符合相关专业的规范要求的；

（七）鉴定文书缺少签名、盖章的；

<u>（八）鉴定意见与案件事实没有关联的；</u>

（九）违反有关规定的其他情形。

【重点解读】[①]

鉴定意见必须与案件待证事实存在关联，有助于解决诉讼中的专门性问题，否则就没有证明价值。有的案件中，鉴定意见看似与待证事实存在关联，但由于待证事实涉及的是法律问题，在法律已有明确规定的情况下，不能以鉴定意见取代法律认定。

7.2 规范性文件

▶《人民法院办理刑事案件第一审普通程序法庭调查规程（试行）》（法发〔2017〕31号，2017年12月27日）

第四十五条 经过控辩双方质证的证据，法庭应当结合控辩双方质证意见，从证据与待证事实的关联程度、证据之间的印证联系、证据自身的真实性程度等方面，综合判断证据能否作为定案的根据。

<u>证据与待证事实没有关联，或者证据自身存在无法解释的疑问，或者证据与待证事实以及其他证据存在无法排除的矛盾的，不得作为定案的根据。</u>

第四十六条 通过勘验、检查、搜查等方式收集的物证、书证等证据，未通过辨认、鉴定等方式确定其与案件事实的关联的，不得作为定案的根据。

法庭对鉴定意见有疑问的，可以重新鉴定。

[①] 参见李少平主编：《最高人民法院关于适用〈中华人民共和国刑事诉讼法〉的解释理解与适用》，人民法院出版社2021年版，第226-227页。

▶《最高人民法院、最高人民检察院、公安部、国家安全部、司法部关于办理死刑案件审查判断证据若干问题的规定》（法发〔2010〕20号，2010年6月13日）

第二十四条 鉴定意见具有下列情形之一的，不能作为定案的根据：

（一）鉴定机构不具备法定的资格和条件，或者鉴定事项超出本鉴定机构项目范围或者鉴定能力的；

（二）鉴定人不具备法定的资格和条件、鉴定人不具有相关专业技术或者职称、鉴定人违反回避规定的；

（三）鉴定程序、方法有错误的；

<u>（四）鉴定意见与证明对象没有关联的；</u>

（五）鉴定对象与送检材料、样本不一致的；

（六）送检材料、样本来源不明或者确实被污染且不具备鉴定条件的；

（七）违反有关鉴定特定标准的；

（八）鉴定文书缺少签名、盖章的；

（九）其他违反有关规定的情形。

对鉴定意见有疑问的，人民法院应当依法通知鉴定人出庭作证或者由其出具相关说明，也可以依法补充鉴定或者重新鉴定。

▶《最高人民法院关于建立健全防范刑事冤假错案工作机制的意见》（法发〔2013〕11号，2013年10月9日）

9. 现场遗留的可能与犯罪有关的指纹、血迹、精斑、毛发等证据，未通过指纹鉴定、DNA鉴定等方式与被告人、被害人的相应样本作同一认定的，不得作为定案的根据。涉案物品、作案工具等未通过辨认、鉴定等方式确定来源的，不得作为定案的根据。

7.3 案例与要旨

◆【《刑事审判参考》案例】［第1058号］任海玲故意杀人案

裁判要旨：本案虽有一些证据表明被告人有作案动机和作案嫌疑，但因侦查取证较为粗疏，未能收集固定相关物证等客观证据。尽管公诉机关当庭出示大量证据，但除任海玲曾作出的有罪供述外，其他证据只能证明犯罪事实发生，不能建立任海玲与杀人行为之间的关联。同时，任海玲供述的细节缺乏其他证据印证，真实性缺乏保障，任海玲翻供的理由虽显牵强，但不能反推其翻供具有真实性，任海玲的供述不能作为定案的根据。最后，在案证据之间存在的重要矛盾和疑点缺乏合理解释，上述问题最终导致指控任海玲实施杀人行为的犯罪事实未能达到证据确实、充分的证明标准，一、二审法院坚持证据裁判和疑罪从无原则，作出证据不足、指控的犯罪不能成立的无罪判决是依法有据的。

◆【《刑事审判参考》案例】[第1245号] 卢荣新故意杀人、强奸案

裁判要旨：第一，DNA鉴定的检材提取过程存在重大问题：一是其他DNA检材均来自2012年9月11日送检锄头，而锄头柄上的检材系2012年9月18日送检，此前卢荣新血样已送检；二是鉴定委托书上显示2012年9月11日对卢荣新血样送检，但公安机关在2012年9月12日上午才找到卢荣新，公安机关出具情况说明称是记录错误；三是在案材料中，公安机关对锄头擦拭物的提取存在三种以上的不同说法；四是公安机关对上述锄头柄物证提取的情况说明前后矛盾，且无经办人签字。第二，被告人在公安机关共有八次讯问笔录，只在第七次作了有罪供述，随后就翻供，称供述不是其所作。该有罪供述表面上与现场情况相符，但综合其他证据加以分析，其明显不合常理。第三，现场指认录像、指认笔录作为有罪供述的辅助证据，与有罪供述中的作案细节有很大出入。在指认录像中可明显看出卢荣新在整个指认过程中表情很茫然，指认也比较被动，数次出现指认不下去，经现场人员提醒才继续指认的情况，且指认录像与指认笔录也存在较大差异。

排除锄头柄上提取物的DNA鉴定意见，有罪供述和指认录像、指认笔录后，已切断了卢荣新与被害人被强奸杀害之间的关联性，全案证据链条已经不完整。

◆【《人民法院案例选》案例】李关成故意杀人案 [（2019）甘刑终102号]

裁判要旨：（1）关键物证烟蒂来源不清。案发次日即2015年12月10日从杨某1家羊圈厨房（李关成居住房）内提取一枚烟蒂，但该提取笔录无具体提取时间，被提取人杨某1签名为代签，无对提取物的特征、种类描述，亦无相关照片佐证，提取程序明显存在瑕疵。而且即使烟蒂中检出被害人DNA，也仅能证明被害人曾到过李关成住处，并不必然证明李关成杀人事实。因此，在

无其他证据佐证情况下，该证据与杀人事实的关联性难以建立。

（2）无证据将李关成与现场、被害人客观关联起来。拖尸现场未提取到李关成的生物痕迹，李关成供述拖拽尸体的被害人绑腿布上亦未获得李关成生物物证，李关成的衣裤、鞋子上均未检出被害人生物检材。

（3）从杨某1羊圈前核桃林里提取的刀子无法与被害人徐某2或李关成建立关联。首先，案发近四个月后发现该刀子，刀子所处位置与李关成有罪供述扔弃或检起来放置的位置均不一致；其次，该刀子经被害人妻子徐某1辨认，未能确认是被害人随身携带之物；最后，经检验，该刀子上未获取常染色体STR多态性检验结果。因此，该刀子的归属无法确认，不能印证李关成的有罪供述。

综上，本案虽有证据证明上诉人李关成具有杀害被害人徐某2的犯罪嫌疑，但缺乏将上诉人李关成与现场、被害人徐某2联系起来的客观证据，在案证亦未形成统一完整的证据链，证据指向不唯一、不排他，案件存在的问题和合理怀疑均未得到排除，无法达到足以认定待证事实的程度，现有证据未达到确实、充分的证明标准。因此，一审判决认定上诉人李关成犯故意杀人罪的事实不清，证据不足，根据证据裁判和疑罪从无原则，不能认定李关成有罪。

专题三　瑕疵证据排除规则

8　物证、书证存在瑕疵的处理

8.1　司法解释与重点解读

▶《最高人民法院关于适用〈中华人民共和国刑事诉讼法〉的解释》（法释〔2021〕1号，2021年1月26日）

第八十六条　在勘验、检查、搜查过程中提取、扣押的物证、书证，未附笔录或者清单，不能证明物证、书证来源的，不得作为定案的根据。

<u>物证、书证的收集程序、方式有下列瑕疵，经补正或者作出合理解释的，</u>

可以采用：

（一）勘验、检查、搜查、提取笔录或者扣押清单上没有调查人员或者侦查人员、物品持有人、见证人签名，或者对物品的名称、特征、数量、质量等注明不详的；

（二）物证的照片、录像、复制品，书证的副本、复制件未注明与原件核对无异，无复制时间，或者无被收集、调取人签名的；

（三）物证的照片、录像、复制品，书证的副本、复制件没有制作人关于制作过程和原物、原件存放地点的说明，或者说明中无签名的；

（四）有其他瑕疵的。

物证、书证的来源、收集程序有疑问，不能作出合理解释的，不得作为定案的根据。

【重点解读】①

物证、书证的来源，是决定其证据资格的先决性问题。如果证据来源不明，就无从判断其真伪和证明价值。对于物证、书证的收集过程存在瑕疵，可能影响证据的来源和真实性的情形，应当进行补正或者作出合理解释。同时，物证、书证在收集、保管及鉴定的过程中，可能遭到污染、破坏或者改变。这种证据动态变化，既可能是自然因素所致，也可能是人为因素所致。

8.2 规范性文件

▶《最高人民法院、最高人民检察院、公安部、国家安全部、司法部关于办理死刑案件审查判断证据若干问题的规定》（法发〔2010〕20号，2010年6月13日）

第九条 经勘验、检查、搜查提取、扣押的物证、书证，未附有勘验、检查笔录，搜查笔录，提取笔录，扣押清单，不能证明物证、书证来源的，不能作为定案的根据。

物证、书证的收集程序、方式存在下列瑕疵，通过有关办案人员的补正或者作出合理解释的，可以采用：

---

① 参见杨万明主编：《新刑事诉讼法司法适用解答》，人民法院出版社2018年版，第44—47页。

（一）收集调取的物证、书证，在勘验、检查笔录，搜查笔录，提取笔录，扣押清单上没有侦查人员、物品持有人、见证人签名或者物品特征、数量、质量、名称等注明不详的；

（二）收集调取物证照片、录像或者复制品，书证的副本、复制件未注明与原件核对无异，无复制时间、无被收集、调取人（单位）签名（盖章）的；

（三）物证照片、录像或者复制品，书证的副本、复制件没有制作人关于制作过程及原物、原件存放于何处的说明或者说明中无签名的；

（四）物证、书证的收集程序、方式存在其他瑕疵的。

对物证、书证的来源及收集过程有疑问，不能作出合理解释的，该物证、书证不能作为定案的根据。

9 证人证言、被害人陈述存在瑕疵的处理

9.1 司法解释与重点解读

▶《最高人民法院关于适用〈中华人民共和国刑事诉讼法〉的解释》（法释〔2021〕1号，2021年1月26日）

第九十条 证人证言的收集程序、方式有下列瑕疵，经补正或者作出合理解释的，可以采用；不能补正或者作出合理解释的，不得作为定案的根据：

（一）询问笔录没有填写询问人、记录人、法定代理人姓名以及询问的起止时间、地点的；

（二）询问地点不符合规定的；

（三）询问笔录没有记录告知证人有关权利义务和法律责任的；

（四）询问笔录反映出在同一时段，同一询问人员询问不同证人的；

（五）询问未成年人，其法定代理人或者合适成年人不在场的。

第一百四十三条 下列证据应当慎重使用，有其他证据印证的，可以采信：

（一）生理上、精神上有缺陷，对案件事实的认知和表达存在一定困难，但尚未丧失正确认知、表达能力的被害人、证人和被告人所作的陈述、证言和供述；

（二）与被告人有亲属关系或者其他密切关系的证人所作的有利于被告人的证言，或者与被告人有利害冲突的证人所作的不利于被告人的证言。

【重点解读】①

言词证据是刑事诉讼中的常见证据形式，本身含有较大的信息量，具有较强的证明力，能够证明案件的全部或者主要事实，作为直接证据使用。但是，言词证据是以作证主体的言词形式存在，容易受到作证主体自身因素的影响，容易发生变化，甚至出现虚假的情况。因此，对言词证据的审查需要根据其特点认真进行，特别是对特殊作证主体出具的言词证据，应当慎重使用、审慎采信。

9.2 规范性文件

▶《最高人民法院、最高人民检察院、公安部、国家安全部、司法部关于办理死刑案件审查判断证据若干问题的规定》（法发〔2010〕20号，2010年6月13日）

第十四条 证人证言的收集程序和方式有下列瑕疵，通过有关办案人员的补正或者作出合理解释的，可以采用：

（一）没有填写询问人、记录人、法定代理人姓名或者询问的起止时间、地点的；

（二）询问证人的地点不符合规定的；

（三）询问笔录没有记录告知证人应当如实提供证言和有意作伪证或者隐匿罪证要负法律责任内容的；

（四）询问笔录反映出在同一时间段内，同一询问人员询问不同证人的。

10 犯罪嫌疑人、被告人的供述与辩解存在瑕疵的处理

10.1 司法解释与重点解读

▶《最高人民法院关于适用〈中华人民共和国刑事诉讼法〉的解释》（法释〔2021〕1号，2021年1月26日）

第九十五条 讯问笔录有下列瑕疵，经补正或者作出合理解释的，可以采

---

① 参见李少平主编：《最高人民法院关于适用〈中华人民共和国刑事诉讼法〉的解释理解与适用》，人民法院出版社2021年版，第252-253页。

用；不能补正或者作出合理解释的，不得作为定案的根据：

（一）讯问笔录填写的讯问时间、讯问地点、讯问人、记录人、法定代理人等有误或者存在矛盾的；

（二）讯问人没有签名的；

（三）首次讯问笔录没有记录告知被讯问人有关权利和法律规定的。

【重点解读】①

讯问是法定的侦查取证手段，应当遵守法律规定的诉讼程序。《刑事诉讼法》和相关司法解释较为全面地规定了讯问的主体、地点、权利告知、翻译辅助、法定代理人到场、个别讯问、讯问笔录的制作规范、禁止非法讯问等内容。

10.2 规范性文件

▶《最高人民法院、最高人民检察院、公安部、国家安全部、司法部关于办理死刑案件审查判断证据若干问题的规定》（法发〔2010〕20号，2010年6月13日）

第二十一条 讯问笔录有下列瑕疵，通过有关办案人员的补正或者作出合理解释的，可以采用：

（一）笔录填写的讯问时间、讯问人、记录人、法定代理人等有误或者存在矛盾的；

（二）讯问人没有签名的；

（三）首次讯问笔录没有记录告知被讯问人诉讼权利内容的。

11 勘验、检查、辨认、侦查实验等笔录存在瑕疵的处理

11.1 司法解释

▶《最高人民法院关于适用〈中华人民共和国刑事诉讼法〉的解释》（法释〔2021〕1号，2021年1月26日）

第一百零三条 勘验、检查笔录存在明显不符合法律、有关规定的情形，

---

① 参见杨万明主编：《新刑事诉讼法司法适用解答》，人民法院出版社2018年版，第57-79页。

不能作出合理解释的，不得作为定案的根据。

11.2 规范性文件

▶《最高人民法院、最高人民检察院、公安部、国家安全部、司法部关于办理死刑案件审查判断证据若干问题的规定》（法发〔2010〕20号，2010年6月13日）

第二十六条第一款 勘验、检查笔录存在明显不符合法律及有关规定的情形，并且不能作出合理解释或者说明的，不能作为证据使用。

第三十条第二款 有下列情形之一的，通过有关办案人员的补正或者作出合理解释的，辨认结果可以作为证据使用：

（一）主持辨认的侦查人员少于二人的；

（二）没有向辨认人详细询问辨认对象的具体特征的；

（三）对辨认经过和结果没有制作专门的规范的辨认笔录，或者辨认笔录没有侦查人员、辨认人、见证人的签名或者盖章的；

（四）辨认记录过于简单，只有结果没有过程的；

（五）案卷中只有辨认笔录，没有被辨认对象的照片、录像等资料，无法获悉辨认的真实情况的。

12 鉴定意见存在瑕疵的处理

12.1 司法解释与重点解读

▶《最高人民法院关于适用〈中华人民共和国刑事诉讼法〉的解释》（法释〔2021〕1号，2021年1月26日）

第九十八条 鉴定意见具有下列情形之一的，不得作为定案的根据：

（一）鉴定机构不具备法定资质，或者鉴定事项超出该鉴定机构业务范围、技术条件的；

（二）鉴定人不具备法定资质，不具有相关专业技术或者职称，或者违反回避规定的；

（三）送检材料、样本来源不明，或者因污染不具备鉴定条件的；

（四）鉴定对象与送检材料、样本不一致的；

（五）鉴定程序违反规定的；
（六）鉴定过程和方法不符合相关专业的规范要求的；
（七）鉴定文书缺少签名、盖章的；
（八）鉴定意见与案件事实没有关联的；
（九）违反有关规定的其他情形。

第一百条第一款 因无鉴定机构，或者根据法律、司法解释的规定，指派、聘请有专门知识的人就案件的专门性问题出具的报告，可以作为证据使用。

【重点解读】[1]

第一，鉴定机构和鉴定人的法律资质。鉴定人作为诉讼参与人，应当遵守法律有关回避的相关规定。鉴定人的回避事宜应当在委托鉴定环节就明确告知，避免因鉴定人与案件存在利害关系而影响鉴定意见的可靠性。同时，鉴定解决的是案件中的专门性问题，因此，鉴定机构和鉴定人的资质是鉴定意见可靠性的保障。《全国人民代表大会常务委员会关于司法鉴定管理问题的决定》第二条第一款规定，国家对从事司法鉴定业务的鉴定人和鉴定机构实行登记管理制度。该决定第九条第二款规定，鉴定人和鉴定机构应当在鉴定人和鉴定机构名册注明的业务范围内从事司法鉴定业务。登记管理和业内鉴定，是审查鉴定机构和鉴定人资质的两项基本要素。为有效审查鉴定机构、鉴定人的资质，办案机关应当将资质证明材料与鉴定意见一并随案移送。同时，在鉴定人出庭作证情况下，控辩双方可以围绕鉴定人的资质等问题展开针对性的询问。关于鉴定机构、鉴定人的资质问题，需要重点关注以下问题：

一是侦查机关内部鉴定机构和鉴定人的资质问题。为规范鉴定行业管理，《全国人民代表大会常务委员会关于司法鉴定管理问题的决定》第七条第一款规定，侦查机关根据侦查工作的需要设立的鉴定机构，不得面向社会接受委托从事司法鉴定业务。该规定使侦查机关的鉴定机构成为内部机构，完全服务于侦查需要。司法实践中，多数案件的鉴定意见都是由侦查机关的鉴定机构作出。尽管侦查机关的鉴定机构，在管理模式上与社会鉴定机构存在一定差异，

---

[1] 参见李少平主编：《最高人民法院关于适用〈中华人民共和国刑事诉讼法〉的解释理解与适用》，人民法院出版社 2021 年版，第 226-227 页。

但应当适用统一的资质标准。

二是新类型鉴定业务的法律规范。一些新类型的鉴定业务,难以被归入现有的鉴定门类。鉴于此,《全国人民代表大会常务委员会关于司法鉴定管理问题的决定》第二条第一款第四项规定,对于根据诉讼需要由国务院司法行政部门商请最高人民法院、最高人民检察院确定的其他鉴定事项,应当对其鉴定人和鉴定机构实行登记管理。在新类型鉴定业务尚未被纳入登记管理的鉴定事项之前,一概否定此类证据材料的证据资格,不利于案件事实的准确认定。鉴于此,2021年《最高人民法院关于适用〈中华人民共和国刑事诉讼法〉的解释》第一百条作出了规定。需要指出的是,与鉴定意见不同,事故调查报告不是特定个体作出的专业意见,而是有关部门制作的专业报告。同时,一些事故调查报告可能既包括与案件事实有关的内容,也包括有关部门对相关行为法律性质的判断。基于诉讼证据的内在要求,对于事故调查报告中与案件事实无关的内容,特别是涉及相关行为法律性质的判断,不能作为证据使用。只有事故调查报告中涉及专门性问题的意见,才可以在刑事诉讼中作为证据使用。司法实践中,事故调查报告被广泛运用。此类证据的特点如下:(1)以行政机关或者事故调查组名义出具,多是集体讨论的结果。(2)内容多涉及单位就其职权范围,依照一定的程序对某一事实进行审查、认定。(3)技术性强,具有不可替代性。例如,火灾事故调查报告记录了火灾的起火时间、起火点、可能的起火原因等对案件事实认定至关重要的因素。

三是缺乏法定资质情形的鉴定意见排除规则。2021年《最高人民法院关于适用〈中华人民共和国刑事诉讼法〉的解释》第九十八条作出了规定。

第二,鉴定意见的基础材料。鉴定意见需要立足检材、样本等基础材料。检材、样本的来源、质量,直接决定着鉴定意见的科学性和可靠性,其来源、取得、保管、送检等情况,应当有相应的证据材料予以证实。检材、样本的证据材料,与鉴定意见一起构成了证明特定事实的证据体系。例如,从现场作案工具上提取到生物检材,随后从被告人处提取血迹样本,经DNA鉴定确认生物检材系被告人所留,就能够建立被告人与现场作案工具之间的关联。

第三,鉴定的委托程序。鉴定作为诉讼活动,应当按照法律规定的程序进行。在刑事诉讼各阶段,公安司法机关都可以指派、聘请有专门知识的人进行鉴定。尽管鉴定是由具体的鉴定人负责进行,但接受鉴定委托的应当是鉴定机构。《全国人民代表大会常务委员会关于司法鉴定管理问题的决定》第九条第一款规定,鉴定人从事司法鉴定业务,由所在的鉴定机构统一接受委托。对此,应当重点关注如下问题:

一是鉴定委托环节的案件信息控制。为有效开展鉴定工作,鉴定人需要了解相关的案件信息,如检材的提取时间、地点和环境、样本的提取方法,等等。鉴定工作应当保持独立性和客观性,可以根据鉴定需要获得必要的信息,但不应当受到案件侦查压力和无关信息的不当影响。

二是鉴定请求的明确性和全面性。有的案件办案机关委托鉴定时仅提出笼统的鉴定请求,或者仅提出部分鉴定请求,导致鉴定机构在处理鉴定事项时面临相应的局限。此种情况下,鉴定意见可能难以全面解决案件中存在争议或者疑问的专门性问题。

三是重新鉴定的启动程序。法庭既要保障当事人申请重新鉴定的权利,也要规范重新鉴定的申请程序。当事人申请重新鉴定的,应当提供相应的理由和依据;法庭经审查,对原鉴定意见有疑问的,可以作出同意的决定。

第四,鉴定意见的实质内容。鉴定意见之所以被视为科学证据,主要在于鉴定过程立足先进的科学仪器设备,遵守严格规范的检验鉴定规程,并运用相关科学领域的技术方法。强调鉴定意见的实质性审查,关键在于发现鉴定意见实质内容存在的风险和问题。

一是鉴定的规范要求。目前纳入登记管理的各项鉴定业务,均已具备较为成熟的鉴定过程和方法。为确保鉴定意见的科学性,应当注意审查鉴定的流程、方法和分析过程是否规范,鉴定人运用的仪器设备和技术检验手段是否完善,等等。

二是鉴定意见的明确性。鉴定人运用科学技术或者专门知识对诉讼涉及的专门性问题进行鉴别和判断后,需要得出最终的结论。在实践中,通常需要区分同一认定结论、种属认定结论和推断性结论。同一认定结论分为肯定性结论和否定性结论,两者均属确定性的结论,能够据以认定相应的事实。例如,现场作案工具刀子表面提取的指印与被告人的指印能够认定同一,就能够建立被告人与该刀子之间的关联。种属认定结论也分为肯定性结论和否定性结论,否定性结论可以否定相应的事实,但肯定性结论不能认定相应的事实,必须结合其他证据才能作出最终的认定。推断性结论是指鉴定人进行鉴别和判断后,不能作出同一认定或种类认定,只能得出倾向性的肯定结论或者否定结论。推断性结论有助于缩小侦查范围、分析侦查方向,但不能直接认定相关的事实。

三是鉴定意见的关联性。鉴定意见必须与案件待证事实存在关联,有助于解决诉讼中的专门性问题,否则就没有证明价值。有的案件中,鉴定意见看似与待证事实存在关联,但由于待证事实涉及的是法律问题,在法律已有明确规定的情况下,不能以鉴定意见取代法律认定。

四是鉴定意见的形式要件。《全国人民代表大会常务委员会关于司法鉴定管理问题的决定》第十条作出了规定。

第五,鉴定意见和专门报告的排除规则。鉴定意见和专门报告解决的是案件中的专门性问题,且通常是证明案件事实的关键证据,因此容易引发控辩双方争议。《刑事诉讼法》第一百九十二条第三款、2021年《最高人民法院关于适用〈中华人民共和国刑事诉讼法〉的解释》第九十九条作出了规定。对于有专门知识的人针对案件中的专门性问题出具报告的情形,如果控辩双方对专门报告有异议,出具报告的专家应当出庭作证。2021年《最高人民法院关于适用〈中华人民共和国刑事诉讼法〉的解释》第一百条第三款规定,经人民法院通知,出具报告的人拒不出庭作证的,有关报告不得作为定案的根据。

12.2 规范性文件

▶《最高人民法院、最高人民检察院、公安部、国家安全部、司法部关于办理死刑案件审查判断证据若干问题的规定》(法发〔2010〕20号,2010年6月13日)

第二十四条 鉴定意见具有下列情形之一的,不能作为定案的根据:

(一)鉴定机构不具备法定的资格和条件,或者鉴定事项超出本鉴定机构项目范围或者鉴定能力的;

(二)鉴定人不具备法定的资格和条件、鉴定人不具有相关专业技术或者职称、鉴定人违反回避规定的;

(三)鉴定程序、方法有错误的;

(四)鉴定意见与证明对象没有关联的;

(五)鉴定对象与送检材料、样本不一致的;

(六)送检材料、样本来源不明或者确实被污染且不具备鉴定条件的;

（七）违反有关鉴定特定标准的；
（八）鉴定文书缺少签名、盖章的；
（九）其他违反有关规定的情形。

对鉴定意见有疑问的，人民法院应当依法通知鉴定人出庭作证或者由其出具相关说明，也可以依法补充鉴定或者重新鉴定。

▶《公安机关办理刑事案件程序规定》（中华人民共和国公安部令第159号，2020年7月20日）

第二百五十五条 经审查，发现有下列情形之一的，经县级以上公安机关负责人批准，应当重新鉴定：
（一）鉴定程序违法或者违反相关专业技术要求的；
（二）鉴定机构、鉴定人不具备鉴定资质和条件的；
（三）鉴定人故意作虚假鉴定或者违反回避规定的；
（四）鉴定意见依据明显不足的；
（五）检材虚假或者被损坏的；
（六）其他应当重新鉴定的情形。

重新鉴定，应当另行指派或者聘请鉴定人。

经审查，不符合上述情形的，经县级以上公安机关负责人批准，作出不准予重新鉴定的决定，并在作出决定后三日以内书面通知申请人。

13 视听资料、电子数据存在瑕疵的处理

13.1 司法解释

▶《最高人民法院关于适用〈中华人民共和国刑事诉讼法〉的解释》（法释〔2021〕1号，2021年1月26日）

第一百零九条 视听资料具有下列情形之一的，不得作为定案的根据：
（一）系篡改、伪造或者无法确定真伪的；
（二）制作、取得的时间、地点、方式等有疑问，不能作出合理解释的。

第一百一十三条 电子数据的收集、提取程序有下列瑕疵，经补正或者作出合理解释的，可以采用；不能补正或者作出合理解释的，不得作为定案的根据：

（一）未以封存状态移送的；

（二）笔录或者清单上没有调查人员或者侦查人员、电子数据持有人、提供人、见证人签名或者盖章的；

（三）对电子数据的名称、类别、格式等注明不清的；

（四）有其他瑕疵的。

13.2 规范性文件

▶《最高人民法院、最高人民检察院、公安部关于办理刑事案件收集提取和审查判断电子数据若干问题的规定》（法发〔2016〕22号，2016年9月9日）

第二十七条 电子数据的收集、提取程序有下列瑕疵，经补正或者作出合理解释的，可以采用；不能补正或者作出合理解释的，不得作为定案的根据：

（一）未以封存状态移送的；

（二）笔录或者清单上没有侦查人员、电子数据持有人（提供人）、见证人签名或者盖章的；

（三）对电子数据的名称、类别、格式等注明不清的；

（四）有其他瑕疵的。

▶《人民检察院办理网络犯罪案件规定》（最高人民检察院，2021年1月22日）

第四十三条 电子数据的收集、提取程序有下列瑕疵，经补正或者作出合理解释的，可以采用；不能补正或者作出合理解释的，不得作为定案的根据：

（一）未以封存状态移送的；

（二）笔录或者清单上没有取证人员、见证人、持有人（提供人）签名或者盖章的；

（三）对电子数据的名称、类别、格式等注明不清的；

（四）有其他瑕疵的。

▶《公安机关办理刑事案件程序规定》（中华人民共和国公安部令第159号，2020年7月20日）

第六十六条 收集、调取电子数据，能够扣押电子数据原始存储介质的，应当扣押原始存储介质，并制作笔录、予以封存。

确因客观原因无法扣押原始存储介质的，可以现场提取或者网络在线提取电子数据。无法扣押原始存储介质，也无法现场提取或者网络在线提取的，可以采取打印、拍照或者录音录像等方式固定相关证据，并在笔录中注明原因。

收集、调取的电子数据，足以保证完整性，无删除、修改、增加等情形的，可以作为证据使用。经审查无法确定真伪，或者制作、取得的时间、地点、方式等有疑问，不能提供必要证明或者作出合理解释的，不能作为证据使用。

13.3 案例与要旨

◆【《刑事审判参考》案例】[第763号] 王维喜强奸案

裁判要旨：在强奸刑事案件中，对于关键物证被害人内裤的收集、复制、保管工作不符合法律规定，导致该物证来源存疑，且有关办案人员无法补正或者作出合理解释的，该物证以及对该物证所作的鉴定意见，不能作为定案依据。

专题四 有限的传闻证据规则

14 证人、鉴定人出庭作证的规则

14.1 法条规定与立法释义

▶《刑事诉讼法》（中华人民共和国主席令第10号，2018年10月26日）

第一百九十二条 公诉人、当事人或者辩护人、诉讼代理人对证人证言有异议，且该证人证言对案件定罪量刑有重大影响，人民法院认为证人有必要出庭作证的，证人应当出庭作证。

人民警察就其执行职务时目击的犯罪情况作为证人出庭作证，适用前款规定。

公诉人、当事人或者辩护人、诉讼代理人对鉴定意见有异议，人民法院认为鉴定人有必要出庭的，鉴定人应当出庭作证。经人民法院通知，鉴定人拒不

出庭作证的，鉴定意见不得作为定案的根据。

【立法释义】①

本条规定了证人、鉴定人不出庭的程序影响。对于证人证言，本法并未确立严格的传闻证据排除规则。需要指出的是，随着远程视频通讯技术的发展，对于面临特殊困难、无法出庭的证人，可以通过视频等方式作证。但对于鉴定意见，本法确立了严格的传闻证据排除规则——经人民法院通知，鉴定人拒不出庭作证的，鉴定意见不得作为定案的根据。这主要是考虑到鉴定人与证人相比并不具有不可替代性，因鉴定人拒不出庭作证导致鉴定意见的可靠性无法确认的，可以另行指派、聘请其他鉴定人进行鉴定。

14.2 司法解释与重点解读

▶《最高人民法院关于适用〈中华人民共和国刑事诉讼法〉的解释》（法释〔2021〕1号，2021年1月26日）

第九十一条　证人当庭作出的证言，经控辩双方质证、法庭查证属实的，应当作为定案的根据。

证人当庭作出的证言与其庭前证言矛盾，证人能够作出合理解释，并有其他证据印证的，应当采信其庭审证言；不能作出合理解释，而其庭前证言有其他证据印证的，可以采信其庭前证言。

经人民法院通知，证人没有正当理由拒绝出庭或者出庭后拒绝作证，法庭对其证言的真实性无法确认的，该证人证言不得作为定案的根据。

第九十九条　经人民法院通知，鉴定人拒不出庭作证的，鉴定意见不得作为定案的根据。

鉴定人由于不能抗拒的原因或者有其他正当理由无法出庭的，人民法院可以根据情况决定延期审理或者重新鉴定。

鉴定人无正当理由拒不出庭作证的，人民法院应当通报司法行政机关或者有关部门。

第一百条　因无鉴定机构，或者根据法律、司法解释的规定，指派、聘请

---

① 参见王爱立主编：《中华人民共和国刑事诉讼法释义》，法律出版社2018年版，第408-411页。

有专门知识的人就案件的专门性问题出具的报告，可以作为证据使用。

对前款规定的报告的审查与认定，参照适用本节的有关规定。

经人民法院通知，出具报告的人拒不出庭作证的，有关报告不得作为定案的根据。

【重点解读】[①]

鉴定意见和专门报告解决的是案件中的专门性问题，且通常是证明案件事实的关键证据，因此，容易引发控辩双方争议。《刑事诉讼法》第一百九十二条第三款、2021年《最高人民法院关于适用〈中华人民共和国刑事诉讼法〉的解释》第九十九条作出了规定。对于有专门知识的人针对案件中的专门性问题出具报告的情形，如果控辩双方对专门报告有异议，出具报告的专家应当出庭作证。2021年《最高人民法院关于适用〈中华人民共和国刑事诉讼法〉的解释》第一百条第三款规定，经人民法院通知，出具报告的人拒不出庭作证的，有关报告不得作为定案的根据。

第二百四十九条　公诉人、当事人或者辩护人、诉讼代理人对证人证言有异议，且该证人证言对定罪量刑有重大影响，或者对鉴定意见有异议，人民法院认为证人、鉴定人有必要出庭作证的，应当通知证人、鉴定人出庭。

控辩双方对侦破经过、证据来源、证据真实性或者合法性等有异议，申请调查人员、侦查人员或者有关人员出庭，人民法院认为有必要的，应当通知调查人员、侦查人员或者有关人员出庭。

14.3　规范性文件

▶《人民法院办理刑事案件第一审普通程序法庭调查规程（试行）》（法发〔2017〕31号，2017年11月27日）

第四十八条　证人没有出庭作证，其庭前证言真实性无法确认的，不得作为定案的根据。

证人当庭作出的证言与其庭前证言矛盾，证人能够作出合理解释，并与相关证据印证的，应当采信其庭审证言；不能作出合理解释，而其庭前证言与相

[①] 参见李少平主编：《最高人民法院关于适用〈中华人民共和国刑事诉讼法〉的解释理解与适用》，人民法院出版社2021年版，第226-227页。

关证据印证的，可以采信其庭前证言。

第四十九条　经人民法院通知，鉴定人拒不出庭作证的，鉴定意见不得作为定案的根据。

有专门知识的人当庭对鉴定意见提出质疑，鉴定人能够作出合理解释，并与相关证据印证的，应当采信鉴定意见；不能作出合理解释，无法确认鉴定意见可靠性的，有关鉴定意见不能作为定案的根据。

▶《最高人民法院、最高人民检察院、公安部、国家安全部、司法部关于办理死刑案件审查判断证据若干问题的规定》（法发〔2010〕20号，2010年6月13日）

第十五条第一款　具有下列情形的证人，人民法院应当通知出庭作证；经依法通知不出庭作证证人的书面证言经质证无法确认的，不能作为定案的根据：

（一）人民检察院、被告人及其辩护人对证人证言有异议，该证人证言对定罪量刑有重大影响的；

（二）人民法院认为其他应当出庭作证的。

第十六条　证人作证，涉及国家秘密或者个人隐私的，应当保守秘密。

证人出庭作证，必要时，人民法院可以采取限制公开证人信息、限制询问、遮蔽容貌、改变声音等保护性措施。

▶《最高人民法院、最高人民检察院、公安部关于办理刑事案件收集提取和审查判断电子数据若干问题的规定》（法发〔2016〕22号，2016年9月9日）

第二十六条　公诉人、当事人或者辩护人、诉讼代理人对电子数据鉴定意见有异议，可以申请人民法院通知鉴定人出庭作证。人民法院认为鉴定人有必要出庭的，鉴定人应当出庭作证。

经人民法院通知，鉴定人拒不出庭作证的，鉴定意见不得作为定案的根据。对没有正当理由拒不出庭作证的鉴定人，人民法院应当通报司法行政机关或者有关部门。

公诉人、当事人或者辩护人、诉讼代理人可以申请法庭通知专门知识的人出庭，就鉴定意见提出意见。

对电子数据涉及的专门性问题的报告，参照适用前三款规定。

▶《最高人民法院关于建立健全防范刑事冤假错案工作机制的意见》（法发〔2013〕11号，2013年10月9日）

13. 依法应当出庭作证的证人没有正当理由拒绝出庭或者出庭后拒绝作证，其庭前证言真实性无法确认的，不得作为定案的根据。

专题五　意见证据规则

15　意见证据规则

15.1　司法解释

▶《最高人民法院关于适用〈中华人民共和国刑事诉讼法〉的解释》（法释〔2021〕1号，2021年1月26日）

第八十八条　处于明显醉酒、中毒或者麻醉等状态，不能正常感知或者正确表达的证人所提供的证言，不得作为证据使用。

<u>证人的猜测性、评论性、推断性的证言，不得作为证据使用，但根据一般生活经验判断符合事实的除外。</u>

15.2　规范性文件

▶《最高人民法院、最高人民检察院、公安部、国家安全部、司法部关于办理死刑案件审查判断证据若干问题的规定》（法发〔2010〕20号，2010年6月13日）

第十二条　以暴力、威胁等非法手段取得的证人证言，不能作为定案的根据。

处于明显醉酒、麻醉品中毒或者精神药物麻醉状态，以致不能正确表达的证人所提供的证言，不能作为定案的根据。

证人的猜测性、评论性、推断性的证言，不能作为证据使用，但根据一般生活经验判断符合事实的除外。

专题六 失真证据排除规则

16 物证、书证失真排除规则

16.1 司法解释与重点解读

▶《最高人民法院关于适用〈中华人民共和国刑事诉讼法〉的解释》（法释〔2021〕1号，2021年1月26日）

第八十六条第一款 在勘验、检查、搜查过程中提取、扣押的物证、书证，未附笔录或者清单，不能证明物证、书证来源的，不得作为定案的根据。

【重点解读】[1]

物证、书证的来源，是决定其证据资格的先决性问题。如果证据来源不明，就无从判断其真伪和证明价值。对于物证、书证的收集过程存在瑕疵，可能影响证据的来源和真实性的情形，应当进行补正或者作出合理解释。同时，物证、书证在收集、保管及鉴定的过程中，可能遭到污染、破坏或者改变。这种证据动态变化，既可能是自然因素所致，也可能是人为因素所致。

16.2 规范性文件

▶《最高人民法院、最高人民检察院、公安部、国家安全部、司法部关于办理死刑案件审查判断证据若干问题的规定》（法发〔2010〕20号，2010年6月13日）

第九条 经勘验、检查、搜查提取、扣押的物证、书证，未附有勘验、检查笔录，搜查笔录，提取笔录，扣押清单，不能证明物证、书证来源的，不能作为定案的根据。

---

[1] 参见杨万明主编：《新刑事诉讼法司法适用解答》，人民法院出版社2018年版，第44—47页。

▶《最高人民法院关于建立健全防范刑事冤假错案工作机制的意见》(法发〔2013〕11号，2013年10月9日)

9. 现场遗留的可能与犯罪有关的指纹、血迹、精斑、毛发等证据，未通过指纹鉴定、DNA鉴定等方式与被告人、被害人的相应样本作同一认定的，不得作为定案的根据。<u>涉案物品、作案工具等未通过辨认、鉴定等方式确定来源的，不得作为定案的根据。</u>

……

16.3 案例与要旨

◆【《刑事审判参考》案例】［第579号］吴金义故意杀人案

裁判要旨：鉴定意见只能证明该物证与被告人或被害人等之间的联系，不能证明该物证与案件本身的关联性。要通过审查该鉴定意见所使用的检材来源是否清楚、提取是否合法，来判断该物证与案件之间是否存在关联性，而不能以鉴定意见作为痕迹物证审查判断的依据。经查证物证来源不清，经补充调查核实仍然存疑的，该物证不能作为定案证据，依此作出的鉴定意见也不能采信。

17 证人证言、被害人陈述失真排除规则

17.1 司法解释与重点解读

▶《最高人民法院关于适用〈中华人民共和国刑事诉讼法〉的解释》(法释〔2021〕1号，2021年1月26日)

第八十九条 证人证言具有下列情形之一的，不得作为定案的根据：
<u>(一) 询问证人没有个别进行的；</u>
<u>(二) 书面证言没有经证人核对确认的；</u>
<u>(三) 询问聋、哑人，应当提供通晓聋、哑手势的人员而未提供的；</u>
<u>(四) 询问不通晓当地通用语言、文字的证人，应当提供翻译人员而未提供的。</u>

【重点解读】①

询问证人作为法定取证手段，需要遵守法律和司法解释规定的程序和方式，确保证人证言的合法性和真实性。对于违反法定的证据收集程序和方式的情形，因证据的合法性和真实性受到严重影响，2021年《最高人民法院关于适用〈中华人民共和国刑事诉讼法〉的解释》第八十九条规定了相应的证据排除规则。对于证人证言的收集程序、方式存在瑕疵的情形，2021年《最高人民法院关于适用〈中华人民共和国刑事诉讼法〉的解释》第九十条规定了瑕疵证据的补正要求和排除规则。

17.2 规范性文件

▶《最高人民法院、最高人民检察院、公安部、国家安全部、司法部关于办理死刑案件审查判断证据若干问题的规定》（法发〔2010〕20号，2010年6月13日）

第十三条 具有下列情形之一的证人证言，不能作为定案的根据：

（一）询问证人没有个别进行而取得的证言；

（二）没有经证人核对确认并签名（盖章）、捺指印的书面证言；

（三）询问聋哑人或者不通晓当地通用语言、文字的少数民族人员、外国人，应当提供翻译而未提供的。

18 犯罪嫌疑人、被告人的供述与辩解失真排除规则

18.1 司法解释

▶《最高人民法院关于适用〈中华人民共和国刑事诉讼法〉的解释》（法释〔2021〕1号，2021年1月26日）

第七十四条 依法应当对讯问过程录音录像的案件，相关录音录像未随案移送的，必要时，人民法院可以通知人民检察院在指定时间内移送。人民检察院未移送，导致不能排除属于刑事诉讼法第五十六条规定的以非法方法收集证

---

① 参见李少平主编：《最高人民法院关于适用〈中华人民共和国刑事诉讼法〉的解释理解与适用》，人民法院出版社2021年版，第209-213页。

据情形的，对有关证据应当依法排除；导致有关证据的真实性无法确认的，不得作为定案的根据。

第九十四条　被告人供述具有下列情形之一的，不得作为定案的根据：

（一）讯问笔录没有经被告人核对确认的；

（二）讯问聋、哑人，应当提供通晓聋、哑手势的人员而未提供的；

（三）讯问不通晓当地通用语言、文字的被告人，应当提供翻译人员而未提供的；

（四）讯问未成年人，其法定代理人或者合适成年人不在场的。

▶《人民检察院刑事诉讼规则》（高检发释字〔2019〕4号，2019年12月30日）

第二百六十四条　经审查讯问犯罪嫌疑人录音、录像，发现公安机关、本院负责侦查的部门讯问不规范，讯问过程存在违法行为，录音、录像内容与讯问笔录不一致等情形的，应当逐一列明并向公安机关、本院负责侦查的部门书面提出，要求其予以纠正、补正或者书面作出合理解释。发现讯问笔录与讯问犯罪嫌疑人录音、录像内容有重大实质性差异的，或者公安机关、本院负责侦查的部门不能补正或者作出合理解释的，该讯问笔录不能作为批准或者决定逮捕、提起公诉的依据。

19　勘验、检查、辨认、侦查实验等笔录失真排除规则

19.1　司法解释与重点解读

▶《最高人民法院关于适用〈中华人民共和国刑事诉讼法〉的解释》（法释〔2021〕1号，2021年1月26日）

第一百零五条　辨认笔录具有下列情形之一的，不得作为定案的根据：

（一）辨认不是在调查人员、侦查人员主持下进行的；

（二）辨认前使辨认人见到辨认对象的；

（三）辨认活动没有个别进行的；

（四）辨认对象没有混杂在具有类似特征的其他对象中，或者供辨认的对象数量不符合规定的；

（五）辨认中给辨认人明显暗示或者明显有指认嫌疑的；

（六）违反有关规定，不能确定辨认笔录真实性的其他情形。

第一百零七条　侦查实验的条件与事件发生时的条件有明显差异，或者存在影响实验结论科学性的其他情形的，侦查实验笔录不得作为定案的根据。

【重点解读】[①]

本条规定了辨认笔录的审查判断。辨认是调查、核实证据的一种重要方式。2021年《最高人民法院关于适用〈中华人民共和国刑事诉讼法〉的解释》、《人民检察院刑事诉讼规则》和《公安机关办理刑事案件程序规定》对辨认作出了专门规定。对于辨认笔录，主要审查的是辨认人的辨认能力。如果被害人和证人并未看清犯罪行为人的体貌特征，就很可能发生辨认错误。因此，对辨认能力的审查，是评估辨认结论可靠性的先决条件。组织辨认前，应当向辨认人详细询问辨认对象的具体特征。

二是辨认的主持主体。《公安机关办理刑事案件程序规定》和2021年《最高人民法院关于适用〈中华人民共和国刑事诉讼法〉的解释》作出了规定。

三是辨认的程序要求。在组织辨认前，侦查人员应当向辨认人详细询问辨认对象的具体特征，避免辨认人见到辨认对象。

四是辨认笔录的形式要件和实质内容。2021年《最高人民法院关于适用〈中华人民共和国刑事诉讼法〉的解释》和《公安机关办理刑事案件程序规定》作出了具体解释。

侦查实验笔录的审查判断。侦查实验是为了判断某一现象在一定的情况下能否发生，而依法将该现象的发生过程加以重演或再现的一种活动和方法。《刑事诉讼法》第一百三十五条作出了规定。需要指出的是，侦查实验虽能重演或者再现犯罪场景或者有关现象，但犯罪行为毕竟不可能真实再现，因此，侦查实验具有"实验"属性，存在错误或者偏差的可能性。2021年《最高人民法院关于适用〈中华人民共和国刑事诉讼法〉的解释》第一百零六条规定，对侦查实验笔录应当着重审查实验的过程、方法，以及笔录的制作是否符合有关规定。鉴于侦查实验存在错误或者偏差的风险，通过侦查实验核实的事件或者行为，不能作为认定有关事实的唯一依据，通常只能作为其他证据的佐证。

[①] 参见杨万明主编：《新刑事诉讼法司法适用解答》，人民法院出版社2018年版，第71-76页。

当侦查实验结论与其他证据存在矛盾时,不能简单地以侦查实验结论否定其他证据。同时,鉴于侦查实验受到诸多条件的影响,2021年《最高人民法院关于适用〈中华人民共和国刑事诉讼法〉的解释》第一百零七条规定,侦查实验的条件与事件发生时的条件有明显差异,或者存在影响实验结论科学性的其他情形的,侦查实验笔录不得作为定案的根据。

19.2 规范性文件

▶《最高人民法院、最高人民检察院、公安部、国家安全部、司法部关于办理死刑案件审查判断证据若干问题的规定》(法发〔2010〕20号,2010年6月13日)

第三十条第一款 侦查机关组织的辨认,存在下列情形之一的,应当严格审查,不能确定其真实性的,辨认结果不能作为定案的根据:

(一)辨认不是在侦查人员主持下进行的;

(二)辨认前使辨认人见到辨认对象的;

(三)辨认人的辨认活动没有个别进行的;

(四)辨认对象没有混杂在具有类似特征的其他对象中,或者供辨认的对象数量不符合规定的;尸体、场所等特定辨认对象除外。

(五)辨认中给辨认人明显暗示或者明显有指认嫌疑的。

20 视听资料、电子数据失真排除规则

20.1 司法解释与重点解读

▶《最高人民法院关于适用〈中华人民共和国刑事诉讼法〉的解释》(法释〔2021〕1号,2021年1月26日)

第一百零九条 视听资料具有下列情形之一的,不得作为定案的根据:

(一)系篡改、伪造或者无法确定真伪的;

(二)制作、取得的时间、地点、方式等有疑问,不能作出合理解释的。

第一百一十四条 电子数据具有下列情形之一的,不得作为定案的根据:

(一)系篡改、伪造或者无法确定真伪的;

(二)有增加、删除、修改等情形,影响电子数据真实性的;

（三）其他无法保证电子数据真实性的情形。

【重点解读】①

视听资料基于现代录音录像技术，可以连续动态记录案件事实发生过程，具有信息存储量大、内容直观性等特点。与此同时，受技术装备和人为操作等因素影响，视听资料也存在失真或伪造的可能性。一方面，视听资料的制作过程容易受到仪器设备、制作技术、操作水平、环境条件的影响，最终形成的视听资料可能未能全面、客观地反映记录对象的实际情况。另一方面，视听资料本身很容易被伪造、添加、删减、编辑，从而丧失客观真实性。对于视听资料的审查判断，既要遵循传统的审查规则，也要关注视听资料自身的特殊性。

如同视听资料一样，电子数据作为科技证据，容易存在剪裁、拼凑、篡改等伪造、变造情形。鉴于电子数据容易伪造、变造，对其真实性的审查，需要系统分析来源、提取的原始状态和可靠的证据保管链条。

20.2 规范性文件

▶《最高人民法院、最高人民检察院、公安部关于办理刑事案件收集提取和审查判断电子数据若干问题的规定》（法发〔2016〕22号，2016年9月9日）

第二十八条 电子数据具有下列情形之一的，不得作为定案的根据：
（一）电子数据系篡改、伪造或者无法确定真伪的；
（二）电子数据有增加、删除、修改等情形，影响电子数据真实性的；
（三）其他无法保证电子数据真实性的情形。

▶《人民检察院办理网络犯罪案件规定》（最高人民检察院，2021年1月22日）

第四十四条 电子数据系篡改、伪造、无法确定真伪的，或者有其他无法保证电子数据客观、真实情形的，不得作为定案的根据。

电子数据有增加、删除、修改等情形，但经司法鉴定、当事人确认等方式

---

① 参见杨万明主编：《新刑事诉讼法司法适用解答》，人民法院出版社2018年版，第85—89页。

确定与案件相关的重要数据未发生变化,或者能够还原电子数据原始状态、查清变化过程的,可以作为定案的根据。

▶《公安机关办理刑事案件程序规定》(中华人民共和国公安部令第159号,2020年7月20日)

第六十六条 收集、调取电子数据,能够扣押电子数据原始存储介质的,应当扣押原始存储介质,并制作笔录、予以封存。

确因客观原因无法扣押原始存储介质的,可以现场提取或者网络在线提取电子数据。无法扣押原始存储介质,也无法现场提取或者网络在线提取的,可以采取打印、拍照或者录音录像等方式固定相关证据,并在笔录中注明原因。

收集、调取的电子数据,足以保证完整性,无删除、修改、增加等情形的,可以作为证据使用。经审查无法确定真伪,或者制作、取得的时间、地点、方式等有疑问,不能提供必要证明或者作出合理解释的,不能作为证据使用。

21 境外证据失真排除规则

21.1 司法解释

▶《最高人民法院关于适用〈中华人民共和国刑事诉讼法〉的解释》(法释〔2021〕1号,2021年1月26日)

第七十七条 对来自境外的证据材料,人民检察院应当随案移送有关材料来源、提供人、提取人、提取时间等情况的说明。经人民法院审查,相关证据材料能够证明案件事实且符合刑事诉讼法规定的,可以作为证据使用,但提供人或者我国与有关国家签订的双边条约对材料的使用范围有明确限制的除外;材料来源不明或者真实性无法确认的,不得作为定案的根据。

当事人及其辩护人、诉讼代理人提供来自境外的证据材料的,该证据材料应当经所在国公证机关证明,所在国中央外交主管机关或者其授权机关认证,并经中华人民共和国驻该国使领馆认证,或者履行中华人民共和国与该所在国订立的有关条约中规定的证明手续,但我国与该国之间有互免认证协定的除外。

专题七 传来证据规则

22 最佳证据规则

22.1 司法解释与重点解读

▶《最高人民法院关于适用〈中华人民共和国刑事诉讼法〉的解释》(法释〔2021〕1号,2021年1月26日)

第八十三条 <u>据以定案的物证应当是原物。</u>原物不便搬运、不易保存、依法应当返还或者依法应当由有关部门保管、处理的,可以拍摄、制作足以反映原物外形和特征的照片、录像、复制品。必要时,审判人员可以前往保管场所查看原物。

<u>物证的照片、录像、复制品,不能反映原物的外形和特征的,不得作为定案的根据。</u>

物证的照片、录像、复制品,经与原物核对无误、经鉴定或者以其他方式确认真实的,可以作为定案的根据。

第八十四条 <u>据以定案的书证应当是原件。</u>取得原件确有困难的,可以使用副本、复制件。

<u>对书证的更改或者更改迹象不能作出合理解释,或者书证的副本、复制件不能反映原件及其内容的,不得作为定案的根据。</u>

书证的副本、复制件,经与原件核对无误、经鉴定或者以其他方式确认真实的,可以作为定案的根据。

【重点解读】[①]

控辩双方提交物证、书证,首先必须进行确证,确保其为原物、原件。不过,对于特殊情形,可以使用与原物、原件相符的复制品、复制件,但必须严格限制条件,并经查证属实的,才能作为定案的根据。

---

① 参见杨万明主编:《新刑事诉讼法司法适用解答》,人民法院出版社2018年版,第44-47页。

22.2 规范性文件

▶《最高人民法院、最高人民检察院、公安部、国家安全部、司法部关于办理死刑案件审查判断证据若干问题的规定》（法发〔2010〕20号，2010年6月13日）

第八条 据以定案的物证应当是原物。只有在原物不便搬运、不易保存或者依法应当由有关部门保管、处理或者依法应当返还时，才可以拍摄或者制作足以反映原物外形或者内容的照片、录像或者复制品。物证的照片、录像或者复制品，经与原物核实无误或者经鉴定证明为真实的，或者以其他方式确能证明其真实的，可以作为定案的根据。原物的照片、录像或者复制品，不能反映原物的外形和特征的，不能作为定案的根据。

据以定案的书证应当是原件。只有在取得原件确有困难时，才可以使用副本或者复制件。书证的副本、复制件，经与原件核实无误或者经鉴定证明为真实的，或者以其他方式确能证明其真实的，可以作为定案的根据。书证有更改或者更改迹象不能作出合理解释的，书证的副本、复制件不能反映书证原件及其内容的，不能作为定案的根据。

▶《公安机关办理刑事案件程序规定》（中华人民共和国公安部令第159号，2020年7月20日）

第六十四条 收集、调取的物证应当是原物。只有在原物不便搬运、不易保存或者依法应当由有关部门保管、处理或者依法应当返还时，才可以拍摄或者制作足以反映原物外形或者内容的照片、录像或者复制品。

物证的照片、录像或者复制品经与原物核实无误或者经鉴定证明为真实的，或者以其他方式确能证明其真实的，可以作为证据使用。原物的照片、录像或者复制品，不能反映原物的外形和特征的，不能作为证据使用。

第六十五条 收集、调取的书证应当是原件。只有在取得原件确有困难时，才可以使用副本或者复制件。

书证的副本、复制件，经与原件核实无误或者经鉴定证明为真实的，或者以其他方式确能证明其真实的，可以作为证据使用。书证有更改或者更改迹象不能作出合理解释的，或者书证的副本、复制件不能反映书证原件及其内容的，不能作为证据使用。

22.3 案例与要旨

◆【《人民司法》案例】徐某某绑架案 [（2013）浙刑三重第3号]

裁判要旨：对于罪行极其严重的犯罪分子，需判处死刑立即执行的，必须有直接、原始的客观性证据与其他证据相印证。如果仅有被告人口供作为直接证据，但缺乏对定案有较大价值、关联性较强的客观性证据，一般不宜判处死刑立即执行。

第五部分

证据认证规则

专题一　证据认证规则

1　未经质证不得认证

1.1　法条规定与立法释义

▶《刑事诉讼法》（中华人民共和国主席令第 10 号，2018 年 10 月 26 日）

第五十条第三款　证据必须经过查证属实，才能作为定案的根据。

【立法释义】[①]

本款是关于证据须经查证属实才能作为定案的根据的规定。根据本条第一款的概念，证据只是可以用于证明案件事实的材料，真实性还需要经过司法机关的审查。只有证据本身是真实的，才能证明案件的真实情况，虚假的证据会造成对案件认定的错误，所以本款明确地规定"证据必须经过查证属实，才能作为定案的根据"。这是证据使用的根本原则，违背这一原则就会出现冤假错案，放纵犯罪或者侵犯公民的合法权利。"查证"是指司法机关经过法定程序，对证据的客观性、合法性等情况进行审查，并将某一证据所提供的情况与其他证据相互印证，去伪存真，从而确定证据是否真实。"作为定案的根据"是指作为认定案件事实，作出是否移送起诉、是否起诉等决定和判决、裁定的依据。

1.2　司法解释与重点解读

▶《最高人民法院关于适用〈中华人民共和国刑事诉讼法〉的解释》（法释〔2021〕1 号，2021 年 1 月 26 日）

第七十一条　证据未经当庭出示、辨认、质证等法庭调查程序查证属实，不得作为定案的根据。

[①] 参见王爱立主编：《中华人民共和国刑事诉讼法释义》，法律出版社 2018 年版，第 107 页。

【重点解读】①

本条对 2012 年《最高人民法院关于适用〈中华人民共和国刑事诉讼法〉的解释》第六十三条的规定作出修改完善，删去"但法律和本解释另有规定的除外"的表述。

征求意见过程中，有意见提出，《刑事诉讼法》第五十条第三款规定，证据必须经过查证属实，才能作为定案的依据。在法律作出明确规定的情况下，司法解释不宜作出除外的规定。经研究，采纳上述意见，删去但书规定。但是，在特定情形下，根据 2021 年《最高人民法院关于适用〈中华人民共和国刑事诉讼法〉的解释》第二百七十一条的规定，对于庭审结束后取得的、不影响定罪量刑的非关键证据、有利于被告人的量刑证据以及认定被告人有犯罪前科的裁判文书等证据，经庭外征求意见，控辩双方没有异议的，可以不再开庭质证。

【重点解读】②

2012 年《最高人民法院关于适用〈中华人民共和国刑事诉讼法〉的解释》第六十三条规定："证据未经当庭出示、辨认、质证等法庭调查程序查证属实，不得作为定案的根据，但法律和本解释另有规定的除外。"本条确立了法庭质证原则，要求证据必须经过正式的法庭调查程序查证属实，才能作为定案的根据，才能据此认定案件事实和判处刑罚。

贯彻法庭质证原则，是确保审判公开、依法维护当事人诉讼权利、规范司法者自由裁量权的必然要求，对增强裁判的说服力和正当性、提高司法公信力具有重要意义。在审判工作中贯彻落实法庭质证原则，需要注意以下问题：

1. 审判人员秉持中立立场，引导控辩双方对证据当庭出示、辨认、质证。审判人员是法庭审理的主持人员，是庭审的驾驭者，对于证据的出示、辨认、质证负有重要责任。一方面，审判人员要清醒认识自己的位置，摆正自己中立裁判者的立场，让控辩双方真正实现在庭审中对抗。审判人员应当认识到，对

---

① 参见李少平主编：《最高人民法院关于适用〈中华人民共和国刑事诉讼法〉的解释理解与适用》，人民法院出版社 2021 年版，第 194 页。

② 参见杨万明主编：《新刑事诉讼法司法适用解答》，人民法院出版社 2018 年版，第 26-28 页。

证据的出示、辨认和质证是控辩双方的职责，而审判人员在庭审中只需充当消极的裁判者，让控辩双方充分地举证、辨认，充分发表意见。也唯有如此，审判人员才能在证据经当庭出示、辨认和质证等法庭程序后，正确作出是否认证的决定。另一方面，审判人员要重视辩护方的意见，保障辩护方充分行使质证权和辩论权，避免与辩护方的对立。

2. 未经庭审质证的证据不得作为定案的根据。在极个别案件中，存在审判人员将未经庭审质证的证据作为定案根据的现象。这种做法严重损害了控辩双方的质证权，违反了证据裁判原则的要求，严重违反了法律规定的诉讼程序，影响了司法公正。因此，在法庭审理过程中，无论是书证、物证等实物证据，还是证人证言、被害人陈述、犯罪嫌疑人、被告人供述和辩解等言词证据，无论是侦查机关勘验、检查、辨认、侦查实验等笔录，还是鉴定机构出具的鉴定意见，都必须经过当庭出示、辨认、质证等法庭调查程序查证属实，否则不得作为定案的根据。需要注意的是，对于证据的出示方式应当根据具体规定把握，可以是出示、宣读、播放，也可以是综合运用上述出示方式。另外需要提及的是，作为定案根据的证据，应当在裁判文书中列明，以便当事人和其他人员了解，体现司法公开原则，增强人民法院裁判的公信力。

3. 依法通知证人、鉴定人等出庭作证。法庭质证原则的重要内容之一，就是贯彻直接言词原则的要求，要求控辩双方以直接言词的方式对证据进行质证；相应地，法庭以直接言词的方式对案件事实进行调查和认定。与之相关的是，控辩双方享有对证人、鉴定人进行询问的权利。《刑事诉讼法》对证人、鉴定人出庭的问题作出了明确规定，2021年《最高人民法院关于适用〈中华人民共和国刑事诉讼法〉的解释》进一步细化和补充了相关规定。在司法实践中，审判人员要充分认识到通知证人、鉴定人出庭作证的重要意义，认真实行相关规定，促进相关证人、鉴定人积极出庭作证，保证庭审质证的效果。

4. 坚持一证一质一辩。在司法实践中，极个别案件存在打包质证的现象，对一些证据混杂在一起进行质证，严重影响了质证的效果和当事人诉讼权利的保护。这些案件的审判人员的初衷可能是提升质证的效率，但由于将不同的证据混杂在一起，控辩双方难以有针对性地进行辨认、质证，反而影响了诉讼效率和司法公正。因此，在司法实践中，要坚持一证一质一辩，即出示一项证据后，由对方进行辨认、质证，而且在质证过程中，控辩双方可以对证据的证明力等问题展开辩论。

5. 正确理解和把握法律、2021年《最高人民法院关于适用〈中华人民共和国刑事诉讼法〉的解释》规定的例外情形和特殊情况。从《刑事诉讼法》和2021年《最高人民法院关于适用〈中华人民共和国刑事诉讼法〉的解释》的规定来看，庭审质证原则大致有如下三种特殊和例外情况：（1）根据《刑事诉讼法》第一百五十四条的规定，采取技术侦查措施收集的材料在刑事诉讼中可以作为证据使用。如果使用该证据可能危及有关人员的人身安全，或者可能产生其他严重后果的，应当采取不暴露有关人员身份、技术方法等保护措施，必要的时候，在当庭质证的基础上，可以由审判人员在庭外对证据进行进一步的核实。因此，由于技术侦查措施收集证据材料的特殊性，对其的质证宜采取特殊的方式，包括采取相关保护措施后进行质证，甚至是由审判人员在庭外对证据进行核实。（2）根据《刑事诉讼法》第六十四条的规定，对于危害国家安全犯罪、恐怖活动犯罪、黑社会性质的组织犯罪、毒品犯罪等案件，可以不公开证人、鉴定人的真实姓名、住址和工作单位等个人信息，采取不暴露外貌、真实声音等出庭作证措施。（3）根据2021年《最高人民法院关于适用〈中华人民共和国刑事诉讼法〉的解释》第二百七十一条第二款的规定，对公诉人、当事人及其法定代理人、辩护人、诉讼代理人补充的和法庭庭外调查核实取得的证据，应当经过当庭质证才能作为定案的根据。但是，经庭外征求意见，控辩双方没有异议的除外。上述三种情形，特别是第一种情形，对辩护方的知情权和质证权确实有一定的限制，但这是基于利益衡量原则作出的规定，且有严格的制度和措施保障，同样能够保证证据的真实性，不会影响对案件事实的认定。

▶《**人民检察院刑事诉讼规则**》（高检发释字〔2019〕4号，2019年12月30日）

第六十三条 人民检察院侦查终结或者提起公诉的案件，证据应当确实、充分。证据确实、充分，应当符合以下条件：

（一）定罪量刑的事实都有证据证明；

（二）<u>据以定案的证据均经法定程序查证属实</u>；

（三）综合全案证据，对所认定事实已排除合理怀疑。

【重点解读】[①]

据以定案的证据均经法定程序查证属实，是指人民检察院（包括负责侦查的部门）按照法律规定的程序，尤其是《刑事诉讼法》关于非法证据排除的规定，对作为定案根据的证据进行查证后，确认其属实。

1.3 规范性文件

▶《最高人民法院、最高人民检察院、公安部、国家安全部、司法部关于办理死刑案件审查判断证据若干问题的规定》（法发〔2010〕20号，2010年6月13日）

第四条 经过当庭出示、辨认、质证等法庭调查程序查证属实的证据，才能作为定罪量刑的根据。

▶《人民法院办理刑事案件第一审普通程序法庭调查规程（试行）》（法发〔2017〕31号，2017年11月27日）

第一条 法庭应当坚持证据裁判原则。认定案件事实，必须以证据为根据。法庭调查应当以证据调查为中心，法庭认定并依法排除的非法证据，不得宣读、质证。证据未经当庭出示、宣读、辨认、质证等法庭调查程序查证属实，不得作为定案的根据。

▶《最高人民法院、最高人民检察院、公安部关于办理信息网络犯罪案件适用刑事诉讼程序若干问题的意见》（法发〔2022〕23号，2022年8月26日）

13. 公安机关在调查核实过程中依法收集的电子数据等材料，可以根据有关规定作为证据使用。

调查核实过程中收集的材料作为证据使用的，应当随案移送，并附批准调查核实的相关材料。

调查核实过程中收集的证据材料经查证属实，且收集程序符合有关要求的，可以作为定案依据。

▶《最高人民法院关于全面推进以审判为中心的刑事诉讼制度改革的实施意见》（法发〔2017〕5号，2017年2月17日）

12. 法庭应当依照法定程序审查、核实、认定证据。证据未经当庭出示、

[①] 参见童建明、万春主编：《〈人民检察院刑事诉讼规则〉条文释义》，中国检察出版社2020年版，第75页。

辨认、质证等法庭调查程序查证属实，不得作为定案的根据。

▶《最高人民法院、最高人民检察院、公安部、中国证监会关于办理证券期货违法犯罪案件工作若干问题的意见》（证监发〔2011〕30号，2011年4月27日）

五、司法机关对证券监管机构随案移送的物证、书证、鉴定结论、视听资料、现场笔录等证据要及时审查，作出是否立案的决定；随案移送的证据，经法定程序查证属实的，可作为定案的根据。

▶《最高人民法院关于建立健全防范刑事冤假错案工作机制的意见》（法发〔2013〕11号，2013年10月9日）

12. 证据未经当庭出示、辨认、质证等法庭调查程序查证属实，不得作为定案的根据。

采取技术侦查措施收集的证据，除可能危及有关人员的人身安全，或者可能产生其他严重后果，由人民法院依职权庭外调查核实的外，未经法庭调查程序查证属实，不得作为定案的根据。

▶《最高人民法院、最高人民检察院、公安部、国家安全部、司法部关于规范量刑程序若干问题的意见》（法发〔2020〕38号，2020年11月5日）

第十九条 在法庭审理中，审判人员对量刑证据有疑问的，可以宣布休庭，对证据进行调查核实，必要时也可以要求人民检察院补充调查核实。人民检察院补充调查核实有关证据，必要时可以要求侦查机关提供协助。

对于控辩双方补充的证据，应当经过庭审质证才能作为定案的根据。但是，对于有利于被告人的量刑证据，经庭外征求意见，控辩双方没有异议的除外。

▶《公安机关办理刑事案件程序规定》（中华人民共和国公安部令第159号，2020年7月20日）

第五十九条第三款 证据必须经过查证属实，才能作为认定案件事实的根据。

▶《中央政法委关于切实防止冤假错案的规定》（中政委〔2013〕27号，2013年8月）

六、坚持证据裁判原则。依法应当出庭的证人没有正当理由拒绝出庭或者出庭后拒绝作证，法庭对其证言真实性无法确认的，该证人证言不得作为定案的根据。证据未经当庭出示、辨认、质证等法庭调查程序查证属实的，不得作为定案的根据。

1.4 案例与要旨

◆【《刑事审判参考》案例】［第 260 号］ 王雪玲故意伤害案

裁判要旨：本案一审法院未经庭审质证，将证明被害人张新歌五级伤残的法医鉴定直接作为认定被告人造成被害人严重残疾的根据，不仅违反了证据裁判原则，而且也严重违反法律规定的诉讼程序，限制了当事人的法定诉讼权利。法官在不得不亲自进行庭外调查时，应尽量通知控辩双方同时到场参与进行，法官在庭外调查中收集得到的任何新证据都必须提交法庭，并允许控辩双方对证人、鉴定人提问，否则不能作为定案的根据。总之，质证是司法证明的一个基本环节，是法官在认证之前的一个必经程序。未经质证，不得认证，这是我们必须坚持的一个原则。

◆【《刑事审判参考》案例】［第 1422 号］ 王伟男诈骗案

裁判要旨：庭前会议不能取代庭审，召开庭前会议的目的是为保障庭审的顺利进行，对控辩双方没有争议的证据材料，在庭审时举证、质证可以简化，但是不能不举证、质证。本案中，原审法院在庭前会议出示证据，因控辩双方没有争议，就决定该证据不在庭审中举证、质证，混淆了庭前会议和庭审的区别，违反了法律规定。

◆【《人民法院报》案例】 雷铭故意杀人、盗窃案

裁判要旨：对于检察机关在二审期间提供的与一审相矛盾的、对定罪量刑有重大影响的证据，在有关证人不能出庭作证而无法确认的情况下，不能作为定案依据。

本案中关于被告人如何到案的证据是查明案件事实、正确运用法律的关键证据，对于本案量刑有重大影响。检察院在二审期间出示的有关被告人到案的证据，与一审经举证、质证确认的事实和证据相矛盾，辩方对此证据亦有异议，出证机关的有关证人依法应当出庭接受调查、质证。然而，作为出证机关的两地公安机关的相关人员接到通知后，均拒绝在二审出庭作证。二审庭审中无法对检察机关出示的出证机关改变其原有证据内容的相关证据材料进行充分的调查、质证，无法确认该证据材料的真实性、客观性，故不能以此否定已经一审法庭举证和质证确认的原有证据。所以，二审法院对检察机关出示的该证据材料不予采纳并据此驳回抗诉，是正确的。

2　对证据真实性、证明力的审查要求

2.1　司法解释与重点解读

▶《最高人民法院关于适用〈中华人民共和国刑事诉讼法〉的解释》(法释〔2021〕1号,2021年1月26日)

第一百三十九条　对证据的真实性,应当综合全案证据进行审查。

对证据的证明力,应当根据具体情况,从证据与案件事实的关联程度、证据之间的联系等方面进行审查判断。

【重点解读1】[1]

1. 关于证据能力需要注意两个问题:(1)根据2021年《最高人民法院关于适用〈中华人民共和国刑事诉讼法〉的解释》第一百三十九条第一款的规定,对证据的真实性,应当综合全案证据进行审查。这主要是因为对于某项证据的真实性,无法从该项证据的自身作出判断,需要结合其他证据的内容进行,审查同全案其他证据之间是否存在矛盾,从而准确判断其真实性。(2)对于某项证据,经审查确认其不具有证据能力的,则其属于应当依法排除的证据,无须对其进行证明力的判断。例如,确认或者不能排除相关证据存在《刑事诉讼法》第五十六条规定的以非法方法收集证据情形的,应当否认其证据资格,对有关证据应当予以排除,而不再进行证明力的判断,更不得作为定案的根据。

2. 证据证明力与证据综合认证原则。对于经过法庭调查的证据,审判人员需要对其证明力作进一步的审查判断。证明力实际上就是证据与案件事实之间关联性,"这种关联性是一种客观存在,需要而且也可以在个案中通过人类的认识能力去把握,法律没有必要也不可能对其作出硬性规定"。因此,证据证明力的判断以及进一步对全案证据的综合认证,实际上是法官自由心证的过程。

单个证据证明力的审查判断规则。2021年《最高人民法院关于适用〈中

---

[1] 参见杨万明主编:《新刑事诉讼法司法适用解答》,人民法院出版社2018年版,第110-111页。

华人民共和国刑事诉讼法〉的解释》第一百零四条第二款规定："对证据的证明力，应当根据具体情况，从证据与案件事实的关联程度、证据之间的联系等方面进行审查判断。"这实际上是指单个证据的证明力的判断规则。对此，需要注意以下几点：（1）审查判断证据的证明力，应当从各证据与待证事实之间的关联程度方面进行审查。证据的证明力实际上就是确认其与案件事实的关联作用及关联程度，对此要通过证据本身所负载的有关案件事实情况的信息量、证据本身的属性等情况综合考虑。（2）审查判断证据的证明力，应当从各证据之间的联系方面进行审查判断。对单个证据证明力的审查判断，不应当是孤立地从该证据与待证事实之间的关系方面进行，还应当将该证据与其他证据加以对照，进行综合分析，以判断相互之间是否印证、是否协调，进而更好地确认证据的证明力。

【重点解读2】[1]

本条根据司法实践反映的问题对2012年《最高人民法院关于适用〈中华人民共和国刑事诉讼法〉的解释》第一百零四条的规定作出修改完善。

宣告被告人无罪，只要证据之间存在无法排除的矛盾和无法解释的疑问即可。故而，2012年《最高人民法院关于适用〈中华人民共和国刑事诉讼法〉的解释》第一百零四条第三款"证据之间具有内在联系，共同指向同一待证事实，不存在无法排除的矛盾和无法解释的疑问的，才能作为定案的根据"的规定存在瑕疵，予以删去。

2.2　规范性文件

▶**《最高人民法院、最高人民检察院、公安部、国家安全部、司法部关于办理死刑案件审查判断证据若干问题的规定》**（法发〔2010〕20号，2010年6月13日）

第三十二条　对证据的证明力，应当结合案件的具体情况，从各证据与待证事实的关联程度、各证据之间的联系等方面进行审查判断。

证据之间具有内在的联系，共同指向同一待证事实，且能合理排除矛盾

---

[1] 参见李少平主编：《最高人民法院关于适用〈中华人民共和国刑事诉讼法〉的解释理解与适用》，人民法院出版社2021年版，第250页。

的，才能作为定案的根据。

▶《最高人民检察院关于适用〈关于办理死刑案件审查判断证据若干问题的规定〉和〈关于办理刑事案件排除非法证据若干问题的规定〉的指导意见》（高检发研字〔2010〕13号，2010年12月30日）

10. 对犯罪嫌疑人供述和证人证言、被害人陈述，要结合全案的其他证据，综合审查其内容的客观真实性。

▶《共青团中央、最高人民检察院关于在全国检察系统开展创建优秀"青少年维权岗"活动的通知》（1999年1月19日）

坚持全面审查原则。检察机关受理公安机关移送起诉的未成年人犯罪案件后，必须对案件的事实、证据进行全面审查，以保证证据的客观性、真实性、合法性。

2.3 案例与要旨

◆【最高人民检察院指导性案例】［检例第42号］齐某强奸、猥亵儿童案

要旨：性侵未成年人犯罪案件中，被害人陈述稳定自然，对于细节的描述符合正常记忆认知、表达能力，被告人辩解没有证据支持，结合生活经验对全案证据进行审查，能够形成完整证明体系的，可以认定案件事实。

对性侵未成年人犯罪案件证据的审查，要根据未成年人的身心特点，按照有别于成年人的标准予以判断。审查言词证据，要结合全案情况予以分析。根据经验和常识，未成年人的陈述合乎情理、逻辑，对细节的描述符合其认知和表达能力，且有其他证据予以印证，被告人的辩解没有证据支持，结合双方关系不存在诬告可能的，应当采纳未成年人的陈述。

◆【《刑事审判参考》案例】［第123号］刘某某煽动颠覆国家政权案

裁判要旨：在审查判断计算机证据时必须注意：其一，证据的真实性。必须注意审查证据是否已被篡改、变更，包括以下几个方面：（1）证据收集过程的合法性。我国《刑事诉讼法》明确要求依法定程序收集证据，对计算机证据来讲，如果收集过程不合法，其真实性就更容易受到影响。（2）计算机证据的来源、形成时间、地点，确定是否存在修改、变更的可能。（3）储存、记录等技术设备的质量与性能。一般来讲，低劣设备储存的信息，其真实性比高灵敏度设备储存信息的真实性弱。（4）操作人员的技术水平。操作人员的技术水平对

计算机证据的客观性也有一定影响,对此不容忽视。其二,证据的关联性。证据只有与案件相关联,才能起到证明作用。计算机证据与案件联系的形式较复杂,且不易辨别。因此,必须注意计算机证据与案件事实的具体联系,正确判断计算机证据的证明力,绝不能一概而论。其三,与其他证据相联系。因计算机证据容易失真,所以,必须将计算机证据与其他证据相结合,综合判断证据的效力。

◆【《刑事审判参考》案例】[第396号]陈某强奸案

裁判要旨:审查、判断证据应当从两方面入手:一是审查证据的证据能力,这是解决证据适格性的问题,即证据必须合法取得才具有证据资格,才能作为案件事实的认定依据;二是判断证据的证明力,即证据事实对案件事实有无证明作用以及证明程度如何。在同一案件的适格证据中,往往既有对被告人有利的证据,也有对被告人不利的证据。甚至在同一个证据中,既有对被告人有利的内容,也有对被告人不利的内容。本案也是如此,既有证明被告人陈某无罪的证据,也有证明被告人有罪的证据。在这种情况下,审判人员应当客观、全面地分析证据的证明力。如果只简单地采信证明被告人有罪的证据,或者相反,都是不客观、不全面的。

◆【《刑事审判参考》案例】[第729号]徐科故意杀人、强奸案

裁判要旨:对证据证明力的审查判断既要分析该证据自身的真实性,还要审查该证据能否与案件事实有关联。如果无法确认特定证据的真实性及其与案件待证事实的关联性,则该证据也不能作为定案的根据。

本案中,被告人徐科的庭前认罪供述具有自愿性和合法性,能够排除系刑讯逼供所得,且经过当庭出示、质证等法庭调查程序查证属实,具有真实性,并能够与尸检报告、现场勘查笔录、在案隐蔽性很强的物证相互印证,因此能够作为定案的根据使用。由于被告人的认罪供述能够直接证明案件事实,因此具有很强的证明力。

◆【《刑事审判参考》案例】[第860号]顾娟、张立峰销售假冒注册商标的商品案

裁判要旨:根据2012年《最高人民法院关于适用〈中华人民共和国刑事诉讼法〉的解释》第104条的规定,对证据的真实性,应当综合全案证据进行审查。对证据的证明力,应当根据具体情况,从证据与待证事实的关联程度、

证据之间的联系等方面进行审查判断。证据之间具有内在联系，共同指向同一待证事实，不存在无法排除的矛盾和无法解释的疑问的，才能作为定案的根据。正是由于被害人与犯罪嫌疑人、被告人之间固有的利害关系，尽管商标权利人出具的商品真伪的鉴定意见具有当然的证明效力，仍然需要结合其他证据予以综合审查。

本案中，除博邦公司出具的鉴定意见之外，还有证人证言、电子数据以及被告人供述等相关证据证实二被告人销售假冒商品的事实……可以说，上述证据内容共同指向同一待证事实，即二人销售假冒商品的事实，上述证据内容与博邦公司的鉴定意见相互印证，能够佐证鉴定意见的证明内容，增强其证据效力。

◆【《刑事审判参考》案例】［第 871 号］ 黄友强贪污案

裁判要旨："犯罪事实清楚，证据确实、充分"是刑事诉讼中待证事项必须达到的证明要求。按照学界通说，"确实"是对证据的质的衡量，是指据以定案的证据都必须经过查证属实，具有客观真实性，每个证据必须和待查证的犯罪事实之间存在客观联系，能够证明待证事实。"充分"则是对证据的量的要求。这里的"量"不是指数量，而是指证据证明力的大小或者强弱，是指证据具有足够的证明力，足以证明待证案件事实：其一，证据之间应当相互印证、相互支撑、相互说明；其二，证据与已证事实之间、证据与情理之间，不应当存在不能解释的矛盾；其三，证据之间、证据与已证事实之间、各事实要素之间环环相扣，各个事实环节均有足够的证明，不能出现断裂；其四，在对事实的综合认定上结论应当是唯一的，合理排除其他可能。

◆【《刑事审判参考》案例】［第 1392 号］ 朱纪国盗窃案

裁判要旨：根据证据与案件的主要事实是否有直接关系，可以将证据分为直接证据和间接证据。间接证据所包含的信息量并不如直接证据涵盖的内容丰富、充分，只能证明案件事实的某一环节或片段，具有零散性。因此，在间接证据的运用上应当遵循多（双）向印证规则，消除证据之间的矛盾，使证据相互印证进而形成一个完整的体系。多（双）向印证与单向印证的逻辑推演不同，单个间接证据自身的证明力只有在与其他证据的相互作用中，才有可能加以确定，即单个间接证据的证明力建立在对案件证据的整体判断之上，若不建立证据之间的联结点，不仅不能保障单个间接证据的真实性，更无法达到定罪的要求。

对于"零口供"案件，需要在审查单个间接证据具备证明能力的基础上，通过比对不同证据所含信息的内容同一或指向同一，将单一间接证据链接起来，形成相互支撑、协调一致的证明体系。如果间接证据之间不相符合、相互脱节，就应当通过进一步补充调查，查证清楚之后，再确定它们的证明力。只有对所有应予证明的案件事实和情节都有相应确实的间接证据予以证明，并且间接证据之间形成环环相扣的闭合证明锁链后才可以定案。

专题二　证据印证规则

3　证人翻证印证规则

3.1　司法解释与重点解读

▶《最高人民法院关于适用〈中华人民共和国刑事诉讼法〉的解释》（法释〔2021〕1号，2021年1月26日）

第九十一条　证人当庭作出的证言，经控辩双方质证、法庭查证属实的，应当作为定案的根据。

证人当庭作出的证言与其庭前证言矛盾，证人能够作出合理解释，并有其他证据印证的，应当采信其庭审证言；不能作出合理解释，而其庭前证言有其他证据印证的，可以采信其庭前证言。

经人民法院通知，证人没有正当理由拒绝出庭或者出庭后拒绝作证，法庭对其证言的真实性无法确认的，该证人证言不得作为定案的根据。

【重点解读】[①]

关于证人改变证言情况下的证言采信。对于证人在庭前和当庭所作的证言存在差异甚至矛盾时，如何采信相关证言，《刑事诉讼法》未规定明确规则。

[①] 参见李少平主编：《最高人民法院关于适用〈中华人民共和国刑事诉讼法〉的解释理解与适用》，人民法院出版社2021年版，第215页。

本条第二款对能否采信庭前证言的问题予以明确，主要有如下考虑：（1）从《刑事诉讼法》鼓励证人出庭的立法精神出发，宜鼓励司法实践中根据庭审证言认定案件事实。因此，本条第二款的基本立场是以庭审证言为基础，允许证人当庭对其当庭作出的证言与庭前证言矛盾的情形作出合理解释。（2）从实践来看，在庭审证言和庭前证言相矛盾的情况下，庭审证言未必一定是真实的，而庭前证言也未必一定是不真实的。这里专门规定只有在"证人能够作出合理解释，并有其他证据印证"的，才采信其庭审证言。因此，在证人当庭改变庭前证言后，应当结合全案证据，对其当庭证言进行审查，进行有针对性地询问，判断其庭审证言的可信度。（3）在证人当庭作出的证言与其庭前证言矛盾的情况下，如果证人不能作出合理解释，而其庭前证言有其他证据印证的，可以采信其庭前证言。

2012年《最高人民法院关于适用〈中华人民共和国刑事诉讼法〉的解释》征求意见过程中，有意见提出，从鼓励证人出庭作证的角度出发，对于证人当庭作出的证言与庭前证言矛盾的，应当采纳庭审证言，而不应当附加"作出合理解释，并有其他证据印证"的条件。而且，很多情况下，证人当庭作出与庭前证言不同的证言是无法有证据印证的。经研究认为，上述观点确有一定道理，但从查明案件事实的角度来看，不能直接规定庭审证言与庭前证言不一致的情况下可以直接采信庭审证言，因为庭审证言也存在不真实的可能性。当然，司法实践中可能存在无法印证与庭前证言不一致的庭审证言的情况。此种情况下，如果庭前证言有其他证据印证，可以采纳庭前证言；如果庭前证言也没有其他证据印证，则庭前证言、庭审证言均无法采信。

3.2 规范性文件

▶《人民法院办理刑事案件第一审普通程序法庭调查规程（试行）》（法发〔2017〕31号，2017年11月27日）

第四十八条第二款 证人当庭作出的证言与其庭前证言矛盾，证人能够作出合理解释，并与相关证据印证的，应当采信其庭审证言；不能作出合理解释，而其庭前证言与相关证据印证的，可以采信其庭前证言。

► 《最高人民法院关于全面推进以审判为中心的刑事诉讼制度改革的实施意见》（法发〔2017〕5号，2017年2月17日）

29. 证人没有出庭作证，其庭前证言真实性无法确认的，不得作为定案的根据。证人当庭作出的证言与其庭前证言矛盾，证人能够作出合理解释，并与相关证据印证的，可以采信其庭审证言；不能作出合理解释，而其庭前证言与相关证据印证的，可以采信其庭前证言。

……

► 《最高人民法院、最高人民检察院、公安部、国家安全部、司法部关于办理死刑案件审查判断证据若干问题的规定》（法发〔2010〕20号，2010年6月13日）

第十五条 具有下列情形的证人，人民法院应当通知出庭作证；经依法通知不出庭作证证人的书面证言经质证无法确认的，不能作为定案的根据：

（一）人民检察院、被告人及其辩护人对证人证言有异议，该证人证言对定罪量刑有重大影响的；

（二）人民法院认为其他应当出庭作证的。

证人在法庭上的证言与其庭前证言相互矛盾，如果证人当庭能够对其翻证作出合理解释，并有相关证据印证的，应当采信庭审证言。

对未出庭作证证人的书面证言，应当听取出庭检察人员、被告人及其辩护人的意见，并结合其他证据综合判断。未出庭作证证人的书面证言出现矛盾，不能排除矛盾且无证据印证的，不能作为定案的根据。

3.3 案例与要旨

◆ 【《中国审判案例要览》案例】曾祥洪受贿案[1]

裁判要旨：证人所作证言之间存在无法排除的矛盾，且对关键性问题拒绝作证，其证言的真实性无法确认的，其所作的全部证言应均不予采信，不能作为定案的依据。

---

[1] 参见国家法官学院、中国人民大学法学院编：《中国审判案例要览（2014年刑事审判案例卷）》，中国人民大学出版社2016年版，第472-479页。

4 被告人翻供印证规则

4.1 司法解释与重点解读

▶《最高人民法院关于适用〈中华人民共和国刑事诉讼法〉的解释》(法释〔2021〕1号,2021年1月26日)

第九十六条 审查被告人供述和辩解,应当结合控辩双方提供的所有证据以及被告人的全部供述和辩解进行。

<u>被告人庭审中翻供,但不能合理说明翻供原因或者其辩解与全案证据矛盾,而其庭前供述与其他证据相互印证的,可以采信其庭前供述。</u>

<u>被告人庭前供述和辩解存在反复,但庭审中供认,且与其他证据相互印证的,可以采信其庭审供述;被告人庭前供述和辩解存在反复,庭审中不供认,且无其他证据与庭前供述印证的,不得采信其庭前供述。</u>

【重点解读】[1]

本条沿用了2012年《最高人民法院关于适用〈中华人民共和国刑事诉讼法〉的解释》第八十三条的规定。

"犯罪嫌疑人和被告人在面对司法机关和执法机关的调查和指控时,心理活动非常复杂,而且经常随着讯问人员和环节的变化而发生变化……受这些不同心理活动和状态的影响,翻供就成为司法实践中一种常见的现象,而且往往是供了又翻,翻了又供,多次反复,令人真假难辨。这种反复性也是口供复杂性的表现。"[2] 司法工作人员在处理犯罪嫌疑人、被告人翻供的问题时应当特别审慎。本条第一款专门规定了审查被告人供述和辩解,应当结合控辩双方提供的所有证据以及被告人的全部供述和辩解进行。

1. 被告人庭审中翻供,但不能合理说明翻供原因或者其辩解与全案证据矛盾,而其庭前供述与其他证据相互印证的,可以采信其庭前供述。司法实践中,庭前一直作有罪供述的被告人,也可能在庭审中翻供。对于被告人庭审中翻供的,应当充分听取被告人的说明,以便结合全案证据判断被告人翻供理由

---

[1] 参见李少平主编:《最高人民法院关于适用〈中华人民共和国刑事诉讼法〉的解释理解与适用》,人民法院出版社2021年版,第219-220页。

[2] 参见何家弘、刘品新:《证据法学》,法律出版社2011年版,第175页。

或者辩解的合理与否。

2. 被告人庭前供述和辩解存在反复，但庭审中供认，且与其他证据相互印证的，可以采信其庭审供述。庭前供述和辩解存在反复的被告人，也可能出于法律威慑和真诚悔罪等因素，在庭审中作有罪供述。此种情况下，需要结合其他证据综合判断，与其他证据印证的，可以采信其庭审中的供述。

3. 被告人庭前供述和辩解存在反复，庭审中不供认，且无其他证据与庭前供述印证的，不得采信其庭前供述。对于庭前供述和辩解存在反复的被告人，在庭审中仍未供述有罪的，更加要注意结合其他证据进行判断。无其他证据与庭前供述相印证的，不得将其在庭前所作的有罪供述作为认定其有罪的根据。

4.2　规范性文件

▶《最高人民法院、最高人民检察院、公安部、国家安全部、司法部关于办理死刑案件审查判断证据若干问题的规定》（法发〔2010〕20号，2010年6月13日）

第二十二条　对被告人供述和辩解的审查，应当结合控辩双方提供的所有证据以及被告人本人的全部供述和辩解进行。

被告人庭前供述一致，庭审中翻供，但被告人不能合理说明翻供理由或者其辩解与全案证据相矛盾，而庭前供述与其他证据能够相互印证的，可以采信被告人庭前供述。

被告人庭前供述和辩解出现反复，但庭审中供认的，且庭审中的供述与其他证据能够印证的，可以采信庭审中的供述；被告人庭前供述和辩解出现反复，庭审中不供认，且无其他证据与庭前供述印证的，不能采信庭前供述。

▶《人民法院办理刑事案件第一审普通程序法庭调查规程（试行）》（法发〔2017〕31号，2017年11月27日）

第五十条　被告人的当庭供述与庭前供述、自书材料存在矛盾，被告人能够作出合理解释，并与相关证据印证的，应当采信其当庭供述；不能作出合理解释，而其庭前供述、自书材料与相关证据印证的，可以采信其庭前供述、自书材料。

法庭应当结合讯问录音录像对讯问笔录进行全面审查。讯问笔录记载的内容与讯问录音录像存在实质性差异的，以讯问录音录像为准。

4.3 案例与要旨

◆【《刑事审判参考》案例】[第599号] 杨淑敏故意杀人案

裁判要旨：本案没有目击证人，也缺乏足以锁定被告人杨淑敏作案的强有力的客观证据，而被告人自审查起诉阶段起翻供。在此情况下，需综合全案证据特别是杨淑敏的有罪供述、无罪辩解与其他证据之间的关系进行分析，才能准确认定案件事实。我们认为，根据在案证据特别是供证关系，本案可以认定系杨淑敏实施了故意杀害梁德宏的犯罪行为。具体分析如下：首先，被告人杨淑敏供述的内容自然、合理，且得到了其他证据的印证。其次，杨淑敏的翻供内容与其他证据相矛盾，不能成立。根据上述分析，虽然被告人杨淑敏翻供不承认杀人犯罪，但综合在案证据，足以认定杨淑敏实施故意杀人行为的事实清楚，证据确实、充分。

◆【《刑事审判参考》案例】[第605号] 谢怀清等贩卖、运输毒品案

裁判要旨：对于被告人翻供的，既不能无视其翻供内容，一律采信其以往所作有罪或者罪重供述，也不能遇翻供就生疑，认为前供一律被否定，从而得出案件没有有罪供述乃至事实不清的结论。对于翻供案件，应当结合全案证据进行综合分析，审查被告人的翻供理由是否成立、内容是否可信，进而确认有罪事实是否成立。

◆【《刑事审判参考》案例】[第729号] 徐科故意杀人、强奸案

裁判要旨：对被告人在庭前认罪后又翻供或提出辩解的情形，应当坚持证实与证伪并重的理念，对被告人认罪供述和翻供理由或辩解的审查判断应给予同等重视，并需要认真审查其翻供理由或辩解，结合其他证据判断其翻供理由或辩解是否成立。对于被告人称其因遭到刑讯逼供而作出庭前认罪供述的情况，还要审查其供述是否属于非法证据。在被告人的翻供理由或辩解不成立的情况下，则要审查被告人的庭前认罪供述与其他证据能否相互印证并形成完整的证据体系。

◆【《刑事审判参考》案例】[第923号] 曲振武、胡英辉故意杀人案

裁判要旨：被告人曲振武虽然没有直接实施杀人行为，且在侦查阶段就翻供否认犯罪，但在案证据证实，曲振武与被告人胡英辉在作案过程中联系密切，没有曲振武的幕后帮助胡英辉无法完成作案，曲振武的有罪供述与胡

英辉的供述等证据在涉案的关键细节上吻合，特别是曲振武所交代的一些非雇凶者难以掌握的作案细节，均得到其他证据的印证。曲振武的翻供理由则明显不合常理，翻供内容不能成立。据此，完全可以认定曲振武雇凶杀人的犯罪事实。

◆【《刑事审判参考》案例】［第 1272 号］康文良故意杀人案

裁判要旨：在刑事司法实践中，有时仍然存在过于相信和重视公安机关、检察机关收集的有罪证据和提出的有罪指控，包括不尽规范的情况说明，而忽视被告方的辩解、辩护意见；在被告人作出有罪供述后，对其后来的翻供不加以认真审查，简单地视为狡辩；只注重有罪供述与其他证据的印证情况，而忽视其中不能印证以及供述不自然、不合理的部分，为错误认定案件事实埋下隐患等问题。

最高人民法院经审查发现，本案只有一次供述有同步录音录像；康文良供述其在作出有罪供述前已被羁押于刑事侦查部门多日，受到变相刑讯逼供，公安机关对此未予正面回应；康文良称其将公诉人当成侦查人员，所以在审查起诉阶段也不敢改变原有供述。而且，康文良的有罪供述不稳定，证明力不强，具体表现如下：……综上，康文良的供述与其他证据之间有相当一部分得不到印证，对关键性情节的供述呈现出与已在案证据逐渐印证的特点，有的供述不自然、不合理，自始就能得到印证的供述则是康文良到现场围观时就已经看见或者听到的内容，上述供证关系和供证的印证情况严重影响了康文良有罪供述的证明力。

本案中，除关联性弱的 DNA 鉴定意见和证明力弱的有罪供述，没有其他证据证明康文良作案。最高人民法院经复核，以案件事实不清、证据不足为由，发回安徽省高级人民法院重新审判。安徽省高级人民法院经重新审判，最终宣告康文良无罪。

◆【《刑事审判参考》案例】［第 1366 号］李二胜故意杀人案

裁判要旨：对于被告人翻供且缺乏客观性证据的案件，要注重审查被告人曾作出的有罪供述是否真实、可信，翻供理由是否合理。注重审查关键证据的客观性、关联性、合法性，并注重审查其他间接证据是否能与被告人的有罪供述相互印证，形成完整的证据锁链。如果在案证据能够形成完整的证据锁链，且事实清楚、证据充分的，可以依法判定被告人有罪。

◆【最高人民检察院 2018 年公布依法惩治毒品犯罪典型案例之三】郭锡儒等人贩卖毒品案

裁判要旨：毒品犯罪分子到案后，为逃避罪责而不供认犯罪、供认后又翻供的现象在司法实践中较为普遍。在本案被告人"零口供"，主要同案被告人翻供的情况下，检察机关加强调查核实，复勘案发现场，增强办案亲历性，构建以客观性证据为核心的审查模式，并通过其他证据相互印证，形成完整的证据链，有效证明了被告人的罪责，抗诉后得到改判。

◆【《人民法院案例选》案例】陈安国故意杀人案［（2013）辽刑一终字第 25 号］

裁判要旨：被告人翻供案件运用推定认定被告人有罪事实，应当排除合理怀疑。对于被告人翻供提出的反驳理由，需要通过审查案件所有证据和被告人的全部供述和辩解，确定能否成立，在反驳不成立的情况下推定事实成立。

◆【《人民法院案例选》案例】刘超、陈兰燕绑架、抢劫案［（2013）锡刑终字第 44 号］

裁判要旨：对被告人翻供案件证据认定时，应严格审查供与证的取得先后，供与供、供与证的矛盾，充分运用间接证据，通过经验法则、逻辑思维来综合判断翻供真伪。

◆【《人民法院案例选》案例】张春琪强奸案［（2009）新津刑初字第 31 号］

裁判要旨：对于被告人翻供的，庭审首先应当调查公安机关是否存在刑讯逼供的行为，其次应当审查是否存在收集非法证据的行为。在两项行为能完全排除的情况下，还应当审查公诉机关出示的证据是否能形成完整的证据锁链，由此确定采信被告人庭前供述还是庭审中的供述。

◆【《人民司法》案例】雍奎魁故意杀人案［（2015）吉刑三终字第 13 号］

裁判要旨：被告人庭前供述和辩解出现反复，庭审中不供认，缺乏足够的客观证据印证其庭前所作的有罪供述的，不能采信其庭前供述。

专题三　补强证据规则

5　对生理上、精神上有缺陷的被害人、证人和被告人所作的陈述、证言和供述的补强

5.1　司法解释与重点解读

▶《最高人民法院关于适用〈中华人民共和国刑事诉讼法〉的解释》（法释〔2021〕1号，2021年1月26日）

第一百四十三条　下列证据应当慎重使用，有其他证据印证的，可以采信：

（一）生理上、精神上有缺陷，对案件事实的认知和表达存在一定困难，但尚未丧失正确认知、表达能力的被害人、证人和被告人所作的陈述、证言和供述；

（二）与被告人有亲属关系或者其他密切关系的证人所作的有利于被告人的证言，或者与被告人有利害冲突的证人所作的不利于被告人的证言。

【重点解读】①

本条沿用2012年《最高人民法院关于适用〈中华人民共和国刑事诉讼法〉的解释》第一百零九条的规定。

本条对特殊言词证据的采信规则作了规定。被告人供述与辩解、被害人陈述、证人证言是刑事诉讼中重要的证据种类，被称为言词证据，又称为"人证"。言词证据是刑事诉讼中的常见证据形式，本身往往含有较大的信息量，具有较强的证明力，很多情况下能够证明案件的全部或者主要事实，能够作为直接证据使用。但是，言词证据是以作证主体的言词形式存在，故容易受到作证主体自身因素的影响，容易发生变化，甚至出现虚假的情况。因此，对言词证据的审查需要根据其特点认真进行，特别是对特殊作证主体出

---

①　参见李少平主编：《最高人民法院关于适用〈中华人民共和国刑事诉讼法〉的解释理解与适用》，人民法院出版社2021年版，第252—253页。

具的言词证据,更是应当慎重使用、审慎采信。基于上述考虑,本条专门作了规定。

根据《刑事诉讼法》第六十二条第二款的规定,生理上、精神上有缺陷,但尚未丧失辨别是非、正确表达能力的人,仍然可以作为证人。尽管这类人尚未丧失正确认知、表达能力,但由于生理上、精神上有缺陷,在对案件事实的认知和表达上存在一定困难,其所作证言的真实性容易受到影响,容易出现失真的情形,故需谨慎审查和使用。

需要注意的是,本条并未排斥此类证据作为定案的根据,只是要求在审查判断这类证据时应当更加谨慎,着重审查其能否与在案其他证据相互印证,如果能相互印证的,仍然可以采信为认定案件事实的根据。

5.2 规范性文件

▶《公安机关执法细则(第三版)》(公通字〔2016〕18号,2016年7月5日)

37-05. 审查证人证言

……

2. 排除证据

……

(2)对有下列情形的证据应当慎重使用,但有其他证据印证的,可以采信:

①生理上、精神上有缺陷的证人,在对案件事实的认知和表达上存在一定困难,但尚未丧失正确认知、正确表达能力而作的证言;

②与犯罪嫌疑人有亲属关系或者其他密切关系的证人所作的对该犯罪嫌疑人有利的证言,或者与犯罪嫌疑人有利害冲突的证人所作的对该犯罪嫌疑人不利的证言。

……

37-07. 审查犯罪嫌疑人供述和辩解

……

2. 排除证据。

……

（2）对生理上、精神上有缺陷的犯罪嫌疑人，在对案件事实的认知和表达上存在一定困难，但尚未丧失正确认知、正确表达能力所作的供述，应当慎重使用，有其他证据印证的，可以采信。

……

▶《最高人民法院、最高人民检察院、公安部、国家安全部、司法部关于办理死刑案件审查判断证据若干问题的规定》（法发〔2010〕20号，2010年6月13日）

第三十七条 对于有下列情形的证据应当慎重使用，有其他证据印证的，可以采信：

（一）生理上、精神上有缺陷的被害人、证人和被告人，在对案件事实的认知和表达上存在一定困难，但尚未丧失正确认知、正确表达能力而作的陈述、证言和供述；

（二）与被告人有亲属关系或者其他密切关系的证人所作的对该被告人有利的证言，或者与被告人有利害冲突的证人所作的对该被告人不利的证言。

6 对与被告人有密切关系或利害冲突的证人的证言的补强

6.1 司法解释与重点解读

▶《最高人民法院关于适用〈中华人民共和国刑事诉讼法〉的解释》（法释〔2021〕1号，2021年1月26日）

第一百四十三条 下列证据应当慎重使用，有其他证据印证的，可以采信：

（一）生理上、精神上有缺陷，对案件事实的认知和表达存在一定困难，但尚未丧失正确认知、表达能力的被害人、证人和被告人所作的陈述、证言和供述；

（二）<u>与被告人有亲属关系或者其他密切关系的证人所作的有利于被告人的证言，或者与被告人有利害冲突的证人所作的不利于被告人的证言</u>。

【重点解读】[①]

本条第二款规定了作证主体与被告人有特殊关系的言词证据的采信。包括

[①] 参见李少平主编：《最高人民法院关于适用〈中华人民共和国刑事诉讼法〉的解释理解与适用》，人民法院出版社2021年版，第253页。

与被告人有亲属关系或者其他密切关系的证人所作的有利于被告人的证言（如被告人的父亲所作的案发时被告人在家睡觉、未在案发现场的证言），或者与被告人有利害冲突的证人所作的不利于被告人的证言。显然，这类证言也需谨慎使用。因此，在实践中，应当重视审查证人与本案当事人有无亲属或者其他利害关系。

6.2 规范性文件

▶《公安机关执法细则（第三版）》（公通字〔2016〕18号，2016年7月5日）

37-05. 审查证人证言

2. 排除证据

（2）对有下列情形的证据应当慎重使用，但有其他证据印证的，可以采信：

①生理上、精神上有缺陷的证人，在对案件事实的认知和表达上存在一定困难，但尚未丧失正确认知、正确表达能力而作的证言；

②与犯罪嫌疑人有亲属关系或者其他密切关系的证人所作的对该犯罪嫌疑人有利的证言，或者与犯罪嫌疑人有利害冲突的证人所作的对该犯罪嫌疑人不利的证言。

6.3 案例与要旨

◆【《刑事审判参考》案例】[第684号] 郭永明等绑架案

裁判要旨：本案一、二审采信的书证所证明的内容与其他证据不能印证，无法排除合理怀疑，而相关证人证言、同案被告人和被告人供述等证据之间相互印证，证明郭永明出生于一九八八年农历七月二十七（公历1988年9月7日），犯罪时未满十八周岁……依据在案证据不能排除郭永明出生于一九八八年农历七月二十七，犯罪时未满十八周岁的可能性，一、二审依据郭永明的户籍登记认定其犯罪时已满十八周岁，不能达到证据确实、充分的程度。

◆【《刑事审判参考》案例】[第988号] 林求平猥亵儿童案

裁判要旨：目击证人周某虽然与被害人具有利害关系，但其证言具有证据资格，可以作为定案证据。周某系被害人江某的舅妈，其与陈某云均系被害人的近亲属，即利害关系人，但这种与被害人的利害关系并不能成为否定二人证言证据资格和证据效力的理由。当然，基于证人与被害人利益的一致性，为慎重起见，也应当通过分析被害方与被告方的关系、案发前有无矛盾等背景情况，排除诬告、陷害的可能。本案中，周某系目击证人，其证实的情况与被害人陈述及另一名目击证人的证言相互吻合，且还有被害人诊疗情况等证据补充证实，周某的证言对于本案的认定具有关键作用。

◆【《人民法院案例选》案例】钟树深故意伤害无罪案［（2007）惠中法刑一终字第44号］

裁判要旨：一个完整的证据体系，证据应该是能相互印证而形成足以证明案件事实的链条。本案中，公诉机关提供的指控被告人雇凶杀人的证据主要是证人证言。因为该种证据受证人的主观倾向影响很大，所以在决定是否采信时应充分考虑证人与诉讼主体的关系，有无其他证据印证补强，证言之间是否存在相互矛盾之处等因素。本案中，被害人张某某述称其是从被告人妹妹处得知被告人雇凶伤害他的，而被告人的妹妹对此作出了相反的证言，故这两个直接证据无法证实被告人有罪。该案中可以作为直接证据的证人证言既不能与可以作为间接证据的证人证言相印证，也得不到其他证据的补强，证据之间不能形成足以认定被告人有罪的证据体系。

第六部分 证明责任和证明标准

专题一　证明责任规则

1　公诉案件的证明责任

1.1　法条规定与立法释义

▶《刑事诉讼法》（中华人民共和国主席令第10号，2018年10月26日）

第五十一条　公诉案件中被告人有罪的举证责任由人民检察院承担，自诉案件中被告人有罪的举证责任由自诉人承担。

【立法释义】①

本条明确了刑事诉讼的举证责任，是2012年《刑事诉讼法》修改新增的规定。关于举证责任，应关注以下事项：

第一，举证责任分为提供证据责任和说服责任。提供证据责任，是指当事人针对己方提出的诉讼主张，应当提供证据加以证明，否则其主张无法成为有效的诉讼争点。说服责任，是指当事人对己方主张的诉讼争点进行说明和补强，通过达到法定证明标准，以有效证明的方式，说服裁判者采纳其观点，否则面临不利后果。刑事诉讼中，基于无罪推定的基本原则，公诉案件证明被告人有罪的举证责任由公诉机关承担，被告人不承担证明自己无罪的责任。自诉案件中，被告人有罪的举证责任由自诉人承担。

第二，被告人不承担证明无罪的举证责任。犯罪嫌疑人、被告人及其辩护人在诉讼过程中，可以提供无罪、罪轻或者减轻、免除其刑事责任的材料和依据，但是这是犯罪嫌疑人、被告人及其辩护人基于法定辩护权而行使其权利，而非因法律规定所不得不履行的义务。

第三，法院的依法裁判要求。人民法院的职责是公正审判，即根据在案证据查明案件事实，并依法作出裁判。2021年《最高人民法院关于适用〈中华人民共和国刑事诉讼法〉的解释》第七十三条"人民检察院未移送的，人民法院应

---

① 参见王爱立主编：《中华人民共和国刑事诉讼法释义》，法律出版社2018年版，第107—110页。

当根据在案证据对案件事实作出认定"的含义,是指对于承担公诉职能的检察机关,如未能在法院已指定的时间内向法院移送用以证明被告人有罪、罪重的证据,则法院应当依据现有证据,按照存疑有利于被告人的原则作出相应的裁判。

1.2 司法解释与重点解读

▶《最高人民法院关于适用〈中华人民共和国刑事诉讼法〉的解释》(法释〔2021〕1号,2021年1月26日)

第七十三条 对提起公诉的案件,人民法院应当审查证明被告人有罪、无罪、罪重、罪轻的证据材料是否全部随案移送;未随案移送的,应当通知人民检察院在指定时间内移送。人民检察院未移送的,人民法院应当根据在案证据对案件事实作出认定。

第七十四条 依法应当对讯问过程录音录像的案件,相关录音录像未随案移送的,必要时,人民法院可以通知人民检察院在指定时间内移送。人民检察院未移送,导致不能排除属于刑事诉讼法第五十六条规定的以非法方法收集证据情形的,对有关证据应当依法排除;导致有关证据的真实性无法确认的,不得作为定案的根据。

【重点解读】①

"人民检察院未移送的,人民法院应当根据在案证据对案件事实作出认定"这一规定旨在明确人民检察院经调取未移送证据的的处理规则,因缺乏证据材料导致有关事实存疑的,应当依法作出有利于被告人的认定。例如,在辩方举证证明被告人未满18周岁的情况下,人民检察院拒绝移送相关证据导致年龄存疑的,应当作出有利于被告人的认定,即认定其不满18周岁。

第三百九十五条 第二审期间,人民检察院或者被告人及其辩护人提交新证据的,人民法院应当及时通知对方查阅、摘抄或者复制。

▶《人民检察院刑事诉讼规则》(高检发释字〔2019〕4号,2019年12月30日)

第六十一条 人民检察院认定案件事实,应当以证据为根据。

---

① 参见李少平主编:《最高人民法院关于适用〈中华人民共和国刑事诉讼法〉的解释理解与适用》,人民法院出版社2021年版,第196-198页。

公诉案件中被告人有罪的举证责任由人民检察院承担。人民检察院在提起公诉指控犯罪时，应当提出确实、充分的证据，并运用证据加以证明。

人民检察院提起公诉，应当秉持客观公正立场，对被告人有罪、罪重、罪轻的证据都应当向人民法院提出。

【重点解读】①

检察机关客观公正履职，体现在具体的公诉办案环节。检察机关应当恪守客观、公正的立场，在提起公诉时，无论是证明犯罪嫌疑人、被告人有罪、罪重的证据，还是证明无罪、罪轻的证据，人民检察院都应当向人民法院提出。这是检察机关依法对案件事实、证据负责的基本态度，也从另一个侧面说明，检察机关在负有公诉指控职责的同时，对法律的正确实施同样负有职责。

第四百四十九条 检察人员在审查第一审案卷材料时，应当复核主要证据，可以讯问原审被告人。必要时，可以补充收集证据、重新鉴定或者补充鉴定。需要原侦查案件的公安机关补充收集证据的，可以要求其补充收集。

被告人、辩护人提出被告人自首、立功等可能影响定罪量刑的材料和线索的，可以移交公安机关调查核实，也可以自行调查核实。发现遗漏罪行或者同案犯罪嫌疑人的，应当建议公安机关侦查。

对于下列原审被告人，应当进行讯问：

（一）提出上诉的；

（二）人民检察院提出抗诉的；

（三）被判处无期徒刑以上刑罚的。

第四百五十二条 在法庭审理中，检察官应当针对原审判决或者裁定认定事实或适用法律、量刑等方面的问题，围绕抗诉或者上诉理由以及辩护人的辩护意见，讯问原审被告人、询问被害人、证人、鉴定人，出示和宣读证据，并提出意见和进行辩论。

---

① 参见童建明、万春主编：《〈人民检察院刑事诉讼规则〉条文释义》，中国检察院出版社2020年版，第70—74页。

1.3 规范性文件

▶《最高人民法院、最高人民检察院、公安部、国家安全部、司法部、全国人大常委会法制工作委员会关于实施刑事诉讼法若干问题的规定》（2012年12月26日）

24. 人民检察院向人民法院提起公诉时，应当将案卷材料和全部证据移送人民法院，包括犯罪嫌疑人、被告人翻供的材料，证人改变证言的材料，以及对犯罪嫌疑人、被告人有利的其他证据材料。

▶《最高人民法院、最高人民检察院、公安部、国家安全部、司法部关于推进以审判为中心的刑事诉讼制度改革的意见》（法发〔2016〕18号，2016年7月20日）

八、进一步完善公诉机制，被告人有罪的举证责任，由人民检察院承担。对被告人不认罪的，人民检察院应当强化庭前准备和当庭讯问、举证、质证。

▶《人民法院办理刑事案件第一审普通程序法庭调查规程（试行）》（法发〔2017〕31号，2017年11月27日）

第二条 法庭应当坚持程序公正原则。人民检察院依法承担被告人有罪的举证责任，被告人不承担证明自己无罪的责任。法庭应当居中裁判，严格执行法定的审判程序，确保控辩双方在法庭调查环节平等对抗，通过法庭审判的程序公正实现案件裁判的实体公正。

▶《最高人民法院、最高人民检察院、公安部、国家安全部、司法部关于办理刑事案件严格排除非法证据若干问题的规定》（法发〔2017〕15号，2017年6月20日）

第三十八条 人民检察院、被告人及其法定代理人提出抗诉、上诉，对第一审人民法院有关证据收集合法性的审查、调查结论提出异议的，第二审人民法院应当审查。

被告人及其辩护人在第一审程序中未申请排除非法证据，在第二审程序中提出申请的，应当说明理由。第二审人民法院应当审查。

人民检察院在第一审程序中未出示证据证明证据收集的合法性，第一审人民法院依法排除有关证据的，人民检察院在第二审程序中不得出示之前未出示的证据，但在第一审程序后发现的除外。

第三十九条　第二审人民法院对证据收集合法性的调查，参照上述第一审程序的规定。

▶《**刑事抗诉案件出庭规则（试行）**》（高检诉发〔2001〕第 11 号，2001 年 3 月 5 日）

第九条　检察人员应当根据抗诉案件的不同情况分别采取以下举证方式：

（一）对于事实清楚，证据确实、充分，只是由于原审判决、裁定定性不准、适用法律错误导致量刑明显不当，或者因人民法院审判活动违反法定诉讼程序而提起抗诉的案件，如果原审事实、证据没有变化，在宣读支持抗诉意见书后由检察人员提请，并经审判长许可和辩护方同意，除了对新的辩论观点所依据的证据进行举证、质证以外，可以直接进入法庭辩论。

（二）对于因原审判决、裁定认定部分事实不清、运用部分证据错误，导致定性不准，量刑明显不当而抗诉的案件，出庭的检察人员对经过原审举证、质证并成为判决、裁定依据，且诉讼双方没有异议的证据，不必逐一举证、质证，应当将法庭调查、辩论的焦点放在检察机关认为原审判决、裁定认定错误的事实和运用错误的证据上，并就有关事实和证据进行详细调查、举证和论证。对原审未质证清楚，二审、再审对犯罪事实又有争议的证据，或者在二审、再审期间收集的新的证据，应当进行举证、质证。

（三）对于因原审判决、裁定认定事实不清、证据不足，导致定性不准、量刑明显不当而抗诉的案件，出庭的检察人员应当对案件的事实、证据、定罪、量刑等方面的问题进行全面举证。庭审中应当注意围绕抗诉重点举证、质证、答辩，充分阐明抗诉观点，详实、透彻地论证抗诉理由及其法律依据。

第十七条　审判长宣布法庭调查结束，开始进行法庭辩论时，检察人员应当发表支持抗诉的意见。

出庭支持抗诉的意见包括以下内容：

（一）原审判决、裁定认定的事实、证据及当庭质证的情况进行概括，论证原审判决认定的事实是否清楚，证据是否确实充分；

（二）论证原审判决、裁定定罪量刑、适用法律的错误之处，阐述正确观点，明确表明支持抗诉的意见；

（三）揭露被告人犯罪行为的性质和危害程度。

►《人民检察院办理死刑第二审案件和复核监督工作指引（试行）》（高检发诉二字〔2018〕1号，2018年3月31日）

第五十八条　检察人员举证应当注意以下方面：

（一）对于原判决已经确认的证据，如果检察人员、被告人及其辩护人均无异议，可以概括说明证据的名称和证明事项；

（二）对于有争议且影响定罪量刑的证据，应当重新举证；

（三）对于新收集的与定罪量刑有关的证据，应当当庭举证。

►《人民检察院刑事抗诉工作指引》（高检发诉字〔2018〕2号，2018年2月14日）

第四十八条　审判长宣布法庭调查结束，开始进行法庭辩论时，检察员应当发表抗诉案件出庭检察员意见书，主要包括以下内容：

（一）论证本案犯罪事实清楚，证据确实充分，或者原审人民法院认定事实、证据错误之处；

（二）指明被告人犯罪行为性质、严重程度，评析抗诉理由；

（三）论证原审判决书适用法律、定罪量刑是否正确，有误的，应提出改判的建议。

1.4　案例与要旨

◆【《刑事审判参考》案例】［第833号］邱垂江强奸案

裁判要旨：一审宣告无罪后，检察机关提出抗诉并提供对定罪具有重大影响的新证据，涉及无罪改有罪的，应当发回重审，以保障被告人的辩护权、上诉权等合法权益。如果检察机关在二审期间提出的新证据有利于被告人，且被告人及辩护人没有异议并经查证属实，可以直接改判。

2　审判监督案件的证明责任

2.1　法条规定与立法释义

►《刑事诉讼法》（中华人民共和国主席令第10号，2018年10月26日）

第二百五十二条　当事人及其法定代理人、近亲属，对已经发生法律效力的判决、裁定，可以向人民法院或者人民检察院提出申诉，但是不能停止判决、裁定的执行。

第二百五十三条 当事人及其法定代理人、近亲属的申诉符合下列情形之一的，人民法院应当重新审判：

（一）有新的证据证明原判决、裁定认定的事实确有错误，可能影响定罪量刑的；

（二）据以定罪量刑的证据不确实、不充分、依法应当予以排除，或者证明案件事实的主要证据之间存在矛盾的；

（三）原判决、裁定适用法律确有错误的；

（四）违反法律规定的诉讼程序，可能影响公正审判的；

（五）审判人员在审理该案件的时候，有贪污受贿，徇私舞弊，枉法裁判行为的。

第二百五十六条 人民法院按照审判监督程序重新审判的案件，由原审人民法院审理的，应当另行组成合议庭进行。如果原来是第一审案件，应当依照第一审程序进行审判，所作的判决、裁定，可以上诉、抗诉；如果原来是第二审案件，或者是上级人民法院提审的案件，应当依照第二审程序进行审判，所作的判决、裁定，是终审的判决、裁定。

人民法院开庭审理的再审案件，同级人民检察院应当派员出席法庭。

【立法释义】[①]

立足于依法纠错，刑事案件的当事人及其法定代理人、近亲属有权提出申诉，而通常情况下，申诉也是启动已经生效刑事案件进入审判监督程序的主要原因。关于申诉权的行使，应当注意的是，申诉的效果是有可能启动刑事案件进入审判监督程序，而这是具有或然性的，不是所有申诉都必然启动该程序；另外，为维护生效裁判的稳定性、可预期性，申诉行为本身不停止判决、裁定的执行。换言之，只有当申诉引起人民法院按照审判监督程序对案件重新进行审理，并且作出不同于原判决、裁定的新判决、裁定，或者人民法院按照审判监督程序审判案件，作出中止执行原判决、裁定的决定时，才认为申诉产生了实质影响并停止原判决、裁定的执行。

[①] 参见王爱立主编：《中华人民共和国刑事诉讼法释义》，法律出版社2018年版，第530-531、533页。

关于因申诉而启动再审的情形，2012年修正的《刑事诉讼法》增加了"可能影响定罪量刑"的限制条件，以及"违反法律规定的诉讼程序，可能影响公正审判"等情形，这是对申诉进行实质判断的条件。关于申诉的审查和再审，应当注意：第一，申诉期限和审查处理。尽管对确有错误的裁判不宜设置申诉期限，但为及时、有效纠错，申诉申请应当尽早提出，且申诉程序不能无休止地反复进行。第二，重新审判的情形。人民法院立案审查的申诉案件，经审查认为申诉符合法定条件，应当重新审判。

2.2 司法解释与重点解读

▶《最高人民法院关于适用〈中华人民共和国刑事诉讼法〉的解释》（法释〔2021〕1号，2021年1月26日）

第四百五十二条 向人民法院申诉，应当提交以下材料：

（一）申诉状。应当写明当事人的基本情况、联系方式以及申诉的事实与理由；

（二）原一、二审判决书、裁定书等法律文书。经过人民法院复查或者再审的，应当附有驳回申诉通知书、再审决定书、再审判决书、裁定书；

（三）其他相关材料。以有新的证据证明原判决、裁定认定的事实确有错误为由申诉的，应当同时附有相关证据材料；申请人民法院调查取证的，应当附有相关线索或者材料。

申诉符合前款规定的，人民法院应当出具收到申诉材料的回执。申诉不符合前款规定的，人民法院应当告知申诉人补充材料；申诉人拒绝补充必要材料且无正当理由的，不予审查。

第四百五十七条 对立案审查的申诉案件，应当在三个月以内作出决定，至迟不得超过六个月。因案件疑难、复杂、重大或者其他特殊原因需要延长审查期限的，参照本解释第二百一十条的规定处理。

经审查，具有下列情形之一的，应当根据刑事诉讼法第二百五十三条的规定，决定重新审判：

（一）有新的证据证明原判决、裁定认定的事实确有错误，可能影响定罪量刑的；

（二）据以定罪量刑的证据不确实、不充分、依法应当排除的；

（三）证明案件事实的主要证据之间存在矛盾的；

（四）主要事实依据被依法变更或者撤销的；

（五）认定罪名错误的；

（六）量刑明显不当的；

（七）对违法所得或者其他涉案财物的处理确有明显错误的；

（八）违反法律关于溯及力规定的；

（九）违反法定诉讼程序，可能影响公正裁判的；

（十）审判人员在审理该案件时有贪污受贿、徇私舞弊、枉法裁判行为的。

申诉不具有上述情形的，应当说服申诉人撤回申诉；对仍然坚持申诉的，应当书面通知驳回。

第四百五十八条 具有下列情形之一，可能改变原判决、裁定据以定罪量刑的事实的证据，应当认定为刑事诉讼法第二百五十三条第一项规定的"新的证据"：

（一）原判决、裁定生效后新发现的证据；

（二）原判决、裁定生效前已经发现，但未予收集的证据；

（三）原判决、裁定生效前已经收集，但未经质证的证据；

（四）原判决、裁定所依据的鉴定意见、勘验、检查等笔录被改变或者否定的；

（五）原判决、裁定所依据的被告人供述、证人证言等证据发生变化，影响定罪量刑，且有合理理由的。

第四百六十二条 对人民检察院依照审判监督程序提出抗诉的案件，人民法院应当在收到抗诉书后一个月以内立案。但是，有下列情形之一的，应当区别情况予以处理：

（一）不属于本院管辖的，应当将案件退回人民检察院；

（二）按照抗诉书提供的住址无法向被抗诉的原审被告人送达抗诉书的，应当通知人民检察院在三日以内重新提供原审被告人的住址；逾期未提供的，将案件退回人民检察院；

（三）以有新的证据为由提出抗诉，但未附相关证据材料或者有关证据不是指向原起诉事实的，应当通知人民检察院在三日以内补送相关材料；逾期未补送的，将案件退回人民检察院。

决定退回的抗诉案件，人民检察院经补充相关材料后再次抗诉，经审查符合受理条件的，人民法院应当受理。

【重点解读】[①]

申诉人向人民法院提交符合规定的申诉材料后，有些法院不出具任何收到申诉材料或受理的书面手续。这种做法既使提起申诉无凭据可依，又使审查时限无从落实，还会加剧重复上访现象。因此，对于申诉符合规定的，人民法院应当出具收到申诉材料的回执。

▶《**人民检察院刑事诉讼规则**》（高检发释字〔2019〕4号，2019年12月30日）

第五百九十一条 人民检察院认为人民法院已经发生法律效力的判决、裁定确有错误，具有下列情形之一的，应当按照审判监督程序向人民法院提出抗诉：

（一）有新的证据证明原判决、裁定认定的事实确有错误，可能影响定罪量刑的；

（二）据以定罪量刑的证据不确实、不充分的；

（三）据以定罪量刑的证据依法应当予以排除的；

（四）据以定罪量刑的主要证据之间存在矛盾的；

（五）原判决、裁定的主要事实依据被依法变更或者撤销的；

（六）认定罪名错误且明显影响量刑的；

（七）违反法律关于追诉时效期限的规定的；

（八）量刑明显不当的；

（九）违反法律规定的诉讼程序，可能影响公正审判的；

（十）审判人员在审理案件的时候有贪污受贿，徇私舞弊，枉法裁判行为的。

对于同级人民法院已经发生法律效力的判决、裁定，人民检察院认为可能有错误的，应当另行指派检察官或者检察官办案组进行审查。经审查，认为有前款规定情形之一的，应当提请上一级人民检察院提出抗诉。

[①] 参见李少平主编：《最高人民法院关于适用〈中华人民共和国刑事诉讼法〉的解释理解与适用》，人民法院出版社2021年版，第474页。

对已经发生法律效力的判决、裁定的审查,参照本规则第五百八十五条的规定办理。

▶《最高人民法院关于刑事再审案件开庭审理程序的具体规定(试行)》(法释〔2001〕31号,2001年12月26日)

第三条 以有新的证据证明原判决、裁定认定的事实确有错误为由提出申诉的,应当同时附有新的证据目录、证人名单和主要证据复印件或者照片。需要申请人民法院调取证据的,应当附有证据线索。未附有的,应当在七日内补充;经补充后仍不完备或逾期不补的,应当决定不予受理。

第十九条 在审判长主持下,控辩双方应就案件的事实、证据和适用法律等问题分别进行陈述。合议庭对控辩双方无争议和有争议的事实、证据及适用法律问题进行归纳,予以确认。

▶《最高人民法院关于审理人民检察院按照审判监督程序提出的刑事抗诉案件若干问题的规定》(法释〔2011〕23号,2011年10月14日)

第一条 人民法院收到人民检察院的抗诉书后,应在一个月内立案。经审查,具有下列情形之一的,应当决定退回人民检察院:

(一)不属于本院管辖的;

(二)按照抗诉书提供的住址无法向被提出抗诉的原审被告人送达抗诉书的;

(三)以有新证据为由提出抗诉,抗诉书未附有新的证据目录、证人名单和主要证据复印件或者照片的;

(四)以有新证据为由提出抗诉,但该证据并不是指向原起诉事实的。

人民法院决定退回的刑事抗诉案件,人民检察院经补充相关材料后再次提出抗诉,经审查符合受理条件的,人民法院应当予以受理。

第三条 本规定所指的新证据,是指具有下列情形之一,指向原起诉事实并可能改变原判决、裁定以定罪量刑的事实的证据:

(一)原判决、裁定生效后新发现的证据;

(二)原判决、裁定生效前已经发现,但由于客观原因未予收集的证据;

(三)原判决、裁定生效前已经收集,但庭审中未予质证、认证的证据;

(四)原生效判决、裁定所依据的鉴定结论、勘验、检查笔录或其他证据被改变或者否定的。

【重点解读】①

第一，立案审查。人民法院对按照审判监督程序提出的刑事抗诉案件立案后，需要对案件进行形式审查，防止个别存有瑕疵的案件，在非必要情况下进入再审抗诉程序。

第二，审理主体。人民检察院按照审判监督程序提出抗诉的刑事案件，原则上都由接受抗诉的人民法院直接进行审理。例外情况是，对于涉及新证据的情形，接受抗诉的人民法院可以指令下级人民法院再审。

第三，"新证据"的认定。"新证据"必须符合以下两个特征：一是新证据应具有较强的证明力，达到足以改变原生效裁判据以定罪量刑的事实的程度，这是对"新证据"证明力的要求。二是新证据与原审起诉事实具有不可分性。如果新的证据不是指向原审起诉事实，则不属于本案的新证据，这是对"新证据"关联性的要求。

2.3 规范性文件

▶《最高人民法院关于规范人民法院再审立案的若干意见（试行）》（法发〔2002〕13号，2002年9月10日）

第五条　再审申请人或申诉人向人民法院申请再审或申诉，应当提交以下材料：

（一）再审申请书或申诉状，应当载明当事人的基本情况、申请再审或申诉的事实与理由；

（二）原一、二审判决书、裁定书等法律文书，经过人民法院复查或再审的，应当附有驳回通知书、再审判决书或裁定书；

（三）以有新的证据证明原裁判认定的事实确有错误为由申请再审或申诉的，应当同时附有证据目录、证人名单和主要证据复印件或者照片；需要人民法院调查取证的，应当附有证据线索。

申请再审或申诉不符合前款规定的，人民法院不予审查。

第七条　对终审刑事裁判的申诉，具备下列情形之一的，人民法院应当决

---

① 参见宫鸣、黄永维等：《〈关于审理人民检察院按照审判监督程序提出的刑事抗诉案件若干问题的规定〉的理解与适用》，载《人民司法》2011年第23期。

定再审:
(一) 有审判时未收集到的或者未被采信的证据,可能推翻原定罪量刑的;
(二) 主要证据不充分或者不具有证明力的;
(三) 原裁判的主要事实依据被依法变更或撤销的;
(四) 据以定罪量刑的主要证据自相矛盾的;
(五) 引用法律条文错误或者违反刑法第十二条的规定适用失效法律的;
(六) 违反法律关于溯及力规定的;
(七) 量刑明显不当的;
(八) 审判程序不合法,影响案件公正裁判的;
(九) 审判人员在审理案件时索贿受贿、徇私舞弊并导致枉法裁判的。

3 自诉案件的证明责任

3.1 法条规定与立法释义

▶《刑事诉讼法》(中华人民共和国主席令第 10 号,2018 年 10 月 26 日)

第五十一条 公诉案件中被告人有罪的举证责任由人民检察院承担,自诉案件中被告人有罪的举证责任由自诉人承担。

第二百一十条 自诉案件包括下列案件:
(一) 告诉才处理的案件;
(二) 被害人有证据证明的轻微刑事案件;
(三) 被害人有证据证明对被告人侵犯自己人身、财产权利的行为应当依法追究刑事责任,而公安机关或者人民检察院不予追究被告人刑事责任的案件。

第二百一十一条 人民法院对于自诉案件进行审查后,按照下列情形分别处理:
(一) 犯罪事实清楚,有足够证据的案件,应当开庭审判;
(二) 缺乏罪证的自诉案件,如果自诉人提不出补充证据,应当说服自诉人撤回自诉,或者裁定驳回。

自诉人经两次依法传唤,无正当理由拒不到庭的,或者未经法庭许可中途退庭的,按撤诉处理。

法庭审理过程中，审判人员对证据有疑问，需要调查核实的，适用本法第一百九十六条的规定。

【立法释义】①

自诉案件，是指被害人及其法定代理人以书面或者口头形式直接向人民法院提起刑事诉讼，由人民法院直接受理的刑事案件。

自诉案件包括以下三种：一是告诉才处理的案件。刑法对此类案件的范围作出了明确规定。二是被害人有证据证明的轻微刑事案件。"有证据证明"，是指被害人能够明确提供被告人的身份，有确实、充分的证据证明被告人对自己实施了犯罪行为。被害人的证据不足以证明被告人犯罪的案件，应当向侦查机关报案，由侦查机关进行立案侦查。三是被害人有证据证明对被告人侵犯自己人身、财产权利的行为应当依法追究刑事责任，而公安机关或者人民检察院不予追究被告人刑事责任的案件。"公安机关或者人民检察院不予追究被告人刑事责任"，是指经向公安机关、人民检察院报案、控告、检举，公安机关、人民检察院未予立案侦查，或者撤销案件，或者不起诉的情形。

人民法院对自诉案件进行审查后，主要有两种处理方式：一是犯罪事实清楚，有足够证据的案件，应当开庭审判。"事实清楚"，是指有明确的被告人、犯罪时间、地点以及犯罪事实经过，结果犯还要求具有犯罪构成要件所要求的法定的危害结果。"足够证据"，是指能够证明案件事实的证据，如证人证言、物证、书证等证据。从庭审质证的角度看，必须有一定数量的证据用以证明犯罪事实成立，值得进行庭审调查和举证质证。二是缺乏罪证的自诉案件，如果自诉人提不出补充证据，应当说服自诉人撤回自诉，或者裁定驳回。"缺乏罪证"，是指没有证明犯罪的证据，或者证明犯罪的证据不充分等情况，既包括实质内容缺乏对指控事实的支撑，又包括形式上缺乏足够的证据数量无法得到印证关系。除此之外，对于犯罪已过追诉时效期限、被告人死亡、被告人下落不明、自诉人撤诉后就同一事实再次告诉（因证据不足而撤诉的除外）、经人民法院调解结案后自诉人反悔并就同一事实再行告诉等情况，也应当说服自诉人撤回自诉，或者裁定驳回。对于两名以上自诉人提起的自诉案件，其中部分人

---

① 参见王爱立主编：《中华人民共和国刑事诉讼法释义》，法律出版社2018年版，第447—451页。

撤诉的，不影响案件继续审理。

3.2 司法解释与重点解读

▶《最高人民法院关于适用〈中华人民共和国刑事诉讼法〉的解释》（法释〔2021〕1号，2021年1月26日）

第三百一十六条 人民法院受理自诉案件必须符合下列条件：
（一）符合刑事诉讼法第二百一十条、本解释第一条的规定；
（二）属于本院管辖；
（三）被害人告诉；
（四）有明确的被告人、具体的诉讼请求和证明被告人犯罪事实的证据。
第三百一十八条 提起自诉应当提交刑事自诉状；同时提起附带民事诉讼的，应当提交刑事附带民事自诉状。
第三百一十九条 自诉状一般应当包括以下内容：
（一）自诉人（代为告诉人）、被告人的姓名、性别、年龄、民族、出生地、文化程度、职业、工作单位、住址、联系方式；
（二）被告人实施犯罪的时间、地点、手段、情节和危害后果等；
（三）具体的诉讼请求；
（四）致送的人民法院和具状时间；
（五）证据的名称、来源等；
（六）证人的姓名、住址、联系方式等。
对两名以上被告人提出告诉的，应当按照被告人的人数提供自诉状副本。
第三百二十条 对自诉案件，人民法院应当在十五日以内审查完毕。经审查，符合受理条件的，应当决定立案，并书面通知自诉人或者代为告诉人。
具有下列情形之一的，应当说服自诉人撤回起诉；自诉人不撤回起诉的，裁定不予受理：
（一）不属于本解释第一条规定的案件的；
（二）缺乏罪证的；
（三）犯罪已过追诉时效期限的；
（四）被告人死亡的；
（五）被告人下落不明的；

（六）除因证据不足而撤诉的以外，自诉人撤诉后，就同一事实又告诉的；

（七）经人民法院调解结案后，自诉人反悔，就同一事实再行告诉的；

（八）属于本解释第一条第二项规定的案件，公安机关正在立案侦查或者人民检察院正在审查起诉的；

（九）不服人民检察院对未成年犯罪嫌疑人作出的附条件不起诉决定或者附条件不起诉考验期满后作出的不起诉决定，向人民法院起诉的。

第三百二十一条 对已经立案，经审查缺乏罪证的自诉案件，自诉人提不出补充证据的，人民法院应当说服其撤回起诉或者裁定驳回起诉；自诉人撤回起诉或者被驳回起诉后，又提出了新的足以证明被告人有罪的证据，再次提起自诉的，人民法院应当受理。

第三百二十五条 自诉案件当事人因客观原因不能取得的证据，申请人民法院调取的，应当说明理由，并提供相关线索或者材料。人民法院认为有必要的，应当及时调取。

对通过信息网络实施的侮辱、诽谤行为，被害人向人民法院告诉，但提供证据确有困难的，人民法院可以要求公安机关提供协助。

【重点解读】[1]

《刑法》第二百四十六条第三款规定，通过信息网络实施侮辱、诽谤行为，被害人向人民法院告诉，但提供证据确有困难的，人民法院可以要求公安机关提供协助。该款规定旨在在自诉人希望就信息网络方式实施侮辱、诽谤的刑事犯罪案件追责，而举证困难的情况下，通过立法调整举证责任的方式对自诉人的弱势予以补强，解决实践中该类自诉案件的共性困难。同时，2021年《最高人民法院关于适用〈中华人民共和国刑事诉讼法〉的解释》第三百一十九条规定了自诉状一般应当包括的内容，所谓"一般"，是指原则性同时兼顾例外的含义。换言之，在不具备条件的情况下，不因个别信息缺失妨碍和限制自诉权的行使，从而给自诉的实践和自诉标准的审查留出更灵活的空间。

---

[1] 参见李少平主编：《最高人民法院关于适用〈中华人民共和国刑事诉讼法〉的解释理解与适用》，人民法院出版社2021年版，第379页。

3.3 案例与要旨

◆【《刑事审判参考》案例】［第 561 号］姚乃君等非法行医案

裁判要旨：刑事自诉案件立案后，对罪证不足的，法院可不经开庭审理直接驳回自诉人的起诉。自诉案件的庭前审查程序具有实质性内容，其审查结果不仅可以成为决定是否开庭审理的条件，也可直接导致驳回起诉。自诉人提交的控诉证据达不到确实、充分的程度，且不能补充证据的，经说服自诉人撤诉无效后，法院可不经开庭审理直接驳回起诉。

◆【《刑事审判参考》案例】［第 317 号］潘儒岭故意伤害案

裁判要旨：在对自诉案件的庭前审查中，证据审查至为关键，证据并非仅作为一种文书形式的存在来决定案件是否受理或者是否开庭审理，而取决于其是否可以在指控犯罪问题上产生决定性影响，即能否充分证明指控犯罪事实成立。人民法院应当对公诉转自诉案件进行严格审查：不仅要对证据形式上的充分性进行审查，还要就证据对指控犯罪事实的证明作用进行审查；不仅要对证据进行实质审查，还要对被告人的行为是否构成犯罪、依法是否应当追究刑事责任进行实质审查。

4 附带民事诉讼案件的证明责任

4.1 法条规定与立法释义

▶《刑事诉讼法》（中华人民共和国主席令第 10 号，2018 年 10 月 26 日）

第一百零一条　被害人由于被告人的犯罪行为而遭受物质损失的，在刑事诉讼过程中，有权提起附带民事诉讼。被害人死亡或者丧失行为能力的，被害人的法定代理人、近亲属有权提起附带民事诉讼。

如果是国家财产、集体财产遭受损失的，人民检察院在提起公诉的时候，可以提起附带民事诉讼。

【立法释义】[①]

本条明确了被害人一方（如被害人死亡的，被害人的法定代理人、近亲属

[①] 参见王爱立主编：《中华人民共和国刑事诉讼法释义》，法律出版社 2018 年版，第 221-222 页。

可代为行使权利）提起附带民事诉讼的权利，以及人民检察院在公诉案件中提起附带民事诉讼的情形。2012年《刑事诉讼法》增加了对于被害人死亡或者丧失行为能力的情形，法定代理人、近亲属提起附带民事诉讼的权利。关于提起附带民事诉讼的权利，应当注意：

第一，关于被害人一方提起附带民事诉讼的权利问题。有权提起附带民事诉讼的主体包括两类：一类是被害人，即遭受犯罪行为侵害的自然人和其他组织；另一类是在被害人死亡或者丧失行为能力的情况下，被害人的近亲属、法定代理人有权提起附带民事诉讼。被害人一方提起的附带民事诉讼，本质仍属于民事诉讼。之所以将之界定为附带民事诉讼，主要是为了提升诉讼效率，在刑事诉讼过程中一并解决民事争议。

一是起诉条件。2021年《最高人民法院关于适用〈中华人民共和国刑事诉讼法〉的解释》第一百八十二条规定了附带民事诉讼的起诉条件，对于符合法定情形的，应当受理，不符合的，裁定不予受理。四个符合条件的内容是指：（1）起诉人符合法定条件；（2）有明确的被告人；（3）有请求赔偿的具体要求和事实、理由；（4）属于人民法院受理附带民事诉讼的范围。

二是责任主体。附带民事诉讼中依法负有赔偿责任的主体不限于刑事案件的被告人，部分负有赔偿责任的主体可能因为身份、参与程度、因果关系等，未被作为刑事案件的被告人，但不妨碍其作为附带民事诉讼被告人。2021年《最高人民法院关于适用〈中华人民共和国刑事诉讼法〉的解释》第一百八十条第一款规定，附带民事诉讼中依法负有赔偿责任的人包括：（1）刑事被告人以及未被追究刑事责任的其他共同侵害人；（2）刑事被告人的监护人；（3）死刑罪犯的遗产继承人；（4）共同犯罪案件中，案件审结前死亡的被告人的遗产继承人；（5）对被害人的物质损失依法应当承担赔偿责任的其他单位和个人。

同时，附带民事诉讼被告人的亲友自愿代为赔偿的，可以准许。从实践情况来看，大多数附带民事诉讼中，被害人一方通常选择直接对被告人提起附带民事诉讼。当然，如果被害人一方仅对部分共同侵害人提起附带民事诉讼的，人民法院应当履行告知义务，告知其可以对其他共同侵害人一并提起附带民事诉讼，但共同犯罪案件中同案犯在逃的情形除外。同案犯在逃的，不应列为附带民事诉讼被告人。此外，被害人一方拥有是否针对特定责任主体提起附带民事诉讼的选择权，体现了被害人一方作为民事原告在诉权问题上的意志自由。

三是诉讼对象。本条规定所提到的诉讼对象是"物质损失"。2021年《最高人民法院关于适用〈中华人民共和国刑事诉讼法〉的解释》第一百七十五条第二款规定,因受到犯罪侵犯,提起附带民事诉讼或者单独提起民事诉讼要求赔偿精神损失的,人民法院一般不予受理。这一规定将2012年《最高人民法院关于适用〈中华人民共和国刑事诉讼法〉的解释》第一百三十八条规定的"人民法院不予受理"调整为"人民法院一般不予受理"。这一修改具有积极意义,其并非技术性修改,而是制度性调整,虽然在原则上,附带民事诉讼不受理赔偿精神损失的要求,但留有受理的例外,只是该例外在实践中较为罕见。

四是诉讼阶段。在刑事诉讼过程中,被害人一方可以选择在侦查、起诉、审判各阶段提起附带民事诉讼。由于涉及物质损失的调查核实,被害人一方应当在刑事案件立案后及时提起附带民事诉讼。被害人一方在侦查、审查起诉阶段提起附带民事诉讼的,公安机关、人民检察院可以进行调解。根据《最高人民法院关于适用〈中华人民共和国刑事诉讼法〉的解释》第一百八十五条的规定,经公安机关、人民检察院调解,当事人达成调解协议并全部履行,被害人一方又提起附带民事诉讼的,人民法院不予受理,但有证据证明调解违反自愿、合法原则的除外。有的案件,被害人一方在第一审期间未提起附带民事诉讼,在第二审期间才决定提起。对于此种情形,《最高人民法院关于适用〈中华人民共和国刑事诉讼法〉的解释》第一百九十八条、第二百条作出了具体规定。

第二,关于人民检察院代表国家提起附带民事诉讼的情形。实践中,该情形被称为"公益诉讼",即对于国家财产、集体财产遭受损失,受损失的单位未提起附带民事诉讼的情形,为了保护公共财产和社会利益,人民检察院在提起公诉的时候,可以提起附带民事诉讼。需要指出的是,对于人民检察院提起附带民事诉讼的情形,赔偿对象仍为遭受损失的单位。对于人民检察院提起刑事附带民事公益诉讼的情形,应当履行诉前公告程序。对于未履行诉前公告程序的,人民法院应当进行释明,告知人民检察院公告后再行提起诉讼。

▶《民事诉讼法》(中华人民共和国主席令第106号,2021年12月24日)

第六十七条 当事人对自己提出的主张,有责任提供证据。

当事人及其诉讼代理人因客观原因不能自行收集的证据，或者人民法院认为审理案件需要的证据，人民法院应当调查收集。

人民法院应当按照法定程序，全面地、客观地审查核实证据。

4.2 司法解释

▶《最高人民法院关于适用〈中华人民共和国刑事诉讼法〉的解释》（法释〔2021〕1号，2021年1月26日）

第一百八十二条　附带民事诉讼的起诉条件是：

（一）起诉人符合法定条件；

（二）有明确的被告人；

（三）有请求赔偿的具体要求和事实、理由；

（四）属于人民法院受理附带民事诉讼的范围。

第一百八十八条　附带民事诉讼当事人对自己提出的主张，有责任提供证据。

第二百零一条　人民法院审理附带民事诉讼案件，除刑法、刑事诉讼法以及刑事司法解释已有规定的以外，适用民事法律的有关规定。

5 量刑事实的证明责任

5.1 法条规定

▶《刑事诉讼法》（中华人民共和国主席令第10号，2018年10月26日）

第五十二条　审判人员、检察人员、侦查人员必须依照法定程序，收集能够证实犯罪嫌疑人、被告人有罪或者无罪、犯罪情节轻重的各种证据。严禁刑讯逼供和以威胁、引诱、欺骗以及其他非法方法收集证据，不得强迫任何人证实自己有罪。必须保证一切与案件有关或者了解案情的公民，有客观地充分地提供证据的条件，除特殊情况外，可以吸收他们协助调查。

5.2 司法解释

▶《最高人民法院关于适用〈中华人民共和国刑事诉讼法〉的解释》（法释〔2021〕1号，2021年1月26日）

第一百四十四条　证明被告人自首、坦白、立功的证据材料，没有加盖接受被告人投案、坦白、检举揭发等的单位的印章，或者接受人员没有签名的，不得作为定案的根据。

对被告人及其辩护人提出有自首、坦白、立功的事实和理由，有关机关未予认定，或者有关机关提出被告人有自首、坦白、立功表现，但证据材料不全的，人民法院应当要求有关机关提供证明材料，或者要求有关人员作证，并结合其他证据作出认定。

第一百四十五条　证明被告人具有累犯、毒品再犯情节等的证据材料，应当包括前罪的裁判文书、释放证明等材料；材料不全的，应当通知人民检察院提供。

▶《人民检察院刑事诉讼规则》（高检发释字〔2019〕4号，2019年12月30日）

第一百七十六条　人民检察院办理直接受理侦查的案件，应当全面、客观地收集、调取犯罪嫌疑人有罪或者无罪、罪轻或者罪重的证据材料，并依法进行审查、核实。办案过程中必须重证据，重调查研究，不轻信口供。严禁刑讯逼供和以威胁、引诱、欺骗以及其他非法方法收集证据，不得强迫任何人证实自己有罪。

5.3　规范性文件

▶《最高人民法院、最高人民检察院、公安部、国家安全部、司法部关于办理死刑案件审查判断证据若干问题的规定》（法发〔2010〕20号，2010年6月13日）

第三十九条　被告人及其辩护人提出有自首的事实及理由，有关机关未予认定的，应当要求有关机关提供证明材料或者要求相关人员作证，并结合其他证据判断自首是否成立。

被告人是否协助或者如何协助抓获同案犯的证明材料不全，导致无法认定被告人构成立功的，应当要求有关机关提供证明材料或者要求相关人员作证，并结合其他证据判断立功是否成立。

被告人有检举揭发他人犯罪情形的，应当审查是否已经查证属实；尚未查证的，应当及时查证。

被告人累犯的证明材料不全，应当要求有关机关提供证明材料。

▶《最高人民法院、最高人民检察院、公安部、国家安全部、司法部关于规范量刑程序若干问题的意见》(法发〔2020〕38号，2020年11月5日)

第二条 侦查机关、人民检察院应当依照法定程序，全面收集、审查、移送证明犯罪嫌疑人、被告人犯罪事实、量刑情节的证据。

对于法律规定并处或者单处财产刑的案件，侦查机关应当根据案件情况对被告人的财产状况进行调查，并向人民检察院移送相关证据材料。人民检察院应当审查并向人民法院移送相关证据材料。

人民检察院在审查起诉时发现侦查机关应当收集而未收集量刑证据的，可以退回侦查机关补充侦查，也可以自行侦查。人民检察院退回补充侦查的，侦查机关应当按照人民检察院退回补充侦查提纲的要求及时收集相关证据。

6 非法证据申请方的初步举证责任

6.1 法条规定与立法释义

▶《刑事诉讼法》(中华人民共和国主席令第10号，2018年10月26日)

第五十八条 法庭审理过程中，审判人员认为可能存在本法第五十六条规定的以非法方法收集证据情形的，应当对证据收集的合法性进行法庭调查。

当事人及其辩护人、诉讼代理人有权申请人民法院对以非法方法收集的证据依法予以排除。申请排除以非法方法收集的证据的，应当提供相关线索或者材料。

【立法释义】①

本条明确了证据合法性的法庭调查程序，这是2012年《刑事诉讼法》修改时新增的规定。《最高人民法院、最高人民检察院、公安部、国家安全部、司法部关于办理刑事案件严格排除非法证据若干问题的规定》对证据合法性调查程序作出了全面系统的规定，2021年《最高人民法院关于适用〈中华人民共和国刑事诉讼法〉的解释》再次就有关内容完善形成非法证据排除有关程序。对于证据合法性调查，应当关注以下事项：

---

① 参见王爱立主编：《中华人民共和国刑事诉讼法释义》，法律出版社2018年版，第123-125页。

第一，证据合法性调查的启动条件。本条规定包括依职权启动和依申请启动两种情形。一是人民法院依职权启动证据合法性调查的情形。具言之，法庭对案件事实进行调查的过程中，特别是证据调查环节，基于对在案证据的审查，发现有关证据可能存在《刑事诉讼法》第五十六条规定的以非法方法收集证据情形，应当对证据收集的合法性进行法庭调查。二是当事人及其辩护人、诉讼代理人申请启动证据收集合法性调查程序的情形。具言之，当事人及其辩护人、诉讼代理人可以在侦查、起诉、审判各阶段申请排除非法证据。

第二，申请排除非法证据的要求。被告人及其辩护人应当尽早提出非法证据排除申请，避免因庭审过程中突然提出申请而导致庭审中断。从满足庭审合法性和庭审效率两个角度出发，同时也是为规范非法证据排除申请权的正确行使，本条第二款规定了提出申请的有关条件，即"应当提供相关线索或者材料"。相关线索，是指涉嫌非法取证的人员、时间、地点、方式等有据可查的线索，如关于刑讯逼供等非法取证细节的描述。相关材料，是指能够反映非法取证的伤情照片、体检记录、医院病历、讯问笔录、讯问录音录像或者同监室人员的证言等材料。这一规定有助于防止当事人及其辩护人、诉讼代理人滥用程序权利，随意提出申请，妨碍庭审顺利进行。需要指出的是，这并非要求当事人及其辩护人、诉讼代理人证实非法取证情形存在。基于当事人及其辩护人、诉讼代理人提供的线索或者材料，法庭对取证合法性存在疑问，并启动专门调查程序的，根据《刑事诉讼法》第五十九条第二款的规定，应当由人民检察院对证据收集的合法性加以证明。

第三，庭前会议程序对证据合法性争议的处理。为妥善解决管辖、回避、非法证据排除等程序性争议，《刑事诉讼法》第一百八十七条第二款、《最高人民法院关于适用〈中华人民共和国刑事诉讼法〉的解释》第二百二十八条、《人民法院办理刑事案件排除非法证据规程（试行）》第十条第二款作出了具体规定。

第四，证据合法性的法庭调查程序。证据合法性争议涉及证据资格问题，因此，与传统的证据调查程序并不完全相同。《最高人民法院、最高人民检察院、公安部、国家安全部、司法部、全国人大常委会法制工作委员会关于实施刑事诉讼法若干问题的规定》第十一条规定，对证据收集的合法性进行法庭调查的顺序，由法庭根据案件审理情况确定。为规范证据合法性的法庭调查程序，避免将证据资格与证明力混为一谈。《最高人民法院、最高人民检察院、公安部、国家安全部、司法部关于办理刑事案件严格排除非法证据若干问题的规定》第三十条规定，庭审期间，法庭决定对证据收集的合法性进行调查的，应当先行当庭调查；但为防止庭审过分迟延，也可以在法庭调查结束前进行调查。2021年《最高人民法院关于适用〈中华人民共和国刑事诉讼法〉的解释》第一百三十四条重申了证据合法性的先行当庭调查原则。关于先行当庭调查的例外情形，《人民法院办理刑事案件排除非法证据规程（试行）》第十八条第一款作出了规定。

6.2 司法解释

▶《最高人民法院关于适用〈中华人民共和国刑事诉讼法〉的解释》（法释〔2021〕1号，2021年1月26日）

第一百二十七条 当事人及其辩护人、诉讼代理人申请人民法院排除以非法方法收集的证据的，应当提供涉嫌非法取证的人员、时间、地点、方式、内容等相关线索或者材料。

▶《人民检察院刑事诉讼规则》（高检发释字〔2019〕4号，2019年12月30日）

第七十六条 对于提起公诉的案件，被告人及其辩护人提出审前供述系非法取得，并提供相关线索或者材料的，人民检察院可以将讯问录音、录像连同案卷材料一并移送人民法院。

第七十七条 在法庭审理过程中，被告人或者辩护人对讯问活动合法性提出异议，公诉人可以要求被告人及其辩护人提供相关线索或者材料。必要时，公诉人可以提请法庭当庭播放相关时段的讯问录音、录像，对有关异议或者事实进行质证。

需要播放的讯问录音、录像中涉及国家秘密、商业秘密、个人隐私或者含有其他不宜公开内容的，公诉人应当建议在法庭组成人员、公诉人、侦查人员、被告人及其辩护人范围内播放。因涉及国家秘密、商业秘密、个人隐私或者其他犯罪线索等内容，人民检察院对讯问录音、录像的相关内容进行技术处理的，公诉人应当向法庭作出说明。

6.3 规范性文件

▶《最高人民法院、最高人民检察院、公安部、国家安全部、司法部关于办理刑事案件严格排除非法证据若干问题的规定》（法发〔2017〕15号，2017年6月20日）

第十四条 犯罪嫌疑人及其辩护人在侦查期间可以向人民检察院申请排除非法证据。对犯罪嫌疑人及其辩护人提供相关线索或者材料的，人民检察院应当调查核实。调查结论应当书面告知犯罪嫌疑人及其辩护人。对确有以非法方法收集证据情形的，人民检察院应当向侦查机关提出纠正意见。

侦查机关对审查认定的非法证据，应当予以排除，不得作为提请批准逮捕、移送审查起诉的根据。

对重大案件，人民检察院驻看守所检察人员应当在侦查终结前询问犯罪嫌疑人，核查是否存在刑讯逼供、非法取证情形，并同步录音录像。经核查，确有刑讯逼供、非法取证情形的，侦查机关应当及时排除非法证据，不得作为提请批准逮捕、移送审查起诉的根据。

第十七条 审查逮捕、审查起诉期间，犯罪嫌疑人及其辩护人申请排除非法证据，并提供相关线索或者材料的，人民检察院应当调查核实。调查结论应当书面告知犯罪嫌疑人及其辩护人。

人民检察院在审查起诉期间发现侦查人员以刑讯逼供等非法方法收集证据的，应当依法排除相关证据并提出纠正意见，必要时人民检察院可以自行调查取证。

人民检察院对审查认定的非法证据，应当予以排除，不得作为批准或者决定逮捕、提起公诉的根据。被排除的非法证据应当随案移送，并写明为依法排除的非法证据。

第二十条 犯罪嫌疑人、被告人及其辩护人申请排除非法证据，应当提供涉嫌非法取证的人员、时间、地点、方式、内容等相关线索或者材料。

第二十四条 被告人及其辩护人在开庭审理前申请排除非法证据，未提供相关线索或者材料，不符合法律规定的申请条件的，人民法院对申请不予受理。

第三十八条 人民检察院、被告人及其法定代理人提出抗诉、上诉，对第一审人民法院有关证据收集合法性的审查、调查结论提出异议的，第二审人民法院应当审查。

被告人及其辩护人在第一审程序中未申请排除非法证据，在第二审程序中提出申请的，应当说明理由。第二审人民法院应当审查。

人民检察院在第一审程序中未出示证据证明证据收集的合法性，第一审人民法院依法排除有关证据的，人民检察院在第二审程序中不得出示之前未出示的证据，但在第一审程序后发现的除外。

▶**《人民法院办理刑事案件排除非法证据规程（试行）》**（法发〔2017〕31号，2017年11月27日）

第五条 被告人及其辩护人申请排除非法证据，应当提供相关线索或者材料。"线索"是指内容具体、指向明确的涉嫌非法取证的人员、时间、地点、方式等；"材料"是指能够反映非法取证的伤情照片、体检记录、医院病历、讯问笔录、讯问录音录像或者同监室人员的证言等。

被告人及其辩护人申请排除非法证据，应当向人民法院提交书面申请。被告人书写确有困难的，可以口头提出申请，但应当记录在案，并由被告人签名或者捺印。

第十八条 人民法院决定对证据收集的合法性进行法庭调查的，应当先行当庭调查。对于被申请排除的证据和其他犯罪事实没有关联等情形，为防止庭审过分迟延，可以先调查其他犯罪事实，再对证据收集的合法性进行调查。

在对证据收集合法性的法庭调查程序结束前，不得对有关证据宣读、质证。

第十九条 法庭决定对证据收集的合法性进行调查的，一般按照以下步骤进行：

（一）召开庭前会议的案件，法庭应当在宣读起诉书后，宣布庭前会议中对证据收集合法性的审查情况，以及控辩双方的争议焦点；

（二）被告人及其辩护人说明排除非法证据的申请及相关线索或者材料；

（三）公诉人出示证明证据收集合法性的证据材料，被告人及其辩护人可以对相关证据进行质证，经审判长准许，公诉人、辩护人可以向出庭的侦查人员或者其他人员发问；

（四）控辩双方对证据收集的合法性进行辩论。

7 证据合法性的证明责任

7.1 法条规定与立法释义

▶《刑事诉讼法》(中华人民共和国主席令第10号,2018年10月26日)

第五十九条 在对证据收集的合法性进行法庭调查的过程中,人民检察院应当对证据收集的合法性加以证明。

现有证据材料不能证明证据收集的合法性的,人民检察院可以提请人民法院通知有关侦查人员或者其他人员出庭说明情况;人民法院可以通知有关侦查人员或者其他人员出庭说明情况。有关侦查人员或者其他人员也可以要求出庭说明情况。经人民法院通知,有关人员应当出庭。

【立法释义】①

本条明确了证据合法性的证明责任与证明方法,是2012年《刑事诉讼法》修改新增的规定。关于证据合法性的证明责任与证明方法,应当注意:

第一,人民检察院对证据合法性的证明责任。证明责任,是人民检察院证明被告人有罪的举证责任的附随责任。基于无罪推定、证据裁判等原则,人民检察院承担被告人有罪的举证责任,而证明被告人有罪应当以证据为根据。鉴于此,当证明被告人有罪的证据存在合法性争议时,人民检察院应当对证据收集的合法性予以证明。同时,侦查机关直接负责取证活动,有条件也有责任收集证明取证合法性的证据材料。此外,人民检察院承担证据合法性的证明责任,有助于督促人民检察院履行对侦查活动的法律监督职责。

第二,人民检察院对证据合法性的证明方法。人民检察院对证据合法性的证明,应当立足于侦查机关收集的证明取证合法性的证据材料。"现有证据材料",是指侦查机关在取证过程中收集的能够证明取证合法性的讯问笔录、提讯登记、体检记录、讯问录音录像等证据材料。这些证据材料既能证明特定的案件事实,也能证明取证合法性事实。当现有证据材料存在疑问或者瑕疵,不能证明证据合法性时,人民检察院可以通过有关侦查人员或者其他人员出庭说

---

① 参见王爱立主编:《中华人民共和国刑事诉讼法释义》,法律出版社2018年版,第125-127页。

明情况。公诉人通常会向法庭提交办案机关制作的关于取证过程合法的说明材料。此类说明材料可以在一定程度上对证据合法性争议作出回应，可以被视为办案机关制作的办案人员的庭外书面证言。

第三，有关人员出庭作证。为有效解决合法性争议，公诉人可以提请法庭通知有关调查人员、侦查人员或者其他人员出庭说明情况。有关调查人员、侦查人员或者其他人员出庭说明情况包括四种情形：一是人民检察院认为现有证据不足以证明取证合法性，有必要通知有关调查人员、侦查人员或者其他人员出庭说明情况，故提请人民法院通知有关人员出庭。二是被告人及其辩护人可以申请法庭通知调查人员、侦查人员或者其他人员出庭说明情况。三是法庭可以依职权通知调查人员、侦查人员或者其他人员出庭说明情况。人民法院基于对证据合法性争议的审查，认为有必要通知有关人员出庭说明情况的，可以发出通知。四是有关调查人员、侦查人员或者其他人员主动要求出庭说明情况。例如，有的调查人员、侦查人员关注证据合法性争议的处理，为协助公诉人证明取证合法性争议，准确查明案件事实，可以要求出庭说明情况。

7.2　司法解释

▶《最高人民法院关于适用〈中华人民共和国刑事诉讼法〉的解释》（法释〔2021〕1号，2021年1月26日）

第一百三十条　开庭审理前，人民法院可以召开庭前会议，就非法证据排除等问题了解情况，听取意见。

在庭前会议中，人民检察院可以通过出示有关证据材料等方式，对证据收集的合法性加以说明。必要时，可以通知调查人员、侦查人员或者其他人员参加庭前会议，说明情况。

第一百三十五条　法庭决定对证据收集的合法性进行调查的，由公诉人通过宣读调查、侦查讯问笔录、出示提讯登记、体检记录、对讯问合法性的核查材料等证据材料，有针对性地播放讯问录音录像，提请法庭通知有关调查人员、侦查人员或者其他人员出庭说明情况等方式，证明证据收集的合法性。

讯问录音录像涉及国家秘密、商业秘密、个人隐私或者其他不宜公开内容的，法庭可以决定对讯问录音录像不公开播放、质证。

公诉人提交的取证过程合法的说明材料，应当经有关调查人员、侦查人员签名，并加盖单位印章。未经签名或者盖章的，不得作为证据使用。上述说明材料不能单独作为证明取证过程合法的根据。

第一百四十二条 对监察机关、侦查机关出具的被告人到案经过、抓获经过等材料，应当审查是否有出具该说明材料的办案人员、办案机关的签名、盖章。

对到案经过、抓获经过或者确定被告人有重大嫌疑的根据有疑问的，应当通知人民检察院补充说明。

▶《人民检察院刑事诉讼规则》（高检发释字〔2019〕4号，2019年12月30日）

第七十六条 对于提起公诉的案件，被告人及其辩护人提出审前供述系非法取得，并提供相关线索或者材料的，人民检察院可以将讯问录音、录像连同案卷材料一并移送人民法院。

第七十七条 在法庭审理过程中，被告人或者辩护人对讯问活动合法性提出异议，公诉人可以要求被告人及其辩护人提供相关线索或者材料。必要时，公诉人可以提请法庭当庭播放相关时段的讯问录音、录像，对有关异议或者事实进行质证。

需要播放的讯问录音、录像中涉及国家秘密、商业秘密、个人隐私或者含有其他不宜公开内容的，公诉人应当建议在法庭组成人员、公诉人、侦查人员、被告人及其辩护人范围内播放。因涉及国家秘密、商业秘密、个人隐私或者其他犯罪线索等内容，人民检察院对讯问录音、录像的相关内容进行技术处理的，公诉人应当向法庭作出说明。

7.3 规范性文件

▶《最高人民法院、最高人民检察院、公安部、国家安全部、司法部关于办理刑事案件严格排除非法证据若干问题的规定》（法发〔2017〕15号，2017年6月20日）

第二十五条 被告人及其辩护人在开庭审理前申请排除非法证据，按照法律规定提供相关线索或者材料的，人民法院应当召开庭前会议。人民检察院应当通过出示有关证据材料等方式，有针对性地对证据收集的合法性作出说明。人民法院可以核实情况，听取意见。

人民检察院可以决定撤回有关证据，撤回的证据，没有新的理由，不得在庭审中出示。

被告人及其辩护人可以撤回排除非法证据的申请。撤回申请后，没有新的线索或者材料，不得再次对有关证据提出排除申请。

第三十一条　公诉人对证据收集的合法性加以证明，可以出示讯问笔录、提讯登记、体检记录、采取强制措施或者侦查措施的法律文书、侦查终结前对讯问合法性的核查材料等证据材料，有针对性地播放讯问录音录像，提请法庭通知侦查人员或者其他人员出庭说明情况。

被告人及其辩护人可以出示相关线索或者材料，并申请法庭播放特定时段的讯问录音录像。

侦查人员或者其他人员出庭，应当向法庭说明证据收集过程，并就相关情况接受发问。对发问方式不当或者内容与证据收集的合法性无关的，法庭应当制止。

公诉人、被告人及其辩护人可以对证据收集的合法性进行质证、辩论。

第三十八条　人民检察院、被告人及其法定代理人提出抗诉、上诉，对第一审人民法院有关证据收集合法性的审查、调查结论提出异议的，第二审人民法院应当审查。

被告人及其辩护人在第一审程序中未申请排除非法证据，在第二审程序中提出申请的，应当说明理由。第二审人民法院应当审查。

人民检察院在第一审程序中未出示证据证明证据收集的合法性，第一审人民法院依法排除有关证据的，人民检察院在第二审程序中不得出示之前未出示的证据，但在第一审程序后发现的除外。

▶《人民法院办理刑事案件排除非法证据规程（试行）》（法发〔2017〕31号，2017年11月27日）

第六条　证据收集合法性的举证责任由人民检察院承担。

人民检察院未提供证据，或者提供的证据不能证明证据收集的合法性，经过法庭审理，确认或者不能排除以非法方法收集证据情形的，对有关证据应当予以排除。

第十九条　法庭决定对证据收集的合法性进行调查的，一般按照以下步骤进行：

（一）召开庭前会议的案件，法庭应当在宣读起诉书后，宣布庭前会议中

对证据收集合法性的审查情况,以及控辩双方的争议焦点;

(二)被告人及其辩护人说明排除非法证据的申请及相关线索或者材料;

(三)公诉人出示证明证据收集合法性的证据材料,被告人及其辩护人可以对相关证据进行质证,经审判长准许,公诉人、辩护人可以向出庭的侦查人员或者其他人员发问;

(四)控辩双方对证据收集的合法性进行辩论。

第二十条 公诉人对证据收集的合法性加以证明,可以出示讯问笔录、提讯登记、体检记录、采取强制措施或者侦查措施的法律文书、侦查终结前对讯问合法性的核查材料等证据材料,也可以针对被告人及其辩护人提出异议的讯问时段播放讯问录音录像,提请法庭通知侦查人员或者其他人员出庭说明情况。不得以侦查人员签名并加盖公章的说明材料替代侦查人员出庭。

庭审中,公诉人当庭不能举证或者为提供新的证据需要补充侦查,建议延期审理,法庭可以同意。

第三十一条 人民检察院应当在第一审程序中全面出示证明证据收集合法性的证据材料。

人民检察院在第一审程序中未出示证明证据收集合法性的证据,第一审人民法院依法排除有关证据的,人民检察院在第二审程序中不得出示之前未出示的证据,但在第一审程序后发现的除外。

▶《最高人民检察院关于适用〈关于办理死刑案件审查判断证据若干问题的规定〉和〈关于办理刑事案件排除非法证据若干问题的规定〉的指导意见》(高检发研字〔2010〕13号,2010年12月30日)

21. 对证据的合法性进行证明,是检察机关依法指控犯罪、强化诉讼监督、保证办案质量的一项重要工作。要坚持对证据的合法性进行严格审查,依法排除非法证据,进一步提高出庭公诉水平,做好证据合法性证明工作。

23. 庭审中,被告人及其辩护人提出被告人庭前供述是非法取得,没有提供相关证据或者线索的,公诉人应当根据全案证据情况综合说明该证据的合法性。被告人及其辩护人提供了相关证据或者线索,法庭经审查对被告人审判前供述取得的合法性有疑问的,公诉人应当向法庭提供讯问笔录、出入看守所的健康检查记录、看守管教人员的谈话记录以及侦查机关(部门)对讯问过程合法性的说明,讯问过程有录音录像的,应当提供。必要时提请法庭通知讯问时其他在场人员或者其他证人出庭作证,仍不能证明的,提请法庭通知讯问人员出庭作证。对被告人及其辩护人庭审中提出的新证据或者线索,当庭不能举证证明的,应当依法建议法庭延期审理,要求侦查机关(部门)提供相关证明,必要时可以自行调查核实。

8 证明责任倒置规则

8.1 法条规定

▶《刑法》(中华人民共和国主席令第66号,2020年12月26日)

第三百九十五条 <u>国家工作人员的财产、支出明显超过合法收入,差额巨大的,可以责令该国家工作人员说明来源,不能说明来源的,差额部分以非法所得论,处五年以下有期徒刑或者拘役;差额特别巨大的,处五年以上十年以下有期徒刑。财产的差额部分予以追缴。</u>

国家工作人员在境外的存款,应当依照国家规定申报。数额较大、隐瞒不报的,处二年以下有期徒刑或者拘役;情节较轻的,由其所在单位或者上级主管机关酌情给予行政处分。

8.2 司法解释

▶《最高人民法院关于适用〈中华人民共和国刑事诉讼法〉的解释》(法释〔2021〕1号,2021年1月26日)

第六百二十一条 对申请没收违法所得的案件,人民法院审理后,应当按照下列情形分别处理:

(一)申请没收的财产属于违法所得及其他涉案财产的,除依法返还被害人的以外,应当裁定没收;

(二)不符合刑事诉讼法第二百九十八条第一款规定的条件的,应当裁定驳回申请,解除查封、扣押、冻结措施。

申请没收的财产具有高度可能属于违法所得及其他涉案财产的,应当认定为前款规定的"申请没收的财产属于违法所得及其他涉案财产"。巨额财产来源不明犯罪案件中,没有利害关系人对违法所得及其他涉案财产主张权利,或者利害关系人对违法所得及其他涉案财产虽然主张权利但提供的证据没有达到相应证明标准的,应当视为"申请没收的财产属于违法所得及其他涉案财产"。

8.3 规范性文件

▶《全国法院审理经济犯罪案件工作座谈会纪要》(法发〔2003〕167号,2003年11月13日)

五、关于巨额财产来源不明罪

(一)行为人不能说明巨额财产来源合法的认定

刑法第三百九十五条第一款规定的"不能说明",包括以下情况:

(1)行为人拒不说明财产来源;

(2)行为人无法说明财产的具体来源;

(3)行为人所说的财产来源经司法机关查证并不属实;

(4)行为人所说的财产来源因线索不具体等原因,司法机关无法查实,但能排除存在来源合法的可能性和合理性的。

专题二 刑事证明标准

9 认定被告人有罪和处以刑罚的证明标准

9.1 法条规定与立法释义

▶《刑事诉讼法》(中华人民共和国主席令第10号,2018年10月26日)

第五十五条 对一切案件的判处都要重证据,重调查研究,不轻信口供。只有被告人供述,没有其他证据的,不能认定被告人有罪和处以刑罚;没有被告人供述,证据确实、充分的,可以认定被告人有罪和处以刑罚。

证据确实、充分,应当符合以下条件:

(一)定罪量刑的事实都有证据证明;

(二)据以定案的证据均经法定程序查证属实;

（三）综合全案证据，对所认定事实已排除合理怀疑。

【立法释义】①

本条明确了刑事诉讼的证明原则和证明标准。2012 年《刑事诉讼法》修改时增加了排除合理怀疑的要素。关于证明原则和证明标准，应当关注以下事项：

第一，重证据，重调查研究，不轻信口供。所谓"重证据"，是指办案人员要坚持证据裁判原则，依法客观全面收集证据，重视证据的审查和运用，不能凭借猜测和推断办案，不能脱离证据认定案件事实。所谓"重调查研究"，是指办案人员要重视案件事实调查，及时准确识别事实证据存在的风险和问题，不能主观臆断，不能单纯凭借经验办案。所谓"不轻信口供"，是指摒弃"口供中心"的观念和做法，改变"由供到证"的办案模式，重视实物证据、科学证据的收集、审查和运用。当口供与其他证据存在矛盾时，不能简单地用口供否定其他证据特别是实物证据和科学证据。这一规定并非否定口供的证明价值。犯罪嫌疑人、被告人供述作为直接证据，能够一步到位证明案件事实，如能依法客观收集，具有很强的证明价值，但如果不注意审查供述的合法性、自愿性和客观性，容易产生冤假错案。

第二，供述的分析方法。关于供述的分析，主要包括"孤证不能定案规则"和"零口供定案规则"。所谓"孤证不能定案规则"，是指刑事诉讼中每个证据的证明力的有无或者大小，都不能靠该证据本身得到证明，而必须通过对证据本身的情况、证据与其他证据之间有无矛盾、能否互相印证，以及证据在全案证据体系中的地位等问题进行全面衡量，以作出合理判断。所谓"零口供定案规则"，是针对我国《刑事诉讼法》未赋予犯罪嫌疑人、被告人以沉默权，而要求其负有对讯问如实供述义务的前提下，犯罪嫌疑人、被告人不如实供述或拒不供述犯罪事实，从而呈现"零口供"的情形，此时必须通过严格证明和慎重分析的方法，慎重认定其是否构成犯罪，特别是不得将未实施犯罪行为、无供可录的犯罪嫌疑人、被告人草率认定构成犯罪。

第三，"证据确实、充分"的证明标准。2018 年《刑事诉讼法》中关于侦查终结、提起公诉、认定有罪等重要程序决定的要求，都应当达到"证据确实、

---

① 参见王爱立主编：《中华人民共和国刑事诉讼法释义》，法律出版社 2018 年版，第 116-119 页。

充分"的证明标准。根据本条规定,"证据确实、充分"应当符合三个条件:

一是"定罪量刑的事实都有证据证明"。这是证据裁判原则的基本要求,并且明确了刑事诉讼的证明对象。强调定罪量刑事实都应有证据证明,要求办案机关依法全面收集与定罪量刑有关的证据,并要求辩护人积极收集有利于被告人的线索和证据。

二是"据以定案的证据均经法定程序查证属实"。这是未经质证不得认证原则的基本要求。在法庭审判环节,法庭应当依法排除非法证据和不可靠的证据,确保定案证据具有证据资格和证明力。

三是"综合全案证据,对所认定事实已排除合理怀疑"。这是对自由心证形成内心确信的总体要求。"综合全案证据",是指对全案证据进行综合分析,结合时间、因果和逻辑等证明链条,有效识别证据风险、证据矛盾和证据疏漏等问题。"排除合理怀疑",是指所认定的事实符合逻辑和经验法则,能够得出唯一结论,并且能够排除被告人无罪的现实可能性。强调"排除合理怀疑",从主观方面进一步明确了"证据确实、充分"的含义,能够从"证实"和"证伪"两个维度,全面客观准确地认定案件事实。

10 公安机关侦查终结案件的证明标准

10.1 法条规定

▶《**刑事诉讼法**》(中华人民共和国主席令第 10 号,2018 年 10 月 26 日)

第一百六十二条 公安机关侦查终结的案件,应当做到犯罪事实清楚,证据确实、充分,并且写出起诉意见书,连同案卷材料、证据一并移送同级人民检察院审查决定;同时将案件移送情况告知犯罪嫌疑人及其辩护律师。

犯罪嫌疑人自愿认罪的,应当记录在案,随案移送,并在起诉意见书中写明有关情况。

10.2 司法解释

▶《**最高人民法院关于适用〈中华人民共和国刑事诉讼法〉的解释**》(法释〔2021〕1 号,2021 年 1 月 26 日)

第七十二条 应当运用证据证明的案件事实包括:

（一）被告人、被害人的身份；

（二）被指控的犯罪是否存在；

（三）被指控的犯罪是否为被告人所实施；

（四）被告人有无刑事责任能力，有无罪过，实施犯罪的动机、目的；

（五）实施犯罪的时间、地点、手段、后果以及案件起因等；

（六）是否系共同犯罪或者犯罪事实存在关联，以及被告人在犯罪中的地位、作用；

（七）被告人有无从重、从轻、减轻、免除处罚情节；

（八）有关涉案财物处理的事实；

（九）有关附带民事诉讼的事实；

（十）有关管辖、回避、延期审理等的程序事实；

（十一）与定罪量刑有关的其他事实。

认定被告人有罪和对被告人从重处罚，适用证据确实、充分的证明标准。

10.3 规范性文件

▶《公安机关办理刑事案件程序规定》（中华人民共和国公安部令第159号，2020年7月20日）

第七十条 公安机关移送审查起诉的案件，应当做到犯罪事实清楚，证据确实、充分。

证据确实、充分，应当符合以下条件：

（一）认定的案件事实都有证据证明；

（二）认定案件事实的证据均经法定程序查证属实；

（三）综合全案证据，对所认定事实已排除合理怀疑。

对证据的审查，应当结合案件的具体情况，从各证据与待证事实的关联程度、各证据之间的联系等方面进行审查判断。

只有犯罪嫌疑人供述，没有其他证据的，不能认定案件事实；没有犯罪嫌疑人供述，证据确实、充分的，可以认定案件事实。

第二百八十三条 侦查终结的案件，应当同时符合以下条件：

（一）案件事实清楚；

（二）证据确实、充分；

（三）犯罪性质和罪名认定正确；

（四）法律手续完备；

（五）依法应当追究刑事责任。

11　检察机关侦查终结、提起公诉的证明标准

11.1　法条规定

▶《刑事诉讼法》（中华人民共和国主席令第 10 号，2018 年 10 月 26 日）

第一百七十六条　<u>人民检察院认为犯罪嫌疑人的犯罪事实已经查清，证据确实、充分，依法应当追究刑事责任的，应当作出起诉决定，按照审判管辖的规定，向人民法院提起公诉，并将案卷材料、证据移送人民法院。</u>

犯罪嫌疑人认罪认罚的，人民检察院应当就主刑、附加刑、是否适用缓刑等提出量刑建议，并随案移送认罪认罚具结书等材料。

11.2　司法解释

▶《人民检察院刑事诉讼规则》（高检发释字〔2019〕4 号，2019 年 12 月 30 日）

第六十三条　人民检察院侦查终结或者提起公诉的案件，证据应当确实、充分。证据确实、充分，应当符合以下条件：

（一）定罪量刑的事实都有证据证明；

（二）据以定案的证据均经法定程序查证属实；

（三）综合全案证据，对所认定事实已排除合理怀疑。

第二百三十七条　人民检察院经过侦查，认为犯罪事实清楚，证据确实、充分，依法应当追究刑事责任的，应当写出侦查终结报告，并且制作起诉意见书。

犯罪嫌疑人自愿认罪的，应当记录在案，随案移送，并在起诉意见书中写明有关情况。

对于犯罪情节轻微，依照刑法规定不需要判处刑罚或者免除刑罚的案件，应当写出侦查终结报告，并且制作不起诉意见书。

侦查终结报告和起诉意见书或者不起诉意见书应当报请检察长批准。

第三百五十五条　人民检察院认为犯罪嫌疑人的犯罪事实已经查清，证据确实、充分，依法应当追究刑事责任的，应当作出起诉决定。

具有下列情形之一的，可以认为犯罪事实已经查清：

（一）属于单一罪行的案件，查清的事实足以定罪量刑或者与定罪量刑有关的事实已经查清，不影响定罪量刑的事实无法查清的；

（二）属于数个罪行的案件，部分罪行已经查清并符合起诉条件，其他罪行无法查清的；

（三）无法查清作案工具、赃物去向，但有其他证据足以对被告人定罪量刑的；

（四）证人证言、犯罪嫌疑人供述和辩解、被害人陈述的内容主要情节一致，个别情节不一致，但不影响定罪的。

对于符合前款第二项情形的，应当以已经查清的罪行起诉。

12　检察机关审查逮捕的证据标准

12.1　法条规定

▶《刑事诉讼法》（中华人民共和国主席令第10号，2018年10月26日）

第八十一条　对有证据证明有犯罪事实，可能判处徒刑以上刑罚的犯罪嫌疑人、被告人，采取取保候审尚不足以防止发生下列社会危险性的，应当予以逮捕：

（一）可能实施新的犯罪的；

（二）有危害国家安全、公共安全或者社会秩序的现实危险的；

（三）可能毁灭、伪造证据，干扰证人作证或者串供的；

（四）可能对被害人、举报人、控告人实施打击报复的；

（五）企图自杀或者逃跑的。

批准或者决定逮捕，应当将犯罪嫌疑人、被告人涉嫌犯罪的性质、情节，认罪认罚等情况，作为是否可能发生社会危险性的考虑因素。

对有证据证明有犯罪事实，可能判处十年有期徒刑以上刑罚的，或者有证据证明有犯罪事实，可能判处徒刑以上刑罚，曾经故意犯罪或者身份不明的，应当予以逮捕。

被取保候审、监视居住的犯罪嫌疑人、被告人违反取保候审、监视居住规定,情节严重的,可以予以逮捕。

12.2 司法解释

▶《人民检察院刑事诉讼规则》(高检发释字〔2019〕4号,2019年12月30日)

第一百二十八条 人民检察院对有证据证明有犯罪事实,可能判处徒刑以上刑罚的犯罪嫌疑人,采取取保候审尚不足以防止发生下列社会危险性的,应当批准或者决定逮捕:

(一)可能实施新的犯罪的;

(二)有危害国家安全、公共安全或者社会秩序的现实危险的;

(三)可能毁灭、伪造证据,干扰证人作证或者串供的;

(四)可能对被害人、举报人、控告人实施打击报复的;

(五)企图自杀或者逃跑的。

有证据证明有犯罪事实是指同时具备下列情形:

(一)有证据证明发生了犯罪事实;

(二)有证据证明该犯罪事实是犯罪嫌疑人实施的;

(三)证明犯罪嫌疑人实施犯罪行为的证据已经查证属实。

犯罪事实既可以是单一犯罪行为的事实,也可以是数个犯罪行为中任何一个犯罪行为的事实。

第一百三十四条 人民检察院办理审查逮捕案件,应当全面把握逮捕条件,对有证据证明有犯罪事实、可能判处徒刑以上刑罚的犯罪嫌疑人,除具有刑事诉讼法第八十一条第三款、第四款规定的情形外,应当严格审查是否具备社会危险性条件。

第一百三十五条 人民检察院审查认定犯罪嫌疑人是否具有社会危险性,应当以公安机关移送的社会危险性相关证据为依据,并结合案件具体情况综合认定。必要时,可以通过讯问犯罪嫌疑人、询问证人等诉讼参与人、听取辩护律师意见等方式,核实相关证据。

依据在案证据不能认定犯罪嫌疑人符合逮捕社会危险性条件的,人民检察院可以要求公安机关补充相关证据,公安机关没有补充移送的,应当作出不批准逮捕的决定。

第一百三十六条 对有证据证明有犯罪事实，可能判处十年有期徒刑以上刑罚的犯罪嫌疑人，应当批准或者决定逮捕。

对有证据证明有犯罪事实，可能判处徒刑以上刑罚，犯罪嫌疑人曾经故意犯罪或者不讲真实姓名、住址，身份不明的，应当批准或者决定逮捕。

12.3 规范性文件

▶《**人民检察院审查逮捕质量标准**》（最高人民检察院第十一届检察委员会第四十一次会议通过，2010 年 8 月 25 日）

第一条 办理审查逮捕案件，应当依照刑法有关规定和刑事诉讼法第六十条规定的逮捕条件，对案件的事实和证据进行审查，作出批准逮捕或者不批准逮捕的决定。

对于同时具备以下三个条件的犯罪嫌疑人，应当依法批准逮捕：

（一）有证据证明有犯罪事实；

（二）可能判处徒刑以上刑罚；

（三）采取取保候审、监视居住等方法，尚不足以防止发生社会危险性，而有逮捕必要。

13 人民法院一审案件的证明标准

13.1 法条规定

▶《**刑事诉讼法**》（中华人民共和国主席令第 10 号，2018 年 10 月 26 日）

第二百条 在被告人最后陈述后，审判长宣布休庭，合议庭进行评议，根据已经查明的事实、证据和有关的法律规定，分别作出以下判决：

（一）案件事实清楚，证据确实、充分，依据法律认定被告人有罪的，应当作出有罪判决；

（二）依据法律认定被告人无罪的，应当作出无罪判决；

（三）证据不足，不能认定被告人有罪的，应当作出证据不足、指控的犯罪不能成立的无罪判决。

13.2 司法解释

▶《最高人民法院关于适用〈中华人民共和国刑事诉讼法〉的解释》(法释〔2021〕1号，2021年1月26日)

第二百九十五条 对第一审公诉案件，人民法院审理后，应当按照下列情形分别作出判决、裁定：

（一）起诉指控的事实清楚，证据确实、充分，依据法律认定指控被告人的罪名成立的，应当作出有罪判决；

（二）起诉指控的事实清楚，证据确实、充分，但指控的罪名不当的，应当依据法律和审理认定的事实作出有罪判决；

（三）案件事实清楚，证据确实、充分，依据法律认定被告人无罪的，应当判决宣告被告人无罪；

（四）证据不足，不能认定被告人有罪的，应当以证据不足、指控的犯罪不能成立，判决宣告被告人无罪；

（五）案件部分事实清楚，证据确实、充分的，应当作出有罪或者无罪的判决；对事实不清、证据不足部分，不予认定；

（六）被告人因未达到刑事责任年龄，不予刑事处罚的，应当判决宣告被告人不负刑事责任；

（七）被告人是精神病人，在不能辨认或者不能控制自己行为时造成危害结果，不予刑事处罚的，应当判决宣告被告人不负刑事责任；被告人符合强制医疗条件的，应当依照本解释第二十六章的规定进行审理并作出判决；

（八）犯罪已过追诉时效期限且不是必须追诉，或者经特赦令免除刑罚的，应当裁定终止审理；

（九）属于告诉才处理的案件，应当裁定终止审理，并告知被害人有权提起自诉；

（十）被告人死亡的，应当裁定终止审理；但有证据证明被告人无罪，经缺席审理确认无罪的，应当判决宣告被告人无罪。

对涉案财物，人民法院应当根据审理查明的情况，依照本解释第十八章的规定作出处理。

具有第一款第二项规定情形的，人民法院应当在判决前听取控辩双方的意见，保障被告人、辩护人充分行使辩护权。必要时，可以再次开庭，组织控辩双方围绕被告人的行为构成何罪及如何量刑进行辩论。

14 人民法院二审案件的证明标准

14.1 司法解释

▶《最高人民法院关于适用〈中华人民共和国刑事诉讼法〉的解释》（法释〔2021〕1号，2021年1月26日）

第三百九十一条 <u>对上诉、抗诉案件，应当着重审查下列内容：</u>
<u>（一）第一审判决认定的事实是否清楚，证据是否确实、充分；</u>
（二）第一审判决适用法律是否正确，量刑是否适当；
（三）在调查、侦查、审查起诉、第一审程序中，有无违反法定程序的情形；
（四）上诉、抗诉是否提出新的事实、证据；
（五）被告人的供述和辩解情况；
（六）辩护人的辩护意见及采纳情况；
（七）附带民事部分的判决、裁定是否合法、适当；
（八）对涉案财物的处理是否正确；
（九）第一审人民法院合议庭、审判委员会讨论的意见。

15 适用速裁程序案件的证明标准

15.1 法条规定

▶《刑事诉讼法》（中华人民共和国主席令第10号，2018年10月26日）

第二百二十二条 <u>基层人民法院管辖的可能判处三年有期徒刑以下刑罚的案件，案件事实清楚，证据确实、充分，被告人认罪认罚并同意适用速裁程序的，可以适用速裁程序，由审判员一人独任审判。</u>

人民检察院在提起公诉的时候，可以建议人民法院适用速裁程序。

15.2 司法解释

▶《最高人民法院关于适用〈中华人民共和国刑事诉讼法〉的解释》(法释〔2021〕1号,2021年1月26日)

第三百六十九条 对人民检察院在提起公诉时建议适用速裁程序的案件,基层人民法院经审查认为案件事实清楚,证据确实、充分,可能判处三年有期徒刑以下刑罚的,在将起诉书副本送达被告人时,应当告知被告人适用速裁程序的法律规定,询问其是否同意适用速裁程序。被告人同意适用速裁程序的,可以决定适用速裁程序,并在开庭前通知人民检察院和辩护人。

对人民检察院未建议适用速裁程序的案件,人民法院经审查认为符合速裁程序适用条件的,可以决定适用速裁程序,并在开庭前通知人民检察院和辩护人。

被告人及其辩护人可以向人民法院提出适用速裁程序的申请。

▶《人民检察院刑事诉讼规则》(高检发释字〔2019〕4号,2019年12月30日)

第四百三十七条 人民检察院对基层人民法院管辖的案件,符合下列条件的,在提起公诉时,可以建议人民法院适用速裁程序审理:

(一)可能判处三年有期徒刑以下刑罚;

(二)案件事实清楚,证据确实、充分;

(三)被告人认罪认罚、同意适用速裁程序。

16 被告人缺席审判案件的证明标准

16.1 法条规定

▶《刑事诉讼法》(中华人民共和国主席令第10号,2018年10月26日)

第二百九十一条 对于贪污贿赂犯罪案件,以及需要及时进行审判,经最高人民检察院核准的严重危害国家安全犯罪、恐怖活动犯罪案件,犯罪嫌疑人、被告人在境外,监察机关、公安机关移送起诉,人民检察院认为犯罪事实已经查清,证据确实、充分,依法应当追究刑事责任的,可以向人民法院提起公诉。人民法院进行审查后,对于起诉书中有明确的指控犯罪事实,符合缺席审判程序适用条件的,应当决定开庭审判。

前款案件,由犯罪地、被告人离境前居住地或者最高人民法院指定的中级人民法院组成合议庭进行审理。

16.2 司法解释

▶《**最高人民法院关于适用〈中华人民共和国刑事诉讼法〉的解释**》(法释〔2021〕1号,2021年1月26日)

第六百零四条 对人民检察院依照刑事诉讼法第二百九十一条第一款的规定提起公诉的案件,人民法院审理后应当参照本解释第二百九十五条的规定作出判决、裁定。

作出有罪判决的,应当达到证据确实、充分的证明标准。

经审理认定的罪名不属于刑事诉讼法第二百九十一条第一款规定的罪名的,应当终止审理。

适用缺席审判程序审理案件,可以对违法所得及其他涉案财产一并作出处理。

▶《**人民检察院刑事诉讼规则**》(高检发释字〔2019〕4号,2019年12月30日)

第五百零五条 对于监察机关移送起诉的贪污贿赂犯罪案件,犯罪嫌疑人、被告人在境外,人民检察院认为犯罪事实已经查清,证据确实、充分,依法应当追究刑事责任的,可以向人民法院提起公诉。

对于公安机关移送起诉的需要及时进行审判的严重危害国家安全犯罪、恐怖活动犯罪案件,犯罪嫌疑人、被告人在境外,人民检察院认为犯罪事实已经查清,证据确实、充分,依法应当追究刑事责任的,经最高人民检察院核准,可以向人民法院提起公诉。

前两款规定的案件,由有管辖权的中级人民法院的同级人民检察院提起公诉。

人民检察院提起公诉的,应当向人民法院提交被告人已出境的证据。

17 认罪认罚案件的证明标准

17.1 法条规定与立法释义

▶《**刑事诉讼法**》(中华人民共和国主席令第10号,2018年10月26日)

第十五条 犯罪嫌疑人、被告人自愿如实供述自己的罪行,承认指控的犯罪事实,愿意接受处罚的,可以依法从宽处理。

【立法释义】①

认罪认罚从宽,作为推进以审判为中心的刑事诉讼制度改革的配套制度,是推进刑事程序繁简分流的关键机制。认罪认罚从宽制度的核心在于程序上从简、实体上从宽处理。关于认罪认罚从宽,应当关注以下事项:

第一,自愿如实供述自己的罪行。这是认罪认罚从宽的基本前提,强调犯罪嫌疑人、被告人独立真实的意思表示。所谓"自愿",是指犯罪嫌疑人、被告人不得被强迫认罪;认罪违反自愿性的,有关供述适用非法证据排除规则。所谓"如实",是指犯罪嫌疑人、被告人供述内容具有真实性;但如果犯罪嫌疑人、被告人的供述缺乏真实性,适用存疑证据排除规则。

第二,认罪认罚的界定。基于认罪认罚从宽原则,"承认指控的犯罪事实"是"认罪"的规范要素,"愿意接受处罚"是"认罚"的规范要素。"认罪认罚"具体体现为认可人民检察院指控的犯罪事实和据此提出的量刑建议。基于犯罪嫌疑人、被告人自愿如实供述罪行的行为表现,人民检察院通常会提出较一般量刑更轻的量刑建议,旨在对犯罪嫌疑人、被告人形成量刑减让的制度激励。不过,即便只存在认罪或者认罚一个方面,即不构成同时既认罪又认罚,仍可根据 2020 年《刑法》、2018 年《刑事诉讼法》的有关规定,在法定、酌定从宽情节中寻找从宽处罚的依据。

第三,从宽处理的含义。"从宽处理"是指实体上从宽处罚。符合非监禁刑适用条件的,应当适用非监禁刑。同时,因被告人认罪认罚案件的定罪量刑均无争议,故其审判程序也将显著简化。如果认为犯罪嫌疑人、被告人具有实质上的程序选择权,那么,通过简化审判程序提高诉讼效率,对被告人也有一定的便利。

第四,认罪认罚从宽制度的适用范围。《人民检察院刑事诉讼规则》第十一条第二款规定,认罪认罚从宽制度适用于所有刑事案件,并不限于轻罪案件。同时,在侦查、起诉、审判各阶段,都可以适用认罪认罚从宽制度。

---

① 参见王爱立主编:《中华人民共和国刑事诉讼法释义》,法律出版社 2018 年版,第 23-31 页。

17.2 司法解释

▶《最高人民法院关于适用〈中华人民共和国刑事诉讼法〉的解释》(法释〔2021〕1号，2021年1月26日)

第三百四十七条 刑事诉讼法第十五条规定的"认罪"，是指犯罪嫌疑人、被告人自愿如实供述自己的罪行，对指控的犯罪事实没有异议。

刑事诉讼法第十五条规定的"认罚"，是指犯罪嫌疑人、被告人真诚悔罪，愿意接受处罚。

被告人认罪认罚的，可以依照刑事诉讼法第十五条的规定，在程序上从简、实体上从宽处理。

17.3 规范性文件与重点解读

▶《最高人民法院、最高人民检察院、公安部、国家安全部、司法部关于适用认罪认罚从宽制度的指导意见》(高检发〔2019〕13号，2019年10月11日)

3. 坚持证据裁判原则。办理认罪认罚案件，应当以事实为根据，以法律为准绳，严格按照证据裁判要求，全面收集、固定、审查和认定证据。坚持法定证明标准，侦查终结、提起公诉、作出有罪裁判应当做到犯罪事实清楚，证据确实、充分，防止因犯罪嫌疑人、被告人认罪而降低证据要求和证明标准。对犯罪嫌疑人、被告人认罪认罚，但证据不足，不能认定其有罪的，依法作出撤销案件、不起诉决定或者宣告无罪。

【重点解读】[①]

《刑事诉讼法》对侦查机关侦查终结、检察机关提起公诉、法院作出有罪判决规定了法定证明标准，这一法定证明标准适用于所有刑事案件，包括认罪认罚案件。适用认罪认罚从宽制度，不意味着降低证明标准，而是在坚持法定证明标准的前提下，力图更加科学地构建从宽评价机制，在程序上作出简化，更好实现公正与效率。对犯罪嫌疑人、被告人认罪认罚的案件，侦查机关依然

[①] 参见苗生明、周颖：《〈关于适用认罪认罚从宽制度的指导意见〉的理解与适用》，载《人民检察》2020年第2期。

要按照法定证明标准，依法全面及时收集固定相关证据，检察机关和法院也要按照法定证明标准全面审查案件。如认为案件"事实不清、证据不足"，应当坚持疑罪从无原则，依法作出不起诉决定或者判决宣告无罪，不得因犯罪嫌疑人、被告人认罪而降低对刑事案件证据的审查要求、证明标准。

▶《最高人民法院、最高人民检察院、公安部、国家安全部、司法部关于适用认罪认罚从宽制度的指导意见》（高检发〔2019〕13号，2019年10月11日）

6."认罪"的把握。认罪认罚从宽制度中的"认罪"，是指犯罪嫌疑人、被告人自愿如实供述自己的罪行，对指控的犯罪事实没有异议。承认指控的主要犯罪事实，仅对个别事实情节提出异议，或者虽然对行为性质提出辩解但表示接受司法机关认定意见的，不影响"认罪"的认定。犯罪嫌疑人、被告人犯数罪，仅如实供述其中一罪或部分罪名事实的，全案不作"认罪"的认定，不适用认罪认罚从宽制度，但对如实供述的部分，人民检察院可以提出从宽处罚的建议，人民法院可以从宽处罚。

7."认罚"的把握。认罪认罚从宽制度中的"认罚"，是指犯罪嫌疑人、被告人真诚悔罪，愿意接受处罚。"认罚"，在侦查阶段表现为表示愿意接受处罚；在审查起诉阶段表现为接受人民检察院拟作出的起诉或不起诉决定，认可人民检察院的量刑建议，签署认罪认罚具结书；在审判阶段表现为当庭确认自愿签署具结书，愿意接受刑罚处罚。

"认罚"考察的重点是犯罪嫌疑人、被告人的悔罪态度和悔罪表现，应当结合退赃退赔、赔偿损失、赔礼道歉等因素来考量。犯罪嫌疑人、被告人虽然表示"认罚"，却暗中串供、干扰证人作证、毁灭、伪造证据或者隐匿、转移财产，有赔偿能力而不赔偿损失，则不能适用认罪认罚从宽制度。犯罪嫌疑人、被告人享有程序选择权，不同意适用速裁程序、简易程序的，不影响"认罚"的认定。

28.自愿性、合法性审查。对侦查阶段认罪认罚的案件，人民检察院应当重点审查以下内容：

（一）犯罪嫌疑人是否自愿认罪认罚，有无因受到暴力、威胁、引诱而违背意愿认罪认罚；

（二）犯罪嫌疑人认罪认罚时的认知能力和精神状态是否正常；

（三）犯罪嫌疑人是否理解认罪认罚的性质和可能导致的法律后果；

（四）侦查机关是否告知犯罪嫌疑人享有的诉讼权利、如实供述自己罪行可以从宽处理和认罪认罚的法律规定，并听取意见；

（五）起诉意见书中是否写明犯罪嫌疑人认罪认罚情况；

（六）犯罪嫌疑人是否真诚悔罪，是否向被害人赔礼道歉。

经审查，犯罪嫌疑人违背意愿认罪认罚的，人民检察院可以重新开展认罪认罚工作。存在刑讯逼供等非法取证行为的，依照法律规定处理。

39. 审判阶段认罪认罚自愿性、合法性审查。办理认罪认罚案件，人民法院应当告知被告人享有的诉讼权利和认罪认罚的法律规定，听取被告人及其辩护人或者值班律师的意见。庭审中应当对认罪认罚的自愿性、具结书内容的真实性和合法性进行审查核实，重点核实以下内容：

（一）被告人是否自愿认罪认罚，有无因受到暴力、威胁、引诱而违背意愿认罪认罚；

（二）被告人认罪认罚时的认知能力和精神状态是否正常；

（三）被告人是否理解认罪认罚的性质和可能导致的法律后果；

（四）人民检察院、公安机关是否履行告知义务并听取意见；

（五）值班律师或者辩护人是否与人民检察院进行沟通，提供了有效法律帮助或者辩护，并在场见证认罪认罚具结书的签署。

庭审中审判人员可以根据具体案情，围绕定罪量刑的关键事实，对被告人认罪认罚的自愿性、真实性等进行发问，确认被告人是否实施犯罪，是否真诚悔罪。

被告人违背意愿认罪认罚，或者认罪认罚后又反悔，依法需要转换程序的，应当按照普通程序对案件重新审理。发现存在刑讯逼供等非法取证行为的，依照法律规定处理。

17.4 案例与要旨

◆【最高人民检察院发布4起认罪认罚案件适用速裁程序典型案例】成都某印务有限责任公司、黄某某非法经营案

公诉要旨：对符合条件的单位犯罪依法适用认罪认罚从宽制度和速裁程序。犯罪单位作为独立的刑事诉讼主体，依法享有相应的诉讼权利。认罪认罚

从宽可以适用于所有刑事案件，对犯罪单位与自然人一样应当平等适用。在适用过程中，应坚持打击和保护并重、实体公正和程序公正并重，对犯罪情节较轻的民营企业经营者慎用人身强制措施，主动听取被告方意见，充分开展量刑协商，并通过建议适用速裁程序，从快从简从宽处理案件，最大程度减小对企业正常经营的影响。

坚持法定证明标准，依法查明案件事实，准确定性求刑，为审判阶段适用速裁程序奠定良好基础。实践中，一些轻罪案件的事实认定、定性求刑也会遇到诸多难题。检察机关是指控和证明犯罪的主体，应当履行好诉前主导责任，密切与侦查机关相互制约与协作配合，在诉前有效解决事实认定、案件定性等争议问题。同时加强诉审衔接，为提起公诉后人民法院适用速裁程序快速审理案件创造条件。本案虽然罪行较轻，但公安机关移送起诉时尚有诸多定案疑点，审查起诉期间侦诉有效配合，解决了相关疑点，提起公诉后建议法院适用速裁程序审理，庭审历时仅十多分钟，有效减轻了庭审负担，节约了诉讼资源。

◆【《刑事审判参考》案例】［第 1414 号］王建受贿案

裁判要旨：认罪认罚从宽制度中的"认罚"在不同诉讼阶段有不同的表现形式：在侦查阶段表现为犯罪嫌疑人真诚悔罪，愿意接受处罚；在审查起诉阶段表现为犯罪嫌疑人自愿签署认罪认罚具结书，认可检察机关的量刑建议；在审判阶段表现为被告人当庭确认签署具结书系出于自愿，或者当庭表示认罪，愿意接受处罚。犯罪嫌疑人认罪认罚，但确无退赃退赔能力的，不能以此否定"认罚"情节；犯罪嫌疑人、被告人表面上接受量刑建议，背后隐匿、转移财产，拒不退赃退赔、赔偿损失、履行财产刑，明显无真诚悔罪表现的，不应当认定为"认罚"。人民法院对于"认罚"情节的否定，应当进行必要的法庭调查、法庭辩论，充分听取控辩双方的意见，并向被告人释明相应的法律后果。

18 死刑案件的证明标准

18.1 司法解释

▶《最高人民法院关于适用〈中华人民共和国刑事诉讼法〉的解释》（法释〔2021〕1 号，2021 年 1 月 26 日）

第四百二十七条 复核死刑、死刑缓期执行案件，应当全面审查以下内容：

（一）被告人的年龄，被告人有无刑事责任能力、是否系怀孕的妇女；
（二）原判认定的事实是否清楚，证据是否确实、充分；
（三）犯罪情节、后果及危害程度；
（四）原判适用法律是否正确，是否必须判处死刑，是否必须立即执行；
（五）有无法定、酌定从重、从轻或者减轻处罚情节；
（六）诉讼程序是否合法；
（七）应当审查的其他情况。

复核死刑、死刑缓期执行案件，应当重视审查被告人及其辩护人的辩解、辩护意见。

18.2 规范性文件

▶《最高人民法院、最高人民检察院、公安部、国家安全部、司法部关于办理死刑案件审查判断证据若干问题的规定》（法发〔2010〕20号，2010年6月13日）

第五条　办理死刑案件，对被告人犯罪事实的认定，必须达到证据确实、充分。

证据确实、充分是指：

（一）定罪量刑的事实都有证据证明；
（二）每一个定案的证据均已经法定程序查证属实；
（三）证据与证据之间、证据与案件事实之间不存在矛盾或者矛盾得以合理排除；
（四）共同犯罪案件中，被告人的地位、作用均已查清；
（五）根据证据认定案件事实的过程符合逻辑和经验规则，由证据得出的结论为唯一结论。

办理死刑案件，对于以下事实的证明必须达到证据确实、充分：

（一）被指控的犯罪事实的发生；
（二）被告人实施了犯罪行为与被告人实施犯罪行为的时间、地点、手段、后果以及其他情节；
（三）影响被告人定罪的身份情况；
（四）被告人有刑事责任能力；

（五）被告人的罪过；

（六）是否共同犯罪及被告人在共同犯罪中的地位、作用；

（七）对被告人从重处罚的事实。

▶《最高人民检察院关于适用〈关于办理死刑案件审查判断证据若干问题的规定〉和〈关于办理刑事案件排除非法证据若干问题的规定〉的指导意见》（高检发研字〔2010〕13号，2010年12月30日）

3. 两个《规定》对办理死刑案件提出了更高的标准和更严格的要求，各级检察机关要全面加强死刑案件的办理和监督工作，认真履行法律赋予的职责，对证据进行更加严格的审查，坚持更加严格的证明标准，确保死刑案件的办案质量。

18.3 案例与要旨

◆【最高人民检察院指导性案例】［检例第2号］忻元龙绑架案

公诉要旨：对于死刑案件的抗诉，要正确把握适用死刑的条件，严格证明标准，依法履行刑事审判法律监督职责。

专题三 孤证不能定案规则

19 只有犯罪嫌疑人或被告人供述，不得认定有罪

19.1 法条规定

▶《刑事诉讼法》（中华人民共和国主席令第10号，2018年10月26日）

第五十五条第一款 对一切案件的判处都要重证据，重调查研究，不轻信口供。只有被告人供述，没有其他证据的，不能认定被告人有罪和处以刑罚；没有被告人供述，证据确实、充分的，可以认定被告人有罪和处以刑罚。

19.2 规范性文件

▶《最高人民法院关于建立健全防范刑事冤假错案工作机制的意见》(法发〔2013〕11号,2013年10月9日)

7. 重证据,重调查研究,切实改变"口供至上"的观念和做法,注重实物证据的审查和运用。只有被告人供述,没有其他证据的,不能认定被告人有罪。

▶《最高人民检察院关于切实履行检察职能防止和纠正冤假错案的若干意见》(高检发〔2013〕11号,2013年9月9日)

10. 注重证据的综合审查和运用。要注重审查证据的客观性、真实性,尤其是证据的合法性。在审查逮捕、审查起诉过程中,应当认真审查侦查机关是否移交证明犯罪嫌疑人有罪或者无罪、犯罪情节轻重的全部证据。辩护人认为侦查机关收集的证明犯罪嫌疑人无罪或者罪轻的证据材料未提交,申请人民检察院向侦查机关调取,经审查认为辩护人申请调取的证据已收集并且与案件事实有联系的,应当予以调取。只有犯罪嫌疑人供述,没有其他证据的,不得认定犯罪嫌疑人有罪。对于命案等重大案件,应当强化对实物证据和刑事科学技术鉴定的审查,对于其中可能判处死刑的案件,必须坚持最严格的证据标准,确保定罪量刑的事实均有证据证明且查证属实,证据与证据之间、证据与案件事实之间不存在无法排除的矛盾和无法解释的疑问,全案证据已经形成完整的证明体系。在提起公诉时,应当移送全部在案证据材料。

16. 对以下五种情形,不符合逮捕或者起诉条件的,不得批准逮捕或者提起公诉:(1) 案件的关键性证据缺失的;(2) 犯罪嫌疑人拒不认罪或者翻供,而物证、书证、勘验、检查笔录、鉴定意见等其他证据无法证明犯罪的;(3) 只有犯罪嫌疑人供述没有其他证据印证的;(4) 犯罪嫌疑人供述与被害人陈述、证人证言、物证、书证等证据存在关键性矛盾,不能排除的;(5) 不能排除存在刑讯逼供、暴力取证等违法情形可能的。

▶《公安机关办理刑事案件程序规定》(中华人民共和国公安部令第159号,2020年7月20日)

第七十条 公安机关移送审查起诉的案件,应当做到犯罪事实清楚,证据确实、充分。

证据确实、充分,应当符合以下条件:

（一）认定的案件事实都有证据证明；
（二）认定案件事实的证据均经法定程序查证属实；
（三）综合全案证据，对所认定事实已排除合理怀疑。

对证据的审查，应当结合案件的具体情况，从各证据与待证事实的关联程度、各证据之间的联系等方面进行审查判断。

只有犯罪嫌疑人供述，没有其他证据的，不能认定案件事实；没有犯罪嫌疑人供述，证据确实、充分的，可以认定案件事实。

20 隐蔽性证据的先供后证规则

20.1 司法解释

▶《最高人民法院关于适用〈中华人民共和国刑事诉讼法〉的解释》（法释〔2021〕1号，2021年1月26日）

第一百四十一条 根据被告人的供述、指认提取到了隐蔽性很强的物证、书证，且被告人的供述与其他证明犯罪事实发生的证据相互印证，并排除串供、逼供、诱供等可能性的，可以认定被告人有罪。

20.2 规范性文件

▶《最高人民法院、最高人民检察院、公安部、国家安全部、司法部关于办理死刑案件审查判断证据若干问题的规定》（法发〔2010〕20号，2010年6月13日）

第三十四条 根据被告人的供述、指认提取到了隐蔽性很强的物证、书证，且与其他证明犯罪事实发生的证据互相印证，并排除串供、逼供、诱供等可能性的，可以认定有罪。

▶《最高人民检察院关于适用〈关于办理死刑案件审查判断证据若干问题的规定〉和〈关于办理刑事案件排除非法证据若干问题的规定〉的指导意见》（高检发研字〔2010〕13号，2010年12月30日）

18. 对于根据犯罪嫌疑人的供述、指认，提取到隐蔽性很强的物证、书证的，既要审查与其他证明犯罪事实发生的证据是否相互印证，也要审查侦查机关（部门）在犯罪嫌疑人供述、指认之前是否掌握该证据的情况，综合全案证据，判断是否作为批准或者决定逮捕、提起公诉的根据。

专题四　间接证据定案规则

21　运用间接证据定案的条件

21.1　司法解释

▶《最高人民法院关于适用〈中华人民共和国刑事诉讼法〉的解释》（法释〔2021〕1号，2021年1月26日）

第一百四十条　<u>没有直接证据，但间接证据同时符合下列条件的，可以认定被告人有罪：</u>

（一）证据已经查证属实；

（二）证据之间相互印证，不存在无法排除的矛盾和无法解释的疑问；

（三）全案证据形成完整的证据链；

（四）根据证据认定案件事实足以排除合理怀疑，结论具有唯一性；

（五）运用证据进行的推理符合逻辑和经验。

21.2　规范性文件

▶《最高人民法院、最高人民检察院、公安部、国家安全部、司法部关于办理死刑案件审查判断证据若干问题的规定》（法发〔2010〕20号，2010年6月13日）

第三十三条　没有直接证据证明犯罪行为系被告人实施，但同时符合下列条件的可以认定被告人有罪：

（一）据以定案的间接证据已经查证属实；

（二）据以定案的间接证据之间相互印证，不存在无法排除的矛盾和无法解释的疑问；

（三）据以定案的间接证据已经形成完整的证明体系；

（四）依据间接证据认定的案件事实，结论是唯一的，足以排除一切合理怀疑；

（五）运用间接证据进行的推理符合逻辑和经验判断。

根据间接证据定案的，判处死刑应当特别慎重。

21.3 案例与要旨

◆【最高人民法院、最高人民检察院、公安部、中国证券监督管理委员会联合发布5件依法从严打击证券犯罪典型案例之四】王某、李某内幕交易案

要旨：被告人不供述犯罪，间接证据形成完整证明体系的，可以认定被告人有罪和判处刑罚。内幕交易犯罪隐蔽性强，经常出现内幕信息知情人与内幕交易行为人订立攻守同盟、否认信息传递，企图以拒不供述来逃避惩罚的现象。对此，应通过收集行为人职务职责、参与涉内幕信息相关工作等证据证明其系内幕信息知情人；通过收集内幕信息知情人与内幕交易行为人之间的联络信息证明双方传递内幕信息的动机和条件；通过收集交易数据、资金往来、历史交易、大盘基本面等证据，证明相关交易行为是否存在明显异常等。对于间接证据均查证属实且相互印证，形成完整的证明体系，能够得出唯一结论的，应当依法定案。

◆【最高人民检察院指导性案例】［检例第65号］王鹏等人利用未公开信息交易案

要旨：具有获取未公开信息职务便利条件的金融机构从业人员及其近亲属从事相关证券交易行为明显异常，且与未公开信息相关交易高度趋同，即使其拒不供述未公开信息传递过程等犯罪事实，但其他证据之间相互印证，能够形成证明利用未公开信息犯罪的完整证明体系，足以排除其他可能的，可以依法认定犯罪事实。

指导意义：加强对间接证据的审查，根据证据反映的客观事实判断案件事实。在缺乏直接证据的情形下，通过对间接证据证明的客观事实的综合判断，运用经验法则和逻辑规则，依法认定案件事实，建立从间接证据证明客观事实，再从客观事实判断案件事实的完整证明体系。本案中，办案人员首先通过对三名被告人被指控犯罪时段和其他时段证券交易数据、未公开信息相关交易信息等证据，证明其交易与未公开信息的关联性、趋同度及与其平常交易习惯

的差异性；通过身份关系、资金往来等证据，证明双方具备传递信息的动机和条件；通过专业背景、职业经历、接触人员等证据，证明交易行为不符合其个人能力经验。然后借助证券市场的基本规律和一般人的经验常识，对上述客观事实进行综合判断，认定了案件事实。

合理排除证据矛盾，确保证明结论唯一。运用间接证据证明案件事实，构成证明体系的间接证据应当相互衔接、相互支撑、相互印证，证据链条完整、证明结论唯一。基于经验和逻辑作出的判断结论并不必然具有唯一性，还要通过审查证据，进一步分析是否存在与指控方向相反的信息，排除其他可能性。既要审查证明体系中单一证据所包含的信息之间以及不同证据之间是否存在矛盾，又要注重审查证明体系之外的其他证据中是否存在相反信息。在犯罪嫌疑人、被告人不供述、不认罪案件中，要高度重视犯罪嫌疑人、被告人的辩解和其他相反证据，综合判断上述证据中的相反信息是否会实质性阻断由各项客观事实到案件事实的判断过程，是否会削弱整个证据链条的证明效力。与证明体系存在实质矛盾并且不能排除其他可能性的，不能认定案件事实。但不能因为犯罪嫌疑人、被告人不供述或者提出辩解，就认为无法排除其他可能性。犯罪嫌疑人、被告人的辩解不具有合理性、正当性的，可以认定证明结论唯一。

◆【《人民司法·案例》】[2017年第17期] 圣某走私毒品案 [（2014）苏刑二终字第0029号]

裁判要旨：运用间接证据认定"零口供"毒品案件。先以间接证据直接证明的间接事实为基础，通过间接事实与案件主要事实之间的关联性，构建出案件的主要事实，同时根据行为人实施的客观行为推定行为人的主观罪过，再以主客观相一致原则为基准综合认定案件事实。此外，在证明标准上，要强调排除行为人无辜的可能性。

◆【《人民司法·案例》】[2016年第14期] 曹某故意杀人案 [（2013）二中刑初字第1256号]

裁判要旨：死刑案件不同于普通案件，在缺乏直接客观证据且被告人不认罪的情况下，应严格把握运用间接证据定案的标准，严格审查据以定案的间接证据是否查证属实，是否相互印证，是否存在无法排除的矛盾和无法解释的疑问，是否形成完整的证明体系，得出的结论是否唯一，推理是否符合逻辑和经验判断。

本案虽然存在大量间接证据，各在案间接证据也经查证属实，但间接证据不能形成完整证据链条，不能得出被告人系本案犯罪主体的唯一结论。本案并不是一个有证据证明被告人无罪的案件，本案被告人是否真凶既无法证实也无法证伪，在存疑的情况下，应恪守证据裁判原则，对达不到死刑案件证明标准的案件不得定罪处罚。

专题五　疑罪从无规则

22　排除非法证据后证据不足的，不得移送审查起诉

22.1　规范性文件

▶《公安机关办理刑事案件程序规定》（中华人民共和国公安部令第159号，2020年7月20日）

第二百八十四条　对侦查终结的案件，公安机关应当全面审查证明证据收集合法性的证据材料，依法排除非法证据。排除非法证据后证据不足的，不得移送审查起诉。

23　证据不足，不符合起诉条件的，应当作出不起诉的决定

23.1　法条规定

▶《刑事诉讼法》（中华人民共和国主席令第10号，2018年10月26日）

第一百七十五条　人民检察院审查案件，可以要求公安机关提供法庭审判所必需的证据材料；认为可能存在本法第五十六条规定的以非法方法收集证据情形的，可以要求其对证据收集的合法性作出说明。

人民检察院审查案件，对于需要补充侦查的，可以退回公安机关补充侦查，也可以自行侦查。

对于补充侦查的案件，应当在一个月以内补充侦查完毕。补充侦查以二次为限。补充侦查完毕移送人民检察院后，人民检察院重新计算审查起诉期限。

对于二次补充侦查的案件，人民检察院仍然认为证据不足，不符合起诉条件的，应当作出不起诉的决定。

23.2 司法解释

▶《人民检察院刑事诉讼规则》（高检发释字〔2019〕4号，2019年12月30日）

第三百六十七条 人民检察院对于二次退回补充调查或者补充侦查的案件，仍然认为证据不足，不符合起诉条件的，经检察长批准，依法作出不起诉决定。

人民检察院对于经过一次退回补充调查或者补充侦查的案件，认为证据不足，不符合起诉条件，且没有再次退回补充调查或者补充侦查必要的，经检察长批准，可以作出不起诉决定。

第三百六十八条 具有下列情形之一，不能确定犯罪嫌疑人构成犯罪和需要追究刑事责任的，属于证据不足，不符合起诉条件：

（一）犯罪构成要件事实缺乏必要的证据予以证明的；

（二）据以定罪的证据存在疑问，无法查证属实的；

（三）据以定罪的证据之间、证据与案件事实之间的矛盾不能合理排除的；

（四）根据证据得出的结论具有其他可能性，不能排除合理怀疑的；

（五）根据证据认定案件事实不符合逻辑和经验法则，得出的结论明显不符合常理的。

23.3 规范性文件

▶《最高人民法院、最高人民检察院、公安部、司法部关于进一步严格依法办案确保办理死刑案件质量的意见》（法发〔2007〕11号，2007年3月9日）

25. 人民检察院对于退回补充侦查的案件，经审查仍然认为不符合起诉条件的，可以作出不起诉决定。具有下列情形之一，不能确定犯罪嫌疑人构成犯罪和需要追究刑事责任的，属于证据不足，不符合起诉条件：（1）据以定罪的证据存在疑问，无法查证属实的；（2）犯罪构成要件事实缺乏必要的证据予以证明的；（3）据以定罪的证据之间的矛盾不能合理排除的；（4）根据证据得出的结论具有其他可能性的。

24　因证据不足撤回起诉

24.1　司法解释

▶《最高人民法院关于适用〈中华人民共和国刑事诉讼法〉的解释》（法释〔2021〕1号，2021年1月26日）

第二百三十二条　人民法院在庭前会议中听取控辩双方对案件事实、证据材料的意见后，对明显事实不清、证据不足的案件，可以建议人民检察院补充材料或者撤回起诉。建议撤回起诉的案件，人民检察院不同意的，开庭审理后，没有新的事实和理由，一般不准许撤回起诉。

第三百二十条　对自诉案件，人民法院应当在十五日以内审查完毕。经审查，符合受理条件的，应当决定立案，并书面通知自诉人或者代为告诉人。具有下列情形之一的，应当说服自诉人撤回起诉；自诉人不撤回起诉的，裁定不予受理：

（一）不属于本解释第一条规定的案件的；

（二）缺乏罪证的；

（三）犯罪已过追诉时效期限的；

（四）被告人死亡的；

（五）被告人下落不明的；

（六）除因证据不足而撤诉的以外，自诉人撤诉后，就同一事实又告诉的；

（七）经人民法院调解结案后，自诉人反悔，就同一事实再行告诉的；

（八）属于本解释第一条第二项规定的案件，公安机关正在立案侦查或者人民检察院正在审查起诉的；

（九）不服人民检察院对未成年犯罪嫌疑人作出的附条件不起诉决定或者附条件不起诉考验期满后作出的不起诉决定，向人民法院起诉的。

第三百二十一条　对已经立案，经审查缺乏罪证的自诉案件，自诉人提不出补充证据的，人民法院应当说服其撤回起诉或者裁定驳回起诉；自诉人撤回起诉或者被驳回起诉后，又提出了新的足以证明被告人有罪的证据，再次提起自诉的，人民法院应当受理。

▶《**人民检察院刑事诉讼规则**》（高检发释字〔2019〕4号，2019年12月30日）

第四百二十四条　人民法院宣告判决前，人民检察院发现具有下列情形之一的，经检察长批准，可以撤回起诉：

（一）不存在犯罪事实的；
（二）犯罪事实并非被告人所为的；
（三）情节显著轻微、危害不大，不认为是犯罪的；
（四）证据不足或证据发生变化，不符合起诉条件的；
（五）被告人因未达到刑事责任年龄，不负刑事责任的；
（六）法律、司法解释发生变化导致不应当追究被告人刑事责任的；
（七）其他不应当追究被告人刑事责任的。

对于撤回起诉的案件，人民检察院应当在撤回起诉后三十日以内作出不起诉决定。需要重新调查或者侦查的，应当在作出不起诉决定后将案卷材料退回监察机关或者公安机关，建议监察机关或者公安机关重新调查或者侦查，并书面说明理由。

对于撤回起诉的案件，没有新的事实或者新的证据，人民检察院不得再行起诉。

新的事实是指原起诉书中未指控的犯罪事实。该犯罪事实触犯的罪名既可以是原指控罪名的同一罪名，也可以是其他罪名。

新的证据是指撤回起诉后收集、调取的足以证明原指控犯罪事实的证据。

第四百二十六条　变更、追加、补充或者撤回起诉应当以书面方式在判决宣告前向人民法院提出。

25 证据不足，不能认定被告人有罪的，应当作出证据不足、指控的犯罪不能成立的无罪判决

25.1 法条规定

▶《**刑事诉讼法**》（中华人民共和国主席令第10号，2018年10月26日）

第二百条　在被告人最后陈述后，审判长宣布休庭，合议庭进行评议，根据已经查明的事实、证据和有关的法律规定，分别作出以下判决：

（一）案件事实清楚，证据确实、充分，依据法律认定被告人有罪的，应当作出有罪判决；

（二）依据法律认定被告人无罪的，应当作出无罪判决；

（三）<u>证据不足，不能认定被告人有罪的，应当作出证据不足、指控的犯罪不能成立的无罪判决</u>。

25.2 司法解释

▶《最高人民法院关于适用〈中华人民共和国刑事诉讼法〉的解释》（法释〔2021〕1号，2021年1月26日）

第二百九十五条 对第一审公诉案件，人民法院审理后，应当按照下列情形分别作出判决、裁定：

（一）起诉指控的事实清楚，证据确实、充分，依据法律认定指控被告人的罪名成立的，应当作出有罪判决；

（二）起诉指控的事实清楚，证据确实、充分，但指控的罪名不当的，应当依据法律和审理认定的事实作出有罪判决；

（三）案件事实清楚，证据确实、充分，依据法律认定被告人无罪的，应当判决宣告被告人无罪；

（四）证据不足，不能认定被告人有罪的，应当以证据不足、指控的犯罪不能成立，判决宣告被告人无罪；

（五）案件部分事实清楚，证据确实、充分的，应当作出有罪或者无罪的判决；对事实不清、证据不足部分，不予认定；

（六）被告人因未达到刑事责任年龄，不予刑事处罚的，应当判决宣告被告人不负刑事责任；

（七）被告人是精神病人，在不能辨认或者不能控制自己行为时造成危害结果，不予刑事处罚的，应当判决宣告被告人不负刑事责任；被告人符合强制医疗条件的，应当依照本解释第二十六章的规定进行审理并作出判决；

（八）犯罪已过追诉时效期限且不是必须追诉，或者经特赦令免除刑罚的，应当裁定终止审理；

（九）属于告诉才处理的案件，应当裁定终止审理，并告知被害人有权提起自诉；

（十）被告人死亡的，应当裁定终止审理；但有证据证明被告人无罪，经缺席审理确认无罪的，应当判决宣告被告人无罪。

对涉案财物，人民法院应当根据审理查明的情况，依照本解释第十八章的规定作出处理。

具有第一款第二项规定情形的，人民法院应当在判决前听取控辩双方的意见，保障被告人、辩护人充分行使辩护权。必要时，可以再次开庭，组织控辩双方围绕被告人的行为构成何罪及如何量刑进行辩论。

第四百七十二条　再审案件经过重新审理后，应当按照下列情形分别处理：

（一）原判决、裁定认定事实和适用法律正确、量刑适当的，应当裁定驳回申诉或者抗诉，维持原判决、裁定；

（二）原判决、裁定定罪准确、量刑适当，但在认定事实、适用法律等方面有瑕疵的，应当裁定纠正并维持原判决、裁定；

（三）原判决、裁定认定事实没有错误，但适用法律错误或者量刑不当的，应当撤销原判决、裁定，依法改判；

（四）依照第二审程序审理的案件，原判决、裁定事实不清、证据不足的，可以在查清事实后改判，也可以裁定撤销原判，发回原审人民法院重新审判。

原判决、裁定事实不清或者证据不足，经审理事实已经查清的，应当根据查清的事实依法裁判；事实仍无法查清，证据不足，不能认定被告人有罪的，应当撤销原判决、裁定，判决宣告被告人无罪。

第六百零六条　人民法院受理案件后被告人死亡的，应当裁定终止审理；但有证据证明被告人无罪，经缺席审理确认无罪的，应当判决宣告被告人无罪。

前款所称"有证据证明被告人无罪，经缺席审理确认无罪"，包括案件事实清楚，证据确实、充分，依据法律认定被告人无罪的情形，以及证据不足，不能认定被告人有罪的情形。

25.3　规范性文件

▶《最高人民法院关于建立健全防范刑事冤假错案工作机制的意见》（法发〔2013〕11号，2013年10月9日）

6. 定罪证据不足的案件，应当坚持疑罪从无原则，依法宣告被告人无罪，不得降格作出"留有余地"的判决。

定罪证据确实、充分，但影响量刑的证据存疑的，应当在量刑时作出有利于被告人的处理。

死刑案件，认定对被告人适用死刑的事实证据不足的，不得判处死刑。

25.4 案例与要旨

◆【最高人民检察院 2020 年度十大法律监督案例之三】张玉环故意杀人案

要旨：江西省人民检察院出庭检察员认为，原审裁判认定张玉环实施犯罪行为的事实不清、证据不足，建议法院依法改判张玉环无罪。江西省高级人民法院再审认为，原审认定为作案工具的麻袋和麻绳，经查与本案或张玉环缺乏关联；原审认定被害人将张玉环手背抓伤所依据的人体损伤检验证明，仅能证明伤痕手抓可形成，不具有排他性；原审认定的第一作案现场，公安机关在现场勘查中没有发现、提取到任何与案件相关的痕迹物证；张玉环的两次有罪供述在杀人地点、作案工具、作案过程等方面存在明显矛盾，亦未得到在案物证的印证，真实性存疑，依法不能作为定案的根据。本案除张玉环有罪供述外，没有直接证据证明张玉环实施了犯罪行为，间接证据亦不能形成完整锁链。原审据以定案的证据没有达到确实、充分的法定证明标准，认定张玉环犯故意杀人罪的事实不清、证据不足，按照疑罪从无的原则，不能认定张玉环有罪。

◆【《人民司法》案例】[2016 年第 8 期] 刘依善等贩卖毒品案 [（2014）刑五复 50035047 号]

裁判要旨：虽有下家指认，但综合证据未达到"事实清楚，证据确实、充分"的有罪判决标准的毒品交易上家，依法不能认定。对这类毒品犯罪案件，要注意对审判中发现的取证、举证不足问题加强调查研究，将司法建议反馈给侦查、检察机关，促进毒品犯罪案件取证、举证水平的提高。同时要注意了解事实关联案件的处理情况，避免就同一事实作出矛盾认定。

26 证明被告人相应法定责任年龄证据不足的，应当作出有利于被告人的认定

26.1 司法解释与重点解读

▶《最高人民法院关于适用〈中华人民共和国刑事诉讼法〉的解释》（法释〔2021〕1号，2021年1月26日）

第一百四十六条 审查被告人实施被指控的犯罪时或者审判时是否达到相应法定责任年龄，应当根据户籍证明、出生证明文件、学籍卡、人口普查登记、无利害关系人的证言等证据综合判断。

<u>证明被告人已满十二周岁、十四周岁、十六周岁、十八周岁或者不满七十五周岁的证据不足的，应当作出有利于被告人的认定。</u>

【重点解读】

对被告人法定责任年龄的认定，影响其是否要承担刑事责任，系对犯罪构成要件中主体身份认定的关键问题之一。此外，在构成犯罪的前提下，年龄还影响其承担刑事责任的大小。所以，关于法定责任年龄，相关证据要求做到证据确实充分、排除一切合理怀疑。基于存疑有利于被告人原则，在证明被告人相应法定责任年龄证据不足的情况下，应当本着有利于被告人的立场进行认定。

第七部分

常见犯罪的证据指引

专题一　食品药品环境犯罪

1　行政监管部门收集证据的效力

1.1　司法解释

▶《最高人民法院、最高人民检察院关于办理环境污染刑事案件适用法律若干问题的解释》（法释〔2023〕7号，2023年8月8日）

第十四条　环境保护主管部门及其所属监测机构在行政执法过程中收集的监测数据，在刑事诉讼中可以作为证据使用。

公安机关单独或者会同环境保护主管部门，提取污染物样品进行检测获取的数据，在刑事诉讼中可以作为证据使用。

1.2　规范性文件

▶《国家食品药品监管总局、公安部、最高人民法院、最高人民检察院、国务院食品安全办关于印发食品药品行政执法与刑事司法衔接工作办法的通知》（食药监稽〔2015〕271号，2015年12月22日）

第十八条　食品药品监管部门在行政执法和查办案件过程中依法收集的物证、书证、视听资料、电子数据、检验报告、鉴定意见、勘验笔录、检查笔录等证据材料，经公安机关、人民检察院审查，人民法院庭审质证确认，可以作为证据使用。

▶《国家药品监督管理局、国家市场监督管理总局、公安部、最高人民法院、最高人民检察院关于印发药品行政执法与刑事司法衔接工作办法的通知》（国药监法〔2022〕41号，2023年1月10日）

第二十一条　药品监管部门在行政执法和查办案件过程中依法收集的物证、书证、视听资料、电子数据等证据材料，在刑事诉讼中可以作为证据使用；经人民法院查证属实，可以作为定案的根据。

▶《环境保护部、公安部、最高人民检察院关于印发〈环境保护行政执法与刑事司法衔接工作办法〉的通知》（环环监〔2017〕17号，2017年1月25日）

第二十条 环保部门在行政执法和查办案件过程中依法收集制作的物证、书证、视听资料、电子数据、监测报告、检验报告、认定意见、鉴定意见、勘验笔录、检查笔录等证据材料，在刑事诉讼中可以作为证据使用。

▶《最高人民法院、最高人民检察院、公安部、司法部、生态环境部关于办理环境污染刑事案件有关问题座谈会纪要》（2019年2月20日）

15.关于监测数据的证据资格问题

会议针对实践中地方生态环境部门及其所属监测机构委托第三方监测机构出具报告的证据资格问题进行了讨论。会议认为，地方生态环境部门及其所属监测机构委托第三方监测机构出具的监测报告，地方生态环境部门及其所属监测机构在行政执法过程中予以采用的，其实质属于《环境解释》第十二条①规定的"环境保护主管部门及其所属监测机构在行政执法过程中收集的监测数据"，在刑事诉讼中可以作为证据使用。

▶《最高人民法院、最高人民检察院、公安部、农业农村部关于印发〈依法惩治长江流域非法捕捞等违法犯罪的意见〉的通知》（公通字〔2020〕17号，2020年12月17日）

三、健全完善工作机制，保障相关案件的办案效果

（三）全面收集涉案证据材料。对于农业农村（渔政）部门等行政机关在行政执法和查办案件过程中收集的物证、书证、视听资料、电子数据等证据材料，在刑事诉讼或者公益诉讼中可以作为证据使用。农业农村（渔政）部门等行政机关和公安机关要依法及时、全面收集与案件相关的各类证据，并依法进行录音录像，为案件的依法处理奠定事实根基。对于涉案船只、捕捞工具、渔获物等，应当在采取拍照、录音录像、称重、提取样品等方式固定证据后，依法妥善保管；公安机关保管有困难的，可以委托农业农村（渔政）部门保管；对于需要放生的渔获物，可以在固定证据后先行放生；对于已死亡且不宜长期

---

① 该司法解释已被《最高人民法院、最高人民检察院关于办理环境污染刑事案件适用法律若干问题的解释》（法释〔2023〕7号，2023年8月8日）所替代，现对应条文为第十四条。

保存的渔获物，可以由农业农村（渔政）部门采取捐赠捐献用于科研、公益事业或者销毁等方式处理。

2 对有关明知等主观故意事项的认定规则

2.1 司法解释

▶《最高人民法院、最高人民检察院关于办理危害药品安全刑事案件适用法律若干问题的解释》（高检发释字〔2022〕1号，2022年3月3日）

第十条　办理生产、销售、提供假药、生产、销售、提供劣药、妨害药品管理等刑事案件，应当结合行为人的从业经历、认知能力、药品质量、进货渠道和价格、销售渠道和价格以及生产、销售方式等事实综合判断认定行为人的主观故意。具有下列情形之一的，可以认定行为人有实施相关犯罪的主观故意，但有证据证明确实不具有故意的除外：

（一）药品价格明显异于市场价格的；

（二）向不具有资质的生产者、销售者购买药品，且不能提供合法有效的来历证明的；

（三）逃避、抗拒监督检查的；

（四）转移、隐匿、销毁涉案药品、进销货记录的；

（五）曾因实施危害药品安全违法犯罪行为受过处罚，又实施同类行为的；

（六）其他足以认定行为人主观故意的情形。

第十三条　明知系利用医保骗保购买的药品而非法收购、销售，金额五万元以上的，应当依照刑法第三百一十二条的规定，以掩饰、隐瞒犯罪所得罪定罪处罚；指使、教唆、授意他人利用医保骗保购买药品，进而非法收购、销售，符合刑法第二百六十六条规定的，以诈骗罪定罪处罚。

对于利用医保骗保购买药品的行为人是否追究刑事责任，应当综合骗取医保基金的数额、手段、认罪悔罪态度等案件具体情节，依法妥当决定。利用医保骗保购买药品的行为人是否被追究刑事责任，不影响对非法收购、销售有关药品的行为人定罪处罚。

对于第一款规定的主观明知，应当根据药品标志、收购渠道、价格、规模及药品追溯信息等综合认定。

▶《最高人民法院、最高人民检察院关于办理危害食品安全刑事案件适用法律若干问题的解释》（法释〔2021〕24号，2021年12月30日）

第十条 刑法第一百四十四条规定的"明知"，应当综合行为人的认知能力、食品质量、进货或者销售的渠道及价格等主、客观因素进行认定。

具有下列情形之一的，可以认定为刑法第一百四十四条规定的"明知"，但存在相反证据并经查证属实的除外：

（一）长期从事相关食品、食用农产品生产、种植、养殖、销售、运输、贮存行业，不依法履行保障食品安全义务的；

（二）没有合法有效的购货凭证，且不能提供或者拒不提供销售的相关食品来源的；

（三）以明显低于市场价格进货或者销售且无合理原因的；

（四）在有关部门发出禁令或者食品安全预警的情况下继续销售的；

（五）因实施危害食品安全行为受过行政处罚或者刑事处罚，又实施同种行为的；

（六）其他足以认定行为人明知的情形。

▶《最高人民法院、最高人民检察院关于办理破坏野生动物资源刑事案件适用法律若干问题的解释》（法释〔2022〕12号，2022年4月6日）

第十一条 对于"以食用为目的"，应当综合涉案动物及其制品的特征、被查获的地点，加工、包装情况，以及可以证明来源、用途的标识、证明等证据作出认定。

实施本解释规定的相关行为，具有下列情形之一的，可以认定为"以食用为目的"：

（一）将相关野生动物及其制品在餐饮单位、饮食摊点、超市等场所作为食品销售或者运往上述场所的；

（二）通过包装、说明书、广告等介绍相关野生动物及其制品的食用价值或者方法的；

（三）其他足以认定以食用为目的的情形。

2.2 规范性文件

▶《最高人民法院、最高人民检察院、公安部关于依法严惩"地沟油"犯罪活动的通知》（公通字〔2012〕1号，2012年1月9日）

二、准确理解法律规定，严格区分犯罪界限

（二）明知是利用"地沟油"生产的"食用油"而予以销售的，依照刑法第144条销售有毒、有害食品罪的规定追究刑事责任。认定是否"明知"，应当结合犯罪嫌疑人、被告人的认知能力，犯罪嫌疑人、被告人及其同案人的供述和辩解，证人证言，产品质量，进货渠道及进货价格，销售渠道及销售价格等主、客观因素予以综合判断。

2.3 案例与要旨

◆【最高人民检察院发布九件检察机关依法惩治制售假冒伪劣商品犯罪典型案例之一，2022年3月14日】陈某某等人生产、销售有毒、有害食品罪

要旨：在食品生产中非法添加西地那非、他达拉非等国家明令禁止添加到食品中的物质，或明知系添加上述物质的食品而销售的，构成生产、销售有毒、有害食品罪。检察机关在全面把握证据的基础上，准确判断各犯罪嫌疑人的主观明知，实现对有毒、有害食品生产方和销售方的全链条打击。

指导意义：准确判断嫌疑人主观明知，全链条摧毁犯罪网络。考虑到部分犯罪嫌疑人不具有专业的药学或法律知识，在判断其主观明知时，并不要求其明知生产或销售的食品内添加了西地那非等禁用物质，而是结合生活常识，明知生产或销售的产品内添加了国家禁止添加的物质，可能会对人体健康造成损害即可。本案根据陈某某长期从事保健品销售、多次与他人交流产品添加剂量及安全问题、收到产品含西地那非的检测报告后仍继续销售、销售过程中不断收到不良反应反馈等情况，综合认定其具有主观明知。在办案中，检察机关加强与执法司法机关配合，通过提前介入，引导侦查机关追根溯源，深挖犯罪，注重全链条打击犯罪，彻底铲除犯罪源头，摧毁犯罪网络。

3 有关专门性问题的认定途径

3.1 司法解释与重点解读

▶《最高人民法院、最高人民检察院关于办理危害药品安全刑事案件适用法律若干问题的解释》（高检发释字〔2022〕1号，2022年3月3日）

第七条 实施妨害药品管理的行为，具有下列情形之一的，应当认定为刑法第一百四十二条之一规定的"足以严重危害人体健康"：

（一）生产、销售国务院药品监督管理部门禁止使用的药品，综合生产、销售的时间、数量、禁止使用原因等情节，认为具有严重危害人体健康的现实危险的；

（二）未取得药品相关批准证明文件生产药品或者明知是上述药品而销售，涉案药品属于本解释第一条第一项至第三项规定情形的；

（三）未取得药品相关批准证明文件生产药品或者明知是上述药品而销售，涉案药品的适应症、功能主治或者成分不明的；

（四）未取得药品相关批准证明文件生产药品或者明知是上述药品而销售，涉案药品没有国家药品标准，且无核准的药品质量标准，但检出化学药成分的；

（五）未取得药品相关批准证明文件进口药品或者明知是上述药品而销售，涉案药品在境外也未合法上市的；

（六）在药物非临床研究或者药物临床试验过程中故意使用虚假试验用药品，或者瞒报与药物临床试验用药品相关的严重不良事件的；

（七）故意损毁原始药物非临床研究数据或者药物临床试验数据，或者编造受试动物信息、受试者信息、主要试验过程记录、研究数据、检测数据等药物非临床研究数据或者药物临床试验数据，影响药品的安全性、有效性和质量可控性的；

（八）编造生产、检验记录，影响药品的安全性、有效性和质量可控性的；

（九）其他足以严重危害人体健康的情形。

<u>对于涉案药品是否在境外合法上市，应当根据境外药品监督管理部门或者权利人的证明等证据，结合犯罪嫌疑人、被告人及其辩护人提供的证据材料综合审查，依法作出认定。</u>

对于"足以严重危害人体健康"难以确定的，根据地市级以上药品监督管理部门出具的认定意见，结合其他证据作出认定。

第十八条　根据民间传统配方私自加工药品或者销售上述药品，数量不大，且未造成他人伤害后果或者延误诊治的，或者不以营利为目的实施带有自救、互助性质的生产、进口、销售药品的行为，不应当认定为犯罪。

对于是否属于民间传统配方难以确定的，根据地市级以上药品监督管理部门或者有关部门出具的认定意见，结合其他证据作出认定。

第十九条　刑法第一百四十一条、第一百四十二条规定的"假药""劣药"，依照《中华人民共和国药品管理法》的规定认定。

对于《中华人民共和国药品管理法》第九十八条第二款第二项、第四项及第三款第三项至第六项规定的假药、劣药，能够根据现场查获的原料、包装，结合犯罪嫌疑人、被告人供述等证据材料作出判断的，可以由地市级以上药品监督管理部门出具认定意见。对于依据《中华人民共和国药品管理法》第九十八条第二款、第三款的其他规定认定假药、劣药，或者是否属于第九十八条第二款第二项、第三款第六项规定的假药、劣药存在争议的，应当由省级以上药品监督管理部门设置或者确定的药品检验机构进行检验，出具质量检验结论。司法机关根据认定意见、检验结论，结合其他证据作出认定。

▶《最高人民法院、最高人民检察院关于办理危害食品安全刑事案件适用法律若干问题的解释》（法释〔2021〕24号，2021年12月30日）

第二十四条　"足以造成严重食物中毒事故或者其他严重食源性疾病""有毒、有害的非食品原料"等专门性问题难以确定的，司法机关可以依据鉴定意见、检验报告、地市级以上相关行政主管部门组织出具的书面意见，结合其他证据作出认定。必要时，专门性问题由省级以上相关行政主管部门组织出具书面意见。

【重点解读】①

司法解释紧密联系司法实践，针对可能存在不同认识和做法的问题，作出

---

① 参见"两高"相关负责人就关于办理危害食品安全刑事案件适用法律若干问题的解释答记者问（2021年12月31日）。

进一步明确规定，强化司法解释的可操作性，便于执法司法机关理解和执行。比如，《最高人民法院、最高人民检察院关于办理危害食品安全刑事案件适用法律若干问题的解释》对"有毒、有害的非食品原料"的认定问题，增加了"因危害人体健康"而被禁用的前提条件，提示办案人员对非食品原料是否具有毒害性进行实质性判断，防止和避免司法办案中因食品安全标准不明确导致案件办理质量受到影响。再如，针对近年来执法司法实践反映比较突出的危害食品安全犯罪专门性问题的认定问题，《最高人民法院、最高人民检察院关于办理危害食品安全刑事案件适用法律若干问题的解释》提出了鉴定意见、检验报告和认定意见三种认定途径，推动形成"专业性问题专业部门解决，法律问题司法机关解决"的理念和机制，提升案件办理质效。

▶《最高人民法院、最高人民检察院关于办理环境污染刑事案件适用法律若干问题的解释》（法释〔2023〕7号，2023年8月8日）

第十五条　对国家危险废物名录所列的废物，可以依据涉案物质的来源、产生过程、被告人供述、证人证言以及经批准或者备案的环境影响评价文件、排污许可证、排污登记表等证据，结合环境保护主管部门、公安机关等出具的书面意见作出认定。

对于危险废物的数量，依据案件事实，综合被告人供述，涉案企业的生产工艺、物耗、能耗情况，以及经批准或者备案的环境影响评价文件等证据作出认定。

第十六条　对案件所涉的环境污染专门性问题难以确定的，依据鉴定机构出具的鉴定意见，或者国务院环境保护主管部门、公安部门指定的机构出具的报告，结合其他证据作出认定。

▶《最高人民法院、最高人民检察院关于办理非法采矿、破坏性采矿刑事案件适用法律若干问题的解释》（法释〔2016〕25号，2016年11月28日）

第十三条　非法开采的矿产品价值，根据销赃数额认定；无销赃数额，销赃数额难以查证，或者根据销赃数额认定明显不合理的，根据矿产品价格和数量认定。

矿产品价值难以确定的，依据下列机构出具的报告，结合其他证据作出认定：

（一）价格认证机构出具的报告；

（二）省级以上人民政府国土资源、水行政、海洋等主管部门出具的报告；

（三）国务院水行政主管部门在国家确定的重要江河、湖泊设立的流域管理机构出具的报告。

第十四条　对案件所涉的有关专门性问题难以确定的，依据下列机构出具的鉴定意见或者报告，结合其他证据作出认定：

（一）司法鉴定机构就生态环境损害出具的鉴定意见；

（二）省级以上人民政府国土资源主管部门就造成矿产资源破坏的价值、是否属于破坏性开采方法出具的报告；

（三）省级以上人民政府水行政主管部门或者国务院水行政主管部门在国家确定的重要江河、湖泊设立的流域管理机构就是否危害防洪安全出具的报告；

（四）省级以上人民政府海洋主管部门就是否造成海岸线严重破坏出具的报告。

▶ **《最高人民法院、最高人民检察院关于办理破坏野生动物资源刑事案件适用法律若干问题的解释》**（法释〔2022〕12号，2022年4月6日）

第十六条　根据本解释第十五条规定难以确定涉案动物及其制品价值的，依据司法鉴定机构出具的鉴定意见，或者下列机构出具的报告，结合其他证据作出认定：

（一）价格认证机构出具的报告；

（二）国务院野生动物保护主管部门、国家濒危物种进出口管理机构或者海关总署等指定的机构出具的报告；

（三）地、市级以上人民政府野生动物保护主管部门、国家濒危物种进出口管理机构的派出机构或者直属海关等出具的报告。

第十七条　对于涉案动物的种属类别、是否系人工繁育，非法捕捞、狩猎的工具、方法，以及对野生动物资源的损害程度等专门性问题，可以由野生动物保护主管部门、侦查机关依据现场勘验、检查笔录等出具认定意见；难以确定的，依据司法鉴定机构出具的鉴定意见、本解释第十六条所列机构出具的报告，被告人及其辩护人提供的证据材料，结合其他证据材料综合审查，依法作出认定。

3.2 规范性文件

▶《最高人民法院、最高人民检察院、公安部、司法部、生态环境部关于办理环境污染刑事案件有关问题座谈会纪要》（2019年2月20日）

13. 关于危险废物的认定

会议针对危险废物如何认定以及是否需要鉴定的问题进行了讨论。会议认为，根据《环境解释》的规定精神，对于列入《国家危险废物名录》的，如果来源和相应特征明确，司法人员根据自身专业技术知识和工作经验认定难度不大的，司法机关可以依据名录直接认定。对于来源和相应特征不明的，由生态环境部门、公安机关等出具书面意见，司法机关可以依据涉案物质的来源、产生过程、被告人供述、证人证言以及经批准或者备案的环境影响评价文件等证据，结合上述书面意见作出是否属于危险废物的认定。对于需要生态环境部门、公安机关等出具书面认定意见的，区分下列情况分别处理：（1）对已确认固体废物产生单位，且产废单位环评文件中明确为危险废物的，根据产废单位建设项目环评文件和审批、验收意见、案件笔录等材料，可对照《国家危险废物名录》等出具认定意见。（2）对已确认固体废物产生单位，但产废单位环评文件中未明确为危险废物的，应进一步分析废物产生工艺，对照判断其是否列入《国家危险废物名录》。列入名录的可以直接出具认定意见；未列入名录的，应根据原辅材料、产生工艺等进一步分析其是否具有危险特性，不可能具有危险特性的，不属于危险废物；可能具有危险特性的，抽取典型样品进行检测，并根据典型样品检测指标浓度，对照《危险废物鉴别标准》（GB5085.1-7）出具认定意见。（3）对固体废物产生单位无法确定的，应抽取典型样品进行检测，根据典型样品检测指标浓度，对照《危险废物鉴别标准》（GB5085.1-7）出具认定意见。对确需进一步委托有相关资质的检测鉴定机构进行检测鉴定的，生态环境部门或者公安机关按照有关规定开展检测鉴定工作。

14. 关于鉴定的问题

……

会议认为，根据《环境解释》的规定精神，对涉及案件定罪量刑的核心或者关键专门性问题难以确定的，由司法鉴定机构出具鉴定意见。实践中，这类核心或者关键专门性问题主要是案件具体适用的定罪量刑标准涉及的专门性问题，比如公私财产损失数额、超过排放标准倍数、污染物性质判断等。对案件的其他非核心或者关键专门性问题，或者可鉴定也可不鉴定的专门性问题，一般不委托鉴定。比如，适用《环境解释》第一条第二项"非法排放、倾倒、处置危险废物三吨以上"的规定对当事人追究刑事责任的，除可能适用公私财产损失第二档定罪量刑标准的以外，则不应再对公私财产损失数额或者超过排放标准倍数进行鉴定。涉及案件定罪量刑的核心或者关键专门性问题难以鉴定或者鉴定费用明显过高的，司法机关可以结合案件其他证据，并参考生态环境部门意见、专家意见等作出认定。

▶《最高人民法院、最高人民检察院、公安部、农业农村部关于印发〈依法惩治长江流域非法捕捞等违法犯罪的意见〉的通知》（公通字〔2020〕17号，2020年12月17日）

三、健全完善工作机制，保障相关案件的办案效果

（四）准确认定相关专门性问题。对于长江流域重点水域禁捕范围（禁捕区域和时间），依据农业农村部关于长江流域重点水域禁捕范围和时间的有关通告确定。涉案渔获物系国家重点保护的珍贵、濒危水生野生动物的，动物及其制品的价值可以根据国务院野生动物保护主管部门综合考虑野生动物的生态、科学、社会价值制定的评估标准和方法核算。其他渔获物的价值，根据销赃数额认定；无销赃数额、销赃数额难以查证或者根据销赃数额认定明显偏低的，根据市场价格核算；仍无法认定的，由农业农村（渔政）部门认定或者由有关价格认证机构作出认证并出具报告。对于涉案的禁捕区域、禁捕时间、禁用方法、禁用工具、渔获物品种以及对水生生物资源的危害程度等专门性问题，由农业农村（渔政）部门于二个工作日以内出具认定意见；难以确定的，由司法鉴定机构出具鉴定意见，或者由农业农村部指定的机构出具报告。

......

3.3 案例与要旨

◆【最高人民检察院发布检察机关依法惩治制售假冒伪劣商品犯罪典型案例】申某某等人生产、销售伪劣桶装水案

要旨：涉案食品中致病菌严重超标，可以结合专家意见认定为"足以造成

严重食源性疾病"。

典型意义：准确认定食品中致病菌严重超标的危害性，依法严厉打击犯罪。桶装饮用水已经成为人民群众的日常消费品，其质量安全问题备受关注。本案扣押的桶装饮用水经检测，铜绿假单胞菌超标 500 余倍，明显不符合 GB 19298—2014 的国家标准。为进一步确定铜绿假单胞菌超标对人体的危害性，检察机关与卫生健康部门进行会商，并要求有关人员出具专家意见，证明铜绿假单胞菌严重超标可能引起中耳炎、胸膜炎、菌血症、败血症等，还有可能引起婴儿严重的流行性腹泻，能够认定涉案桶装水"足以造成严重食源性疾病"。结合被告人申某某、魏某某的主客观行为，认定其构成生产、销售不符合安全标准的食品罪。

4 涉案物品的检验、鉴定和认定程序

4.1 规范性文件与重点解读

4.1.1 危害食品安全犯罪涉案物品检验和认定程序

▶《国家食品药品监管总局、公安部、最高人民法院、最高人民检察院、国务院食品安全办关于印发食品药品行政执法与刑事司法衔接工作办法的通知》（食药监稽〔2015〕271 号，2015 年 12 月 22 日）

第十九条　公安机关、人民检察院、人民法院办理危害食品药品安全犯罪案件，商请食品药品监管部门提供检验结论、认定意见协助的，食品药品监管部门应当按照公安机关、人民检察院、人民法院刑事案件办理的法定时限要求积极协助，及时提供检验结论、认定意见，并承担相关费用。

第二十条　地方各级食品药品监管部门应当及时将会同有关部门认定的食品药品检验检测机构名单、检验检测资质及项目等，向公安机关、人民检察院、人民法院通报。

第二十一条　对同一批次或者同一类型的涉案食品药品，如因数量较大等原因，无法进行全部检验检测，根据办案需要，可以依法进行抽样检验检测。公安机关、人民检察院、人民法院对符合行政执法规范要求的抽样检验检测结果予以认可，可以作为该批次或该类型全部涉案产品的检验检测结果。

第二十二条　对于符合《最高人民法院、最高人民检察院关于办理危害食品安全刑事案件适用法律若干问题的解释》（法释〔2013〕12号）第一条第二项中属于病死、死因不明的畜、禽、兽、水产动物及其肉类、肉类制品和第三项规定情形的涉案食品，食品药品监管部门可以直接出具认定意见并说明理由。

第二十四条　根据食品药品监管部门或者公安机关、人民检察院的委托，对尚未建立食品安全标准检验方法的，相关检验检测机构可以采用非食品安全标准等规定的检验项目和检验方法对涉案食品进行检验，检验结果可以作为定罪量刑的参考。通过上述办法仍不能得出明确结论的，根据公安机关、人民检察院的委托，地市级以上的食品药品监管部门可以组织专家对涉案食品进行评估认定，该评估认定意见可作为定罪量刑的参考。

……

第二十五条　食品药品监管部门依据检验检测报告、结合专家意见等相关材料得出认定意见的，应当按照以下格式出具结论：

……

（三）生产、销售不符合食品安全标准的案件，符合《最高人民法院、最高人民检察院关于办理危害食品安全刑事案件适用法律若干问题的解释》（法释〔2013〕12号）第一条相关情形的，结论中应写明"经认定，某食品……不符合食品安全标准，足以造成严重食物中毒事故（或者其他严重食源性疾病）"；

……

（五）其他案件也均应写明认定涉嫌犯罪应当具备的结论性意见。

第二十六条　办案部门应当及时告知犯罪嫌疑人、被害人或者其辩护律师、法定代理人，在涉案物品依法处置前提出重新或补充检验检测、认定的申请。

【重点解读】[①]

1. 明确了食药监部门协助开展检验检测的责任和义务。本办法第十九条、

[①]　参见韩晓峰、傅铎、李薇薇：《〈食品药品行政执法与刑事司法衔接工作办法〉理解与适用》，载《人民检察》2016年第11期。

第二十条规定，食药监部门应当向公安机关、检察院、法院及时通报食品药品检验检测机构名单、检验检测资质及项目，按照刑事案件办理的时限要求提供检验结论、认定意见，意在解决检不了、检得慢，鉴定机构不足，鉴定意见与证据规格、证据效力不匹配等问题。规定由食药监部门承担相关费用，从经费保障方面减轻了公安机关办案时的负担，顺应了基层的强烈呼声。

2. 明确了抽样检验检测的条件和效力。本办法第二十一条规定，同一批次或同一类型的涉案食品药品，出于数量较大等原因无法进行全部检验检测时，食药监部门根据办案需要，可以依法进行抽样检验检测，公安机关、检察院、法院予以认可，其结果可以作为该批次或该类型全部涉案产品的检验检测结果。为保证结果的客观性、公正性、科学性，同时规定抽样检验检测必须符合行政执法规范要求。

3. 列举了可以直接出具认定意见的情形。本办法第二十二条规定，涉案食品属于病死、死因不明或者检验检疫不合格的畜、禽、兽、水产动物及其肉类、肉类制品和国家为防控疾病等特殊需要明令禁止生产、销售的食品，食药监部门可以直接出具"足以造成严重食物中毒事故或者其他严重食源性疾病"的认定意见并说明理由。本办法第二十三条规定，涉案药品属于国务院药品监督管理部门规定禁止使用的，属于依照《药品管理法》必须批准而未经批准生产、进口，或者依法必须检验而未经检验即销售的，属于使用依照《药品管理法》必须取得批准文号而未取得批准文号的原料药生产的，属于所标明的适应症或者功能主治超出规定范围的几种情形，地市级以上食药监部门可以直接出具"按假药论处"的认定意见并说明理由，确有必要的还应当载明检测结果。上述规定在遵从立法原旨的基础上，按照逻辑推定有效提高了诉讼效率，纠正了实践中部分人员机械执法、片面依赖检验鉴定办案的认识误区，并通过设定说明理由和必要时载明检测结果的义务对认定意见予以规范。

4. 确定了未建立食品安全标准检验方法时的检验认定原则。检验检测涉及的项目和方法，一般情况下应当按照国家认可的标准进行；对尚未建立标准检验方法的，可以比照最相类似的标准检验；仍无法得出明确结论的，采用专家意见。本办法第二十四条第一款规定，相关检验检测机构可以采用非食品安全标准等规定的检验项目和检验方法对涉案食品进行检验，其结果在定罪量刑时予以参考。通过检验仍不能得出明确结论的，由食药监部门组织专家对涉案食品进行评估认定,专家意见可作为定罪量刑的参考。通过上述步骤和方法,可以有效解决无据可依、打击不力的问题。

5. 明确要求食药监部门应当按照法律法规规定的格式出具认定意见。本办法第二十五条规定,食药监部门对于假药案件,劣药案件,生产、销售不符合安全标准的食品案件,生产、销售不符合标准的医疗器械案件,必须写明认定涉嫌犯罪应当具备的结论性意见。之前,因为食药监部门出具的认定意见没有统一格式要求,最后的结论性意见不明确,造成在刑事诉讼中既不能认定构成犯罪也不能排除构成犯罪的可能性,影响对违法犯罪者的处罚。经过统一认识,本办法作出了现行规定,以尽力消除司法实践中的障碍。

4.1.2 危害药品安全犯罪涉案物品检验和认定程序

▶《国家药品监督管理局、国家市场监督管理总局、公安部、最高人民法院、最高人民检察院关于印发药品行政执法与刑事司法衔接工作办法的通知》(国药监法〔2022〕41号,2023年1月10日)

第二十三条 公安机关、人民检察院、人民法院办理危害药品安全犯罪案件,商请药品监管部门提供检验结论、认定意见协助的,药品监管部门应当按照公安机关、人民检察院、人民法院刑事案件办理的法定时限要求积极协助,及时提供检验结论、认定意见,并承担相关费用。

药品监管部门应当在其设置或者确定的检验检测机构协调设立检验检测绿色通道,对涉嫌犯罪案件涉案物品的检验检测实行优先受理、优先检验、优先出具检验结论。

第二十四条 地方各级药品监管部门应当及时向公安机关、人民检察院、人民法院通报药品检验检测机构名单、检验检测资质及项目等信息。

第二十五条 对同一批次或者同一类型的涉案药品,如因数量较大等原因,无法进行全部检验检测,根据办案需要,可以依法进行抽样检验检测。公安机关、人民检察院、人民法院对符合行政执法规范要求的抽样检验检测结果予以认可,可以作为该批次或者该类型全部涉案产品的检验检测结果。

第二十六条 对于《中华人民共和国药品管理法》第九十八条第二款第二项、第四项及第三款第三项至第六项规定的假药、劣药,能够根据在案证据材料作出判断的,可以由地市级以上药品监管部门出具认定意见。

对于依据《中华人民共和国药品管理法》第九十八条第二款、第三款的其他规定认定假药、劣药,或者是否属于第九十八条第二款第二项、第三款第六项规定的假药、劣药存在争议的,应当由省级以上药品监管部门设置或者确定的药品检验机构进行检验,出具质量检验结论。

对于《中华人民共和国刑法》第一百四十二条之一规定的"足以严重危害人体健康"难以确定的,根据地市级以上药品监管部门出具的认定意见,结合其他证据作出认定。

对于是否属于民间传统配方难以确定的,根据地市级以上药品监管部门或者有关部门出具的认定意见,结合其他证据作出认定。

第二十七条 药品、医疗器械、化妆品的检验检测,按照《中华人民共和国药品管理法》及其实施条例、《医疗器械监督管理条例》《化妆品监督管理条例》等有关规定执行。必要时,检验机构可以使用经国务院药品监督管理部门批准的补充检验项目和检验方法进行检验,出具检验结论。

第二十八条 药品监管部门依据检验检测报告、结合专家意见等相关材料得出认定意见的,应当包括认定依据、理由、结论。按照以下格式出具结论:

(一)假药案件,结论中应当写明"经认定,……为假药";

(二)劣药案件,结论中应当写明"经认定,……为劣药";

(三)妨害药品管理案件,对属于难以确定"足以严重危害人体健康"的,结论中应当写明"经认定,当事人实施……的行为,足以严重危害人体健康";

(四)生产、销售不符合保障人体健康的国家标准、行业标准的医疗器械案件,结论中应当写明"经认定,涉案医疗器械……不符合……标准,结合本案其他情形,足以严重危害人体健康";

(五)生产、销售不符合卫生标准的化妆品案件,结论中应当写明"经认定,涉案化妆品……不符合……标准或者化妆品安全技术规范"。

其他案件也应当写明认定涉嫌犯罪应具备的结论性意见。

第二十九条 办案部门应当告知犯罪嫌疑人、被害人或者其辩护律师、法定代理人,在涉案物品依法处置前可以提出重新或者补充检验检测、认定的申请。提出申请的,应有充分理由并提供相应证据。

第三十条 药品监管部门在查处药品违法行为过程中,应当妥善保存所收集的与违法行为有关的证据。

药品监管部门对查获的涉案物品，应当如实填写涉案物品清单，并按照国家有关规定予以处理。对需要进行检验检测的涉案物品，应当由法定检验检测机构进行检验检测，并出具检验结论。

第四十六条　本办法自 2023 年 2 月 1 日起施行。《食品药品行政执法与刑事司法衔接工作办法》（食药监稽〔2015〕271 号）中有关规定与本办法不一致的，以本办法为准。

4.1.3　关于危险废物认定意见的格式要求

▶《环境保护部、公安部、最高人民检察院关于印发〈环境保护行政执法与刑事司法衔接工作办法〉的通知》（环环监〔2017〕17 号，2017 年 1 月 25 日）

第二十二条　环保部门或者公安机关依据《国家危险废物名录》或者组织专家研判等得出认定意见的，应当载明涉案单位名称、案由、涉案物品识别认定的理由，按照"经认定，……属于/不属于……危险废物，废物代码……"的格式出具结论，加盖公章。

4.1.4　矿产资源破坏价值的鉴定程序

▶《国土资源部关于印发〈非法采矿、破坏性采矿造成矿产资源破坏价值鉴定程序的规定〉的通知》（国土资发〔2005〕175 号，2005 年 8 月 31 日）

第二条　国土资源主管部门在查处矿产资源违法案件中，对非法采矿、破坏性采矿涉嫌犯罪，需要对造成矿产资源破坏的价值进行鉴定的，或者省级以上人民政府国土资源主管部门根据公安、司法机关的请求进行上述鉴定的，适用本规定。

第三条　省级以上人民政府国土资源主管部门对非法采矿、破坏性采矿造成矿产资源破坏或者严重破坏的价值出具的鉴定结论，作为涉嫌犯罪的证据材料，由查处矿产资源违法案件的国土资源主管部门依法移送有关机关。属于根据公安、司法机关的请求所出具的鉴定结论，交予提出请求的公安、司法机关。

第四条　国土资源部负责出具由其直接查处的矿产资源违法案件中涉及非法采矿、破坏性采矿造成矿产资源破坏价值的鉴定结论；省级人民政府国土资源主管部门负责出具本行政区域内的或者国土资源部委托鉴定的非法采矿、破坏性采矿造成矿产资源破坏价值的鉴定结论。

第五条　省级以上人民政府国土资源主管部门设立非法采矿、破坏性采矿造成矿产资源破坏价值鉴定委员会，负责审查有关鉴定报告并提出审查意见。

鉴定委员会负责人由本级国土资源主管部门主要领导或者分管领导担任，成员由有关职能机构负责人及有关业务人员担任，可聘请有关专家参加。

第六条　对非法采矿、破坏性采矿造成矿产资源破坏的价值按照以下原则进行鉴定：非法采矿破坏的矿产资源价值，包括采出的矿产品价值和按照科学合理的开采方法应该采出但因矿床破坏已难以采出的矿产资源折算的价值。破坏性采矿造成矿产资源严重破坏的价值，指由于没有按照国土资源主管部门审查认可的矿产资源开发利用方案采矿，导致应该采出但因矿床破坏已难以采出的矿产资源折算的价值。

第七条　省级以下人民政府国土资源主管部门在查处矿产资源违法案件中，涉及对非法采矿、破坏性采矿造成矿产资源破坏的价值进行鉴定的，须向省级人民政府国土资源主管部门提出书面申请，同时附具对该违法行为的调查报告及有关材料，由省级人民政府国土资源主管部门按照本规定第八条规定出具鉴定结论。对于认为案情简单、鉴定技术要求不复杂，本部门自己进行鉴定或者自行委托专业技术机构进行鉴定的，须将鉴定报告及有关调查材料呈报省级国土资源主管部门进行审查，并由省级人民政府国土资源主管部门按照本规定第八条第（三）项的有关规定出具鉴定结论。

第八条　省级人民政府国土资源主管部门接到省级以下人民政府国土资源主管部门请求鉴定的书面申请后，按下述规定办理：

（一）自接到书面申请之日起 7 日内进行审查并决定是否受理。经审查不同意受理的，将有关材料退回；需要补充情况或者材料的，应及时提出要求。

（二）同意受理后，有条件自行鉴定的，自受理之日起 30 日内委派承办人员进行鉴定并提出鉴定报告。案情复杂的可以适当延长，但最长不得超过 60 日。没有条件自行鉴定的，委托专业技术机构进行鉴定并按照上述期限提出鉴定报告。鉴定报告须由具体承办人员签署姓名。受委托进行鉴定的专业技术机构需要国土资源主管部门予以协助、配合的，各级国土资源主管部门应当及时予以协助、配合。

（三）自接到鉴定报告之日起 7 日内，由鉴定委员会负责人召集组成人员进行审查。审查时，鉴定委员会组成人员必须达到三分之二以上，以听取鉴情况汇报并对有关材料、数据、鉴定过程与方法审查等方式进行。审查通过的，本级国土资源主管部门即行出具鉴定结论并交予提出申请的国土资源主管部门。未能通过的，应说明意见及理由。

第九条　省级人民政府国土资源主管部门或者国土资源部对非法采矿、破坏性采矿行为进行直接查处并由本部门出具鉴定结论，或者根据公安、司法机关的请求出具鉴定结论的，进行鉴定、审查、出具鉴定结论及有关办理时限，按照第八条（二）、（三）项中的有关规定办理。

第十条　省级人民政府国土资源主管部门可以根据本规定并结合本地区的实际，制定具体的实施办法。

5　专业问题的双向咨询和技术支持机制

5.1　规范性文件

▶《国家食品药品监管总局、公安部、最高人民法院、最高人民检察院、国务院食品安全办关于印发食品药品行政执法与刑事司法衔接工作办法的通知》（食药监稽〔2015〕271号，2015年12月22日）

第三十条　食品药品监管部门、公安机关、人民检察院、人民法院应当相互配合、支持，及时、全面回复专业咨询。

▶《国家药品监督管理局、国家市场监督管理总局、公安部、最高人民法院、最高人民检察院关于印发药品行政执法与刑事司法衔接工作办法的通知》（国药监法〔2022〕41号，2023年1月10日）

第三十四条　药品监管部门、公安机关、人民检察院、人民法院应当建立双向案件咨询制度。药品监管部门对重大、疑难、复杂案件，可以就刑事案件立案追诉标准、证据固定和保全等问题咨询公安机关、人民检察院；公安机关、人民检察院、人民法院可以就案件办理中的专业性问题咨询药品监管部门。受咨询的机关应当认真研究，及时答复；书面咨询的，应当书面答复。

▶《环境保护部、公安部、最高人民检察院关于印发〈环境保护行政执法与刑事司法衔接工作办法〉的通知》（环环监〔2017〕17号，2017年1月25日）

第二十四条　环保部门、公安机关、人民检察院应当建立双向案件咨询制度。环保部门对重大疑难复杂案件,可以就刑事案件立案追诉标准、证据的固定和保全等问题咨询公安机关、人民检察院;公安机关、人民检察院可以就案件办理中的专业性问题咨询环保部门。受咨询的机关应当认真研究,及时答复;书面咨询的,应当在7日内书面答复。

第二十五条 公安机关、人民检察院办理涉嫌环境污染犯罪案件,需要环保部门提供环境监测或者技术支持的,环保部门应当按照上述部门刑事案件办理的法定时限要求积极协助,及时提供现场勘验、环境监测及认定意见。所需经费,应当列入本机关的行政经费预算,由同级财政予以保障。

▶《最高人民法院关于充分发挥环境资源审判职能作用依法惩处盗采矿产资源犯罪的意见》(法发〔2022〕19号,2022年7月1日)

16. 加强与纪检监察机关、检察机关、公安机关、行政主管机关的协作配合,推动构建专业咨询和信息互通渠道,建立健全打击盗采矿产资源行政执法与刑事司法衔接长效工作机制,有效解决专业性问题评估、鉴定,涉案物品保管、移送和处理,案件信息共享等问题。依法延伸审判职能,积极参与综合治理工作,对审判中发现的违法犯罪线索、监管疏漏等问题,及时向有关单位移送、通报,必要时发送司法建议,形成有效惩治合力。

6 对环保执法、技术人员出庭的要求

6.1 规范性文件

▶《环境保护部、公安部、最高人民检察院关于印发〈环境保护行政执法与刑事司法衔接工作办法〉的通知》(环环监〔2017〕17号,2017年1月25日)

第三十条 涉及移送的案件在庭审中,需要出庭说明情况的,相关执法或者技术人员有义务出庭说明情况,接受庭审质证。

专题二 金融犯罪

7 证券监管机构随案移送证据的效力

7.1 规范性文件

▶《最高人民法院、最高人民检察院、公安部、中国证监会关于办理证券期货违法犯罪案件工作若干问题的意见》(证监发〔2011〕30号，2011年4月27日)

五、司法机关对证券监管机构随案移送的物证、书证、鉴定结论、视听资料、现场笔录等证据要及时审查，作出是否立案的决定；随案移送的证据，经法定程序查证属实的，可作为定案的根据。

8 涉众型金融犯罪取证规则

8.1 规范性文件

8.1.1 非法套现犯罪的取证规则

▶《最高人民法院研究室关于信用卡犯罪法律适用若干问题的复函》(法研〔2010〕105号，2010年7月5日)

四、非法套现犯罪的证据规格，仍应遵循刑事诉讼法规定的证据确实、充分的证明标准。原则上应向各持卡人询问并制作笔录。如因持卡人数量众多、下落不明等客观原因导致无法取证，且其他证据已能确实、充分地证明使用信用卡非法套现的犯罪事实及套现数额的，则可以不向所有持卡人询问并制作笔录。

8.1.2 涉众性证券期货犯罪的按比例取证规则

▶《最高人民法院、最高人民检察院、公安部、中国证监会关于办理证券期货违法犯罪案件工作若干问题的意见》(证监发〔2011〕30号，2011年4月27日)

七、对涉众型证券期货犯罪案件，在已收集的证据能够充分证明基本犯罪事实的前提下，公安机关可在被调查对象范围内按一定比例收集和调取书证、被害人陈述、证人证言等相关证据。

8.1.3 非法集资刑事案件的取证规则

▶《**最高人民法院、最高人民检察院、公安部关于办理非法集资刑事案件适用法律若干问题的意见**》（公通字〔2014〕16号，2014年3月25日）

六、关于证据的收集问题

办理非法集资刑事案件中，确因客观条件的限制无法逐一收集集资参与人的言词证据的，可结合已收集的集资参与人的言词证据和依法收集并查证属实的书面合同、银行账户交易记录、会计凭证及会计账簿、资金收付凭证、审计报告、互联网电子数据等证据，综合认定非法集资对象人数和吸收资金数额等犯罪事实。

9 证据交换共享机制

9.1 规范性文件

9.1.1 检察机关办理涉互联网金融犯罪案件的证据交换共享机制

▶《**最高人民检察院关于办理涉互联网金融犯罪案件有关问题座谈会纪要**》（高检诉〔2017〕14号，2017年6月2日）

31. 落实"三统两分"要求，健全证据交换共享机制，协调推进跨区域案件办理。对涉及主案犯罪嫌疑人的证据，一般由主案侦办地办案机构负责收集，其他地区提供协助。其他地区办案机构需要主案侦办地提供证据材料的，应当向主案侦办地办案机构提出证据需求，由主案侦办地办案机构收集并依法移送。无法移送证据原件的，应当在移送复制件的同时，按照相关规定作出说明。各地检察机关公诉部门之间要加强协作，加强与公安机关的协调，督促本地公安机关与其他地区公安机关做好证据交换共享相关工作。案件进入审查起诉阶段后，检察机关公诉部门可以根据案件需要，直接向其他地区检察机关调取证据，其他地区检察机关公诉部门应积极协助。此外，各地检察机关在办理案件过程中发现对其他地区案件办理有重要作用的证据，应当及时采取措施并通知相应检察机关，做好依法移送工作。

9.1.2 办理非法集资刑事案件证据交换共享机制

▶《最高人民法院、最高人民检察院、公安部关于办理非法集资刑事案件若干问题的意见》（高检会〔2019〕2号，2019年1月30日）

八、关于办案工作机制问题

……

案件主办地和其他涉案地办案机关应当建立和完善证据交换共享机制。对涉及主要犯罪嫌疑人、被告人的证据，一般由案件主办地办案机关负责收集，其他涉案地提供协助。案件主办地办案机关应当及时通报接收涉及主要犯罪嫌疑人、被告人的证据材料的程序及要求。其他涉案地办案机关需要案件主办地提供证据材料的，应当向案件主办地办案机关提出证据需求，由案件主办地收集并依法移送。无法移送证据原件的，应当在移送复制件的同时，按照相关规定作出说明。

10 检察机关办理涉互联网金融犯罪案件的证据收集、审查与运用

10.1 规范性文件

▶《最高人民检察院关于办理涉互联网金融犯罪案件有关问题座谈会纪要》（高检诉〔2017〕14号，2017年6月2日）

28. 涉互联网金融犯罪案件证据种类复杂、数量庞大、且分散于各地，收集、审查、运用证据的难度大。各地检察机关公诉部门要紧紧围绕证据的真实性、合法性、关联性，引导公安机关依法全面收集固定证据，加强证据的审查、运用，确保案件事实经得起法律的检验。

29. 对于重大、疑难、复杂涉互联网金融犯罪案件，检察机关公诉部门要依法提前介入侦查，围绕指控犯罪的需要积极引导公安机关全面收集固定证据，必要时与公安机关共同会商，提出完善侦查思路、侦查提纲的意见建议。加强对侦查取证合法性的监督，对应当依法排除的非法证据坚决予以排除，对应当补正或作出合理解释的及时提出意见。

30. 电子数据在涉互联网金融犯罪案件的证据体系中地位重要，对于指控证实相关犯罪事实具有重要作用。随着互联网技术的不断发展，电子数据的形式、载体出现了许多新的变化，对电子数据的勘验、提取、审查等提出了更高要求，处理不当会对电子数据的真实性、合法性造成不可逆转的损害。检察机

关公诉部门要严格执行《最高人民法院、最高人民检察院、公安部关于办理刑事案件收集提取和审查判断电子数据问题的若干规定》（法发〔2016〕22号），加强对电子数据收集、提取程序和技术标准的审查，确保电子数据的真实性、合法性。对云存储电子数据等新类型电子数据进行提取、审查时，要高度重视程序合法性、数据完整性等问题，必要时主动征求相关领域专家意见，在提取前会同公安机关、云存储服务提供商制定科学合法的提取方案，确保万无一失。

11 非法集资刑事案件中主观故意的认定

11.1 规范性文件

▶《最高人民法院、最高人民检察院、公安部关于办理非法集资刑事案件若干问题的意见》（高检会〔2019〕2号，2019年1月30日）

四、关于主观故意的认定问题

认定犯罪嫌疑人、被告人是否具有非法吸收公众存款的犯罪故意，应当依据犯罪嫌疑人、被告人的任职情况、职业经历、专业背景、培训经历、本人因同类行为受到行政处罚或者刑事追究情况以及吸收资金方式、宣传推广、合同资料、业务流程等证据，结合其供述，进行综合分析判断。

犯罪嫌疑人、被告人使用诈骗方法非法集资，符合《最高人民法院关于审理非法集资刑事案件具体应用法律若干问题的解释》第四条规定的，可以认定为集资诈骗罪中"以非法占有为目的"。

办案机关在办理非法集资刑事案件中，应当根据案件具体情况注意收集运用涉及犯罪嫌疑人、被告人的以下证据：是否使用虚假身份信息对外开展业务；是否虚假订立合同、协议；是否虚假宣传，明显超出经营范围或者夸大经营、投资、服务项目及盈利能力；是否吸收资金后隐匿、销毁合同、协议、账目；是否传授或者接受规避法律、逃避监管的方法，等等。

▶《最高人民检察院关于办理涉互联网金融犯罪案件有关问题座谈会纪要》（高检诉〔2017〕14号，2017年6月2日）

9. 在非法吸收公众存款罪中，原则上认定主观故意并不要求以明知法律的禁止性规定为要件。特别是具备一定涉金融活动相关从业经历、专业背景或在犯罪活动中担任一定管理职务的犯罪嫌疑人，应当知晓相关金融法律管理规定,如果有证据证明其实际从事的行为应当批准而未经批准,行为在客观上具有非法性,原则上就可以认定其具有非法吸收公众存款的主观故意。在证明犯罪嫌疑人的主观故意时,可以收集运用犯罪嫌疑人的任职情况、职业经历、专业背景、培训经历、此前任职单位或者其本人因从事同类行为受到处罚情况等证据,证明犯罪嫌疑人提出的"不知道相关行为被法律所禁止,故不具有非法吸收公众存款的主观故意"等辩解不能成立。除此之外,还可以收集运用以下证据进一步印证犯罪嫌疑人知道或应当知道其所从事行为具有非法性,比如犯罪嫌疑人故意规避法律以逃避监管的相关证据:自己或要求下属与投资人签订虚假的亲友关系确认书,频繁更换宣传用语逃避监管,实际推介内容与宣传用语、实际经营状况不一致,刻意向投资人夸大公司兑付能力,在培训课程中传授或接受规避法律的方法,等等。

10. 对于无相关职业经历、专业背景,且从业时间短暂,在单位犯罪中层级较低,纯属执行单位领导指令的犯罪嫌疑人提出辩解的,如确实无其他证据证明其具有主观故意的,可以不作为犯罪处理。另外,实践中还存在犯罪嫌疑人提出因信赖行政主管部门出具的相关意见而陷入错误认识的辩解。如果上述辩解确有证据证明,不应作为犯罪处理,但应当对行政主管部门出具的相关意见及其出具过程进行查证,如存在以下情形之一,仍应认定犯罪嫌疑人具有非法吸收公众存款的主观故意:

(1) 行政主管部门出具意见所涉及的行为与犯罪嫌疑人实际从事的行为不一致的;

(2) 行政主管部门出具的意见未对是否存在非法吸收公众存款问题进行合法性审查,仅对其他合法性问题进行审查的;

(3) 犯罪嫌疑人在行政主管部门出具意见时故意隐瞒事实、弄虚作假的;

(4) 犯罪嫌疑人与出具意见的行政主管部门的工作人员存在利益输送行为的;

(5) 犯罪嫌疑人存在其他影响和干扰行政主管部门出具意见公正性的情形的。

对于犯罪嫌疑人提出因信赖专家学者、律师等专业人士、主流新闻媒体宣传或有关行政主管部门工作人员的个人意见而陷入错误认识的辩解,不能作为犯罪嫌疑人判断自身行为合法性的根据和排除主观故意的理由。

14. 以非法占有为目的,使用诈骗方法非法集资,是集资诈骗罪的本质特征。是否具有非法占有目的,是区分非法吸收公众存款罪和集资诈骗罪的关键要件，对此要重点围绕融资项目真实性、资金去向、归还能力等事实进行综合判断。犯罪嫌疑人存在以下情形之一的，原则上可以认定具有非法占有目的：

（1）大部分资金未用于生产经营活动，或名义上投入生产经营但又通过各种方式抽逃转移资金的；

（2）资金使用成本过高，生产经营活动的盈利能力不具有支付全部本息的现实可能性的；

（3）对资金使用的决策极度不负责任或肆意挥霍造成资金缺口较大的；

（4）归还本息主要通过借新还旧来实现的；

（5）其他依照有关司法解释可以认定为非法占有目的的情形。

16. 证明主观上是否具有非法占有目的，可以重点收集、运用以下客观证据：

（1）与实施集资诈骗整体行为模式相关的证据：投资合同、宣传资料、培训内容等；

（2）与资金使用相关的证据：资金往来记录、会计账簿和会计凭证、资金使用成本（包括利息和佣金等）、资金决策使用过程、资金主要用途、财产转移情况等；

（3）与归还能力相关的证据：吸收资金所投资项目内容、投资实际经营情况、盈利能力、归还本息资金的主要来源、负债情况、是否存在虚构业绩等虚假宣传行为等；

（4）其他涉及欺诈等方面的证据：虚构融资项目进行宣传、隐瞒资金实际用途、隐匿销毁账簿；等等。司法会计鉴定机构对相关数据进行鉴定时，办案部门可以根据查证犯罪事实的需要提出重点鉴定的项目，保证司法会计鉴定意见与待证的构成要件事实之间的关联性。

12 有关案件犯罪金额的认定

12.1 司法解释

12.1.1 恶意透支数额的认定

▶《最高人民法院、最高人民检察院关于办理妨害信用卡管理刑事案件具体应用法律若干问题的解释》（法释〔2018〕19号，2018年11月28日）

第九条 恶意透支的数额，是指公安机关刑事立案时尚未归还的实际透支的本金数额,不包括利息、复利、滞纳金、手续费等发卡银行收取的费用。归还或者支付的数额,应当认定为归还实际透支的本金。

<u>检察机关在审查起诉、提起公诉时,应当根据发卡银行提供的交易明细、分类账单(透支账单、还款账单)等证据材料,结合犯罪嫌疑人、被告人及其辩护人所提辩解、辩护意见及相关证据材料,审查认定恶意透支的数额;恶意透支的数额难以确定的,应当依据司法会计、审计报告,结合其他证据材料审查认定。人民法院在审判过程中,应当在对上述证据材料查证属实的基础上,对恶意透支的数额作出认定。</u>

发卡银行提供的相关证据材料,应当有银行工作人员签名和银行公章。

12.2 规范性文件

12.2.1 非法吸收公众存款金额的认定

▶《最高人民检察院关于办理涉互联网金融犯罪案件有关问题座谈会纪要》(高检诉〔2017〕14号,2017年6月2日)

13. 确定犯罪嫌疑人的吸收金额时,应当重点审查、运用以下证据:(1)涉案主体自身的服务器或第三方服务器上存储的交易记录等电子数据;(2)会计账簿和会计凭证;(3)银行账户交易记录、POS机支付记录;(4)资金收付凭证、书面合同等书证。仅凭投资人报案数据不能认定吸收金额。

13 信用卡犯罪中"催收"的证明要求

13.1 司法解释

▶《最高人民法院、最高人民检察院关于办理妨害信用卡管理刑事案件具体应用法律若干问题的解释》(法释〔2018〕19号,2018年11月28日)

第七条 催收同时符合下列条件的,应当认定为本解释第六条规定的"有效催收":

(一)在透支超过规定限额或者规定期限后进行;

(二)催收应当采用能够确认持卡人收悉的方式,但持卡人故意逃避催收的除外;

（三）两次催收至少间隔三十日；

（四）符合催收的有关规定或者约定。

对于是否属于有效催收，应当根据发卡银行提供的电话录音、信息送达记录、信函送达回执、电子邮件送达记录、持卡人或者其家属签字以及其他催收原始证据材料作出判断。

发卡银行提供的相关证据材料，应当有银行工作人员签名和银行公章。

13.2　规范性文件

▶《最高人民法院研究室关于信用卡犯罪法律适用若干问题的复函》（法研〔2010〕105号，2010年7月5日）

二、发卡银行的"催收"应有电话录音、持卡人或其家属签字等证据证明。"两次催收"一般应分别采用电话、信函、上门等两种以上催收形式。

专题三　黑恶势力犯罪

14　黑社会性质组织犯罪案件的证据要求

14.1　规范性文件

▶《全国部分法院审理黑社会性质组织犯罪案件工作座谈会纪要》（法〔2015〕291号，2015年10月13日）

四、关于审判程序和证据审查

（二）证明标准和证据运用问题

办理黑社会性质组织犯罪案件应当坚持"事实清楚，证据确实、充分"的法定证明标准。黑社会性质组织犯罪案件侦查取证难度大，"四个特征"往往难以通过实物证据来加以证明。审判时，应当严格依照刑事诉讼法及有关司法解释的规定对相关证据进行审查与认定。在确保被告人供述、证人证言、被害人陈述等言词证据取证合法、内容真实，且综合全案证据，已排除合理怀疑的情况下，同样可以认定案件事实。

▶《最高人民法院、最高人民检察院、公安部关于印发〈办理黑社会性质组织犯罪案件座谈会纪要〉的通知》（法〔2009〕382号，2009年12月9日）

（二）关于办理黑社会性质组织犯罪案件的其他问题

4. 关于认定黑社会性质组织犯罪的证据要求。办理涉黑案件同样应当坚持案件"事实清楚，证据确实、充分"的法定证明标准。但应当注意的是，"事实清楚"是指能够对定罪量刑产生影响的事实必须清楚，而不是指整个案件的所有事实和情节都要一一查证属实；"证据确实、充分"是指能够据以定罪量刑的证据确实、充分，而不是指案件中所涉全部问题的证据都要达到确实、充分的程度。对此，一定要准确理解和把握，不要纠缠那些不影响定罪量刑的枝节问题。比如，在可以认定某犯罪组织已将所获经济利益部分用于组织活动的情况下，即使此部分款项的具体数额难以全部查实，也不影响定案。

7. 关于视听资料的收集、使用。公安机关在侦查时要特别重视对涉黑犯罪视听资料的收集。对于那些能够证明涉案犯罪组织具备黑社会性质组织的"四个特征"及其实施的具体违法犯罪活动的录音、录像资料，要及时提取、固定、移送。通过特殊侦查措施获取的视听资料，在移送审查起诉时，公安机关对证据的来源、提取经过应予说明。

14.2 案例与要旨

◆【深圳市中级人民法院发布10起2020年度全市法院典型案例（基层法院篇）之九】王某某等80人涉嫌组织、领导、参加黑社会性质组织案

裁判要旨：充分发挥庭前会议作用，解决非法证据排除问题，提高庭审效率。被告人及其辩护人申请人民法院对以非法方法收集的证据依法予以排除并提出相关证据的，人民法院应当启动证据收集的合法性调查程序。对于不能排除以非法方法收集证据的情形，有关证据应当予以排除。

15　黑社会性质组织犯罪案件的法庭举证、质证要求

15.1　规范性文件

▶《全国部分法院审理黑社会性质组织犯罪案件工作座谈会纪要》(法〔2015〕291号，2015年10月13日)

四、关于审判程序和证据审查

(三) 法庭举证、质证问题

<u>审理黑社会性质组织犯罪案件时，合议庭应当按照刑事诉讼法及有关司法解释的规定有效引导控辩双方举证、质证。</u>不得因为案件事实复杂、证据繁多，而不当限制控辩双方就证据问题进行交叉询问、相互辩论的权利。庭审时，应当根据案件事实繁简、被告人认罪态度等采取适当的举证、质证方式，突出重点；对黑社会性质组织的"四个特征"应单独举证、质证。为减少重复举证、质证，提高审判效率，庭审中可以先就认定具体违法犯罪事实的证据进行举证、质证。对认定黑社会性质组织行为特征的证据进行举证、质证时，之前已经宣读、出示过的证据，可以在归纳、概括之后简要征询控辩双方意见。对于认定组织特征、经济特征、非法控制特征(危害性特征)的证据，举证、质证时一般不宜采取前述方式。

16　网络涉众型黑恶案件的证据认证原则

16.1　规范性文件

▶《最高人民法院、最高人民检察院、公安部、司法部关于办理利用信息网络实施黑恶势力犯罪刑事案件若干问题的意见》(2019年7月23日)

8. <u>侦办利用信息网络实施的强迫交易、敲诈勒索等非法敛财类案件，确因被害人人数众多等客观条件的限制，无法逐一收集被害人陈述的，可以结合已收集的被害人陈述，以及经查证属实的银行账户交易记录、第三方支付结算账户交易记录、通话记录、电子数据等证据，综合认定被害人人数以及涉案资金数额等。</u>

17 黑恶势力犯罪案件中的证人保护措施

17.1 规范性文件

▶《最高人民法院、最高人民检察院、公安部、司法部关于办理黑社会性质组织犯罪案件若干问题的规定》(公通字〔2012〕45号,2012年9月11日)

第九条 <u>公安机关、人民检察院和人民法院应当采取必要措施,保障证人及其近亲属的安全</u>。证人的人身和财产受到侵害时,可以视情给予一定的经济补偿。

第十条 在侦查、起诉、审判过程中,对于因作证行为可能导致本人或者近亲属的人身、财产安全受到严重危害的证人,分别经地市级以上公安机关主要负责人、人民检察院检察长、人民法院院长批准,应当对其身份采取保密措施。

第十一条 对于秘密证人,侦查人员、检察人员和审判人员在制作笔录或者文书时,应当以代号代替其真实姓名,不得记录证人住址、单位、身份证号及其他足以识别其身份的信息。证人签名以按指纹代替。

侦查人员、检察人员和审判人员记载秘密证人真实姓名和身份信息的笔录或者文书,以及证人代号与真实姓名对照表,应当单独立卷,交办案单位档案部门封存。

第十二条 法庭审理时不得公开秘密证人的真实姓名和身份信息。用于公开质证的秘密证人的声音、影像,应当进行变声、变像等技术处理。

秘密证人出庭作证,人民法院可以采取限制询问、遮蔽容貌、改变声音或者使用音频、视频传送装置等保护性措施。

经辩护律师申请,法庭可以要求公安机关、人民检察院对使用秘密证人的理由、审批程序出具说明。

第十三条 对报案人、控告人、举报人、鉴定人、被害人的保护,参照本规定第九条至第十二条的规定执行。

第十四条 参加黑社会性质组织的犯罪嫌疑人、被告人,自动投案,如实供述自己的罪行,或者在被采取强制措施期间如实供述司法机关还未掌握的本人其他罪行的,应当认定为自首。

参加黑社会性质组织的犯罪嫌疑人、被告人，积极配合侦查、起诉、审判工作，检举、揭发黑社会性质组织其他成员与自己共同犯罪以外的其他罪行，经查证属实的，应当认定为有立功表现。在查明黑社会性质组织的组织结构和组织者、领导者的地位作用，追缴、没收赃款赃物，打击"保护伞"方面提供重要线索，经查证属实的，可以酌情从宽处理。

第十六条　对于有本规定第十四条第二款情形的犯罪嫌疑人、被告人，可以参照第九条至第十二条的规定，采取必要的保密和保护措施。

▶《全国部分法院审理黑社会性质组织犯罪案件工作座谈会纪要》（法〔2015〕291号，2015年10月13日）

四、关于审判程序和证据审查

（四）对出庭证人、鉴定人、被害人的保护问题

人民法院受理黑社会性质组织犯罪案件后，应当及时了解在侦查、审查起诉阶段有无对证人、鉴定人、被害人采取保护措施的情况，确保相关保护措施在审判阶段能够紧密衔接。开庭审理时，证人、鉴定人、被害人因出庭作证，本人或其近亲属的人身安全面临危险的，应当采取不暴露外貌、真实声音等出庭作证措施。必要时，可以进行物理隔离，以音频、视频传送的方式作证，并对声音、图像进行技术处理。有必要禁止特定人员接触证人、鉴定人、被害人及其近亲属的，以及需要对证人、鉴定人、被害人及其近亲属的人身和住宅采取专门性保护措施的，应当及时与检察机关、公安机关协调，确保保护措施及时执行到位。依法决定不公开证人、鉴定人、被害人真实姓名、住址和工作单位等个人信息的，应当在开庭前核实其身份。证人、鉴定人签署的如实作证保证书应当列入审判副卷，不得对外公开。

▶《浙江省高级人民法院、浙江省人民检察院、浙江省公安厅关于印发〈办理黑恶势力犯罪案件证人保护工作办法（试行）〉的通知》（2018年9月11日）

第二条　本工作规范所称的黑恶势力犯罪案件包括：

（一）黑社会性质组织犯罪案件；

（二）恶势力犯罪集团案件；

（三）恶势力团伙案件。

第三条　本规范所称的证人，包括证人、报案人、控告人、举报人、鉴定

人、被害人。

黑恶势力犯罪案件中，同案犯罪嫌疑人指认同案犯的其他犯罪事实时，具有证人身份的；办理黑恶势力犯罪案件的干警及其家属，人身安全正在或即将面临危险，需要采取保护措施的，适用本办法。

第四条　案件办理机关应当保障证人的安全，注重事前保护，增强证人自我保护的意识和能力；证人因在办案过程中作证，人身安全面临危险的，可以向案件办理机关请求保护。

第五条　案件办理机关按照"谁办案、谁负责"的原则，由办理证人所涉案件的部门负责证人保护工作，被保护人居住地公安派出所或者其他部门根据工作需要予以配合，重大案件由上级案件办理机关统一组织部署，根据需要指定有关部门负责证人保护工作。

第六条　证人因在侦查过程中作证，本人、近亲属的人身安全面临危险，需要保护的，案件办理机关可以依职权或者申请人申请决定是否对证人进行保护，并采取相应的保护措施。

第七条　有下列情形之一的，案件办理机关可以依法启动证人保护工作：

（一）黑恶势力犯罪案件主要犯罪嫌疑人在逃，对证人人身安全有严重威胁的；

（二）嫌疑人身份特殊或者具有一定社会影响力，证人暴露身份后可能影响案件办理或者人身安全面临危险的；

（三）办案民警或提供线索的人在诉讼中暴露身份将无法继续从事刑事诉讼工作或人身安全面临危险的；

（四）其他需要采取证人保护措施情形的。

第八条　有下列情形之一的，证人可以向案件办理机关提出证人保护申请：

（一）受到犯罪嫌疑人或者其亲友、利害关系人威胁、恐吓、侮辱、殴打等打击报复的；

（二）有证据证明嫌疑人或者其亲友、利害关系人，扬言实施或者准备实施打击报复行为的；

（三）多次受到不明身份人员尾随、追逐、拦截、辱骂、恐吓等或者人身财产受到不明损害，影响正常生产、生活的；

（四）其他有线索或者有迹象表明，证人及其近亲属可能受到打击报复的。

第九条　证人及其近亲属、法定代理人、诉讼代理人向案件办理机关提出证人保护申请的，应当向案件办理机关提交书面申请，载明以下内容：

（一）申请人及受保护人姓名、性别、年龄、住址、工作单位、身份证信息以及与犯罪嫌疑人之间的关系；

（二）案件名称和作证事项；

（三）请求保护的事由及理由。

证人及其近亲属人身安全面临现实危险、情况紧急的，可以口头提出申请，案件办理机关应当立即采取必要的保护措施。

第十条　证人向案件办理机关请求保护的，案件办理机关应当从以下几个方面进行证人安全风险评估：

（一）案件性质；

（二）犯罪行为及其情节；

（三）犯罪嫌疑人的社会危险性；

（四）犯罪嫌疑人及其近亲属对证人的态度；

（五）证人及其近亲属面临的人身安全威胁程度及迫切性；

（六）证人提供的证言等证据材料的重要性、关联性和可靠性；

（七）被保护人的自我保护能力等个人状态；

（八）对犯罪嫌疑人采取的强制措施情况；

（九）公共秩序、利益的维护等其他需要评估的情形；

（十）犯罪嫌疑人可能判处的刑罚情况。

根据评估情况，形成证人安全风险评估报告，确定证人是否有安全风险。

第十一条　经安全风险评估，案件办理机关认为不需要启动证人保护工作的，经案件办理机关负责人批准后，书面告知申请人不采取证人保护措施的理由和依据。

第十二条　对被保护人可以采取以下一项或者多项保护措施：

（一）不公开真实姓名、住址和工作单位等个人信息；

（二）采取不暴露外貌、真实声音等出庭作证措施；

（三）禁止特定人员接触证人及其近亲属；

（四）布置周边巡护力量；

（五）对被保护人的人身和住宅采取专门性保护措施；

（六）征得被保护人同意后，带到安全场所保护；

（七）投保相应的人身保险；

（八）变更住所和姓名；

（九）其他法定权限内必要的保护措施。

第十三条 采取不公开个人信息保护措施的，案件办理机关在讯问犯罪嫌疑人时不得透露证人的姓名、住址、通讯方式、工作单位等个人信息，在制作讯问、询问笔录等证据材料和法律文书时，应当使用化名等代替证人的个人信息，签名以捺指印代替。对于证人真实身份信息和使用化名的情况，应按照相关规定依法采取保密措施。

对上述证人询问过程制作同步录音录像的，应当对视音频资料进行处理，避免暴露证人外貌、声音等。

第十四条 采取禁止特定人员接触被保护人措施的，案件办理机关应当制作禁止令，书面告知特定人员，禁止其在一定期限内接触被保护人。

第十五条 具有下列情形之一，不再需要采取证人保护措施的，经案件办理机关负责人批准，证人保护工作终止：

（一）被保护人的人身安全危险消除的；

（二）被保护人主动提出书面终止保护申请的；

（三）证人有作虚假证明、诬告陷害或者其他不履行作证义务行为的；

（四）证人不再具备证人身份的。

证人保护工作终止的，应当及时告知被保护人和协助执行证人保护工作的机关。

第十六条 证人所涉案件管辖发生变更的，证人保护工作材料同时移交，并办理移交手续。

第十七条 公安机关将黑恶势力犯罪案件移送人民检察院审查起诉时，应当将采取证人保护措施的相关材料，一并移交人民检察院。

公安机关应当同人民法院、人民检察院加强沟通协调，确保证人保护工作依法、稳妥、有效开展；对于人民法院、人民检察院提出保护证人请求的，公安机关应当积极配合。

专题四　信息网络犯罪

18　信息网络犯罪案件调查核实过程中收集材料的证据效力

18.1　司法解释与重点解读

▶《**最高人民法院、最高人民检察院、公安部关于办理信息网络犯罪案件适用刑事诉讼程序若干问题的意见**》（法发〔2022〕23号，2022年8月26日）

13. 公安机关在调查核实过程中依法收集的电子数据等材料，可以根据有关规定作为证据使用。

调查核实过程中收集的材料作为证据使用的，应当随案移送，并附批准调查核实的相关材料。

调查核实过程中收集的证据材料经查证属实，且收集程序符合有关要求的，可以作为定案依据。

【重点解读】[①]

《刑事诉讼法》第五十条第一款规定："可以用于证明案件事实的材料，都是证据。"第五十四条第二款规定："行政机关在行政执法和查办案件过程中收集的物证、书证、视听资料、电子数据等证据材料，在刑事诉讼中可以作为证据使用。"本意见起草过程中，有意见提出，既然行政机关在行政执法过程中收集的相关证据材料具有刑事证据资格，对于公安机关在调查核实过程中收集的物证、书证、视听资料、电子数据等证据材料，更应当承认其证据资格。但是，也有意见提出，如果明确赋予调查核实过程中收集证据材料的证据资格，客观上可能导致公安机关普遍采取调查核实措施收集证据，从而架空《刑事诉讼法》关于刑事立案的相关规定。综合考虑上述意见，鉴于电子数据是信息网络犯罪案件的主要证据类型，而《最高人民法院、最高人民检察院、公安部关于办理刑事案件收集提取和审查判断电子数据若干问题的规定》第6条已规定

[①]　参见周加海、喻海松、李振华：《〈关于办理信息网络犯罪案件适用刑事诉讼程序若干问题的意见〉的理解与适用》，载《中国应用法学》2022年第5期。

"初查过程中收集、提取的电子数据,以及通过网络在线提取的电子数据,可以作为证据使用",并对收集提取程序作了严格要求,因此,本条第一款规定:"公安机关在调查核实过程中依法收集的电子数据等材料,可以根据有关规定作为证据使用。"

在此基础上,本意见本条第二款、第三款对相关证据的随案移送和审查运用作了进一步规定。

19 向网络服务提供者调取电子数据的规则

19.1 法条规定

▶《反电信网络诈骗法》(中华人民共和国主席令第119号,2022年9月2日)

第二十六条 公安机关办理电信网络诈骗案件依法调取证据的,互联网服务提供者应当及时提供技术支持和协助。

互联网服务提供者依本法规定对有关涉诈信息、活动进行监测时,发现涉诈违法犯罪线索、风险信息的,应当依照国家有关规定,根据涉诈风险类型、程度情况移送公安、金融、电信、网信等部门。有关部门应当建立完善反馈机制,将相关情况及时告知移送单位。

19.2 规范性文件

▶《最高人民法院、最高人民检察院、公安部关于办理信息网络犯罪案件适用刑事诉讼程序若干问题的意见》(法发〔2022〕23号,2022年8月26日)

14. 公安机关向网络服务提供者调取电子数据的,应当制作调取证据通知书,注明需要调取的电子数据的相关信息。调取证据通知书及相关法律文书可以采用数据电文形式。跨地域调取电子数据的,可以通过公安机关信息化系统传输相关数据电文。

网络服务提供者向公安机关提供电子数据的,可以采用数据电文形式。采用数据电文形式提供电子数据的,应当保证电子数据的完整性,并制作电子证明文件,载明调证法律文书编号、单位电子公章、完整性校验值等保护电子数据完整性方法的说明等信息。

数据电文形式的法律文书和电子证明文件，应当使用电子签名、数字水印等方式保证完整性。

20 异地询（讯）问规则

20.1 规范性文件

▶《最高人民法院、最高人民检察院、公安部关于办理信息网络犯罪案件适用刑事诉讼程序若干问题的意见》（法发〔2022〕23号，2022年8月26日）

15. 询（讯）问异地证人、被害人以及与案件有关联的犯罪嫌疑人的，可以由办案地公安机关通过远程网络视频等方式进行并制作笔录。

远程询（讯）问的，应当由协作地公安机关事先核实被询（讯）问人的身份。办案地公安机关应当将询（讯）问笔录传输至协作地公安机关。询（讯）问笔录经被询（讯）问人确认并逐页签名、捺指印后，由协作地公安机关协作人员签名或者盖章，并将原件提供给办案地公安机关。询（讯）问人员收到笔录后，应当在首页右上方写明"于某年某月某日收到"，并签名或者盖章。

远程询（讯）问的，应当对询（讯）问过程同步录音录像，并随案移送。

异地证人、被害人以及与案件有关联的犯罪嫌疑人亲笔书写证词、供词的，参照执行本条第二款规定。

▶《人民检察院办理网络犯罪案件规定》（2021年1月22日）

第五十五条 承办案件的人民检察院需要询问异地证人、被害人的，可以通过远程视频系统进行询问，证人、被害人所在地的人民检察院应当予以协助。远程询问的，应当对询问过程进行同步录音录像。

21 异地调查取证规则

21.1 规范性文件与重点解读

▶《最高人民法院、最高人民检察院、公安部关于办理电信网络诈骗等刑事案件适用法律若干问题的意见（二）》（法发〔2021〕22号，2021年6月17日）

十三、办案地公安机关可以通过公安机关信息化系统调取异地公安机关依法制作、收集的刑事案件受案登记表、立案决定书、被害人陈述等证据材料。调取时不得少于两名侦查人员，并应记载调取的时间、使用的信息化系统名称等相关信息，调取人签名并加盖办案地公安机关印章。经审核证明真实的，可以作为证据使用。

【重点解读】[①]

电信网络诈骗犯罪跨域性特征明显，之前对此类犯罪的证据调取多是采取异地协作调取、协作地公安机关盖章后邮寄的方式，耗时长、效率低，不适应现实办案需要。近年来，公安机关加大侦查信息化建设，特别是公安部"电信诈骗案件侦办平台"建立后，能够有效确保调取材料的真实性、客观性，在提高办案效率方面发挥了积极作用。为此，本意见参考2011年《公安部、最高人民法院、最高人民检察院、国家安全部、工业和信息化部、中国人民银行、中国银行业监督管理委员会关于办理流动性团伙性跨区域性犯罪案件有关问题的意见》第六条关于调取犯罪嫌疑人、被告人户籍证明的相关规定，对于公安机关通过信息化系统调取证据材料的证据能力及调取程序规范问题作了相应规定。本意见明确，调取时不得少于两名侦查人员，并应记载调取的时间、使用的信息化系统名称等相关信息，调取人签名并加盖办案地公安机关印章。同时，规定了司法机关的审核责任，只有经审核证明真实的，才能作为证据使用。

▶ **《人民检察院办理网络犯罪案件规定》**（2021年1月22日）

第五十三条　承办案件的人民检察院需要向办理关联网络犯罪案件的人民检察院调取证据材料的，可以持相关法律文书和证明文件申请调取在案证据材料，被申请的人民检察院应当配合。

第五十四条　承办案件的人民检察院需要异地调查取证的，可以将相关法律文书及证明文件传输至证据所在地的人民检察院，请其代为调查取证。相关法律文书应当注明具体的取证对象、方式、内容和期限等。

被请求协助的人民检察院应当予以协助，及时将取证结果送达承办案件的

[①] 参见刘太宗、赵玮、刘涛：《"两高一部"〈关于办理电信网络诈骗等刑事案件适用法律若干问题的意见（二）〉解读》，载《人民检察》2021年第13期。

人民检察院；无法及时调取的，应当作出说明。被请求协助的人民检察院有异议的，可以与承办案件的人民检察院进行协商；无法解决的，由承办案件的人民检察院报请共同的上级人民检察院决定。

▶《中共广东省委政法委员会、广东省高级人民法院、广东省人民检察院、广东省公安厅、广东省司法厅关于印发〈广东省刑事案件基本证据指引（试行）〉的通知》（粤政〔2020〕97号，2020年12月17日）

第二十六条 电子数据应当符合下列要求：

（三）远程调取电子数据的，应当制作调取证据通知书，注明需要调取电子证据的相关信息，通知电子数据持有人、网络服务提供者或者有关部门执行。并附有注明案由、调取人员、调取的时间、地点、规格、类别、应用长度、文件格式，以及调取的理由和依据等相关情况说明。

22 采取技术侦查措施收集材料的特殊使用规则

22.1 规范性文件

▶《最高人民法院、最高人民检察院、公安部关于办理信息网络犯罪案件适用刑事诉讼程序若干问题的意见》（法发〔2022〕23号，2022年8月26日）

18. 采取技术侦查措施收集的材料作为证据使用的，应当随案移送，并附采取技术侦查措施的法律文书、证据材料清单和有关说明材料。

移送采取技术侦查措施收集的视听资料、电子数据的，应当由两名以上侦查人员制作复制件，并附制作说明，写明原始证据材料、原始存储介质的存放地点等信息，由制作人签名，并加盖单位印章。

19. 采取技术侦查措施收集的证据材料，应当经过当庭出示、辨认、质证等法庭调查程序查证。

当庭调查技术侦查证据材料可能危及有关人员的人身安全，或者可能产生其他严重后果的，法庭应当采取不暴露有关人员身份和技术侦查措施使用的技术设备、技术方法等保护措施。必要时，审判人员可以在庭外对证据进行核实。

23 境外证据的收集和使用规则

23.1 法条规定

▶《反电信网络诈骗法》(中华人民共和国主席令第119号,2022年9月2日)

第三十七条 国务院公安部门等会同外交部门加强国际执法司法合作,与有关国家、地区、国际组织建立有效合作机制,通过开展国际警务合作等方式,提升在信息交流、调查取证、侦查抓捕、追赃挽损等方面的合作水平,有效打击遏制跨境电信网络诈骗活动。

23.2 司法解释与重点解读

23.2.1 境外证据的收集和审查判断

▶《最高人民法院、最高人民检察院、公安部关于办理电信网络诈骗等刑事案件适用法律若干问题的意见》(法发〔2016〕32号,2016年12月19日)

六、证据的收集和审查判断

(三)依照国际条约、刑事司法协助、互助协议或平等互助原则,请求证据材料所在地司法机关收集,或通过国际警务合作机制、国际刑警组织启动合作取证程序收集的境外证据材料,经查证属实,可以作为定案的依据。公安机关应对其来源、提取人、提取时间或者提供人、提供时间以及保管移交的过程等作出说明。

对其他来自境外的证据材料,应当对其来源、提供人、提供时间以及提取人、提取时间进行审查。能够证明案件事实且符合刑事诉讼法规定的,可以作为证据使用。

23.2.2 境外取证的证据效力相关问题

▶《最高人民法院、最高人民检察院、公安部关于办理电信网络诈骗等刑事案件适用法律若干问题的意见(二)》(法发〔2021〕22号,2021年6月17日)

十四、通过国(区)际警务合作收集或者境外警方移交的境外证据材料,确因客观条件限制,境外警方未提供相关证据的发现、收集、保管、移交情况等材料的，公安机关应当对上述证据材料的来源、移交过程以及种类、数量、特征等作出书面说明，由两名以上侦查人员签名并加盖公安机关印章。经审核能够证明案件事实的，可以作为证据使用。

【重点解读】[①]

近年来，对于跨境电信网络诈骗案件的办理，受司法体制、执法习惯、法律规定等差异的影响，公安机关赴境外取证成本高、难度大，实践中情况也比较复杂。对于这些境外收集、提取的证据材料，如何审查采信，之前缺乏明确的标准，影响案件办理。为此，本意见参照近年来办理境外电信网络诈骗案件的有益做法，从有利于惩治犯罪、依法推进诉讼的角度考虑，结合我国《刑事诉讼法》规定的精神要求，明确对于境外移交的证据，如果境外警方未提供相关证据的发现、收集、保管、移交情况等材料，并非一律否定其证据效力，而是允许公安机关进行补正，对证据来源、移交过程等作出书面证明并加盖公安机关印章，经审核能够证明案件事实的，可以作为证据使用。

23.3 规范性文件

23.3.1 检察机关参与境外证据移交和审查规则

▶《人民检察院办理网络犯罪案件规定》（2021年1月22日）

第五十八条 人民检察院参加现场移交境外证据的检察人员不少于二人，外方有特殊要求的除外。

移交、开箱、封存、登记的情况应当制作笔录，由最高人民检察院或者承办案件的人民检察院代表、外方移交人员签名或者盖章，一般应当全程录音录像。有其他见证人的，在笔录中注明。

第五十九条 人民检察院对境外收集的证据，应当审查证据来源是否合法、手续是否齐备以及证据的移交、保管、转换等程序是否连续、规范。

第六十条 人民检察院办理涉香港特别行政区、澳门特别行政区、台湾地区的网络犯罪案件，需要当地有关部门协助的，可以参照本规定及其他相关规定执行。

[①] 参见刘太宗、赵玮、刘涛：《"两高一部"〈关于办理电信网络诈骗等刑事案件适用法律若干问题的意见（二）〉解读》，载《人民检察》2021年第13期。

23.3.2 检察机关对境外证据的审查规则

▶《最高人民检察院关于印发〈检察机关办理电信网络诈骗案件指引〉的通知》(高检发侦监字〔2018〕12号,2018年11月9日)

(七)境外证据的审查

1. 证据来源合法性的审查

境外证据的来源包括:外交文件(国际条约、互助协议);司法协助(刑事司法协助、平等互助原则);警务合作(国际警务合作机制、国际刑警组织)。

由于上述来源方式均需要有法定的程序和条件,对境外证据的审查要注意:证据来源是否是通过上述途径收集,审查报批、审批手续是否完备,程序是否合法;证据材料移交过程是否合法,手续是否齐全,确保境外证据的来源合法性。

2. 证据转换的规范性审查

对于不符合我国证据种类和收集程序要求的境外证据,侦查机关要重新进行转换和固定,才能作为证据使用。注重审查:

(1)境外交接证据过程的连续性,是否有交接文书,交接文书是否包含接收证据。

(2)接收移交、开箱、登记时是否全程录像,确保交接过程的真实性,交接物品的完整性。

(3)境外证据按照我国证据收集程序重新进行固定的,依据相关规定进行,注意证据转换过程的连续性和真实性的审查。

(4)公安机关是否对境外证据来源、提取人、提取时间或者提供人、提供时间以及保管移交的过程等作出说明,有无对电子数据完整性等专门性问题的鉴定意见等。

(5)无法确认证据来源、证据真实性、收集程序违法无法补正等境外证据应予排除。

3. 其他来源的境外证据的审查通过其他渠道收集的境外证据材料,作为证据使用的,应注重对其来源、提供人、提供时间以及提取人、提取时间进行审查。能够证明案件事实且符合刑事诉讼法规定的,可以作为证据使用。

23.3.3 跨境赌博犯罪案件中境外证据的证据效力

▶《最高人民法院、最高人民检察院、公安部关于印发〈办理跨境赌博犯罪案件若干问题的意见〉的通知》(公通字〔2020〕14号，2020年10月16日)

七、关于跨境赌博犯罪案件证据的收集和审查判断

……

(三) 依照国际条约、刑事司法协助、互助协议或者平等互助原则，请求证据材料所在地司法机关收集，或者通过国际警务合作机制、国际刑警组织启动合作取证程序收集的境外证据材料，公安机关应当对其来源、提取人、提取时间或者提供人、提供时间以及保管移交的过程等作出说明。

当事人及其辩护人、诉讼代理人提供的来自境外的证据材料，该证据材料应当经所在国公证机关证明，所在国中央外交主管机关或者其授权机关认证，并经我国驻该国使、领馆认证。未经证明、认证的，不能作为证据使用。

来自境外的证据材料，能够证明案件事实且符合刑事诉讼法及相关规定的，经查证属实，可以作为定案的根据。

23.4 案例与要旨

◆【最高人民检察院指导性案例】[检例第67号] 张凯闵等52人电信网络诈骗案

要旨：跨境电信网络诈骗犯罪往往涉及大量的境外证据和庞杂的电子数据。对境外获取的证据应着重审查合法性，对电子数据应着重审查客观性。

指导意义：对境外实施犯罪的证据应着重审查合法性。对在境外获取的实施犯罪的证据，一是要审查是否符合我国《刑事诉讼法》的相关规定，能够证明案件事实且符合《刑事诉讼法》规定的，可以作为证据使用。二是对基于有关条约、司法互助协定、两岸司法互助协议或通过国际组织委托调取的证据，应注意审查相关办理程序、手续是否完备，取证程序和条件是否符合有关法律文件的规定。对不具有规定规范的，一般应当要求提供所在国公证机关证明，由所在国中央外交主管机关或其授权机关认证，并经我国驻该国使、领馆认证。三是对委托取得的境外证据，移交过程中应注意审查过程是否连续、手续是否齐全、交接物品是否完整、双方的交接清单记载的物品信息是否一致、交接清单与交接物品是否一一对应。四是对当事人及其辩护人、诉讼代理人提

供的来自境外的证据材料,要审查其是否按照条约等相关规定办理了公证和认证,并经我国驻该国使、领馆认证。

24 涉及海量证据材料的信息网络犯罪取证和认证规则

24.1 规范性文件与重点解读

▶《最高人民法院、最高人民检察院、公安部关于办理信息网络犯罪案件适用刑事诉讼程序若干问题的意见》(法发〔2022〕23号,2022年8月26日)

20. 办理信息网络犯罪案件,对于数量特别众多且具有同类性质、特征或者功能的物证、书证、证人证言、被害人陈述、视听资料、电子数据等证据材料,确因客观条件限制无法逐一收集的,应当按照一定比例或者数量选取证据,并对选取情况作出说明和论证。

人民检察院、人民法院应当重点审查取证方法、过程是否科学。经审查认为取证不科学的,应当由原取证机关作出补充说明或者重新取证。

人民检察院、人民法院应当结合其他证据材料,以及犯罪嫌疑人、被告人及其辩护人所提辩解、辩护意见,审查认定取得的证据。经审查,对相关事实不能排除合理怀疑的,应当作出有利于犯罪嫌疑人、被告人的认定。

【重点解读】[①]

一些信息网络犯罪涉及海量证据材料。例如,在非法控制计算机信息系统犯罪案件中,黑客通过网站"挂马"等方式可以在短时间内控制数百万台计算机。此种情形下,既无必要,客观上也不可能逐一核实每一台涉案计算机,从而认定被控制的计算机信息系统数量。但是,相关证据材料往往具有同质性,这就为按比例或者数量取证创造了条件。基于此,本意见第二十条对按比例或者数量取证的规则作了专门规定。

▶《最高人民法院、最高人民检察院、公安部关于办理电信网络诈骗等刑事案件适用法律若干问题的意见》(法发〔2016〕32号,2016年12月19日)

六、证据的收集和审查判断

(一)办理电信网络诈骗案件,确因被害人人数众多等客观条件的限制,

[①] 参见周加海、喻海松、李振华:《〈关于办理信息网络犯罪案件适用刑事诉讼程序若干问题的意见〉的理解与适用》,载《中国应用法学》2022年第5期。

无法逐一收集被害人陈述的,可以结合已收集的被害人陈述,以及经查证属实的银行账户交易记录、第三方支付结算账户交易记录、通话记录、电子数据等证据,综合认定被害人人数及诈骗资金数额等犯罪事实。

……

▶《人民检察院办理网络犯罪案件规定》(2021年1月22日)

第二十一条 人民检察院办理网络犯罪案件,确因客观条件限制无法逐一收集相关言词证据的,可以根据记录被害人人数、被侵害的计算机信息系统数量、涉案资金数额等犯罪事实的电子数据、书证等证据材料,在审查被告人及其辩护人所提辩解、辩护意见的基础上,综合全案证据材料,对相关犯罪事实作出认定。

第二十二条 对于数量众多的同类证据材料,在证明是否具有同样的性质、特征或者功能时,因客观条件限制不能全部验证的,可以进行抽样验证。

24.2 案例与要旨

◆【最高人民检察院指导性案例】[检例第67号] 张凯闵等52人电信网络诈骗案

指导意义:办理电信网络诈骗犯罪案件,认定被害人数量及诈骗资金数额的相关证据,应当紧紧围绕电话卡和银行卡等证据的关联性来认定犯罪事实。一是通过电话卡建立被害人与诈骗犯罪组织间的关联。通过审查诈骗犯罪组织使用的网络电话拨打记录清单、被害人接到诈骗电话号码的陈述以及被害人提供的通话记录详单等通讯类证据,认定被害人与诈骗犯罪组织间的关联性。二是通过银行卡建立被害人与诈骗犯罪组织间的关联。通过审查被害人提供的银行账户交易明细、银行客户通知书、诈骗犯罪集团指定银行账户信息等书证以及诈骗犯罪组织使用的互联网软件聊天记录,核实聊天记录中是否出现被害人的转账账户,以确定被害人与诈骗犯罪组织间的关联性。三是将电话卡和银行卡结合起来认定被害人及诈骗数额。审查被害人接到诈骗电话的时间、向诈骗犯罪组织指定账户转款的时间,诈骗犯罪组织手机或电脑中储存的聊天记录中出现的被害人的账户信息和转账时间是否印证。相互关联印证的,可以认定为案件被害人,被害人实际转账的金额可以认定为诈骗数额。

25 检察机关庭审举证方式

25.1 规范性文件与重点解读

▶《人民检察院办理网络犯罪案件规定》(2021年1月22日)

第四十七条 <u>人民法院开庭审理网络犯罪案件,公诉人出示证据可以借助多媒体示证、动态演示等方式进行。必要时,可以向法庭申请指派检察技术人员或者聘请其他有专门知识的人进行相关技术操作,并就专门性问题发表意见。</u>

公诉人在出示电子数据时,应当从以下方面进行说明:

(一)电子数据的来源、形成过程;

(二)电子数据所反映的犯罪手段、人员关系、资金流向、行为轨迹等案件事实;

(三)电子数据与被告人供述、被害人陈述、证人证言、物证、书证等的相互印证情况;

(四)其他应当说明的内容。

【重点解读】①

与其他证据相比,电子数据具有特殊的属性,比如技术性强、相对抽象、数量众多等。这就要求公诉人在法庭举证时,要采取合适的举证方式,直观、清楚地展示电子数据,让法庭听得懂。本规定第四十七条根据电子数据的特性,对网络犯罪案件法庭举证工作提出具体要求。一方面,考虑到电子数据具有抽象性,对其通过特定的网络环境和电子设备等载体来展现。由于实践中多采取多媒体演示的方式举证,所以本规定借鉴实践做法,提出公诉人出示证据可以借助多媒体示证、动态演示等方式进行。另一方面,考虑到电子数据往往数量众多甚至是海量级,对于公诉人而言,出示电子数据时,既要做到"读得懂",让参加庭审人员了解电子数据的基本情况,又要做到"说得清",从众多的电子数据中梳理出案件的脉络,展示行为轨迹和案件争议焦点。因此,本规定提出,在法庭出示电子数据时,检察官应当从电子数据的来源、形成过程,

---

① 参见最高人民检察院副检察长孙谦就《人民检察院办理网络犯罪案件规定》答记者问(2021年2月26日)。

电子数据所反映的犯罪手段、人员关系、资金流向、行为轨迹等案件事实,电子数据与被告人供述、被害人陈述、证人证言、物证、书证等的相互印证情况,对电子数据进行针对性地说明。

此外,考虑到电子数据技术性强,涉及不同的专业领域,需要专门予以说明解读,出庭检察官自身专业背景有时难以胜任。本规定提出,必要时,可以向法庭申请指派检察技术人员或者聘请其他有专门知识的人进行相关技术操作,并就专门性问题发表意见。

26 关于明知要素的认定

26.1 司法解释

26.1.1 关于明知他人利用信息网络实施犯罪的认定

▶《最高人民法院、最高人民检察院关于办理非法利用信息网络、帮助信息网络犯罪活动等刑事案件适用法律若干问题的解释》(法释〔2019〕15号,2019年10月21日)

第十一条 为他人实施犯罪提供技术支持或者帮助,具有下列情形之一的,可以认定行为人明知他人利用信息网络实施犯罪,但是有相反证据的除外:

(一)经监管部门告知后仍然实施有关行为的;

(二)接到举报后不履行法定管理职责的;

(三)交易价格或者方式明显异常的;

(四)提供专门用于违法犯罪的程序、工具或者其他技术支持、帮助的;

(五)频繁采用隐蔽上网、加密通信、销毁数据等措施或者使用虚假身份,逃避监管或者规避调查的;

(六)为他人逃避监管或者规避调查提供技术支持、帮助的;

(七)其他足以认定行为人明知的情形。

26.1.2 明知淫秽电子信息或淫秽网站的认定

▶《最高人民法院、最高人民检察院关于办理利用互联网、移动通讯终端、声讯台制作、复制、出版、贩卖、传播淫秽电子信息刑事案件具体应用法律若干问题的解释(二)》(法释〔2010〕3号,2010年2月2日)

第八条 实施第四条至第七条规定的行为,具有下列情形之一的,应当认

定行为人"明知",但是有证据证明确实不知道的除外:

(一)行政主管机关书面告知后仍然实施上述行为的;

(二)接到举报后不履行法定管理职责的;

(三)为淫秽网站提供互联网接入、服务器托管、网络存储空间、通讯传输通道、代收费、费用结算等服务,收取服务费明显高于市场价格的;

(四)向淫秽网站投放广告,广告点击率明显异常的;

(五)其他能够认定行为人明知的情形。

26.2 规范性文件与重点解读

26.2.1 关于明知他人利用信息网络实施犯罪的认定

▶《**最高人民法院、最高人民检察院、公安部关于办理电信网络诈骗等刑事案件适用法律若干问题的意见(二)**》(法发〔2021〕22号,2021年6月17日)

八、认定刑法第二百八十七条之二规定的行为人明知他人利用信息网络实施犯罪,应当根据行为人收购、出售、出租前述第七条规定的信用卡、银行账户、非银行支付账户、具有支付结算功能的互联网账号密码、网络支付接口、网上银行数字证书,或者他人手机卡、流量卡、物联网卡等的次数、张数、个数,并结合行为人的认知能力、既往经历、交易对象、与实施信息网络犯罪的行为人的关系、提供技术支持或者帮助的时间和方式、获利情况以及行为人的供述等主客观因素,予以综合认定。

收购、出售、出租单位银行结算账户、非银行支付机构单位支付账户,或者电信、银行、网络支付等行业从业人员利用履行职责或提供服务便利,非法开办并出售、出租他人手机卡、信用卡、银行账户、非银行支付账户等的,可以认定为《最高人民法院、最高人民检察院关于办理非法利用信息网络、帮助信息网络犯罪活动等刑事案件适用法律若干问题的解释》第十一条第(七)项规定的"其他足以认定行为人明知的情形"。但有相反证据的除外。

十、电商平台预付卡、虚拟货币、手机充值卡、游戏点卡、游戏装备等经销商,在公安机关调查案件过程中,被明确告知其交易对象涉嫌电信网络诈骗犯罪,仍与其继续交易,符合刑法第二百八十七条之二规定的,以帮助信息网络犯罪活动罪追究刑事责任。同时构成其他犯罪的,依照处罚较重的规定定罪处罚。

【重点解读】[①]

帮助信息网络犯罪活动罪主观明知认定一直是司法实践的难点问题。对于主观明知认定，一方面，本意见进一步明确要坚持主客观综合认定的思路。要结合出售、出租手机卡、信用卡的次数、张数、个数，以及行为人的认知能力、既往经历、交易对象、与信息网络犯罪行为人的关系、提供技术支持或者帮助的时间和方式、获利情况以及行为人的供述等主客观因素，予以综合认定。对于主观明知认定，司法实践中既要防止简单主观归罪，片面倚重犯罪嫌疑人的供述认定明知，也要防止简单客观归罪，仅仅以犯罪嫌疑人出售手机卡、信用卡行为直接认定明知。本意见对此提出总体性要求，进一步明确认定主观明知的标准要求，实践中要根据具体案件情况全面综合把握。

另一方面，本意见在总结司法实践经验基础上，增加了两种可以依法认定为主观明知的具体情形。2019年《最高人民法院、最高人民检察院关于办理非法利用信息网络、帮助信息网络犯罪活动等刑事案件适用法律若干问题的解释》第十一条规定了七种具体认定主观明知的情形。但随着实践的发展，本意见根据"断卡"行动情况，结合实际案例综合分析，对于两种相对明确可以认定为明知的情形予以规定，即收购、出售、出租单位银行结算账户、非银行支付机构单位支付账户的，以及电信、银行、网络支付等行业从业人员利用履行职责或提供服务便利，非法开办并出售、出租他人手机卡、信用卡、银行账户、非银行支付账户等的，可以认定为该解释第十一条第七项规定的"其他足以认定行为人明知的情形"。

之所以规定这两种情形，主要考虑：一是相较于个人信用卡，单位支付结算账户开办门槛高、交易额度高，因此金融监管机关对于申请开立的用户有更高的要求和约束。特别是随着"断卡"行动逐步深入，相关部门进一步加强了对申办这类账户的监管和警示提醒。不得随意出租、转借和买卖单位支付结算账户，应当成为申办用户需要遵守的基本要求。从当前司法实践看，非法交易

[①] 参见刘太宗、赵玮、刘涛：《"两高一部"〈关于办理电信网络诈骗等刑事案件适用法律若干问题的意见（二）〉解读》，载《人民检察》2021年第13期。

的单位支付结算账户，多是被用于实施电信网络诈骗等违法犯罪行为。甚至一些违法犯罪个人、团伙，专门注册空壳公司、开设单位支付结算账户出租、出售，社会危害很大。综合以上因素，本条规定对于收购、出售、出租单位支付结算账户的行为，可以认定具有帮助信息网络犯罪活动罪的主观明知。二是电信、银行、网络支付等行业从业人员利用履行职责或提供服务便利，从事非法交易手机卡、信用卡的行为，突破、规避了行业内部风险防控和监管制度，不仅为诈骗犯罪提供了极大便利，还往往涉及侵犯公民个人信息等犯罪。对这些行业从业人员的要求要高于一般社会公众，对其实施的非法交易手机卡、信用卡行为，结合所从事的职业特点及行业监管规定，可以认定行为人主观上明知他人利用信息网络实施犯罪而提供帮助。

26.2.2 明知他人实施电信网络诈骗犯罪的认定

▶《最高人民法院、最高人民检察院、公安部关于办理电信网络诈骗等刑事案件适用法律若干问题的意见》（法发〔2016〕32号，2016年12月19日）

四、准确认定共同犯罪与主观故意

……

（三）明知他人实施电信网络诈骗犯罪，具有下列情形之一的，以共同犯罪论处，但法律和司法解释另有规定的除外：

1. 提供信用卡、资金支付结算账户、手机卡、通讯工具的；

2. 非法获取、出售、提供公民个人信息的；

3. 制作、销售、提供"木马"程序和"钓鱼软件"等恶意程序的；

4. 提供"伪基站"设备或相关服务的；

5. 提供互联网接入、服务器托管、网络存储、通讯传输等技术支持，或者提供支付结算等帮助的；

6. 在提供改号软件、通话线路等技术服务时，发现主叫号码被修改为国内党政机关、司法机关、公共服务部门号码，或者境外用户改为境内号码，仍提供服务的；

7. 提供资金、场所、交通、生活保障等帮助的；

8. 帮助转移诈骗犯罪所得及其产生的收益，套现、取现的。

上述规定的"明知他人实施电信网络诈骗犯罪"，应当结合被告人的认知能力、既往经历、行为次数和手段、与他人关系、获利情况、是否曾因电信网络诈骗受过处罚、是否故意规避调查等主客观因素进行综合分析认定。

......

26.2.3 明知赌博网站的认定

▶《最高人民法院、最高人民检察院、公安部关于办理网络赌博犯罪案件适用法律若干问题的意见》（公通字〔2010〕40号，2010年8月31日）

二、关于网上开设赌场共同犯罪的认定和处罚

明知是赌博网站，而为其提供下列服务或者帮助的，属于开设赌场罪的共同犯罪，依照刑法第三百零三条第二款的规定处罚：

（一）为赌博网站提供互联网接入、服务器托管、网络存储空间、通讯传输通道、投放广告、发展会员、软件开发、技术支持等服务，收取服务费数额在2万元以上的；

（二）为赌博网站提供资金支付结算服务，收取服务费数额在1万元以上或者帮助收取赌资20万元以上的；

（三）为10个以上赌博网站投放与网址、赔率等信息有关的广告或者为赌博网站投放广告累计100条以上的。

实施前款规定的行为，数量或者数额达到前款规定标准5倍以上的，应当认定为刑法第三百零三条第二款规定的"情节严重"。

实施本条第一款规定的行为，具有下列情形之一的，应当认定行为人"明知"，但是有证据证明确实不知道的除外：

（一）收到行政主管机关书面等方式的告知后，仍然实施上述行为的；

（二）为赌博网站提供互联网接入、服务器托管、网络存储空间、通讯传输通道、投放广告、软件开发、技术支持、资金支付结算等服务，收取服务费明显异常的；

（三）在执法人员调查时，通过销毁、修改数据、账本等方式故意规避调查或者向犯罪嫌疑人通风报信的；

（四）其他有证据证明行为人明知的。

如果有开设赌场的犯罪嫌疑人尚未到案，但是不影响对已到案共同犯罪嫌疑人、被告人的犯罪事实认定的，可以依法对已到案者定罪处罚。

26.2.4 对他人实施电信网络诈骗犯罪明知的内容和程度

▶《最高人民检察院关于印发〈检察机关办理电信网络诈骗案件指引〉的通知》(高检发侦监字〔2018〕12号,2018年11月9日)

二、需要特别注意的问题

(五)关联犯罪事前通谋的审查

根据《意见》规定,明知是电信网络诈骗犯罪所得及其产生的收益,通过使用销售点终端机具(POS机)刷卡套现等非法途径,协助转换或者转移财物等五种方式转账、套现、取现的,需要与直接实施电信网络诈骗犯罪嫌疑人事前通谋的才以共同犯罪论处。因此,应当重点审查帮助转换或者转移财物行为人是否在诈骗犯罪既遂之前与实施诈骗犯罪嫌疑人共谋或者虽无共谋但明知他人实施犯罪而提供帮助。对于帮助者明知的内容和程度,并不要求其明知被帮助者实施诈骗行为的具体细节,其只要认识到对方实施诈骗犯罪行为即可。审查时,要根据犯罪嫌疑人的认知能力、既往经历、行为次数和手段、与他人关系、获利情况、是否曾因电信网络诈骗受过处罚以及是否故意规避调查等主客观因素分析认定。

26.2.5 对他人实施电信网络诈骗犯罪明知的认定

▶《最高人民法院刑事审判第三庭、最高人民检察院第四检察厅、公安部刑事侦查局关于"断卡"行动中有关法律适用问题的会议纪要》(2022年3月22日)

一、关于帮助信息网络犯罪活动罪中"明知他人利用信息网络实施犯罪"的理解适用。认定行为人是否"明知"他人利用信息网络实施犯罪,应当坚持主客观相一致原则,即要结合行为人的认知能力、既往经历、交易对象、与信息网络犯罪行为人的关系、提供技术支持或者帮助的时间和方式、获利情况、出租、出售"两卡"的次数、张数、个数,以及行为人的供述等主客观因素,同时注重听取行为人的辩解并根据其辩解合理与否,予以综合认定。司法办案中既要防止片面倚重行为人的供述认定明知;也要避免简单客观归罪,仅以行为人有出售"两卡"行为就直接认定明知。特别是对于交易双方存在亲友关系等信赖基础,一方确系偶尔向另一方出租、出售"两卡"的,要根据在案事实证据,审慎认定"明知"。

在办案过程中,可着重审查行为人是否具有以下特征及表现,综合全案证据，对其构成"明知"与否作出判断：（1）跨省或多人结伙批量办理、收购、贩卖"两卡"的；（2）出租、出售"两卡"后，收到公安机关、银行业金融机构、非银行支付机构、电信服务提供者等相关单位部门的口头或书面通知，告知其所出租、出售的"两卡"涉嫌诈骗、洗钱等违法犯罪，行为人未采取补救措施，反而继续出租、出售的；（3）出租、出售的"两卡"因涉嫌诈骗、洗钱等违法犯罪被冻结，又帮助解冻，或者注销旧卡、办理新卡，继续出租、出售的；（4）出租、出售的具有支付结算功能的网络账号因涉嫌诈骗、洗钱等违法犯罪被查封，又帮助解封，继续提供给他人使用的；（5）频繁使用隐蔽上网、加密通信、销毁数据等措施或者使用虚假身份，逃避监管或者规避调查的；（6）事先串通设计应对调查的话术口径的；（7）曾因非法交易"两卡"受过处罚或者信用惩戒、训诫谈话，又收购、出售、出租"两卡"的等。

26.3 案例与要旨

◆【最高人民检察院 2022 年发布检察机关打击治理电信网络诈骗及关联犯罪典型案例之六】罗某杰诈骗案

办案要旨：利用虚拟货币非法进行资金跨境转移，严重危害经济秩序和社会稳定，应当依法从严全链条惩治。对于专门为诈骗犯罪团伙提供资金转移通道，形成较为稳定协作关系的情形，应以诈骗罪共犯认定，实现罪责刑相适应。

典型意义：专门为诈骗犯罪分子提供资金转移通道，形成较为稳定协作关系的，应以诈骗罪共犯认定。跨境电信网络诈骗犯罪案件多是内外勾结配合实施，有的诈骗犯罪分子在境外未归案，司法机关难以获取相关证据，加大了对在案犯罪嫌疑人行为的认定难度。检察机关在办理此类案件时，要坚持主客观相统一原则，全面收集行为人与境外犯罪分子联络、帮助转移资金数额、次数、频率等方面的证据。行为人长期帮助诈骗团伙转账、套现、取现，或者提供专门资金转移通道，形成较为稳定协作关系的，在综合全案证据基础上，应认定其与境外诈骗分子具有通谋，以诈骗罪共犯认定，实现罪责刑相适应。

27 网络犯罪案件的账户资金推定规则

27.1 规范性文件与重点解读

27.1.1 涉众型信息网络犯罪案件的账户资金推定规则

▶《**最高人民法院、最高人民检察院、公安部关于办理信息网络犯罪案件适用刑事诉讼程序若干问题的意见**》（法发〔2022〕23 号，2022 年 8 月 26 日）

21. 对于涉案人数特别众多的信息网络犯罪案件，确因客观条件限制无法收集证据逐一证明、逐人核实涉案账户的资金来源，但根据银行账户、非银行支付账户等交易记录和其他证据材料，足以认定有关账户主要用于接收、流转涉案资金的，可以按照该账户接收的资金数额认定犯罪数额，但犯罪嫌疑人、被告人能够作出合理说明的除外。案外人提出异议的，应当依法审查。

【重点解读】①

对于涉众型信息网络犯罪案件的账户资金推定规则需要注意以下几点：（1）适用范围为涉案人数特别众多的信息网络犯罪案件，对于一般的信息网络犯罪案件，不能适用。（2）有银行账户、非银行支付账户等交易记录和其他证据材料，即对于证明基本犯罪事实已经有相应的客观性证据，只是由于客观条件的限制，无法收集证据逐一证明、逐人核实涉案账户的资金来源。如电信网络诈骗中犯罪嫌疑人的银行账号中往往有成千上万笔汇款记录，无法一一找到被害人并制作笔录。（3）足以认定有关账户主要用于接收、流转涉案资金的，可以按照该账户接收的资金数额认定犯罪数额，但犯罪嫌疑人、被告人能够作出合理说明的除外。例如，犯罪嫌疑人提出涉嫌诈骗的账户里有合法收入并提供相应证据，经查证属实或者不能排除合理怀疑的，则不能认定该笔犯罪数额。此外，案外人就涉案账户资金的认定提出异议的，应当依法审查。

---

① 参见周加海、喻海松、李振华：《〈关于办理信息网络犯罪案件适用刑事诉讼程序若干问题的意见〉的理解与适用》，载《中国应用法学》2022 年第 5 期。

27.1.2 关于电信诈骗犯罪违法资金的推定

▶《最高人民法院、最高人民检察院、公安部关于办理电信网络诈骗等刑事案件适用法律若干问题的意见》(法发〔2016〕32号,2016年12月19日)

七、涉案财物的处理

……

(二)涉案银行账户或者涉案第三方支付账户内的款项,对权属明确的被害人的合法财产,应当及时返还。确因客观原因无法查实全部被害人,但有证据证明该账户系用于电信网络诈骗犯罪,且被告人无法说明款项合法来源的,根据刑法第六十四条的规定,应认定为违法所得,予以追缴。

……

【重点解读】[①]

设立该规定的目的,是为最大限度追赃挽损,弥补被害群众的经济损失,同时防止犯罪分子虽受到刑事处罚,但却捞到经济上的实惠。任何人不能从自己的犯罪行为中获益。

27.1.3 关于网络赌博赌资的推定

▶《最高人民法院、最高人民检察院、公安部关于办理网络赌博犯罪案件适用法律若干问题的意见》(公通字〔2010〕40号,2010年8月31日)

……

三、关于网络赌博犯罪的参赌人数、赌资数额和网站代理的认定

对于开设赌场犯罪中用于接收、流转赌资的银行账户内的资金,犯罪嫌疑人、被告人不能说明合法来源的,可以认定为赌资。……

27.1.4 关于电信网络诈骗犯罪数额的推定

▶《最高人民检察院关于印发〈检察机关办理电信网络诈骗案件指引〉的通知》(高检发侦监字〔2018〕12号,2018年11月9日)

三、需要特别注意的问题

(三)诈骗数额及发送信息、拨打电话次数的认定

1. 诈骗数额的认定

(1)根据犯罪集团诈骗账目登记表、犯罪嫌疑人提成表等书证,结合证人

[①] 参见最高人民法院、最高人民检察院、公安部有关负责人就《关于办理电信网络诈骗等刑事案件适用法律若干问题的意见》答记者问。

证言、犯罪嫌疑人供述和辩解等言词证据,认定犯罪嫌疑人的诈骗数额。

(2)根据经查证属实的银行账户交易记录、第三方支付结算账户交易记录、通话记录、电子数据等证据,结合已收集的被害人陈述,认定被害人人数及诈骗资金数额。

(3)对于确因客观原因无法查实全部被害人,尽管有证据证明该账户系用于电信网络诈骗犯罪,且犯罪嫌疑人无法说明款项合法来源的,也不能简单将账户内的款项全部推定为"犯罪数额"。要根据在案其他证据,认定犯罪集团是否有其他收入来源,"违法所得"有无其他可能性。如果证据足以证实"违法所得"的排他性,则可以将"违法所得"均认定为犯罪数额。

……

27.1.5 关于跨境赌博犯罪中赌资的推定

▶《最高人民法院、最高人民检察院、公安部关于印发〈办理跨境赌博犯罪案件若干问题的意见〉的通知》(公通字〔2020〕14号,2020年10月16日)

五、关于跨境赌博犯罪赌资数额的认定及处理

对于开设赌场犯罪中主要用于接收、流转赌资的银行账户内的资金,犯罪嫌疑人、被告人不能说明合法来源的,可以认定为赌资。

……

专题五 毒品犯罪

28 毒品犯罪案件中主观明知的认定

28.1 规范性文件与重点解读

▶《最高人民法院、最高人民检察院、公安部印发〈关于办理走私、非法买卖麻黄碱类复方制剂等刑事案件适用法律若干问题的意见〉的通知》(法发〔2012〕12号,2012年6月18日)

五、关于犯罪嫌疑人、被告人主观目的与明知的认定

对于本意见规定的犯罪嫌疑人、被告人的主观目的与明知,应当根据物

证、书证、证人证言以及犯罪嫌疑人、被告人供述和辩解等在案证据,结合犯罪嫌疑人、被告人的行为表现,重点考虑以下因素综合予以认定:

1. 购买、销售麻黄碱类复方制剂的价格是否明显高于市场交易价格;
2. 是否采用虚假信息、隐蔽手段运输、寄递、存储麻黄碱类复方制剂;
3. 是否采用伪报、伪装、藏匿或者绕行进出境等手段逃避海关、边防等检查;
4. 提供相关帮助行为获得的报酬是否合理;
5. 此前是否实施过同类违法犯罪行为;
6. 其他相关因素。

【重点解读】①

本条规定的不是对"犯罪嫌疑人、被告人的主观目的与明知"的司法推定,而是对行为人的主观目的和明知如何进行司法认定所作的提示性规定,即通过重点审查和运用有关证据作出综合判断。

▶ 《最高人民法院关于印发〈全国部分法院审理毒品犯罪案件工作座谈会纪要〉的通知》(法〔2008〕324号,2008年12月1日)

十、主观明知的认定问题

毒品犯罪中,判断被告人对涉案毒品是否明知,不能仅凭被告人供述,而应当依据被告人实施毒品犯罪行为的过程、方式、毒品被查获时的情形等证据,结合被告人的年龄、阅历、智力等情况,进行综合分析判断。

具有下列情形之一,被告人不能做出合理解释的,可以认定其"明知"是毒品,但有证据证明确属被蒙骗的除外:

(1)执法人员在口岸、机场、车站、港口和其他检查站点检查时,要求行为人申报为他人携带的物品和其他疑似毒品物,并告知其法律责任,而行为人未如实申报,在其携带的物品中查获毒品的;

(2)以伪报、藏匿、伪装等蒙蔽手段,逃避海关、边防等检查,在其携带、运输、邮寄的物品中查获毒品的;

(3)执法人员检查时,有逃跑、丢弃携带物品或者逃避、抗拒检查等行

---

① 参见陈国庆、韩耀元、卢宇蓉:《〈关于办理走私、非法买卖麻黄碱类复方制剂等刑事案件适用法律若干问题的意见〉理解与适用》,载《人民检察》2012年第15期。

为，在其携带或者丢弃的物品中查获毒品的；

（4）体内或者贴身隐秘处藏匿毒品的；

（5）为获取不同寻常的高额、不等值报酬为他人携带、运输物品，从中查获毒品的；

（6）采用高度隐蔽的方式携带、运输物品，从中查获毒品的；

（7）采用高度隐蔽的方式交接物品，明显违背合法物品惯常交接方式，从中查获毒品的；

（8）行程路线故意绕开检查站点，在其携带、运输的物品中查获毒品的；

（9）以虚假身份或者地址办理托运手续，在其托运的物品中查获毒品的；

（10）有其他证据足以认定行为人应当知道的。

【重点解读】①

作出这一规定，一是公民基于法律法规而产生的义务。行为人在进行与自身相关的有关行为时，有责任审查被委托、雇佣携带、运输或者交接的物品是否属于违禁品，否则就要承担相应的法律责任。二是基于严惩毒品犯罪的需要。如果仅以行为人是否承认明知为标准，就难以认定毒品犯罪人的主观故意，严重影响惩治毒品犯罪活动。三是基于现行法律、司法解释和规范性文件对明知问题已作过类似规定。如《刑法》第二百一十九条第二款规定，明知前款所列行为，获取、披露、使用或者允许他人使用该商业秘密的，以侵犯商业秘密论。最高人民法院、最高人民检察院2007年5月《关于办理与盗窃、抢劫、诈骗、抢夺机动车相关刑事案件具体应用法律若干问题的解释》第六条，最高人民法院、最高人民检察院、海关总署2002年7月《关于办理走私刑事案件适用法律若干问题的意见》第五条，都结合案件的具体情况规定了明知的认定问题。四是基于国际公约对明知事项的规定。《联合国禁止非法贩运麻醉药品和精神药物公约》第三条第一款规定了各种毒品的故意犯罪，其中第三款规定："构成本条第1款所列罪行的知情、故意或目的等要素，可根据客观事实情况加以判断。"我国签署和批准了该公约（1990年11月11日在我国生效）。此外，《联合国打击跨国有组织犯罪公约》第五条第二款、《联合国反腐

---

① 参见高贵君、王勇、吴光侠：《〈全国部分法院审理毒品犯罪案件工作座谈会纪要〉的理解与适用》，载《人民司法（应用）》2009年第3期。

败公约》第二十八条也有类似规定。五是基于国外和我国香港地区关于毒品犯罪明知规定的借鉴。

至于判断是否明知,应当注意以下问题:一是判断是否明知应当以客观实际情况为依据。尽管明知是行为人知道或者应当知道行为对象是毒品的心理状态,但是判断被告人主观是否明知,不能仅凭被告人是否承认,而应当综合考虑案件中的各种客观实际情况,依据实施毒品犯罪行为的过程、行为方式、毒品被查获时的情形和环境等证据,结合被告人的年龄、阅历、智力及掌握相关知识情况,进行综合分析判断。二是用作推定前提的基础事实必须有确凿的证据证明。首先要查明行为人携带、运输的东西确实是毒品,同时行为人有反常行为表现。三是依照上述规定认定的明知,允许行为人提出反证加以推翻。由于推定明知不是以确凿证据证明的,而是根据基础事实与待证事实的常态联系,运用情理判断和逻辑推理得出的,有可能出现例外情况。如果行为人能做出合理解释,有证据证明确实受蒙骗,其辩解有事实依据或者合乎情理,就不能认定其明知是毒品。

▶《最高人民法院、最高人民检察院、公安部关于印发〈办理毒品犯罪案件适用法律若干问题的意见〉的通知》(公通字〔2007〕84号,2007年12月18日)

二、关于毒品犯罪嫌疑人、被告人主观明知的认定问题

走私、贩卖、运输、非法持有毒品主观故意中的"明知",是指行为人知道或者应当知道所实施的行为是走私、贩卖、运输、非法持有毒品行为。具有下列情形之一,并且犯罪嫌疑人、被告人不能做出合理解释的,可以认定其"应当知道",但有证据证明确属被蒙骗的除外:

(一)执法人员在口岸、机场、车站、港口和其他检查站检查时,要求行为人申报为他人携带的物品和其他疑似毒品物,并告知其法律责任,而行为人未如实申报,在其所携带的物品内查获毒品的;

(二)以伪报、藏匿、伪装等蒙蔽手段逃避海关、边防等检查,在其携带、运输、邮寄的物品中查获毒品的;

(三)执法人员检查时,有逃跑、丢弃携带物品或逃避、抗拒检查等行为,在其携带或丢弃的物品中查获毒品的;

(四)体内藏匿毒品的;

（五）为获取不同寻常的高额或不等值的报酬而携带、运输毒品的；

（六）采用高度隐蔽的方式携带、运输毒品的；

（七）采用高度隐蔽的方式交接毒品，明显违背合法物品惯常交接方式的；

（八）其他有证据足以证明行为人应当知道的。

28.2 案例与要旨

◆【最高人民检察院指导性案例】 ［检例第 151 号］ 马某某走私、贩卖毒品案

要旨：行为人明知系国家管制的麻醉药品、精神药品，出于非法用途走私、贩卖的，应当以走私、贩卖毒品罪追究刑事责任。行为人出于非法用途，以贩卖为目的非法购买国家管制的麻醉药品、精神药品的，应当认定为贩卖毒品罪既遂。

指导意义：审查涉案麻醉药品、精神药品的用途和行为人主观认知，依法认定走私、贩卖麻醉药品、精神药品行为的性质。麻醉药品、精神药品可以在医疗、教学、科研用途合法使用，也会被违法犯罪分子作为毒品使用。行为人向走私、贩卖毒品的犯罪分子或者吸毒人员贩卖国家管制的麻醉药品、精神药品，应当以贩卖毒品罪追究刑事责任。行为人出于其他非法用途，走私、贩卖国家管制的麻醉药品、精神药品，应当以走私、贩卖毒品罪追究刑事责任。行为人未核实购买人购买麻醉药品、精神药品具体用途，但知道其不是用于合法用途，为非法获利，基于放任的故意，向用于非法用途的人贩卖的，应当认定为贩卖毒品罪。对于"非法用途"，可以从行为人买卖麻醉药品、精神药品是否用于医疗等合法目的予以认定。判断行为人对涉案毒品性质是否明知，除审查其供述外，还应结合其认知能力、学历、从业背景、是否曾有同类药物服用史、是否使用虚假身份交易等证据进行综合认定。

◆【最高人民检察院指导性案例】 ［检例第 152 号］ 郭某某欺骗他人吸毒案

要旨：行为人明知系国家管制的麻醉药品、精神药品而向他人的饮料、食物中投放，欺骗他人吸食的，应当以欺骗他人吸毒罪追究刑事责任。

指导意义：针对不同情形，依法认定涉案麻醉药品、精神药品为毒品。麻醉药品、精神药品的镇静、安眠等药用功效，往往成为行为人抗辩其毒品属性

的借口，对此检察机关应当严格审查。对于有证据证明行为人明知系国家管制的麻醉药品、精神药品，仍利用其毒品属性和用途的，应当依法认定相关物品为毒品；行为人对于涉案物品系毒品主观上是否明知，应当根据其年龄、职业、生活阅历、有无吸贩毒史以及对物品的交付、使用方式等证据，运用经验法则和逻辑规则综合分析判断。

29 毒品提取、检验等程序

29.1 规范性文件与重点解读

▶《最高人民法院、最高人民检察院、公安部关于印发〈办理毒品犯罪案件毒品提取、扣押、称量、取样和送检程序若干问题的规定〉的通知》（公禁毒〔2016〕511号，2016年5月24日）

第一章 总 则

第三条 人民检察院、人民法院办理毒品犯罪案件，应当审查公安机关对毒品的提取、扣押、称量、取样、送检程序以及相关证据的合法性。

毒品的提取、扣押、称量、取样、送检程序存在瑕疵，可能严重影响司法公正的，人民检察院、人民法院应当要求公安机关予以补正或者作出合理解释。经公安机关补正或者作出合理解释的，可以采用相关证据；不能补正或者作出合理解释的，对相关证据应当依法予以排除，不得作为批准逮捕、提起公诉或者判决的依据。

第二章 提取、扣押

第四条 侦查人员应当对毒品犯罪案件有关的场所、物品、人身进行勘验、检查或者搜查，及时准确地发现、固定、提取、采集毒品及内外包装物上的痕迹、生物样本等物证，依法予以扣押。必要时，可以指派或者聘请具有专门知识的人，在侦查人员的主持下进行勘验、检查。

侦查人员对制造毒品、非法生产制毒物品犯罪案件的现场进行勘验、检查或者搜查时，应当提取并当场扣押制造毒品、非法生产制毒物品的原料、配剂、成品、半成品和工具、容器、包装物以及上述物品附着的痕迹、生物样本等物证。

提取、扣押时，不得将不同包装物内的毒品混合。

现场勘验、检查或者搜查时，应当对查获毒品的原始状态拍照或者录像，采取措施防止犯罪嫌疑人及其他无关人员接触毒品及包装物。

第五条　毒品的扣押应当在有犯罪嫌疑人在场并有见证人的情况下，由两名以上侦查人员执行。

毒品的提取、扣押情况应当制作笔录，并当场开具扣押清单。

笔录和扣押清单应当由侦查人员、犯罪嫌疑人和见证人签名。犯罪嫌疑人拒绝签名的，应当在笔录和扣押清单中注明。

第六条　对同一案件在不同位置查获的两个以上包装的毒品，应当根据不同的查获位置进行分组。

对同一位置查获的两个以上包装的毒品，应当按照以下方法进行分组：

（一）毒品或者包装物的外观特征不一致的，根据毒品及包装物的外观特征进行分组；

（二）毒品及包装物的外观特征一致，但犯罪嫌疑人供述非同一批次毒品的，根据犯罪嫌疑人供述的不同批次进行分组；

（三）毒品及包装物的外观特征一致，但犯罪嫌疑人辩称其中部分不是毒品或者不知是否为毒品的，对犯罪嫌疑人辩解的部分疑似毒品单独分组。

第七条　对查获的毒品应当按其独立最小包装逐一编号或者命名，并将毒品的编号、名称、数量、查获位置以及包装、颜色、形态等外观特征记录在笔录或者扣押清单中。

在毒品的称量、取样、送检等环节，毒品的编号、名称以及对毒品外观特征的描述应当与笔录和扣押清单保持一致；不一致的，应当作出书面说明。

第八条　对体内藏毒的案件，公安机关应当监控犯罪嫌疑人排出体内的毒品，及时提取、扣押并制作笔录。笔录应当由侦查人员和犯罪嫌疑人签名；犯罪嫌疑人拒绝签名的，应当在笔录中注明。在保障犯罪嫌疑人隐私权和人格尊严的情况下，可以对排毒的主要过程进行拍照或者录像。

必要时，可以在排毒前对犯罪嫌疑人体内藏毒情况进行透视检验并以透视影像的形式固定证据。

体内藏毒的犯罪嫌疑人为女性的，应当由女性工作人员或者医师检查其身体，并由女性工作人员监控其排毒。

第九条　现场提取、扣押等工作完成后，一般应当由两名以上侦查人员对提取、扣押的毒品及包装物进行现场封装,并记录在笔录中。

封装应当在有犯罪嫌疑人在场并有见证人的情况下进行;应当使用封装袋封装毒品并加密封口,或者使用封条贴封包装,作好标记和编号,由侦查人员、犯罪嫌疑人和见证人在封口处、贴封处或者指定位置签名并签署封装日期。犯罪嫌疑人拒绝签名的,侦查人员应当注明。

确因情况紧急、现场环境复杂等客观原因无法在现场实施封装的,经公安机关办案部门负责人批准,可以及时将毒品带至公安机关办案场所或者其他适当的场所进行封装,并对毒品移动前后的状态进行拍照固定,作出书面说明。

封装时,不得将不同包装内的毒品混合。对不同组的毒品,应当分别独立封装,封装后可以统一签名。

第十条 必要时,侦查人员应当对提取、扣押和封装的主要过程进行拍照或者录像。

照片和录像资料应当反映提取、扣押和封装活动的主要过程以及毒品的原始位置、存放状态和变动情况。照片应当附有相应的文字说明,文字说明应当与照片反映的情况相对应。

第十一条 公安机关应当设置专门的毒品保管场所或者涉案财物管理场所,指定专人保管封装后的毒品及包装物,并采取措施防止毒品发生变质、泄漏、遗失、损毁或者受到污染等。

对易燃、易爆、具有毒害性以及对保管条件、保管场所有特殊要求的毒品,在处理前应当存放在符合条件的专门场所。公安机关没有具备保管条件的场所的,可以借用其他单位符合条件的场所进行保管。

第三章 称 量

第十二条 毒品的称量一般应当由两名以上侦查人员在查获毒品的现场完成。

不具备现场称量条件的,应当按照本规定第九条的规定对毒品及包装物封装后,带至公安机关办案场所或者其他适当的场所进行称量。

第十三条 称量应当在有犯罪嫌疑人在场并有见证人的情况下进行,并制作称量笔录。

对已经封装的毒品进行称量前,应当在有犯罪嫌疑人在场并有见证人的情况下拆封,并记录在称量笔录中。

称量笔录应当由称量人、犯罪嫌疑人和见证人签名。犯罪嫌疑人拒绝签名的,应当在称量笔录中注明。

第十四条 称量应当使用适当精度和称量范围的衡器。称量的毒品质量不足一百克的,衡器的分度值应当达到零点零一克;一百克以上且不足一千克的,分度值应当达到零点一克;一千克以上且不足十千克的,分度值应当达到一克;十千克以上且不足一百千克的,分度值应当达到十克;一百千克以上且不足一吨的,分度值应当达到一百克;一吨以上的,分度值应当达到一千克。

称量前,称量人应当将衡器示数归零,并确保其处于正常的工作状态。

称量所使用的衡器应当经过法定计量检定机构检定并在有效期内,一般不得随意搬动。

法定计量检定机构出具的计量检定证书复印件应当归入证据材料卷,并随案移送。

第十五条 对两个以上包装的毒品,应当分别称量,并统一制作称量笔录,不得混合后称量。

对同一组内的多个包装的毒品,可以采取全部毒品及包装物总质量减去包装物质量的方式确定毒品的净质量;称量时,不同包装物内的毒品不得混合。

第十六条 多个包装的毒品系包装完好、标识清晰完整的麻醉药品、精神药品制剂的,可以按照其包装、标识或者说明书上标注的麻醉药品、精神药品成分的含量计算全部毒品的质量,或者从相同批号的药品制剂中随机抽取三个包装进行称量后,根据麻醉药品、精神药品成分的含量计算全部毒品的质量。

第十七条 对体内藏毒的案件,应当将犯罪嫌疑人排出体外的毒品逐一称量,统一制作称量笔录。

犯罪嫌疑人供述所排出的毒品系同一批次或者毒品及包装物的外观特征相似的,可以按照本规定第十五条第二款规定的方法进行称量。

第十八条 对同一容器内的液态毒品或者固液混合状态毒品,应当采用拍照或者录像等方式对其原始状态进行固定,再统一称量。必要时,可以对其原始状态固定后,再进行固液分离并分别称量。

第十九条 现场称量后将毒品带回公安机关办案场所或者送至鉴定机构取样的,应当按照本规定第九条的规定对毒品及包装物进行封装。

第二十条 侦查人员应当对称量的主要过程进行拍照或者录像。

照片和录像资料应当清晰显示毒品的外观特征、衡器示数和犯罪嫌疑人对称量结果的指认情况。

第四章 取 样

第二十一条 毒品的取样一般应当在称量工作完成后，由两名以上侦查人员在查获毒品的现场或者公安机关办案场所完成。必要时，可以指派或者聘请具有专门知识的人进行取样。

在现场或者公安机关办案场所不具备取样条件的，应当按照本规定第九条的规定对毒品及包装物进行封装后，将其送至鉴定机构并委托鉴定机构进行取样。

第二十二条 在查获毒品的现场或者公安机关办案场所取样的，应当在有犯罪嫌疑人在场并有见证人的情况下进行，并制作取样笔录。

对已经封装的毒品进行取样前，应当在有犯罪嫌疑人在场并有见证人的情况下拆封，并记录在取样笔录中。

取样笔录应当由取样人、犯罪嫌疑人和见证人签名。犯罪嫌疑人拒绝签名的，应当在取样笔录中注明。

必要时，侦查人员应当对拆封和取样的主要过程进行拍照或者录像。

第二十三条 委托鉴定机构进行取样的，对毒品的取样方法、过程、结果等情况应当制作取样笔录，但鉴定意见包含取样方法的除外。

取样笔录应当由侦查人员和取样人签名，并随案移送。

第二十四条 对单个包装的毒品，应当按照下列方法选取或者随机抽取检材：

（一）粉状。将毒品混合均匀，并随机抽取约一克作为检材；不足一克的全部取作检材。

（二）颗粒状、块状。随机选择三个以上不同的部位，各抽取一部分混合作为检材，混合后的检材质量不少于一克；不足一克的全部取作检材。

（三）膏状、胶状。随机选择三个以上不同的部位，各抽取一部分混合作为检材，混合后的检材质量不少于三克；不足三克的全部取作检材。

（四）胶囊状、片剂状。先根据形状、颜色、大小、标识等外观特征进行分组；对于外观特征相似的一组，从中随机抽取三粒作为检材，不足三粒的全部取作检材。

（五）液态。将毒品混合均匀，并随机抽取约二十毫升作为检材；不足二十毫升的全部取作检材。

（六）固液混合状态。按照本款以上各项规定的方法，分别对固态毒品和液态毒品取样；能够混合均匀成溶液的，可以将其混合均匀后按照本款第五项规定的方法取样。

对其他形态毒品的取样，参照前款规定的取样方法进行。

第二十五条　对同一组内两个以上包装的毒品，应当按照下列标准确定选取或者随机抽取独立最小包装的数量，再根据本规定第二十四条规定的取样方法从单个包装中选取或者随机抽取检材：

（一）少于十个包装的，应当选取所有的包装；

（二）十个以上包装且少于一百个包装的，应当随机抽取其中的十个包装；

（三）一百个以上包装的，应当随机抽取与包装总数的平方根数值最接近的整数个包装。

对选取或者随机抽取的多份检材，应当逐一编号或者命名，且检材的编号、名称应当与其他笔录和扣押清单保持一致。

第二十六条　多个包装的毒品系包装完好、标识清晰完整的麻醉药品、精神药品制剂的，可以从相同批号的药品制剂中随机抽取三个包装，再根据本规定第二十四条规定的取样方法从单个包装中选取或者随机抽取检材。

第二十七条　在查获毒品的现场或者公安机关办案场所取样的，应当使用封装袋封装检材并加密封口，作好标记和编号，由取样人、犯罪嫌疑人和见证人在封口处或者指定位置签名并签署封装日期。犯罪嫌疑人拒绝签名的，侦查人员应当注明。

从不同包装中选取或者随机抽取的检材应当分别独立封装，不得混合。

对取样后剩余的毒品及包装物，应当按照本规定第九条的规定进行封装。选取或者随机抽取的检材应当由专人负责保管。在检材保管和送检过程中，应当采取妥善措施防止其发生变质、泄漏、遗失、损毁或者受到污染等。

第二十八条　委托鉴定机构进行取样的，应当使用封装袋封装取样后剩余的毒品及包装物并加密封口，作好标记和编号，由侦查人员和取样人在封口处签名并签署封装日期。

第二十九条　对取样后剩余的毒品及包装物，应当及时送至公安机关毒品保管场所或者涉案财物管理场所进行妥善保管。

对需要作为证据使用的毒品,不起诉决定或者判决、裁定(含死刑复核判决、裁定)发生法律效力后方可处理。

第五章 送 检

第三十条 对查获的全部毒品或者从查获的毒品中选取或者随机抽取的检材,应当由两名以上侦查人员自毒品被查获之日起三日以内,送至鉴定机构进行鉴定。

具有案情复杂、查获毒品数量较多、异地办案、在交通不便地区办案等情形的,送检时限可以延长至七日。

公安机关应当向鉴定机构提供真实、完整、充分的鉴定材料,并对鉴定材料的真实性、合法性负责。

第三十一条 侦查人员送检时,应当持本人工作证件、鉴定聘请书等材料,并提供鉴定事项相关的鉴定资料;需要复核、补充或者重新鉴定的,还应当持原鉴定意见复印件。

第三十二条 送检的侦查人员应当配合鉴定机构核对鉴定材料的完整性、有效性,并检查鉴定材料是否满足鉴定需要。

公安机关鉴定机构应当在收到鉴定材料的当日作出是否受理的决定,决定受理的,应当与公安机关办案部门签订鉴定委托书;不予受理的,应当退还鉴定材料并说明理由。

第三十三条 具有下列情形之一的,公安机关应当委托鉴定机构对查获的毒品进行含量鉴定:

(一)犯罪嫌疑人、被告人可能被判处死刑的;

(二)查获的毒品系液态、固液混合或者系毒品半成品的;

(三)查获的毒品可能大量掺假的;

(四)查获的毒品系成分复杂的新类型毒品,且犯罪嫌疑人、被告人可能被判处七年以上有期徒刑的;

(五)人民检察院、人民法院认为含量鉴定对定罪量刑有重大影响而书面要求进行含量鉴定的。

进行含量鉴定的检材应当与进行成分鉴定的检材来源一致,且一一对应。

第三十四条 对毒品原植物及其种子、幼苗,应当委托具备相应资质的鉴定机构进行鉴定。当地没有具备相应资质的鉴定机构的，可以委托侦办案件的公安机关所在地的县级以上农牧、林业行政主管部门，或者设立农林相关专业的普通高等学校、科研院所出具检验报告。

▶ **《最高人民法院关于印发〈全国部分法院审理毒品犯罪案件工作座谈会纪要〉的通知》**（法〔2008〕324号，2008年12月1日）

五、毒品含量鉴定和混合型、新类型毒品案件处理问题

鉴于大量掺假毒品和成分复杂的新类型毒品不断出现，为做到罪刑相当、罚当其罪，保证毒品案件的审判质量，并考虑目前毒品鉴定的条件和现状，对可能判处被告人死刑的毒品犯罪案件，应当根据最高人民法院、最高人民检察院、公安部2007年12月颁布的《办理毒品犯罪案件适用法律若干问题的意见》，作出毒品含量鉴定；对涉案毒品可能大量掺假或者系成分复杂的新类型毒品的，亦应当作出毒品含量鉴定。

对于含有二种以上毒品成分的毒品混合物，应进一步作成分鉴定，确定所含的不同毒品成分及比例。

【重点解读】[①]

对毒品进行含量鉴定，主要理由有以下几点：（1）这是贯彻罪责刑相适应原则的必然要求。毒品含量是体现社会危害性程度的重要情节。毒品纯度的高低是毒品含有毒性成分多少的重要标志，纯度高的毒品流入社会后，其危害性必然大于纯度低的毒品。（2）有利于量刑平衡。针对毒品含量参差不齐、成分复杂的实际情况，进行毒品含量鉴定，是量刑科学化、规范化的重要保障。当毒品大量掺假、含量极低，毒品成分复杂，或者同种有毒成分因含量不同而分属于不同种类毒品时，如果不作含量鉴定，就可能造成量刑不公。（3）有利于贯彻严格控制和慎重适用死刑的政策要求，确保死刑案件的质量。

在司法实践中，应当结合我国当前的刑事政策、毒品犯罪的态势辩证地看待含量鉴定，既不能过于苛求鉴定，也不能一概置之不理。对于毒品数量较小尤其是零包出售的毒品犯罪案件，考虑到不会适用重刑，为了诉讼经济、提高效率，只要确系毒品，可以不作毒品含量分析。对于毒品数量大，可能判处死

[①] 参见高贵君、王勇、吴光侠：《〈全国部分法院审理毒品犯罪案件工作座谈会纪要〉的理解与适用》，载《人民司法（应用）》2009年第3期。

刑的，有证据证明或现有证据不能排除大量掺假可能的，如存在从毒品性状上肉眼即可识别出与典型毒品明显不同，或者交易价格明显低于当地同类毒品价格等情形的，则应当进行定性和定量鉴定。经鉴定毒品含量极低的，在刑罚裁量时就应当酌情考虑。对于掺假后毒品数量才达到或超过判处死刑标准，没有其他从重情节的，原则上不得判处死刑。另外，对于摇头丸、K粉、麻古等新类型毒品，《刑法》及相关司法解释没有明确具体的量刑数量标准的，判处死刑要格外慎重。毒品鉴定结论中毒品品名的认定应以国家食品药品监督管理局、公安部、卫生部最新发布的《麻醉药品品种目录》《精神药品品种目录》为依据。对缺少作为定罪量刑重要证据的毒品含量鉴定结论的，上级法院可以部分事实不清为由，将案件发回重新审判。对毒品鉴定结论有疑义的，可以进行补充鉴定或重新鉴定。因某种原因不能作出补充或重新鉴定的，判处死刑时应特别慎重。

▶《最高人民法院、最高人民检察院、公安部关于印发〈办理毒品犯罪案件适用法律若干问题的意见〉的通知》（公通字〔2007〕84号，2007年12月18日）

四、关于死刑案件的毒品含量鉴定问题

可能判处死刑的毒品犯罪案件，毒品鉴定结论中应有含量鉴定的结论。

30 特殊毒品犯罪案件被告人供述的认定

30.1 规范性文件

▶《最高人民法院关于印发〈全国部分法院审理毒品犯罪案件工作座谈会纪要〉的通知》（法〔2008〕324号，2008年12月1日）

二、毒品犯罪的死刑适用问题

有些毒品犯罪案件，往往由于毒品、毒资等证据已不存在，导致审查证据和认定事实困难。<u>在处理这类案件时，只有被告人的口供与同案其他被告人供述吻合，并且完全排除诱供、逼供、串供等情形，被告人的口供与同案被告人的供述才可以作为定案的证据。仅有被告人口供与同案被告人供述作为定案证据的，对被告人判处死刑立即执行要特别慎重。</u>

31 缴获毒品的管理

31.1 规范性文件

▶《公安部关于印发〈公安机关缴获毒品管理规定〉的通知》(公禁毒〔2016〕486号,2016年5月19日)

第二章 毒品的保管

第四条 省级公安机关禁毒部门负责对缴获毒品实行集中统一保管。

办理毒品案件的公安派出所、出入境边防检查机关以及除省级公安机关禁毒部门外的县级以上公安机关办案部门(以下统称办案部门)负责临时保管缴获毒品。

经省级公安机关禁毒部门批准并报公安部禁毒局备案,设区的市一级公安机关禁毒部门可以对缴获毒品实行集中统一保管。

第五条 有条件的公安机关可以指定涉案财物管理部门负责临时保管缴获毒品。

经省级公安机关批准并报公安部禁毒局备案,设区的市一级公安机关涉案财物管理部门可以对缴获毒品实行集中统一保管。

第六条 公安机关鉴定机构负责临时保管鉴定剩余的毒品检材和留存备查的毒品检材。

对不再需要保留的毒品检材,公安机关鉴定机构应当及时交还委托鉴定的办案部门或者移交同级公安机关禁毒部门。

第七条 公安机关集中统一保管毒品的,应当划设独立的房间或者场地,设置长期固定的专用保管仓库;临时保管毒品的,应当设置保管仓库或者使用专用保管柜。

毒品保管仓库应当符合避光、防潮、通风和保密的要求,安装防盗安全门、防护栏、防火设施、通风设施、控温设施、视频监控系统和入侵报警系统。

毒品专用保管仓库不得存放其他物品。

第八条 办案部门应当指定不承担办案或者鉴定工作的民警负责本部门毒品的接收、保管、移交等管理工作。

毒品保管仓库和专用保险柜应当由专人负责看守。毒品保管实行双人双锁制度；毒品入库双人验收，出库双人复核，做到账物相符。

第九条　办案部门和负责毒品保管的涉案财物管理部门应当设立毒品保管账册并保存二十年备查。

有条件的省级公安机关，可以建立缴获毒品管理信息系统，对毒品进行实时、全程录入和管理，并与执法办案信息系统关联。

第十条　对易燃、易爆、具有毒害性以及对保管条件、保管场所有特殊要求的毒品，在处理前应当存放在符合条件的专门场所。公安机关没有具备保管条件的场所的，可以借用其他单位符合条件的场所进行保管。

对借用其他单位的场所保管的毒品，公安机关应当派专人看守或者进行定期检查。

第十一条　公安机关应当采取安全保障措施，防止保管的毒品发生泄漏、遗失、损毁或者受到污染等。

毒品保管人员应当定期检查毒品保管仓库和毒品保管柜并清点保管的毒品，及时发现和排除安全隐患。

第三章　毒品的移交、入库

第十二条　对办理毒品案件过程中发现的毒品，办案人员应当及时固定、提取，依法予以扣押、收缴。

办案人员应当在缴获毒品的现场对毒品及其包装物进行封装，并及时完成称量、取样、送检等工作；确因客观原因无法在现场实施封装的，应当经办案部门负责人批准。

第十三条　办案人员依法扣押、收缴毒品后，应当在二十四小时以内将毒品移交本部门的毒品保管人员，并办理移交手续。

异地办案或者在偏远、交通不便地区办案的，办案人员应当在返回办案单位后的二十四小时以内办理移交手续。

需要将毒品送至鉴定机构进行取样、鉴定的，经办案部门负责人批准，办案人员可以在送检完成后的二十四小时以内办理移交手续。

第十四条　除禁毒部门外的其他办案部门应当在扣押、收缴毒品之日起七日以内将毒品移交所在地的县级或者设区的市一级公安机关禁毒部门。

具有案情复杂、缴获毒品数量较大、异地办案等情形的，移交毒品的时间可以延长至二十日。

第十五条　刑事案件侦查终结、依法撤销或者对行政案件作出行政处罚决定、终止案件调查后，县级公安机关禁毒部门应当及时将临时保管的毒品移交上一级公安机关禁毒部门。

对因犯罪嫌疑人或者违法行为人无法确定、负案在逃等客观原因无法侦查终结或者无法作出行政处罚决定的案件，应当在立案或者受案后的一年以内移交。

第十六条　不起诉决定或者判决、裁定（含死刑复核判决、裁定）发生法律效力，或者行政处罚决定已过复议诉讼期限后，负责临时保管毒品的设区的市一级公安机关禁毒部门应当及时将临时保管的毒品移交省级公安机关禁毒部门集中统一保管。

第十七条　公安机关指定涉案财物管理部门负责保管毒品的，禁毒部门应当及时将本部门缴获的毒品和其他办案部门、鉴定机构移交的毒品移交同级涉案财物管理部门。

负责临时保管毒品的涉案财物管理部门应当依照本规定第十五条、第十六条的规定及时移交临时保管的毒品。

第十八条　毒品保管人员对本部门办案人员或者其他办案部门、鉴定机构移交的毒品，应当当场检查毒品及其包装物的封装是否完好以及封装袋上的标记、编号、签名等是否清晰、完整，并对照有关法律文书对移交的毒品逐一查验、核对。

对符合条件可以办理入库的毒品，毒品保管人员应当将入库毒品登记造册，详细登记移交毒品的种类、数量、封装情况、移交单位、移交人员、移交时间等情况，在《扣押清单》《证据保全清单》或者《收缴/追缴物品清单》上签字并留存一份备查。

对缺少法律文书、法律文书对必要事项记载不全、移交的毒品与法律文书记载不符或者移交的毒品未按规定封装的，毒品保管人员可以拒绝接收，并应当要求办案人员及时补齐相关法律文书、信息或者按规定封装后移交。

第四章　毒品的调用、出库

第十九条　因讯问、询问、鉴定、辨认、检验等办案工作需要，经本条第二款规定的负责人审批，办案人员可以调用毒品。

调用办案部门保管的毒品的，应当经办案部门负责人批准；调用涉案财物管理部门保管的毒品的，应当经涉案财物管理部门所属公安机关的禁毒部门负责人批准；除禁毒部门外的其他办案部门调用禁毒部门保管的毒品的，应当经负责毒品保管的禁毒部门负责人批准。

人民法院、人民检察院在案件诉讼过程中需要调用毒品的，应当由办案部门依照前两款的规定办理调用手续。

第二十条 因开展禁毒宣传教育、缉毒犬训练、教学科研等工作需要调用集中统一保管的毒品的，应当经省级或者经授权的设区的市一级公安机关分管禁毒工作的负责人批准。

第二十一条 毒品保管人员应当对照批准文件核对调用出库的毒品，详细登记调用人、审批人、调用事由、调用期限、出库时间以及出库毒品的状态和数量等事项。

第二十二条 调用人应当按照批准的调用目的使用毒品，并采取措施妥善保管调用的毒品，防止流失或者出现缺损、调换、灭失等情况。

调用人应当在调用结束后的二十四小时以内将毒品归还毒品保管人员。

调用人归还毒品时，毒品保管人员应当对照批准文件进行核对，检查包装，复称重量；必要时，可以进行检验或者鉴定。经核对、检查无误，毒品保管人员应当重新办理毒品入库手续。

对出现缺损、调换、灭失等情况的，毒品保管人员应当如实记录，并报告调用人所属部门；毒品在调用过程中出现分解、潮解等情况的，调用人应当作出书面说明；因鉴定取样、实验研究等情况导致调用毒品发生合理损耗的，调用人应当提供相应的证明材料。

第二十三条 公安机关需要运输毒品的，应当由两名以上民警负责押运或者通过安全可靠的运输渠道进行运输。

负责押运的民警应当自启运起全程携带相关证明文件。

运输毒品过程中，公安机关应当采取安全保障措施，防止毒品发生泄漏、遗失、损毁或者受到污染等。

<h3 style="text-align:center">第五章 毒品的处理</h3>

第二十四条 缴获毒品不随案移送人民检察院、人民法院，但办案部门应当将其清单、照片或者其他证明文件随案移送。

对需要作为证据使用的毒品，不起诉决定或者判决、裁定（含死刑复核判决、裁定）发生法律效力，或者行政处罚决定已过复议诉讼期限后方可销毁。

第二十五条 对集中统一保管的毒品，除因办案、留样备查等工作需要少量留存外，省级公安机关或者经授权的市一级公安机关应当适时组织销毁。

其他任何部门或者个人不得以任何理由擅自处理毒品。

第二十六条 需要销毁毒品的，应当由负责毒品集中统一保管的禁毒部门提出销毁毒品的种类、数量和销毁的地点、时间、方式等，经省级公安机关负责人批准，方可销毁。

第二十七条 毒品保管人员应当对照批准文件核对出库销毁的毒品，并将毒品出库情况登记造册。

公安机关需要销毁毒品的，应当制定安全保卫方案和突发事件应急处理预案；必要时，可以邀请检察机关和环境保护主管部门派员监督；有条件的，可以委托具有危险废物无害化处理资质的单位进行销毁。

32 毒品犯罪案件公诉证据标准

32.1 规范性文件

▶《最高人民检察院公诉厅毒品犯罪案件公诉证据标准指导意见（试行）》（〔2005〕高检诉发第32号，2005年4月25日）

根据毒品犯罪案件证据的共性和特性，公诉证据标准可分为一般证据标准和特殊证据标准。一般证据标准，是指毒品犯罪通常具有的证据种类和形式；特殊证据标准，是指对某些毒品犯罪除一般证据种类和形式外，还应具有的特殊证据形式。

一、一般证据标准

一般证据标准，包括证明毒品犯罪的客体、客观方面、主体和主观方面的证据种类和形式。毒品犯罪侵犯的客体主要是国家对毒品的管理制度，在一些特殊的毒品犯罪中，还同时侵害了国家海关管理制度等。对此，一般可通过犯罪事实的认定予以明确。《指导意见（试行）》主要针对的是证明毒品犯罪的主体、主观方面和客观方面的证据种类和形式问题。

（一）关于犯罪主体的证据

毒品犯罪的主体既有一般主体，也有特殊主体，包括自然人和单位。关于犯罪主体（自然人）的证据主要参考以下内容：

1. 居民身份证、临时居住证、工作证、护照、港澳居民来往内地通行证、台湾居民来往大陆通行证、中华人民共和国旅行证，以及边民证；

2. 户口簿或微机户口卡；

3. 个人履历表或入学、入伍、招工、招干等登记表；

4. 医院出生证明；

5. 犯罪嫌疑人、被告人的供述；

6. 有关人员（如亲属、邻居等）关于犯罪嫌疑人、被告人情况的证言。

通过上述证据证明犯罪嫌疑人、被告人的姓名（曾用名）、出生年月日、居民身份证号、民族、籍贯、出生地、职业、住所地等基本情况。贩卖毒品罪的犯罪嫌疑人、被告人必须是年满14周岁的自然人；其它毒品犯罪的犯罪嫌疑人、被告人必须是年满16周岁的自然人。

收集、审查、判断上述证据需要注意的问题：

1. 居民身份证、工作证等身份证明文件的核实

对居民身份证、临时居住证、工作证、护照、港澳居民来往内地通行证、台湾居民来往大陆通行证、中华人民共和国旅行证，以及边民证的真实性存在疑问，如有其他证据能够证明犯罪嫌疑人、被告人真实情况的，可根据其他证据予以认定；现有证据无法证明的，应向证明身份文件上标明的原出具机关予以核实；原机关已撤消或者变更导致无法核实的，应向有权主管机关予以核查。经核查证明材料不真实的，应当向犯罪嫌疑人、被告人户籍所在地的公安机关、原用人单位调取证据。犯罪嫌疑人、被告人的真实姓名、住址无法查清的，应按其绰号或自报情况起诉，并在起诉书中注明。被告人自报姓名可能造成损害他人名誉、败坏道德风俗等不良影响的，可以对被告人进行编号并按编号制作起诉书，同时在起诉书中附具被告人的照片。犯罪嫌疑人、被告人认为公安机关提取的法定书证（户口簿、身份证等）所记载的个人情况不真实，但没有证据证明的，应以法定书证为准。对于年龄有争议的，一般以户籍登记文件为准；出生原始记录证明户籍登记确有错误的，可以根据原始记录等有效证据予以认定。对年龄有争议，又缺乏证据的情况下，可以采用"骨龄鉴定法"，

并结合其他证据予以认定。

2. 国籍的认定

国籍的认定,涉及案件的审判管辖级别。审查起诉毒品犯罪案件时,应当查明犯罪嫌疑人、被告人的国籍。外国人的国籍,以其入境时的有效证件予以证明。对于没有护照的,可根据边民证认定其国籍;缅甸的个别地区使用"马帮丁"作为该地区居民的身份证明,故根据"马帮丁"也可认定其国籍。此外,根据有关国家有权管理机关出具的证明材料(同时附有我国司法机关的《委托函》或者能够证明该份证据取证合法的证明材料),也可以认定其国籍。国籍不明的,可商请我国出入境管理部门或者我国驻外使领馆予以协助查明。无法查明国籍的,以无国籍人论。无国籍人,属于外国人。

3. 刑事责任能力的确定

犯罪嫌疑人、被告人的言行举止反映他(她)可能患有精神性疾病的,应当尽量收集能够证明其精神状况的证据。证人证言可作为证明犯罪嫌疑人、被告人刑事责任能力的证据。经查不能排除犯罪嫌疑人、被告人具有精神性疾病可能性的,应当作司法精神病鉴定。

(二)关于犯罪主观方面的证据

毒品犯罪的主观方面为故意。关于主观方面的证据主要参考以下内容:

1. 犯罪嫌疑人、被告人及其同案犯的供述和辩解;

2. 有关证人证言;

3. 有关书证(书信、电话记录、手机短信记录);

4. 其他有助于判断主观故意的客观事实。

通过证据1、证据2和证据3,证明毒品犯罪案件的起因、犯罪动机、犯罪目的等主观特征。当以上证据均无法证明犯罪嫌疑人、被告人在主观上是否具有毒品犯罪的"明知"时,可通过证据4,即根据一定的客观事实判定"明知"。

收集、审查、判断上述证据需要注意的问题:

1. 对于毒品犯罪中目的犯的认定,应注意收集证明犯罪嫌疑人、被告人主观犯罪目的之证据,例如,刑法第355条第2款规定的"以牟利为目的"。

2. 对于毒品犯罪中共同犯罪的认定,应注意收集证明共同故意的证据。

3. 推定"明知"应当慎重使用。对于具有下列情形之一,并且犯罪嫌疑人、被告人不能做出合理解释的,可推定其明知,但有相反证据的除外:(1)故意选择没有海关和边防检查站的边境路段绕行出入境的;(2)经过海关或边检站时,以假报、隐匿、伪装等蒙骗手段逃避海关、边防检查的;(3)采用假报、隐匿、伪装等蒙骗手段逃避邮检的;(4)采用体内藏毒的方法运输毒品的。对于具有下列情形之一的,能否推定明知还需结合其他证据予以综合判断:(1)受委托或雇佣携带毒品,获利明显超过正常标准的;(2)犯罪嫌疑人、被告人所有物、住宅、院落里藏有毒品的;(3)毒品包装物上留下的指纹与犯罪嫌疑人、被告人的指纹经鉴定一致的;(4)犯罪嫌疑人、被告人持有毒品的。

(三)关于犯罪客观方面的证据

毒品犯罪在客观方面表现为各种形式的毒品犯罪行为,如走私、贩卖、运输、制造毒品、非法持有毒品等。证明毒品犯罪客观方面的证据主要参考以下内容:

1. 物证及其照片,包括毒品、毒品的半成品、毒品的前体化学物、毒品原植物、毒品原植物的种子或幼苗、制毒物品、毒资、盛装毒品的容器或包装物、作案工具等实物及其照片;

2. 毒资转移的凭证,如银行的支付凭证(如存折、本票、汇票、支票)和记帐凭证,毒品、制毒物品、毒品原植物等物品的交付凭证(托运单、货单、仓单、邮寄单),交通运输凭证(车票、船票、机票),同案犯之间的书信等;

3. 报案记录、投案记录、举报记录(信件)、控告记录(信件)、破案报告、吸毒记录等能说明案件及相关情况的书面材料;

4. 毒品、毒资、作案工具及其它涉案物品的扣押清单;

5. 相关证人证言,包括海关、边防检查人员、侦查人员的证言,以及鉴定人员对鉴定所作的说明;

6. 辨认笔录、指认笔录及其照片情况的文字记录,包括有关知情人员对犯罪嫌疑人、被告人的辨认和犯罪嫌疑人、被告人对毒品、毒资等犯罪对象的指认情况;

7. 犯罪嫌疑人、被告人的供述和辩解;

8. 毒品鉴定和检验报告,包括毒品鉴定、制毒物品鉴定、毒品原植物鉴定、毒品原植物的种子或幼苗鉴定、文检鉴定、指纹鉴定、犯罪嫌疑人或被告

人是否吸食毒品的检验报告,以及被引诱、教唆、欺骗、强迫吸毒的被害人和被容留吸毒的人员是否吸食毒品的检验报告;

9. 现场勘验、检查笔录及照片、录像、现场制图,包括对现场的勘验、对人身的检查、对物品的检查;

10. 毒品数量的称量笔录;

11. 视听资料,包括录音带、录像带、电子数据等。

通过上述证据证明:毒品犯罪事实是否存在;犯罪嫌疑人、被告人是否实施毒品犯罪行为;犯罪嫌疑人、被告人实施毒品犯罪行为的性质;犯罪的时间、地点、手段、后果;毒品的种类及其数量;共同犯罪中,犯罪嫌疑人、被告人之间的关系及其在共同犯罪中所起的作用和地位;犯罪嫌疑人、被告人的财产状况;是否具有法定或酌定从重、从轻、减轻或免除处罚的情节;涉及管辖、强制措施、诉讼期限的事实;其他与定罪量刑有关的事实。

收集、审查、判断上述证据需要注意的问题:

1. 毒品犯罪案件中所涉及的毒品、制毒物品,以及毒品原植物、种子、幼苗,都必须属于刑法规定的范围。

2. 收集证据过程中,应注意固定、保全证据,防止证据在转移过程中因保管失当而发生变化或灭失。

3. 公安机关对作为证据使用的实物应当随案移送检察机关,对不宜或不便移送的,应将这些物品的扣押清单、照片或者其他证明文件随案移送检察机关。

4. 注意审查犯罪嫌疑人、被告人的供述等言词证据,对于以刑讯逼供、诱供、指供、骗供等非法方法收集的言词证据,坚决依法予以排除。

5. 在毒品、制毒物品等物证灭失的情况下,仅有犯罪嫌疑人、被告人自己的供述,不能定罪;但是,当犯罪嫌疑人、被告人的供述与同案犯的供述吻合,并且完全排除诱供、刑讯逼供、串供等情形,能够相互印证的口供可以作为定罪的证据。

6. 毒品数量是指毒品净重。称量时,要扣除包装物和容器的重量。毒品称量应由二名以上侦查人员当场、当面进行,并拍摄现场照片。查获毒品后,应当场制作称量笔录,要求犯罪嫌疑人当场签字;犯罪嫌疑人拒绝签字的,应作出情况说明。

7. 审查鉴定时，要注意鉴定主体是否合格、鉴定内容和范围是否全面、鉴定程序是否符合规范（包括检材提取、检验、鉴定方法、鉴定过程、鉴定人有无签字等）、鉴定结论是否明确具体、鉴定报告的体例形式是否符合规范要求，以及鉴定结论是否告知犯罪嫌疑人、被告人。

8. 公安机关依法使用技术侦查手段秘密收集的证据，因为涉及保密问题，不能直接作为证据使用；必须使用技术侦查手段秘密收集的证据证明犯罪事实时，应将其转化为诉讼证据。

二、特殊证据标准

特殊证据标准主要包括主体特殊的毒品犯罪、有被害人的毒品犯罪、毒品犯罪的再犯，以及某些个罪所需的特殊证据形式。

（一）单位犯罪的特殊证据

刑法第 347 条走私、贩卖、运输、制造毒品罪、第 350 条走私制毒物品罪、非法买卖制毒物品罪、第 355 条非法提供麻醉药品、精神药品罪都规定单位可以构成本罪主体。单位毒品犯罪除一般证据标准外，还需要参考以下内容：

1. 证明单位犯罪主体身份的证据，例如，单位注册登记证明、单位代表身份证明、营业执照、办公地和主要营业地证明等；

2. 证明单位犯罪主观故意的证据，例如，证明单位犯罪的目的、实施犯罪的决定形成等证明材料；

3. 证明单位犯罪非法所得归属的证据，例如，证明单位、资金流动、非法利益分配情况等证明材料；

4. 证明单位犯罪中直接负责的主管人员和其他直接责任人员的证据。

通过上述证据证明犯罪系单位行为，与自然人犯罪相区分。

收集、审查、判断上述证据需要注意以下问题：

1. 我国刑法中规定的单位，既包括国有、集体所有的公司、企业、事业单位，也包括依法设立的合资经营、合作经营企业和具有法人资格的独资、私营等公司、企业、事业单位。

2. 个人为进行违法犯罪活动而设立的公司、企业、事业单位实施犯罪的，或者公司、企业、事业单位设立后，以实施犯罪为主要活动的，以自然人犯罪论处。

3. 盗用单位名义实施犯罪，违法所得由实施犯罪的个人私分的，依照刑法有关自然人犯罪的规定定罪处刑。

（二）特殊主体的特殊证据

刑法第 355 条规定的非法提供麻醉药品、精神药品罪的主体是特殊主体，即依法从事生产、运输、管理、使用国家管制的精神药品和麻醉药品的单位和个人。该罪的特殊证据主要参考以下内容：

1. 国家主管部门颁发的生产、运输、管理、使用国家管制的精神药品、麻醉药品的"许可证"；

2. 有关单位对国家管制的精神药品和麻醉药品的来源、批号的证明及管理规定；

3. 特殊行业专营证；

4. 有关批文；

5. 有关个人的工作证、职称证明、授权书、职务任命书。

通过上述证据证明犯罪主体具有从事生产、运输、管理、使用国家管制的麻醉药品、精神药品的权力和职能。

（三）有被害人的毒品犯罪的特殊证据

刑法第 353 条规定的引诱、教唆、欺骗他人吸毒罪、强迫他人吸毒罪属于有被害人的毒品犯罪。这一类犯罪的特殊证据主要参考以下内容：

1. 被引诱、教唆、欺骗吸食、注射毒品的被害人的陈述；

2. 被强迫吸食、注射毒品的被害人的陈述；

3. 被引诱、教唆、欺骗、强迫吸食、注射毒品的未成年人的法定代理人及其亲属的证言。

通过上述证据证明被害人的客观存在，以及被告人引诱、教唆、欺骗他人吸毒、强迫他人吸毒的客观事实。

（四）毒品犯罪再犯的特殊证据

刑法第 356 条规定，因走私、贩卖、运输、制造、非法持有毒品罪被判过刑，又犯本节规定之罪的，从重处罚。毒品犯罪再犯的特殊证据主要是证明犯罪嫌疑人、被告人具有走私、贩卖、运输、制造毒品罪、非法持有毒品罪前科的生效判决和裁定。

收集、审查、判断这类证据需要注意以下问题：

1. 毒品再犯前科的罪名仅指走私、贩卖、运输、制造毒品罪和非法持有毒品罪；

2. 对于同时构成毒品再犯和刑法总则规定累犯的犯罪嫌疑人、被告人，一律适用刑法分则第 356 条关于毒品再犯的从重处罚规定，不再援引刑法总则中关于累犯的规定。

（五）走私、贩卖、运输、制造毒品罪的特殊证据

刑法第 347 条第 2 款（4）、（5）项规定：走私、贩卖、运输、制造毒品，以暴力抗拒检查、拘留、逮捕，情节严重的，或者参与有组织的国际贩毒活动的，应当处十五年有期徒刑、无期徒刑或者死刑，并处没收财产。符合这两项规定的走私、贩卖、运输、制造毒品罪的特殊证据主要参考下列内容：

1. 公安、海关、边检部门出具的证明犯罪嫌疑人、被告人暴力抗拒检查、拘留、逮捕的材料；

2. 证明犯罪嫌疑人、被告人参与有组织的国际贩毒活动的材料或者犯罪记录。

通过上述证据证明犯罪嫌疑人、被告人是否具有以暴力抗拒检查、拘留、逮捕的严重情节，是否参与有组织的国际贩毒活动。符合上述两种情形的，应依法适用加重的法定刑。

（六）非法种植毒品原植物罪的特殊证据

根据刑法第 351 条第 1 款 2、3 项之规定，行为人非法种植毒品原植物，经公安机关处理后又种植的，或者抗拒铲除的，构成本罪。本罪的特殊证据主要参考以下内容：

1. 公安机关对原种植行为的处理情况说明；

2. 公安机关的处理决定（包括行政处罚决定）；

3. 公安机关责令铲除毒品原植物的通知书；

4. 公安机关警告或责令改正的记录。

通过上述证据证明公安机关曾处理过犯罪嫌疑人、被告人种植毒品原植物的行为，或者公安机关曾责令犯罪嫌疑人、被告人铲除其非法种植的毒品原植物，或者强制铲除犯罪嫌疑人、被告人种植的毒品原植物，但是犯罪嫌疑人、被告人拒绝铲除。非法种植毒品原植物数量没有达到刑法第 351 条第 1 款（1）项规定的数量较大程度，又不能证实行为人具有上述两种情形之一的，不构成

犯罪。

32.2 案例与要旨

◆【最高人民法院发布 2019 年十大毒品（涉毒）犯罪典型案例】［案例 10］李建贩卖毒品案

典型意义：依法全面、规范地收集、提取证据，确保案件证据质量，是有力打击毒品犯罪的基础和前提。毒品犯罪隐蔽性较强，证据收集工作有一定特殊性，对于不属于非法取证情形的证据瑕疵，通过补查补正或者作出合理解释，可以依法采纳相关证据。本案侦查人员在搜查时未出示搜查证，现场勘查笔录与扣押清单中对毒品包数和查获毒品位置的记载不完全一致，但通过侦查机关出具说明、调取在场证人的证言、侦查人员出庭作证等方式，使得证据瑕疵得到合理解释，能够确认相关证据的真实性，体现了审判阶段对取证规范性的严格要求，有利于确保毒品犯罪案件的证据质量。

33 部分地区公安司法机关毒品犯罪案件证据收集及审查指引

33.1 规范性文件

▶《浙江省高级人民法院、浙江省人民检察院、浙江省公安厅重大毒品犯罪案件证据收集审查判断工作指引》（浙检发诉三字〔2015〕1 号，2015 年 1 月 5 日）

为进一步规范重大毒品犯罪案件证据收集、审查判断工作，确保毒品犯罪案件办案质量，根据相关法律规定，结合毒品犯罪案件的办理情况，制定本指引。

一、一般规定

第一条 本指引所称重大毒品犯罪案件是指可能判处十五年以上有期徒刑、无期徒刑、死刑的走私、贩卖、运输毒品案件。

第二条 证明毒品犯罪主体身份情况的证据主要是户籍所在地公安机关出具的户籍证明材料，户籍证明应当附犯罪嫌疑人免冠照片以及同户家庭成员情况。未附照片的，应当收集犯罪嫌疑人亲属或者其他知情人员辨认犯罪嫌疑人或者其照片的笔录。

第三条 证明犯罪嫌疑人构成累犯、毒品再犯的证据材料应当包括前罪的生效裁判文书、释放证明等材料。

如果前科犯罪涉及剥夺政治权利，而释放证明中未注明剥夺政治权利是否变动的，必要时侦查机关应当调取犯罪嫌疑人的刑罚执行材料，以证明是否存在减免剥夺政治权利的情形。

第四条 认定犯罪嫌疑人（被告人）是否系吸毒人员，应有相应证据证明，如行政处罚决定书、尿检结果、证人证言、看守所出具的证明收押后毒瘾发作的情况说明、戒毒所的证明材料等。

第五条 判定毒品犯罪主观故意的主要依据是犯罪嫌疑人（被告人）的供述与辩解、证人证言、书证、电子证据和其他有助于判断主观故意的证据。

毒品犯罪中共同犯罪的认定，应当注意收集证明共同故意的证据。

第六条 犯罪嫌疑人（被告人）贩卖目的的认定，应当根据犯罪嫌疑人（被告人）实施毒品犯罪的过程、方式、毒品被查获时的情形等，结合犯罪嫌疑人（被告人）前科、吸毒史等进行综合分析判断。购买毒品被查获后，以下情形可以认定为有贩卖目的：

（一）犯罪嫌疑人（被告人）供认主观上系以贩卖为目的，经审查供述客观真实的；

（二）犯罪嫌疑人（被告人）供认主观上系以贩卖为目的，且得到其他证据印证，后翻供否认，但不能合理说明翻供原因或者其辩解与全案证据相矛盾的；

（三）犯罪嫌疑人（被告人）否认主观上系以贩卖为目的，但多名证人、同案犯指证曾向其购买毒品的，指证的事实有其他证据印证、且能排除合谋陷害的。

第七条 毒品犯罪主观故意中的"明知"是指行为人知道或者应当知道其所贩卖、运输的物品系毒品。具有下列事实，并且犯罪嫌疑人（被告人）不能做出合理解释的，可以认定其"明知"：

（一）执法人员在出入境口岸、机场、车站、港口和其他检查站检查时，要求行为人申报为他人携带的物品，并告知其法律责任，而行为人未如实申报，在其所携带的物品内查获毒品的；

（二）以伪报、藏匿、伪装等蒙蔽手段逃避海关、边防等检查，在其携带、运输、邮寄的物品中查获毒品的；

（三）执法人员检查时，有逃跑、弃车逃离、丢弃携带物品、或者逃避、抗拒检查等行为，在其丢弃的车辆、携带或丢弃的物品中查获毒品的；

（四）体内藏匿物品，被检查发现系毒品的；

（五）为获取不同寻常的高额或者不等值的报酬而携带、运输物品，从中查获毒品的；

（六）采用高度隐蔽的方式携带运输物品，从中查获毒品的；

（七）采用高度隐蔽的方式交接物品，明显违背合法物品惯常交接方式，从中查获毒品的；

（八）行程路线故意绕开检查站点，在其携带、运输的物品中查获毒品的；

（九）以虚假身份或者地址办理托运手续，在其托运的物品中查获毒品的；

（十）在实际控制的车辆、住所查获毒品的；

（十一）专程驾车前往毒品源头地区，返程时在车上查获毒品的；

（十二）有其他证据足以认定行为人应当明知的。

上述基础事实，必须有确实、充分的证据予以证明，并且达到排除合理怀疑的程度。

犯罪嫌疑人（被告人）及其辩护人对上述事实有异议的，应当举出相反的证据或者做出合理解释。如有证据表明犯罪嫌疑人（被告人）确属被蒙骗，或者犯罪嫌疑人（被告人）能够做出合理解释的，则不宜认定其"明知"。

第八条 证明毒品犯罪客观方面的主要证据有：

（一）物证及照片，包括毒品、毒品的半成品、制毒物品、毒资、盛装毒品的容器或包装物、电子称等贩毒工具等实物及其照片；

（二）书证，主要有：

1. 证明毒资往来的书证，如银行支付凭证、账户交易明细等；

2. 证明毒品运输的书证，如托运单、货单、仓单、邮寄单等；

3. 证明涉毒人员行踪的书证，如交通运输凭证（车票、船票、机票）、汽车GPS行车记录、交通卡口记录、住宿登记记录等；

4. 证明涉毒人员相互联络的书证，如手机通话记录、短信、微信、QQ聊天记录等、以及通话基站信息、用于联络的书信等；

（三）报案记录、投案记录、举报记录、控告记录、破案报告、吸毒记录等能说明案件及相关情况的书面材料；

（四）毒品、毒资、作案工具及其他涉案物品的扣押清单；

（五）相关证人证言，包括海关、边防检查人员、侦查人员的证言以及鉴定人员对鉴定所作的说明；

（六）辨认笔录、指认笔录及其照片，包括有关知情人员对犯罪嫌疑人的辨认和犯罪嫌疑人对毒品、毒资等犯罪对象的指认情况；

（七）犯罪嫌疑人（被告人）的供述和辩解；

（八）毒品鉴定和检验报告，包括毒品鉴定、指纹鉴定、是否吸食毒品的检验报告等；

（九）现场勘验、检查笔录及照片、录像、现场制图，包括对现场的勘验及对人身、物品的检查；

（十）毒品数量的称量笔录；

（十一）视听资料，包括录音、录像光盘等；

（十二）电子数据，包括电子邮件、网络聊天记录等；

（十三）其他能证明毒品犯罪客观方面的证据。

第九条 侦查机关应当出具由侦查人员署名并加盖侦查机关印章的破案经过说明。

破案经过说明应当写明案件来源情况，是否系秘密力量提供线索或者使用技术侦查手段，确定犯罪嫌疑人，犯罪嫌疑人到案时间、地点、经过，同案犯罪嫌疑人到案的顺序等内容。

侦查机关出具的破案经过说明过于简单，检察机关、审判机关可以要求侦查机关出具详细的破案经过说明。

对于通过秘密侦查、技术侦查手段侦破的案件，审判机关、检察机关认为有必要就秘密侦查、技术侦查情况作出说明的，侦查机关应当单独提供说明。有关秘密侦查、技术侦查材料，侦查机关应当归入保密卷。审判机关、检察机关可以派员查阅相关保密卷。

第十条 证明犯罪嫌疑人（被告人）自首、坦白、立功的证据材料，应当加盖接受单位的印章，并由接受人员签名。

证明自首的证据材料，应当包括犯罪嫌疑人（被告人）投案经过、有罪供述以及能够证明其投案情况的其他材料。

证明立功的证据材料，应当包括犯罪嫌疑人（被告人）检举揭发材料及证明其来源的材料、司法机关的调查核实材料、被检举揭发人的全部供述等。被检举揭发案件已立案、侦破，被检举揭发人被采取强制措施、公诉或者审判的，应当有相关法律文书。

第十一条 办案人员不应当轻信犯罪嫌疑人（被告人）供述等言词证据，应当强化对物证、书证等证据的收集、挖掘与运用。

第十二条 严禁采用刑讯逼供、暴力以及其他非法方法收集证据。检察机关、审判机关要切实履行审查把关职责，对取证合法性存疑的及时提出补查补正要求。经审理，确认或者不能排除存在法律规定的非法取证情形的，对有关证据应当予以排除。

二、毒品犯罪案件各类证据的收集、审查判断

（一）犯罪嫌疑人（被告人）供述和辩解

第十三条 犯罪嫌疑人被刑事拘留后，应当立即送看守所羁押，至迟不得超过24小时；不得以监视居住为由，变相羁押犯罪嫌疑人。

第十四条 犯罪嫌疑人被送交看守所羁押后，侦查人员应当在看守所讯问室内对其进行讯问。

非出于指认现场、追缴赃物等实际需要，不得将犯罪嫌疑人提押出所。出于指认现场、追缴赃物需要提押出所的，在完毕后应当及时还押。

连续讯问犯罪嫌疑人不得超过12小时，同时应当保证犯罪嫌疑人的饮食和必要的休息时间。

对吸食毒品后被抓获的犯罪嫌疑人，应当在其认知、记忆、表达能力、生理和精神状态正常时进行讯问。

第十五条 讯问应当制作讯问笔录，笔录应完整地反映整个讯问过程，特别是犯罪嫌疑人从不供述到供述的经过。

讯问犯罪嫌疑人，不能因为犯罪嫌疑人否认作案而不制作笔录。

首次讯问犯罪嫌疑人，应当完整地讯问并记录犯罪嫌疑人的姓名、年龄、民族、籍贯、职业、住址、身份证号码等自然状况，以及前科情况、家庭成员、犯罪时的住址、工作单位，从事何种工作等情况。

讯问笔录应当完整记录犯罪嫌疑人供述的犯罪时间、地点、上下家联系经过、用于联系的通讯工具号码、乘坐的交通工具、住宿地点、毒品数量、毒品特征等。

对于共同贩卖毒品的案件，应当讯问并记录犯罪嫌疑人与其他同案犯的联

系情况、各自在共同犯罪中所处的地位和作用情况以及毒品交易时间、地点和价格等。

讯问笔录均应当附卷，并与提讯证的记载一致；不一致的，侦查机关应当书面说明原因并附卷。

第十六条 侦查机关讯问犯罪嫌疑人应当全程同步录音录像；犯罪嫌疑人指认犯罪现场等活动，有条件的应当全程同步录音录像。

犯罪嫌疑人的供述笔录缺乏同步录音录像或者与同步录音录像在内容上有重大矛盾，不能做出合理解释的，不得作为定案根据。

案件移送审查起诉时，同步录音录像资料应当随案移送。

第十七条 检察机关、审判机关应当突出对犯罪嫌疑人（被告人）供述合法性的审查。重点审查讯问的地点、时间是否符合法律规定，是否存在连续讯问、疲劳讯问以及刑讯逼供等违法、违规现象。

犯罪嫌疑人（被告人）提供侦查机关刑讯逼供等非法取证线索的，检察机关应当予以调查核实。

第十八条 检察机关、审判机关应当重视对犯罪嫌疑人（被告人）供述客观性的审查、判断。重点审查犯罪嫌疑人（被告人）供述是否与同案犯或者贩卖毒品的上下家之间的供述相印证，是否与相关客观性证据如银行交易记录、交通通行记录、住宿记录、通信记录等相印证。

犯罪嫌疑人（被告人）翻供或供述不稳定的，要结合其他证据仔细判别翻供理由是否合理，甄别供述真伪。

第十九条 对主要依据言词证据认定犯罪事实的，可以遵循以下原则：

（一）犯罪嫌疑人（被告人）的供述与同案其他犯罪嫌疑人（被告人）供述吻合，并且完全排除诱供、逼供、串供等情形的，犯罪嫌疑人（被告人）的供述与同案犯罪嫌疑人（被告人）的供述可以作为定案的根据；

（二）毒品买卖双方，一方交代购买或者出售毒品，另一方始终否认的，一般不能认定犯罪事实。但一方交代的毒品交易的数量、种类、时间、地点等具体情节能够得到其他证据印证，并且完全排除诱供、逼供、串供等情形的，可以认定犯罪事实；

（三）毒品买卖双方一方交代多次贩卖毒品事实，另一方只交代其中部分事实的，一般认定双方交代一致的犯罪事实；

（四）毒品买卖双方一方交代贩卖毒品事实，另一方在多次确认后又否认，但不能合理说明翻供原因或者其辩解与全案证据矛盾的，应当按照多次确认的供述认定犯罪事实。

（二）物证、书证

第二十条　侦查机关查扣毒品、毒资、贩毒工具等物证，应当制作扣押物品清单，详细记录物证的特征、来源、查获过程及见证人等情况，必要时以照片、录像固定。

第二十一条　扣押涉案物证的侦查人员不得少于二人，并持有相关法律文书及侦查人员工作证件。对于扣押的物证应当会同在场见证人和被扣押物证的持有人进行查点确认，当场开列扣押物品清单，写明物品的名称、编号、规格、数量、质量、特征及来源，由侦查人员、见证人和持有人签名或者盖章后，分别交给持有人、侦查机关保存，并附卷备查。

第二十二条　查扣的毒品应当在持有人在场的情况下，当面称量。查获毒品有多包的，应当采用统一的计量单位逐一称量。毒品的重量应当记录在扣押清单上，由持有人签字确认，并附称量照片。

第二十三条　对查封、扣押的毒品应当妥善保管，避免受污染，在人民法院终审判决前（死刑案件为最高法院复核终结前）不得销毁。

案件移送审查起诉时，应当随案移送足以反映原毒品外形和特征的照片或录像，并附上制作说明、清单及原物存放地点。

有证据证明毒品可能大量掺假，由于保管不善导致不能鉴定的，应当作出有利于被告人的处理。

第二十四条　应当重视书证在定罪体系中的证明作用，特别注重运用通信记录、银行交易记录、交通通行记录、交通卡口照片、住宿记录等书证证明犯罪。

第二十五条　侦查机关调取通信记录、银行交易记录、住宿记录、交通通行记录等书证，应当调取原件或者足以反映其特征的复印件，并加盖提供单位印章。

第二十六条　侦查机关提取的犯罪嫌疑人手机通话记录、短信、微信、QQ聊天记录等有关清单，应当有使用者姓名等身份信息，并加盖提供单位印章。

第二十七条　检察机关、审判机关应当重视审查在案毒品的真实性。重点审查毒品照片是否附卷，照片中的毒品是否和犯罪嫌疑人（被告人）描述的毒品种类、形状、数量相同，防止与其他案件的毒品混杂。

对于不是从犯罪嫌疑人（被告人）身上当场查获的毒品，应当结合其他证据如毒品包装上是否有犯罪嫌疑人（被告人）的指纹、生物检材等，以确定毒品的真实来源。

第二十八条　检察机关、审判机关在办理毒品案件过程中发现物证、书证的收集不符合法定程序，可能严重影响司法公正的，应由侦查人员进行补正或者作出合理解释。不能补正或者作出合理解释的，对该证据应当予以排除。

（三）勘验、检查、辨认、提取笔录

第二十九条　现场提取的物证、书证必须附有现场勘验、检查笔录及扣押清单、照片；犯罪嫌疑人人身、住处或其供述、指认的场所发现的物证、书证应当附有搜查笔录及扣押清单、照片。从第三人处提取的物证、书证必须附有提取笔录及扣押清单、照片。

对于未附有勘验、检查、搜查笔录、调取笔录及扣押清单、照片的物证、书证，以及勘验、检查、搜查笔录与扣押清单、照片记录不一致的物证、书证，应当通过见证人出庭作证或播放侦查机关进行现场勘验、检查、搜查、扣押、调取等侦查活动的同步录像等方式进行补正，不能补正或做出合理解释的，不得作为定案的根据。

第三十条　勘验、检查、搜查、提取、扣押时没有见证人在场或者在场的见证人属于法律规定不得担任刑事诉讼活动见证人情形的，侦查机关不能提供同步录像说明其取证过程的合法性，也不能对此作出合理解释的，相关物证、书证不得作为定案的根据。

第三十一条　在住所、酒店房间等封闭式空间当场查获毒品的，侦查机关应当对查获现场进行勘验，并制作勘验笔录。

现场勘验笔录应当详细记载现场方位、环境、现场毒品的摆放位置、毒品的颜色规格等具体特征。

第三十二条　现场提取的毒品应当逐一编号、登记，并及时移送物证技术部门进行检验、鉴定。

检察机关、审判机关应当注重审查提取毒品的主体是否适格，是否有合适的见证人，提取毒品的程序是否规范，是否有犯罪嫌疑人（被告人）在提取笔录上签字等。

第三十三条 犯罪嫌疑人（被告人）采取人货分离方式实施毒品犯罪的，应当注意收集、提取毒品包装物或相关物品上的指纹、生物检材，与犯罪嫌疑人（被告人）进行比对鉴定。

第三十四条 侦查机关可以对犯罪嫌疑人以及可能隐藏毒品的人的身体、物品、处所和其他有关地方进行搜查，搜查应当依法进行，全面、细致、及时收集、扣押可疑的作案工具、毒品疑似物，并制作《搜查笔录》，由侦查人员、被搜查人员或其家属、邻居或者其他见证人签名或者盖章。

第三十五条 侦查机关认为必要时，可以让犯罪嫌疑人、证人对涉案毒品、作案工具、毒品交易现场等进行辨认，也可以让同案犯罪嫌疑人、毒品上下家进行辨认。

辨认应当依法进行。组织辨认前，侦查人员应当向辨认人详细询问辨认对象的具体特征。辨认时，应当将辨认对象混杂在其他对象中，侦查人员不得诱导辨认人，也不得给辨认人任何暗示。

辨认犯罪嫌疑人时，被辨认的人数不得少于七人，对犯罪嫌疑人照片进行辨认的，照片不得少于十张。辨认物品时，同类物品不得少于五件，照片不得少于五张。

第三十六条 对查扣的犯罪嫌疑人的手机，侦查机关应当收集、提取手机的型号、电子串号、电子数据（短信、图片、微信、QQ聊天记录等）等信息，必要时应当由犯罪嫌疑人对查扣的手机进行辨认。

提取犯罪嫌疑人通讯信息时，应当将通话清单上的主被叫联系人、漫游区域、通话时间、短信等内容与公安信息系统中记录的犯罪嫌疑人活动轨迹等信息结合，对犯罪嫌疑人及关联人作活动轨迹分析，并形成报告附卷随案移送。

（四）鉴定意见

第三十七条 毒品的鉴定应当指派、聘请具有鉴定资格的人进行鉴定。毒品鉴定时，应由二名以上的鉴定人员进行，所有参与鉴定的人员均应当在鉴定意见上签名。

第三十八条 侦查机关应当为鉴定人进行鉴定提供必要的条件，及时向鉴定人送交有关检材和对比样本等原始材料,介绍与鉴定有关的情况,并且明确提出鉴定要求,不得暗示或者强迫鉴定人作出某种鉴定意见。

第三十九条 查获多件包装的毒品疑似物,作毒品成分、含量鉴定时,应当符合以下要求:

(一) 多件包装的毒品疑似物少于10件的,应当逐件抽样鉴定,每包取样0.2-1克;

(二) 同一批次的多件包装毒品疑似物为10-100件的,按照公安部授权使用的抽样鉴定方法,随机对其中10件内的样品每包取样0.2-1克鉴定;不同批次或者包装内毒品经目测明显不同的,应当逐件抽样鉴定,每包取样0.2-1克;

(三) 同一批次的多件包装毒品疑似物多于100件的,按照公安部授权使用的抽样鉴定方法,随机选取的样品数为总样品数开平方所得的整数,每包取样0.2-1克鉴定;不同批次或者包装内毒品经目测明显不同的,应当逐件取样0.2-1克鉴定。

第四十条 鉴定意见应当符合以下要求:

(一) 鉴定机构和鉴定人应当具有毒品鉴定资质,并将资质复印件加盖公章后附卷;

(二) 鉴定的毒品和扣押的毒品在包装、形态、特征、性状等的描述上应当一致,描述存在明显差异导致毒品来源存疑的,鉴定机构或者办案机关应当作出合理解释;

(三) 毒品成分应当按照其化学名称规范表述;

(四) 应当符合法律、法规、司法解释等相关规定。

第四十一条 对可能判处死刑的毒品犯罪案件,应当作出含量鉴定;对涉案毒品可能大量掺假,或者毒品纯度可能极低,或者系成分复杂的混合毒品的,也应当作出含量鉴定;对于含有二种以上毒品成分的混合型毒品,应当进一步作成分鉴定,确定所含的主要成分及比例。

第四十二条 检察机关、审判机关审查鉴定意见时,应当注重审查委托鉴定的时间、出具鉴定意见的时间、鉴定机构与鉴定人的资格、鉴定材料是否为送检材料、鉴定对象与鉴定意见是否关联、鉴定方法与鉴定程序是否科学、客观、规范。

（五）视听资料和电子数据

第四十三条 侦查机关应当依法及时调取录音、录像及其他技术设备保存的有关毒品案件的信息资料，并制作说明，载明制作人或者持有人，制作或提取的时间、地点，是否为原件，原件的所在地，复制的份数等。与案件有关的录音内容，应当用文字记录附卷。

第四十四条 侦查机关应当调取视听资料原件，取得原件确有困难或者有其他客观原因不能或者不便调取的，可调取复制件。调取复制件的，应当附有不能调取原件的原因、制作过程和原件存放地点的说明，并由制作人和视听资料原件持有人签名或盖章。

第四十五条 检察机关、审判机关审查视听资料及电子数据时，应当结合案件其他证据，审查其真实性和关联性。对电子数据应重点审查以下内容：

（一）形成时间、地点、对象、制作人、制作过程以及设备情况；

（二）收集程序是否合法；

（三）内容是否真实，有无剪辑、增加、删改等情况。

三、关于技术侦查与秘密力量使用

第四十六条 侦查机关应当在案件立案并经依法审批后方能采取技术侦查措施，采取技术侦查措施收集的材料作为证据使用时，批准采取技术侦查措施的法律文书应当附卷。

第四十七条 侦查机关经负责人批准采用秘密侦查、技术侦查措施所收集的物证、书证及其他证据材料，要转化为其他合法形式的证据并经查证属实，才能作为定案的依据。无法转化的，侦查机关应当就秘密侦查、技术侦查获得的原始证据材料等情况独立成卷，供检察机关、审判机关在需要时查阅。

第四十八条 侦查机关使用秘密力量侦破案件，在确保安全、有效控制的前提下，可以指挥秘密力量进行毒品假买活动。但是，秘密力量不得使用促使他人产生犯罪意图的方法引诱他人进行毒品犯罪。

第四十九条 有秘密力量参与的毒品案件，必要时经审判机关或者检察机关和侦查机关负责人联合审批，办理案件的审判人员、检察人员可以核实秘密力量建档材料，但不得摘抄、翻录，并予以保密，侦查机关应当予以配合。

四、附则

第五十条 本规定自下发之日起执行。法律、法规、司法解释另有规定的，按法律、法规、司法解释的规定执行。

▶**《江苏省高级人民法院、江苏省人民检察院、江苏省公安厅常见毒品犯罪案件证据收集及审查指引》**（苏高法〔2018〕156号，2018年8月28日）

为提高毒品犯罪案件证据质量，依法、公正、规范办理毒品犯罪案件，有效打击毒品犯罪，依照《中华人民共和国刑法》、《中华人民共和国刑事诉讼法》、最高人民法院《关于适用〈中华人民共和国刑事诉讼法〉的解释》、《全国部分法院审理毒品犯罪案件工作座谈会纪要》（大连会议纪要）、《全国法院毒品犯罪审判工作座谈会纪要》（武汉会议纪要）、最高人民检察院《人民检察院刑事诉讼规则（试行）》、公安部《公安机关办理刑事案件程序规定》等法律、司法解释、规范性文件的有关规定，结合毒品犯罪案件办理工作实际，制定本指引。

一、毒品犯罪案件证据收集指引

第一条 办理毒品犯罪案件，应当及时、全面、客观、规范地依法收集证明犯罪嫌疑人实施毒品犯罪的所有证据。

在证据收集过程中，应当树立重客观证据，不轻信口供的观念，特别是应当重视物证、书证、视听资料、电子数据在定罪体系中的证明作用，强化客观证据的收集、挖掘与运用。

第二条 需要运用证据证明的毒品案件犯罪事实、情节一般包括：

1. 案件线索来源及发破案经过；

2. 犯罪嫌疑人的自然情况；

3. 犯罪嫌疑人是否累犯、再犯，有无前科劣迹，是否有立功、自首、坦白等量刑情节，是否系吸毒人员，是否在缓刑考验期内或暂予监外执行期间等；

4. 犯罪嫌疑人联系交易毒品经过及实施毒品犯罪行为的时间、地点，毒品数量、价格及交易方式、方法等情况；

5. 查获毒品的种类、名称、数量、成分、含量、来源、归属、去向等情况；

6. 犯罪嫌疑人的主观明知情况；

7. 上下线犯罪嫌疑人之间，共同犯罪人之间的关系和地位作用。

第三条 证明犯罪嫌疑人身份、前科等情况的证据材料有：

1. 户籍证明材料。犯罪嫌疑人户籍所在地公安机关出具的附有犯罪嫌疑人免冠照片及同户家庭成员情况的户籍证明材料、犯罪嫌疑人的出生证明及相关知情人的证言等；

2. 累犯、再犯或其他前科劣迹情况材料。包括前罪的生效裁判文书、行政处罚决定书、释放证明、强制戒毒决定书、解除强制戒毒决定书、暂予监外执行决定书、解除社区矫正证明书等。前科犯罪涉及剥夺政治权利的，剥夺政治权利的执行情况应当有相应刑罚执行材料予以证明；

3. 犯罪嫌疑人是否系吸毒人员的吸毒现场检测报告或实验室检测报告；

4. 犯罪嫌疑人自首、坦白的证据材料。包括发破案经过、犯罪嫌疑人到案经过、有罪供述经过以及证明其到案情况的其他材料；

5. 犯罪嫌疑人立功的证据材料。包括犯罪嫌疑人检举揭发材料以及证明其来源的材料、司法机关的调查核实材料、被检举揭发人的供述等相关案件证据材料概要，被检举揭发案件已经进入刑事诉讼程序的，应当有被检举揭发案件的发破案经过等相应法律文书。

第四条 证明毒品案件事实的证据，包括但不限于下列各项：

1. 查获的毒品、毒资，以及电子秤、封装袋、交通工具、通讯设备、枪支弹药等实物证据；

2. 犯罪嫌疑人及其他同案犯相互联系的通话清单，实施毒品交易的住宿、通行、银行或网络交易凭证及相关身份信息等书证；

3. 关于查获毒品包装物、手机等与案件相关物品上的指纹、DNA 生物检材、毒品成分的鉴定意见，犯罪嫌疑人语音通话同一性的声纹鉴定意见等。如果系可能判处死刑的或有证据证明查获物品系大量掺假毒品的，须进行毒品含量鉴定；

4. 相关监控录音录像、短信、微信、QQ 等即时聊天工具记录等视听资料、电子数据；

5. 对毒品交易现场、抓获现场、查获毒品现场等进行勘验、检查、辨认的笔录、照片、录像、执法记录仪拍摄记录及扣押物品文件清单、称量记录等；

6. 证实毒品与犯罪嫌疑人关联的证人证言；

7. 犯罪嫌疑人供述和辩解及审讯同步录音录像；

8. 发破案经过以及通过技术侦查措施获得的证据。

第五条 办理毒品犯罪案件，侦查机关应当出具由侦查人员署名并加盖侦查机关印章的发破案经过及抓获经过说明。

发破案经过应当写明案件线索来源情况及案件破获经过，包括是否系特情提供线索或使用技术侦查手段获得线索，犯罪嫌疑人如何确定，犯罪嫌疑人到案时间、地点、经过，同案犯到案时间、经过等内容。有同步录音录像的应当收集并随案移送。发破案经过涉及国家秘密的，公安机关应当注明密级并单独装卷。

抓获经过应当写明抓获时间、地点、方式、过程，应有抓获人签名。犯罪嫌疑人在抓获时形成伤情的，在抓获过程中应当写明，并及时拍照、录像进行固定，对犯罪嫌疑人进行讯问时要体现伤情形成时间。

第六条　在收集证明犯罪嫌疑人实施毒品交易行为的相关证据时，应注意以下问题：

1. 侦查机关收集证明通信情况的相关证据，应当及时扣押犯罪嫌疑人的通信工具，制作扣押清单，并注意及时提取通信工具中保存的相关通信信息。扣押提取过程应当全程录音录像，制作扣押物品清单和笔录，并注明提取通信工具的串号、型号、对应的通讯号码，微信、QQ的使用人信息等特征，由犯罪嫌疑人签字确认。

犯罪嫌疑人、被告人对其语音通话存异议，现有证据不能证实具体通话人的，应当进行通话语音同一性的声纹鉴定。

侦查机关提取到犯罪嫌疑人及其同案犯通信记录的，应当同时提取各通话记录的基站信息、漫游区域，以与证明犯罪嫌疑人行动轨迹的其他证据相互印证。

2. 侦查机关收集毒资往来情况的相关证据，应当及时扣押犯罪嫌疑人银行卡、存折等账户凭证，并调取相关账户往来记录、银行柜台存取款凭证及微信、支付宝等网络支付工具交易记录，对与案件相关的交易记录，应当及时调取相应监控录像。

3. 侦查机关收集证明毒品转移情况的相关证据，应当注意补充证明与犯罪嫌疑人关联性的证据，如对相关托运记录、包裹单上的笔迹进行鉴定，确定是否犯罪嫌疑人的笔迹；犯罪嫌疑人寄送或收取涉案毒品包裹的，应当及时由相关邮递人员进行辨认或调取相关监控录像；及时提取毒品包装物上的指纹、掌纹或其他 DNA 检材等痕迹物证进行鉴定，并与犯罪嫌疑人进行对比。

第七条 办理毒品犯罪案件，查获的毒品是最重要的物证，侦查机关应当全面、及时查获毒品。侦查机关对查获的毒品应当编号封装、妥善保管，避免受污染。查获的毒品在人民法院终审判决生效前不得销毁。

第八条 办理毒品犯罪案件，侦查机关应当注意收集证明查获毒品与在案犯罪嫌疑人关联性的相关证据。

涉案毒品在犯罪嫌疑人身边查获的，侦查机关应当制作搜查笔录和扣押清单，在搜查笔录和扣押清单上注明查获毒品的具体特征、查获毒品的经过和具体位置等，交由犯罪嫌疑人、见证人签字确认，并对搜查、扣押过程全程录音录像、拍照记录。

查获涉案毒品，侦查机关一般应当及时收集、提取毒品内外包装物或相关物品上的指纹、掌纹、DNA检材等痕迹物证进行鉴定，并与犯罪嫌疑人进行比对；犯罪嫌疑人与毒品人货分离的，应当及时收集、提取相关痕迹物证；无法收集或提取的，应当作出明确情况说明，并随案移送。提取相关痕迹物证，应当制作提取笔录，并对提取部位、提取过程拍照记录。

在犯罪嫌疑人住处或宾馆等场所查获毒品的，应当制作勘验检查笔录及扣押清单，在勘验检查笔录和扣押清单上注明查获毒品的具体特征、查获毒品的经过和具体位置等，由犯罪嫌疑人签字确认，并对勘验检查、扣押过程全程录音录像；并应注意及时收集犯罪嫌疑人租住房屋或房屋所有的相关书证、房主等相关证人的证言及辨认等，证明犯罪嫌疑人实际占有使用该住处。

第九条 抓获犯罪嫌疑人时，应当及时对犯罪嫌疑人的人身、住所、车辆等关联场所进行必要的搜查。在有条件的情况下，应当使用执法记录仪对抓获过程不间断录像，并将相关录像资料随案移送。

对于讯问获取的犯罪嫌疑人供述应当及时审查其真实性，对供述中涉及的资金交易情况、上下家通联情况、短信、微信、QQ等即时聊天工具交流情况、交通通行情况、住宿情况、毒品邮寄情况等事实，应当及时调取相应银行卡交易记录、通话记录、通行记录、车辆运行轨迹、住宿记录、邮寄包裹单、监控录像等证据予以查实。犯罪嫌疑人供述涉及的相关人员，应当及时调查询问，获取证言。对犯罪嫌疑人无罪或者罪轻的辩解，并提供相关线索的，也应及时调取核查相关证据。

对证人所提供的犯罪嫌疑人的活动情况、通话情况、毒品交易情况等事实，应当及时调取相应的通行记录、通话记录、邮寄单等客观证据予以补充证明。证人提供的其他涉案人员信息，应当及时调查或进行询问。

讯问犯罪嫌疑人，应当及时让犯罪嫌疑人或证人对涉案毒品、作案工具、毒品交易现场、毒品上下家等进行辨认或指认。同案多个犯罪嫌疑人犯罪行为存在关联的，应当互相辨认。与犯罪嫌疑人或毒品疑似物、包装物接触过的证人，应当对犯罪嫌疑人、毒品疑似物或包装物进行辨认。

第十条 办理毒品犯罪案件，应当按照《中华人民共和国刑事诉讼法》及相关司法解释的要求收集证据，确保证据形式合法，具备证据资格；应当注重运用见证人、拍摄照片、全程录音录像等措施强化证据的证据资格和证明效力。

第十一条 侦查机关、公诉机关在侦查、审查起诉阶段获取的证据，应当全面移送，特别是证明犯罪嫌疑人无罪、罪轻的证据。

二、毒品犯罪案件证据审查指引

对侦查机关提供的证据，应当对其合法性、真实性、关联性进行审查。

（一）物证、书证

第十二条 对于物证、书证，应重点审查下列内容：

1. 物证、书证的来源，是否有合法取得的相关证据如相应的勘验、检查、搜查、提取、扣押笔录等，是否为原物或原件；

2. 现场勘验检查笔录、搜查笔录、提取笔录与扣押清单中的记载是否一致；

3. 物证的提取、保管是否依法进行；

4. 书证有无提供人、制作人的签名盖章，有无伪造、变造痕迹；

5. 物证、书证与被告人供述、证人证言等其他证据是否相互印证；

6. 物证特别是毒品，能否直接与犯罪嫌疑人、被告人关联，是否有其他的证据能够补充证明毒品与犯罪嫌疑人、被告人之间的关联性。

第十三条 检察机关、审判机关应当重视审查在案毒品的真实性，对在案毒品应当重点审查下列内容：

1. 毒品的提取、扣押、封装、称量、取样、送检程序是否符合相关法律规定，是否按照相关规定分组、编号或命名，是否有见证人在场见证；封装封条、封口处是否有侦查人员、犯罪嫌疑人和见证人签字并签署封装日期；涉案毒品是否在封装前称量，封装后称量的拆封程序是否符合相关规定；称量器具是否选取适当；称量结果描述是否准确；

2. 提取、扣押、封装、称量、取样程序是否制作笔录，笔录是否详细记载提取、封装、称量、取样过程，并交由犯罪嫌疑人或毒品持有人及见证人签字；毒品提取、扣押、封装、称量、取样、送检等环节中毒品的编号、名称以及对毒品外观特征的描述是否一致，不一致的是否有书面说明；相关笔录中毒品照片是否附卷，不同环节照片中的毒品是否一致。

3. 毒品是否妥善保管，是否由专人负责保管，是否受到污染等。

第十四条　在勘验、检查、搜查过程中提取、扣押的毒品或者其他物证、书证等，未附有相应的勘验、检查、搜查、提取笔录或扣押清单，不能证明其来源的，不能作为定案的根据。从第三人处提取的物证、书证应当附有提取笔录及扣押清单、照片，没有相关提取记录，不能证明其来源的，不得作为证据使用。勘验、检查、搜查、提取、扣押时没有见证人在场或者在场的见证人属于法律规定不得担任刑事诉讼见证人情形的，侦查机关不能提供同步录像或者其他证据说明其取证过程的合法性，也不能对此作出合理解释的，相关物证、书证等不得作为定案的根据。

（二）勘验、检查、搜查、提取笔录及扣押清单

第十五条　对于现场勘验检查笔录、搜查笔录、提取笔录及扣押物品或文件清单，应重点审查：

1. 勘验、检查、搜查、提取、扣押程序是否符合法律要求，是否有见证人在场见证，见证人的选取是否符合法律规定，是否是两人以上侦查人员同时进行等；

2. 记载内容是否完整准确，是否详细载明勘验、检查、搜查的时间、地点、过程，现场的方位、环境，提取、扣押的物证、书证情况，包括扣押物证、书证特别是涉案毒品疑似物的名称、型号、规格、数量、重量、颜色、新旧程度和缺损特征以及摆放位置等，是否与照片及其他笔录记载相互一致；

3. 笔录形式是否符合法律规定，是否有见证人、侦查人员、被检查、搜查人员签名，是否附有相应的照片、图示及录音录像材料等。

第十六条　勘验、检查、搜查、提取笔录及扣押清单上缺少侦查人员、被搜查、检查人员或物品持有人、见证人签名，或者对毒品等物证、书证的包装、形态、特征、数量等描述不详，或者描述与现场照片、录音录像存在差异，或者收集程序、方式存在其他瑕疵的，侦查机关应当作出补正或者合理解

释，否则不能作为定案的根据。

（三）鉴定意见

第十七条 有下列情形之一的，应当委托鉴定机构对送检毒品疑似物进行含量鉴定：

1. 有证据证明查获毒品疑似物系毒品，且查获数量达到当地实际掌握的死刑数量标准的；

2. 查获量超过刑法第三百四十七条第二款第一项规定的数量，同时具有从重处罚情节可能判处死刑的；

3. 有证据证明查获物品含有两种以上毒品成分的（甲基苯丙胺片剂除外）；

4. 有证据证明查获物品系成分复杂的新类型毒品或新类型毒品原植物的；

5. 有证据证明查获物品系毒品但大量掺假的；

6. 有证据证明查获的液态物品中含有毒品、制毒物品或者毒品、制毒物品半成品成分的；

7. 人民法院、人民检察院对查获物品鉴定有特殊要求的，应当按照人民法院、人民检察院出具的法律文书中所要求的事项进行。

第十八条 对于鉴定意见，应审查下列内容：

1. 鉴定人、鉴定机构是否具备鉴定资格，是否与案件或案件当事人有利害关系或其他特殊关系，鉴定意见没有附鉴定人资格证明文件的，应当及时调取；

2. 鉴定意见形式是否完备，是否具备序言、简要案情、检材取样、检验过程及记录、分析说明、鉴定意见等内容，鉴定意见尾部是否有2名以上鉴定人签名、盖章；

3. 检材的送检、拆封、取样是否依照法定程序进行，检材与原始提取物是否系同一物，检材的提取时间与检验鉴定时间的间隔长短，检材的提取数额情况是否有记录；

4. 鉴定意见的分析论证是否周密，分析论证和鉴定结论是否矛盾，鉴定意见与案件其他证据有无矛盾；

5. 审查委托鉴定机关是否将用作证据的鉴定意见及时告知犯罪嫌疑人、被告人。

第十九条 对于毒品成分及含量的鉴定意见，应当注意审查检材提取是否符合相关专业规范要求。对于在不同地点缴获的多个包装的缴获物品，或者犯罪嫌疑人或物品持有人供述缴获物品存在差异的多个包装的物品，应当根据不同的缴获地点或供述情况对其进行分组鉴定。

对于缴获物品本身或者其包装物的外观特征不一致的多个包装的缴获物品，还应当根据缴获物品及其包装物的外观特征进行分组鉴定。

确有必要时，对毒品含量采取抽样鉴定的，应当同时提交进行随机抽样方法的情况说明。

对应当鉴定而没有鉴定或者鉴定程序违反有关规定，影响案件事实认定的，应当补充鉴定或者重新鉴定。不具备补充鉴定或者重新鉴定条件的，应当依法作出有利于犯罪嫌疑人、被告人的认定。

（四）犯罪嫌疑人、被告人供述、证人证言及辨认笔录

第二十条　对于犯罪嫌疑人、被告人供述，应审查下列内容：

1. 犯罪嫌疑人、被告人供述是否系合法取得，犯罪嫌疑人、被告人有无受到刑讯逼供、指供、诱供；前后多次供（陈）述之间细节上是否一致，不一致的原因是什么；重大毒品犯罪案件的讯问过程是否全程录音录像，是否在指定讯问场所进行讯问。

2. 讯问笔录是否准确、完整地反映犯罪嫌疑人、被告人的原话、原意和整个讯问过程，特别是犯罪嫌疑人、被告人从不认罪到认罪的整个过程；是否人为添加、曲解犯罪嫌疑人的言语；是否因犯罪嫌疑人、被告人不认罪而不制作笔录。

3. 犯罪嫌疑人、被告人是否是少数民族、长期侨居国外、外国籍人、聋哑人，有无提供翻译；犯罪嫌疑人、被告人自称通晓汉语的，是否由其本人出具书面声明；出具书面声明、讯问过程、核对笔录签字过程是否全程录音录像。

4. 犯罪嫌疑人、被告人是否吸食毒品，是否在其认知、记忆、表达能力、生理和精神状态正常时进行讯问。犯罪嫌疑人、被告人不能正确认知或正确表达时所作供述，不得作为证据使用。

5. 犯罪嫌疑人、被告人的供述是否与物证、书证等客观证据相互印证；犯罪嫌疑人、被告人有无对涉案毒品、作案工具、毒品交易现场、毒品上下家等进行辨认或指认；同案多个犯罪嫌疑人犯罪行为存在关联的，是否互相辨认。

6. 对于共同犯罪案件，在对各犯罪嫌疑人、被告人供述逐个进行审查的基础上，还应当综合审查各犯罪嫌疑人、被告人对同一事实情况的供述在细节上

是否一致。

第二十一条　对于证人证言，应审查下列内容：

1. 证人证言是否系合法取得，有无暴力、威胁取证行为。
2. 证人与犯罪嫌疑人、被告人之间有无利害关系或其他特殊关系。
3. 证人作证时有无思想顾虑或外界压力、有无受到他人的指使、收买或者暴力、威胁、引诱、欺骗、暗示。
4. 证言内容是证人直接感知的，还是获取的传闻，感知案件事实时的客观环境和条件是否会影响证人正确感知案件事实；案发时间和作证时间的间隔长短。
5. 证言笔录是否准确、完整地反映证人的原话、原意和整个询问过程。
6. 证言的内容是否合乎情理，内容前后有无矛盾，证言如果发生改变，要查明改变的原因，并结合其他证据判断真伪。

被询问的证人系吸毒人员的，还应当审查询问活动是否在其认知、记忆、表达能力、生理和精神状态正常时进行，是否进行全程录音录像，录音录像材料是否随案移送。

第二十二条　对于辨认笔录，应当审查辨认过程是否符合下列要求：主持辨认的侦查人员不得少于二人；辨认前，辨认人不得与辨认对象接触或者见面；辨认前，侦查人员应当向辨认人详细询问辨认对象的具体特征；数名辨认人对同一辨认对象进行辨认的，应当分别进行；辨认应当是混杂辨认，混杂的被辨认人应当性别相同、年龄相近且体貌特征不存在明显反差，被混杂辨认的物品的特征一般应当相近。

（五）视听资料、电子证据

第二十三条　对于录音、录像等视听资料，应当重点审查该视听资料的来源是否合法；视听资料是否为原件，有无附相关制作说明；制作说明有无说明制作人、持有人情况以及制作或提取的时间、地点、过程和技术手段等，是否有制作人及持有人的签名；视听资料有无经过剪辑、增加、删改、编辑等。视听资料为复制件的，还应当附有关于复制的方法、份数，原件的所在地，以及原件无法提取原因的说明材料，并制作详细的移送清单。

第二十四条　对于手机短信内容、网上聊天记录、电子邮件等电子证据，在确认其与犯罪嫌疑人、被告人的关联性的基础上，应当审查该电子证据除电子存储介质外是否附有相关的打印件；移送的存储该电子证据的电子存储介质是否附有相应制作说明；制作说明是否载明该电子证据形成的时间、地点、制作人、制作过程、存储过程及设备情况等，并交由制作人及电子证据原始材料持有人签字；电子证据有无剪裁、拼凑、删改、添加等。

（六）技术侦查证据

第二十五条 检察机关、审判机关审查通过技术侦查措施获取的相关证据，应当注意审查批准采取技术侦查措施的法律文书是否附卷移送，是否在采取技术侦查措施之前已经立案侦查。

第二十六条 侦查机关通过技术侦查措施所收集的证据材料，应当完整转化为其他合法形式的证据，如相关文字、图片材料等书证形式，由相关侦查人员签字并盖章后附卷移送，并提取原件封装，检察机关、审判机关认为有必要的，侦查机关应当提供原始的录音及电子数据材料，供检察机关、审判机关查阅。相关技术侦查获取的证据材料原件，在人民法院终审判决生效前不得销毁、删除。

第二十七条 侦查机关应当规范使用特情介入侦破案件。在有证据证明他人持毒待售或已准备实施大宗毒品犯罪的情况下，可以使用特情接洽破获犯罪。

第二十八条 侦查机关使用特情破获案件，除紧急情况外，应当履行严格的审批手续，并在发破案经过中详细说明，审批法律文书应当归入侦查机关内部卷，审判机关、检察机关认为必要的，可以进行查阅。

（七）其他规定

第二十九条 查封、扣押、冻结以及保管、处置涉案财物，必须严格依照法定的适用条件和程序进行。

第三十条 侦查机关应当查明涉案财物与案件的关联性，是否系违法所得、供犯罪所用的本人财物或工具或犯罪嫌疑人的个人财产。

查封、扣押、冻结涉案财物，必须随案移送财物清单，说明财物当前状态、存放位置及与犯罪的关联性，并提供相应证据。

涉案财物不得随意处置，案件裁判应当对财物处置作出判决。

三、证据的综合审查与运用

第三十一条 认定毒品犯罪案件犯罪事实，应当遵循刑事诉讼法关于证据证明标准的要求，即定罪量刑的事实都有证据证明；据以定案的证据均经法定程序查证属实；综合全案证据，对所认定事实已排除合理怀疑。

第三十二条　认定毒品犯罪案件事实，可以遵循以下原则：

1. 犯罪嫌疑人、被告人的供述与其他同案犯供述、证人证言相互印证，并且排除诱供、串供、逼供可能的，被告人的供述及其他同案犯的供述、证人证言可以作为定案的根据；

2. 犯罪嫌疑人、被告人的供述虽然没有得到同案犯供述的证实，但其交代的毒品交易的数量、种类、时间、地点、交易经过、联系经过等具体情节能够得到通话记录、短信记录、银行卡转账记录等间接证据印证，并且排除逼供、诱供可能的，可以认定案件犯罪事实；

3. 毒品买卖双方，一方交代购买或出售毒品，但对方始终否认的，一般不能认定犯罪事实。但一方交代的毒品交易的数量、种类、时间、地点、交易经过、联系经过特别是相对方的行动情况等具体情节能够得到证人证言、通话记录、短信记录、银行卡转账记录等证据证实，并且排除诱供、逼供、串供可能，且相对方辩解能够合理排除的，可以认定犯罪事实；

4. 涉案犯罪嫌疑人、被告人对犯罪事实不予供认，但查获毒品与涉案犯罪嫌疑人、被告人关联的证据充分，且有证据证明犯罪嫌疑人、被告人曾实施相关贩卖毒品行为的，可以将查获毒品计入其贩卖毒品数额；

5. 对毒品买卖双方一方交代多次贩毒事实，对方只供认其中部分事实的，一般只能认定双方一致确认的犯罪事实，但如果一方供认的多次贩毒事实均有相关通话记录、银行卡转账记录等间接证据证实，可以予以认定；

6. 对毒品买卖双方一方交代贩卖毒品事实，对方在多次确认后又否认，但不能合理说明翻供原因或其辩解与全案证据矛盾的，应当按照多次确认的口供认定犯罪事实；

7. 除查获毒品外，一般不能仅依赖通话记录、转账记录等间接证据认定毒品犯罪事实。

第三十三条　毒品犯罪案件主观故意的核心在于行为人知道或者应当知道其所实施的贩卖、运输等行为的对象系毒品。犯罪嫌疑人、被告人有未如实申报、逃避、抗拒检查，丢弃毒品，采取高度隐匿方式携带毒品，以虚假身份托运毒品，或为获取不等价报酬而运输毒品等行为，以及《大连会议纪要》及相关司法解释规定的其他行为，足以认定犯罪嫌疑人、被告人应当明知的，可以认定其"明知"。

上述行为均应有相关证据予以证明，如虚假身份材料、行动轨迹材料、申报材料等，如果犯罪嫌疑人、被告人能够做出合理解释，或者确有证据表明犯罪嫌疑人、被告人系被蒙骗的，不宜认定为"明知"。

第三十四条 对被告人贩卖目的的认定，不能仅凭被告人的供述，应当根据被告人实施毒品犯罪的过程、方式、毒品数量、被查获的情形等，结合被告人是否有前科、毒品再犯、是否吸毒等进行综合分析：

1. 被告人购买毒品被查获，被告人供述其主观上系以贩卖为目的，得到其他证据印证或补强，即使翻供否认，但其辩解不合情理或不能合理说明翻供原因的，应认定为贩卖毒品罪；

2. 被告人购买毒品被查获后，虽不供认其主观上系以贩卖为目的，但多名证人、同案犯指证其曾贩卖毒品的，虽然指证的犯罪事实不予认定，但综合各指证的内容和细节，可以排除合谋陷害等可能的，应当认定被告人具有贩卖目的；

3. 被告人一次性购买数量较大的毒品（甲基苯丙胺200克以上或其他相同标准数额的毒品）被查获，应当根据其毒品犯罪前科、吸毒经历、经济状况、毒资来源情况、毒品归属情况、查获的作案工具情况、查获前后有贩卖毒品行为等，结合本条第一项的规定进行综合分析，以确定其主观上是否具有贩卖目的。虽不供认其主观上以贩卖为目的，但无法对上述情况尤其是毒品用途作出合理解释或其辩解明显有违常理的，应当认定具有贩卖毒品目的。

第三十五条 办理毒品上下线犯罪案件，应当注意查明涉案上下线犯罪嫌疑人的罪责程度，包括上下线交易由何方提起，毒品运输由何方负责实施，毒资如何支付，上下线犯罪嫌疑人是否存在其他犯罪事实等。

办理毒品共同犯罪案件，应当注意查明各涉案犯罪嫌疑人在共同犯罪中地位和作用的相关事实，包括谁提起犯意，谁出资，谁购买毒品，谁运输毒品，谁销售毒品，毒资如何分配等。

附 则

第三十六条 本指引所称"重大毒品犯罪案件"，系指犯罪嫌疑人、被告人可能被判处无期徒刑以上刑罚的毒品犯罪案件。

第三十七条 本指引自下发之日起执行，法律、法规、司法解释另有规定的，依照法律、法规、司法解释的规定执行。

专题六 醉酒驾驶机动车犯罪

34 醉驾案件证据收集要求

34.1 规范性文件

▶《最高人民法院、最高人民检察院、公安部印发〈关于办理醉酒驾驶机动车刑事案件适用法律若干问题的意见〉的通知》（法发〔2013〕15号，2013年12月18日）

五、公安机关在查处醉酒驾驶机动车的犯罪嫌疑人时，对查获经过、呼气酒精含量检验和抽取血样过程应当制作记录；有条件的，应当拍照、录音或者录像；有证人的，应当收集证人证言。

▶《公安部关于公安机关办理醉酒驾驶机动车犯罪案件的指导意见》（公交管〔2011〕190号，2011年9月19日）

1. 严格血样提取条件。交通民警要严格按照《交通警察道路执勤执法工作规范》的要求检查酒后驾驶机动车行为，检查中发现机动车驾驶人有酒后驾驶机动车嫌疑的，立即进行呼气酒精测试，对涉嫌醉酒驾驶机动车、当事人对呼气酒精测试结果有异议，或者拒绝配合呼气酒精测试等方法测试以及涉嫌饮酒后、醉酒驾驶机动车发生交通事故的，应当立即提取血样检验血液酒精含量。

2. 及时固定犯罪证据。对查获醉酒驾驶机动车嫌疑人的经过、呼气酒精测试和提取血样过程应当及时制作现场调查记录；有条件的，还应当通过拍照或者录音、录像等方式记录；现场有见证人的，应当及时收集证人证言。发现当事人涉嫌饮酒后或者醉酒驾驶机动车的，依法扣留机动车驾驶证，对当事人驾驶的机动车，需要作为证据的，可以依法扣押。

5. 规范血样提取送检。交通民警对当事人血样提取过程应当全程监控，保证收集证据合法、有效。提取的血样要当场登记封装，并立即送县级以上公安机关检验鉴定机构或者经公安机关认可的其他具备资格的检验鉴定机构进行血液酒精含量检验。因特殊原因不能立即送检的，应当按照规范低温保存，经上级公安机关交通管理部门负责人批准,可以在3日内送检。

9. 全面客观收集证据。对已经立案的醉酒驾驶机动车案件,应当全面、客观地收集、调取犯罪证据材料,并严格审查、核实。要及时检查、核实车辆和人员基本情况及机动车驾驶人违法犯罪信息,详细记录现场查获醉酒驾驶机动车的过程、人员车辆基本特征以及现场采取呼气酒精测试、实施强制措施、提取血样、口头传唤、固定证据等情况。讯问犯罪嫌疑人时,应当对犯罪嫌疑人是否有罪以及情节轻重等情况作重点讯问,并听取无罪辩解。要及时收集能够证明犯罪嫌疑人是否醉酒驾驶机动车的证人证言、视听资料等其他证据材料。

▶《浙江省高级人民法院、浙江省人民检察院、浙江省公安厅印发〈关于办理"醉驾"案件若干问题的会议纪要〉的通知》(浙高法〔2019〕151号,2019年10月8日)

四、关于诉讼证据的要求

"醉驾"犯罪案件,应当移送下列证据及其相关案卷材料:(1)被告人的供述和辩解;(2)有证人的,能证明醉酒驾驶机动车的证言;(3)酒精呼气测试检验单和血液酒精含量报告单;(4)血样提取笔录或者提取登记表;(5)执法民警出具的查获经过说明;(6)现场查获的,查时时拍摄的被告人及其所驾驶车辆的照片或者视听资料;(7)其他与案件定罪量刑相关的证据材料(包括户籍证明或经与全国公安常住人员信息数据库比对一致的其他身份证明、驾驶证、行驶证、证明车辆行驶轨迹的相关材料、以前的交通违法情况、前科情况等)。

被查获或发生道路交通事故后又故意当场饮酒的,以血液检测的结果认定其酒精含量。因逃跑等原因,无法作血液检测的,以呼气测试结果认定其酒精含量,并从重处罚。

呼气测试的酒精含量达到醉酒驾驶机动车标准,在提取血样前逃跑的,以呼气测试结果认定其酒精含量。

"醉驾"案件,原则上不对血液酒精含量作重新鉴定。但鉴定机构或者鉴定人员不具备鉴定资格、鉴定样本错误、鉴定程序严重违法的除外。

▶《山西省公安厅关于印发〈山西省公安机关办理醉酒驾驶机动车刑事案件程序规定〉的通知》(晋公通字〔2014〕84号,2014年6月20日)

第九条 交通警察在道路执勤执法中发现机动车驾驶人有酒后驾驶嫌疑

的，应当对其进行呼气酒精测试。呼气酒精测试应当打印书面测试结果，由醉酒驾驶机动车嫌疑人（以下简称当事人）签名、交通警察签名或者盖章。当事人对测试结果有异议或者拒绝签名的，交通警察应当在书面测试结果上注明。

第十条 对现场经呼气酒精测试发现醉酒驾驶机动车嫌疑的，应当实施扣留机动车驾驶证及检测体内酒精含量行政强制措施，并开具行政强制措施凭证。

第十一条 交通警察发现当事人具有以下情形之一的，应当及时提取血样，检验体内酒精含量：

（一）呼气酒精测试结果达到醉酒驾驶机动车标准的；

（二）对呼气酒精测试结果有异议的；

（三）拒绝配合呼气酒精测试等方法测试的；

（四）涉嫌饮酒、醉酒驾驶机动车发生交通事故的。

第十二条 提取血样应当按照下列程序实施：

（一）由交通警察通知当事人家属或当事人要求通知的其他人。因当事人拒绝等原因无法通知的，可以不予通知，但应当在笔录中注明。

（二）由交通警察将当事人带至县级以上医疗机构或者具备资格的检验鉴定机构抽血，必要时，可以由上述机构派出人员抽血。交通警察应当对抽血过程全程监控，保证收集证据合法、有效。

（三）提取血样应由专业人员按要求进行，并提取两份血样备份，且不应采用醇类药品对皮肤进行消毒。

（四）提取的血样中应添加抗凝剂，分别使用洁净、干燥的容器封装，并注明当事人姓名、抽血时间，分别装入密封袋，一份备案，一份送检。密封袋的密封材料上应注明当事人姓名、提取时间、血样用途。由当事人签名、捺指印、交通警察和专业抽血人员签名或者盖章。有见证人在场的，应当由见证人签名或者盖章并注明见证人身份情况。当事人、专业抽血人员或者见证人拒绝签名、捺指印或盖章的，交通警察应当注明。

（五）填写《当事人血样提取登记表》，写明抽血原因、抽血时间、抽血地点、被抽血人姓名等情况，并由交通警察、抽血人员签名或者盖章。

（六）备案的血样应当交办案部门证据保管室保存。血样送检前，应当低温保存。

对酒后行为失控或者拒绝配合抽血检验的，可以使用约束带或者警绳等约束性警械。

第十七条　交通警察在道路上查处涉嫌醉酒驾驶机动车违法行为时，应当开启执法记录仪进行全程记录并通过现场拍照或者摄像等手段及时记录查获经过，照片或者录像应当反映以下内容：

（一）当事人停车接受交通警察检查的过程；

（二）有当事人面貌特征的驾车情形；

（三）所驾机动车号牌、车型、颜色等基本特征；

（四）当事人接受呼气酒精检测的过程；

（五）当事人抽取血样的过程；

（六）有证人的，应当拍摄询问证人的情况；

（七）能够反映查处过程的其他内容。

第十八条　提取的血样应现场登记封存，在二十四小时内，由交通警察送至县级以上公安机关刑事技术部门或者经省级公安机关鉴定机构登记管理部门审核认可的具备资质的司法检验鉴定机构进行检验鉴定。因特殊原因不能在二十四小时内送检的，应当按照规范低温保存，经上一级公安机关交通管理部门负责人批准，可以在三日内送检。

35　认定醉酒的依据

35.1　规范性文件与重点解读

▶《最高人民法院、最高人民检察院、公安部印发〈关于办理醉酒驾驶机动车刑事案件适用法律若干问题的意见〉的通知》（法发〔2013〕15号，2013年12月18日）

六、血液酒精含量检验鉴定意见是认定犯罪嫌疑人是否醉酒的依据。犯罪嫌疑人经呼气酒精含量检验达到本意见第一条规定的醉酒标准，在抽取血样之前脱逃的，可以以呼气酒精含量检验结果作为认定其醉酒的依据。

犯罪嫌疑人在公安机关依法检查时，为逃避法律追究，在呼气酒精检验或者抽取血样前又饮酒，经检验其血液酒精含量达到本意见第一条规定的醉酒标准的，应当认定为醉酒。

【重点解读】[①]

首先，关于采取何种方法检验犯罪嫌疑人醉酒驾驶的问题。为确保证明犯罪嫌疑人醉酒驾驶的证据确实、充分，根据公安部制定的《关于公安机关办理醉酒驾驶机动车犯罪案件的指导意见》（公交管〔2011〕190号）的规定，交通民警在检查中发现机动车驾驶人有酒后驾驶机动车嫌疑的，应当立即进行呼气酒精含量检验，对涉嫌醉酒驾驶机动车的应当立即提取血样，送交县级以上公安机关检验鉴定机构或者其他具备资格的检验鉴定机构检验，实践证明效果良好。故该意见规定，血液酒精含量检验鉴定意见是认定犯罪嫌疑人是否醉酒的依据，也可以说是最主要的依据。

其次，该意见对逃避血液酒精含量检验的行为作了特殊规定。一是犯罪嫌疑人经呼气酒精含量检验，已达到该意见规定的醉酒标准，却在抽取血样前脱逃的，可以以呼气酒精含量检验结果作为认定其醉酒的依据。二是犯罪嫌疑人为逃避法律追究，在呼气酒精含量检验或者抽取血样前又饮酒的，以其饮酒后的血液酒精含量检验结果作为认定其是否醉酒的依据。如果血液酒精含量达到80毫克/100毫升以上，应当认定为醉酒。主要考虑是，醉驾入刑的目的是加重对醉酒驾驶机动车行为的惩罚，有效防范风险，如果犯罪嫌疑人醉酒驾驶后可以以此方法逃避法律追究，将会产生不良示范效应，不利于对社会安全和公众利益的保护。

▶《公安部关于公安机关办理醉酒驾驶机动车犯罪案件的指导意见》（公交管〔2011〕190号，2011年9月19日）

8. 从严掌握立案标准。经检验驾驶人血液酒精含量达到醉酒驾驶机动车标准的，一律以涉嫌危险驾驶罪立案侦查；未达到醉酒驾驶机动车标准的，按照道路交通安全法有关规定给予行政处罚。当事人被查获后，为逃避法律追究，在呼气酒精测试或者提取血样前又饮酒，经检验其血液酒精含量达到醉酒驾驶机动车标准的，应当立案侦查。当事人经呼气酒精测试达到醉酒驾驶机动车标准，在提取血样前脱逃的，应当以呼气酒精含量为依据立案侦查。

---

① 参见《最高人民法院、最高人民检察院、公安部有关部门负责人就〈关于办理醉酒驾驶机动车刑事案件适用法律若干问题的意见〉答记者问》，载最高人民法院网2013年12月26日，http://www.china.court.org/article/detail/2013/12/id/1168800.shtml。

35.2 案例与要旨

◆【《人民司法·案例》】[2013年第24期] 陈某等危险驾驶案

裁判要旨：因为醉驾行为人之过错而导致无法取得血液酒精测试结果的情况下，呼气酒精测试结果能够取代血液酒精测试结果作为认定醉驾酒精含量的定罪证据使用；在排除呼气测试结果远超被告人体内真实酒精含量可能的情况下，超过检定周期的呼出气体酒精含量探测器的检测结果仍然有效。

指导意义：相比于血液酒精测试，呼气酒精测试有以下两点缺陷：一是不够精确。由于呼出气体酒精含量探测不能区分口腔气和肺深部气体，而且易受环境影响，导致其测试值不够精确。二是不可复查。由于被检测的气体样本不能保留，故其不具可重复检测性，无法复查。正是由于呼气酒精测试在精确性和重复性上的缺陷，《公安部关于公安机关办理醉酒驾驶机动车犯罪案件的指导意见》规定，"对涉嫌醉酒驾驶机动车、当事人对呼气酒精测试结果有异议，或者拒绝配合呼气酒精测试等方法测试以及涉嫌饮酒后、醉酒驾驶机动车发生交通事故的，应当立即提取血样检验血液酒精含量"。把呼气酒精测试作为醉酒驾驶的初查程序，把血液酒精测试作为醉酒驾驶的强制确查程序。但现实操作中，从呼气测试到抽血测试的中间有一定的时间差，存在诸多变数，如果因无法取得血液酒精测试结果就不能定罪的话，将助长行为人通过非法手段干扰侦查机关进行酒精测试。故上述指导意见还规定，"当事人经呼气酒精测试达到醉酒驾驶机动车标准，在提取血样前脱逃的，应当以呼气酒精含量为依据立案侦查"。由此可见，该指导意见确立了醉驾型危险驾驶罪的证据规则：呼气酒精测试原则上不能作为醉驾型危险驾驶罪的定罪证据使用，但如果因为醉驾行为人之过错，而导致无法取得酒精测试结果的情况下，呼气酒精测试结果能够取代血液酒精测试结果作为认定醉驾酒精含量的定罪证据使用。只有这样，才既能严格规范警方醉驾案件取证程序，又能有效避免行为人因其不法行为而获利。

◆【《刑事审判参考》案例】[第894号] 林某危险驾驶案

裁判要旨：超标电动自行车虽然符合摩托车的技术条件，但不宜认定为机动车，醉酒驾驶超标电动自行车不成立危险驾驶罪。

指导意义：2012年9月1日施行的《机动车运行安全技术条件》（强制性

国家标准 GB 7258—2012）从其设置的权利义务和效力等实质要件判断，强制性国家标准与部门规章并无实质差异，但从其制定与发布的程序、体系结构、名称内容等形式要件判断，其不属于部门规章，只是接近于行政规范性文件。因此，国家标准对人民法院审理案件有一定的参考价值，但不具有法律规范意义上的约束力。只有行政法规或者部门规章明确规定超标电动自行车属于机动车之后，人民法院才能据此认定超标电动自行车属于法律意义上的机动车。在此之前，不应片面地以超标电动自行车符合《机动车运行安全技术条件》的规定，或者以《道路交通安全法》未排除超标电动自行车属于机动车为由，认定醉酒驾驶超标电动自行车或者驾驶超标电动自行车追逐竞驶情节恶劣的行为构成危险驾驶罪。这种认定，属于不合理的扩大解释，违反了罪刑法定原则，在实践层面还会造成行政执法的困境。

将超标电动自行车作为机动车进行规定和管理存在较多困难。一是当前尚不具备将超标电动自行车规定为机动车的现实条件。2009 年 6 月 25 日制定的《电动摩托车和电动轻便摩托车通用技术条件》（强制性国家标准 GB/T 24158—2009）本拟于 2010 年 1 月 1 日施行，但其关于最大设计车速为 20-50 公里/小时的属于轻便摩托车的规定，遭到电动自行车生产厂商和消费者的抵制。超标车的性质仍需留待电动自行车国标修订完善时予以明确。二是将超标电动自行车作为机动车进行管理难度较大，且超标电动自行车在机动车道上行驶存在较大安全隐患。

公众普遍认为超标电动自行车不属于机动车，此类醉酒驾驶或者追逐竞驶的行为人往往不具有相关违法性认识。从该罪防范社会危险的罪质特征考虑，判断行为人是否认识到其驾驶的车辆属于法律意义上的机动车，需要根据一般人的生活经验、认识水平和理解能力进行综合评价。如前所述，国家既未对超标电动自行车的法律属性作出明确规定，又未对其按照机动车进行管理，在此情况下要求普通公众认识到超标电动自行车属于机动车，既不现实，也不妥当，甚至有些强人所难。

将醉驾超标电动自行车等行为以危险驾驶罪定罪处罚，打击面过大，社会效果不好。由于大部分电动自行车都存在超标现象，如果将醉酒驾驶超标电动自行车等行为一律作为犯罪处理，将会大大扩大刑法的打击面。这样的效果并不好，毕竟驾驶电动自行车的绝大多数行为人都是没有前科劣迹的普通公民，一旦被贴上"犯罪人"的标签,对其工作、生活和家庭影响较大,甚至会出现影响社会稳定的不和谐因素。从这个角度考虑,对醉酒驾驶超标电动自行车等行为也不宜作为犯罪处理。行为人驾驶超标电动自行车超速行驶的(超过15公里/小时),可以对其处以警告、罚款或者扣留车辆的行政处罚。如果发生轻微交通事故,可以通过民事赔偿予以补救。如果发生重大交通事故,符合交通肇事罪构成要件的,可以依法处理。

一些地方醉酒驾驶超标电动自行车的现象较为严重,发生多起交通事故,也确实需要高度重视超标电动自行车存在的安全隐患。必要时,可以考虑将其中一部分符合摩托车技术条件的超标电动自行车作为机动车进行管理。但在有关部门明确将超标电动自行车纳入机动车产品目录进行规范之前,公安、司法机关不宜因醉酒驾驶超标电动自行车的行为对道路交通安全构成较大威胁,就将其认定为犯罪。综上考虑,类似本案情形,作无罪处理更为妥当。

专题七 涉未成年人犯罪

36 法定代理人、合适成年人到场及相关证据补正、排除规则

36.1 法条规定

▶《刑事诉讼法》(中华人民共和国主席令第 10 号,2018 年 10 月 26 日)

第二百八十一条 对于未成年人刑事案件,在讯问和审判的时候,应当通知未成年犯罪嫌疑人、被告人的法定代理人到场。无法通知、法定代理人不能到场或者法定代理人是共犯的,也可以通知未成年犯罪嫌疑人、被告人的其他成年亲属,所在学校、单位、居住地基层组织或者未成年人保护组织的代表到场,并将有关情况记录在案。到场的法定代理人可以代为行使未成年犯罪嫌疑人、被告人的诉讼权利。

到场的法定代理人或者其他人员认为办案人员在讯问、审判中侵犯未成年人合法权益的,可以提出意见。讯问笔录、法庭笔录应当交给到场的法定代理

人或者其他人员阅读或者向他宣读。

讯问女性未成年犯罪嫌疑人，应当有女工作人员在场。

审判未成年人刑事案件，未成年被告人最后陈述后，其法定代理人可以进行补充陈述。

询问未成年被害人、证人，适用第一款、第二款、第三款的规定。

▶《未成年人保护法》（中华人民共和国主席令第57号，2020年10月17日）

第一百一十条　公安机关、人民检察院、人民法院讯问未成年犯罪嫌疑人、被告人，询问未成年被害人、证人，应当依法通知其法定代理人或者其成年亲属、所在学校的代表等合适成年人到场，并采取适当方式，在适当场所进行，保障未成年人的名誉权、隐私权和其他合法权益。

人民法院开庭审理涉及未成年人案件，未成年被害人、证人一般不出庭作证；必须出庭的，应当采取保护其隐私的技术手段和心理干预等保护措施。

36.2　司法解释

▶《最高人民法院关于适用〈中华人民共和国刑事诉讼法〉的解释》（法释〔2021〕1号，2021年1月26日）

第九十条　证人证言的收集程序、方式有下列瑕疵，经补正或者作出合理解释的，可以采用；不能补正或者作出合理解释的，不得作为定案的根据：

（一）询问笔录没有填写询问人、记录人、法定代理人姓名以及询问的起止时间、地点的；

（二）询问地点不符合规定的；

（三）询问笔录没有记录告知证人有关权利义务和法律责任的；

（四）询问笔录反映出在同一时段，同一询问人员询问不同证人的；

（五）询问未成年人，其法定代理人或者合适成年人不在场的。

第五百五十五条　人民法院审理未成年人刑事案件，在讯问和开庭时，应当通知未成年被告人的法定代理人到场。法定代理人无法通知、不能到场或者是共犯的，也可以通知合适成年人到场，并将有关情况记录在案。

到场的法定代理人或者其他人员，除依法行使刑事诉讼法第二百八十一条第二款规定的权利外，经法庭同意，可以参与对未成年被告人的法庭教育等工作。

适用简易程序审理未成年人刑事案件，适用前两款规定。

第五百五十六条 询问未成年被害人、证人，适用前条规定。

审理未成年人遭受性侵害或者暴力伤害案件，在询问未成年被害人、证人时，应当采取同步录音录像等措施，尽量一次完成；未成年被害人、证人是女性的，应当由女性工作人员进行。

▶《人民检察院刑事诉讼规则》（高检发释字〔2019〕4号，2019年12月30日）

第四百六十五条 在审查逮捕、审查起诉中，人民检察院应当讯问未成年犯罪嫌疑人，听取辩护人的意见，并制作笔录附卷。辩护人提出书面意见的，应当附卷。对于辩护人提出犯罪嫌疑人无罪、罪轻或者减轻、免除刑事责任、不适宜羁押或者侦查活动有违法情形等意见的，检察人员应当进行审查，并在相关工作文书中叙明辩护人提出的意见，说明是否采纳的情况和理由。

讯问未成年犯罪嫌疑人，应当通知其法定代理人到场，告知法定代理人依法享有的诉讼权利和应当履行的义务。到场的法定代理人可以代为行使未成年犯罪嫌疑人的诉讼权利，代为行使权利时不得损害未成年犯罪嫌疑人的合法权益。

无法通知、法定代理人不能到场或者法定代理人是共犯的，也可以通知未成年犯罪嫌疑人的其他成年亲属，所在学校、单位或者居住地的村民委员会、居民委员会、未成年人保护组织的代表到场，并将有关情况记录在案。未成年犯罪嫌疑人明确拒绝法定代理人以外的合适成年人到场，且有正当理由的，人民检察院可以准许，但应当在征求其意见后通知其他合适成年人到场。

到场的法定代理人或者其他人员认为检察人员在讯问中侵犯未成年犯罪嫌疑人合法权益提出意见的，人民检察院应当记录在案。对合理意见，应当接受并纠正。讯问笔录应当交由到场的法定代理人或者其他人员阅读或者向其宣读，并由其在笔录上签名或者盖章，并捺指印。

讯问女性未成年犯罪嫌疑人，应当有女性检察人员参加。

询问未成年被害人、证人，适用本条第二款至第五款的规定。询问应当以一次为原则，避免反复询问。

36.3 规范性文件

▶《最高人民检察院关于印发〈未成年人刑事检察工作指引（试行）〉的通知》（高检发未检字〔2017〕1号，2017年3月2日）

第四十六条 人民检察院办理涉及未成年人的刑事案件，应当依法通知未成年犯罪嫌疑人、被害人、证人的法定代理人在场，见证、监督整个讯问或者询问过程，维护未成年人合法权益。

对于法定代理人具有下列情形之一，不能或者不宜到场的，要保证未成年人的其他成年亲属，所在学校、单位或者居住地的村民委员会、居民委员会、未成年人保护组织的代表等合适成年人到场，并将有关情况记录在案：

（一）与未成年犯罪嫌疑人构成共同犯罪的；
（二）已经死亡、宣告失踪或者无监护能力的；
（三）因身份、住址或联系方式不明无法通知的；
（四）因路途遥远或者其他原因无法及时到场的；
（五）经通知明确拒绝到场的；
（六）阻扰讯问或者询问活动正常进行，经劝阻不改的；
（七）未成年人有正当理由拒绝法定代理人到场的；
（八）到场可能影响未成年人真实陈述的；
（九）其他不能或者不宜到场的情形。

讯问、询问女性未成年人的，一般应当选择女性合适成年人到场。

通知到场的法定代理人或者合适成年人一般为一名。

法定代理人不能或者不宜到场的情形消失后，人民检察院应当及时通知法定代理人到场。

第五十三条 人民检察院应当对侦查活动中合适成年人到场以及履职情况进行认真审查。发现讯问未成年犯罪嫌疑人、询问未成年被害人应当有合适成年人到场但没有到场，笔录内容无法和同步录音录像相互印证，且无法作出合理解释的，对该证据应当予以排除。

发现询问未成年证人应当有合适成年人到场但没有到场的，或者应当通知法定代理人而通知合适成年人的，应当要求侦查机关进行解释，不能作出合理解释的，对该证据予以排除。

人民检察院应当认真履行监督职责,依法督促公安机关予以纠正。

▶《公安机关办理刑事案件程序规定》(公安部令第159号,2020年7月20日)

第三百二十三条 讯问未成年犯罪嫌疑人,应当通知未成年犯罪嫌疑人的法定代理人到场。无法通知、法定代理人不能到场或者法定代理人是共犯的,也可以通知未成年犯罪嫌疑人的其他成年亲属,所在学校、单位、居住地或者办案单位所在地基层组织或者未成年人保护组织的代表到场,并将有关情况记录在案。到场的法定代理人可以代为行使未成年犯罪嫌疑人的诉讼权利。

到场的法定代理人或者其他人员提出侦查人员在讯问中侵犯未成年人合法权益的,公安机关应当认真核查,依法处理。

37 对未成年人年龄证据的审查与认定

37.1 司法解释

▶《最高人民法院关于适用〈中华人民共和国刑事诉讼法〉的解释》(法释〔2021〕1号,2021年1月26日)

第一百四十六条 审查被告人实施被指控的犯罪时或者审判时是否达到相应法定责任年龄,应当根据户籍证明、出生证明文件、学籍卡、人口普查登记、无利害关系人的证言等证据综合判断。

证明被告人已满十二周岁、十四周岁、十六周岁、十八周岁或者不满七十五周岁的证据不足的,应当作出有利于被告人的认定。

▶《最高人民法院关于审理未成年人刑事案件具体应用法律若干问题的解释》(法释〔2006〕1号,2006年1月11日)

第四条 对于没有充分证据证明被告人实施被指控的犯罪时已经达到法定刑事责任年龄且确实无法查明的,应当推定其没有达到相应法定刑事责任年龄。

相关证据足以证明被告人实施被指控的犯罪时已经达到法定刑事责任年龄,但是无法准确查明被告人具体出生日期的,应当认定其达到相应法定刑事责任年龄。

37.2 规范性文件

▶《最高人民检察院关于印发〈未成年人刑事检察工作指引（试行）〉的通知》（高检发未检字〔2017〕1号，2017年3月2日）

第一百五十二条 人民检察院审查未成年人刑事案件，应当注重对未成年人年龄证据的审查，重点审查是否已满十四、十六、十八周岁。

对于未成年人年龄证据，一般应当以公安机关加盖公章、附有未成年人照片的户籍证明为准。当户籍证明与其他证据存在矛盾时，应当遵循以下原则：

（一）可以调取医院的分娩记录、出生证明、户口簿、户籍登记底卡、居民身份证、临时居住证、护照、入境证明、港澳居民来往内地通行证、台湾居民来往大陆通行证、中华人民共和国旅行证、学籍卡、计生台帐、防疫证、（家）族谱等证明文件，收集接生人员、邻居、同学等其他无利害关系人的证言，综合审查判断，排除合理怀疑，采纳各证据共同证实的相对一致的年龄。

（二）犯罪嫌疑人不讲真实姓名、住址，年龄不明的，可以委托进行骨龄鉴定或者其他科学鉴定。经审查，鉴定意见能够准确确定犯罪嫌疑人实施犯罪行为时的年龄的，可以作为判断犯罪嫌疑人年龄的证据参考。若鉴定意见不能准确确定犯罪嫌疑人实施犯罪行为时的年龄，而且显示犯罪嫌疑人年龄在法定应负刑事责任年龄上下，但无法查清真实年龄的，应当作出有利于犯罪嫌疑人的认定。

38 涉未成年人犯罪的取证和审查判断要求

38.1 规范性文件

38.1.1 拐卖妇女儿童犯罪的证据收集要求

▶《最高人民法院、最高人民检察院、公安部、司法部关于依法惩治拐卖妇女儿童犯罪的意见》（法发〔2010〕7号，2010年3月15日）

11.公安机关应当依照法定程序，全面收集能够证实犯罪嫌疑人有罪或者无罪、犯罪情节轻重的各种证据。

要特别重视收集、固定买卖妇女、儿童犯罪行为交易环节中钱款的存取证明、犯罪嫌疑人的通话清单、乘坐交通工具往来有关地方的票证、被拐卖儿童的 DNA 鉴定结论、有关监控录像、电子信息等客观性证据。

取证工作应当及时，防止时过境迁，难以弥补。

12. 公安机关应当高度重视并进一步加强 DNA 数据库的建设和完善。对失踪儿童的父母，或者疑似被拐卖的儿童，应当及时采集血样进行检验，通过全国 DNA 数据库，为查获犯罪，帮助被拐卖的儿童及时回归家庭提供科学依据。

13. 拐卖妇女、儿童犯罪所涉地区的办案单位应当加强协作配合。需要到异地调查取证的，相关司法机关应当密切配合；需要进一步补充查证的，应当积极支持。

38.1.2 性侵害未成年人犯罪的证据收集要求

▶《最高人民法院、最高人民检察院、公安部、司法部关于办理性侵害未成年人刑事案件的意见》（2023 年 5 月 24 日）

第二十一条 公安机关办理性侵害未成年人刑事案件，应当依照法定程序，及时、全面收集固定证据。对与犯罪有关的场所、物品、人身等及时进行勘验、检查，提取与案件有关的痕迹、物证、生物样本；及时调取与案件有关的住宿、通行、银行交易记录等书证，现场监控录像等视听资料，手机短信、即时通讯记录、社交软件记录、手机支付记录、音视频、网盘资料等电子数据。视听资料、电子数据等证据因保管不善灭失的，应当向原始数据存储单位重新调取，或者提交专业机构进行技术性恢复、修复。

第二十三条 询问未成年被害人，应当选择"一站式"取证场所、未成年人住所或者其他让未成年人心理上感到安全的场所进行，并通知法定代理人到场。法定代理人不能到场或者不宜到场的，应当通知其他合适成年人到场，并将相关情况记录在案。

询问未成年被害人，应当采取和缓的方式，以未成年人能够理解和接受的语言进行。坚持一次询问原则，尽可能避免多次反复询问，造成次生伤害。确有必要再次询问的，应当针对确有疑问需要核实的内容进行。

询问女性未成年被害人应当由女性工作人员进行。

第二十四条 询问未成年被害人应当进行同步录音录像。录音录像应当全程不间断进行，不得选择性录制，不得剪接、删改。录音录像声音、图像应当清晰稳定，被询问人面部应当清楚可辨，能够真实反映未成年被害人回答询问的状态。录音录像应当随案移送。

第二十五条 询问未成年被害人应当问明与性侵害犯罪有关的事实及情节，包括被害人的年龄等身份信息、与犯罪嫌疑人、被告人交往情况、侵害方式、时间、地点、次数、后果等。

询问尽量让被害人自由陈述，不得诱导，并将提问和未成年被害人的回答记录清楚。记录应当保持未成年人的语言特点，不得随意加工或者归纳。

38.2 案例与要旨

◆【最高人民检察院指导性案例】［检例第42号］齐某强奸、猥亵儿童案

要旨：性侵未成年人犯罪案件中，被害人陈述稳定自然，对于细节的描述符合正常记忆认知、表达能力，被告人辩解没有证据支持，结合生活经验对全案证据进行审查，能够形成完整证明体系的，可以认定案件事实。

指导意义：准确把握性侵未成年人犯罪案件证据审查判断标准。对性侵未成年人犯罪案件证据的审查，要根据未成年人的身心特点，按照有别于成年人的标准予以判断。审查言词证据，要结合全案情况予以分析。根据经验和常识，未成年人的陈述合乎情理、逻辑，对细节的描述符合其认知和表达能力，且有其他证据予以印证，被告人的辩解没有证据支持，结合双方关系不存在诬告可能的，应当采纳未成年人的陈述。